Leadership Insights: Impulse für Management und Führung

Reihe herausgegeben von

Karina Wolff, Middlesex University/KMU Akademie, Zürich, Schweiz

Thomas Maran, Faculty of Economics and Management, Free University of Bozen-Bolzano, Bozen, Italien

Die Schriftenreihe Leadership Insights verbindet wissenschaftlich fundierte Perspektiven mit praxisrelevanten Fragestellungen in Management und Führung. Sie präsentiert exzellente Beiträge aus Forschung und Praxis, die Entscheidern in Wirtschaft, Verwaltung und Non-Profit-Organisationen innovative Denkimpulse und konkrete Handlungsempfehlungen bieten. Die Reihe richtet sich gleichermaßen an Führungskräfte, die fundierte Orientierung suchen, wie an Forschende, die den Transfer wissenschaftlicher Erkenntnisse in die Praxis mitgestalten wollen. Im Zentrum stehen die komplexen Herausforderungen der Führung in einem dynamischen Umfeld – verbunden mit evidenzbasierten Impulsen, die wirksames Handeln ermöglichen. Mit ihrer interdisziplinären Ausrichtung schlägt die Reihe eine Brücke zwischen Theorie und Anwendung: klar, reflektiert und wirksam.

Kim Verbakel

Strategisches Post-Merger-Integrationsmanagement

Erfolgsfaktoren im Mittelstand

Springer Gabler

Kim Verbakel
Business Administration
Middlesex University
London, UK

Der vorliegende Forschungsbeitrag ist im Rahmen des Doktoratsprogramms der Middlesex University London in Kooperation mit der KMU Akademie & Management AG entstanden.

ISSN 3091-4736 ISSN 3091-4744 (electronic)
Leadership Insights: Impulse für Management und Führung
ISBN 978-3-658-50273-7 ISBN 978-3-658-50274-4 (eBook)
https://doi.org/10.1007/978-3-658-50274-4

Die Deutsche Nationalbibliothek verzeichnet diese Publikation in der Deutschen Nationalbibliografie; detaillierte bibliografische Daten sind im Internet über https://portal.dnb.de abrufbar.

Planung/Lektorat: Karina Kowatsch
Springer Gabler ist ein Imprint der eingetragenen Gesellschaft Springer Fachmedien Wiesbaden GmbH und ist ein Teil von Springer Nature.
Die Anschrift der Gesellschaft ist: Abraham-Lincoln-Str. 46, 65189 Wiesbaden, Germany

Danksagung Ich möchte an dieser Stelle allen Menschen danken, die mich bei der Anfertigung meiner Dissertation unterstützt haben. Mein besonderer Dank gilt meinem Betreuer, Herrn Prof. Dr. Thomas Angerer, für die vielen Gespräche, die konstruktiven Feedbacks und die wertvolle Unterstützung bei der Durchführung der gesamten Arbeit.

Mein großer Dank gilt zudem Herrn Prof. Dr. Arnold Weissman für die Unterstützung bei der Identifikation geeigneter Experten. Ich danke allen Interviewpartnern, die mir über ihre persönlichen Erfahrungen ausführlich und offen berichtet und ihr wertvolles, individuelles Wissen mit mir geteilt haben, um zum Gelingen der empirischen Untersuchung dieser Dissertation und zur Beantwortung der Forschungsfrage beizutragen.

Ich widme diese Dissertation meiner Mutter, Theresia Verbakel, der ich von ganzem Herzen dafür danke, dass sie mich stets bei allem bedingungslos und mit sehr viel Zuspruch unterstützt.

Interessenkonflikt Der/die Autor*in hat keine für den Inhalt dieses Manuskripts relevanten Interessenkonflikte.

Generalklausel

Aus Gründen der leichteren Lesbarkeit wird im folgenden Text auf eine geschlechtsspezifische Differenzierung verzichtet und durchgängig die übliche Form benutzt. Im Sinne des Gleichbehandlungsgesetzes sind diese Bezeichnungen als nicht geschlechtsspezifisch zu betrachten, sondern schließen alle Formen gleichermaßen ein.

Inhaltsverzeichnis

Abkürzungsverzeichnis

BDI	Bundesverband der deutschen Industrie e. V.
BSC	Balanced Scorecard
CSF	Critical Success Factor(s)
CSR	Corporate Social Responsibility
DD	Due Diligence
DSGVO	Europäische Datenschutz-Grundverordnung
EFF	Erfolgsfaktorenforschung
ERP	Enterprise Resource Planning
ESFF	Empirische Subforschungsfrage
ETK	Externe Kommunikation
EXP	Experte/Interviewpartner
F + E	Forschung und Entwicklung
FAQ(s)	Frequently Asked Questions (häufig gestellte Fragen)
GSFF	Gestalterische Subforschungsfrage
HFF	Hauptforschungsfrage
HR	Human Resources
HRM	Human Resource Management
IfM	Institut für Mittelstandsforschung, Bonn
IT	Informationstechnologie
ITK	Interne Kommunikation
KI	Künstliche Intelligenz
KMU	Kleine und mittlere Unternehmen
M&A	Mergers & Acquisitions
MI	Mitarbeiterintegration

MIS	Management-Informationssystem/e
MIT	Massachusetts Institute of Technology
OKR	Objectives and Key Results
PE	Private Equity
PIMS	Profit Impact of Market Strategy
PM	Post-Merger
PMI	Post-Merger-Integration
PMI-Controlling	Post-Merger-Integrationscontrolling
PMI-Klima	Post-Merger-Integrationsklima
PMI-Management	Post-Merger-Integrationsmanagement
PMI-Prozess	Post-Merger-Integrationsprozess
PMI-Team	Post-Merger-Integrationsteam
PMO	Project Management Office
ROI	Return on Investment
SAP	ERP-Systeme der SAP SE, Walldorf
SME	Small and medium-sized enterprises
TSFF	Theoretische Subforschungsfrage
VHB JQ3	VHB Jourqual, Zeitschriftenranking des Verbands der Hochschullehrer für Betriebswirtschaft e. V. (VHB)
VM	Veränderungsmanagement

Abbildungsverzeichnis

Tabellenverzeichnis

1 Einleitungsteil

Abschnitt 1.1 und 1.2 erläutern die Ausgangslage und Problemstellung des Forschungsvorhabens. Abschnitt 1.3 legt das Erkenntnisinteresse und die Relevanz der Dissertation dar, Abschnitt 1.4 leitet die Forschungsfragen, Zielstellungen und erwarteten Ergebnisse ab und Abschnitt 1.5 fasst den Aufbau der Dissertation zusammen.

1.1 Ausgangslage

Häufig und in enger zeitlicher Abfolge müssen sich Unternehmen auf globale, tiefgreifende Veränderungen wirtschaftlicher Rahmenbedingungen einstellen (Angerer & Rögner, 2023, S. 2). Unternehmen jeder Größe und nahezu jeder Branche sind betroffen. Die Dynamik der Märkte sowie die globalen Transformationsprozesse im unternehmerischen Umfeld wie Digitalisierung, Nachhaltigkeit und Geoökonomie werden auch zukünftig viele Unternehmen zu strategischen Anpassungsprozessen zwingen. Angesichts der an diese Veränderungen gestellten Anforderungen hoher Geschwindigkeit und großer Flexibilität, stoßen organische Anpassungs- und Wachstumsprozesse an ihre strategischen und ökonomischen Grenzen (Meynerts-Stiller & Rohloff, 2022, S. 19). Viele Unternehmen können schnelle Anpassungen an tiefgreifende Veränderungen und damit die Sicherung von Wachstum und Wettbewerbsfähigkeit nur noch über Zusammenschlüsse und Übernahmen erreichen (Galpin & Herndon, 2014, S. 6–7; Hossain, 2021, S. 6; Meynerts-Stiller & Rohloff, 2022, S. 19). Sie verfolgen dabei überwiegend konkrete strategische und operative Ziele, wie beispielsweise den Zugang zu neuen Märkten, zu neuen Technologien und größeren Produktionskapazitäten sowie die

K. Verbakel, *Strategisches Post-Merger-Integrationsmanagement*, Leadership Insights: Impulse für Management und Führung,
https://doi.org/10.1007/978-3-658-50274-4_1

Erweiterung ihrer Kernkompetenzen und die Kontrolle über Produkte und Serviceleistungen ihrer Wettbewerber (Galpin & Herndon, 2014, S. 7–8; Lace & Kirikova, 2021, S. 116).

Der internationale Begriff für den Zusammenschluss und die Übernahme von Unternehmen ist der aus dem angloamerikanischen Raum stammende Begriff „Mergers and Acquisitions", der unter dem Kürzel „M&A" zum deutschen Sprachgebrauch gehört (Picot, 2012, S. 25). Als ein Sammelbegriff ist M&A weiter gefasst als deutschsprachige Pendants (Picot, 2012, S. 26) und wird als Synonym für Akquisitionen, Übernahmen, Fusionen, Zusammenschlüsse und strategische Allianzen verwendet (Müller-Stewens, 2010a, S. 4; Zahoor et al., 2022, S. 1). Trotz ihrer elementaren Bedeutung haben M&A-Projekte ein generelles Erfolgsproblem (Delis et al., 2022, S. 1; Meglio, 2022, S. 823; Picot, 2012, S. 662–663): Ein großer Teil erfüllt weder die Erwartungen, noch werden die gesetzten Ziele erreicht. Nahezu alle „neueren Studien und Untersuchungen" heben hervor, dass die Misserfolgsquote von M&A-Projekten „zwischen 50 und 70 %" liege (Feix, 2023, S. V).

Der Eindruck einer auffällig niedrigen Erfolgsquote von M&A-Projekten hat sich in den Jahrzehnten der M&A-Forschung trotz aller neu gewonnenen Erkenntnisse nicht wesentlich geändert. Cartwright und Schoenberg (2006, S. S4) zeigen sich schon im Jahr 2006 im Rückblick überrascht, dass es trotz intensiver M&A-Forschung in drei Jahrzehnten nicht zu einem nennenswerten Anstieg der Erfolgsquoten der untersuchten M&A-Projekte gekommen sei. Auch diejenigen Studien, die seit den 1980er-Jahren versuchen, die Gründe für das Scheitern von M&A-Projekten zu erforschen, kommen zu dem Schluss, dass die Mehrheit untersuchter Unternehmenszusammenschlüsse, gemessen an den Erwartungen und Zielen, scheitert (Meynerts-Stiller & Rohloff, 2022, S. 42–43).

Kernursachen für hohe Misserfolgsraten in M&A-Projekten sind Fehler in der Systematik und Konsistenz der M&A-Strategie (Wirtz, 2017, S. 5) sowie Integrationsprobleme im personellen, kulturellen und organisatorischen Kontext (Picot, 2012, S. 663; Thelisson & Meier, 2022b, S. 432). Das Management der Post-Merger-Integration (PMI) ist im M&A-Prozess eine entscheidende Wertschöpfungsstufe, in der die PMI-Strategie definiert, das PMI-Programm festgelegt und umgesetzt sowie der Umsetzungserfolg kontrolliert und gesteuert werden (Feix, 2017, S. 16–19). Es ist deshalb naheliegend, dass in der PMI besonders häufig die Ursachen für Erfolg und Misserfolg von M&A-Projekten liegen (Fang, 2022, S. 23; Picot, 2012, S. 22) und in vielen aktuellen Untersuchungen in der Integrationsphase verortet werden (Fang, 2022, S. 25; Meynerts-Stiller & Rohloff, 2017, S. 299–300).

M&A-Projekte und insbesondere die PMI benötigen ein ganzheitliches Management, das auf einem spezifischen Wissen basiert (Picot, 2012, S. 19). Strategische Entscheidungen innerhalb der PMI können alle Bereiche des Unternehmens betreffen (D. A. Davis, 2012, S. 23–25). Die Erfolgswahrscheinlichkeit der PMI erhöht sich mit der Beachtung bestimmter Erfolgsfaktoren (Meynerts-Stiller & Rohloff, 2019, S. 169–171) im Zusammenhang mit der Steuerung und Kontrolle des Integrationsprozesses, der kulturellen und organisatorischen Integration, der Integration von Kunden, Produktion, Logistik und IT-Systemen, der Kommunikation im Integrationsprozess, der Mitarbeiterführung sowie dem Wissensmanagement (Picot, 2012, S. 22).

Nachdem viele Jahrzehnte das Thema M&A überwiegend mit Konzernen und Großunternehmen assoziiert wird, spielen M&A-Projekte seit einigen Jahren auch im Strategischen Management mittelständischer Unternehmen als Alternative zum organischen Wachstum (Stich et al., 2016, S. 346) eine zunehmende Rolle. F. Bauer (2023, S. 3) fasst in diesem Zusammenhang die Ergebnisse der „M&A-Mittelstandsstudie 2023" wie folgt zusammen: „Wie erwartet, spielt organisches Wachstum für KMU eine zentrale Rolle, nichtsdestotrotz nutzen KMU Akquisitionen, um zu wachsen und sich veränderten Rahmenbedingungen anzupassen. Tatsächlich haben über 80 % der befragten KMU bereits eine Akquisition durchgeführt und nahezu 80 % planen in den kommenden fünf Jahren akquisitorisch zu wachsen […]. Zusammenfassend zeigt sich also, dass KMU M&A durchaus als strategisches Element der Unternehmensentwicklung nutzen".

Die M&A-Motive sind ähnlich wie bei kapitalmarktorientierten Großunternehmen: Mittelständische Unternehmen wollen den Wert ihres Unternehmens steigern, neue Märkte, den Zugang zu Innovationen und neuen Technologien erschließen, ihre Wettbewerbsposition stärken und ihre Zukunftsfähigkeit sichern (Stich et al., 2016, S. 347–348). Aber es gibt auch auffällige Spezifika in den Voraussetzungen und im M&A-Verhalten mittelständischer Unternehmen (Stich et al., 2016, S. 348), wie beispielsweise begrenzte Ressourcen, die hohe Abhängigkeit von Schlüsselpersonen sowie eine mittelstandsspezifische Wertestruktur und Kultur. Das strategische PMI-Management im Mittelstand muss diesen Spezifika mit einem ganzheitlichen strategischen Managementansatz begegnen (Stich et al., 2016, S. 353).

Zusammenfassend besteht die Herausforderung darin, dass auf der einen Seite M&A-Projekte für den Mittelstand eine zunehmende strategische Bedeutung für die Unternehmensentwicklung und die Sicherung der Zukunftsfähigkeit haben, auf der anderen Seite aber eine Vielzahl mittelständischer Unternehmen diese komplexen und durch hohe Misserfolgsraten gekennzeichneten M&A-Projekte mit begrenzten Ressourcen, fehlender Erfahrung und mit einem unklaren

Bild über die wesentlichen Erfolgsfaktoren der strategischen PMI bewältigen muss (Gerds & Schewe, 2014, S. 8–9). Diese Problematik kann sich als Folge gescheiterter M&A-Projekte für mittelständische Unternehmen zu einem existenzbedrohenden Risiko entwickeln (Becker et al., 2016, S. 1).

1.2 Problemstellung

Obwohl sich der Kauf von Unternehmen im Mittelstand vermehrt als ein Mittel des Strategischen Managements entwickelt, thematisiert die wissenschaftliche Literatur kaum mittelstandspezifische M&A-Fragen (Becker et al., 2016, S. 1). Empirische Studien befassen sich selten mit Transaktionen mittelständischer Unternehmen, mit denen man eher Instrumente des organischen Wachstums verbindet (F. Bauer, 2012, S. 4). Da aber M&A-Projekte für den Mittelstand häufig aufgrund fehlender Erfahrung und angesichts begrenzter Ressourcen schwieriger zu bewältigen sind, ist es wichtig, dass sich diese Problemstellung auch in wissenschaftlichen Studien zu den Ursachen von Erfolgen und Misserfolgen von M&A-Prozessen widerspiegelt (Becker et al., 2016, S. 1). Dies gilt umso mehr, da das Scheitern eines M&A-Projekts im Mittelstand schwierig zu kompensieren ist und die Existenz des ganzen Unternehmens bedrohen kann (Becker et al., 2016, S. 1; Stich et al., 2016, S. 353).

Mittelständische Unternehmen unterschätzen häufig, wie anspruchsvoll ein erfolgreiches PMI-Management ist, das bewältigt werden muss, ohne das Tagesgeschäft zu vernachlässigen (Meynerts-Stiller & Rohloff, 2017, S. 302). Eine erfolgreiche Integration erfordert spezifische Fähigkeiten, über die nur wenige Unternehmen verfügen (Galpin & Herndon, 2014, S. 10). Mittelständische Unternehmen nutzen innerhalb der PMI nur selten standardisierte Managementprozesse (Becker et al., 2016, S. 101).

Einige von der Forschung entwickelte Modelle versuchen, die Spezifika und Erfolgsfaktoren im mittelständischen M&A-Prozess erklärend zu berücksichtigen, um daraus konkrete Handlungsempfehlungen für das PMI-Management mittelständischer Unternehmen abzuleiten (Feix et al., 2017, S. 15, 23; Grösser & Stauffer, 2016, S. 581–584; Meynerts-Stiller & Rohloff, 2019, S. 178). Mittelstandsspezifische Faktoren sind beispielsweise die langfristig orientierte strategische Ausrichtung, die besondere Rolle der Eigentümer und begrenzte Ressourcen (Feix, 2017, S. 24–25). Trotz dieser Erklärungsmodelle ist die Quote gescheiterter M&A-Projekte nach wie vor hoch (Feix, 2023, S. V). Die Ursache kann darin liegen, dass es den Erklärungsansätzen bislang nicht gelungen ist, die für mittelständische Unternehmen relevanten Erfolgsfaktoren der PMI in einem Prozessmodell und einem ganzheitlichen Managementansatz vollständig zu erfassen sowie deren Erfolgsbeiträge zu erklären.

Zusammenfassend ist festzuhalten, dass M&A-Elemente im deutschen Mittelstand an Bedeutung gewinnen und als Element der strategischen Unternehmensentwicklung zunehmend wichtiger für die Zukunftssicherung mittelständischer Unternehmen werden (F. Bauer, 2023, S. 3; Stich et al., 2016, S. 346–347). M&A ist somit ein hochaktuelles strategisches Thema für den deutschen Mittelstand (F. Bauer, 2023, S. 2–3). Doch es gibt ein generelles Erfolgsproblem (F. Bauer, 2012, S. 2), dessen Ursachen häufig mit der besonders kritischen Phase der PMI verbunden sind (Barnikel, 2006, S. 9). Gerade die strategisch geprägte PMI stößt in der praktischen Umsetzung häufig auf Schwierigkeiten (Hungenberg, 2014, S. 503). Das Scheitern eines komplexen und strategisch wichtigen M&A-Projekts kann im Mittelstand ein erhebliches Risiko darstellen und bedeuten, dass nicht nur die gesetzten Ziele nicht erreicht werden, sondern das gesamte Unternehmen in seiner Existenz gefährdet ist (Becker et al., 2016, S. 1). Führungskräfte, die sich in mittelständischen Unternehmen mit M&A-Fragen beschäftigen, müssen sich bewusst sein, dass bei einem Scheitern der Projekte die Ressourcen des Unternehmens und der Eigentümer auf dem Spiel stehen (Straub, 2017, S. 35). Um das Risiko eines Scheiterns einzugrenzen, brauchen mittelständische Unternehmen eine den Spezifika des Mittelstands angepasste PMI-Kompetenz, die auf den Teilkompetenzen Projektmanagement, Strategiekompetenz, Führungskompetenz und Change Management beruht (Meynerts-Stiller & Rohloff, 2022, S. 48–49). Wenn mittelständische Unternehmen die spezifischen Erfolgsfaktoren der PMI kennen und beachten, erhöht sich die Erfolgswahrscheinlichkeit ihrer M&A-Projekte gravierend (Meynerts-Stiller & Rohloff, 2019, S. 169).

Aus dieser Problemstellung ergibt sich der Anlass dieser Dissertation, die mittelstandsspezifischen kritischen Erfolgsfaktoren des strategischen PMI-Managements zu identifizieren, Erkenntnisgewinne über deren Erfolgsbeiträge zu erzielen und auf Basis eines multiperspektivischen Modells für den deutschen Mittelstand praxisrelevante Handlungsempfehlungen für das erfolgreiche strategische PMI-Management abzuleiten.

1.3 Erkenntnisinteresse und Relevanz der Dissertation

Abschnitt 1.3.1 stellt die Themenfelder des Forschungsvorhabens vor, Abschnitt 1.3.2 grenzt das Thema inhaltlich ab. Abschnitt 1.3.3 und 1.3.4 leiten die Relevanz für Forschung und Praxis ab.

1.3.1 Themenfelder

Die Dissertation behandelt die in Abbildung 1.1 dargestellten Themenfelder „Erfolgsfaktoren des Strategischen Managements“, „Deutscher Mittelstand“ und „Post-Merger-Integrationsmanagement“ sowie die thematischen Schnittmengen, deren begriffliche Grundlagen im Folgenden definiert und im theoretischen Teil vertieft werden.

Suchfeldgrafik und theoretische Abgrenzung

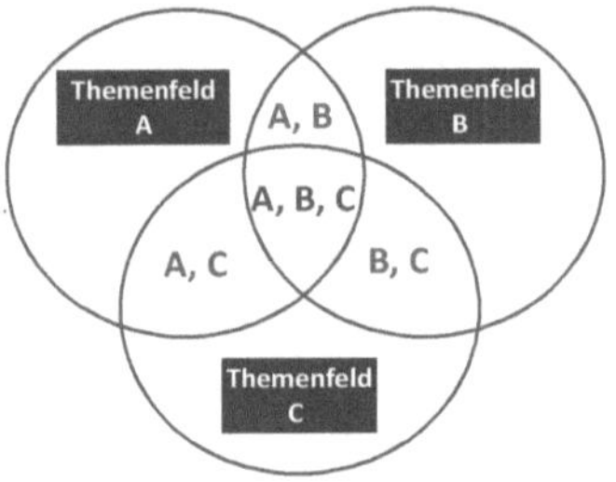

Themenfeld A:	Erfolgsfaktoren des Strategischen Managements
Themenfeld B:	Deutscher Mittelstand
Themenfeld C:	Post-Merger-Integrationsmanagement
Thematische Schnittmenge A+B:	Erfolgsfaktoren des Strategischen Managements im deutschen Mittelstand
Thematische Schnittmenge A+C:	Erfolgsfaktoren des strategischen Post-Merger-Integrationsmanagements
Thematische Schnittmenge B+C:	Post-Merger-Integrationsmanagement im deutschen Mittelstand
Hauptthema Schnittmenge A+B+C:	Erfolgsfaktoren des strategischen Post-Merger-Integrationsmanagements im deutschen Mittelstand

Abbildung 1.1 Suchfeldgrafik und theoretische Abgrenzung der Dissertation. (Quelle: Eigene Darstellung)

Die Aufgaben des Strategischen Managements sind „eine erfolgreiche Positionierung des Unternehmens [...] im Markt“ und „der Aufbau von Potenzialen und Kompetenzen des Unternehmens“ (Bea & Haas, 2017, S. 12). Das Strategische Management setzt die unternehmerische Vision und Mission in strategische Ziele und Maßnahmen um, die dann wiederum die operativen Maßnahmen bestimmen, „die in den Funktionsbereichen eines Unternehmens realisiert werden sollen“ und aufeinander abgestimmt werden müssen (Hungenberg, 2014, S. 47). „Strategische Erfolgsfaktoren“ sind erfolgsrelevante Stärken und Schwächen einer Unternehmung (Bea & Haas, 2017, S. 129).

Die Erfolgsfaktorenforschung (EFF) ist eine Forschungsrichtung des Strategischen Managements (Hungenberg, 2014, S. 56–58) und hat dort trotz immer wieder aufkommender Kritik eine große Bedeutung (Baumgarth et al., 2009, S. 237; Nicolai & Kieser, 2002, S. 580). Sie basiert auf dem Grundgedanken, dass unternehmerisches Handeln mit der Zielsetzung des Erfolgs verbunden ist und der Überzeugung, dass sich der Erfolg dieses Handelns auf kritische Faktoren erklärend zurückführen lässt (Baumgarth & Evanschitzky, 2009, S. 237).

Integrationsmanagement kann als „die bewusste organisatorische Gestaltung von (Post Merger) Integrationen“ verstanden werden (Gerds, 2000, S. 17). Für diese Dissertation wird folgende Definition von Wirtz (2017, S. 284) für das PMI-Management übernommen:

> „Unter Post-Merger-Integrationsmanagement wird [...] die Zusammenführung von [...] Unternehmen mit der Zielsetzung verstanden, die Markt- und Wettbewerbsposition zu verbessern. Die Zusammenführung umfasst [...] den materiellen und immateriellen Ressourcentransfer [...]“ und erstreckt sich auf „[...] organisations-, informations- und marktorientierte Aspekte“ (Wirtz, 2017, S. 284).

Der deutsche Mittelstand ist eine heterogene Gruppe, für die es keine allgemeingültige Definition gibt (Pahnke et al., 2023, S. 729). Definitionen des IfM (IfM Institut für Mittelstandsforschung, 2023) und der Europäischen Kommission (European Commission, 2020, S. 10) verwenden unterschiedliche Parameter, die quantitative Aspekte betonen. Pahnke et al. (2023, S. 740–741) schlagen Forschung, politischen Entscheidungsträgern und Praktikern vor, die Einheit von Eigentum und Führung in den Mittelpunkt der Definition des Mittelstands zu stellen. So könne ein umfassendes und einheitliches Verständnis des Mittelstands und seiner Heterogenität auf allen Ebenen entstehen.

Unter Berücksichtigung dieser Vorbemerkungen sowie der Anregungen von Deimel et al. (2021, S. 70–71), Becker et al. (2016, S. 8–9) sowie Reker und Götzen (2012, S. 3) wird von der Verfasserin die folgende spezifisch auf diese Dissertation bezogene Definition verwendet, bei der qualitative Aspekte im Mittelpunkt stehen:

> Der „deutsche Mittelstand“ im Sinne dieser Untersuchung sind wirtschaftlich und rechtlich selbstständige eigentümergeführte Unternehmen, deren Gesellschafter in den Führungs- und/oder Kontrollgremien des Unternehmens Verantwortung für die strategischen Entscheidungen sowie das unternehmerische Risiko tragen und deren Erwerbs- und Existenzgrundlage durch das Unternehmen gesichert wird.

1.3.2 Inhaltliche Abgrenzung

Diese Dissertation untersucht Erfolgsfaktoren des strategischen PMI-Managements im deutschen Mittelstand. Die erarbeiteten theoretischen Erkenntnisse und Ergebnisse sollen mit den in einer empirischen Untersuchung in Experteninterviews gesammelten Erfahrungen und Einschätzungen abgeglichen und ergänzt werden. Die Ergebnisse und Erkenntnisse sollen ermöglichen, Handlungsempfehlungen abzuleiten, die mittelständische Unternehmen in Deutschland bei der Entwicklung erfolgreicher Strategien für das PMI-Management unterstützen.

Die Gründe für die thematische Abgrenzung der Dissertation auf den deutschen Mittelstand sind zum einen die zunehmende Bedeutung von M&A-Projekten für die Zukunftssicherung mittelständischer Unternehmen in Deutschland (F. Bauer, 2023, S. 3) und zum anderen die Vorkenntnisse sowie das berufliche Umfeld der Verfasserin, die als Strategieberaterin für mittelständische Unternehmen tätig ist. Spezifische Fragestellungen zu steuerlichen Aspekten, vertraglichen Ausgestaltungen und rechtlichen Rahmenbedingungen von M&A-Projekten untersucht diese Dissertation nicht. Fragen zur Bewertung von Unternehmen, Preisfindung oder Finanzierung von M&A-Projekten werden ausschließlich in dem für die Bearbeitung des Themas notwendigen Umfang untersucht.

1.3.3 Forschungsrelevanz

Graebner et al. (2017, S. 5–6) geben einen systematischen Überblick über bestehende Konzeptualisierungen der PMI in der Forschung. Der Überblick zeigt, „wie reichhaltig die Forschung zur PMI ist“ (Graebner et al., 2017, S. 25) und unterstreicht die Relevanz der Erforschung strategischer Aspekte der PMI. Steigenberger (2017, S. 408) schließt aus seiner Bestandsaufnahme, dass die PMI-Forschung erhebliche Fortschritte in Bezug auf das Verständnis des Integrationsprozesses gemacht habe. Es gebe aber zur Entwicklung und Umsetzung der PMI-Strategie noch viel Forschungsbedarf. Das Ziel, ein klares Verständnis für die Gründe des Erfolgs oder Misserfolgs der PMI zu entwickeln, bleibe relevant (Steigenberger, 2017, S. 423). Gomes et al. (2020, S. 179–180) belegen anhand einer systematischen Literaturanalyse, dass die strategische Managementforschung zahlreiche M&A-Themen untersucht und dabei eine Vielzahl theoretischer Rahmenbedingungen und methodischer Ansätze übernommen habe. Dennoch bestehe ein ständiger Bedarf an der theoretischen Weiterentwicklung der M&A-Forschung (Gomes et al., 2020, S. 191).

Empirische Forschungsarbeiten zu den Mittelstandsspezifika des PMI-Managements haben eine vergleichsweise geringe Bedeutung (F. Bauer, 2012, S. 113; Becker et al., 2016, S. 1; Gerpott, 1993, S. 193), trotz der großen volkswirtschaftlichen Bedeutung des deutschen Mittelstands (F. Bauer, 2012, S. 113;

Feix et al., 2017, S. 39–40) und obwohl strategische M&A-Projekte in mittelständischen Unternehmen zunehmend wichtiger werden (F. Bauer, 2023, S. 15; Becker et al., 2016, S. 2–3; Feix et al., 2017, S. 11–12).

Diese Dissertation hat das Ziel, den Stand der Forschung zu den Erfolgsfaktoren des strategischen PMI-Managements im deutschen Mittelstand zu analysieren, systematisieren und zu bewerten, um einen signifikanten Beitrag zur Identifikation mittelstandsspezifischer Erfolgsfaktoren des strategischen PMI-Managements zu leisten und Erkenntnisgewinne zu ihren Wirkungen und Wechselwirkungen zu gewinnen. Ansätze der EFF werden in dieser Dissertation mit Ansätzen des Strategischen Managements und des PMI-Managements sowie mit Erkenntnissen der Mittelstandforschung verbunden. Die erwarteten Ergebnisse sollen die Grundlage zur Entwicklung neuer Erklärungsansätze und Gestaltungshinweise liefern und das Bewusstsein der empirischen Forschung für die Wirkung kritischer Erfolgsfaktoren im strategischen PMI-Management im deutschen Mittelstand schärfen.

1.3.4 Praxisrelevanz

M&A-Projekte gewinnen für mittelständische Unternehmen als Alternative zum organischen Wachstum an Bedeutung und können für die Sicherung der Wettbewerbsfähigkeit und Zukunftssicherung essenziell sein (Klein, 2019, S. 5). Nur wenige mittelständische Unternehmen sammeln in ihrer Unternehmenshistorie nennenswerte M&A-Erfahrungen (Meynerts-Stiller & Rohloff, 2019, S. 171). M&A-Projekte sind für viele mittelständische Unternehmen angesichts fehlender Erfahrungen und begrenzter Ressourcen komplex und mit zahlreichen Risiken verbunden. Ein gescheitertes M&A-Projekt kann die Existenz eines mittelständischen Unternehmens gefährden (Becker et al., 2016, S. 1). Die Ursachen für das Scheitern liegen häufig im strategischen PMI-Management (Gomes et al., 2013, S. 22; Picot, 2012, S. 22).

Im Hinblick auf die Reduzierung der mit M&A-Projekten im Mittelstand verbundenen Risiken kommt dieser Dissertation eine wichtige Rolle zu. Die Kenntnis der Wirkungsweise mittelstandsspezifischer Erfolgsfaktoren im PMI-Management und deren Berücksichtigung in einem ganzheitlichen Managementansatz kann eine wesentliche Grundlage für die Entwicklung praxisrelevanter strategischer Handlungsempfehlungen für das PMI-Management im deutschen Mittelstand bilden, die das Potenzial haben, die Erfolgsquote mittelständischer M&A-Projekte zu erhöhen und die mit M&A-Projekten im deutschen Mittelstand bestehenden

Risiken zu reduzieren. Schmalen et al. (2006, S. 351) schreiben dazu: „Der Nutzen der Erfolgsfaktorenforschung für die unternehmerische Praxis ist aus den generierten Ergebnissen direkt ableitbar: Das Wissen über die Ursachen von Erfolgen und Misserfolgen dient dem Management als Informationsgrundlage zukünftiger Entscheidungen, gleichzeitig stellen Erfolgsfaktorenkonzepte aber auch retrospektiv ein wichtiges Kontrollsystem dar.“

1.4 Forschungsfragen, Zielstellungen und erwartete Ergebnisse der Dissertation

Abschnitt 1.4.1 stellt die Forschungsfragen sowie die Haupt- und Teilzielstellungen des Forschungsvorhabens vor. Abschnitt 1.4.2 leitet die erwarteten neue Ergebnisse und Erkenntnisse ab.

1.4.1 Forschungsfragen, Haupt- und Teilzielstellungen

Das Wissen zu den mittelstandsspezifischen Erfolgsfaktoren der PMI ist unvollständig. Es fehlen praxisrelevante Lösungsansätze für ein ganzheitliches strategisches PMI-Management im deutschen Mittelstand, um die Erfolgswahrscheinlichkeit zu erhöhen und die Risiken eines Scheiterns zu senken. Die auf Basis der Ergebnisse der Evaluierung des Forschungsstands abgeleitete Forschungslücke macht deutlich, dass sich die bisherige Forschung zum strategischen PMI-Management vor allem auf kapitalmarktorientierte, fremdgeführte Großunternehmen bezieht und vielfach einzelne Erfolgsfaktoren isoliert voneinander untersucht. Es mangelt an empirischen Studien mit einem holistischen Forschungsansatz zu den mittelstandsspezifischen Erfolgsfaktoren des strategischen PMI-Managements.

Zielsetzung dieser Dissertation ist es, durch die Beantwortung der Forschungsfragen einen relevanten Erkenntnisgewinn zur Identifikation der Erfolgsfaktoren des strategischen PMI-Managements im deutschen Mittelstand zu erbringen. Die daraus abgeleiteten Handlungsempfehlungen sollen einen Beitrag leisten, die Erfolgsquote mittelständischer M&A-Projekte zu erhöhen und die mit M&A-Projekten im deutschen Mittelstand verbundenen Risiken zu reduzieren. Tabelle 1.1 fasst die Forschungsfragen, Problemstellungen, Forschungslücken, Zielstellungen sowie die erwarteten Ergebnisse und Erkenntnisse in Form einer Stringenzmatrix zusammen.

Tabelle 1.1 Stringenzmatrix der Dissertation. (Quelle: Eigene Darstellung)

Stringenzmatrix Erfolgsfaktoren des strategischen Post-Merger-Integrationsmanagements im deutschen Mittelstand – Konzeption eines multiperspektivischen Modells				
Hauptforschungsfrage (HFF)	Welche sind die Erfolgsfaktoren des strategischen Post-Merger-Integrationsmanagements im deutschen Mittelstand, und wie lässt sich die Post-Merger-Integration erfolgreich strategisch managen?			
Forschungsfragen	Problemstellungen	Forschungslücken	Zielstellungen	Erwartete Ergebnisse und Erkenntnisse
Theoretische Subforschungsfrage 1 (TSFF1) Welche Erfolgsfaktoren des strategischen PMI-Managements hat die wissenschaftliche Forschung mit welchen Ergebnissen untersucht, und wie sind die bisherigen Untersuchungsansätze zu bewerten?	▪ Die aktuelle Forschung zu Erfolgsfaktoren des strategischen PMI-Managements konzentriert sich hauptsächlich auf Großunternehmen. Die Forschungsansätze sind theoretisch fragmentiert und vernachlässigen die Besonderheiten des deutschen Mittelstands. Es fehlen praxisorientierte, branchenübergreifende und ganzheitliche Ansätze.	▪ Bisher fehlt eine systematische, theoriegeleitete Evaluation von Untersuchungsansätzen, die in der Erfolgsfaktorenforschung und im Strategischen Management verankert sind und den Fokus auf den deutschen Mittelstand legen.	▪ Bestandsaufnahme des Stands der Forschung zu den Erfolgsfaktoren des strategischen PMI-Managements ▪ Evaluierung der bisherigen Untersuchungsansätze zu den Erfolgsfaktoren des strategischen PMI-Managements	▪ Zusammenfassende Darstellung des wissenschaftlichen Diskussionsstands zum strategischen PMI-Management ▪ Deskriptionsmatrix der Literatur zu den Erfolgsfaktoren des strategischen PMI-Managements ▪ Kriterienkatalog und Evaluierungsmatrix der bisherigen Untersuchungsansätze zu den Erfolgsfaktoren des strategischen PMI-Managements
Theoretische Subforschungsfrage 2 (TSFF2) Wie ist ein erfolgsfaktorenbasierter Managementansatz zu konzipieren, mit dem sich die strategische PMI im deutschen Mittelstand erfolgreich managen lässt?	▪ Es fehlt bisher ein holistischer, praxisorientierter Managementansatz, der mittelstandsspezifische Erfolgsfaktoren des strategischen PMI-Managements branchenübergreifend und theoriegestützt integriert.	▪ Nur wenige Modelle verbinden bisher Erfolgsfaktoren innerhalb eines im deutschen Mittelstand anwendbaren Modells. Es fehlt ein theoretisch fundierter, erfolgsfaktorenbasierter Managementansatz, der auf das strategische Management der PMI im deutschen Mittelstand zugeschnitten ist.	▪ Evaluierung und Abgrenzung vermutlich relevanter mittelstandsspezifischer Erfolgsfaktoren des strategischen PMI-Managements ▪ Konzeption eines eigenen erfolgsfaktorenbasierten Managementansatzes für das strategische PMI-Management in mittelständischen Unternehmen in Deutschland	▪ Beschreibung und Evaluierung der vermutlich relevanten mittelstandsspezifischen Erfolgsfaktoren des strategischen PMI-Managements ▪ Eigener erfolgsfaktorenbasierter Managementansatz für das strategische PMI-Management mittelständischer Unternehmen in Deutschland
Empirische Subforschungsfrage (ESFF) Welche kritischen Erfolgsfaktoren des strategischen PMI-Managements im deutschen Mittelstand lassen sich auf der Basis der Einschätzungen und Erfahrungen von Experten ermitteln, beschreiben und qualitativ evaluieren?	▪ Strategische Erfolgsfaktorenmodelle basieren häufig auf theoretischen Annahmen. Es fehlt an empirisch fundierten Rückkopplungen durch Einbezug praxisnaher Erfahrungen aus verschiedenen Branchen des deutschen Mittelstands.	▪ Es gibt kaum empirische Studien, die Erfolgsfaktoren im strategischen Management der PMI aus der Perspektive von Eigentümern und Managern im deutschen Mittelstand qualitativ und branchenübergreifend untersuchen.	▪ Qualitative Evaluierung der empirisch ermittelten Erfolgsfaktoren des strategischen PMI-Managements im deutschen Mittelstand	▪ Darstellung, Interpretation und Diskussion der Ergebnisse der qualitativen Inhaltsanalyse
Gestalterische Subforschungsfrage (GSFF) Wie kann der eigene Managementansatz auf der Basis der empirischen Untersuchung vertieft und finalisiert werden, um daraus für mittelständische Unternehmen in Deutschland Handlungsempfehlungen für ein erfolgreiches PMI-Management abzuleiten?	▪ Mittelständischen Unternehmen in Deutschland fehlen praxisorientierte Instrumente zur erfolgreichen strategischen Steuerung des PMI-Managements. Bestehende Handlungsempfehlungen sind häufig weder strategisch fundiert noch auf mittelständische Charakteristika zugeschnitten.	▪ Es fehlt ein integriertes, praxisnahes Modell, das Erkenntnisse aus Theorie und Empirie zu einem strategischen Managementansatz für den deutschen Mittelstand zusammenführt und den Fokus auf die Entwicklung operationalisierbarer, strategisch fundierter und branchenübergreifend nutzbarer Handlungsempfehlungen legt.	▪ Zusammenführung und Diskussion von Theorie und Empirie, Weiterentwicklung und Vertiefung des eigenen Managementansatzes ▪ Ableitung der kritischen Erfolgsfaktoren des PMI-Managements ▪ Ableitung von Handlungsempfehlungen für ein erfolgreiches PMI-Management im deutschen Mittelstand	▪ Zusammenfassende Darstellung der Erkenntnisse/Ergebnisse, Diskussion und Interpretation ▪ Finalisierter eigener Managementansatz für das strategische PMI-Management im deutschen Mittelstand ▪ Handlungsempfehlungen für mittelständische Unternehmen in Deutschland für ein erfolgreiches PMI-Management

In dieser Dissertation soll folgende Hauptforschungsfrage (HFF) beantwortet werden:

Welche sind die Erfolgsfaktoren des strategischen PMI-Managements im deutschen Mittelstand, und wie lässt sich die PMI erfolgreich strategisch managen?

Hauptzielstellung der Dissertation ist es, durch die Beantwortung der HFF neue forschungs- und praxisrelevante Erkenntnisse darüber zu gewinnen, wie das strategische PMI-Management im deutschen Mittelstand erfolgreich gestaltet werden kann.

HFF und Hauptzielstellung lassen sich in theoriegeleitete, empirische sowie gestaltungsgeleitete Teilfragen und Teilzielstellungen aufgliedern. Im ersten Abschnitt des theoretischen Teils soll die folgende erste theoretische Subforschungsfrage (TSFF1) beantwortet werden:

> Welche Erfolgsfaktoren des strategischen PMI-Managements hat die wissenschaftliche Forschung mit welchen Ergebnissen untersucht, und wie sind diese Untersuchungsansätze zu bewerten?

Die erste theoriegeleitete Zielstellung ist die Bestandsaufnahme und Evaluierung der wissenschaftlichen Grundlagen und des Stands der Forschung zu den Erfolgsfaktoren des strategischen PMI-Managements, auf deren Basis die Forschungslücke visualisiert und abgeleitet wird.

Im zweiten Abschnitt des theoretischen Teils soll die folgende zweite theoretische Subforschungsfrage (TSFF2) beantwortet werden:

> Wie ist ein erfolgsfaktorenbasierter Managementansatz zu konzipieren, mit dem sich die strategische PMI im deutschen Mittelstand erfolgreich managen lässt?

Die zweite theoriegeleitete Zielstellung ist es, aufbauend auf der deskriptiven Darstellung und Evaluierung der Literatur, vermutlich relevante mittelstandsspezifische Erfolgsfaktoren des strategischen PMI-Managements zu identifizieren, zu evaluieren sowie beschreibend zu strukturieren und abzugrenzen, um einen erfolgsfaktorenbasierten Managementansatz für das strategische PMI-Management im deutschen Mittelstand zu konzipieren.

Im empirischen Teil der Dissertation soll folgende empirische Subforschungsfrage (ESFF) beantwortet werden:

> Welche konkreten Erfolgsfaktoren des strategischen PMI-Managements im deutschen Mittelstand lassen sich auf der Basis der Einschätzungen und Erfahrungen von Experten ermitteln, beschreiben und qualitativ evaluieren?

Empiriegeleitete Zielstellung ist die qualitative Evaluierung der in der eigenen empirischen Untersuchung ermittelten Erfolgsfaktoren des strategischen PMI-Managements im deutschen Mittelstand.

Im Gestaltungsteil soll folgende gestalterische Subforschungsfrage (GSFF) beantwortet werden:

> Wie kann der eigene Managementansatz auf der Basis der Ergebnisse der empirischen Untersuchung vertieft und finalisiert werden, um daraus für den deutschen Mittelstand Handlungsempfehlungen für ein erfolgreiches PMI-Management abzuleiten?

Gestaltungsgeleitete Zielstellungen sind, die Ergebnisse und Erkenntnisse aus dem theoretischen und empirischen Teil zusammenzuführen und zu diskutieren, um auf Basis des eigenen vertieften Managementansatzes die kritischen Erfolgsfaktoren des PMI-Managements abzuleiten sowie Maßnahmen, Handlungsempfehlungen und Lösungsansätze für die weiterführende Forschung und praxisrelevante Handlungsempfehlungen für die Planung, Durchführung und Erfolgskontrolle des strategischen Managements der PMI im deutschen Mittelstand zu beschreiben und zu begründen.

1.4.2 Erwartete neue Ergebnisse und Erkenntnisse

Die erwarteten neuen Ergebnisse und Erkenntnisse der Dissertation sollen die Grundlage zur Entwicklung neuer Erklärungsansätze und Gestaltungshinweise für das PMI-Management im deutschen Mittelstand bilden. Neue Erkenntnisse zur Wirkungsweise und zu den Wechselwirkungen der mittelstandsspezifischen strategischen Erfolgsfaktoren im PMI-Management und deren Berücksichtigung in einem Managementansatz sollen die Grundlage für die Entwicklung praxisrelevanter strategischer Handlungsempfehlungen für die Steuerung des PMI-Managements im Mittelstand schaffen, die das Potenzial haben, die Erfolgsquote mittelständischer M&A-Projekte zu erhöhen und die in diesem Zusammenhang für den deutschen Mittelstand bestehenden Risiken zu reduzieren.

Als neue Ergebnisse und Erkenntnisse der Bestandsaufnahme im ersten Abschnitt des theoretischen Teils werden zusammenfassende Darstellungen und Evaluierungen der wissenschaftlichen Grundlagen des strategischen PMI-Managements erwartet. Die für die Beantwortung der Forschungsfrage relevante Literatur wird innerhalb thematischer Cluster in Form von Deskriptionsmatrizen dargestellt, strukturiert, analysiert und kritisch reflektiert. Die bisherigen Untersuchungsansätze zu den Erfolgsfaktoren des strategischen PMI-Managements werden anhand aus der Literatur hergeleiteter und im Sinne der Zielsetzungen des theoretischen Teils zweckmäßiger Kriterien in Evaluierungsmatrizen zusammenfassend evaluiert. Die Evaluierung der in der relevanten Literatur gefundenen

Ergebnisse, Erkenntnisse und Erklärungsansätze führt zu einer Eingrenzung der potenziellen Erfolgsfaktoren im Sinne ihrer Relevanz für ein ganzheitliches strategisches PMI-Management im deutschen Mittelstand. Als neue Ergebnisse und Erkenntnisse der Konzeption eines eigenen erfolgsfaktorenbasierten Managementansatzes für das strategische PMI-Management im deutschen Mittelstand wird ein Modell erwartet, das aus allen strategischen Perspektiven die theoretisch begründeten mittelstandsspezifischen Erfolgsfaktoren im strategischen PMI-Management visuell strukturiert und damit ein Suchraster für die eigene empirische Untersuchung bildet (Gläser & Laudel, 2010, S. 89).

Als neue Ergebnisse des empirischen Teils werden die Darstellung, Interpretation und Diskussion der Ergebnisse einer inhaltlich strukturierenden qualitativen Inhaltsanalyse des in Experteninterviews gesammelten Datenmaterials und der Abgleich der empirischen Ergebnisse mit der Theorie erwartet. Damit sollen neue Erkenntnisse darüber gewonnen werden, welche Erfolgsfaktoren nach Einschätzung und Erfahrung von Experten die Erfolgswahrscheinlichkeit des strategischen PMI-Managements innerhalb von M&A-Projekten im deutschen Mittelstand erhöhen.

Als neue Ergebnisse des Gestaltungsteils werden zum einen die zusammenfassende Darstellung, Diskussion und Interpretation der Erkenntnisse und Ergebnisse des theoretischen sowie des empirischen Teils und zum anderen der weiterentwickelte und vertiefte eigene Managementansatz sowie praxisrelevante strategische Handlungsempfehlungen für die Planung, Durchführung und Erfolgskontrolle der PMI in mittelständischen M&A-Projekten in Form von Leitfäden, Checklisten und Unterstützungstools erwartet.

1.5 Aufbau der Dissertation

Abbildung 1.2 visualisiert den Aufbau dieser Dissertation. Kapitel 1 „Einleitungsteil" erläutert zunächst den Anlass dieser Dissertation. Die aktuelle Problemstellung wird beschrieben, Themenfelder werden erläutert und die Dissertation wird inhaltlich abgegrenzt. Die Relevanz der Dissertation für Forschung und unternehmerische Praxis werden dargestellt.

Zudem werden Forschungsfragen und Zielstellungen dieser Dissertation zusammenfassend erläutert, um abschließend zu beschreiben, welches die erwarteten neuen Ergebnisse und Erkenntnisse der Dissertation insgesamt, des theoretischen und des empirischen Teils sowie des Gestaltungsteils sind.

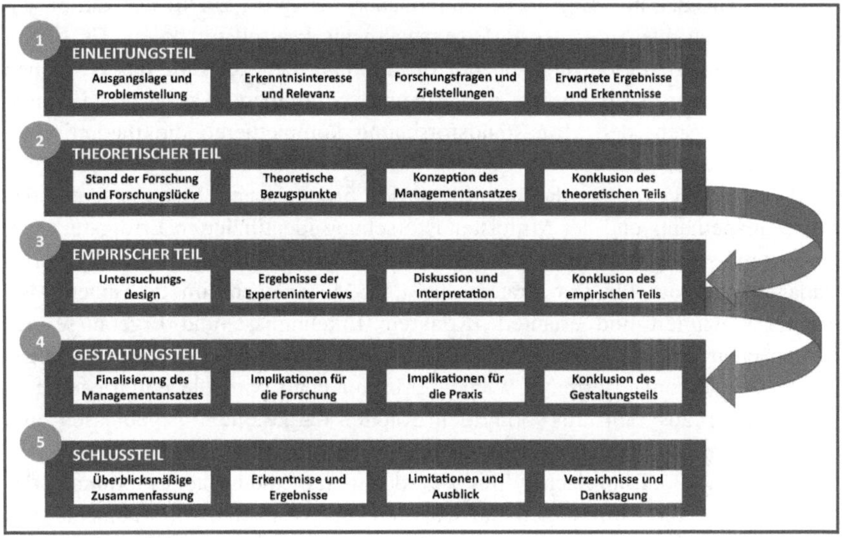

Abbildung 1.2 Aufbau der Dissertation. (Quelle: Eigene Darstellung)

Kapitel 2 „Theoretischer Teil" enthält eine Bestandsaufnahme sowie einen Überblick über die wissenschaftlichen Grundlagen und über den Stand der nationalen und internationalen Forschung zu den Themenfeldern der Dissertation. Bisherige wissenschaftliche Untersuchungsansätze werden anhand ausgewählter Kriterien evaluiert. Für die Beantwortung der Forschungsfragen relevante Arbeiten werden identifiziert und qualitativ bewertet. Die Forschungslücke wird visualisiert und die theoriegeleiteten Fragestellungen werden abgeleitet.

Nach einer Übersicht über die theoretischen Bezugspunkte werden zunächst Entwicklung, Grundannahmen, Dimensionen und Ausprägungen der EFF dargestellt. Ansätze zur Identifikation von Erfolgsfaktoren werden methodisch differenziert, Ablauf und Anforderungskriterien einer Erfolgsfaktorenstudie sowie die Berücksichtigung methodischer und inhaltlicher Kritikpunkte werden beschrieben. Anschließend werden theoretische Ansätze des Strategischen Managements dargestellt sowie Forschungsansätze und Ergebnisse empirischer Forschung zur Identifikation von Erfolgsfaktoren aus Sicht des Strategischen Managements erfasst und kritisch reflektiert, um daraus Schlussfolgerungen für die Konzeption des eigenen Managementansatzes zu ziehen. Mit dieser Zielsetzung werden auch theoretische Ansätze und Modelle des PMI-Managements dargestellt sowie die

Forschungsansätze und Ergebnisse empirischer Forschung zur Identifikation von Erfolgsfaktoren aus Sicht des PMI-Managements kritisch reflektiert. Es folgen eine begriffliche Abgrenzung und die Bestimmung der Relevanz des deutschen Mittelstands. Forschungsansätze und Ergebnisse zur Identifikation von Erfolgsfaktoren aus Sicht der Mittelstandsforschung komplettieren die theoretischen Bezugspunkte.

Abschließend werden die aus Sicht des Strategischen Managements, des PMI-Managements und der Mittelstandsforschung identifizierten Erfolgsfaktoren zusammenfassend strukturiert. Darauf basierend wird ein erfolgsfaktorenbasierter Managementansatz für das strategische PMI-Management im deutschen Mittelstand konzipiert und erläutert. Konkrete Erkenntnisse und Ergebnisse des theoretischen Teils werden formuliert und es wird dargelegt, wie die theoriegeleiteten Zielstellungen erreicht werden. Abschließend wird die empiriegeleitete Fragestellung aus den im vorherigen Kapitel dargestellten Ergebnissen und Erkenntnissen begründet abgeleitet.

Im Kapitel 3 „Empirischer Teil“ werden die methodische Einordnung der Untersuchung, die Grundlagen der qualitativen Forschung, die Elemente des qualitativen Forschungsansatzes sowie das Vorgehen und der Ablauf der empirischen Untersuchung erläutert. Die Datenerhebung mittels leitfadengestützter Experteninterviews sowie die Datenanalyse und -auswertung mittels qualitativer Inhaltsanalyse werden beschrieben. Die Ergebnisse werden thematisch strukturiert, grafisch dargestellt, erläutert und in Bezug auf die Problemstellung und die Zielstellungen diskutiert sowie interpretiert. Das methodische Vorgehen und die Abgrenzung der qualitativen Untersuchung werden anhand der Gütekriterien qualitativer Forschung kritisch reflektiert. Als Konklusion werden wichtige Erkenntnisse und Ergebnisse des empirischen Teils zusammengefasst und es wird dargelegt, wie die empiriegeleitete Fragestellung beantwortet und die empiriegeleitete Zielstellung erreicht werden. Abschließend wird die gestaltungsgeleitete Fragestellung der Dissertation aus den konkreten Erkenntnissen und Ergebnissen des empirischen Teils begründet abgeleitet.

Im Kapitel 4 „Gestaltungsteil“ werden die Erfolgsfaktoren konzeptualisiert und mit dem Ziel operationalisiert, den eigenen Managementansatz auf Basis der Ergebnisse und Erkenntnisse aus dem theoretischen und empirischen Teil der Dissertation zu vertiefen und finalisieren. Ansätze für die weiterführende Forschung zur Problemstellung sowie Maßnahmen, Handlungsempfehlungen und Lösungsansätze für die unternehmerische Praxis werden begründet beschrieben. Schlussfolgerungen aus den Erkenntnissen und Ergebnissen des Gestaltungsteils werden dargestellt und es wird erläutert, wie die gestaltungsgeleitete Zielstellung der Dissertation erreicht wird. Abschließend wird aufgezeigt, wie die gestaltungsgeleitete Fragestellung in den vorgenannten Kapiteln beantwortet und welcher Beitrag damit zur Hauptzielstellung der Dissertation geleistet wird.

Im Kapitel 5 „Schlussteil" werden nach einer überblicksmäßigen Zusammenfassung der Dissertation zentrale Erkenntnisse für die Forschung und zentrale Ergebnisse für die Praxis dargestellt. Es wird zusammenfassend kritisch eingeschätzt, innerhalb welcher Grenzen und Einschränkungen die Forschungsresultate dieser Dissertation zu interpretieren sind. Ein Ausblick beschreibt, mit welchen Auswirkungen die Ergebnisse der Dissertation in der Praxis umgesetzt und angewendet werden können. Abschließend werden unter Berücksichtigung der Grenzen der eigenen Untersuchung Anregungen für weiterführende Forschungsarbeiten formuliert.

2 Theoretischer Teil

Abschnitt 2.1 gibt einen Überblick über den Stand der Forschung und leitet die Forschungslücke sowie die theoriegeleiteten Fragestellungen ab. Abschnitt 2.2 erläutert die theoretischen Bezugspunkte und konzipiert einen eigenen Managementansatz für das strategische PMI-Management im deutschen Mittelstand. Abschnitt 2.3 beantwortet die theoriegeleiteten Fragestellungen und leitet die empiriegeleitete Fragestellung ab.

2.1 Stand der Forschung

Im Abschnitt 2.1.1 werden der Stand der nationalen und internationalen Forschung zur Problemstellung des Forschungsvorhabens sowie zu den Themenfeldern, Forschungsfragen und Zielstellungen dieser Dissertation dargestellt, analysiert und kritisch reflektiert. Im Abschnitt 2.1.2 werden bisherige Untersuchungsansätze anhand aus der Literatur hergeleiteter Kriterien evaluiert. Für die Beantwortung der Forschungsfragen relevante Arbeiten werden identifiziert und qualitativ bewertet. Auf Basis der Ergebnisse der evaluatorischen Literaturanalyse wird die Forschungslücke abgeleitet. Im Abschnitt 2.1.3 werden die theoriegeleiteten Fragestellungen abgeleitet und konkretisiert.

2.1.1 Deskriptive Darlegung des Stands der Forschung

2.1.1.1 Vorgehen der deskriptiven Darlegung

Im Folgenden werden die gesichtete Literatur und der Stand der Forschung in Deskriptionsmatrizen tabellarisch zusammengefasst. Die Arbeiten werden

K. Verbakel, *Strategisches Post-Merger-Integrationsmanagement*, Leadership Insights: Impulse für Management und Führung,
https://doi.org/10.1007/978-3-658-50274-4_2

nach dem jeweiligen Rating (VHB JQ3) des veröffentlichenden Journals sowie nach relevantem Inhalt, theoretischer Fundierung, Art der empirischen Untersuchung (Datenerhebung und -grundlage, Analysemethoden) und bezüglich ihrer Ergebnisse und Kernaussagen strukturiert. Als thematische Cluster werden die Themenfelder dieser Dissertation verwendet. Die für die Beantwortung der Forschungsfragen relevanten wissenschaftlichen Arbeiten zu Erfolgsfaktoren des strategischen PMI-Managements im deutschen Mittelstand (Cluster 1), zu Erfolgsfaktoren des Strategischen Managements (Cluster 2), zu Erfolgsfaktoren des strategischen PMI-Managements (Cluster 3) sowie zum PMI-Management im deutschen Mittelstand (Cluster 4) werden anhand von Deskriptionsmatrizen beschrieben und analysiert. Tabelle 2.1 zeigt beispielhaft Aufbau, Struktur und Inhalt der Deskriptionsmatrizen.

Tabelle 2.1 Beispielhafter Aufbau der Deskriptionsmatrizen. (Quelle: Eigene Darstellung)

Autoren (Jahr)	Rating (VHB JQ3)	Für das Forschungsvorhaben relevanter Inhalt	Theoretische Fundierung	Empirische Untersuchung (Datenerhebung und -grundlage, Analysemethoden)	Wesentliche Ergebnisse und Aussagen
Cluster 1: Forschungsstand zu den Erfolgsfaktoren des strategischen Post-Merger-Integrationsmanagements im deutschen Mittelstand					
Bauer, Dao (2017)	kein Rating	Beitrag zeigt anhand einer quantitativen Studie auf, dass es unterschiedliche Akquisitionsstrategien gibt, die wiederum unterschiedliche Ansätze eines wissensbasierten Integrationsmanagements erfordern, um Synergien für das Erreichen der strategischen Ziele der Organisation zu schaffen.	Explorative Faktorenanalyse über alle relevanten Indikatoren hinweg. Diese zeigt drei unterschiedliche Akquisitionsstrategien auf, eine Gelegenheits-, eine Netzwerkakquisitions- und eine Programmakquisitionsstrategie.	Studie bezieht sich auf eine Primärdatenerhebung, die im Jahr 2017 vom SMA Research Lab gemeinsam mit fünf Master-Studierenden der Universität Innsbruck und des Management Center Innsbruck durchgeführt wurde.	Ein wesentliches strategisches M&A-Ziel für Unternehmen ist es, Fähigkeiten und Ressourcen zu entwickeln, um kontinuierlich neues Wissen zu generieren. Dabei spielt ein wirksames M&A-Integrationsmanagement eine tragende Rolle, da erst durch die Schaffung von Interaktion zwischen Käufer- und Zielunternehmen der Wissens- und Fähigkeitentransfer stattfinden kann. Jedoch wird die Wirksamkeit des wissensbasierten Integrationsmanagements durch die unterschiedlichen Modi des akquisitorischen Wachstums beeinflusst.
Cluster 2: Forschungsstand zu den Erfolgsfaktoren des Strategischen Managements im deutschen Mittelstand					
Winkler (2020)	Dissertation	Wie kann die Genese der Kommunikation in mittelständischen Unternehmen anhand der Unternehmensentwicklung durch zentrale Schlüsselereignisse erklärt werden? Inwiefern lassen sich Kommunikationsspezifika mittelständischer Unternehmen als Resultat von Entwicklungspfaden identifizieren? Welche Einflussfaktoren bedingen die Entstehung und Weiterentwicklung einer Mittelstandskommunikation?	Studie will anders als die bisherige Forschung die Kommunikation mittelständischer Unternehmen untersuchen, indem sie "eine prozess- bzw. handlungsorientierte Kommunikationsperspektive zur Beantwortung der Forschungsfrage vorschlägt".	Qualitative Interviews, Dokumentenanalyse, qualitative Inhaltsanalyse, fünf Fallstudien mittelständischer Industrieunternehmen.	Empfehlungen für die Kommunikation mittelständischer Unternehmen: (1) Stetiges Bewusstheit über die aktuelle Unternehmensphase und wichtige Schlüsselereignisse; (2) Besserer Umgang mit Veränderungen und Herausforderungen (Wachstum, Krise, Nachfolge) und deren Auswirkungen auf die Kommunikation (Vorlauf- und Übergangszeiten einplanen); (3) Klare Aufgaben- und Verantwortungszuschreibung für Kommunikationsverantwortliche; (4) Unterstützung durch die Geschäftsleitung für die Implementierung neuer Kommunikationsstrukturen und -maßnahmen.
Cluster 3: Forschungsstand zu den Erfolgsfaktoren des strategischen Post-Merger-Integrationsmanagements					
Umashankar, Bahdir, Bharadwaj (2022)	A+	Die meisten Forscher übersehen die Reaktionen der Kunden, obwohl die Kunden von diesen Unternehmensveränderungen direkt betroffen sind. Die Studie zeigt, dass M&A zu einem (erheblichen) Rückgang der Kundenzufriedenheit führen können.	Quasiexperimentelle Differenz-in-Differenzen-Analyse und eine instrumentelle Variablen-Panel-Regression.	Schätzstichprobe aus der ACSI-Datenbank. Hauptanalyse auf der Basis eines Querschnitts-Zeitreihendatensatz von 1.359 Firmenjahresbeobachtungen für 141 Firmen von 1995 bis 2017.	Die Unzufriedenheit der Kunden nach einem M&A-Projekt ist darauf zurückzuführen, dass sich die Aufmerksamkeit der Führungskräfte von den Kunden weg und hin zu Finanzthemen verlagern. Die Aufgabe der Marketingfunktion im Vorstand hat die Aufgabe, die Aufmerksamkeit der Führungskräfte auf die Kunden zu richten, was die dysfunktionalen Auswirkungen von M&A auf die Kundenzufriedenheit abschwächen kann.
Cluster 4: Forschungsstand zum Post-Merger-Integrationsmanagement im deutschen Mittelstand					
Palm, Kammerlander (2021)	kein Rating	Akquisitionsverhalten von Familienunternehmen, Desinvestitionsstrategien	Studie zu den M&A Motiven, den Pre- und Post-M&A-Prozessen und den Desinvestitionsstrategien in Familienunternehmen im deutschsprachigen Raum, qualitatives interviewbasiertes Forschungsdesign.	50 Interviews mit sieben Familienunternehmen und M&A-Experten.	Familienunternehmen halten lange an nicht erfolgreichen Akquisitionen fest und versuchen durch hohe Investitionen die akquirierten Unternehmen doch zum Erfolg zu führen, trotz hoher Kosten und ggf. Verluste, um langfristig einen Gewinnbeitrag für das Familienunternehmen zu erzielen.

2.1.1.2 Erfolgsfaktoren des strategischen PMI-Managements im deutschen Mittelstand

Nur wenige relevante Studien befassen sich mit den Erfolgsfaktoren des strategischen PMI-Managements im deutschen Mittelstand (Cluster 1). Tabelle 2.2 zeigt einen Auszug der Deskriptionsmatrix für das Cluster 1. Auf relevante Arbeiten im Cluster 1 wird im Folgenden in chronologischer Reihenfolge beschreibend eingegangen.

Tabelle 2.2 Auszug aus der Deskriptionsmatrix zum Cluster 1. (Quelle: Eigene Darstellung)

Cluster 1: Forschungsstand zu den Erfolgsfaktoren des strategischen Post-Merger-Integrationsmanagements im deutschen Mittelstand					
Autoren (Jahr)	**Rating** (VHB JQ3)	**Für das Forschungsvorhaben relevanter Inhalt**	**Theoretische Fundierung**	**Empirische Untersuchung** (Datenerhebung und -grundlage, Analysemethoden)	**Wesentliche Ergebnisse und Aussagen**
Bauch (2004)	Disser-tation	M&A als Auslöser von Unternehmensintegrationen, Literaturaussagen zu Unternehmensintegrationen, Empfehlungen zur erfolgreichen Bewältigung von Unternehmensintegrationen.	Mit dem Case-Research-Projekt liegt das Gewicht auf der Explorationsstufe, dies ermöglicht den Aufbau eines vertieften, realitätsnahen Verständnisses von Integrationsprozessen.	Fallstudie und Expertengespräche, Integration eines mittelständigen Pharma-Herstellers in die Pharma-Sparte eines größeren Konzerns. Die Firma wurde im Rahmen einer Nachfolgeregelung durch den Konzern erworben.	Für die Praxis hilfreiche Gestaltungsempfehlungen zur erfolgreichen Bewältigung der PMI; Beschreibung von Inhalt und Ablauf der PMI; gestaltungsorientierter Bezugsrahmen zur PMI; Ausformulierung von Empfehlungen entlang des Bezugsrahmens.
Furtner (2011)	Disser-tation	M&A-Prozessmodell für den Mittelstand für unterschiedliche Erfahrungen. M&A-Strategie für den Mittelstand: Ziele setzen und konsequent verfolgen. PMI als eigentliche Herausforderung; der Integrationsprozess und dessen Organisation; Handlungsrahmen für den Integrationsprozess; Management des kulturellen Wandels; Kommunikation.	In der Praxis erprobte, erfolgreiche M&A-Strategien als Vorlage für die Entwicklung eines M&A-Grundmusters für mittelständische Unternehmen.	Interviews mit Führungskräften, Eigentümern und Stabstellen von 27 mittelständischen österreichischen Unternehmen, standardisierter Fragebogen (Jahr 2005).	M&A-Erfolg korreliert mit der Erfahrung im M&A-Prozess. Erfahrung wiederum korreliert mit der Anzahl der durchgeführten Transaktionen. Erfolgsfaktoren: Geplante und konsequent durchgeführte PMI, Einbeziehung der Mitarbeitenden, umfassende Kommunikation. M&A-Prozessmodell als praktikable Ausgangsbasis zur Entwicklung unternehmensindividueller, verbindlicher Handlungsrahmen für den Mittelstand.
Grösser, Staufer (2016)	D	Ein integrativer, empirisch gestützter PMI-Ansatz mit einem kausalen PMI-Cockpit, welches die wesentlichen Wirkungs-zusammenhänge der PMI-Situation erfasst und die Indikatoren zur Steuerung der PMI ableitet, ermöglicht ein systematisches, integratives Controlling einer PMI.	Controlling-Cockpit wird für einen einzelnen, typischen PMI-Fall erstellt. Qualitative System-Dynamik-Methodik, um Systemzusammenhänge zu erheben und Erfolgsfaktoren für das PMI zu identifizieren; eine auf Kausalbeziehungen basierende Methodik; für die Erfolgs-faktoren wird ein PMI-Cockpit zur Steuerung erstellt.	Gegenstand der PMI in der Fallstudie ist ein kleines und mittelständisches Unternehmen (Umsatz ca. 20 MCHF und 100 FTE) des Bankensektors in einen Geschäftsbereich des Großkundengeschäfts der Swisscom (Schweiz) AG, Bern, Schweiz (Umsatz ca. 850 MCHF) zu integrieren.	Modell zeigt acht Erfolgsfaktoren auf: Mitarbeiterzufriedenheit, Effektivität der Kommunikation, Engagement der Mitarbeiter, Grad kultureller Integration, Projektkomplexität, Kundenzufriedenheit, Visionsverständnis und Schlüsselpersonal des akquirierten Unternehmens.
Hille (2022)	Disser-tation	Unternehmenskultur als weicher Erfolgsfaktor beeinflusst Führung, Strategie, Organisation und damit auch die Veränderungsprozesse im Unternehmen.	Modelle zum Verständnis von Kultur werden beschrieben und Einflussfaktoren im Kulturkontext systematisiert; Wirkung der Unternehmenskultur auf den Erfolg eines Unternehmens; Einfluss kultureller Faktoren in Veränderungsprozessen; wissenschaftlicher Forschungsstand zur Erforschung weicher Faktoren bei Fusionen von Banken.	21 Experteninterviews; 179 Mitarbeiterbefragungen; Mixed-Methods-Ansatz, bestehend aus einem qualitativ ausgewerteten Experteninterview und einer vorwiegend quantitativ ausgewerteten Mitarbeiterumfrage.	Starker Einfluss kultureller, weicher Faktoren auf den Erfolg von Fusionen. Mitarbeitende und Vorstände tendieren dazu, kulturelle Unterschiede zu betonen und an ihrer eigenen Kultur festzuhalten. Für den Erfolg ist Zusammenarbeit wichtig; zeitnahe Transparenz über kulturelle Differenzen und Verständnis für die Kultur des Partners sind erforderlich, um gemeinsame Kultur zu schaffen.
Santulli, Galluci, Torchia, Calabrò (2022)	kein Rating	Beitrag zur Debatte über die Beziehung zwischen Familienbeteiligung und Leistung, in dem die vermittelnde Rolle der Neigung zu M&A und die moderierende Rolle des Leistungsfeedbacks betrachtet werden.	Auf der Grundlage der Upper-Echelons-Theorie (UET) und Argumenten aus der Verhaltenstheorie des Unternehmens wird ein Mediationsmodell erstellt, um die Mediations- und Vermittlerrolle anhand der Neigung zu M&A zu überprüfen; das Ausmaß der Vermittlung bei verschiedenen Werten des Moderators (Leistungsfeedback) wird bewertet.	Die Hypothesen werden mithilfe einer moderierten Mediationsanalyse an einer Stichprobe von 111 deutschen Familienunternehmen getestet.	Ein höherer Anteil von Familienmitgliedern im Top-Management führt zu einer besseren M&A-Leistung, was mit der Neigung zu M&A zusammenhängt und sich wiederum positiv auf die Unternehmensleistung auswirkt, insbesondere wenn das Leistungsfeedback negativ ist. Die Studie legt Managern von Familienunternehmen nahe, dass bei negativem Leistungsfeedback ein risikoreicheres Verhalten, wie z. B. M&A, einen Weg zur Verbesserung der Unternehmensleistung darstellen könnte.

Bauch (2004, S. 83) nennt in ihrem Review als Erfolgsfaktoren der PMI die Vereinheitlichung von Kunden-, Führungs- und Gehaltsstrukturen, die Projektorganisation, -planung und -kommunikation sowie die Erfahrung der im PMI-Management agierenden Führungskräfte. Furtner (2011, S. 47) entwickelt M&A-Strategien für den Mittelstand anhand eines Prozessmodells und nennt als Erfolgsfaktoren des PMI-Managements die planvolle und konsequente Durchführung der PMI, die Einbeziehung der Mitarbeiter, die Bereitstellung ausreichender Managementkapazitäten, die Kommunikation sowie die Berücksichtigung kultureller Differenzen (Furtner, 2011, S. 38–39).

Aus ihrem Systemmodell leiten Grösser und Stauffer (2016, S. 581–584) als Erfolgsfaktoren zufriedene und engagierte Mitarbeiter, effektive Kommunikation, kulturelle Integration, Komplexität der Projekte, Zufriedenheit der Kunden, Unternehmensvision und Verhalten der Schlüsselmitarbeiter des Zielunternehmens ab. Diese Faktoren ordnen sie den thematischen Clustern Mitarbeiter, Kultur, Kommunikation, Strategie/Vision und Kunden zu (Grösser & Stauffer, 2016, S. 586). Hille (2022, S. 93) macht deutlich, dass die Unternehmenskultur als Erfolgsfaktor der PMI wechselseitig Führung, Strategie und Organisation und damit auch Veränderungsprozesse eines Unternehmens beeinflusse. Die Autorin extrahiert, als sog. weiche Erfolgsfaktoren, Werte wie „Vertrauen, Respekt, Veränderungsbereitschaft, Offenheit und Ehrlichkeit" (Hille, 2022, S. 184). Santulli et al. (2022, S. 294) befassen sich mit Familiengesellschaftern im Management und dem Einfluss der moderierenden Rolle ihres Feedbacks auf Leistungen im PMI-Management (Santulli et al., 2022, S. 306).

2.1.1.3 Erfolgsfaktoren des Strategischen Managements im deutschen Mittelstand

In das Cluster 2 werden auch Studien einbezogen, die sich mit dem Strategischen Management in mittelständischen Unternehmen außerhalb von Deutschland befassen. Tabelle 2.3 zeigt einen Auszug der Deskriptionsmatrix. Auf relevante Arbeiten wird im Folgenden in chronologischer Reihenfolge beschreibend eingegangen.

Daschmann (1994, S. 171–173) vergleicht Ergebnisse und Ansätze verschiedener Vorgehensweisen bei der Herausarbeitung spezifischer Erfolgsfaktoren mittelständischer Unternehmen. Als charakteristische Merkmale mittelständischer Unternehmen arbeitet er die Rolle des Eigentümers und die Unternehmensgröße heraus. Die EFF stehe in Bezug auf die Spezifika des Mittelstands im Jahr 1994 erst am Anfang. In seiner empirischen Untersuchung leitet er aus der zentralen Steuerung des Unternehmens als kritische Erfolgsfaktoren den Führungsstil, die Flexibilität und die Innovationsfähigkeit ab. Das sog. „5P's Model" von Pryor et al. (2007, S. 7) mit den erfolgsbestimmenden Elementen „purpose, principles, processes, people, performance" stellt als integratives Modell einzelne Geschäftsdisziplinen innerhalb der Strategieumsetzung dar. Die Erfolgsraten der Strategieimplementierung ließen sich erhöhen, wenn nicht nur einzelne Faktoren, sondern das Zusammenspiel und die gleichgerichtete Ausrichtung der im Modell abgebildeten Elemente beachtet würden (Pryor et al., 2007, S. 13). Raps (2017, S. 316) sieht als Erfolgsfaktoren der Strategieimplementierung eine Mischung aus Intervention (zeitnahe, zentrale Entscheidungen bei Zweifelsfällen) und Partizipation (Mitarbeitereinbindung). Zudem sei Kommunikation wichtig, damit sich

Tabelle 2.3 Auszug aus der Deskriptionsmatrix zum Cluster 2. (Quelle: Eigene Darstellung)

Cluster 2: Forschungsstand zu den Erfolgsfaktoren des Strategischen Managements im deutschen Mittelstand					
Autoren (Jahr)	**Rating** (VHB JQ3)	**Für das Forschungsvorhaben relevanter Inhalt**	**Theoretische Fundierung**	**Empirische Untersuchung** (Datenerhebung und -grundlage, Analysemethoden)	**Wesentliche Ergebnisse und Aussagen**
Daschmann (1994)	Disser-tation	Erfolgsfaktoren mittelständischer Unternehmen.	Bezugsrahmen: Interne Rahmenbedingungen, Führungs- und Vollzugssystem des Unternehmens, externe Rahmenbedingungen, Strategien als Schnittstelle zwischen Unternehmen und Markt, Beziehungen der Bausteine untereinander.	Empirische Erfolgsfaktorenstudie.	Mittelstandsspezifische Erfolgsfaktoren als Ausgangspunkt strategischer Unternehmensführung, Bildung mittelständischer Unternehmens- und Situationstypen, Untersuchung der Frage, wie Erfolgsfaktoren in das strategische Planungs-, Steuerungs- und Kontrollsystem integriert werden können (Management der Erfolgsfaktoren).
Pryor, Anderson, Toombs, Humphreys (2007)	kein Rating	Systematische Strategieumsetzung erfordert eine integrative Strategie mit Methodik. Führungskräfte können von einem umfassenderen Rahmen für die strategische Umsetzung profitieren, anstatt sich kurzsichtig auf die Strategie zu konzentrieren.	Theorie und Forschung werden aus vermeintlich unterschiedlichen Geschäftsdisziplinen integriert, um das 5P-Modell als universelles Modell zur Darstellung einer effektiven Strategieumsetzung zu entwickeln.	Konzeptionelle Studie.	Die Metriken, Messungen und erwarteten Ergebnisse, die den Status der Organisation anzeigen, bilden das 5P-Element der Leistung und werden als Kriterien für die strategische Kontrolle und letztendlich für die Entscheidungsfindung verwendet.
Raps (2017)	Disser-tation	Einordnung der Strategieimplementierung; Begriffserklärungen; sachorientierte und verhaltensorientierte Durchsetzung; Phase der Strategieformulierung und Implementierung; Konzeption der Strategieimplementierung; führungsprozessbezogene und führungsprozessunabhängige Elemente. Handlungsfelder: Organisatorische Verankerung, Unternehmenskultur, Personalmanagement.	Strategieimplementierung als Bestandteil des strategischen Managements. Führungsprozessunabhängige Elemente als funktionale und subfunktionale Erfolgsfaktoren der Strategieimplementierung.	Fallstudie Pharmaindustrie USA.	Implementierungstaktik als Mischvariante aus Intervention (zeitnahe und zentrale Entscheidungen bei Zweifelsfällen) und Partizipation (Einbindung der Mitarbeitenden) mit hoher Erfolgsquote. Bedeutung der Kommunikationsmaßnahmen, damit sich Mitarbeitende mit der strategischen Stoßrichtung identifizieren. Kulturwandel u. U. notwendig und erhöht die Erfolgsaussichten. Beachtung der sozialpsychologischen Aspekte, frühzeitige und aktive Einbindung der Mitarbeitenden, Ideenmanagement, Training/Schulung. Controlling als Koordinationsfunktion, die die Implementierung unterstützt und aktiv begleitet.
Deimel, Gerke, Molinski (2021)	C	Empirische Studie untersucht die Bedeutung strategischer Erfolgsfaktoren für mittelständische Unternehmen und führt aus, welche Unterschiede es zwischen den erfolgreichen und weniger erfolgreichen Unternehmen in der Stichprobe gibt.	Erfolgsfaktoren; Strategisches Management; Hidden Champions; Key Informant Approach.	Mittelständische Unternehmen in NRW; Datenbank Creditreform.	Befragte Unternehmen erkennen die Erfolgsfaktoren der sog. Hidden Champions an und halten sie für wichtig für ihren Erfolg. Wichtigste Erfolgsfaktoren aus Sicht der Stichprobe: Aufbau intensiver Kundenbeziehungen, gute Produkt-/Servicequalität, hohe Motivation und Qualifikation der Mitarbeiter und hohe Umsetzungskompetenz.
Reed (2021)	C	Studie untersucht strategische Agilität und ihre Zusammenhänge mit Firmenalter, Firmengröße und Firmenleistung in KMU.	Drei-Faktoren-Modell der strategischen Agilität von Doz und Kosonen.	Modell in 30 Unternehmen aus verschiedenen Branchen in der Space Coast-Region Floridas getestet.	Die strategische Agilität nimmt mit zunehmendem Alter der Unternehmen ab, nicht jedoch mit zunehmender Unternehmensgröße. Strategische Agilität und Unternehmensleistung werden durch Umweltturbulenzen gemildert. Insbesondere steigt die Leistung mit der strategischen Agilität bei hohen Turbulenzen, nimmt jedoch mit der strategischen Agilität bei niedrigen Turbulenzen ab. KMU können von strategischer Agilität profitieren, wenn sie sie nutzen, solange sie noch über sie verfügen.
Rodrigues, Franco, Silva, Oliveira (2021)	C	Studie identifiziert und analysiert die Erfolgsfaktoren von KMU im Sinne dynamischer Fähigkeiten und ressourcenbasierter Sichtweisen.	Resource-based view.	Methode der Mehrfachfallstudie, 10 KMU-Fallstudien in Portugal.	Inhaltsanalyse der Interviews mit den Eigentümern und Geschäftsführern der befragten KMU ergaben als wichtigste strategische Erfolgsfaktoren: (1) strategische Planung, (2) Manager-/Managementkapazität, (3) Unternehmertum und Innovation, (4) Ressource Mensch (5) Netzwerke/Partnerschaften, (6) Finanzierung.
Vigfússon, Jóhannsdóttir, Òlafsson (2021)	kein Rating	Ziel dieser Studie ist es, aus empirischen Studien ersichtliche Hindernisse und Erfolgsfaktoren für die Strategieumsetzung zu identifizieren und einen Überblick über die empirische Literatur zu geben.	Um eine eigenständige Übersicht über die empirische Literatur zu erstellen und Wissenslücken hinsichtlich der Strategieumsetzung in Organisationen zu identifizieren, werden relevante Studien überprüft und analysiert.	Systematische Literaturrecherche: 35 von Experten begutachtete empirische Artikel werden analysiert. Alle ausgewählten Forschungsarbeiten verwenden Primärdaten, die von den untersuchten Organisationen gesammelt wurden.	Die Ergebnisse legen nahe und fassen zusammen, dass die empirische Forschung bisher 16 Faktoren identifiziert hat, die die Strategieumsetzung behindern können und 18 Schlüsselerfolgsfaktoren, die die Umsetzung erleichtern können.
Ego (2022)	C	Bei der Verfolgung von Wachstumschancen können Unternehmen im Wesentlichen zwischen drei verschiedenen Arten wählen: Interne Entwicklung, M&A und Partnerschaften.	Es wird ein integrativer Forschungsrahmen vorgeschlagen, der interne, externe und entscheidungsbezogene Faktoren umfasst.	Literatur Review.	Überblick konsolidiert die Literaturlandschaft; Studie bietet ein umfassendes Verständnis der Faktoren, die mit dem strategischen Wachstum von Unternehmen verbunden sind. Studie bietet einen zusammenfassenden Überblick und eine kritische Bewertung von 74 empirischen Beiträgen. Die Ergebnisse bestätigen, dass verschiedene interne und externe entscheidungsspezifische Faktoren ausschlaggebend für die Wahl bestimmter Wachstumsformen sind.
Maříková, Rolínek, Vrchota, Řehoř (2022)	kein Rating	Studie vertritt die Ansicht, dass Manager von KMU die Methoden des strategischen Managements nicht in der Weise anwenden, wie sie es könnten und dass die Anwendung des strategischen Managements in KMU in der Fachliteratur nicht ausreichend beschrieben wird.	Definition und Messung des "Level of Strategy Management": Insgesamt wird der Komplex von 46 Definitionen des strategischen Managements bzw. der Strategie gebildet.	Die Daten werden in 156 Unternehmen mittels eines Fragebogens ermittelt. Anwendung eines halbstrukturierten Fragebogens mit 40 Fragen.	Auf der Grundlage der Fachliteratur und ähnlicher Studien werden neun Hauptprinzipien ausgewählt, die das Niveau des strategischen Managements in Unternehmen beeinflussen.
Rovelli, Ferasso, de Massis, Kraus (2022)	C	Family Business Review, Journal of Family Business Strategy und Journal of Family Business Management werden als die drei führenden wissenschaftlichen Zeitschriften, die sich mit Familienunternehmen befassen, identifiziert. Studie gibt einen bibliometrischen Überblick über die Forschung zu Familienunternehmen.	Liste der TOP 50 zitierten Artikel zu Familienunternehmen; Liste der produktivsten Autoren zu Familienunternehmen.	Literatur Review.	Die Ergebnisse zeigen, dass die drei wissenschaftlichen Zeitschriften für Familienunternehmen (und damit das Forschungsfeld Familienunternehmen im Allgemeinen) im Laufe der Jahre an Resonanz gewonnen haben, was sich in der Zahl der Zitate widerspiegelt.
Pahnke, Welter, Audretsch (2023)	B	Autoren resümieren, dass es bis heute kein gemeinsames, weithin akzeptiertes und konsequent angewandtes Verständnis davon gibt, was den Mittelstand ausmacht. Die diesbezügliche internationale Forschung ist folglich weniger kohärent und es fehlt eine solide Evidenzbasis für politische Entscheidungsträger.	Die Bedeutung der Eigentümerführung; Beziehung zwischen Eigentümerführung und Unternehmensgröße; Denkweise des Mittelstands ist eher ein Gefühl der Zugehörigkeit; analytischer Rahmen zur Abgrenzung des Mittelstands.	Mittelstandsbefragung 2014 (deutsche Unternehmen) des IFM (Institut für Mittelstandsforschung, Bonn).	Unter Hervorhebung der Unterschiede schlagen die Autoren vor, dass Forschung, politische Entscheidungsträger und Praktiker die Einheit von Eigentum und Management in den Mittelpunkt der Definition des Mittelstands stellen sollten. Auf diese Weise kann ein umfassenderes und einheitliches Verständnis des Mittelstands und seiner Heterogenität auf allen Ebenen entstehen.

Mitarbeiter mit der strategischen Stoßrichtung identifizieren könnten. Als weitere Erfolgsfaktoren nennt der Autor regelmäßige Schulungen und ein wirksames Controlling zur Koordination der Implementierung.

Deimel et al. (2021, S. 67–68) analysieren strategische Erfolgsfaktoren von sog. „Hidden Champions" im Mittelstand. Die befragten Unternehmen nennen als wichtigste Faktoren Kundenbeziehungen, Produkt- und Servicequalität, Motivation und Mitarbeiterqualifikation sowie eine hohe Kompetenz für die Strategieumsetzung (Deimel et al., 2021, S. 92). Reed (2021, S. 33) untersucht als Erfolgsfaktor die strategische Agilität. Er operationalisiert die Erfolgsfaktoren im Modell von Doz und Kosonen (2010, S. 371), wonach strategisch agile Unternehmen wegen ihrer hohen Sensibilität für strategische Entwicklungen in der Lage seien, schnell die Richtung zu ändern, mutige und schnelle Entscheidungen zu treffen und Ressourcen umzuverteilen. Rodrigues et al. (2021, S. 13) identifizieren als Erfolgsfaktoren eine klare strategische Planung, quantitativ und qualitativ angemessene Ressourcen an Management und Mitarbeitern, eine unternehmerische, innovationsfreudige Unternehmenskultur sowie Netzwerke und Partnerschaften (Rodrigues et al., 2021, S. 13–14).

Vigfússon et al. (2021, S. 12) fassen von der empirischen Forschung identifizierte Schlüsselfaktoren zusammen. Die Autoren untersuchen im Zeitraum 1989 bis 2020 veröffentlichte Studien zur Strategieumsetzung und ergänzen die fünf Hauptelemente des sog. „5P's Model" von Pryor et al. (2007, S. 8) um spezifische Faktoren, die den Erfolg der Strategieumsetzung begünstigen oder behindern (Vigfússon et al., 2021, S. 25). Ego (2022, S. 1519–1520) bietet mit seiner Studie eine konsolidierende Zusammenfassung und eine kritische Bewertung der Forschungsbeiträge, die sich mit Wachstumsstrategien beschäftigen. Maříková et al. (2022, S. 55) halten fest, dass mittelständische Unternehmen die Anwendung der Methoden des Strategischen Managements grundsätzlich verbessern könnten. Sie entwickeln einen Indikator, der anhand von Hauptprinzipien misst, wie stark ein Unternehmen strategisch gemanagt wird.

Rovelli et al. (2022, S. 1–2) widmen sich den führenden wissenschaftlichen Journals zum Management von Familienunternehmen und bieten einen umfassenden Überblick über die maßgebliche Forschung und die meistzitierten wissenschaftlichen Artikel der letzten 30 Jahre. Das Thema Heterogenität von Familienunternehmen sei zu vertiefen, um die Varianz der Verhaltensweisen und Ergebnisse von Familienunternehmen zu verstehen (Rovelli et al., 2022, S. 12). Laut Pahnke et al. (2023, S. 729) mangele es der Forschung an einem gemeinsamen Verständnis, wenn es darum ginge, klar und konsequent zu definieren, was den Mittelstand ausmache. Sie regen an, bei der Definition des Mittelstands qualitative Kriterien wie Eigentümerführung und Zugehörigkeitsgefühl zum Mittelstand in den Vordergrund zu stellen (Pahnke et al., 2023, S. 731–733). Zukünftige Forschungsansätze sollten vertiefen, was die spezifische Mentalität des Mittelstands ausmache (Pahnke et al., 2023, S. 740).

2.1.1.4 Erfolgsfaktoren des strategischen PMI-Managements

Die Literaturrecherche zu den Erfolgsfaktoren des strategischen PMI-Managements führt nicht trennscharf zu wissenschaftlichen Arbeiten, die sich ausschließlich mit dem Integrationsmanagement innerhalb von M&A-Projekten befassen. Analog zu den phasenübergreifend und parallel verlaufenden Handlungen in einem M&A-Projekt (Gomes et al., 2013, S. 22; Lohre, 2010, S. 13) untersuchen viele wissenschaftliche Arbeiten die Phasen des M&A-Prozesses gemeinsam. Da das M&A-Management seit über 50 Jahren Gegenstand wissenschaftlicher Forschung ist (Cartwright & Schoenberg, 2006, S. S1; Cumming et al., 2023, S. 2), führt die Recherche zu einer hohen Anzahl wissenschaftlicher Arbeiten im Cluster 3. Dies macht eine qualitative Vorauswahl anhand des Ratings (VHB JQ3) der Fachzeitschriften notwendig, in denen die Studien veröffentlicht werden. Tabelle 2.4, Tabelle 2.5 und Tabelle 2.6 zeigen Auszüge der Deskriptionsmatrizen (Rating A + und Rating A). Auf einzelne Studien wird im Folgenden in chronologischer Reihenfolge beschreibend eingegangen.

Nach Ansicht von Homburg und Bucerius (2005, S. 95) vernachlässige die M&A-Forschung Marketingfragen. Marktbezogene Maßnahmen im Rahmen von M&A-Projekten hätten einen größeren positiven Einfluss auf den Erfolg als Kosteneinsparungen (Homburg & Bucerius, 2005, S. 107). Die Studie von Haleblian et al. (2006, S. 357) bestätigt, dass Akquisitionserfahrung und -frequenz nicht nur die Wahrscheinlichkeit erhöhen, neue M&A-Projekte einzugehen, sondern auch deren Erfolgswahrscheinlichkeit steigern. Cording et al. (2008, S. 759) resümieren, wie entscheidend die PMI für den gesamten M&A-Erfolg sei. Bommaraju et al. (2018, S. 263) untersuchen in zwei Teilstudien Konsequenzen aus Fusionen von Unternehmen, die ein ungleiches qualitatives Image haben.

Umashankar et al. (2022, S. 83) unterstreichen, dass Forschungsansätze zur Kundenzufriedenheit selten mit denen des M&A-Managements verbunden würden. Es bestehe ein Risiko, dass Führungskräfte im PMI-Management negative Reaktionen der Kunden übersähen. Der Erhalt der Kundenzufriedenheit sei ein Erfolgsfaktor der PMI (Umashankar et al., 2022, S. 70).

Tabelle 2.4 Auszug aus der Deskriptionsmatrix zum Cluster 3, VHB JQ3 Rating A+. (Quelle: Eigene Darstellung)

Cluster 3: Forschungsstand zu den Erfolgsfaktoren des strategischen Post-Merger-Integrationsmanagements, VHB JQ3 Rating A+					
Autoren (Jahr)	**Rating** (VHB JQ3)	**Für das Forschungsvorhaben relevanter Inhalt**	**Theoretische Fundierung**	**Empirische Untersuchung** (Datenerhebung und -grundlage, Analysemethoden)	**Wesentliche Ergebnisse und Aussagen**
Homburg, Bucerius (2005)	A+	Die bisherige M&A-Forschung hat Marketingfragen weitgehend vernachlässigt. Die Autoren der Studie untersuchen die Auswirkungen der Post-Merger-Integration im Marketing (Ausmaß und Geschwindigkeit der Marketingintegration) auf die M&A-Performance, die durch die Integrationsergebnisse (Umfang der Kosteneinsparungen und marktbezogene Performance) vermittelt werden.	Resource-based theory; sog. Marketing Integration Process; Leistung (Outcome) der Integration; Leistung (performance outcome) nach dem M&A-Projekt. Die ressourcenbasierte Perspektive bietet eine theoretische Grundlage für die Grundaussage der Studie, dass die Integration von Marketing-Ressourcen relevant für die M&A-Leistung ist.	Stichprobe aus 2002, deutschsprachiger Raum in D, CH und A mit starkem Fokus auf deutschen Firmen. M&A-Database der Universität St. Gallen. 1.483 Fragebögen verschickt, 232 nutzbare Fragebögen ausgewertet.	Die Ergebnisse zeigen, dass die marktbezogene Leistung nach der Fusion oder Übernahme einen viel stärkeren Einfluss auf die finanzielle Leistung hat als die Kosteneinsparungen. Darüber hinaus stellen die Autoren fest, dass sich das Ausmaß der Integration positiv auf Kosteneinsparungen im Marketing auswirkt, aber nachteilig auf die marktbezogene Leistung. Schließlich identifizieren sie Variablen, die die betrachteten Beziehungen abschwächen.
Haleblian, Kim, Rajagopalan (2006)	A+	Basiert auf Theorien des organisatorischen Lernens, um die Akquisitions-wahrscheinlichkeit zu untersuchen. Obwohl die Forschung zum organisatorischen Lernen nahelegt, dass Routinen, die sowohl aus Erfahrung als auch aus Leistungsfeedback entstehen, das organisationale Lernen leiten, wurde der kombinierte Effekt dieser beiden Lernquellen bisher nur selten untersucht.	Hypothese 1: Je größer die Akquisitionserfahrung eines Erwerbers ist, desto höher ist die Wahrscheinlichkeit, dass er eine weitere Akquisition tätigt; Hypothese 2: Je erfolgreicher die erste Akquisition eines Erwerbers war, desto höher ist die Wahrscheinlichkeit, dass der Erwerber eine weitere Akquisition tätigt; Hypothese 3: Die positive Auswirkung der Akquisitionserfahrung auf die Wahrscheinlichkeit, dass ein Erwerber eine nachfolgende Akquisition durchführt, ist stärker bei höheren Niveaus der Akquisitionsleistung.	US-Geschäftsbankensektor im Zeitraum zwischen dem 1. Januar 1988 und dem 31. Dezember 2001; Daten über alle Übernahmen, die von allen börsennotierten Banken und Bankholdinggesellschaften in diesem Zeitraum getätigt wurden, die dem Federal Reserve Board (FRB) Bericht erstatteten, wobei sich die Stichprobe auf die Übernahmen ganzer Banken beschränkte, die keine staatliche Unterstützung erhielten.	Ergebnisse bestätigen die Hypothesen: (1) Eine frühere Akquisitionserfahrung, (2) die jüngste Akquisitionsleistung und (3) die Interaktion zwischen der Akquisitionserfahrung und der jüngsten Akquisitionsleistung stehen alle in einem positiven Zusammenhang mit der Wahrscheinlichkeit eines späteren Erwerbs.
Cording, Christmann, King (2008)	A+	Integration ist ein schwieriger Prozess, der jedoch für den Erfolg einer Akquisition entscheidend ist. Ein Grund für die Schwierigkeiten der Erwerber ist, dass der Integrationsprozess ein hohes Maß an unternehmensinterner Mehrdeutigkeit aufweist und damit einen Mangel an Klarheit über die kausalen Zusammenhänge zwischen Integrationsentscheidungen und ihren Leistungsergebnissen.	Konstrukt der Zwischenziele als Mechanismus, der die Mehrdeutigkeit der innerbetrieblichen Beziehungen reduziert.	Akquisitionen zwischen 1997 und 2001; zur Ermittlung dieser Übernahmen wird die Platinum-Datenbank der Securities Data Corporation (SDC) verwendet; Stichprobe: 129 horizontale Akquisitionen.	Erreichen von zwei Zwischenzielen (interne Reorganisation und Marktexpansion) erklärt die Beziehungen zwischen den Integrationsentscheidungen und der Akquisitionsleistung. Die Mediation der Beziehung zwischen Integrationsentscheidungen und Akquisitionsleistung durch interne Reorganisation und das Erreichen von Marktexpansionszielen sind wichtig.
Bommaraju, Ahearne, Hall, Tirunelli, Lam (2018)	A+	Forschungsarbeit untersucht die kausalen Auswirkungen von M&A, bei denen das externe Image der Vertriebsmitarbeiter nicht übereinstimmt.	Psychodynamische Perspektive der Theorie der sozialen Identität; Denkschulen, organisatorische Identität und externes Image, Einfluss von M&As auf die organisatorische Identität von Verkäufern; Randbedingungen für die Auswirkungen von M&A.	(1) natürliches Längsschnitt-Experiment; (2) szenariobasiertes Experiment, quantitative Studie.	Studie 1 zeigt, dass eine Fusion mit einem Unternehmen mit schlechterem Image die organisatorische Identifikation (OI) der Verkäufer sofort verwässert, was wiederum ihre Leistung beeinträchtigt. Studie 2 zeigt, dass der vorgenannte Effekt der Verwässerung stärker ist als der Effekt durch die Fusion mit einem Unternehmen mit besserem Image. Beide Studien bestätigen, dass die nachteiligen Auswirkungen von M&A, bei denen das externe Image nicht übereinstimmt, eher auf Imageunsicherheit als auf Arbeitsplatzunsicherheit zurückzuführen sind.
Umashankar, Bahdir, Bharadwaj (2022)	A+	Die meisten Forscher konzentrieren sich auf die Auswirkungen von M&A auf die Anlegerrenditen und übersehen dabei die Reaktionen der Kunden, obwohl die Kunden von diesen Unternehmensveränderungen direkt betroffen sind. Die Studie zeigt, dass M&A-Projekte zu einem nennenswerten Rückgang der Kundenzufriedenheit führen können.	Quasiexperimentelle Differenz-in-Differenzen-Analyse und eine instrumentelle Variablen-Panel-Regression.	Schätzstichprobe aus der ACSI-Datenbank. Hauptanalyse auf der Basis eines Querschnitt-Zeitreihendatensatz von 1.359 Firmenjahresbeobachtungen für 141 Firmen zwischen 1995 und 2017.	Die Unzufriedenheit der Kunden nach einem M&A-Projekt ist darauf zurückzuführen, dass sich die Aufmerksamkeit der Führungskräfte von den Kunden weg und hin zu Finanzthemen verlagert. Die Aufgabe der Marketingfunktion im Vorstand hat in M&A-Projekten die Aufgabe, die Aufmerksamkeit der Führungskräfte auf die Kunden zu richten, was die negativen Auswirkungen von M&A auf die Kundenzufriedenheit abschwächen kann.

Tabelle 2.5 Auszug aus der Deskriptionsmatrix zum Cluster 3, VHB JQ3 Rating A, Teil 1 von 2. (Quelle: Eigene Darstellung)

Cluster 3: Forschungsstand zu den Erfolgsfaktoren des strategischen Post-Merger-Integrationsmanagements, VHB JQ3 Rating A, Teil 1 von 2					
Autoren (Jahr)	**Rating** (VHB JQ3)	**Für das Forschungsvorhaben relevanter Inhalt**	**Theoretische Fundierung**	**Empirische Untersuchung** (Datenerhebung und -grundlage, Analysemethoden)	**Wesentliche Ergebnisse und Aussagen**
Bresman, Birkinshaw, Nobel (1999)	A	Multimethodische Studie zum Wissenstransfer bei internationalen Übernahmen.	Wissenstransfer ist dann realisiert, wenn der Transfer dazu führt, dass die empfangende Einheit neues Wissen akkumuliert oder assimiliert.	Die Stichprobe besteht aus der Akquisition von Taylor Instruments durch ABB, die Übernahme von Albright & Wilson durch Eka Nobel sowie Alfa Laval's Übernahme von Sharples; eine qualitative Studie mit halbstrukturierten Interviews.	Der Transfer von technologischem Know-how wird durch Kommunikation erleichtert. Die Zeit unmittelbar nach der Akquisition ist der Zeitraum für einen hochwertigen wechselseitigen Wissenstransfer.
Birkinshaw, Bresman, Håkanson (2000)	A	Autoren analysieren drei Übernahmen zu zwei unterschiedlichen Zeitpunkten und suchen Antworten auf die Frage: Durch welchen Prozess liefert eine Akquisition die vom erwerbenden Unternehmen angestrebte Wertschöpfung?	Dokumentation des Akquisitionsprozesses in drei Unternehmen über fünf Jahre. Zeigt auf, welche Veränderungen in den Köpfen der beteiligten Mitarbeitenden stattfinden. Basiert auf der grundlegenden Beobachtung, dass Aufgabenintegration und menschliche Integration als Integrationsprozesse weitgehend getrennt verstanden werden können.	Zwei Phasen der Datenerhebung, (1991/92 und 1996). In beiden Phasen: Interviews mit den Schlüsselpersonen auf beiden Seiten der Akquisition und ein Fragebogen an eine Stichprobe von F&E-Mitarbeitern an jedem Standort. Halbstrukturierte Interviews; Befragte können frei über Themen sprechen, die in einem vorgefertigten Interviewprotokoll dargelegt werden.	Es gibt einen Zusammenhang zwischen dem Aufgabenintegrationsprozess und dem Akquiseerfolg; ein sehr niedriges Leistungsniveau in einzelnen operativen Einheiten schränkt die Wirksamkeit der Aufgabenintegration als Treiber des Akquisitionserfolgs ein. Der menschliche Integrationsprozess ist zwar langsam und schwer effektiv zu bewältigen, aber entscheidend für den Gesamterfolg der Akquisition.
Vaara (2002)	A	Studie befasst sich mit dem Erfolg und Misserfolg von Narrativen innerhalb der PMI.	Theorien zur Rolle von Narrativen in organisatorischen Veränderungsprozessen.	Interviewmaterial aus acht finnisch-schwedischen Fusionen und Übernahmen.	Die Studie unterscheidet vier Diskurstypen: rationalistisch, kulturell, rollengebunden und individualistisch. Die Analyse deutet darauf hin, dass im Fall des Erfolgs die Narrative die Veränderungsprozesse wahrscheinlich zu optimistisch und im Falle von Misserfolg zu pessimistisch steuern.
Vaara (2003)	A	Viele Studien konzentrieren sich hauptsächlich auf rationale Erklärungen der Schwierigkeiten bei der PMI. Studie untersucht, wie „irrationale" Merkmale der Entscheidungsfindung nach der Übernahme die organisatorische Integration behindern und untersucht die Entscheidungsfindung aus einer sinnstiftenden Perspektive heraus.	„Sensemaking" als konzeptioneller Rahmen, anhand dessen man die Entscheidungsfindung als kontextuelle Prozesse verstehen kann, die von Unsicherheit und Mehrdeutigkeit sowie von "unternehmenspolitischen" Spannungen geprägt sind.	Analyse einer Fusion zwischen einem großen finnischen Möbelhersteller und drei kleineren schwedischen Möbelunternehmen. Empirisches Material basiert auf einem langfristigen Forschungsprojekt, von 1996 bis 2000.	Vier miteinander verbundene Tendenzen, warum das häufige Problem langsamen Fortschrittes bei der Integration nach der Übernahme auftritt: Inhärente Unklarheiten in Bezug auf Integrationsfragen; kulturelle Verwirrung in der sozialen Interaktion und Kommunikation; organisatorische Heuchelei bei Integrationsentscheidungen; Politisierung von Integrationsfragen.
Homburg, Bucerius (2006)	A	Es sind Vorteile und Nachteile mit der Geschwindigkeit der Integration verbunden. Nutzen und der Nachteil der Integrationsgeschwindigkeit sind vom Ausmaß der internen und externen Beziehungen zwischen den fusionierenden Unternehmen vor dem M&A-Projekt abhängig.	Theoretische Überlegungen deuten darauf hin, dass die positiven Auswirkungen der Geschwindigkeit der Integration bei geringer externer Verbundenheit stark und bei hoher externer Verbundenheit schwach sind. Andererseits sind die nachteiligen Auswirkungen der Integrationsgeschwindigkeit bei geringer interner Verbundenheit stark und bei hoher interner Verbundenheit schwach.	M&A-Database der Universität St. Gallen und mehrere M&A-bezogene europäische Zeitschriften. 3.360 gemeldete horizontale Fusionen und Übernahmen ermittelt, 232 beantwortete Fragebögen waren zur Auswertung geeignet.	Forschung hat den Erfolgsfaktor "Integrationsgeschwindigkeit" vernachlässigt. Wichtig ist ein besseres Verständnis für die Rolle der Integrationsgeschwindigkeit als Erfolgsfaktor von M&A. Die Integrationsgeschwindigkeit hat einen starken positiven Einfluss auf den M&A-Erfolg, wenn die externe/interne Verflechtung gering ist, während der Einfluss im umgekehrten Fall (hohe externe/geringe interne Verflechtung) stark negativ ist. Die zwischenbetriebliche Verbundenheit beeinflusst die Art und Weise, wie Unternehmen fusioniert werden sollten, ohne eine direkte Auswirkung auf die M&A-Performance zu haben.
Barkema, Schijven (2008)	A	Autoren überprüfen frühe Arbeiten, testen die Lernkurvenperspektive bei Akquisitionen und untersuchen einige Eventualitäten. Anschließend diskutieren sie drei neuere Forschungsrichtungen zum Transfer negativer Erfahrungen, zu bewussten Lernmechanismen und zum Lernen von anderen. Die Studie ermöglicht tiefere Einblicke in die Eventualitäten und Mechanismen des organisationalen Lernens und den strategischen Rahmenbedingungen von M&A.	Literatur Review.	Literatur Review.	Die Literatur zum organisationalen Lernen in strategischen Umgebungen ist ein schnell wachsendes Forschungsgebiet, das im letzten Jahrzehnt sowohl theoretisch als auch empirisch erheblich gereift ist. Die wachsende Beliebtheit der drei beschriebenen Forschungsrichtungen zeigt, dass Forscher glauben, beim Verständnis des organisatorischen Lernens bisher nur an der Oberfläche gekratzt zu haben und das Feld daher weit offen ist.
Haleblian, Devers, McNamara, Carpenter, Davison (2009)	A	Artikel entwickelt einen Rahmen zur Organisation und Überprüfung aktueller empirischer Erkenntnisse aus den Bereichen Management und Finanzmanagement, in denen das Interesse am Akquisitionsverhalten groß ist, aber auch aus anderen Bereichen, die sich nur am Rande mit Akquisitionsaktivitäten befassen, wie etwa die Rechnungslegung und die Soziologie.	Literatur Review.	Literatur Review; Stichprobe von 310 Artikeln, umfassendender Überblick über die Entwicklung des Akquisitionsinteresses in der Forschung.	Autoren fassen zusammen, dass die Forschung viele Faktoren untersucht hat, die Akquisitionsentscheidungen und -ergebnisse beeinflussen. Die relative Bedeutung der einzelnen Faktoren kann aber nicht eindeutig bestimmt werden. Es fehlen Erfahrungen, unter welchen Bedingungen bestimmte Faktoren größere Auswirkungen haben als andere. Obwohl es zweckmäßig ist, weiterhin nach (neuen) Faktoren zu suchen, die die Akquisitionstätigkeit vorantreiben oder zu einer besseren Leistung führen, ist es nach Meinung der Autoren auch wichtig, die relativen Vorzüge schon etablierter Faktoren genauer zu bewerten, um ihre relativen Auswirkungen auf M&A-Entscheidungen und -Ergebnisse besser zu verstehen.
Birkinshaw, Bresmann, Nobel (2010)	A	[illegible] auf die Studie der Autoren aus 1999 mit gleichem Titel; Untersuchung der Frage, wie sich die Forschung in diesem Bereich in den letzten zehn Jahren entwickelt hat.	Anwendung der wissensbasierten Sichtweise auf die Untersuchung internationaler M&A.	Stichprobe von drei internationalen Übernahmen.	Der Integrationsprozess nach einer Akquisition führt zur Bildung einer "sozialen Gemeinschaft", die durch einen wechselseitigen Wissensaustausch zwischen dem Erwerber und den übernommenen Unternehmen entsteht.
Zaheer, Castañer, Souder (2013)	A	Die Bestimmung des angemessenen Integrationsniveaus ist für die Wertschöpfung aus Übernahmen entscheidend. Die meisten früheren Forschungsarbeiten gehen davon aus, dass eine höhere Integration die Beseitigung der Autonomie der Zielmanager bedeutet, was wiederum die Funktionsweise des Zielunternehmens untergraben kann.	Verwandtschaft als Prädiktor für die Umsetzung von Akquisitionen, Ähnlichkeit bei Akquisitionen, Komplementarität, Ähnlichkeit und ihre wechselseitigen Auswirkungen auf die Umsetzung von Akquisitionen.	585 Fragebögen, Firmen im mittleren Westen der USA, die zwischen 1995 und 2002 mindestens eine Akquisition getätigt haben. Endgültige Stichprobe von 86 Akquisitionen in 68 Firmen, Projektwerte zwischen 1,0 Mio. und 2,25 Mrd. US-$.	Integration und Autonomie widersprechen sich nicht. Bestimmte Bedingungen (z. B. wenn Komplementarität statt Ähnlichkeit die Hauptquelle von Synergie ist) führen zu einem hohen Maß an Integration und Autonomie. Darüber hinaus wirkt sich Ähnlichkeit negativ auf die Beziehung zwischen Komplementarität und Autonomie aus, wenn das Zielunternehmen beide Synergiequellen bietet.

Tabelle 2.6 Auszug aus der Deskriptionsmatrix zum Cluster 3, VHB JQ3 Rating A, Teil 2 von 2. (Quelle: Eigene Darstellung)

Cluster 3: Forschungsstand zu den Erfolgsfaktoren des strategischen Post-Merger-Integrationsmanagements, VHB JQ3 Rating: A, Teil 2 von 2					
Autoren (Jahr)	**Rating** (VHB JQ3)	**Für das Forschungsvorhaben relevanter Inhalt**	**Theoretische Fundierung**	**Empirische Untersuchung** (Datenerhebung und -grundlage, Analysemethoden)	**Wesentliche Ergebnisse und Aussagen**
Graebner, Heimeriks, Huy, Vaara (2017)	A	Artikel gibt einen Überblick über die Forschung zur Post-Merger-Integration mit Konzentration auf die strategische und die soziokulturelle Integration sowie auf Erfahrung und Lernen. Zudem wird eine Forschungsagenda dargelegt, die sich auf die Erweiterung des Verständnisses der prozessualen Dynamik bei der Integration bezieht und sich auf die Möglichkeiten in Bezug auf die Geschwindigkeit, Entscheidungsfindung sowie auf Praktiken, Werkzeuge und Emotionalität konzentriert.	Literatur-Review.	Literatur-Review.	Unter anderem werden folgende Themen vertieft: Konzeptualisierung der Post-Merger-Integration; strategische Perspektiven der Integration, Anpassung und strukturelle Integration, Interaktion und Kommunikation; Anpassung und Standardisierung; Wissenstransfer; soziokulturelle Integration; kulturelle Perspektiven, Unterschiede, Leistung, Integrationsdynamik; kritische Betrachtung kultureller Unterschiede; Identifikation im PMI; Gerechtigkeit und Vertrauen im PMI; Erfahrung und Lernen im PMI.
Brueller, Carmeli, Markman (2018)	A	Die bestehende Literatur neigt dazu, M&A und PMI als Strategien und Ergebnisse zu betrachten, aber diese Betrachtungsweise lässt die zugrunde liegenden Prozesse oft unerforscht. Studie schließt diese Lücke, indem sie die Aufmerksamkeit darauf lenkt, dass M&A weitgehend in soziale und menschliche Praktiken eingebettet sind.	Literatur-Review.	Literatur-Review Schwerpunkt: M&A, PMI, Integrationsfeld Personal.	Die drei M&A-Strategien "Annex & Assimilate", "Harvest & Protect" sowie "Link & Promotion" werden mit drei zentralen PMI-Ergebnissen abgeglichen: Absorption, Erhaltung und Symbiose. Darstellung eines Konfigurationsrahmens, um zu erklären, warum und wie HRM-Praktiken die Beziehung zwischen M&A-Strategien und PMI-Ergebnissen beeinflussen.
Colman, Rouzies (2018)	A	Studie darüber, wie bereits bestehende eingebettete Beziehungen grenzüberschreitende Aktionen im Integrationsprozess nach der Übernahme beeinflussen. Rolle der Gewerkschafts-vertreter im Integrationsprozess, die Grenzen überbrücken können, Wissen teilen, Wissenserwerb fördern und Konflikte abmildern, sowohl innerhalb als auch zwischen den fusionierenden Organisationen.	Ziel der Studie ist der Aufbau einer Theorie zur PMI durch eine umfassende kontextuelle Analyse des Integrationsprozesses aus der Perspektive derjenigen, die ihn leben.	Qualitative Fallstudienforschung als Mittel zum Verständnis komplexer sozialer Prozesse und zur Entwicklung neuer Rahmenbedingungen, indem tiefgreifende kontextualisierte Erkenntnisse über ein Phänomen genutzt werden. Design mit Tiefeninterviews ist geeignet, um zu verstehen, wie Gewerkschafts-vertreter den Integrationsprozess gestalten.	Ergebnisse weisen darauf hin, dass Gewerkschaftsvertreter als Akteure außerhalb der formalen Hierarchien des Unternehmens handeln und mit ihren grenzüberschreitenden Fähigkeiten ein Schlüssel zum Verständnis organisatorischer Prozesse sein können. Sie können die Grenzen zwischen Arbeiter- und Führungsrollen auflösen.
Vuori, N., Vuori, T. O., Huy (2018)	A	Studie eines Integrationsprozesses nach einer grenzüberschreitenden Akquisition, das Verbergen von Emotionen kann zum Scheitern der Integration führen.	Emotionen im Integrationsprozess; soziale Folgen des Gefühlsausdrucks; Strategie als Praxis für die Untersuchung emotionaler Ausdrücke während der Integration; freundliche grenz-überschreitende Akquisition.	Echtzeit-Feldstudie; Daten im Längsschnitt von 2011 bis 2014; 73 Interviews mit Informanten des übernehmenden Unternehmens und des Zielunternehmens.	Das Verbergen negativer Emotionen in der Arbeitsumgebung kann Korrekturmaßnahmen verhindern, Meinungsverschiedenheiten eskalieren lassen und dazu führen, dass Menschen nachhaltige negative Gefühle zum Gegenüber entwickeln, die letztlich zu dysfunktionalen Verhaltensweisen führen. Die Kommunikation per E-Mail verleitet zum absichtlichen Verbergen negativer Emotionen. Manager sollen prüfen, wie die Praktiken in ihrer Organisation die Menschen daran hindern oder es ihnen ermöglichen, ihre Emotionen authentisch mitzuteilen, um rechtzeitig Korrekturmaßnahmen und eine proaktive Entwicklung von Geschäftsabläufen zu gewährleisten.
Wei, Clegg (2020)	A	Studie führt eine funktionale Analyse durch, um die vermittelnden Mechanismen zwischen dem Integrationsgrad und der Akquisitionsleistung zu untersuchen.	Anhand von sechs Fallstudien zu Übernahmen in der Medizintechnik-branche wird ein integriertes Modell entwickelt, mit dem der Zusammenhang zwischen Integration und Leistung entschlüsselt werden kann.	Interviews zwischen 2008 und 2010, verlängert bis 2014, 69 Interviews.	Modell verbindet den Grad der Integration mit spezifischen, funktionalen Integrationsstrategien, die sich auf die Ansätze beziehen, die die Erwerber zur Verwaltung funktionaler Ressourcen anwenden. Es identifiziert Wertschöpfung und -verluste als die beiden Wege, über die sich funktionale Integrationsstrategien auf die Akquisitionsleistung auswirken. Autoren schlagen zwei qualitative Maße für die Akquisitionsleistung vor: Wertverlust und Zeitverzögerung.
Väisänen, Tessier, Järvinen (2021)	A	Untersuchung, wie die Wahrnehmung neuer Managementkontrollen gefördert werden kann. Basierend auf einer Fallstudie, in der einem übernommenen Unternehmen strenge Kontrollen auferlegt werden sollen, schlägt die Studie Faktoren und Maßnahmen vor, die zu einer positiven Wahrnehmung der Kontrollen führen können.	Konzeptionelle Studie.	Beobachtungen, Interviews und Dokumentenanalyse.	Bei der schnellen Einführung neuer Managementkontrollen in M&A-Projekten können positive Beziehungen und gegenseitiges Vertrauen zwischen dem Erwerber und dem erworbenen Unternehmen die positive Wahrnehmung der Kontrollen erleichtern. Die Manager des kaufenden Unternehmens können das Vertrauen durch vertrauensbildende Maßnahmen aktiv fördern, wenn sie offen ihre Absichten kommunizieren, die der Implementierung neuer Kontrollen zugrunde liegen.

Bresman et al. (1999, S. 456–458) zeigen die Bedeutung unterschiedlicher Formen und Zeitpunkte von Wissenstransfer in M&A-Projekten. Unmittelbar nach der Akquisition sei der optimale Zeitraum für einen wechselseitigen Wissenstransfer. Laut Birkinshaw et al. (2000, S. 395) verliefe der menschliche Integrationsprozess zwar grundsätzlich langsam und sei nur schwer effektiv zu managen. Dennoch dürfe nicht übersehen werden, wie wichtig dieser Prozess für den Gesamterfolg des M&A-Projekts sei (Birkinshaw et al., 2000, S. 419).

Vaara (2002, S. 237–239) untersucht den Einfluss von Narrativen auf den PMI-Erfolg. Demnach würden Narrative die Veränderungsprozesse im Erfolgsfall voraussichtlich zu optimistisch und im Misserfolgsfall zu pessimistisch steuern. Mit der „Sensemaking-Perspektive" beleuchtet Vaara (2003, S. 887–890) sozialpsychologische Prozesse innerhalb von Organisationen. Er identifiziert als Misserfolgsfaktoren von M&A-Projekten kommunikationsbedingte Unklarheiten, kulturell bedingte Verwirrungen sowie eine Unehrlichkeit bei Entscheidungen zur Integration, u. a. verursacht durch den unternehmenspolitischen Einfluss auf Integrationsfragen. Aufgrund spezifischer sprachlicher und kultureller Unterschiede seien spezielle Integrationsmechanismen besonders in grenzüberschreitenden Situationen von großem Wert. Führungskräfte müssten generell auf schwierige Entscheidungen vorbereitet sein, wenn es um die organisatorische Integration gehe (Vaara, 2003, S. 890).

Nach Ansicht von Homburg und Bucerius (2006, S. 359) habe eine hohe Integrationsgeschwindigkeit einen positiven Einfluss auf den M&A-Erfolg, wenn die vorherige externe Verflechtung gering sei, und einen negativen Einfluss bei starker vorheriger externer Verflechtung. Bei der internen Verflechtung kehre sich der Effekt um. Barkema und Schijven (2008a, S. 630) erfassen in ihrer Studie Forschungsergebnisse zum organisationalen Lernen im strategischen Umfeld von M&A-Projekten und weisen darauf hin, dass dieses Forschungsgebiet schnell wachse und nur wenig dazu bekannt sei. Haleblian et al. (2009, S. 469) führen als Konklusion ihres Literatur-Reviews aus, dass viele Faktoren Akquisitionsentscheidungen und -ergebnisse beeinflussen würden, ohne dass die relative Bedeutung einzelner Faktoren eindeutig bestimmt werden könne. Es fehle an Erfahrungen, unter welchen Bedingungen bestimmte Faktoren größere Auswirkungen hätten als andere. Es sei wichtig, bereits etablierte Faktoren genauer zu bewerten, um ihre relativen Auswirkungen auf Akquisitionsentscheidungen und -ergebnisse besser zu verstehen (Haleblian et al., 2009, S. 492).

Birkinshaw et al. (2010, S. 24–25) zeigen im Rückblick auf ihre Studie aus dem Jahr 1999 auf, wie sich die Forschung zum Wissenstransfer in Zusammenhang mit Übernahmen entwickelt habe. Zaheer et al. (2013, S. 604) betonen, wie wichtig es sei, das richtige Maß der Integration zu finden. Ein hoher Integrationsgrad berge die Gefahr, die Autonomie des Managements im Zielunternehmen zu untergraben, was zu einer gravierenden Störung des laufenden Betriebs führen könne (Zaheer et al., 2013, S. 627).

Graebner et al. (2017, S. 2, 25–26) untersuchen Forschungsarbeiten zur PMI aus den drei Perspektiven „strategische Integration", „soziokulturelle Integration" sowie „Erfahrung und Lernen". Brueller et al. (2018, S. 1802–1805) identifizieren drei Hauptstrategien für Fusionen und Übernahmen, denen sie die PMI-Strategien

„Absorption", „Erhaltung" und „Symbiose" gegenüberstellen. Die Ergebnisse von Colman und Rouzies (2018, S. 2225) weisen darauf hin, dass Gewerkschaftsvertreter außerhalb der formalen Hierarchien des Unternehmens handeln würden und somit im Integrationsprozess die Grenzen zwischen Mitarbeitern und Führungskräften auflösen könnten (Colman & Rouzies, 2018, S. 2249).

Laut der Studie von Vuori et al. (2018, S. 859) könne das Verbergen negativer Emotionen in der Arbeitsumgebung notwendige Korrekturmaßnahmen verhindern, Meinungsverschiedenheiten eskalieren lassen und zu dysfunktionalen Verhaltensweisen führen. Das Modell von Wei und Clegg (2020, S. 1643) verbindet den Grad der Integration mit spezifischen funktionalen Integrationsstrategien und identifiziert Wertschöpfung und -verluste als die beiden Wege, über die sich funktionale Integrationsstrategien auf die Akquisitionsleistung auswirken. Väisänen et al. (2021, S. 1341) untersuchen positive und negative Wirkungen, die Managementkontrollen im Rahmen der PMI im übernommenen Unternehmen haben können. Das Management des übernehmenden Unternehmens könne das Vertrauen aktiv fördern, indem sie die mit der Implementierung verbundenen Ziele und Absichten transparent kommuniziere.

Innerhalb des Clusters 3 „Erfolgsfaktoren des strategischen PMI-Managements" lässt sich auch eine große Anzahl an Arbeiten identifizieren, die in Zeitschriften mit VHB JQ3 Ratings von B, C und D sowie in Zeitschriften ohne Rating veröffentlicht werden. Zudem werden Forschungsfragen dieses Clusters in zahlreichen Dissertationen untersucht. Im Sinne der Zielstellungen dieser Dissertation erscheint es zweckmäßig, die in den ausgewerteten Arbeiten untersuchten Einflussfaktoren und potenziellen Erfolgsfaktoren der PMI zusammenfassend zu dokumentieren.

In Tabelle 2.7 wird ausgewertet, dass sich der größte Teil der Studien im Cluster 3 mit Forschungsfragen rund um den Menschen befasst, wie beispielsweise der Integration von Aufgaben und Menschen, der beruflichen Identifikation der Mitarbeiter, der Rolle von Emotionen, mit soziokulturellen und psychologischen Faktoren, Managementkontrollen, dem Vertrauen der Mitarbeiter und der Wahrnehmung des Integrationsprozesses durch die Mitarbeiter. Weitere Themen in diesem Zusammenhang sind Sinnstiftung, gruppendynamische Prozesse, Teaming, kognitive Perspektiven und Achtsamkeit.

Tabelle 2.7 Thematische Schwerpunkte, Einflussfaktoren und potenzielle Erfolgsfaktoren im Cluster 3, Teil 1 von 4. (Quelle: Eigene Darstellung)

Cluster 3 Thematische Schwerpunkte, untersuchte Einflussfaktoren und potenzielle Erfolgsfaktoren der strategischen Post-Merger-Integration	Autoren (Jahr) Arbeiten in Zeitschriften mit VHB JQ3 Ratings B, C, D sowie in Zeitschriften ohne Rating sowie Dissertationen (Teil 1 von 4)
Integration von Aufgaben und Menschen; berufliche Identifikation der Mitarbeitenden; Rolle von Emotionen; sozio-kulturelle Faktoren und psychologische Faktoren; Managementkontrollen; Vertrauen der Mitarbeitenden; Mitarbeiterbindung, Wahrnehmung des Integrationsprozesses durch die Mitarbeitenden; Sinnstiftung; Gruppendynamik; Teaming; kognitive Perspektiven; Achtsamkeit	Carroll und Richard Harrison (2002); Horwitz et al. (2002); Unterreitmeier (2004); Grimpe (2005a); Harwood und Ashleigh (2005); Schröer (2005); Barnikel (2006); Langenstein (2007); Stahlke (2007); Hassan (2010); Miczka et al. (2010); Sarala (2010); Ahammad und Glaister (2011a); Colman und Lunnan (2011); Denison et al. (2011); Giessner (2011); Borgstädt (2012); Edwards und Edwards (2012); Ricken et al. (2012); Rouzies und Colman (2012); Schweizer und Patzelt (2012); Steimer (2012); Vasilaki et al. (2012); Lawlor (2013); Stahl et al. (2013); Geyer (2014); Smeets et al. (2016); Charoensukmongkol (2017); Dao et al. (2017); Edwards et al. (2017); Paustian-Underdahl et al. (2017); Harikkala-Laihinen et al. (2018); Kroon und Noorderhaven (2018); Holloway et al. (2018); Sverdrup und Stensaker (2018); Vuori et al. (2018); Jain et al. (2019); Razi und Garrick (2019); Sachsenmaier und Guo (2019); Sarala et al. (2019); Steigenberger und Mirc (2020); Cooke et al. (2021); Pfurr und Schirrmacher (2021); Schlindwein und Geppert (2021); Väisänen et al. (2021); Aarnio und Varis (2022); Fang (2022); Heidemann und Holtbrügge (2022); Klok et al. (2022); Meglio (2022); van Oorschot et al. (2022); Thelisson und Meier (2022b); Väisänen (2022); Zahoor et al. (2022); Kroon und Reif (2023)

Tabelle 2.8 zeigt zusammenfassend, dass sich viele Studien innerhalb von Cluster 3 mit den Anpassungsfähigkeiten und der Führung bei grenzüberschreitenden PMI-Prozessen sowie mit der Unternehmenskultur und mit Managementprozessen befassen. Im Zusammenhang mit Akquisitionsmotiven werden

Internationalisierung, Unternehmensnachfolge, Aufbau von Tochtergesellschaften und Erhöhung der Innovationsleistung untersucht.

Tabelle 2.8 Thematische Schwerpunkte, Einflussfaktoren und potenzielle Erfolgsfaktoren im Cluster 3, Teil 2 von 4. (Quelle: Eigene Darstellung)

Cluster 3 Thematische Schwerpunkte, untersuchte Einflussfaktoren und potenzielle Erfolgsfaktoren der strategischen Post-Merger-Integration	Autoren (Jahr) Arbeiten in Zeitschriften mit VHB JQ3 Ratings B, C, D sowie in Zeitschriften ohne Rating sowie Dissertationen (Teil 2 von 4)
Anpassungsfähigkeiten und Führung bei grenzüberschreitenden PMI-Prozessen; Unternehmenskultur; Managementprozesse	Stafflage (2005); Schauer (2008); Ahammad und Glaister (2011b); Vasilaki (2011); Y. Weber, Tarba und Bachar (2011); Güloglu (2012); Koo (2012); Teerikangas und Irrmann (2016); Ahammad et al. (2017)
Akquisitionsmotive; Unternehmensnachfolge; Internationalisierung; Aufbau von Tochtergesellschaften; Innovationsleistung	Roediger (2010); Arvanitis und Stucki (2015); Thanos et al. (2020); Issah (2021); Calabrò et al. (2023); Colman et al. (2023); Moritz et al. (2023)
Change Management	Lauser (2010); Gomes (2020)
Corporate Governance; Rolle der Aufsichtsgremien	Brunner-Kirchmair (2018); García und Herrero (2022)
CSR und Nachhaltigkeit	Vastola und Russo (2021); Vincze et al. (2021); Teti und Spiga (2022); Thelisson und Meier (2022a)
Rolle der Gemeinsamkeiten und Unterschiede zwischen Käufer- und Zielunternehmen	Dao et al. (2016); Rau et al. (2019); Pfeifle (2020); Oh und Johnston (2021)
Rolle der Vision	Klostermann und Düsterhoff (2020)
Rolle von Beratern	McCarthy und Noseleit (2022)
Soziale Netzwerke, Integrationsnetzwerke	Mirc (2012); Marmenout und Mignerat (2015); Razi und More (2017)
Strategie, Motivation und Selbstbewusstsein des CEO; Hybris und Narzissmus	Homberg und Osterloh (2010); Angwin et al. (2022); Schriber et al. (2022); Suryaningrum et al. (2023); Wang et al. (2023); Weng und Yamakawa (2023)

Weitere thematische Schwerpunkte und potenzielle Erfolgsfaktoren sind mit der PMI verbundene Veränderungsprozesse (Change Management), Rolle und Einfluss von Aufsichtsgremien (Corporate Governance), Nachhaltigkeitsmanagement, die Gemeinsamkeiten und Unterschiede zwischen Käufer- und Zielunternehmen, Rolle der Unternehmensvision, Rolle externer Berater und die mögliche Funktion von Netzwerken im M&A-Projekt. Andere Studien befassen sich mit Strategie und Motivation der Unternehmensführung sowie dem Einfluss des Selbstbewusstseins der oberen Führungsebene, insbesondere mit Auswirkungen persönlicher Eitelkeiten und Selbstüberschätzung.

Tabelle 2.9 macht deutlich, dass sich wenige Studien mit markt- und kundenbezogenen Themen im Zusammenhang mit den strategischen Erfolgsfaktoren der PMI befassen, was die Erkenntnisse von Gomes et al. (2020, S. 188–189), Homburg und Bucerius (2005, S. 95) sowie Umashankar et al. (2022, S. 83) bestätigt. Weitere Untersuchungsschwerpunkte innerhalb von Cluster 3 sind Lerneffekte, Erfahrungen und Wissen sowie der Einfluss von Akquisitionsserien. Zudem beschäftigen sich Forschende mit den Grundzügen der M&A- und Integrationsstrategien sowie mit allgemeinen Erfolgsfaktoren des Integrationsmanagements.

Tabelle 2.9 Thematische Schwerpunkte, Einflussfaktoren und potenzielle Erfolgsfaktoren im Cluster 3, Teil 3 von 4. (Quelle: Eigene Darstellung)

Cluster 3 Thematische Schwerpunkte, untersuchte Einflussfaktoren und potenzielle Erfolgsfaktoren der strategischen Post-Merger-Integration	Autoren (Jahr) Arbeiten in Zeitschriften mit VHB JQ3 Ratings B, C, D sowie in Zeitschriften ohne Rating sowie Dissertationen (Teil 3 von 4)
Kundenbeziehungen; Marketing; markenbezogene Integrationsentscheidungen; Vertriebsmitarbeitende	Homburg et al. (2000); Grün (2010); Anh Vũ et al. (2009); Öberg (2013); Sinkovics et al. (2014); Bommaraju et al. (2018); F. Bauer et al. (2020); Degbey und Pelto (2021); Reddy et al. (2022)
Lerneffekte; Erfahrungen und Wissen; Wissensmanagement; Portfoliomaster, Akquisitionsserien und Akquisitionsfähigkeiten; Erschließung von Wissen; Wissenstransfer; Akquisitionsfähigkeit; Integrationskompetenz	Güttel (2003); North und Blanco (2003); Scholl (2006); Voss und Müller-Stewens (2006b); H. Bachmann (2008); Chatterjee (2009); A. Palm (2011a); Kübel (2013); Öberg und Tarba (2013); Sievers et al. (2016); Yahiaoui et al. (2016); Castellaneta et al. (2018); Kolev und Haleblian (2018); Valboni (2020); Annosi et al. (2021) Bathelt und Henn (2021); F. Bauer et al. (2021); Lace und Kirikova (2021); Fang (2022); Felker et al. (2023)
M&A- und Integrationsstrategien; allgemeine Erfolgsfaktoren des Integrationsmanagements	Haspeslagh und Jemison (1991a); Gerds (2000); Bower (2001); Müller-Stewens (2001); Jansen (2002); Epstein (2004); Rovit et al. (2004); Lindstädt (2006); Voss und Müller-Stewens (2006a); Lindstädt und Wolff (2007); Sachs (2007); Schewe et al. (2007); Straub (2007); Gleißner (2008); Frank (2010); Dahmen (2011); Grill (2011); Vancea (2011); Voss und Müller-Stewens (2011); F. Bauer (2012); Savovic (2012); Y. Weber, Rachman-Moore und Tarba (2012); Barros und Domínguez (2013); Riegler und Walleyo (2013); Schön (2013); Daniliuc et al. (2014); Angwin und Meadows (2015); Gebauer und Sagebiel (2015); Osarenkhoe und Hyder (2015); Koi-Akrofi (2016); Menzler und Niemeyer (2017); Okafor (2019); Jacob (2020); Takhtehkar und Rademakers (2020); Emdadul Haque (2021); Oreski (2021); Razi et al. (2021); Colovic et al. (2022); Thelisson (2022); Vinocur et al. (2023); Yunita et al. (2023)

Tabelle 2.10 zeigt die thematischen Schwerpunkte Integrationsgeschwindigkeit und Integrationsgrad sowie Kommunikation, Narration und kommunikative Manipulation. Aktuelle Studien untersuchen Anwendungen künstlicher Intelligenz (KI) in M&A-Projekten und PMI. Themenschwerpunkte sind zudem das Controllingsystem und die Erfolgsmessung, die Anwendung von Ansätzen zur Projektsteuerung sowie das Synergiemanagement. Andere Forschungsbeiträge befassen sich mit der Organisationsstruktur, der Prozessharmonisierung sowie der Integration der Informationssysteme. Zudem werden verschiedene Ausprägungen von Due-Diligence Anwendungen sowie Themen des Finanz- und Rechnungswesens sowie des Risikomanagements untersucht.

Tabelle 2.10 Thematische Schwerpunkte, Einflussfaktoren und potenzielle Erfolgsfaktoren im Cluster 3, Teil 4 von 4. (Quelle: Eigene Darstellung)

Cluster 3 Thematische Schwerpunkte, untersuchte Einflussfaktoren und potenzielle Erfolgsfaktoren der strategischen Post-Merger-Integration	Autoren (Jahr) Arbeiten in Zeitschriften mit VHB JQ3 Ratings B, C, D sowie in Zeitschriften ohne Rating sowie Dissertationen (Teil 4 von 4)
Integrationsgeschwindigkeit; Integrationsgrad; Integrationsstil; organisatorische Identität	Angwin (2004b); Iborra und Dolz (2006); Shi et al. (2012); Q. Lu (2014); Teerikangas und Laamanen (2014); Uzelac et al. (2016); Wei und Clegg (2018); Bettinazzi et al. (2020); Thomas und Louisgrand (2022)
Kommunikation; Storytelling; Narration; kommunikative Manipulation; Rolle der Sprache	A. Palm (2011b); Borck (2016); Angwin et al. (2016); Dörr (2018); Malik und Bebenroth (2018); Hermes (2021); Fang (2022)
Künstliche Intelligenz	Lederer et al. (2022)
Messung der M&A-Performance; Steuerung; OKRs; BSC; Controlling; Synergiemanagement	Brouthers et al. (1998); C. W. R. Bachmann (2001); Bark und Kötzle (2001); S. M. Wagner und Boutellier (2004); J. Weber und Roventa (2006); Zollo und Meier (2008); El Zuhairy et al. (2015); Tarba et al. (2019)
Organisationsstruktur	Sauermann (2000); Lindstädt (2003); Hackmann (2011); Bodner und Capron (2018); Castañer und Ketokivi (2018); Ismail et al. (2018); Kretschmer und Dehne (2020); Bai et al. (2022)
Prozessharmonisierung; Prozessdynamik der PMI; Informationssysteme; IT-Integration; F+E	Grimpe (2005b); Chang et al. (2014); Henningsson et al. (2018); Schönreiter (2018); K. Lee et al. (2019); Rouzies et al. (2019); Schönreiter (2019); Schäfers et al. (2019); K. Lee et al. (2022); Lace und Kirikova (2022); Böhm et al. (2023); Lace (2023)
Quantitative, qualitative, kulturelle Due Diligence	Horwitz et al. (2002); Wollersheim und Barthel (2008); Witzmann et al. (2015); C. Müller (2021)
Rechnungslegung; Finanz- und Rechnungswesen; Wertzuwachs; Renditen	Schoenberg (2006); M. L. Meyer (2012); Puhakka (2017)
Risikomanagement; Risikofaktoren PMI	Chui (2011); Claassen et al. (2019)

Tabelle 2.11 führt die im Cluster 3 identifizierten internationalen Literatur- und Research-Reviews mit einem Rating (VHB JQ3) B, C und D sowie ohne Rating auf. Die jeweiligen Themenschwerpunkte der einzelnen Reviews werden im Folgenden in der Reihenfolge ihrer tabellarischen Erfassung ausgeführt.

Tabelle 2.11 Literatur- und Research-Reviews im Cluster 3. (Quelle: Eigene Darstellung)

Cluster 3 Literatur-Reviews Thematische Schwerpunkte	Autoren (Jahr) Arbeiten in Zeitschriften mit VHB JQ3 Ratings B, C, D und ohne Rating
M&A-Denkschulen	Loy und Stammel (2016)
M&A-Forschung	Junni und Teerikangas (2019)
M&A-Forschung (1963-2019)	Eulerich et al. (2022)
M&A-Forschung (1976-2006)	Cartwright und Schoenberg (2006)
M&A-Forschung (1983-2012)	Reis et al. (2015)
M&A-Forschung (1990-2016)	Gomes et al. (2020)
M&A-Forschung (1992-2007)	Haleblian et al. (2009)
M&A-Forschung (1995-2003)	S. L. Schmidt et al. (2005)
M&A-Forschung (2015-2020)	Hossain (2021)
M&A-Forschung zu grenzüberschreitenden M&As (1994-2013)	Shimizu et al. (2004); Reis et al. (2019)
M&A-Forschung zu Integrationsmustern	S. Lu (2018)
M&A-Forschung zu Merger-Wellen, Ursachen und Folgen, Theorien und empirische Studien	Yaghoubi et al. (2016a); Yaghoubi et al. (2016b);
M&A-Forschung zur finanziellen Performance	Renneboog und Vansteenkiste (2019); Cumming et al. (2023)
M&A-Forschung zur Internationalisierung von KMU	J. Y. Lee et al. (2020)
M&A-Theoriebildung	Hettich (2014); Candra et al. (2021)
M&A-Theoriebildung, qualitative Forschung (1966-2016)	Teerikangas und Colman (2020)
Kritische Erfolgsfaktoren M&A	Gomes et al. (2013)
PMI-Forschung (1986-2016)	Steigenberger (2017)
PMI-Forschung zu soziokulturellen Faktoren	Y. Weber und Tarba (2012)
PMI-Wissensstand der Forschung	Müller-Stewens (2010b)
Wissensmanagement in KMU	Durst et al. (2023)

Loy und Stammel (2016, S. 557–558) analysieren M&A-Denkschulen und betonen die hohe Bedeutung von M&A aus strategischer, finanzwirtschaftlicher und operativer Perspektive. Sie beschreiben die daraus in den verschiedenen Forschungsströmungen resultierende Komplexität. Junni und Teerikangas (2019,

S. 18) kritisieren den „Silo-Effekt“ der M&A-Forschung und das begrenzte Wissen über die wechselseitigen Auswirkungen finanzieller, strategischer, organisatorischer und kultureller Faktoren auf den M&A-Erfolg in den verschiedenen Phasen eines M&A-Projekts. Die Autoren fordern Forschende auf, integrative und differenzierte Forschungsansätze zu wählen und die aus verschiedenen Forschungsströmen bekannten Erkenntnisse so zu kombinieren, dass die M&A-Forschung eine dynamischere und eine stärker praxisorientierte Perspektive einnimmt (Junni & Teerikangas, 2019, S. 17–19).

Eulerich et al. (2022, S. 1) werten mehr als 500 Arbeiten aus führenden wissenschaftlichen Journalen der Jahre 1963 bis 2019 aus. Heterogene Sichtweisen aus verschiedenen Perspektiven, widersprüchliche und kontroverse Forschungsergebnisse sowie die Tatsache, dass sich das wirtschaftliche Umfeld schnell verändere, mache nach Ansicht der Autoren die M&A-Forschung zu einem komplexen Projekt. Diese Komplexität erfordere integrative Ansätze mit einer ganzheitlichen Perspektive, die nach Ansicht der Autoren die folgenden sechs themenspezifischen Cluster umfassen könne: „Prozessperspektive“, „Theorie und Ressourcen“, „Finanzielle Leistung“, „Lernen und Erfahrung“, „strategische Entscheidungen und Handlungsfähigkeit“ sowie „organisatorische Struktur“ (Eulerich et al., 2022, S. 17–19, 20–21).

Cartwright und Schoenberg (2006, S. S4–S5) geben einen umfassenden Überblick über die seit den 1970-er Jahren verfolgten M&A-Forschungsströme sowie die bis dahin veröffentlichten Forschungsergebnisse. Die Autoren schlussfolgern, dass die Misserfolgsquoten trotz des großen Interesses der weltweiten Forschung am Thema M&A in den betrachteten 30 Jahren nicht nennenswert gesunken seien. Die Autoren resümieren, dass Forschungsfragen zur prozessualen und zur organisatorischen Dimension von M&A eine größere Aufmerksamkeit benötigen würden. Reis et al. (2015, S. 51) untersuchen mehr als 600 Artikel in hochrangigen Management-Zeitschriften zur internationalen Forschung über das strategische M&A-Management im Zeitraum 1983 bis 2012 und stellen für den betrachteten Zeitraum eine Verschiebung von Finanzthemen zu thematischen Schwerpunkten wie Wissensmanagement und organisationalem Lernen fest.

Gomes et al. (2020, S. 179–180) überprüfen systematisch mehr als 500 akademische Artikel zum Thema M&A in 27 Management-Zeitschriften über einen Zeitraum von 27 Jahren. Die Autoren halten fest, dass die Anzahl der Studien, die sich im Zusammenhang mit den strategischen Faktoren von M&A mit der menschlichen Dimension beschäftigen, zugenommen habe. Haleblian et al. (2009, S. 493–494) fordern als Schlussfolgerung ihrer Analyse des Stands der M&A-Forschung eine ganzheitliche und multidisziplinäre Erforschung der Wechselwirkungen verschiedener Motive und Erfolgsfaktoren im M&A-Prozess

sowie eine Vertiefung der Forschungsarbeiten zur Messung des M&A-Erfolgs. S. L. Schmidt et al. (2005, S. 297; 314–316) werten etablierte US-amerikanische Management-Journals aus und fordern, integrative und qualitative Untersuchungen stärker als bisher durchzuführen. Ansätze mit einem ganzheitlichen Blick und der Verbindung quantitativer und qualitativer Untersuchungsmethoden würden die Möglichkeiten verbessern, für die Praxis des M&A-Managements Erfolgs- und Misserfolgsfaktoren abzuleiten (S. L. Schmidt et al., 2005, S. 316). Hossain (2021, S. 2–3) untersucht 155 Artikel aus den Jahren 2015 bis 2020 mit den Themenschwerpunkten Motive und Methoden, Erfolg und Misserfolg sowie Strategien im grenzüberschreitenden Wettbewerb. Shimizu et al. (2004, S. 308–311) identifizieren als Forschungsbedarf die Verbesserung theoretischer und praktischer Grundlagen grenzüberschreitender M&A-Prozesse, die Qualität und Schwerpunkte von Due-Diligence-Prüfungen, die Klärung der Rolle von Beratern, das Lernen aus Fehlern und Misserfolgen sowie die Verbesserung des Verständnisses von Governance-Problemen im M&A-Prozess.

Reis et al. (2019, S. 189) strukturieren und evaluieren wissenschaftliche Untersuchungen zu grenzüberschreitenden M&A-Prozessen aus den Jahren 1994 bis 2013. S. Lu (2018, S. 314–316) arbeitet in ihrer Studie die Definition der M&A-Integrationsmuster heraus und erfasst die Faktoren, die die Entscheidung bei der Auswahl der Form der M&A-Integration beeinflussen. Yaghoubi et al. (2016a, S. 147–148) und Yaghoubi et al. (2016b, S. 437–438) fassen in einem zweiteiligen Beitrag die Literatur über Fusionswellen, Ursachen und Folgen von M&A sowie Theorien und empirische Studien zu den Einflussfaktoren zusammen, die sich auf die Leistung der fusionierten Unternehmen nach der Übernahme beziehen. Renneboog und Vansteenkiste (2019, S. 650–653) identifizieren als Erfolgs- und Misserfolgsfaktoren Lerneffekte aus Serienübernahmen, übermäßiges Vertrauen des Vorstandsvorsitzenden, Komplementarität der Beziehungen zwischen erwerbendem und übernommenem Unternehmen sowie mögliche Interventionen der Aktionäre. Cumming et al. (2023, S. 1–3) analysieren die Muster der Finanzberichterstattung, die Auswirkungen von M&A-Maßnahmen auf die finanziellen Ergebnisse sowie die Rolle von Finanzexperten.

Laut J. Y. Lee et al. (2020, S. 504–507) werde dem Lernen aus Erfahrungen in gescheiterten M&A-Prozessen zu wenig Aufmerksamkeit geschenkt. Hettich (2014, S. 191) gibt einen Überblick über verschiedene Ansätze der multidisziplinären M&A-Forschung aus über 30 Jahren. Um das Geschehen in einem M&A-Prozess ganzheitlich abzubilden, sei es nötig, parallel mehrere theorieunterlegte Perspektiven einzunehmen. Candra et al. (2021, S. 6) fassen zusammen, welche Theorien im Zusammenhang mit M&A-Prozessen in Forschungsarbeiten untersucht werden. Teerikangas und Colman (2020, S. 1, 13) identifizieren in

76 qualitativen Arbeiten zu M&A im Zeitraum 1966 bis 2016 fünf verschiedene grundsätzliche Ansätze für die Theoriebildung in der M&A-Forschung. Gomes et al. (2013, S. 17–19) ordnen die von ihnen ausgewerteten Studien zu kritischen M&A-Erfolgsfaktoren in strategische, wirtschaftliche, organisatorische, soziale und verhaltensbezogene Untersuchungen. Sie plädieren für eine stärkere Betrachtung des Zusammenhangs verschiedener Erfolgsvariablen untereinander, um einen interdisziplinären Ansatz für die Untersuchung von M&A-Prozessen und damit eine ganzheitlichere Betrachtung zu erreichen.

Steigenberger (2017, S. 408–409) blickt auf 30 Jahre M&A-Forschung mit dem Ziel zurück, induktiv einen übergreifenden Rahmen für die wissenschaftliche Literatur über die M&A-Integration zu fördern. Für zukünftige Forschungsansätze regt der Autor an, Teilthemen wie Führung und strategische Umsetzung nicht getrennt, sondern parallel unter Beachtung ihrer Wechselwirkungen zu untersuchen. Es gebe in angrenzenden Forschungsbereichen einen ausreichenden Bestand an Theorien und empirisch belegten Erkenntnissen, um ein besseres Verständnis für die relevanten Ursachen von Erfolg und Misserfolg der PMI zu entwickeln (Steigenberger, 2017, S. 423).

Y. Weber und Tarba (2013, S. 327–329) werten anhand von neun Artikeln die Details soziokultureller Faktoren der PMI aus. Müller-Stewens (2010b, S. 165) fasst in seinem Review zentrale Forschungsergebnisse zur PMI in Form eines Bezugsrahmens zusammen und analysiert die Ergebnisse zu Beziehungen zwischen „Integrationskontext- und -bedingungen, Integrationszielen, -konzept und -gestaltung“ sowie „Integrationsauswirkungen und -erfolg“ (Müller-Stewens, 2010b, S. 168). Der Autor gibt Anregungen zu bislang unterrepräsentierten Forschungsmethoden, wie beispielsweise der Intensivierung qualitativer Forschungsansätze in enger Zusammenarbeit mit in M&A-Projekten involvierten Unternehmen (Müller-Stewens, 2010b, S. 189–190). Durst et al. (2023, S. 26–27) geben in ihrem Review einen Überblick über Forschungsstränge und -themen im Bereich Wissensmanagement und regen an, Forscher und KMU zukünftig enger zusammenzubringen, um die Forschung zu intensivieren.

2.1.1.5 PMI-Management im deutschen Mittelstand

Es lassen sich nur wenige relevante Studien identifizieren, die sich explizit mit dem PMI-Management im deutschen Mittelstand befassen und nicht im Cluster 1 erfasst werden. In den Stand der Forschung im Cluster 4 werden deshalb Studien einbezogen, die sich mit dem PMI-Management mittelständischer Unternehmen außerhalb von Deutschland befassen sowie Untersuchungen des Verhaltens von Familienunternehmen während der PMI. Tabelle 2.12 zeigt einen Auszug der Deskriptionsmatrix. Auf den Inhalt der relevantesten Arbeiten wird im Folgenden in chronologischer Reihenfolge beschreibend eingegangen.

Tabelle 2.12 Auszug aus der Deskriptionsmatrix zum Cluster 4. (Quelle: Eigene Darstellung)

Cluster 4: Forschungsstand zum Post-Merger-Integrationsmanagement im deutschen Mittelstand					
Autoren (Jahr)	**Rating** (VHB JQ3)	**Für das Forschungsvorhaben relevanter Inhalt**	**Theoretische Fundierung**	**Empirische Untersuchung** (Datenerhebung und -grundlage, Analysemethoden)	**Wesentliche Ergebnisse und Aussagen**
Helm, Peter (1999)	kein Rating	Integration identifizierter Erfolgsfaktoren in einem einheitlichen Bezugsrahmen, kategorisiert gemäß dem chronologischen Ablauf der Entscheidungsprozesse beim Aufbau und der Führung eines JV: Planung, Partnerfindung und Führung der Kooperation.	Konzeptionelle Studie: 50 empirische Studien zur Erfolgsfaktorenforschung ausgewertet.	32 Erfolgsfaktoren aus 70 identifizierten Erfolgsfaktoren von Joint Ventures (JV) ausgewählt und in 7 Experteninterviews geprüft.	Der im Rahmen von Expertengesprächen durchgeführte Verifizierungsversuch von 32 Erfolgsfaktoren bestätigt die identifizierten Studienresultate weitgehend und liefert hinsichtlich mehrerer Faktoren Beiträge zur Konkretisierung der empfehlenswerten Ausprägung der Faktoren. Der Versuch einer Verdichtung der Erkenntnisse führt zu den zentralen Konstrukten "Vertrauen" und "Autonomie".
Weitzel, McCarthy (2011)	kein Rating	Die bestehende M&A-Theorie wird fast ausschließlich auf der Grundlage der Untersuchung großer Transaktionen durch große Unternehmen entwickelt. Die Studie argumentiert, dass der Verlauf und der Erfolg von M&A-Prozessen in KMU wesentlich anders sein können. Die etablierten M&A-Theorien werden kritisch geprüft. Es werden ein theoretischer Rahmen sowie mehrere testbare Hypothesen zu den Unterscheidungsmerkmalen von M&A-Projekten von KMU gebildet.	Wertsteigernde Theorien; wertvernichtende Theorien.	SDC Merger Database, entweder in den USA oder in Westeuropa, Zielunternehmen im selben Land wie das übernehmende Unternehmen, 17.137 M&A "observations".	Die empirischen Ergebnisse zeigen, dass sich KMU, die Fusionen und Übernahmen tätigen, im Vergleich zu großen Unternehmen, die auf externes Wachstum durch Fusionen und Übernahmen angewiesen sind, eher zurückziehen, was darauf hindeutet, dass KMU flexibler sind und eher in der Lage sind, schlecht laufende Geschäfte zu vermeiden. M&A von KMU werden eher mit Fremdkapital finanziert, was darauf hindeutet, dass die Theorie der "finanziellen Hackordnung" für KMU weniger relevant ist.
Arvanitis, Stucki (2015)	C	Studie untersucht die Auswirkungen von M&A auf die Performance nach dem Zusammenschluss von KMU.	Wirtschaftliche Leistung, Innovationsleistung.	Schweizer Fusionen zwischen 2006 und 2008; Swiss Federal Statistical Office, ursprünglich 2.048 Firmen, endgültige Stichprobe: 1.398 Firmen; 65 % Service Sektor, 27 % produzierendes Gewerbe.	Es finden sich signifikante Leistungseffekte von M&A für drei der fünf untersuchten Leistungsmaße: Umsatzwachstum, Wachstum der Wertschöpfung pro Mitarbeiter und Umsatz mit innovativen Produkten. Für das Beschäftigungswachstum und die Bruttoinvestitionen können keine Effekte gefunden werden. Der wertsteigernde Aspekt scheint den M&A-Prozess für KMU zu dominieren und zu erkennbaren positiven Effekten zu führen. Die Tatsache, dass gleichzeitig keine Effekte für Beschäftigung und Investitionen gefunden werden, wird so interpretiert, dass die Synergieeffekte der M&A die durchschnittliche Arbeitsproduktivität des übernehmenden Unternehmens auch ohne zusätzliche Investitionsausgaben erhöhen.
Müller (2015)	Disser-tation	Mehrjährige Akquisitionsperformance von Familienunternehmen in Deutschland aus verschiedenen Perspektiven.	Theoretische Aufarbeitung der Konzepte, Agency-Theorie und Agency-Konflikte bei Familienunternehmen und M&A, verbunden mit Überlegungen zu Ressourcen-Theorie, Ressourcenpräsenz und -übertragung.	Homogene Stichprobe von 53 realisierten Unternehmens-zusammenschlüssen aus den Jahren 1997-2008 durch 48 Familienunternehmen. Jahresabschlussorientierte Messmethode.	Familienunternehmen wagen sich bedachter und vorbereiteter an Transaktionen heran, verwalten verantwortungsbewusster und zielorientierter das Gesellschaftsvermögen, Renditeorientierung steht im Vordergrund, ausgeprägt hohe Verantwortung den Mitarbeitenden gegenüber, häufig verbunden mit regionaler Verankerung.
Palm, Kammerlander (2021)	kein Rating	Akquisitionsverhalten von Familienunternehmen; Desinvestitionsstrategien.	Qualitatives interviewbasiertes Forschungsdesign.	50 Interviews mit sieben Familienunternehmen und M&A-Experten.	Familienunternehmen halten lange an nicht erfolgreichen Akquisitionen fest und versuchen durch hohe Investitionen die akquirierten Unternehmen zum Erfolg zu führen, trotz hoher Kosten und ggf. Verlust; um langfristig einen Gewinnbeitrag für das Familienunternehmen zu erzielen.

Helm und Peter (1999, S. 27) wählen in ihrer Studie 32 Erfolgsfaktoren aus 70 identifizierten Erfolgsfaktoren von Joint Ventures aus und prüfen diese in Expertengesprächen. Die identifizierten Erfolgsfaktoren integrieren sie in einen einheitlichen Bezugsrahmen (Helm & Peter, 1999, S. 29) und verdichten sie zu den zentralen Konstrukten „Vertrauen" und „Autonomie" (Helm & Peter, 1999, S. 43). Weitzel und McCarthy (2011, S. 268–270) merken kritisch an, dass die in der Literatur entwickelten M&A-Theorien dem spezifischen M&A-Verhalten von KMU angepasst werden müssten. KMU seien auf M&A-Prozesse als Mittel des externen Wachstums angewiesen und würden viel seltener irrationales und wertvernichtendes Verhalten im M&A-Prozess zeigen als Großunternehmen. Arvanitis und Stucki (2015, S. 764) weisen signifikante Auswirkungen von M&A-Projekten auf Leistungsmerkmale wie Umsatzwachstum, Wertschöpfung pro Mitarbeiter und Umsatz mit innovativen Produkten nach.

M. P. Müller (2015, S. 272) untersucht die Akquisitionsperformance von deutschen Familienunternehmen aus verschiedenen Perspektiven. Demnach nähern sich Familienunternehmen Transaktionen mit Bedacht und guter Vorbereitung, was mit einem hohen Verantwortungsbewusstsein gegenüber dem Gesellschaftervermögen, der hohen Renditeorientierung, dem Verantwortungsbewusstsein gegenüber den Mitarbeitern und der regionalen Verankerung zusammenhänge.

M. Palm und Kammerlander (2021, S. 2) kommen in ihrer qualitativen Studie zu dem Ergebnis, dass Familienunternehmen in der PMI-Phase auch an wenig erfolgreichen Akquisitionen lange festhalten und versuchen würden, die akquirierten Unternehmen durch erhebliche Investitionen dennoch zum Erfolg zu führen. Als Erfolgsfaktoren der PMI nennen die Autoren zusammenfassend Kommunikation, Vision, Managementpräsenz und -kontinuität, strukturierte und konsequente Integrations- und Veränderungsprozesse sowie die Berücksichtigung der charakteristischen Merkmale der Menschen und Strukturen auf der Verkäuferseite (M. Palm & Kammerlander, 2021, S. 17).

2.1.2 Darlegung der Forschungslücke

2.1.2.1 Evaluierungskriterien

Mit dem Ziel der Ableitung der Forschungslücke werden für die evaluatorische Literaturanalyse die in Abbildung 2.1 dargestellten Kriterien hergeleitet. Die zugeordneten Werte werden in Form von sog. „Harvey Balls“ dargestellt. Der Eindeutigkeit und Klarheit halber werden ausschließlich die Werte „zutreffend“ und „nicht zutreffend“ vergeben.

Das Kriterium „Verankerung Forschungsrichtung“ bewertet jeweils mit „zutreffend“, falls die Studie methodisch und theoretisch in der EFF und/oder in einem Forschungsansatz des Strategischen Managements verankert ist. Dieses Kriterium ist relevant, da in dieser Dissertation zur Untersuchung und Beantwortung der Forschungsfragen Ansätze der EFF und des Strategischen Managements im eigenen Forschungsansatz verbunden werden.

Das Kriterium „Deutscher Mittelstand“ bewertet mit „zutreffend“, falls sich die bewertete Studie auf den Mittelstand gemäß der in Abschnitt 1.3.1 ausgeführten Definition bezieht und/oder wenn die jeweilige Studie Unternehmen in

Evaluierungskriterien

(1) Verankerung Forschungsrichtung

Erfolgsfaktorenforschung:	● zutreffend, O nicht zutreffend
Strategisches Management:	● zutreffend, O nicht zutreffend

(2) Deutscher Mittelstand

Deutschland:	● zutreffend, O nicht zutreffend
Mittelstand:	● zutreffend, O nicht zutreffend

(3) Holistischer Ansatz/strategische Perspektiven

Finanzen + Risiken:	● zutreffend, O nicht zutreffend
Märkte + Kunden:	● zutreffend, O nicht zutreffend
Prozesse + Organisation:	● zutreffend, O nicht zutreffend
Menschen + Kultur:	● zutreffend, O nicht zutreffend

(4) Praxisorientiertes Konzept	● zutreffend, O nicht zutreffend
(5) Branchenunabhängiger Ansatz	● zutreffend, O nicht zutreffend

Abbildung 2.1 Evaluierungskriterien der Literaturanalyse. (Quelle: Eigene Darstellung)

Deutschland empirisch untersucht. Dieses Kriterium ist relevant, da im Gestaltungsteil dieser Dissertation konkrete Handlungsempfehlungen und Lösungsvorschläge für ein erfolgreiches strategisches PMI-Management im deutschen Mittelstand abgeleitet werden.

Innerhalb des Kriteriums „Holistischer Ansatz/strategische Perspektiven" wird für die jeweilige Studie bewertet, welche strategischen Perspektiven innerhalb des Forschungsansatzes untersucht werden. Mit diesem Kriterium wird evaluiert, ob die jeweilige Studie mit einem ganzheitlichen Ansatz arbeitet und die wechselseitigen Auswirkungen strategischer, finanzieller, organisatorischer und kultureller Faktoren auf den M&A-Erfolg berücksichtigt (Junni & Teerikangas, 2019, S. 18). In Anlehnung an Kaplan und Norton (2018, S. 8–9) wird innerhalb dieses Kriteriums geprüft, welche der vier strategischen Perspektiven „Finanzen und Risiken", „Märkte und Kunden", „Prozesse und Organisation" sowie „Menschen und Kultur" betrachtet werden. Dieses Kriterium bewertet jeweils mit „zutreffend", falls die evaluierte Studie eine oder mehrere der vorgenannten strategischen Perspektiven untersucht. Ein holistischer, ganzheitlicher Ansatz liegt vor, wenn alle strategischen Perspektiven im Untersuchungsansatz berücksichtigt werden. Dieses Kriterium ist relevant, da diese Dissertation die Forschungsfrage mit einem ganzheitlichen Forschungsansatz untersucht. Mit der Evaluierung der Literatur nach diesem Kriterium folgt die Dissertation Anregungen von S. L. Schmidt et al. (2005, S. 316), Haleblian et al. (2009, S. 493–494), D. A. Davis (2012, S. 23–25), Picot (2012, S. 19), Gomes et al. (2013, S. 30), Hettich (2014, S. 191), Stich et al. (2016, S. 353), Junni und Teerikangas (2019, S. 18), Candra et al. (2021, S. 6) und Eulerich et al. (2022, S. 17–19; 20–21).

Das Kriterium „Praxisorientiertes Konzept" wird mit „zutreffend" bewertet, falls die jeweilige Arbeit ein für den praktischen Einsatz im Unternehmen relevantes Konzept erarbeitet. Die Objektivität dieses Evaluierungskriteriums ist nicht immer eindeutig. Hungenberg (2014, S. 65) betont in diesem Zusammenhang, dass viele Studien zwar stets die „Relevanz der Forschungsergebnisse für die Praxis" (Hungenberg, 2014, S. 65) herausstellen würden, es aber selten gelinge, die der jeweiligen Studie unterstellten Praxisorientierung auch zu verwirklichen. Folglich fällt es schwer, im Einzelfall eindeutig zu bewerten, ob ein im Sinne dieses Kriteriums praxisorientiertes Konzept erarbeitet wird, so wie es in dieser Dissertation beabsichtigt ist.

Einige Arbeiten erforschen das M&A-Geschehen explizit für ausgewählte Branchen, wie beispielsweise für Banken (Hille, 2022, S. 3) oder die Logistikbranche (H. Bachmann, 2008, S. 3). Dies schränkt die Übertragbarkeit der Ergebnisse auf andere Wirtschaftszweige und Branchen ein. Das Kriterium „branchenunabhängiger Ansatz" wird jeweils mit „zutreffend" bewertet, falls die Ergebnisse der jeweiligen Studie uneingeschränkt auf andere Branchen übertragen werden können. Die Erfüllung dieses Kriteriums ist eine wesentliche Zielsetzung dieser Dissertation.

2.1.2.2 Evaluierung des Forschungsstands

Vor dem Hintergrund der in Abschnitt 1.3.1 dargestellten Suchfeldgrafik ermöglicht die Anwendung der in Abbildung 2.1 genannten Kriterien eine Evaluierung der im Abschnitt 2.1.1 deskriptiv erfassten Arbeiten nach aus der Literatur hergeleiteten methodischen und inhaltlich-thematischen Merkmalen. Im Folgenden werden die Ergebnisse der evaluatorischen Literaturanalyse dargestellt und erläutert.

Tabelle 2.13 fasst die Evaluation für das Cluster 1 zusammen. Die Arbeiten von Feix (2017), Grösser und Stauffer (2016), Stich et al. (2016), Furtner (2011) sowie von Bauch (2004) untersuchen mit einem in der EFF verankerten, ganzheitlichen Ansatz die Erfolgsfaktoren des strategischen PMI-Managements im Mittelstand. Die Studie von Grösser und Stauffer (2016) bezieht sich auf den Mittelstand in der Schweiz, mit einem branchenunabhängigen Ansatz und dem Ziel eines praxisorientierten Konzepts. Die Studie von T. Wilde et al. (2019) ist im Strategischen Management verankert, basiert auf einer im deutschen Mittelstand durchgeführten qualitativen Studie und erarbeitet mit einem branchenunabhängigen Ansatz ein praxisorientiertes Konzept. Jauck und Bleiweis (2020) untersuchen mit einem holistischen Ansatz mittelständische Unternehmen in Deutschland, sie erarbeiten aber kein praxisorientiertes Konzept.

Tabelle 2.13 Evaluierung der Literatur im Cluster 1. (Quelle: Eigene Darstellung)

Evaluation im Cluster 1: Forschungsstand zu den Erfolgsfaktoren des strategischen Post-Merger-Integrationsmanagements im deutschen Mittelstand											
Autoren (Jahr)	Rating (VHB JQ3)	Verankerung Forschungsrichtung		Deutscher Mittelstand		Holistischer Ansatz Strategische Perspektiven				Praxis-orientiertes Konzept	Branchen-unabhängiger Ansatz
		Erfolgs-faktoren-forschung	Strategisches Manage-ment	Deutsch-land	Mittelstand	Finanzen + Risiken	Märkte + Kunden	Prozesse + Organisation	Menschen + Kultur		
Bauch (2004)	Disser-tation	●	●	○	●	●	●	●	●	●	●
Furtner (2011)	Disser-tation	●	●	○	●	●	●	●	●	●	●
Grösser; Staufer (2016)	D	●	●	○	●	●	●	●	●	●	○
Stich; von Buss; Kroemer (2016)	kein Rating	●	●	●	●	●	●	●	●	●	●
Bauer; Dao (2017)	kein Rating	●	●	○	●	○	○	○	●	●	●
Feix (2017)	kein Rating	●	●	●	●	●	●	●	●	●	●
Wilde; Klaus; Harzenetter (2019)	kein Rating	○	●	●	●	●	●	●	●	●	●
Jauck; Bleiweis (2020)	kein Rating	○	●	●	●	●	●	●	●	○	●
Lee; Jiménez; Devinney (2020)	B	○	●	○	●	○	○	○	○	○	●
Hille (2022)	Disser-tation	●	●	●	●	○	○	○	●	●	○
Santulli; Galluci; Torchia; Calabro (2022)	kein Rating	○	●	●	●	○	○	○	●	●	●

Tabelle 2.14 zeigt, dass im Cluster 2 die Studie von Rodrigues et al. (2021) mit einem in der EFF und im Strategischen Management verankerten ganzheitlichen Ansatz Erfolgsfaktoren des Strategischen Managements im Mittelstand untersucht, allerdings nicht in Deutschland, sondern auf Basis einer empirischen Studie zu Unternehmen in Portugal. Takacs et al. (2022) entwickeln einen Rahmen für ein ganzheitliches strategisches Nachhaltigkeitsmanagement für KMU bzw. SME in der Schweiz. Die Studien von Weigel et al. (2023), Pahnke et al. (2023), Winkler (2020) sowie Roitzsch et al. (2012) beziehen sich ohne ganzheitlichen Ansatz auf den deutschen Mittelstand. Mit Ausnahme der Studien von Dabić et al. (2020), Reed (2021), Vigfússon et al. (2021), Audretsch und Guenther (2023) sowie Weigel et al. (2023) erarbeiten alle evaluierten Studien im Cluster 2 praxisorientierte Konzepte.

Tabelle 2.14 Evaluierung der Literatur im Cluster 2. (Quelle: Eigene Darstellung)

Evaluierung im Cluster 2: Forschungsstand zu den Erfolgsfaktoren des Strategischen Managements im deutschen Mittelstand											
Autoren (Jahr)	Rating (VHB JQ3)	Verankerung Forschungsrichtung		Deutscher Mittelstand		Holistischer Ansatz Strategische Perspektiven				Praxis-orientiertes Konzept	Branchen-unabhängiger Ansatz
		Erfolgs-faktoren-forschung	Strategisches Manage-ment	Deutsch-land	Mittelstand	Finanzen + Risiken	Märkte + Kunden	Prozesse + Organisation	Menschen + Kultur		
Pryor; Anderson; Toombs; Humphreys (2007)	kein Rating	○	●	○	○	●	●	●	●	●	●
Roitzsch; Hacker; Pietrzyk; Debitz (2012)	kein Rating	○	●	●	●	○	○	●	○	●	●
Raps (2017)	kein Rating	●	●	○	○	●	○	●	●	●	●
Dabic; Maley; Dana; Novak; Pellegrini; Caputo (2020)	B	○	●	○	●	○	○	○	○	○	●
Winkler (2020)	Disser-tation	○	●	●	●	○	○	○	●	●	●
Deimel; Gerke; Molinski (2021)	C	●	●	●	●	●	●	●	●	●	●
Reed (2021)	C	○	●	○	●	○	○	○	○	○	●
Rodriguez; Franco; Silva; Oliveira (2021)	C	●	●	○	●	●	●	●	●	●	●
Vigfússon; Jóhannsdóttir; Òlafsson (2021)	kein Rating	●	●	○	●	●	●	●	●	○	●
Maříková; Rolínek; Vrchota; Řehoř (2022)	kein Rating	○	●	○	●	○	○	○	○	●	●
Takacs; Brunner; Frankenberger (2022)	B	○	●	○	●	●	●	●	●	●	●
Audretsch; Guenther (2023)	B	○	●	○	●	○	○	○	○	○	●
Pahnke; Welter; Audretsch (2023)	B	○	●	●	●	○	○	●	○	○	●
Weigel; Derfuss; Hiebl (2023)	B	○	●	●	●	●	○	●	○	●	●

Von den in Tabelle 2.15 und in Tabelle 2.16 dargestellten empirischen Studien im Cluster 3, die in mit einem Rating von A+ und A versehenen Zeitschriften veröffentlicht sind, beziehen sich ausschließlich Homburg und Bucerius (2005) auf Unternehmen in Deutschland und nur die die Studie von Vaara (2003) untersucht mittelständische Unternehmen.

Tabelle 2.15 Evaluierung der Literatur im Cluster 3, VHB JQ3 Rating A+. (Quelle: Eigene Darstellung)

Evaluierung im Cluster 3: Forschungsstand zu den Erfolgsfaktoren des strategischen Post-Merger-Integrationsmanagements (VHB JQ3 Rating A+)											
Autoren (Jahr)	Rating (VHB JQ3)	Verankerung Forschungsrichtung		Deutscher Mittelstand		Holistischer Ansatz Strategische Perspektiven				Praxis-orientiertes Konzept	Branchen-unabhängiger Ansatz
		Erfolgs-faktoren-forschung	Strategisches Manage-ment	Deutsch-land	Mittelstand	Finanzen + Risiken	Märkte + Kunden	Prozesse + Organisation	Menschen + Kultur		
Haleblian; Finkelstein (1999)	A+	○	●	○	○	○	○	●	●	○	●
Vermeulen; Barkema (2001)	A+	○	●	○	○	○	○	●	●	○	●
Homburg, Bucerius (2005)	A+	○	●	●	○	●	●	○	○	●	●
Haleblian; Kim; Rajagopalan (2006)	A+	○	●	○	○	○	○	●	●	○	○
Cording; Christmann; King (2008)	A+	○	●	○	○	○	●	○	○	○	●
Stahl; Voigt (2008)	A+	○	●	○	○	○	○	●	●	○	●
Bommeraju; Ahearne; Hall, Tirunillai; Lam (2018)	A+	○	●	○	○	○	●	●	●	●	●
Malhotra; Reus; Zhu; Roelofsen (2018)	A+	○	●	○	○	○	○	○	●	○	●
Feldman; Hernandez (2022)	A+	○	●	○	○	○	○	●	○	○	●
Umashankar; Bahdir; Bharadwaj (2022)	A+	○	●	○	○	○	●	○	○	○	●

Das Literatur-Review von Haleblian et al. (2009) erfasst zwar alle strategischen Perspektiven, aber keine der von den Autoren ausgewerteten empirischen Studien erforscht Erfolgsfaktoren des strategischen PMI-Managements mit einem ganzheitlichen Ansatz.

Tabelle 2.16 Evaluierung der Literatur im Cluster 3, VHB JQ3 Rating A. (Quelle: Eigene Darstellung)

Evaluierung im Cluster 3: Forschungsstand zu den Erfolgsfaktoren des strategischen Post-Merger-Integrationsmanagements (VHB JQ3 Rating A)											
Autoren (Jahr)	Rating (VHB JQ3)	Verankerung Forschungsrichtung		Deutscher Mittelstand		Holistischer Ansatz Strategische Perspektiven				Praxis-orientiertes Konzept	Branchen-unabhängiger Ansatz
		Erfolgs-faktoren-forschung	Strategisches Manage-ment	Deutsch-land	Mittelstand	Finanzen + Risiken	Märkte + Kunden	Prozesse + Organisation	Menschen + Kultur		
Bresman; Birkingshaw; Nobel (1999)	A	○	●	○	○	○	○	●	●	●	●
Birkinshaw; Bresman; Håkanson (2000)	A	●	●	○	○	○	○	●	●	●	●
Vaara (2002)	A	○	●	○	○	○	○	●	●	●	●
Vaara (2003)	A	○	●	○	●	○	○	●	●	●	○
Homburg; Bucerius (2006)	A	●	●	○	○	○	○	●	○	●	●
Barkema; Schijven (2008)	A	○	●	○	○	○	○	●	●	○	●
Haleblian; Devers; McNamara et al. (2009)	A	○	●	○	○	●	●	●	●	○	●
Birkingshaw; Bresman; Nobel (2010)	A	○	●	○	○	○	○	●	●	●	●
Zaheer; Castañer; Souder (2013)	A	○	●	○	○	○	○	●	○	●	●
Brueller; Carmeli; Markman (2018)	A	○	●	○	○	○	○	○	●	○	●
Colman; Rouzies (2018)	A	○	●	○	○	○	○	●	●	●	●
N. Vuori; T. O. Vuori; Huy (2018)	A	○	●	○	○	○	○	●	●	●	●
Wei; Clegg (2020)	A	○	●	○	○	○	○	●	●	●	○
Väisänen; Tessier; Järvinen (2021)	A	○	●	○	○	○	○	●	●	○	●
Colmann; Rouzies; Lunnan (2023)	A	○	●	○	○	○	○	●	●	●	●

Die Evaluierung der in Tabelle 2.17 dargestellten und in mit einem Rating von B, C oder D versehenen Zeitschriften im Zeitraum 1998 bis 2010 veröffentlichten empirischen Studien im Cluster 3 zeigt, dass die Studien von Brouthers et al. (1998), Bark und Kötzle (2001), Bower (2001), S. A. Jansen (2002), J. Weber und Roventa (2006), Schewe et al. (2007) sowie Zollo und Meier (2008) mit ganzheitlichen Untersuchungsansätzen arbeiten, wobei die Studien von Brouthers et al. (1998), S. A. Jansen (2002) und Schewe et al. (2007) Ansätze der EFF mit Ansätzen des Strategischen Managements verbinden, mit der Einschränkung, dass die Studie von Schewe et al. (2007) nicht zu einem praxisorientierten Konzept führt.

Tabelle 2.17 Evaluierung der Literatur im Cluster 3, VHB JQ3 Rating B, C, D; Teil 1 von 5, 1998–2010. (Quelle: Eigene Darstellung)

Evaluierung im Cluster 3: Forschungsstand zu den Erfolgsfaktoren des strategischen Post-Merger-Integrationsmanagements (VHB JQ3 Rating B, C, D) Teil 1											
Autoren (Jahr)	Rating (VHB JQ3)	Verankerung Forschungsrichtung		Deutscher Mittelstand		Holistischer Ansatz Strategische Perspektiven				Praxis-orientiertes Konzept	Branchen-unabhängiger Ansatz
		Erfolgs-faktoren-forschung	Strategisches Manage-ment	Deutsch-land	Mittelstand	Finanzen + Risiken	Märkte + Kunden	Prozesse + Organisation	Menschen + Kultur		
Brouthers; van Hastenburg van den Ven (1998)	B	●	●	○	○	●	●	●	●	●	●
Bark; Kötzle (2001)	D	○	●	○	○	●	●	●	●	●	●
Bower (2001)	C	○	●	○	○	●	●	●	●	●	●
Jansen (2002)	D	●	●	○	○	●	●	●	●	●	●
North; Blanco (2003)	D	○	●	○	○	○	○	●	●	●	●
Angwin (2004)	B	○	●	○	○	○	○	●	○	●	●
Epstein (2004)	C	○	●	○	○	○	○	●	○	●	●
Rovit; Harding; Lemire (2004)	B	○	●	○	○	○	○	●	●	●	●
Wagner; Boutellier (2004)	C	○	●	○	○	○	○	●	○	●	●
Schoenberg (2006)	B	○	●	○	○	●	○	●	○	●	●
Weber; Roventa (2006)	C	○	●	○	○	●	●	●	●	●	●
Schewe; Lohre; Ortwein (2007)	D	●	●	○	○	●	●	●	●	○	●
Zollo; Meier (2008)	B	○	●	○	○	●	●	●	●	●	●
Homberg; Osterloh (2010)	C	○	●	○	○	○	○	○	●	○	●
Sarala (2010)	B	○	●	○	○	○	○	●	●	●	●

Die Evaluierung der in Tabelle 2.18 dargestellten und in mit einem VHB JQ3 Rating von B, C oder D versehenen Zeitschriften im Zeitraum 2011 bis 2016 veröffentlichten empirischen Studien im Cluster 3 zeigt, dass Y. Weber, Tarba und Bachar (2011) in ihrer vergleichenden Analyse verschiedener empirischer Studien und theoretischer Bezugsrahmen das gesamte Spektrum strategischer Perspektiven abdecken, ohne das Ziel der Erarbeitung eines praxisorientierten Konzepts zu verfolgen. Nahezu alle Studien beschäftigen sich mit Menschen und Kulturen im Integrationsprozess, viele auch mit Prozessen und der Organisation. Ausschließlich die Studie von Sievers et al. (2016) untersucht strategische Erfolgsfaktoren im Bereich „Finanzen und Risiken“ und ausschließlich die Studie von Sinkovics et al. (2014) Erfolgsfaktoren im Bereich „Märkte und Kunden“. Angwin et al. (2016) verbinden in ihrer Studie Ansätze der EFF mit denen des Strategischen Managements.

Tabelle 2.18 Evaluierung der Literatur im Cluster 3, VHB JQ3 Rating B, C, D; Teil 2 von 5, 2011–2016. (Quelle: Eigene Darstellung)

Evaluierung im Cluster 3: Forschungsstand zu den Erfolgsfaktoren des strategischen Post-Merger-Integrationsmanagements (VHB JQ3 Rating B, C, D) Teil 2											
Autoren (Jahr)	Rating (VHB JQ3)	Verankerung Forschungsrichtung		Deutscher Mittelstand		Holistischer Ansatz Strategische Perspektiven				Praxis-orientiertes Konzept	Branchen-unabhängiger Ansatz
		Erfolgs-faktoren-forschung	Strategisches Manage-ment	Deutsch-land	Mittelstand	Finanzen + Risiken	Märkte + Kunden	Prozesse + Organisation	Menschen + Kultur		
Ahammad; Glaister (2011a)	B	○	●	○	○	○	○	●	●	●	●
Ahammad; Glaister (2011b)	C	○	●	○	○	○	○	●	●	●	●
Giessner (2011)	B	○	●	○	○	○	○	●	●	●	●
Weber, Y; Tarba; Reichel (2011)	C	○	●	○	○	●	●	●	●	○	●
Mirc (2012)	B	○	●	○	○	○	○	●	●	○	●
Rouzies; Colman (2012)	D	○	●	○	○	○	○	●	●	●	●
Schweizer; Patzelt (2012)	B	○	●	○	○	○	○	●	●	●	●
Vasilaki (2012)	B	○	●	○	○	○	○	●	●	●	●
Stahl; Angwin; Very Gomes et al. (2013)	C	○	●	○	○	○	○	●	●	○	●
Cording; Harrison; Hoskisson; Jonsen (2014)	B	○	●	○	○	○	○	●	●	●	●
Sinkovics, R.; Jedin; Sinkovics, N. (2014)	B	○	●	○	○	○	●	○	●	●	●
Angwin; Meadows (2015)	B	○	●	○	○	○	○	●	●	●	●
Osarenkhoe; Hyder (2015)	C	○	●	○	○	○	○	●	●	●	●
Angwin; Mellahi; Gomes; Peter (2016)	B	●	●	○	○	○	○	○	●	●	●
Dao; Bauer; Strobl; Matzler; Eulerich (2016)	B	○	●	○	○	○	○	○	●	●	●
Sievers; Mehring; Keienburg; Kengelbach (2016)	D	○	●	○	○	●	○	○	●	●	●

Die Evaluierung der in Tabelle 2.19 dargestellten und in mit einem Rating von B, C oder D versehenen Zeitschriften im Zeitraum 2016 bis 2019 veröffentlichten empirischen Studien im Cluster 3 zeigt, dass keine der Studien mit einem ganzheitlichen Ansatz arbeitet. Die Studie von Uzelac et al. (2016) zur Integrationsgeschwindigkeit bezieht sich auf den Mittelstand in Deutschland, wird aber nicht in Cluster 1 eingeordnet, da sie nicht explizit die PMI untersucht. Mit dem Fokus auf Erfolgsfaktoren in den Bereichen „Prozesse und Organisation“ sowie „Menschen und Kultur“ erarbeiten die Autoren ein praxisorientiertes Konzept mit einem branchenunabhängigen Ansatz. Ahammad et al. (2017) und Jain et al. (2019) verbinden in ihren Studien Untersuchungsansätze der EFF und des Strategischen Managements.

Tabelle 2.19 Evaluierung der Literatur im Cluster 3, VHB JQ3 Rating B, C, D; Teil 3 von 5, 2016–2019. (Quelle: Eigene Darstellung)

Evaluierung im Cluster 3: Forschungsstand zu den Erfolgsfaktoren des strategischen Post-Merger-Integrationsmanagements (VHB JQ3 Rating B, C, D) Teil 3											
Autoren (Jahr)	Rating (VHB JQ3)	Verankerung Forschungsrichtung		Deutscher Mittelstand		Holistischer Ansatz Strategische Perspektiven				Praxis-orientiertes Konzept	Branchen-unabhängiger Ansatz
		Erfolgs-faktoren-forschung	Strategisches Manage-ment	Deutsch-land	Mittelstand	Finanzen + Risiken	Märkte + Kunden	Prozesse + Organisation	Menschen + Kultur		
Teerikangas; Irrmann (2016)	B	○	●	○	○	○	○	●	●	●	●
Uzelac; Bauer; Waschak (2016)	B	○	●	●	●	○	○	●	●	●	●
Ahammad; Tarba; Frynas; Scola (2017)	B	●	●	○	○	○	○	●	●	○	●
Charoensukmongkol (2017)	B	○	●	○	○	○	○	●	●	●	●
Dao; Strobl; Bauer; Tarba (2017)	B	○	●	○	○	○	○	●	●	●	●
Edwards, M.; Lipponen; Edwards T.; Hakonen (2017)	B	○	●	○	○	○	○	●	●	●	○
Paustian-Underdahl; Fainshmidt et al. (2017)	B	●	○	○	○	○	○	●	●	●	●
Puhakka (2017)	B	○	●	○	○	●	○	○	○	○	●
Castellaneta; Valentini; Zoll (2018)	B	○	●	○	○	○	○	●	●	○	○
Kroon; Noorderhaven (2018)	B	○	●	○	○	○	○	●	●	●	●
Schönreiter (2018)	C	●	○	○	○	○	○	●	○	●	●
Svendrup; Stensaker (2018)	B	○	●	○	○	○	○	○	●	●	●
Wei; Clegg (2018)	B	○	●	○	○	○	○	●	●	●	●
Jain, S.; Kashiramka; Jain, P. K. (2019)	C	●	●	○	○	○	○	●	●	●	●
Razi; Garrick (2019)	B	○	●	○	○	○	○	●	●	●	●

Die Evaluierung der in Tabelle 2.20 dargestellten und in mit einem Rating von B, C oder D versehenen Zeitschriften im Zeitraum 2019 bis 2021 veröffentlichten empirischen Studien im Cluster 3 zeigt, dass sich die Studie von Steigenberger und Mirc (2020) zwar auf mittelständische Unternehmen in Deutschland bezieht, allerdings untersuchen die Autoren Erfolgsfaktoren im Kontext der Fusionen von Krankenhäusern. Die Ergebnisse sind nur eingeschränkt auf andere Branchen übertragbar. F. Bauer et al. (2020) sowie Degbey und Pelto (2021) untersuchen als einzige Autoren Erfolgsfaktoren im Bereich „Märkte und Kunden". Klostermann und Düsterhoff (2020) untersuchen in deutschen Unternehmen die strategischen Möglichkeiten des Einsatzes von Visionen in M&A-Projekten und verankern ihre Studie wie auch Annosi et al. (2021) sowohl in der EFF als auch im Strategischen Management.

Tabelle 2.20 Evaluierung der Literatur im Cluster 3, VHB JQ3 Rating B, C, D; Teil 4 von 5, 2019–2021. (Quelle: Eigene Darstellung)

Evaluierung im Cluster 3: Forschungsstand zu den Erfolgsfaktoren des strategischen Post-Merger-Integrationsmanagements (VHB JQ3 Rating B, C, D) Teil 4											
Autoren (Jahr)	Rating (VHB JQ3)	Verankerung Forschungsrichtung		Deutscher Mittelstand		Holistischer Ansatz Strategische Perspektiven				Praxis-orientiertes Konzept	Branchen-unabhängiger Ansatz
		Erfolgs-faktoren-forschung	Strategisches Manage-ment	Deutsch-land	Mittelstand	Finanzen + Risiken	Märkte + Kunden	Prozesse + Organisation	Menschen + Kultur		
Rouzies; Colman; Angwin (2019)	B	○	●	○	○	○	○	●	●	●	●
Sarala; Vaara (2019)	B	○	●	○	○	○	○	●	●	○	●
Tarba; Ahammad; Junni, Stokes; Morag (2019)	B	●	○	○	○	○	○	●	○	●	○
Bauer; Rothermel; Tarba; Arslan; Uzelac (2020)	B	○	●	●	○	○	●	○	○	●	●
Bettinazzi; Miller; Amore; Corbetta (2020)	B	○	●	○	○	○	○	●	○	●	●
Klostermann; Düsterhoff (2020)	B	●	●	●	○	○	○	●	●	●	●
Kretschmer; Dehne (2020)	B	○	●	○	○	○	○	●	●	●	●
Steigenberger; Mirc (2020)	B	○	●	●	●	○	○	●	●	●	○
Teerikangas; Colman (2020)	B	○	○	○	○	○	○	○	○	○	●
Annosi; Casprini; Martini; Torres (2021)	C	●	●	○	○	○	○	●	●	●	●
Bauer; King; Schriber; Kruckenhauser (2021)	B	○	●	○	○	○	○	●	●	●	●
Colovic; Lamotte; Yang (2021)	B	○	●	○	○	●	○	○	○	○	●
Cooke; Wood; Wang; Li (2021)	B	○	●	○	○	○	○	○	●	●	●
Degbey; Pelto (2021)	B	○	●	○	○	○	●	●	○	●	●
Issah (2021)	B	○	●	○	●	○	○	●	○	●	●
Oh; Johnston (2021)	C	○	●	○	○	○	○	●	●	●	●

Die Evaluierung der in Tabelle 2.21 dargestellten und in mit einem Rating von B, C oder D versehenen Zeitschriften im Zeitraum 2021 bis 2023 veröffentlichten empirischen Studien im Cluster 3 zeigt, dass sich die Studien von Calabrò et al. (2023) sowie Moritz et al. (2023) auf den deutschen Mittelstand und die Studie von Felker et al. (2024) auf Deutschland beziehen. Ganzheitliche Ansätze können in dieser Evaluierung nicht identifiziert werden. Es überwiegen Untersuchungen des strategischen PMI-Managements mit den Schwerpunkten „Prozesse und Organisation“ sowie „Menschen und Kultur“. Keine der betrachteten Studien befasst sich mit markt- und kundenbezogenen Themen.

Tabelle 2.21 Evaluierung der Literatur im Cluster 3, VHB JQ3 Rating B, C, D; Teil 5 von 5, 2021–2023. (Quelle: Eigene Darstellung)

Evaluierung im Cluster 3: Forschungsstand zu den Erfolgsfaktoren des strategischen Post-Merger-Integrationsmanagements (VHB JQ3 Rating B, C, D) Teil 5											
Autoren (Jahr)	Rating (VHB JQ3)	Verankerung Forschungsrichtung		Deutscher Mittelstand		Holistischer Ansatz Strategische Perspektiven				Praxis-orientiertes Konzept	Branchen-unabhängiger Ansatz
		Erfolgs-faktoren-forschung	Strategisches Manage-ment	Deutsch-land	Mittelstand	Finanzen + Risiken	Märkte + Kunden	Prozesse + Organisation	Menschen + Kultur		
Vastola; Russo (2021)	B	○	●	○	○	○	○	●	○	●	●
Vincze; Hällerstrand; Örtqvist; Rist (2021)	C	○	●	○	○	○	○	●	○	●	●
Angwin; Urs; Appadu; Thanos Vourloumis et al. (2022)	B	○	●	○	○	○	○	●	●	●	●
García; Herrero (2022)	B	○	●	○	○	○	○	○	●	●	●
Klok; Kroon; Khapova (2022)	B	○	●	○	○	○	○	●	●	○	●
Lee; Han (2022)	B	○	●	○	○	○	○	●	○	○	●
McCarthy; Nodeleit (2022)	B	○	●	○	○	○	○	●	○	●	●
Meglio (2022)	B	○	●	○	○	○	○	○	●	○	●
Schriber; King; Bauer (2022)	B	○	●	○	○	○	○	●	●	●	●
Teti; Spiga (2022)	B	○	●	○	○	○	○	●	○	●	●
Thelisson; Meier (2022)	C	○	●	○	○	○	○	●	○	○	●
Thomas; Louisgrand (2022)	B	○	●	○	○	○	○	●	●	●	●
van Oorshot; Nujen; Solli-Sæther et al. (2022)	B	○	●	○	○	○	○	●	●	●	●
Zahoor; Khan; Sinkovics (2022)	B	○	●	○	○	○	○	●	●	○	●
Calabrò; Mayrhofer; Valentino (2023)	C	○	●	●	●	○	○	●	○	○	●
Felker; Bauer; Friesl; King (2023)	B	○	●	●	○	○	○	●	●	●	●
Kroon; Reif (2023)	B	○	●	○	○	○	○	●	●	●	●
Moritz; Graffius; Felden; Block (2023)	C	○	●	●	●	●	○	●	○	●	●
Vinocur; Kiymaz; Loughry (2023)	C	○	●	○	○	●	○	●	○	●	●

Die Evaluierung der in Tabelle 2.22 dargestellten und im Zeitraum 2000 bis 2011 veröffentlichten Dissertationen zu Themen im Kontext der Erfolgsfaktoren des strategischen PMI-Managements (Cluster 3) zeigt, dass sich die Arbeit von Sauermann (2000) auf den deutschen Mittelstand bezieht, allerdings werden nur die strategischen Perspektiven „Prozesse und Organisation“ sowie „Menschen und Kultur“ einbezogen und die Ergebnisse sind nur eingeschränkt übertragbar, da anhand einer Fallstudie ein einzelnes Unternehmen in einer technikorientierten Branche untersucht wird. C. W. R. Bachmann (2001) untersucht die „Synergie- und Nutzungspotenziale von Unternehmenszusammenschlüssen" mit einem ganzheitlichen Ansatz.

Die Arbeit von Sachs (2007) untersucht Wachstumsstrategien internationaler Familienunternehmen. Stahlke (2007) und H. Bachmann (2008) untersuchen mit ganzheitlichen Untersuchungsansätzen die Energiewirtschaft und die Logistikbranche. Straub (2007) untersucht aus allen strategischen Perspektiven die Gründe für das häufige Scheitern von M&A-Prozessen. Viele Arbeiten verbinden Forschungsansätze der EFF mit denen des Strategischen Managements (C. W. R. Bachmann, 2001; H. Bachmann, 2008; Dahmen, 2011; Grün, 2010; Roediger, 2010; Sachs, 2007; Schauer, 2008; Stafflage, 2005; Stahlke, 2007).

Tabelle 2.22 Evaluierung der Literatur im Cluster 3, Dissertationen; Teil 1 von 2, 2000–2011. (Quelle: Eigene Darstellung)

Evaluierung im Cluster 3: Forschungsstand zu den Erfolgsfaktoren des strategischen Post-Merger-Integrationsmanagements (Dissertationen, Teil 1)											
Autoren (Jahr)	Rating (VHB JQ3)	Verankerung Forschungsrichtung		Deutscher Mittelstand		Holistischer Ansatz Strategische Perspektiven				Praxis-orientiertes Konzept	Branchen-unabhängiger Ansatz
		Erfolgs-faktoren-forschung	Strategisches Manage-ment	Deutsch-land	Mittelstand	Finanzen + Risiken	Märkte + Kunden	Prozesse + Organisation	Menschen + Kultur		
Gerds (2000)	Disser-tation	○	●	●	○	○	○	●	●	●	●
Sauermann (2000)	Disser-tation	○	●	●	●	○	○	●	●	●	○
Bachmann (2001)	Disser-tation	●	●	○	○	●	●	●	●	●	○
Schröer (2005)	Disser-tation	○	○	●	○	○	○	●	●	●	●
Stafflage (2005)	Disser-tation	●	●	○	○	○	○	○	●	●	●
Barnikel (2006)	Disser-tation	●	○	●	○	○	○	●	●	●	●
Scholl (2006)	Disser-tation	○	●	●	○	○	○	●	●	●	●
Sachs (2007)	Disser-tation	●	●	○	●	○	○	●	●	●	●
Stahlke (2007)	Disser-tation	●	●	●	○	●	●	●	●	●	○
Straub (2007)	Disser-tation	○	●	○	○	●	●	●	●	●	●
Schauer (2008)	Disser-tation	●	●	●	○	○	○	●	●	●	●
Bachmann (2008)	Disser-tation	●	●	○	○	●	●	●	●	●	○
Grün (2010)	Disser-tation	●	●	●	○	○	●	●	○	●	●
Lohre (2010)	Disser-tation	●	○	●	●	○	○	●	●	●	●
Roediger (2010)	Disser-tation	●	●	●	○	○	○	●	●	●	●
Dahmen (2011)	Disser-tation	●	●	○	○	○	○	●	●	●	●

Die Evaluierung der in Tabelle 2.23 dargestellten und im Zeitraum 2011 bis 2022 veröffentlichten Dissertationen zeigt, dass sich die Arbeiten von Grill (2011), F. Bauer (2012) und Pfeifle (2020) auf deutsche Unternehmen beziehen, wobei die Studien von F. Bauer (2012) und Pfeifle (2020) im Strategischen Management verankert sind und mit ganzheitlichen Ansätzen arbeiten. Puhakka (2017) untersucht die PMI in finnischen Familienunternehmen. Hackmann (2011), A. Palm (2011b), F. Bauer (2012), M. L. Meyer (2012) und Steimer (2012) verbinden in ihren Arbeiten Forschungsansätze der EFF mit denen des Strategischen Managements.

Tabelle 2.23 Evaluierung der Literatur im Cluster 3, Dissertationen; Teil 2 von 2, 2011–2022. (Quelle: Eigene Darstellung)

Evaluierung im Cluster 3: Forschungsstand zu den Erfolgsfaktoren des strategischen Post-Merger-Integrationsmanagements (Dissertationen, Teil 2)											
		Verankerung Forschungsrichtung		Deutscher Mittelstand		Holistischer Ansatz Strategische Perspektiven					
Autoren (Jahr)	Rating (VHB JQ3)	Erfolgs-faktoren-forschung	Strategisches Manage-ment	Deutsch-land	Mittelstand	Finanzen + Risiken	Märkte + Kunden	Prozesse + Organisation	Menschen + Kultur	Praxis-orientiertes Konzept	Branchen-unabhängiger Ansatz
Grill (2011)	Disser-tation	○	●	●	○	●	○	○	○	○	●
Hackmann (2011)	Disser-tation	●	●	○	○	○	●	●	●	●	●
Palm, A. (2011)	Disser-tation	●	●	○	○	○	○	○	●	●	●
Bauer (2012)	Disser-tation	●	●	●	○	●	●	●	●	●	●
Borgstädt (2012)	Disser-tation	●	○	●	○	○	○	●	●	●	●
Meyer (2012)	Disser-tation	●	●	○	○	●	○	○	○	○	●
Steimer (2012)	Disser-tation	●	●	○	○	○	○	●	●	●	○
Alwis (2013)	Disser-tation	○	●	○	○	○	○	●	●	●	●
Kübel (2013)	Disser-tation	○	●	○	○	●	○	●	○	●	●
Schön (2013)	Disser-tation	○	●	○	○	○	○	●	●	○	○
Borck (2016)	Disser-tation	○	●	○	○	●	○	●	●	●	●
Puhakka (2017)	Disser-tation	○	●	○	●	●	○	●	○	●	●
Schwerdtfeger (2017)	Disser-tation	●	○	○	○	○	○	●	●	●	●
Brunner-Kirchmair (2018)	Disser-tation	○	●	○	○	○	○	○	●	●	●
Schönreiter (2019)	Disser-tation	○	●	○	○	○	○	●	○	●	○
Pfeifle (2020)	Disser-tation	○	●	●	○	●	●	●	●	●	●
Valhoni (2020)	Disser-tation	○	●	○	○	○	○	●	○	●	●
Hermes (2021)	Disser-tation	○	●	○	○	●	○	○	●	●	●
Väisänen (2022)	Disser-tation	○	●	○	○	○	○	●	●	●	●

Tabelle 2.24 zeigt die wenigen Arbeiten, die sich dem Cluster 4 „Post-Merger-Integrationsmanagement im deutschen Mittestand“ zuordnen lassen. Die in der EFF verankerte Arbeit von Helm und Peter (1999) arbeitet mit einem ganzheitlichen Ansatz. Auch den im Strategischen Management verankerten Studien von M. P. Müller (2015), M. Müller et al. (2020) sowie M. Palm und Kammerlander (2021) liegen ganzheitliche Ansätze zugrunde. Alle Studien im Cluster 4 sind branchenunabhängig und erarbeiten ein praxisorientiertes Konzept.

Tabelle 2.24 Evaluierung der Literatur im Cluster 4. (Quelle: Eigene Darstellung)

Cluster 4: Forschungsstand zum Post-Merger-Integrationsmanagement im deutschen Mittelstand											
Autoren (Jahr)	Rating (VHB JQ3)	Verankerung Forschungsrichtung		Deutscher Mittelstand		Holistischer Ansatz Strategische Perspektiven				Praxis-orientiertes Konzept	Branchen-unabhängiger Ansatz
		Erfolgs-faktoren-forschung	Strategisches Manage-ment	Deutsch-land	Mittelstand	Finanzen + Risiken	Märkte + Kunden	Prozesse + Organisation	Menschen + Kultur		
Helm; Peter (1999)	kein Rating	●	○	○	○	●	●	●	●	●	●
Raffel (2006)	kein Rating	○	●	●	●	○	○	●	●	●	●
Weitzel; McCarthy (2011)	kein Rating	○	●	○	●	●	○	○	○	●	●
Arvanitis; Stucki (2014)	C	○	●	○	○	●	○	○	○	●	●
Weche Geluebcke (2019)	kein Rating	○	●	●	○	●	○	○	○	○	●
Müller, M. P. (2015)	Disser-tation	○	●	●	●	●	●	●	●	●	●
Müller, M.; Frank; Sieg (2020)	kein Rating	○	●	●	●	●	●	●	●	●	●
Palm; Kammerlander (2021)	kein Rating	○	●	●	●	●	●	●	●	●	●

2.1.2.3 Ergebnisse der Evaluierung des Forschungstands

Die überwiegende Anzahl der evaluierten Forschungsarbeiten ist methodisch und theoretisch in einem Forschungsansatz des Strategischen Managements verankert. Einige der evaluierten Arbeiten verbinden in ihren Untersuchungen Ansätze der EFF und des Strategischen Managements, so wie dies auch im Rahmen dieser Dissertation geplant ist (Brouthers et al., 1998; C. W. R. Bachmann, 2001; S. A. Jansen, 2002; Bauch, 2004; Stafflage, 2005; Homburg & Bucerius, 2006; Sachs, 2007; Stahlke, 2007; Schewe et al., 2007; H. Bachmann, 2008; Schauer, 2008; Grün, 2010; Roediger, 2010; Dahmen, 2011; Furtner, 2011; Hackmann, 2011; A. Palm, 2011b; F. Bauer, 2012; M. L. Meyer, 2012; Steimer, 2012; Angwin et al., 2016; Grösser & Stauffer, 2016; Ahammad et al., 2017; Dao et al., 2017; Raps, 2017; Jain et al., 2019; Klostermann & Düsterhoff, 2020; Annosi et al., 2021; Deimel et al., 2021; Rodrigues et al., 2021; Vigfússon et al., 2021; Hille, 2022).

Mittelstandsspezifische Erfolgsfaktoren der PMI und des Strategischen Managements werden in wenigen der evaluierten Studien untersucht, Unternehmen im deutschen Mittelstand stehen selten im Fokus (Sauermann, 2000; Raffel, 2006; Lohre, 2010; Roitzsch et al., 2012; M. P. Müller, 2015; Stich et al., 2016; Uzelac et al., 2016; T. Wilde et al., 2019; Jauck & Bleiweis, 2020; M. Müller et al., 2020; Steigenberger & Mirc, 2020; Winkler, 2020; Deimel et al., 2021; M. Palm & Kammerlander, 2021; Hille, 2022; Santulli et al., 2022; Calabrò et al., 2023; Moritz et al., 2023; Pahnke et al., 2023; Weigel et al., 2023).

Wenige Arbeiten untersuchen Erfolgsfaktoren des strategischen Post-Merger-Integrationsmanagements und des Strategischen Managements mit einem ganzheitlichen Untersuchungsansatz, der jeweils alle für die Evaluierung ausgewählten strategischen Perspektiven parallel berücksichtigt und ein praxisorientiertes, branchenunabhängiges Konzept erarbeitet (Brouthers et al., 1998; Helm & Peter, 1999; Bark & Kötzle, 2001; C. W. R. Bachmann, 2001; Bower, 2001; S. A. Jansen, 2002; Bauch, 2004; J. Weber & Roventa, 2006; Straub, 2007; Pryor et al., 2007; Zollo & Meier, 2008; Furtner, 2011; F. Bauer, 2012; M. P. Müller, 2015; Grösser & Stauffer, 2016; Stich et al., 2016; T. Wilde et al., 2019; M. Müller et al., 2020; Pfeifle, 2020; Deimel et al., 2021; Rodrigues et al., 2021; Vigfússon et al., 2021; M. Palm & Kammerlander, 2021; Takacs et al., 2022).

2.1.2.4 Forschungslücke

Die Ergebnisse der Evaluierung der wissenschaftlichen Arbeiten in den vier betrachteten Clustern weisen darauf hin, dass es im Kontext PMI eine Forschungslücke in Bezug auf die Untersuchung strategischer Erfolgsfaktoren des PMI-Managements mittelständischer Unternehmen in Deutschland gibt. Eine Vielzahl von Untersuchungen zur PMI bezieht sich auf kapitalmarktorientierte, fremdgeführte Großunternehmen. Nur wenige Studien stellen mittelstandsspezifische Erfolgsfaktoren des strategischen PMI-Managements in den Mittelpunkt. Auffällig ist auch, dass in der Mehrzahl der betrachteten Studien einzelne strategische Perspektiven und dabei insbesondere Faktoren wie Mitarbeiter, Führung, Kultur, Prozesse und Organisation isoliert untersucht werden. In wenigen Fällen wird ein ganzheitlicher Ansatz gewählt, in dem parallel auch die strategischen Perspektiven „Märkte und Kunden" sowie „Finanzen und Risiken" betrachtet werden. Die evaluierten Arbeiten, in deren Mittelpunkt mittelständische Unternehmen in Deutschland stehen, unterstreichen in ihren jeweiligen Ausführungen zum Forschungsbedarf, dass obwohl die besonderen Bedingungen im deutschen Mittelstand ein spezifisches strategisches PMI-Management erfordern, dennoch zahlreiche Fragen zu den spezifischen Erfolgsfaktoren der PMI im Mittelstand nicht ausreichend untersucht sind (Sauermann, 2000, S. 180; Becker et al., 2016,

S. 17; Stich et al., 2016, S. 353; Uzelac et al., 2016, S. 2443; Winkler, 2020, S. 2; M. Palm & Kammerlander, 2021, S. 17).

Die Ergebnisse der kritischen Auseinandersetzung mit der relevanten Literatur weisen zusammenfassend darauf hin, dass es an ganzheitlichen empirischen Studien zu mittelstandsspezifischen Erfolgsfaktoren des strategischen PMI-Managements mangelt. Auf Basis der Ergebnisse der Evaluierung des Stands der Forschung kann angenommen werden, dass nicht ausreichend erforscht ist, welche Faktoren maßgeblich zum Erfolg des strategischen PMI-Managements im deutschen Mittelstand beitragen. Damit lässt sich hinsichtlich der skizzierten Problemstellung bislang kein ganzheitlicher Lösungsansatz ableiten. Diese Dissertation beabsichtigt, mit einem ganzheitlichen, integrativen Forschungsansatz, der theoretisch sowie methodisch in der EFF verankert ist und theoretische Bezugspunkte im Strategischen Management, im PMI-Management und in der Mittelstandsforschung hat, einen Beitrag zur Schließung dieser Forschungslücke zu leisten und zugleich Anregungen für weiterführende Forschung zum strategischen PMI-Management im deutschen Mittelstand zu geben.

2.1.3 Theoriegeleitete Fragestellungen

Der erste Abschnitt des theoretischen Teils dieser Dissertation beantwortet die erste theoretische Subforschungsfrage (TSFF1): Welche Erfolgsfaktoren des strategischen PMI-Managements hat die wissenschaftliche Forschung mit welchen Ergebnissen untersucht, und wie sind diese Untersuchungsansätze zu bewerten?

Im Sinne der ersten theoriegeleiteten Zielstellung legen die obigen Ausführungen in den Abschnitt 2.1.1. und 2.1.2 den Stand der nationalen und internationalen Forschung zu den Themenfeldern dieser Dissertation dar und geben einen Überblick über den aktuellen Forschungsstand. Wesentliche Ergebnisse und verschiedene Positionen der aktuellen Forschung zur Problem- und Zielstellung der Dissertation werden zusammenfassend dargestellt. Anhand der Ergebnisse der evaluierenden Analyse der identifizierten wissenschaftlichen Arbeiten lässt sich ableiten, dass es eine Forschungslücke in Bezug auf die Untersuchung der strategischen Erfolgsfaktoren des PMI-Managements im deutschen Mittelstand gibt.

Im zweiten Abschnitt des theoretischen Teils soll die zweite theoriegeleitete Fragestellung beantwortet werden (TSFF2): Wie ist ein erfolgsfaktorenbasierter Managementansatz zu konzipieren, mit dem sich die PMI im deutschen Mittelstand erfolgreich strategisch managen lässt?

Zielstellung ist es, auf Basis der deskriptiven Darstellung und Evaluierung bisheriger Untersuchungsansätze die mittelstandsspezifischen Erfolgsfaktoren des strategischen PMI-Managements zu identifizieren, zu beschreiben und zu evaluieren, um darauf aufbauend einen eigenen erfolgsfaktorenbasierten Managementansatz für das strategische PMI-Management im deutschen Mittelstand zu konzipieren, der aus verschiedenen strategischen Perspektiven mittelstandsspezifische Erfolgsfaktoren des strategischen PMI-Management darstellt.

2.2 Theoretische Bezugspunkte und Konzeption des Managementansatzes

Im Anschluss an den im Abschnitt 2.2.1 ausgeführten Überblick über die theoretischen Bezugspunkte der Dissertation werden im Abschnitt 2.2.2 die Entwicklung, Grundannahmen, Begriffe, Dimensionen und Ausprägungen der EFF dargestellt. Ansätze zur Identifizierung von Erfolgsfaktoren werden methodisch differenziert und Kritikpunkte der EFF werden diskutiert. Abschnitt 2.2.3 stellt theoretische Forschungsansätze sowie Modelle des Strategischen Managements dar und fasst die Ergebnisse empirischer Forschung zu Erfolgsfaktoren des Strategischen Managements zusammen, um die für den eigenen Managementansatz relevanten Erfolgsfaktoren zu identifizieren.

Im Abschnitt 2.2.4 werden theoretische Ansätze des PMI-Managements erläutert sowie Forschungsansätze und Ergebnisse empirischer Forschungsarbeiten zu Erfolgsfaktoren des PMI-Managements zusammengefasst. Die Erfolgsfaktoren werden thematisch gruppiert, um relevante Erfolgsfaktoren des PMI-Managements zu identifizieren. Abschnitt 2.2.5 widmet sich dem Begriff und der Relevanz des deutschen Mittelstands sowie thematischen Schwerpunkten der Mittelstandsforschung. Die Ergebnisse empirischer Studien zu spezifischen Charakteristika und Erfolgsfaktoren des deutschen Mittelstands werden zusammengefasst. Im Abschnitt 2.2.6 wird auf Basis der zusammenfassenden Strukturierung identifizierter kritischer Erfolgsfaktoren ein eigener Managementansatz für das strategische PMI-Management im deutschen Mittelstand konzipiert, visualisiert und erläutert.

2.2.1 Theoretische Bezugspunkte im Überblick

Die Untersuchung der Erfolgsfaktoren des strategischen PMI-Managements im deutschen Mittelstand hat theoretische Bezugspunkte in der EFF, dem Strategischen Management sowie dem PMI-Management, die als sich ergänzende Forschungsperspektiven und -ansätze wesentliche Schnittmengen haben (Hungenberg, 2014, S. 58; Wirtz, 2017, S. 35–36). Die EFF und das Strategische Management zielen auf die Führung und Steuerung von Unternehmen in komplexen Umfeldern ab (Müller-Stewens & Lechner, 2016, S. 19). Dabei gelten Erfolgsfaktoren als zentrale Stellgrößen der Erreichung strategischer Ziele (Bea & Haas, 2017, S. 129–130). Hungenberg (2014, S. 58) verweist auf die „zentrale Rolle" von Studien, die im Rahmen der Strategieinhaltsforschung den Erfolg und dessen Ursachen untersuchen. Schreyögg und Koch (2014, S. 79) betonen das Ziel, „auf der Basis der für eine Strategie geltenden Erfolgsfaktoren [...] schwerpunktartig strategische Programme" zu entwickeln. Müller-Stewens und Lechner (2016, S. 126) resümieren, dass jeder Ansatz des Strategischen Managements „den Schwerpunkt auf Faktoren" lege, „die ihm wichtig erscheinen". Der Analysefokus liege auf Modellen, die als Instrumente auf der Ebene der Unternehmensführung eingesetzt werden könnten (Müller-Stewens & Lechner, 2016, S. 326).

Der PMI-Managementprozess hat in seinen Grundzügen deutliche Schnittmengen mit Prozessmodellen des Strategischen Managements. Die Mittelstandsforschung komplettiert als Bezugspunkt den theoretischen Rahmen dieser Dissertation. Abbildung 2.2 stellt die theoretischen Bezugspunkte als vereinfachtes Modell dar.

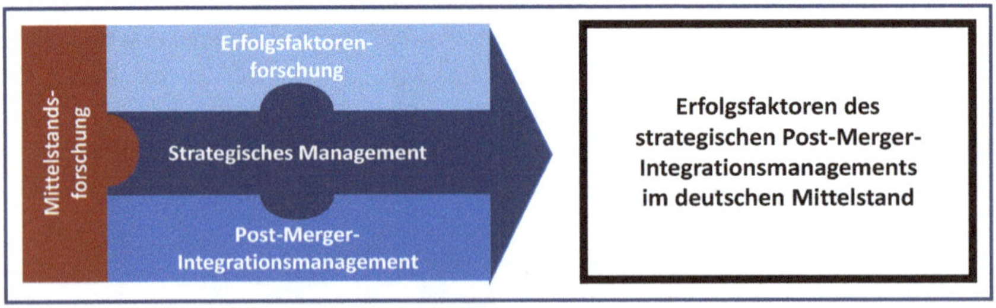

Abbildung 2.2 Theoretische Bezugspunkte der Dissertation. (Quelle: Eigene Darstellung)

Der theoretische Bezugsrahmen ist ein leitendes Instrument der EFF und übernimmt dabei die Rolle einer Orientierungs- und Steuerungsfunktion (Kubicek, 1977, S. 20; Moll, 2012, S. 90; Seeßle, 2021, S. 97). Der Bezugsrahmen schafft den Rahmen für die explorative Suche (Schmalen et al., 2006, S. 357) und hilft, potenzielle Erfolgsfaktoren zu systematisieren. Auf die Elemente des theoretischen Bezugsrahmens wird in den folgenden Abschnittn eingegangen.

2.2.2 Erfolgsfaktoren und ihre Identifikation

2.2.2.1 Entwicklung und Grundannahmen der Erfolgsfaktorenforschung

„Der Wunsch, den Erfolg des betrieblichen Handelns und seine Ursachen zu ermitteln, zählt zu den Grundanliegen betriebswirtschaftlicher Forschung“ (Fritz, 1993, S. 1). Dieses Zitat kann zur Erklärung beitragen, warum die Suche nach der Antwort auf die Frage, wie Unternehmen erfolgreich sein können, Basis einer „zentralen Säule der Managementlehre“ (Gmür & Schwerdt, 2005, S. 222) ist. Im Kern der EFF geht es darum, empirisch zu untersuchen, welche wesentlichen Einflussgrößen über den Erfolg betrieblicher Aktivitäten entscheiden (Fritz, 1993, S. 1).

Der zeitliche Beginn der EFF wird durch die Studie von Daniel (1961) markiert, der die Frage untersucht, ob sich einige wenige Faktoren identifizieren lassen, die den Unternehmenserfolg entscheidend beeinflussen (Daniel, 1961, S. 117–119). Jahre später greift Rockart (1979, S. 84) den Gedanken in seinen Ausführungen zu den kritischen Erfolgsfaktoren bzw. den „Critical Success Factors“ (CSF) auf. Die CSF-Methode hilft, diejenigen Faktoren zu bestimmen, die der höchsten Aufmerksamkeit des Managements bedürfen und ermöglicht, wirksame Maßnahmen für die erfolgsorientierte Entwicklung dieser Faktoren zu entwickeln (Munro & Wheeler, 1980, S. 27–28).

Peters und Waterman (1982, S. 13–18) machen in den 1980-er Jahren mit ihren qualitativen Studien die EFF sowie insbesondere das „7-S-Modell“ populär (Steinle, 1996, S. 14) und geben diesem Forschungsgebiet wichtige Impulse (Schmalen et al., 2006, S. 351). Wegen der Eindimensionalität und Undifferenziertheit, der Unschärfe und Unvollständigkeit sowie wegen der Geschlossenheit ihres Modells werden sie kritisiert (Krüger, 1989, S. 13–15). Das wissenschaftlich und empirisch anspruchsvollere PIMS-Forschungsprogramm (Steinle, 1996,

S. 14) ist die bekannteste Anwendung der EFF auf Fragen des Zusammenhangs zwischen Strategie und Erfolg. Dabei geht es zwischen den 1960er- und 1990er-Jahren in erster Linie um quantitative Studien zu Einflussvariablen auf finanzielle Erfolgskriterien (Gale & Buzzell, 1989, S. 4; Schoeffler et al., 1974, S. 137–138; Fritz, 1993, S. 17; Haenecke & Forsmann, 2006, S. 45; Nicolai & Kieser, 2002, S. 581–583; Schmalen et al., 2006, S. 351). In den 1990-er Jahren wird das PIMS-Programm aufgegeben, als erkannt wird, dass es neben den in den empirischen Studien beobachteten Erfolgsfaktoren auch nicht direkt beobachtbare Einflussgrößen gibt, die ebenfalls ursächlich für den Erfolg sind (Ailawadi et al., 1999, S. 31–32; Albers & Hildebrandt, 2006, S. 4; Annacker & Hildebrandt, 2004, S. 507–508).

Im weiteren Verlauf der Entwicklung der EFF kommt es zu heterogenen Forschungsansätzen in verschiedensten Bereichen der Betriebswirtschaft (Fritz, 1993, S. 1–2, 1994, S. 3–4; Grunert & Ellegaard, 1992, S. 2), wie beispielsweise der Marketingwissenschaft (Fritz, 1993, S. 7–8), Organisationsforschung (Musinguzi et al., 2023, S. 2–3), Entscheidungsforschung (Meixner & Haas, 2015, S. 146), Personalführungsforschung (Gmür & Schwerdt, 2005, S. 222) sowie in Untersuchungen zur Produktqualität (Fritz, 1994, S. 3–5). Diese Studien unterscheiden sich „hinsichtlich ihres grundlegenden Forschungsdesigns, der Operationalisierung des Unternehmenserfolgs, der Größe und Repräsentativität ihrer Stichproben sowie in den eingesetzten Datenerhebungs- und Analyseverfahren" (Fritz, 1994, S. 3).

Die EFF ist eine bedeutende Teildisziplin des Strategischen Managements (Nicolai & Kieser, 2002, S. 580). Kritische Erfolgsfaktoren können als individuelle betriebswirtschaftliche Merkmale eines Unternehmens untersucht werden, die zwar nicht generalisiert werden können, aber dennoch geeignet sind, um die Aufmerksamkeit des Managements auf diese Faktoren zu lenken (Grunert & Ellegaard, 1992, S. 5). Die EFF kann Unternehmen somit im strategischen Planungsprozess unterstützen, geeignete Strategien zu finden und bessere Entscheidungen zu treffen (Grunert & Ellegaard, 1992, S. 6). Schließlich können Ergebnisse der EFF in einen Wissenspool einfließen, welcher Unternehmen dabei unterstützen kann, eine z. B. für den jeweiligen Markt oder die jeweilige Branche geeignete Strategie zu finden (Grunert & Ellegaard, 1992, S. 6).

2.2.2.2 Begriffliche Abgrenzung von Erfolgsfaktoren und Erfolgsindikatoren

Die Beurteilung, ob Erfolg erzielt wird, kann sowohl objektiv als auch subjektiv bewertet werden (Fisher et al., 2014, S. 479; Haenecke & Forsmann, 2006, S. 54). In wirtschaftswissenschaftlichen Untersuchungen wird der Begriff mit dem ökonomischen Erfolg oder der wirtschaftlichen Leistung eines Unternehmens verknüpft, die man mit Kennzahlen oder Erfolgsindikatoren messen kann (Collins-Dodd et al., 2005, S. 327). Es scheint geboten, die jeweilige Definition von Erfolg stets im Kontext der beabsichtigten Untersuchung zu wählen (Fisher et al., 2014, S. 487–488). Iselborn (2017, S. 12) zitiert Definitionen, die Erfolg als Zielerreichungsgrad (Fritz, 1995, S. 37) oder als das Erreichen eines positiven Ergebnisses (Rudolph, 1996, S. 38) definieren. Rudolph (1996, S. 33) macht deutlich, Erfolg könne auch zufällig erreicht werden. Wie in Abbildung 2.3 dargestellt, muss, sobald Erfolg systematisch angestrebt wird, identifiziert werden, welche Faktoren sich positiv (Erfolgsfaktoren) und negativ (Misserfolgsfaktoren) auf die Zielerreichung auswirken würden. Ob und in welchem Ausmaß die Ziele erreicht würden, sei dann „ein Maßstab für die Effizienz (Wirksamkeit)“ der Managemententscheidungen und -prozesse (Rudolph, 1996, S. 33).

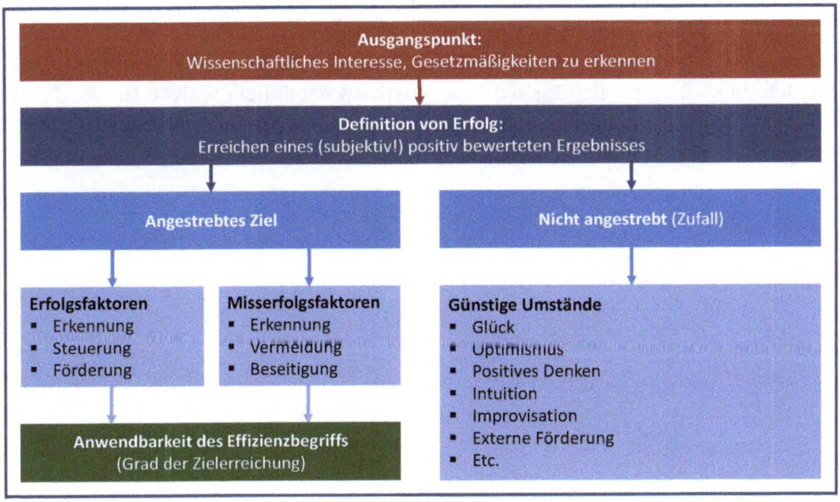

Abbildung 2.3 Differenzierung des Erfolgsbegriffs. (Quelle: Eigene Darstellung in Anlehnung an Rudolph, 1996, S. 33)

Ansätze der EFF basieren auf der Annahme, dass trotz verschiedener Dimensionen von Erfolg (Collins-Dodd et al., 2005, S. 330) und trotz der Multikausalität potenzieller Erfolgsfaktoren einige wenige Erfolgsfaktoren identifiziert werden können, die den langfristigen Erfolg entscheidend beeinflussen (Baumgarth et al., 2009, S. 237–238; Fritz, 1993, S. 2; Hoffmann, 1986, S. 832). Erfolgsfaktoren sind damit die begriffliche Klammer aller Eigenschaften, Maßnahmen und Aktivitäten, die den zukünftigen Erfolg eines Unternehmens „positiv beeinflussen" können (Daschmann, 1994, S. 1). In der Literatur finden sich neben den synonym verwendeten Bezeichnungen Erfolgsfaktoren, kritische Erfolgsfaktoren und CSF auch Begriffsvarianten wie z. B. „Erfolgspositionen" (Pümpin & Amann, 2005, S. 30), „strategische Schlüsselfaktoren" (Grimm, 1983, S. 229–230), „Schlüsselerfolgsfaktoren" (Gälweiler, 1986, S. 341–342; Hofer & Schendel, 1978, S. 77), „Einflussfaktoren" (Dunst, 1989, S. 1893) „Erfolgsdeterminanten" (Reutner, 1994, S. 1–2) und „strategische Erfolgsfaktoren" (Wildemann, 1999, S. 252–253).

In dieser Dissertation werden die Begriffe Erfolgsfaktoren, kritische Erfolgsfaktoren, strategische Erfolgsfaktoren, Schlüsselerfolgsfaktoren und CSF synonym verwendet. Die von Hofer und Schendel (1978), Rockart (1979), Leidecker und Bruno (1984), Kreilkamp (1987), Kube (1991), Grunert und Ellegaard (1992), Heckner (1998), E. Günther et al. (2001) sowie Bea und Haas (2017) verwendeten Definitionen für (strategische) Erfolgsfaktoren und deren Synonyme werden in Tabelle 2.25 dargestellt. Gemeinsam haben alle Definitionen das „Verständnis, dass die Erfolgsfaktoren Variablen darstellen, welche für die Profitabilität eines Unternehmens von entscheidender Bedeutung sind" (Ehrler, 2022, S. 17).

Tabelle 2.25 Definitionen des Begriffs Erfolgsfaktor. (Quelle: Eigene Darstellung in Anlehnung an Ehrler, 2022, S. 16)

Quellen	Definitionen (strategischer) Erfolgsfaktoren
Hofer und Schendel (1978, S. 77)	„[...] die Variablen, die die Unternehmensleitung durch ihre Entscheidungen beeinflussen kann und die die allgemeine Wettbewerbsposition der verschiedenen Unternehmen in einer Branche erheblich beeinflussen können [...]"
Rockart (1979, S. 85)	„[...] sind für jedes Unternehmen die begrenzte Anzahl von [...] wenigen Schlüsselbereichen, in denen alles richtig laufen muss, damit das Unternehmen floriert. Wenn die Ergebnisse in diesen Bereichen nicht angemessen sind, werden die Anstrengungen des Unternehmens in diesem Zeitraum weniger als gewünscht ausfallen [...]"
Leidecker und Bruno (1984, S. 24)	„[...] die Merkmale, Bedingungen oder Variablen, die, wenn sie ordnungsgemäß aufrechterhalten, gepflegt oder verwaltet werden, einen erheblichen Einfluss auf den Erfolg eines Unternehmens haben können [...]"
Kreilkamp (1987, S. 176)	„[...] die Elemente, Determinanten oder Bedingungen [...], die den Erfolg oder Misserfolg unternehmerischen Handelns entscheidend beeinflussen [...]"
Kube (1991, S. 53)	„[...] zentrale Größen mit wesentlicher Erfolgsbedeutung, auf die sich strategisches Denken konzentrieren sollte [...]"
Grunert und Ellegaard (1992, S. 17)	„[...] eine Fähigkeit oder Ressource, in die ein Unternehmen investieren kann und die auf dem Markt, auf dem das Unternehmen tätig ist, einen Großteil der beobachtbaren Unterschiede im wahrgenommenen Wert und/oder den relativen Kosten erklärt [...]"
Heckner (1998, S. 44)	Variablen, „[...] welche den Unternehmenserfolg langfristig und maßgeblich [...]" bestimmen.
Günther et al. (2001, S. 14)	„[...] Merkmale, Ausprägungen oder Strukturen des Unternehmens, respektive der Unternehmensumwelt, die eine ursächlich positive Wirkung über Erfolgspotenziale auf den Erfolg unternehmerischen Handels haben [...]"
Bea und Haas (2017, S. 129)	„[...] erfolgsrelevante Stärken und Schwächen einer Unternehmung [...]"

Als weiteres Ordnungskriterium werden in der Literatur die in Tabelle 2.26 dargestellten Dimensionen von Erfolgsfaktoren unterschieden (Ehrler, 2022, S. 17; Grünig et al., 2022, S. 158). Der „Geltungsbereich" unterscheidet generelle und branchenspezifische Erfolgsfaktoren und das „Ausmaß" unternehmens- und entscheidungsspezifische Erfolgsfaktoren (Ehrler, 2022, S. 17; Fritz, 1993,

S. 2). Die „Beherrschbarkeit" differenziert Erfolgsfaktoren in beeinflussbare, endogene Faktoren, wie beispielsweise Produktqualität und Preisstrategie, und nicht beeinflussbare, exogene Faktoren, wie beispielsweise politische Rahmenbedingungen (Ehrler, 2022, S. 17; Fischer, 2000, S. 74; Grünig et al., 2022, S. 158; Heckner, 1998, S. 48). Innerhalb der Dimension „Messung" werden qualitative Erfolgsfaktoren, wie beispielsweise Vertrauen der Kunden in die Marken des Unternehmens, und quantitative Erfolgsfaktoren, wie beispielsweise F + E-Aufwendungen, unterschieden.

Tabelle 2.26 Dimensionen und Ausprägungen von Erfolgsfaktoren. (Quelle: Eigene Darstellung in Anlehnung an Ehrler, 2022, S. 18 und Grünig et al., 2022, S. 159)

Dimension	Ausprägungen		
Geltungsbereich	Generelle Erfolgsfaktoren		Branchenspezifische Erfolgsfaktoren
Ausmaß	Unternehmenserfolgsfaktoren		Entscheidungsspezifische Erfolgsfaktoren
Beherrschbarkeit	Exogene Erfolgsfaktoren		Endogene Erfolgsfaktoren
Messung	Qualitative Erfolgsfaktoren		Quantitative Erfolgsfaktoren
Gestaltungsfreiheit	Standarderfolgsfaktoren		Dominante Erfolgsfaktoren
Ebene	Erfolgsfaktoren der Ressourcenebene	Erfolgsfaktoren der Angebotsebene	Erfolgsfaktoren der Marktposition

Die Begriffe „Erfolgsfaktoren" und „Erfolgspotenziale" werden in der Literatur teilweise synonym verwendet. Soweit sie begrifflich differenziert werden, erfolgt dies nicht einheitlich (Ehrler, 2022, S. 21). Gruber (2000, S. 35–36) unterscheidet zwischen Erfolgsfaktoren und Erfolgspotenzialen anhand einer zeitlichen Komponente. Erfolgspotenziale seien zukunftsgerichtet und könnten sich zu Erfolgsfaktoren entwickeln (Ehrler, 2022, S. 19–20). Nach Meinung von Daschmann (1994, S. 5) müsse man die Wirkungsweise von Erfolgsfaktoren „vor dem Hintergrund des Erfolgspotenzials" untersuchen, „auf das sie einwirken". Auch E. Günther et al. (2001, S. 14) vertreten die Auffassung, dass Erfolgsfaktoren indirekt über Erfolgspotenziale auf Erfolgsindikatoren wirken (Ehrler, 2022, S. 20). Wie auch Ehrler (2022, S. 20–21) orientiert sich diese Dissertation an der Auffassung von Grünig et al. (2022, S. 8), wonach Erfolgspotenziale keine allgemeingültigen oder branchenspezifischen, sondern unternehmensspezifische Werte darstellen (Grünig et al., 1996, S. 5).

Ausgangspunkt und damit Grundmodell (Ehrler, 2022, S. 26) einer Untersuchung im Rahmen der EFF ist die Bestimmung derjenigen (abhängigen)

Variablen, mit denen Erfolg oder Misserfolg gemessen werden. Diese Variablen sind die Erfolgskriterien (Fritz, 1993, S. 3) oder Indikatoren des Erfolgs (Haenecke & Forsmann, 2006, S. 45). Nach Festlegung der Indikatoren wird untersucht, welche (unabhängigen) Variablen als (potenzielle) Erfolgsfaktoren welchen Einfluss auf die für die jeweilige Untersuchung festgelegten Erfolgsindikatoren ausüben (Haenecke & Forsmann, 2006, S. 45). In dem von Homburg und Giering (1996, S. 5) entwickelten Leitfaden zur „Konzeptualisierung und Operationalisierung komplexer Konstrukte“ werden Erfolgsfaktoren als „theoretisches Konstrukt“, als „latente Variable“ und als „nicht direkt messbare Größe“ (Homburg & Giering, 1996, S. 6) bezeichnet. Um dieses theoretische Konstrukt „greifbar“ und „messbar“ zu machen, müssen die Beziehungen zwischen den Erfolgsindikatoren als „beobachtbare Variablen“ und den Erfolgsfaktoren spezifiziert werden (Homburg & Giering, 1996, S. 6). Bezüglich der „Richtung der Beziehungen“ (Homburg & Giering, 1996, S. 6) zwischen Erfolgsfaktor und Erfolgsindikatoren wird zwischen reflektiven und formativen Beziehungen unterschieden (Bollen & Lennox, 1991, S. 305–307; Christophersen & Grape, 2009, S. 103; Homburg & Giering, 1996, S. 6; Huber et al., 2007, S. 17; Riemenschneider, 2006, S. 193). Bei einer reflektiven Spezifikation des Konstruktes beeinflusst der Erfolgsfaktor die Ausprägung der Erfolgsindikatoren (Behler, 2020, S. 345; Fritsch, 2007, S. 96; Huber et al., 2007, S. 19). Wird der Erfolgsfaktor formativ operationalisiert, bestimmen dagegen die Erfolgsindikatoren die Ausprägung des Erfolgsfaktors (Behler, 2020, S. 345; Ehrler, 2022, S. 136; Fritsch, 2007, S. 96; Huber et al., 2007, S. 19).

In frühen Jahren der EFF finden zunächst quantitative, überwiegend finanziell geprägte Erfolgsindikatoren wie Gewinn, Umsatz oder Rentabilität Anwendung (Daschmann, 1994, S. 74–75; Ehrler, 2022, S. 22; Fritz, 1993, S. 3). Eine quantitativ orientierte Definition der Erfolgsindikatoren klammert aber qualitative Erfolgsgrößen aus (Ehrler, 2022, S. 21), die gleichberechtigt untersucht werden müssen (Schmalen et al., 2006, S. 352). Zudem haben quantitative Erfolgsgrößen eher einen statischen Charakter und wegen der unternehmensspezifischen Ermittlung ist die Vergleichbarkeit der Daten eingeschränkt (Schmalen et al., 2006, S. 352). Daher werden in der weiteren Entwicklung der EFF qualitative Erfolgsindikatoren, wie das Image eines Unternehmens oder die Kundenzufriedenheit berücksichtigt (Fritz, 1993, S. 3; Schmalen et al., 2006, S. 352). In aktuelleren EFF-Studien werden einzelne oder mehrere Erfolgsindikatoren parallel untersucht, wobei quantitative und qualitative Messgrößen gemischt werden (Schmalen et al., 2006, S. 353). Der Erfolg von Unternehmen, Branchen und Geschäftsfeldern, aber auch der Erfolg einzelner Managementmaßnahmen lassen sich generell anhand quantitativer und qualitativer Indikatoren messen bzw.

bewerten. Im Zusammenhang mit den Untersuchungsfragen dieser Dissertation empfehlen beispielsweise Brouthers et al. (1998, S. 352), bei der Beurteilung des Erfolgs von M&A-Projekten zu betrachten, in welchem Umfang ein für das jeweilige M&A-Projekt festgelegtes multiples System von Erfolgsindikatoren erreicht wird, mit dem der Erfolg des Projekts evaluiert werden soll. Die Anwendung dieser Methode trage zu einer objektiveren und differenzierteren Beurteilung des Erfolgs eines M&A-Projekts bei.

2.2.2.3 Methodische Differenzierung der Ansätze zur Identifikation von Erfolgsfaktoren

Vor dem Hintergrund der methodischen Heterogenität der empirischen EFF fällt eine differenzierende Typologisierung nicht leicht. Nach dem gewählten methodischen Ansatz lassen sich die in Abbildung 2.4 dargestellten Methoden bzw. Typen der EFF (Baumgarth & Evanschitzky, 2009, S. 239) unterscheiden. Als Parameter der Differenzierung dienen dabei unterschiedliche Verfahrensweisen beim analytischen Einsatz der Erfolgsgrößen, das (direkte oder indirekte) Vorgehen bei der Ermittlung der Erfolgsfaktoren, die Art der (qualitativen oder quantitativen) Datenerhebung, die Art des (explorativen oder konfirmatorischen) Untersuchungsansatzes und die Methodik des Untersuchungsansatzes selbst (Schmalen et al., 2006, S. 354–355).

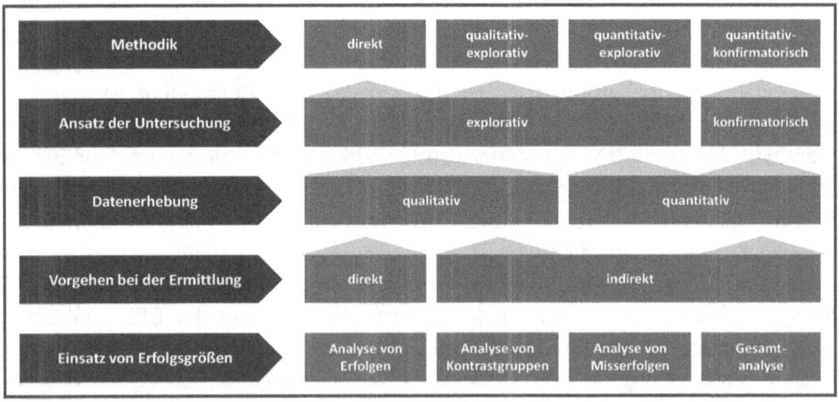

Abbildung 2.4 Typen der Erfolgsfaktorenforschung. (Quelle: Eigene Darstellung in Anlehnung an Baumgarth & Evanschitzky, 2009, S. 239, Haenecke & Forsmann, 2006, S. 46 und Schmalen et al., 2006, S. 354)

Die indirekte Ermittlung der Erfolgsfaktoren kann grundsätzlich in qualitativen und quantitativen Studien erfolgen. Eine qualitative Erfolgsfaktorenstudie ist beispielsweise eine nichtstandardisierte Befragung mit überwiegend offenen Fragen zu den Ursachen des Erfolgs des gesamten Unternehmens oder einzelner Geschäftsbereiche bzw. Prozesse des untersuchten Unternehmens. Ergebnisse sind folglich Beschreibungen, sie diskutieren und interpretieren Erfolgsfaktoren (Haenecke & Forsmann, 2006, S. 47; Schmalen et al., 2006, S. 355). Qualitative Erfolgsfaktorenstudien haben explorativen Charakter, häufig werden „weiche" Erfolgsfaktoren untersucht (Schmalen et al., 2006, S. 355). Quantitative Untersuchungsansätze messen dagegen Anteile quantifizierter Daten am Unternehmenserfolg mit mathematischen Analysemethoden, wobei zwischen quantitativ-explorativen Studien, die Kausalstrukturen entdecken, und konfirmatorischen Studien, die Kausalstrukturen überprüfen, unterschieden wird (Angerer & Behler, 2023, S. 157–158; Haenecke & Forsmann, 2006, S. 47; Schmalen et al., 2006, S. 355).

Im Denkmodell der EFF (Baumgarth & Evanschitzky, 2009, S. 238; Daschmann, 1994, S. 12) geht es bei einer Erfolgsfaktorenstudie im Rahmen der „Selektion" zunächst um die theoriegestützte Identifizierung der für ein Untersuchungsobjekt entscheidenden Faktoren „unter Einbeziehung bereits vollzogener Erfolgsfaktorenstudien" (Schmalen et al., 2006, S. 357) aus einer Reihe potenzieller Erfolgsfaktoren (Baumgarth & Evanschitzky, 2009, S. 238). Die Funktion der „Explikation" untersucht den Zusammenhang zwischen Erfolgsfaktoren und Erfolgsindikatoren (Baumgarth & Evanschitzky, 2009, S. 238). In der dritten Funktion „Disposition" geht es um die Gestaltung der Erfolgsfaktoren (Baumgarth & Evanschitzky, 2009, S. 238; Daschmann, 1994, S. 12). An eine Erfolgsfaktorenstudie werden grundlegende Anforderungen gestellt, um eine hohe Aussagekraft über die Beziehungen zwischen den untersuchten Erfolgsfaktoren und den abgeleiteten Indikatoren zu erhalten (Haenecke & Forsmann, 2006, S. 45–56). Tabelle 2.27 fasst zusammen, wie Haenecke und Forsmann (2006, S. 51) das grundsätzliche Potenzial der Methoden in Bezug auf ihre Aussagekraft beurteilen. Als grundlegende Anforderungen definieren Haenecke und Forsmann (2006, S. 48–50) zunächst das Aufdecken der Kausalstruktur, wobei eine Erfolgsfaktorenstudie die Einflussfaktoren des Erfolgs auf den Untersuchungsgegenstand nicht direkt nachweisen, sondern ausschließlich die potenziellen Ursachen des Erfolgs aufdecken kann.

Tabelle 2.27 Bewertung der Methoden der Erfolgsfaktorenforschung. (Quelle: Eigene Darstellung in Anlehnung an Haenecke & Forsmann, 2006, S. 51)

Methode	Kausalstruktur aufdeckend	Berücksichtigung aller Perspektiven	Qualitative und quantitative Faktoren	Überprüfung der zeitlichen Stabilität	Objektivität	Reliabilität	Gesamturteil
Methodisch gestützte Expertenbefragung	○	◔	◔	◔	◑	◑	◔
Methodisch und materiell gestützte Expertenbefragung	◑	◔	◑	◑	◑	◑	◑
Qualitativ	◔	◑	◔	◑	◑	◑	◑
Quantitativ-explorativ	◕	●	●	●	●	●	◕
Quantitativ-konfirmatorisch	●	●	●	●	●	●	●

Bewertung des Potenzials: ● Sehr gut ◕ Gut ◑ Befriedigend ◔ Mangelhaft ○ Ungenügend

Jede Erfolgsfaktorenstudie soll alle Perspektiven sowie immer auch qualitative Variablen und Aspekte berücksichtigen. Mit dem Prüfkriterium „zeitliche Stabilität" (Haenecke & Forsmann, 2006, S. 50) wird zum Ausdruck gebracht, dass sich die Intensität und Interaktion eines Erfolgsfaktors im Zeitablauf ändern können. Zudem muss jede Erfolgsfaktorenstudie objektiv sein (Haenecke & Forsmann, 2006, S. 50). Dies ist bei der Befragung einzelner Repräsentanten eines Unternehmens schwer zu gewährleisten, weshalb auf eine sog. „monopersonale Erhebung" (Haenecke & Forsmann, 2006, S. 50) verzichtet werden soll. Die angewandte Methode muss zudem zuverlässig sein, die sog. „Reliabilität" (Haenecke & Forsmann, 2006, S. 50) der Methode muss sicherstellen, dass man bei einer Wiederholung der Studie zu gleichen Ergebnissen gelänge (Haenecke & Forsmann, 2006, S. 50).

Damit quantitative Ansätze ihr grundsätzliches Potenzial entfalten können, müssen an die Durchführung geknüpfte Anforderungskriterien erfüllt werden (Haenecke & Forsmann, 2006, S. 50–56). Hohe Anforderungen an die Größe der Stichprobe, wirken sich auf Kosten und Dauer der Erhebung aus (Haenecke & Forsmann, 2006, S. 53). Haenecke und Forsmann (2006, S. 53–54) resümieren, quantitative Ansätze einer Erfolgsfaktorenstudie hätten grundsätzlich das höchste Potenzial, zu fundierten Ergebnissen zu kommen. Falls aber die Voraussetzungen zur Durchführung quantitativer Studien, wie beispielsweise die Größe der Stichprobe und der zeitliche Aufwand, nicht erfüllt werden können (Haenecke & Forsmann, 2006, S. 53), muss ein qualitativer Untersuchungsansatz zur Identifikation der Erfolgsfaktoren gewählt werden:

„Ist ein quantitatives Vorgehen nicht möglich, verbleiben die qualitative Untersuchung oder die methodisch und materiell gestützte Expertenbefragung [...]. Ist es [...] von zentraler Bedeutung, dass alle Perspektiven in der Erfolgsfaktorenforschung berücksichtigt werden, ist die qualitative Befragung mit weniger Aufwand verbunden und daher besser geeignet.“ Die Berücksichtigung aller Perspektiven kann beispielsweise „auf Grund der hohen Komplexität“ des Untersuchungsgegenstands notwendig sein (Haenecke & Forsmann, 2006, S. 54). „Der Aufwand für eine qualitative Befragung und eine gestützte Expertenbefragung ist gut skalierbar“ (Haenecke & Forsmann, 2006, S. 55), und wenn ausreichend Zeit „in die Vorbereitung, Durchführung und Auswertung“ getätigt werde, könnten gute Erkenntnisse über die Erfolgsfaktoren auch bei einer kleinen Anzahl an Interviews erarbeitet werden (Haenecke & Forsmann, 2006, S. 55).

2.2.2.4 Kritik an der Erfolgsfaktorenforschung

March und Sutton (1997, S. 702–704) kritisieren, dass die Managementforschung versuche, Erfolgsfaktoren wissenschaftlich zu identifizieren und zu erklären, obwohl die Forschenden wüssten, dass dies nicht möglich sei. Nicolai und Kieser (2002) greifen diese Kritik auf, um sie „zu würdigen, zu vertiefen und zu erweitern“ (Nicolai & Kieser, 2002, S. 580), aber auch um zu resümieren, dass der EFF seit der Idee von Daniel (1961) „trotz intensiver Bemühungen kein großer Erfolg beschieden“ sei. Nicolai und Kieser (2002, S. 584–585) listen als Beleg methodische Schwächen der EFF auf. Unter der Bezeichnung „Key Informant Bias“ beschreiben sie, dass in Interviews mit Führungskräften erhobene Daten verzerrt seien (Kumar et al., 1993, S. 1635–1637). Mit „Endogenität“ (Nicolai & Kieser, 2002, S. 584) sprechen sie das von Greene (2019, S. 264) beschriebene Problem an, dass „unabhängige Variablen [...] von nicht erhobenen Variablen beeinflusst“ würden. Mit dem Kritikpunkt „Simultanität“ (Nicolai & Kieser, 2002, S. 584) kritisieren sie die Missachtung, dass der Erfolg von Maßnahmen nicht unabhängig von der jeweiligen Situation sei (Beck, 2002, S. 4). Das Problem „unbeobachtete Heterogenität“ (Nicolai & Kieser, 2002, S. 584) müsse berücksichtigt werden, da sich Unternehmen bezüglich ihrer erst längerfristig wirkenden Erfolgspotenziale unterscheiden würden (Beck, 2002, S. 3–4). Das „Regression-to-the-Mean-Problem“ (Nicolai & Kieser, 2002, S. 585) beschreibt das Phänomen, dass nach Misserfolgen eine zufallsbedingte Verbesserung fälschlicherweise einer Maßnahme zugeordnet werde (H. R. Greve, 1999, S. 590). Schließlich kritisieren die Autoren als „Survival Bias“ (Nicolai & Kieser, 2002, S. 585), dass nur Unternehmen analysiert würden, die ökonomisch überlebt hätten.

Nach Ansicht von Nicolai und Kieser (2002, S. 585) sei es grundsätzlich möglich, methodischen Mängeln durch Schärfung der Methode selbst zu begegnen. Es gebe aber Kritikpunkte und methodische Schwächen der EFF grundsätzlicher Natur, bei denen Zweifel beständen, ob die daraus resultierenden fehlerhaften Forschungsergebnisse durch methodische Anpassungen vermieden werden könnten. Den in diesem Zusammenhang aufgeführten Thesen widersprechen andere Forscher (Bauer & Stokburger-Sauer, 2004, S. 621–623; Ernst, 2003, S. 1268; Fritz, 2004, S. 2–4; Homburg & Krohmer, 2004, S. 23), was zu einer intensiven Diskussion führt (Hurrle & Kieser, 2005; Kieser & Nicolai, 2004).

Es erscheint hilfreich, Argumente und Gegenargumente gegenüberzustellen, um einzelne Kritikpunkte beim eigenen Forschungsansatz und bei der Bewertung der Ergebnisse zu berücksichtigen. Tabelle 2.28 fasst im Sinne der vorgenannten Intention die von Nicolai und Kieser (2002, S. 582; 584) vorgetragenen Kritikpunkte „Key Informant Bias“, „Tautologie“ sowie „Ableitbarkeit normativer Aussagen“ und die Repliken von Ernst (2003), H. H. Bauer und Stokburger-Sauer (2004), Fritz (2004) sowie Homburg und Krohmer (2004) inhaltlich zusammen, ohne sie im Einzelnen zu bewerten.

Tabelle 2.28 Kritikpunkte von Nicolai und Kieser (2002) zur empirischen Erfolgsfaktorenforschung; Teil 1 von 2. (Quelle: Eigene Darstellung)

Kritikpunkte Nicolai und Kieser (2002)	Ausgewählte Repliken (Teil 1 von 2)
„Key Informant Bias" (Nicolai & Kieser, 2002, S. 584)	„Key-Informant-Problem existiert, wird aber überschätzt" (Fritz, 2004, S. 4). „Der Key-Informant-Bias […] fällt weniger ins Gewicht, wenn es gelingt, Personen als Auskunftspartner zu gewinnen, die über den Befragungsstand kompetent und möglichst neutral Auskunft zu geben in der Lage sind […]" (Ernst, 2003, S. 1268; Fritz, 2004, S. 30). „Für das […] Key-Informant-Problem" gibt es „eine Reihe von Problemlösungsansätzen, die u. a. aus der sozialwissenschaftlichen Methodenforschung hervorgegangen […] sind" (Fritz, 2004, S. 31). Wenn man „notgedrungen Geschäftsführer oder Eigentümer befragen" muss, kann man auf deren „Auskunftsmöglichkeiten, -fähigkeiten und -vorbehalte Rücksicht nehmen, indem „der Fragebogen entsprechend gestaltet wird" (Fritz, 2004, S. 27).
„Tautologie" (Nicolai & Kieser, 2002, S. 582)	Der Vorwurf der Tautologie ist „nicht haltbar […], weil die Marktorientierung und der Unternehmenserfolg in der Erfolgsfaktorenforschung jeweils unterschiedlich konzeptualisiert und operationalisiert" werden und „die Messungen regelmäßig Kriterien der Diskriminanzvalidität erfüllen" (Fritz, 2004, S. 3, 31). Es ist „auf der Basis einer ordentlichen Bestandsaufname […] nicht möglich, der empirischen Erfolgsfaktorenforschung jeglichen kumulativen Erkenntnisgewinn abzusprechen" (Homburg & Krohmer, 2004, S. 5)
„Es gibt […] kein einziges Ergebnis […], das als gesichert gilt und aus dem sich normative Aussagen ableiten ließen" (Nicolai & Kieser, 2002, S. 582).	„Der tatsächliche Stand der Forschung" weist „der Marktorientierungs-Unternehmenserfolgs-Hypothese" einen empirischen Bewährungsgrad von weit über 90 Prozent zu, weshalb diese eine der am besten bewährten Hypothesen der Erfolgsfaktorenforschung ist" (Fritz, 2004, S. 3, 31). Die „empirische Erfolgsfaktorenforschung als Erkenntnisobjekt der Bestandsaufnahme wird nur unpräzise eingegrenzt". Forschungsergebnisse werden fehlerhaft wiedergegeben. Die Untersuchung der Einflussgrößen vorgelagerter Erfolgsgrößen ist auch Erfolgsfaktorenforschung (Homburg & Krohmer, 2004, S. 2-3).

Tabelle 2.29 fasst die von Nicolai und Kieser (2002, S. 585; 587; 589) vorgetragenen Kritikpunkte „Verlust der Wirksamkeit der Erfolgsfaktoren“, „keine Leistungsverbesserung durch wissenschaftliche Analysen“ sowie „nicht wissenschaftlich haltbare Erfolgsfaktoren, die Praktiker nicht interessieren“ und die entsprechenden Repliken von Ernst (2003), H. H. Bauer und Stokburger-Sauer (2004), Fritz (2004) sowie Homburg und Krohmer (2004) inhaltlich zusammen, ohne sie im Einzelnen zu bewerten.

Tabelle 2.29 Kritikpunkte von Nicolai und Kieser (2002) zur empirischen Erfolgsfaktorenforschung; Teil 2 von 2. (Quelle: Eigene Darstellung)

Kritikpunkte gemäß Nicolai und Kieser (2002)	Ausgewählte Repliken (Teil 2 von 2)
„Erfolgsfaktoren, die bekannt und kopierbar sind, verlieren ihre Wirksamkeit“ (Nicolai & Kieser, 2002, S. 585)	„Erfolgsfaktoren stellen lediglich potenzielle Wettbewerbsvorteile dar“ (H. H. Bauer & Stokburger-Sauer, 2004, S. 621-623). Die „Schlüsselfaktoren des Unternehmenserfolgs beziehen sich [...] auf besondere Fähigkeiten und Ressourcen eines Unternehmens, mit denen es einen nachhaltigen Wettbewerbsvorteil erzielen kann“ (Fritz, 2004, S. 24).
„Die Vorstellung, dass man eine durch wissenschaftliche Analysen nahegelegte Lösung [...] so umsetzen kann, dass die in der Performance vorgegebene Leistungsverbesserung mit großer Sicherheit erreicht wird, ist naiv“ (Nicolai & Kieser, 2002, S. 587).“	„Empirische Erfolgsfaktorenstudien können nicht mechanistisch wie eine Maschine Rezepte und Handlungsanweisungen mit Erfolgsgarantie für das einzelne Unternehmen generieren [...]. Wer hat diese unsinnigen Behauptungen in den Raum gestellt bzw. derartige Sachverhalte suggeriert?“ (Homburg & Krohmer, 2004, S. 18).
„Weshalb produzieren Managementforscher Erfolgsfaktoren, wenn diese wissenschaftlich nicht haltbar sind und auch die Praktiker nicht interessieren?“ (Nicolai & Kieser, 2002, S. 589)	„Wir wissen von zahlreichen Kollegen, die Erfolgsfaktorenforschung betreiben, dass sie intensiv den Dialog mit der Praxis pflegen [...]. Der Dialog zwischen Wissenschaft und Praxis findet [...] nicht in wissenschaftlichen Publikationen statt [...]“. Es gibt „eine Vielzahl konzeptioneller und empirischer Untersuchungen, die sich gerade mit diesem Thema befassen“ (Homburg & Krohmer, 2004, S. 17). Wir müssen „unsere Transferaufgabe zukünftig noch ernster nehmen [...]. Die Implementierungsforschung nimmt in allen Bereichen der Betriebswirtschaftslehre ein eher kümmerliches Ausmaß ein“ (H. H. Bauer & Stokburger-Sauer, 2004, S. 621-623).

Schmalen et al. (2006, S. 357–358) sind der Auffassung, dass sich die methodischen Schwächen der EFF mit Maßnahmen vermeiden bzw. umgehen lassen würden. Das jeweilige methodische Instrumentarium zum Umgang mit den Kritikpunkten wird in Tabelle 2.30 dargestellt.

Tabelle 2.30 Methodische Anforderungen und Instrumentarium der Erfolgsfaktorenforschung. (Quelle: Eigene Darstellung in Anlehnung an Schmalen et al., 2006, S. 357–358)

Methodische Anforderungen an die EFF	Methodisches Instrumentarium zur Erfüllung der Anforderungen gemäß Schmalen et al. (2006, S. 357-358)
Homogenität und Reichweite	Bei der „Auswahl der Untersuchungsobjekte [...] Kompromiss zwischen einer möglichst großen Reichweite der Untersuchungsergebnisse und der notwendigen Homogenität der analysierten Unternehmen" suchen.
Multidimensionale Operationalisierung des Erfolgs	„Alle Dimensionen des Erfolges in den eigenen Ansatz [...] integrieren [...], Erfolgsgröße genau definieren, „analog zur Operationalisierung" sollten auch „die möglichen Erfolgsfaktoren quantitativen und qualitativen Charakter aufweisen".
Theoriegeleitetes Vorgehen bei der Identifizierung von Erfolgsfaktoren	Potenzielle Erfolgsfaktoren unter Einbeziehung bereits durchgeführter, veröffentlichter Erfolgsfaktorenstudien fassen, „um kausale Strukturen aufzudecken". Einen theoretischen „Bezugsrahmen als Suchraum" schaffen. Ein „Hypothesen testendes Vorgehen" einschlagen.
Qualität der Datenbasis (quantitative Analysen)	„Güte der erzielten Ergebnisse hängt von der Qualität der verwendeten Daten ab". Informationen müssen vollständig sein, alle Untersuchungsperspektiven müssen berücksichtigt werden. Sekundärdaten „ohne eigene Datenerhebung" haben häufig Mängel, sind als Folge von „Inkonsistenzen [...] kaum miteinander vergleichbar", sensible Unternehmensdaten stehen als sekundäre Daten selten zur Verfügung. „Vertrauensbildende Maßnahmen [...] treffen", um auch sensible Daten erfragen zu können; Verzerrungen beachten, wenn ein beschränkter Personenkreis befragt wird.
Methodik und Verwendung multivarianter Verfahren (quantitative Analysen)	„Multivariante Analyseverfahren berücksichtigen [...] Interaktionen" potenzieller Erfolgsfaktoren. „Die höchste Aussagekraft liefert [...] der quantitativ-konfirmatorische Ansatz mittels Kausalanalyse", der aber „sehr hohe Anforderungen an Stichprobe und Forschungsstand stellt". Alternativ einsetzbar: Regressionsanalysen mit vorgeschalteter Faktoranalyse, Nachteil kann dabei ein „Informationsverlust aufgrund des hohen Aggregationsgrades" sein, der „hinnehmbar" ist.

Baumgarth und Evanschitzky (2009, S. 247–250; 250–253) fassen die methodischen und inhaltlichen Kritikpunkte der EFF zusammen, um die in Tabelle 2.31 dargestellten Empfehlungen zum Umgang mit diesen Kritikpunkten zu geben.

Tabelle 2.31 Kritikpunkte an der Erfolgsfaktorenforschung und konzeptionelle Berücksichtigung. (Quelle: Eigene Darstellung in Anlehnung an Baumgarth & Evanschitzky, 2009, S. 247–250; 250–253)

Methodische und inhaltliche Kritikpunkte an der EFF (Baumgarth und Evanschitzky, 2009, S. 247-250)	Berücksichtigung der Kritikpunkte in der Konzeption einer Erfolgsfaktorenstudie (Baumgarth und Evanschitzky, 2009, S. 250-253)
„Kritik des fehlenden Theoriegehalts", „Risiko der quantitativ-konfirmatorischen Methode, dass zufällige Beziehungen zwischen abhängigen und unabhängigen Variablen zum Erkenntnisstand werden können".	„Theoriegeleitete Hypothesenformulierung" als „notwendige Voraussetzung für eine quantitativ-konfirmatorische Erfolgsfaktorenforschung".
„Kritik einer nicht validen Operationalisierung der Erfolgsfaktoren" die zu „inhaltlich falschen Schlüssen führen" kann.	Operationalisierung muss auf der „Basis bestehender Operationalisierungsansätze [...] oder empirischer Vorstudien [...] erfolgen".
„Key Informant Bias", Gefahr der Verzerrung, wenn die Befragten „gleichzeitig Auskunft über abhängige und unabhängige Variablen erteilen" sollen, also z. B. über eine Maßnahme und über deren Wirkung.	„Verwendung verschiedener Datenquellen zur Messung der Erfolgsfaktoren und Erfolgsindikatoren" reduziert Key Informant Bias.
„Non-Response Bias", Verzerrung durch „Früh- und Spätantworter" oder dadurch, dass z. B. „die sehr erfolgreichen Unternehmen [...] nicht an der Studie teilgenommen haben".	Sorgfältiger Vergleich des Antwortverhaltens unterschiedlicher Gruppen.
Endogenitätsproblem, wenn „unabhängige Variablen [...] von Störgrößen beeinflusst werden".	„Bewusste Abwägung zwischen Spezifität und Allgemeingültigkeit der Studie" kann dieser Schwierigkeit begegnen.
„Survival Bias", es werden nur solche Unternehmen untersucht, die (noch) am Markt sind".	Erfolgsfaktoren sind Einflussgrößen, die „exzellente von weniger exzellenten Unternehmen" unterscheiden, es wird „davon ausgegangen, dass auch weniger exzellente Unternehmen am Markt existieren können".
„Erfolgsfaktoren, die bekannt sind, verlieren ihre Wirksamkeit".	„Erfolgsrelevante Ressourcen" sind „nicht frei handelbar", auch bekannte Erfolgsfaktoren verlieren „nicht notwendigerweise ihre Wirksamkeit."
„Willkürliche Nutzung unterschiedlicher Theorien".	„Häufig unterschätzter Kritikpunkt [...], kann [...] damit begegnet werden, dass Erfolgsfaktorenstudien auf ausführlichen Vorstudien – wie z. B. Experteninterviews oder Delphi-Studien – aufbauen."

Im Folgenden wird darlegt, inwieweit den Kritikpunkten zur Eignung und Praxistauglichkeit verschiedener Ansätze der EFF im Untersuchungsdesign mit geeigneten konzeptionellen Maßnahmen pragmatisch begegnet wird und wie die Nutzung der EFF in der eigenen Untersuchung argumentiert wird. Die Ableitung der Erfolgsfaktoren auf Basis etablierter Theorien und empirischer Forschungsergebnisse des Strategischen Managements (Abschnitt 2.2.3), des PMI-Managements (Abschnitt 2.2.4) und der Mittelstandsforschung (Abschnitt 2.2.5) erleichtert die wissenschaftliche Einordnung. Die im Modell berücksichtigten Erfolgsfaktoren werden präzise und operationalisierbar beschrieben, um Tautologien (Nicolai & Kieser, 2002, S. 582) weitestgehend zu vermeiden (Fritz, 2004, S. 7–8; 10–11). Der Erfolgsbegriff wird im Modell nicht als objektiv messbare Größe, sondern als subjektiv interpretierbare Zielerreichung im jeweiligen Kontext definiert.

Der erfolgsfaktorenbasierte Managementansatz für das strategische PMI-Management im deutschen Mittelstand (Abschnitt 2.2.6) visualisiert die Wirkungszusammenhänge zwischen dem Erfolg und den als erfolgsbeeinflussende Variablen dargestellten Erfolgsfaktoren. Struktur und Konzeption des eigenen Modells werden mit empirisch gewonnenen Erkenntnissen aus qualitativen Experteninterviews finalisiert. Der Kritik an den Methoden zur Identifikation von Erfolgsfaktoren (Grünig et al., 1996, S. 10) und den methodischen Schwächen (Nicolai & Kieser, 2002, S. 584–585) begegnet diese Dissertation durch die Berücksichtigung methodenspezifischer Gütekriterien im qualitativen Forschungsansatz. Das methodische Vorgehen wird in Abschnitt 3.3.2 anhand der methodenspezifischen Gütekriterien kritisch reflektiert.

Auf Basis der empirischen Ergebnisse dieser Dissertation bildet ein vereinfachtes kausales Modell (Abschnitt 4.1.2) den Ausgangspunkt, die Bedeutung einzelner Erfolgsfaktoren kontextbezogen zu untersuchen. Plausible, theoriegestützte Annahmen zur Wirkung der Erfolgsfaktoren münden in ein praxisnahes Modell. Der theoretische Bezugspunkt der Mittelstandsforschung trägt zur Kontextualisierung der Erfolgsfaktoren bei. Wichtig ist die klare begriffliche Trennung zwischen Erfolgsfaktoren und Erfolgsindikatoren (Abschnitt 4.1.1). Nicht direkt beobachtbare Erfolgsfaktoren werden über Erfolgsindikatoren operationalisiert, um zu untersuchen, wie die Erfolgsfaktoren als latente Variablen die Ausprägung der Erfolgsindikatoren verändern (Eisend & Kuß, 2023, S. 254).

Das multiperspektivische Modell bietet mittelständischen Unternehmen Orientierung und unterstützt Entscheidungsprozesse im Rahmen des PMI-Managements. Erfolgsfaktoren und Erfolgsindikatoren können zwar nicht generalisiert werden, sind aber geeignet, um die Aufmerksamkeit von Eigentümern und Management darauf zu lenken (Deimel et al., 2021, S. 93; Grunert & Ellegaard, 1992, S. 5). Die Modellkonzeption visualisiert keine universellen Erfolgsrezepte, sondern soll dazu beitragen, das strategische Management der PMI im deutschen Mittelstand strukturierend zu unterstützen (Welge et al., 2017, S. 256).

Schmalen et al. (2006, S. 351) verweisen auf den hohen praktischen Nutzen der EFF, sowohl für eine rückblickende Erfolgsanalyse als auch für eine vorausschauende Steuerungsperspektive. Die EFF generiert Wissen, das in der Unternehmenspraxis angewendet werden kann, um Entscheidungen zu verbessern und die Erfolgswahrscheinlichkeit zu erhöhen. Auf Basis der erfolgsrelevanten Faktoren können „eigene strategische Konzepte“ entwickelt werden (Ahlert et al., 2005, S. 367). Der in der EFF verankerte Forschungsansatz ermöglicht, die Mehrdimensionalität des PMI-Erfolgs auf die entscheidenden Einflussfaktoren zu reduzieren (Fritz, 1993, S. 2; Hoffmann, 1986, S. 832). Das schafft Übersichtlichkeit und erleichtert die Analyse des komplexen Sachverhalts des PMI-Managements (Schmalen et al., 2006, S. 353). Der Forschungsansatz hat das Potenzial, Unternehmen empirisch fundierte Entscheidungsgrundlagen für erfolgreiche strategische Maßnahmen im Rahmen des PMI-Managements zu liefern (Ahlert et al., 2005, S. 367). Dies kann mittelständische Unternehmen dabei unterstützen, ihre begrenzten Ressourcen effizienter einzusetzen. Zudem bilden die empirischen Ergebnisse den Ausgangspunkt von Forschungshypothesen und zeigen weiteren Forschungsbedarf auf (Schwaninger & Kaiser, 2007, S. 152).

2.2.3 Identifikation von Erfolgsfaktoren aus Sicht des Strategischen Managements

2.2.3.1 Grundlagen, Entwicklung und Modelle des Strategischen Managements

Der Begriff „Strategie“, stammt aus dem militärischen Bereich (Oetinger, 2003, S. 4) und wird Clausewitz (1952, S. 169) zugeschrieben. Hungenberg (2014, S. 55) klassifiziert die Arbeiten von Chandler (1962), Ansoff (1965) und Andrews (1971) als „grundlegend für die Entwicklung der Theorie“ des Strategischen

Managements (Hungenberg, 2014, S. 55). Bea und Haas (2017, S. 7) verknüpfen erste Ansätze des Strategischen Managements mit dem Erscheinen der Erstausgaben des „Strategic Management Journal“ und des „Journal of Business Strategy“ in den 1980-er Jahren (Bea & Haas, 2017, S. 7; Göbel, 1997, S. 3; Hambrick, 1990, S. 237; Raps, 2017, S. 17). Grant (2016, S. 13) verweist darauf, dass Ende der 1950-er Jahre in den USA erstmals Ansätze der Unternehmensplanung zur Entwicklung von Diversifikationsstrategien eingesetzt werden.

Einerseits unterscheiden sich Forschungsansätze des Strategischen Managements durch unterschiedliche Perspektiven und Ausgangspositionen (Hungenberg, 2014, S. 3). Andererseits ergänzen sich diese Ansätze (Bea & Haas, 2017, S. 40) und haben das gemeinsame Grundverständnis, dass es um die geplante Entwicklung eines Unternehmens (Hungenberg, 2014, S. 6) geht, und zwar sowohl um Entscheidungen zur Marktposition als auch zu Umfang und Qualität der eigenen Ressourcenbasis (Hungenberg, 2014, S. 7). Auf Basis der grundlegenden Arbeiten entwickeln sich mit der Strategieprozessforschung und Strategieinhaltsforschung zwei zentrale Forschungsrichtungen (Hungenberg, 2014, S. 56).

Meilensteine der Strategieprozessforschung, in der es im Wesentlichen um die Formulierung und die Umsetzung einer Strategie geht, sind planungsorientierte Ansätze (Reisinger et al., 2017, S. 38), wie das Planungsmodell von Ansoff (1965) mit Empfehlungen zur Gestaltung des strategischen Managementprozesses (Hungenberg, 2014, S. 57). Als Alternativen entstehen das Inkrementalmodell von Mintzberg (1978, S. 945) und Quinn (1978, S. 9) sowie mehrere Varianten in Form unterschiedlicher Prozessmodelle (Hungenberg, 2014, S. 57).

Die Strategieinhaltsforschung beschäftigt sich mit strategischen Entscheidungsprozessen (Hungenberg, 2014, S. 58) und mit der Untersuchung der Erfolgsursachen verschiedener Strategien. Die EFF beherrscht als Teildisziplin des Strategischen Managements (Nicolai & Kieser, 2002, S. 580) in den 1960-er und 1970-er Jahren die Strategieinhaltsforschung (Hungenberg, 2014, S. 58). Als Konsequenz aus der Kritik an der EFF richtet sich die Strategieinhaltsforschung zu Beginn der 1980-er Jahre neu aus, woraus zunächst der sog. marktorientierte Ansatz von Porter (1980) hervorgeht, wonach der unternehmerische Erfolg von den spezifischen Chancen und Risiken eines Marktes bzw. einer Branche abhängt (Porter, 1991, S. 101, 2014, S. 25–27). Mitte der 1980-er Jahre entwickelt sich als Ergänzung des marktorientierten Ansatzes der „Resource-Based View“ (Barney, 1991, S. 101–102; Grant, 2016, S. 116–118) bzw. der ressourcenorientierte Ansatz (Reisinger et al., 2017, S. 39; Wernerfelt, 1984,

S. 175–176), in dem Vermögenswerte sowie Kenntnisse und Kompetenzen den Wettbewerbsvorteil und damit die Grundlage für den unternehmerischen Erfolg darstellen (Hungenberg, 2014, S. 60–61), und der durch Prahalat und Hamel (1990, S. 80–82) bekannter wird. Kritikpunkte an diesem Ansatz richten sich auf den statischen Charakter (Welge et al., 2017, S. 94). Zudem bleibe unberücksichtigt, dass auch nicht erfasste immaterielle Ressourcen zu Wettbewerbsvorteilen von Unternehmen führen könnten (Welge et al., 2017, S. 94).

Aus diesen Überlegungen heraus kommt es in den Folgejahren mit wissens- und erfahrungsbasierten („Knowledge-Based View") Ansätzen (Barkema & Schijven, 2008a, S. 596), fähigkeitsorientierten Ansätzen („Capability-Based View") (Grant, 2016, S. 229; Hungenberg, 2014, S. 62; Welge et al., 2000, S. 94) sowie kompetenzbasierten („Competence-Based View") Ansätzen (Reisinger et al., 2017, S. 39) zu Weiterentwicklungen des ressourcenorientierten Ansatzes. Zudem sind in diesem Zusammenhang konfigurationsorientierte, stakeholderorientierte, systemorientierte und aktivitätenorientierte Forschungsansätze bzw. Perspektiven des Strategischen Managements zu erwähnen (Reisinger et al., 2017, S. 40–43).

Das interdisziplinäre Verständnis vom Strategischen Management erfordert nach Ansicht von Welge et al. (2017, S. 193) für die empirische Strategieforschung ein konzeptionelles Referenzmodell, welches in abstrahierter Form möglichst viele gesicherte Ergebnisse der Strategieforschung abbilde sowie interdisziplinär und flexibel ausgerichtet sein solle. Abbildung 2.5 stellt das von Welge et al. (2017, S. 195) entwickelte (idealtypische) konzeptionelle Prozessmodell des Strategischen Managements dar. Die deutschsprachige Literatur spricht von einer Einteilung des Prozesses in vier Phasen (Al-Laham, 1997, S. 90; Raps, 2017, S. 22). Ausgeklammert wird dabei die in Abbildung 2.5 von der Verfasserin dieser Dissertation ergänzte Phase der Kontrolle und Steuerung der Strategie (Raps, 2017, S. 22).

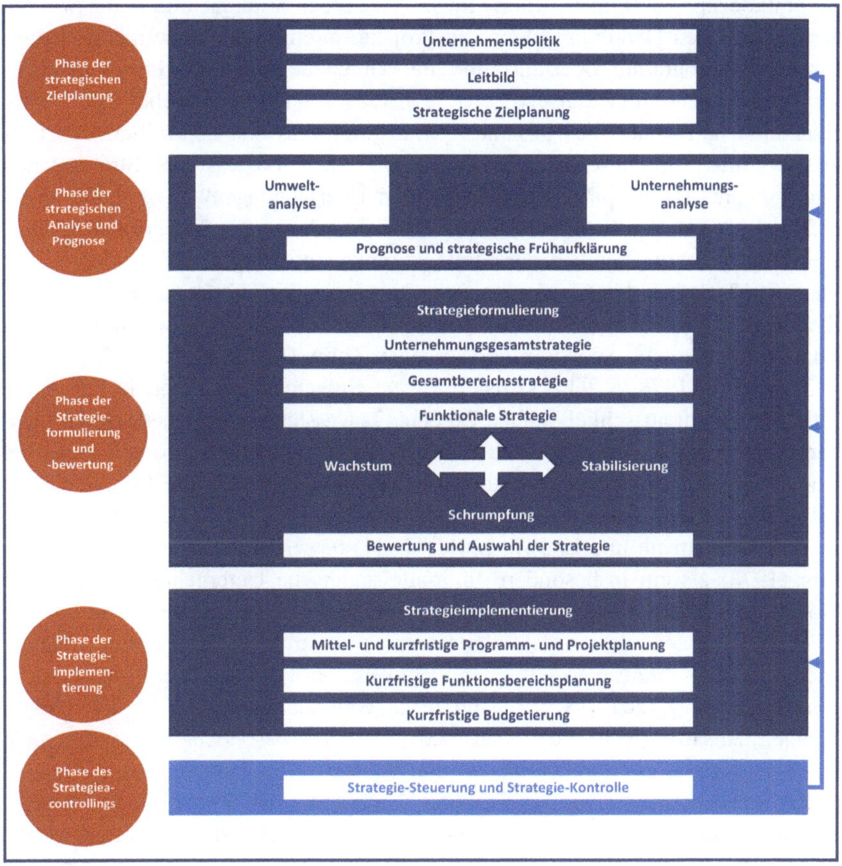

Abbildung 2.5 Idealtypisches Prozessmodell des Strategischen Managements. (Quelle: Eigene Darstellung in Anlehnung an Welge et al., 2017, S. 195)

In der Phase der strategischen Zielplanung werden die Unternehmenspolitik als strategische Leitplanken, das Leitbild in Form der Mission, Vision und Werte sowie die strategischen Ziele entwickelt. Innerhalb der strategischen Analyse werden aus den internen und externen Rahmenbedingungen wesentliche Prognosen abgeleitet. In der Phase der Strategieformulierung werden strategische Optionen für Unternehmen, Geschäftsbereiche und Funktionen formuliert und bewertet. Ausgewählte strategische Optionen werden zu einem strategischen

Gesamtkonzept zusammengeführt. In der Phase der Strategieumsetzung werden die strategischen Handlungsfelder und Projekte in ein kurz- sowie mittelfristiges Umsetzungsprogramm überführt und mit Unterstützung eines Projektmanagements implementiert (Welge et al., 2017, S. 194). Ein kontinuierliches Controlling unterstützt und steuert den gesamten Strategieprozess und kontrolliert den Projektfortschritt (Welge et al., 2017, S. 196). Der Prozess des Strategischen Managements ist mit „Rückkopplungen und Überlappungen" (Al-Laham, 1997, S. 342; Welge et al., 2017, S. 196) interaktiv. Gründe für das Scheitern einer Strategie liegen überwiegend in der Strategieimplementierung (Kolks, 1990, S. 73; Raps, 2017, S. 16). Aber auch eine fehlerhaft formulierte Strategie, eine unzureichende Qualifikation des Managements und Fehler im Bereich der strategischen Analyse können zum Scheitern der Strategie führen (Raps, 2017, S. 14–15).

Mintzberg (1978, S. 945) kritisiert das vereinfachte Phasenmodell. Strategien entständen nicht ausschließlich als Ergebnis bewusster strategischer Handlungen. Sorgfältig geplante Strategien träfen häufig auf nicht vorhersehbare Rahmenbedingungen der Umsetzung, wodurch ursprünglich beabsichtigte Strategien nur teilweise wie geplant umgesetzt werden könnten (Mintzberg & Waters, 1985, S. 259). Reinemann und Ludwig (2015, S. 44) bewerten den Ansatz von Mintzberg (1978) als ein insbesondere für mittelständische Unternehmen tragfähiges Modell. „Situationsadäquate Strategieprozessmodelle" (Reisinger et al., 2017, S. 45–46) erklären die tatsächliche Komplexität strategischer Zusammenhänge und kommen mit ihrer ganzheitlichen Sichtweise der Realität näher. Nach Ansicht von Hungenberg (2014, S. 14) sind diese vom idealtypischen Modell abweichenden Ansätze (Reisinger et al., 2017, S. 51) besonders geeignet, „reale Strategieprozesse in Unternehmen zu untersuchen" (Hungenberg, 2014, S. 14).

Zusammenfassend erfordert die hohe Komplexität des Strategischen Managements Forschungsansätze mit einer ganzheitlichen, interdisziplinären Perspektive (Bea & Haas, 2017, S. 36–37). Die vielfältigen markt- und ressourcenbasierten Ansätze der strategischen Managementforschung ermöglichen grundsätzlich, komplexe Probleme des Strategischen Managements aus verschiedenen Perspektiven abzubilden (Hungenberg, 2014, S. 64; Reuter, 2011, S. 19–20). Für die Untersuchung der Forschungsfragen dieser Dissertation kann davon ausgegangen werden, dass der strategische Prozess des PMI-Managements selten als idealtypischer Umsetzungsprozess verläuft, sondern in mittelständischen Unternehmen Strategien häufig auf nicht vorhersehbare Rahmenbedingungen der Umsetzung treffen (Mintzberg & Waters, 1985, S. 258–259). Aus diesem Grund scheinen situationsadäquate und multiperspektivische Strategieprozessmodelle (Hungenberg, 2014, S. 14) zur Untersuchung von Erfolgsfaktoren realer Prozesse des

Strategischen Managements im Mittelstand besonders geeignet. Sie können Komplexität sowie Beziehungen der strategischen Zusammenhänge darstellen und als Einflussgrößen des Strategieprozesses Anforderungen der Stakeholder, Unternehmenskontext, Unternehmenskultur, Ressourcen, Kompetenzen und Fähigkeiten berücksichtigen (Reisinger et al., 2017, S. 46–47).

2.2.3.2 Forschungsergebnisse zu Erfolgsfaktoren des Strategischen Managements

Das primäre Ziel des Strategischen Managements ist die Sicherung der Überlebensfähigkeit des Unternehmens (Welge et al., 2017, S. 219–220), welches sich auf der zweiten Ebene als langfristiger Erfolg konkretisiert, der sich auf der dritten Ebene als Aufbau, Erhaltung und Nutzung strategischer Erfolgspotenziale ausdrücken lässt (Gälweiler, 2005, S. 26; Welge et al., 2017, S. 220; 225). Sie sind die Voraussetzung für den „zukünftigen dauerhaften Erfolg" (Welge et al., 2017, S. 220) des Unternehmens und generieren Wettbewerbsvorteile, deren Nutzung Aufgabe des operativen Managements ist (Welge et al., 2017, S. 222). Es werden externe Erfolgspotenziale, wie beispielsweise überdurchschnittliche Marktanteile, und interne Erfolgspotenziale, die sich wiederum in Kosten- und Leistungspotenziale teilen, unterschieden (Welge et al., 2017, S. 220). Wegen der begrenzten praktischen „Eignung des Erfolgspotenzialkonzeptes als Ziel- und Steuerungsgröße des Strategischen Managements" (Welge et al., 2017, S. 222) versucht „das Konzept der Erfolgsfaktoren [...] Erfolgspotenziale zu operationalisieren und steuerbar zu machen" (Welge et al., 2017, S. 222). Auf der untersten Ebene der Zielhierarchie konkretisieren sich die Erfolgspotenziale durch interne und externe Erfolgsfaktoren (Welge et al., 2017, S. 225).

Im Rahmen des Strategischen Managements verändern strategische Maßnahmen und Entscheidungen die beeinflussbaren Erfolgsfaktoren und tragen damit zum Aus- und Aufbau bestehender bzw. neuer Erfolgspotenziale bei (Welge et al., 2017, S. 222; 290). Interne und externe Erfolgsfaktoren des Strategischen Managements können aus den strategischen Potenzialen eines Unternehmens abgeleitet werden (Bea & Haas, 2017, S. 130). Umgekehrt lassen sich Erfolgsfaktoren den Erfolgspotenzialen des Unternehmens zuordnen (Welge et al., 2017, S. 222). Bea und Haas (2017, S. 130–131) haben den in Tabelle 2.32 dargestellten Katalog aus Erfolgspotenzialen und jeweils ableitbaren Erfolgsfaktoren des Strategischen Managements zusammengestellt, der je nach den spezifischen Verhältnissen im Unternehmen modifiziert werden könne. Dabei werden Leistungspotenziale mit den Teilsystemen Beschaffung, Produktion, Absatz, Technologie, Personal und Kapital sowie Führungspotenziale mit den Teilsystemen Planung, Kontrolle, Informationsmanagement, Organisation und Unternehmenskultur unterschieden.

Tabelle 2.32 Ableitung von Erfolgsfaktoren aus Erfolgspotenzialen. (Quelle: Eigene Darstellung in Anlehnung an Bea & Haas, 2017, S. 130–131)

Erfolgspotenziale	Erfolgsfaktoren
Leistungspotenziale	
Beschaffung	Preise der Produktionsfaktoren, Qualität der Vorprodukte, Abstimmung mit Lieferanten, Grad der Abhängigkeit von Lieferanten
Produktion	Kapazität der Fertigungsanlagen, Leistungsstand der Fertigungsanlagen, Flexibilität der Fertigungsanlagen, Fertigungstiefe, Kostenstruktur
Absatz	Produktqualität, Markenname, Laufzeit von Schutzrechten, Altersaufbau der Produkte, Qualität des Vertriebssystems, Qualität der After-Sales-Services, Preisspielraum, Lieferbereitschaft, Beschwerdemanagement, Marktanteil, Kundentreue
Personal	Qualifikation, Ausbildungsgrad, Motivation, Alter und Ausbildung, Lernfähigkeit, Identifikation mit dem Unternehmen, unternehmerisches Handeln
Kapital	Zugang zum Kapitalmarkt, Verschuldungsgrad, Börsenkursentwicklung, eigene finanzielle Ressourcen, finanzielle Ressourcen verbundener Unternehmen
Technologie (F+E)	Innovationsbereitschaft, F+E-Aufwand, Forschungseffizienz, Patente, Lizenzen, Anzahl der Neuentwicklungen pro Jahr
Führungspotenziale	
Planung	Qualität des Planungssystems, Fertilität der Planung, Einsatz von Planungstechniken
Kontrolle	Qualität der Kontrollsysteme, Abstimmung der Kontrolle mit der Planung, Einsatz von Kontrolltechniken
Informationsmanagement	Strategisch orientiertes Rechnungswesen, Früherkennungssysteme, IT/Informationssysteme, Wissensmanagement
Organisation	Zahl der Hierarchieebenen, Grad der Dezentralisation, Flexibilität der Organisation, Lernfähigkeit der Organisation, Kooperationsfähigkeit mit anderen Unternehmen
Unternehmenskultur	Stärke der Unternehmenskultur, Grad der Außenorientierung, Innovationsfähigkeit

Die empirische Erforschung von Erfolgsfaktoren des Strategischen Managements hat den Anspruch, „empirisch fundierte Gesetzmäßigkeiten über den Einfluss von Erfolgsfaktoren auf den strategischen Erfolg einer Unternehmung ableiten zu können“ (Welge et al., 2017, S. 245), wobei „die Ergebnisse [...] weniger Erfolgsrezepte“ darstellen, „sondern vielmehr [...] fundierte Orientierungshilfen“ (Welge et al., 2017, S. 256). Diese können eine wichtige Rolle bei der Bewertung und Auswahl strategischer Optionen spielen (Welge et al., 2017, S. 256). Ergänzend zu einer reinen Auflistung der durch das Strategische Management beeinflussbaren Erfolgsfaktoren (Welge et al., 2017, S. 224) werden auch die in Abbildung 2.6 dargestellten Wirkungsrelationen und Kausalstrukturen untersucht (Welge et al., 2017, S. 224; K. D. Wilde, 1989, S. 54–55), um den Einfluss der Erfolgsfaktoren auf die Entwicklung der Erfolgspotenziale abschätzen zu können. Dabei berücksichtigt die Wirkungsintensität die unterschiedliche Intensität der Beiträge zum Erfolgspotenzial, die Wirkungsinteraktion beschreibt die Struktur der Erfolgsfaktoren hinter einem Erfolgspotenzial, die Wirkungsdynamik macht den permanenten Wandel deutlich, dem die Erfolgsfaktoren unterliegen und die Wirkungsheterogenität erklärt die spezifischen Wirkungen der Erfolgsfaktoren in unterschiedlichen Bereichen des Unternehmens (Welge et al., 2017, S. 224–225). Die multiple Kausalität erklärt die Tatsache, dass Erfolgspotenziale selten durch einen, sondern meistens „durch eine multidimensionale Kausalstruktur mehrerer Erfolgsfaktoren abgebildet […] werden" (Welge et al., 2017, S. 224), wobei „jede Ursache mehrere Wirkungen hat und jede Wirkung mehrere Ursachen" (Welge et al., 2017, S. 224). Zudem gibt es Wirkungsinterdependenzen, d. h. der Einfluss einzelner Erfolgsfaktoren auf das Erfolgspotenzial verändert sich in Abhängigkeit von anderen Erfolgsfaktoren und/oder sie wirken nicht nur direkt, sondern auch indirekt über andere Erfolgsfaktoren (Welge et al., 2017, S. 225).

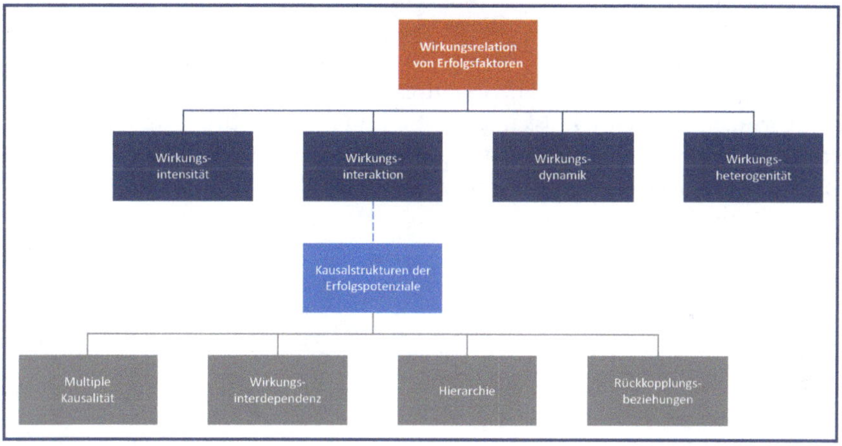

Abbildung 2.6 Wirkungsrelation und Kausalstrukturen von Erfolgsfaktoren. (Quelle: Eigene Darstellung in Anlehnung an K. D. Wilde, 1989, S. 54, abgeändert durch Welge et al., 2017, S. 224)

Noble (1999, S. 125–130) fasst in seinem Literatur-Review die Ergebnisse empirischer Studien zur Strategieumsetzung aus den Jahren 1969 bis 1996 zusammen und leitet daraus als Erfolgsfaktoren die frühe Mitarbeitereinbindung (Hambrick & Cannella, 1989; Sandy, 1991), den Führungsstil und die Unternehmenskultur (Bourgeois & Brodwin, 1984; Nutt, 1983) sowie die Anpassungsfähigkeit an organisatorische Änderungen (Drazin & Howard, 1984) ab. Olson et al. (2005, S. 47) untersuchen die Bedeutung der Abstimmung der Strategie mit der Organisationsstruktur und den Verhaltensnormen der Mitarbeiter.

Atkinson (2006, S. 1441; 1448–1449) führt aus, wie ein BSC-Ansatz die Strategieumsetzung unterstützen kann. Eine BSC könne wesentliche Probleme der Strategieumsetzung lösen, und zwar nicht nur bezüglich der Integration bestehender Kontrollsysteme, sondern auch in Bezug auf die Kommunikation und die Rolle des mittleren Managements. Die empirische Untersuchung von Gębczyńska (2016, S. 1095) kommt zu dem Ergebnis, dass mittelständische Unternehmen im Vergleich zu großen Unternehmen bei der Strategieumsetzung auf strategischer und taktischer Ebene effizienter seien, während sich große Unternehmen bei der Strategieumsetzung auf operativer Ebene stärker engagierten als mittlere Unternehmen (Gębczyńska, 2016, S. 1095). Raps (2017) wertet in seiner Studie die Ergebnisse überwiegend älterer empirischer Studien zu den Erfolgsfaktoren der Implementierung von Strategien aus und identifiziert die in Tabelle 2.33 dargestellten Erfolgsfaktoren.

Tabelle 2.33 Empirische Studien zu Erfolgsfaktoren der Strategieimplementierung. (Quelle: Eigene Darstellung in Anlehnung an Raps, 2017)

Identifizierte Erfolgsfaktoren der Strategieimplementierung	Empirische Studien
Einbeziehung der Mitarbeitenden in die Strategieformulierung (Raps, 2017, S. 336)	Wooldridge und Floyd (1990)
Verfügbarkeit von Ressourcen; Engagement der Führungskräfte; Anreizsysteme; Erfahrungen mit erfolgreichen Projekten; Marktumfeld; Größe der Implementierungseinheit (Raps, 2017, S. 336)	Wernham (1985)
Anreizsysteme (Raps, 2017, S. 335)	Welge et al. (1996)
Richtige Balance zwischen strategischen und organisatorischen Elementen (Raps, 2017, S. 324)	Drazin und Howard (1984)
Kompetenzen auf der unteren Managementebene; Überwindung von Barrieren (Raps, 2017, S. 325)	Fidler und Johnson (1984)
Verhalten des Mittleren Managements (Raps, 2017, S. 325)	Wooldridge und Floyd (1989); Wooldridge und Floyd (1990); Wooldridge et al. (2008)
Beachtung möglicher Blockaden im Mittleren Management (Raps, 2017, S. 326)	Guth und Macmillan (1986)
Trennung der Strategieimplementierung in die sachorientierte und die verhaltensorientierte Umsetzung (Raps, 2017, S. 328)	Kolks (1990)
Generierung kultureller Voraussetzungen (Raps, 2017, S. 328)	Krohmer (1999)
Einbindung der Mitarbeitenden (Raps, 2017, S. 328)	Levine (1995)
Projektmanagement (Raps, 2017, S. 329)	Lord (1993); Pinto und Slevin (1987); R. Müller und Jugdev (2012)
Kommunikation strategischer Ziele und Prioritäten (Raps, 2017, S. 329)	Boyer und McDermott (1999)
Qualität der Vorbereitungsarbeiten (Raps, 2017, S. 331)	Pinto und Prescott (1990)
Ausgestaltung eines strategischen Kontrollsystems (Raps, 2017, S. 332)	Roush und Ball (1980)
Verknüpfung von Strategieentwicklung und -implementierung (Raps, 2017, S. 334)	Tarlatt (2001)

Vigfússon et al. (2021) identifizieren in einer systematischen Literaturrecherche die in Tabelle 2.34 dargestellten Erfolgsfaktoren der Strategieumsetzung. Dabei strukturieren sie die identifizierten Erfolgsfaktoren entsprechend dem sog. „5P's Model" von Pryor et al. (2007, S. 7) nach den erfolgsbestimmenden Elementen des Modells Purpose/Zweck, Principles/Grundsätze, Processes/Prozesse, People/Menschen und Performance/Leistung.

Nach Ansicht der Autoren fehle es im Zusammenhang mit der Strategieumsetzung an Studien mit praktikablen Lösungen zur Überwindung von Hindernissen, zum Einfluss der Mitarbeiter sowie zu Unterschieden zwischen Branchen, Ländern und Kulturen (Vigfússon et al., 2021, S. 26–27). Einige der identifizierten Erfolgsfaktoren seien dualistisch, sie könnten den Erfolg sowohl begünstigen als auch behindern (Vigfússon et al., 2021, S. 12). Somit könnten Erfolgsfaktoren und Handlungsempfehlungen zur Strategieimplementierung auch aus Erkenntnissen empirischer Studien zu Gründen für das Scheitern von Implementierungen (Cândido & Santos, 2015, S. 238) gewonnen werden. Misserfolgsfaktoren zu erkennen, zu vermeiden und zu beseitigen, erhöhe den Erfolg der Strategieumsetzung (Rudolph, 1996, S. 33). Vigfússon et al. (2021, S. 24) identifizieren in diesem Zusammenhang die in Tabelle 2.35 aufgeführten Hindernisse und Misserfolgsfaktoren einer erfolgreichen Strategieumsetzung.

Tabelle 2.34 Ergebnisse empirischer Studien zu Erfolgsfaktoren der Strategieumsetzung. (Quelle: Eigene Darstellung in Anlehnung an Vigfússon et al., 2021)

Elemente im „5P's Model"	Erfolgsfaktoren der Strategieumsetzung	Empirische Studien
Purpose/ Zweck	Führungsstile, Motivation	Walderseel und Sheather (1996); Crittenden und Crittenden (2008); Brenes et al. (2008); Sorooshian et al. (2010); Håkonsson et al. (2012); Asutay et al. (2013)
	Ziele, Vorgaben	Waterman et al. (1980); Aaltonen und Ikävalko (2002); Sabourin (2015); Tawse et al. (2019)
	Managementstil	Gupta et al. (2012)
	Strategiedefinition	Bourgeois (1980); Nutt (1986); Hambrick und Cannella (1989); Köseoglu et al. (2020)
	Taktik	Nutt (1986)
	Strategien nach Geschäftsbereichen	Govindarajan (1988)
Principles/ Grundsätze	Change-Management mit geeigneten Führungskräften	Brenes et al. (2008); Sorooshian et al. (2010); Asutay et al. (2013)
	Unternehmenskultur	Crittenden und Crittenden (2008)
	Lernen	Okumus (2001); Crittenden und Crittenden (2008)
Processes/ Prozesse	Häufige, regelmäßige Kommunikation	Rapert et al. (2002); Aaltonen und Ikävalko (2002); Crittenden und Crittenden (2008); Alamsjah (2011); Asutay et al. (2013); Köseoglu et al. (2020)
	Zeitrahmen festlegen, Prioritäten setzen	Aaltonen und Ikävalko (2002); Asutay et al. (2013); Tawse et al. (2019); Köseoglu et al. (2020)
	Verfügbarkeit von Ressourcen	Crittenden und Crittenden (2008); Sorooshian et al. (2010); Köseoglu et al. (2020)
People/ Menschen	Gemeinsames Verständnis	Bourgeois (1980); Hambrick und Cannella (1989); Wooldridge und Floyd (1990); Rapert et al. (2002); Aaltonen und Ikävalko (2002); Sabourin (2015); Köseoglu et al. (2020)
Performance/ Leistung	Angleichung, Integration	Waterman et al. (1980); Okumus (2001); Aaltonen und Ikävalko (2002); Crittenden und Crittenden (2008); Håkonsson et al. (2012); Sabourin (2015)
	Monitoring	Crittenden und Crittenden (2008); Köseoglu et al. (2020)
	Verantwortliche für Aufgaben und Maßnahmen	Brenes et al. (2008); Alamsjah (2011); Sabourin (2015)
	Verknüpfung mit Umsetzungsprämien	Aaltonen und Ikävalko (2002); Crittenden und Crittenden (2008)

Tabelle 2.35 Ergebnisse empirischer Studien zu Hindernissen und Misserfolgsfaktoren der Strategieumsetzung. (Quelle: Eigene Darstellung in Anlehnung an Vigfússon et al., 2021)

Elemente im „5P's Model"	Hindernisse einer erfolgreichen Strategieumsetzung	Empirische Studien
Purpose/ Zweck	Unzureichende Führung	Alexander (1985); Beer und Eisenstat (2000); Shah (2005); Hrebiniak und Snow (1982); Čater und Pučko (2010)
	Ziele und Aufgaben nicht definiert	Alexander (1985); Al-Ghamdi (1998); Shah (2005); Hrebiniak und Snow (1982); Mollahoseini und Ahmadkhani (2012); Pella et al. (2014)
	Schlechter Führungsstil, mangelhafte Unterstützung	Wernham (1985); Guth und Macmillan (1986); Shah (2005); Hrebiniak und Snow (1982); Mollahoseini und Ahmadkhani (2012); Pella et al. (2014)
	Unklare Strategie	Beer und Eisenstat (2000); Hrebiniak und Snow (1982); Čater und Pučko (2010); Köseoglu et al. (2018)
	Externe Hindernisse	Alexander (1985); Heide et al. (2002); Mollahoseini und Ahmadkhani (2012)
Principles/ Grundsätze	Unzureichendes Change Management	Wernham (1985); Hrebiniak und Snow (1982); Čater und Pučko (2010); Köseoglu et al. (2018)
	Kulturelle Probleme	Heide et al. (2002); Hrebiniak und Snow (1982); Čater und Pučko (2010); Mollahoseini und Ahmadkhani (2012)
	Fehlende Leitlinien	Hrebiniak und Snow (1982)
Processes/ Prozesse	Schlechte Kommunikation	Beer und Eisenstat (2000); Heide et al. (2002); Čater und Pučko (2010)
	Zeitmangel	Wernham (1985); Alexander (1985); Al-Ghamdi (1998)
	Fehlende Ressourcen	Heide et al. (2002); Čater und Pučko (2010)
	Unerwartete Probleme	Alexander (1985); Al-Ghamdi (1998); Köseoglu et al. (2018)
People/ Menschen	Begrenztes Engagement/Verständnis	Shah (2005); Mollahoseini und Ahmadkhani (2012)
	Unzureichende qualitative und quantitative personelle Kapazitäten	Alexander (1985); Beer und Eisenstat (2000); Heide et al. (2002); Shah (2005); Čater und Pučko (2010)
Perfomance/ Leistung	Unzureichende Anpassung und Koordination	Alexander (1985); Al-Ghamdi (1998); Beer und Eisenstat (2000)
	IT ermöglicht kein Monitoring	Wernham (1985); Alexander (1985); Al-Ghamdi (1998); Shah (2005); Köseoglu et al. (2018)

Manninen und Huiskonen (2022, S. 2–3) untersuchen mit einem qualitativem Ansatz, wie Unternehmen Nachhaltigkeitsstrategien umsetzen und welche Faktoren die Strategieumsetzung beeinflussen. Diese Faktoren betreffen verschiedene Ebenen, wie beispielsweise die Mitarbeiterebene, die organisatorischen Abläufe oder auch externe Aspekte des Unternehmens. Die Untersuchungsergebnisse münden in der Konzeption des in Abbildung 2.7 dargestellten multiperspektivischen, integrierten Managementansatzes, der die Einflussfaktoren der Strategieumsetzung auf den Ebenen Organisation, Mitarbeiter und Markt zusammenfasst. Sie lassen sich wie folgt zusammenfassen: Verankerung strategischer Themen in Organisationsstruktur und täglichen Aufgaben; offene Kultur, Wissensaustausch und Kommunikation auf allen Ebenen; Festlegung messbarer Ziele auf allen Ebenen, verbunden mit einem Anreizsystem; vollkommene Transparenz über die Auswirkungen der strategischen Maßnahmen im Unternehmen; Berücksichtigung unvorhersehbarer Krisen und Veränderungen der Rahmenbedingungen in Form eines strategischen Risikomanagements (Manninen & Huiskonen, 2022, S. 6–9).

Vigfússon et al. (2024, S. 11–14) untersuchen mit dem Ansatz von Manninen und Huiskonen (2022) Erfolgsfaktoren der Strategieumsetzung in der isländischen Fischereiindustrie. Sie betonen das Erfordernis einer umfassenden und integrierten Perspektive bei der Umsetzung einer Strategie (Vigfússon et al., 2024, S. 14) und der Berücksichtigung kritischer Erfolgsfaktoren vor und während der Strategieumsetzung. Wie in Abbildung 2.8 dargestellt, aggregieren die Autoren die im Rahmen ihrer Interviews ermittelten Faktoren zu organisations-

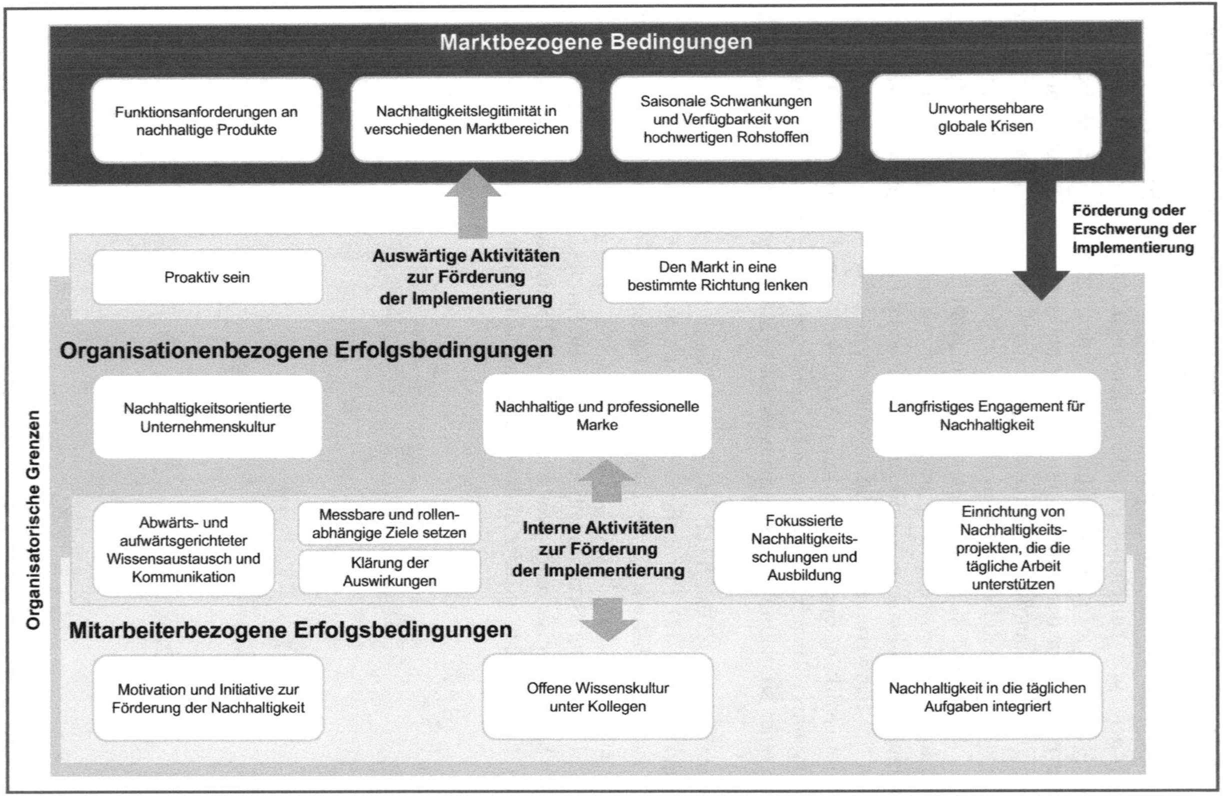

Abbildung 2.7 Erfolgsfaktoren eines integrierten Managementansatzes zur Strategieumsetzung. (Quelle: Eigene Darstellung in Anlehnung an Manninen & Huiskonen, 2022, S. 5)

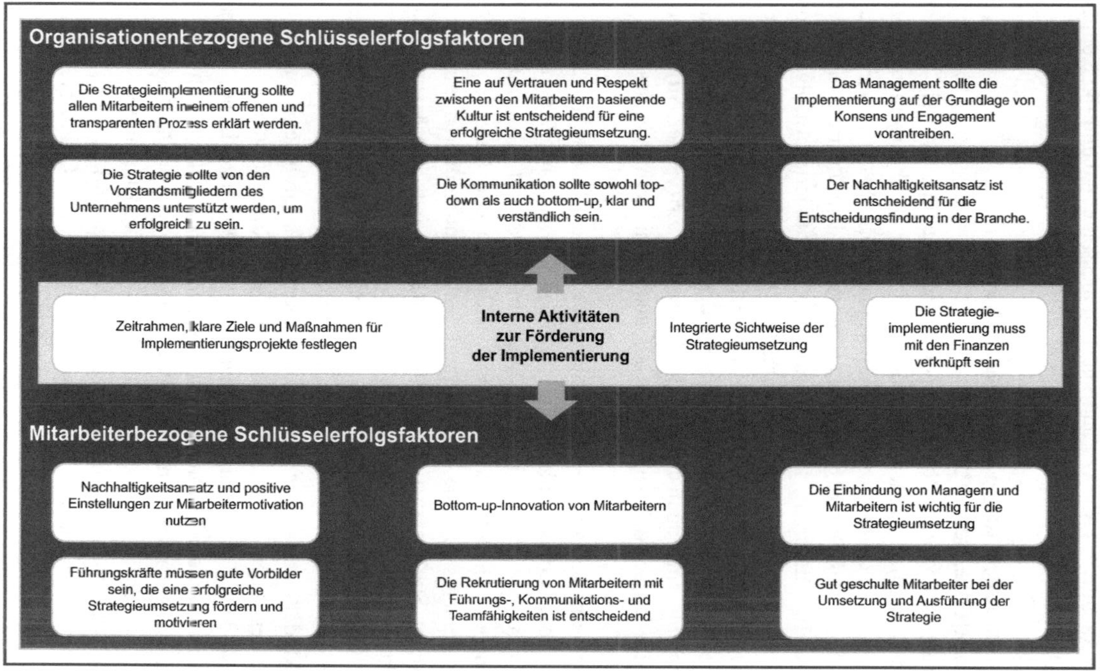

Abbildung 2.8 Beispiel eines integrierten erfolgsfaktorenbasierten, strategischen Managementansatzes. (Quelle: Eigene Darstellung in Anlehnung an Manninen & Huiskonen, 2022, S. 5 und Vigfússon et al., 2024, S. 16)

und mitarbeiterbezogenen Erfolgsfaktoren sowie zu internen Aktivitäten zur Unterstützung, Steuerung und Kontrolle der Umsetzung, um den Fortschritt beispielsweise mit einem BSC-Ansatz kontinuierlich messen und damit die Kontrolle aufrechtzuerhalten zu können (Vigfússon et al., 2024, S. 16–19).

2.2.3.3 Schlussfolgerungen für den eigenen Managementansatz

Zur Beantwortung der zweiten theoretischen Forschungsfrage und als Vorbereitung der Konzeption eines eigenen erfolgsfaktorenbasierten Managementansatzes werden die im Rahmen der Deskription und Evaluation des Stands der Forschung sowie die aus Sicht des Strategischen Managements identifizierten Erfolgsfaktoren konzeptionell strukturiert. Dazu werden die identifizierten Erfolgsfaktoren zunächst thematisch gruppiert, um sie dann für die Berücksichtigung im eigenen Managementansatz zu relevanten kritischen Erfolgsfaktoren des Strategischen Managements zu aggregieren. Einige Elemente der Erfolgsfaktoren des Strategischen Managements sind dualistisch und können den Erfolg der Strategieumsetzung grundsätzlich sowohl begünstigen als auch behindern (Vigfússon et al., 2021, S. 12).

Mit dem Ziel, eine konzeptionelle Fundierung und Bezugsbasis für das eigene Modell zu schaffen, berücksichtigen die folgenden thematischen Aggregationen von Erfolgsfaktoren des Strategischen Managements die in Abschnitt 2.2.3.1 dargestellten theoretischen Grundlagen, Entwicklungen und Modelle des Strategischen Managements und die in Abschnitt 2.2.3.2 aufbereiteten empirischen Ergebnisse anderer Studien zu Erfolgsfaktoren des Strategischen Managements. In den Perspektiven des Modells spiegeln sich zentrale Elemente des Planungsmodells nach Ansoff (1965) in Form strategischer Zielsysteme, strukturierter Projektpläne und als Instrumente zur Steuerung und Kontrolle des Erfolgs wider.

Das „5Ps Model“ von Pryor et al. (2007) kann als Grundlage eines übergeordneten, strategischen Ordnungsrahmens für die Konzeption des multiperspektivischen Modells dienen. Innerhalb der Perspektive „Strategischer Rahmen“ bilden das Leitbild und die Vision den „Purpose“ und die Zielsetzungen der Strategie als strategische Orientierung die „Principles“. „Processes“, „People“ und „Performance“ werden in den Perspektiven „Prozesse und Organisation“ sowie „Menschen und Kultur“ in die Struktur des Modells überführt.

Aus dem Inkrementalmodell von Mintzberg (1978) und Quinn (1978) lässt sich ableiten, dass eine iterative, anpassungsfähige, agile Entscheidungsfindung ein Erfolgsfaktor in strategischen Managementprozessen sein kann, was auch in dem Modell von Doz und Kosonen (2010) zum Ausdruck kommt. Im eigenen Modell werden diese Aspekte in den Erfolgsfaktoren Projektmanagement,

Unternehmensführung und Human Resource Management sowie Veränderungsmanagement aggregiert.

Erfolgsfaktoren im Kunden- und Marktmanagement lassen sich mit dem marktorientierten Ansatz von Porter (1980) unterlegen. Der ressourcenorientierte Ansatz von Barney (1991) und daraus entstandene Weiterentwicklungen wie beispielsweise fähigkeitsorientierte (Grant, 2016, S. 229), wissens- und erfahrungsbasierte (Barkema & Schijven, 2008a, S. 596) und kompetenzbasierte Ansätze (Reisinger et al., 2017, S. 39) finden sich in den Erfolgsfaktoren Ressourcenmanagement und Wissensmanagement wieder. Zudem kommen sie in den Erfahrungen und der Qualifikation der am Projekt Beteiligten zum Ausdruck. Schließlich folgt die Strukturierung der Erfolgsfaktoren auch den Ansätzen situationsadäquater Strategieprozessmodelle (Reisinger et al., 2017, S. 45–46), die im Kontext des Strategischen Managements insbesondere die Unternehmensgröße und Führungskultur berücksichtigen und sich in den aggregierten Erfolgsfaktoren Unternehmensführung und Unternehmenskultur widerspiegeln.

Tabelle 2.36 stellt zusammenfassend die thematischen Gruppierungen für die aggregierten kritischen Erfolgsfaktoren „Strategische Leitplanken und strategisches Leitbild" (z. B. Situationsanalyse; Zielbild; Vorgaben der Eigentümer; Formulierung der Strategie), „Steuerung und Erfolgskontrolle" (z. B. Erfolgsdimensionen steuern und kontrollieren; Risikomanagement; Monitoring; Kontrolle der Performance des Projektteams; Cockpit zur Projektsteuerung), „Kunden- und Marktmanagement" (z. B. Maßnahmen zur Kundenbindung und -kommunikation; Monitoring der Kundenzufriedenheit; Kundenbefragungen) und „Ressourcenmanagement" (z. B. personelle, organisatorische und finanzielle Ressourcen) dar. In chronologischer Reihenfolge werden wissenschaftliche Studien und empirische Untersuchungen aufgelistet, die die vorgenannten aus Sicht des Strategischen Managements identifizierten Erfolgsfaktoren untersuchen.

Tabelle 2.36 Thematische Gruppierung und Aggregierung aus Sicht des Strategischen Managements identifizierter Erfolgsfaktoren; Teil 1 von 3. (Quelle: Eigene Darstellung)

Thematische Gruppierung der aus Sicht des Strategischen Managements identifizierten Erfolgsfaktoren (Teil 1 von 3)	Aggregierte kritische Erfolgsfaktoren
Analyse der eigenen Situation; Formulierung des Zielbildes; Vorgaben und Absichten der Eigentümer; klare Definition und Formulierung der Strategie(n)	**Strategische Leitplanken und strategisches Leitbild**
Wissenschaftliche Studien und empirische Untersuchungen: Bourgeois (1980); Hrebiniak und Snow (1982); Mintzberg und Waters (1985); Nutt (1986); Govindarajan (1988); Beer und Eisenstat (2000); Alamsjah (2011); Čater und Pučko (2010); Köseoglu et al. (2018); Köseoglu et al. (2020); Manninen und Huiskonen (2022); Vigfússon et al. (2024)	
Strategische Ziele und Zielsetzungen der Strategie festlegen	**Strategische Ziele**
Wissenschaftliche Studien und empirische Untersuchungen: Bourgeois (1980); Mintzberg und Waters (1985); Alexander (1985); Wooldridge und Floyd (1990); Atkinson (2006); Lindstädt (2006); Sabourin (2015); F. Bauer et al. (2020); Grünig et al. (2022); Manninen und Huiskonen (2022); Vigfússon et al. (2024)	
Finanzwirtschaftliche, marktstrategische und soziale Erfolgsdimensionen steuern und kontrollieren; strategisches Risikomanagement; IT-gestütztes Monitoring des quantitativ-objektiven und qualitativ-subjektiven Erfolges anhand geeigneter Erfolgs- und Performanceindikatoren; qualitative (Verhaltensnormen) und quantitative Kontrolle (Meilensteine und Kennzahlen) der Performance des Projektteams; Cockpit zur Projektsteuerung einrichten (BSC, OKR)	**Steuerung und Erfolgskontrolle**
Wissenschaftliche Studien und empirische Untersuchungen: Roush und Ball (1980); Waterman et al. (1980); Alexander (1985); Wernham (1985); Pinto und Prescott (1990); Al-Ghamdi (1998); Beer und Eisenstat (2000); Okumus (2001); Aaltonen und Ikävalko (2002); Shah (2005); Atkinson (2006); Crittenden und Crittenden (2008); Håkonsson et al. (2012); Asutay et al. (2013); Sabourin (2015); Tawse et al. (2019); Köseoglu et al. (2018); Köseoglu et al. (2020)	
Maßnahmen zur Kundenbindung und -kommunikation durchführen; Monitoring der Kundenzufriedenheit und der Kundenprobleme; Kundenbefragungen durchführen	**Kunden- und Marktmanagement**
Wissenschaftliche Studien und empirische Untersuchungen: G. Greve (2006); Kreutzer (2015); Gibbons und Marr (2022)	
Quantitative und qualitative personelle, organisatorische und finanzielle Ressourcen zur Verfügung stellen	**Ressourcenmanagement**
Wissenschaftliche Studien und empirische Untersuchungen: Alexander (1985); Wernham (1985); Beer und Eisenstat (2000); Heide et al. (2002); Shah (2005); Crittenden und Crittenden (2008); Čater und Pučko (2010); Sorooshian et al. (2010); Köseoglu et al. (2020)	

Tabelle 2.37 stellt zusammenfassend die thematischen Gruppierungen für die aggregierten kritischen Erfolgsfaktoren „Projektmanagement" (z. B. Projektmanagementkompetenzen; Projektkommunikation; strategische Agilität; Kosten-Nutzen-Effekte; Zeitrahmen mit Prioritäten; Verantwortlichkeiten für Maßnahmen

Tabelle 2.37 Thematische Gruppierung und Aggregierung aus Sicht des Strategischen Managements identifizierter Erfolgsfaktoren; Teil 2 von 3. (Quelle: Eigene Darstellung)

Thematische Gruppierung der aus Sicht des Strategischen Managements identifizierten Erfolgsfaktoren (Teil 2 von 3)	Aggregierte kritische Erfolgsfaktoren
Projektmanagement und Projektmanagementkompetenzen aufbauen; Projektkommunikation sicherstellen; Zwischenziele und Meilensteine formulieren; strategisch agil handeln, mutige, schnelle Entscheidungen treffen; Kosten-Nutzen-Effekte beachten; klarer Zeitrahmen mit Prioritäten; klare Verantwortlichkeiten für Maßnahmen und Aufgaben; effektive und geeignete Projektorganisation; Gruppendynamik und Teaming beobachten und fördern	**Projektmanagement**
Wissenschaftliche Studien und empirische Untersuchungen: Hrebiniak und Snow (1982); Alexander (1985); Pinto und Slevin (1987); Al-Ghamdi (1998); Lord (1993); Tarlatt (2001); Shah (2005); Brenes et al. (2008); Alamsjah (2011); Mollahoseini und Ahmadkhani (2012); R. Müller und Jugdev (2012); Pella et al. (2014); Sabourin (2015)	
Berichts-, Kontroll-, Analyse-, Planungs- und Entscheidungssysteme einrichten; Informations- und Kommunikationsziele festlegen; Kommunikationsrichtlinien, -inhalte, -abläufe, -medien, -instrumente und -träger festlegen; Informations- und Kommunikationsmaßnahmen festlegen; Qualität, Umfang, Frequenz und Effektivität der internen und externen Kommunikation festlegen; effektive, häufige und regelmäßige Kommunikation; Narrative gezielt einsetzen; gemeinsames Verständnis bei allen Beteiligten entwickeln; Absichten und Vorgaben im Zusammenhang mit der Strategie transparent kommunizieren; Reaktionen der Presse verfolgen	**Informations- und Kommunikations-management**
Wissenschaftliche Studien und empirische Untersuchungen: Bourgeois (1980); Hambrick und Cannella (1989); Wooldridge und Floyd (1990); Boyer und McDermott (1999); Beer und Eisenstat (2000); Aaltonen und Ikävalko (2002); Heide et al. (2002); Rapert et al. (2002); Crittenden und Crittenden (2008); Čater und Pučko (2010); Alamsjah (2011); Asutay et al. (2013); Sabourin (2015); Köseoglu et al. (2020); Winkler (2020)	
Unterstützender und motivierender Führungsstil; zielorientierte Führung; Managementsysteme gestalten; geeignete Managementkontrollen durchführen; zeitnahe und zentrale Entscheidungen (Intervention); Mitarbeitende einbinden (Partizipation); Voraussetzungen schaffen, dass Mitarbeiter strategische Veränderungen mittragen; kulturelle Anpassungsfähigkeiten fördern; gesamte Organisation auf Strategie ausrichten	**Unternehmens-führung**
Wissenschaftliche Studien und empirische Untersuchungen: Hrebiniak und Snow (1982); Alexander (1985); Wernham (1985); Guth und Macmillan (1986); Wooldridge und Floyd (1989); Wooldridge und Floyd (1990); Levine (1995); Walderseel und Sheather (1996); Beer und Eisenstat (2000); Brenes et al. (2008); Crittenden und Crittenden (2008); Wooldridge et al. (2008); Čater und Pučko (2010); Sorooshian et al. (2010); Gupta et al. (2012); Mollahoseini und Ahmadkhani (2012); Håkonsson et al. (2012); Asutay et al. (2013); Pella et al. (2014)	

und Aufgaben; Projektorganisation), „Informations- und Kommunikationsmanagement“ (z. B. Berichts-, Kontroll-, Analyse-, Planungs- und Entscheidungssysteme; Informations- und Kommunikationsziele; Kommunikationsrichtlinien, -inhalte, -abläufe, -medien, -instrumente und -träger; Informations- und Kommunikationsmaßnahmen; interne und externe Kommunikation) und „Unternehmensführung“ (z. B. Führungsstil; zielorientierte Führung; Managementsysteme und -kontrollen; Intervention und Partizipation; kulturelle Anpassungsfähigkeiten; strategieorientierte Organisation) dar. In chronologischer Reihenfolge werden wissenschaftliche Studien und empirischen Untersuchungen aufgelistet, die die vorgenannten aus Sicht des Strategischen Managements identifizierten Erfolgsfaktoren untersuchen.

Tabelle 2.38 stellt zusammenfassend die thematischen Gruppierungen für die aggregierten kritischen Erfolgsfaktoren „Human Resource Management“ (z. B. Trainings und Schulungen; Qualifikation; Personalbedarf; Anreizsysteme; Arbeitsbedingungen; Vertrauen und Emotionen), „Veränderungsmanagement“ (z. B. Kompetenzen für Veränderungsmanagement; Akzeptanz der Mitarbeitenden; Verhalten des Schlüsselpersonals), „Unternehmenskultur“ (z. B. Wechselwirkungen zwischen Unternehmenskultur und Führung, Strategie, Organisation, Veränderungsprozessen) und „Wissensmanagement“ (z. B. Ressource Wissen; Lernen; Kompetenzen; Lerneffekte und Erfahrungen) dar. In chronologischer Reihenfolge werden wissenschaftliche Studien und empirische Untersuchungen aufgelistet, die die vorgenannten aus Sicht des Strategischen Managements identifizierten Erfolgsfaktoren untersuchen.

Tabelle 2.38 Thematische Gruppierung und Aggregierung aus Sicht des Strategischen Managements identifizierter Erfolgsfaktoren; Teil 3 von 3. (Quelle: Eigene Darstellung)

Thematische Gruppierung der aus Sicht des Strategischen Managements identifizierten Erfolgsfaktoren (Teil 3 von 3)	Aggregierte kritische Erfolgsfaktoren
Trainings und Schulungen durchführen; Mitarbeitende qualifizieren; Personalbedarf feststellen, beschaffen, auswählen, einsetzen; Anreizsysteme mit Umsetzungsfortschritt verbinden; Arbeitsbedingungen und -beziehungen beachten; soziokulturelle und psychologische Faktoren beachten, wie z. B. Vertrauen der Mitarbeitenden, Rolle von Emotionen, Offenheit und Ehrlichkeit	**Human Resource Management**
Wissenschaftliche Studien und empirische Untersuchungen: Bourgeois (1980); Hambrick und Cannella (1989); Wooldridge und Floyd (1990); Welge et al. (1996); Rapert et al. (2002); Aaltonen und Ikävalko (2002); Shah (2005); Crittenden und Crittenden (2008); Mollahoseini und Ahmadkhani (2012); Sabourin (2015); Vuori et al. (2018); Köseoglu et al. (2020)	
Kompetenzen für Veränderungsmanagement auf- und ausbauen; Leitung Change-Management geeigneten Führungskräften zuweisen; Veränderungsprozesse strukturieren und konsequent handeln; Reibungspunkte und Widerstände aufzeigen, geeignete Lösungen koordinieren; Akzeptanz der Mitarbeitenden kontinuierlich prüfen; Fluktuationsraten, Abwesenheits- und Krankenquoten beachten; Verhalten des Schlüsselpersonals beobachten; Zufriedenheit und Engagement der Mitarbeitenden beobachten; Veränderungsbereitschaft der Mitarbeitenden fördern; Klima regelmäßig messen; Wahrnehmung der Veränderungsprozesse durch Mitarbeitende beobachten; berufliche Identifikation der Mitarbeitenden beobachten	**Veränderungsmanagement**
Wissenschaftliche Studien und empirische Untersuchungen: Hrebiniak und Snow (1982); Wernham (1985); Brenes et al. (2008); Čater und Pučko (2010); Sorooshian et al. (2010); Mollahoseini und Ahmadkhani (2012); Asutay et al. (2013); Goffin (2020)	
Wechselwirkungen zwischen Unternehmenskultur und Führung, Strategie, Organisation und Veränderungsprozessen beachten; Maßnahmen zur Verbesserung der Unternehmenskultur einleiten	**Unternehmenskultur**
Wissenschaftliche Studien und empirische Untersuchungen: Hrebiniak und Snow (1982); Krohmer (1999); Heide et al. (2002); Crittenden und Crittenden (2008); Čater und Pučko (2010); Mollahoseini und Ahmadkhani (2012)	
Ressource Wissen identifizieren; vorhandenes Wissen sammeln, bündeln, dokumentieren, nutzen, teilen; organisationales und organisatorisches Lernen; allgemeine Kompetenzen; Lerneffekte und Erfahrungen identifizieren und nutzen	**Wissensmanagement**
Wissenschaftliche Studien und empirische Untersuchungen: Fidler und Johnson (1984); Wernham (1985); Okumus (2001); Crittenden und Crittenden (2008)	

Zusammenfassend sollen aus Sicht des Strategischen Managements die folgenden kritischen Erfolgsfaktoren bei der Konzeption des eigenen Managementansatzes Berücksichtigung finden: strategische Leitplanken und strategisches Leitbild, Steuerung und Erfolgskontrolle, Kunden- und Marktmanagement, Ressourcenmanagement, Projektmanagement, Informations- und Kommunikationsmanagement, Unternehmensführung, Human Resource Management, Veränderungsmanagement, Unternehmenskultur, Wissensmanagement.

2.2.4 Identifikation von Erfolgsfaktoren aus Sicht des PMI-Managements

2.2.4.1 Theoretische Ansätze des PMI-Managements

Für diese Dissertation wird die folgende Definition für das M&A-Management verwendet, bei der die strategische Ausrichtung und die operative Umsetzung im Mittelpunkt stehen:

> „Das M&A-Management umfasst den Prozess und das Ergebnis des [...] Zusammenschlusses von Unternehmen [...] und deren anschließender Integration [...]. Damit verbunden ist die Übertragung der Leitungs-, Kontroll- und Verfügungsbefugnisse" (Wirtz, 2017, S. 11).

Als theoretische Erklärungsansätze für M&A nennt Wirtz (2017, S. 24; 32; 51) die Ansätze der neuen Institutionenökonomik mit dem Transaktionskostenansatz (Schreyögg & Koch, 2020, S. 63; Wirtz, 2017, S. 24–26) und dem Prinzipal-Agent-Ansatz, die Ansätze der Strategieforschung mit markt- und ressourcenorientierten Ansätzen sowie Erklärungsansätze der Portfoliotheorie. Die für diese Dissertation relevanten markt- und ressourcenorientierten Ansätze der Strategieforschung versuchen, die Ursachen der Erfolgsunterschiede zwischen Unternehmen zu erklären und spezifische Erfolgsfaktoren zu identifizieren (Wirtz, 2017, S. 35).

Grundsätzlich betrachtet sind M&A-Aktivitäten eine „Form der strategischen Unternehmensentwicklung" (Wirtz, 2017, S. 61), Unterscheidungskriterien sind die strategische Ausrichtung, Ziele und Motive (Wirtz, 2017, S. 17), die zusammenfassend in Abbildung 2.9 dargestellt werden. Ähnlichkeiten bzw. Unterschiedlichkeiten der beteiligten Unternehmen sind eine wichtige Bestimmungsgröße für „Bedarf und Ausmaß notwendiger Aktivitäten für eine erfolgreiche Integration" (Wirtz, 2017, S. 17) und damit auch für Risikoschwerpunkte und Erfolgsaussichten der PMI (Gerds & Schewe, 2014, S. 97).

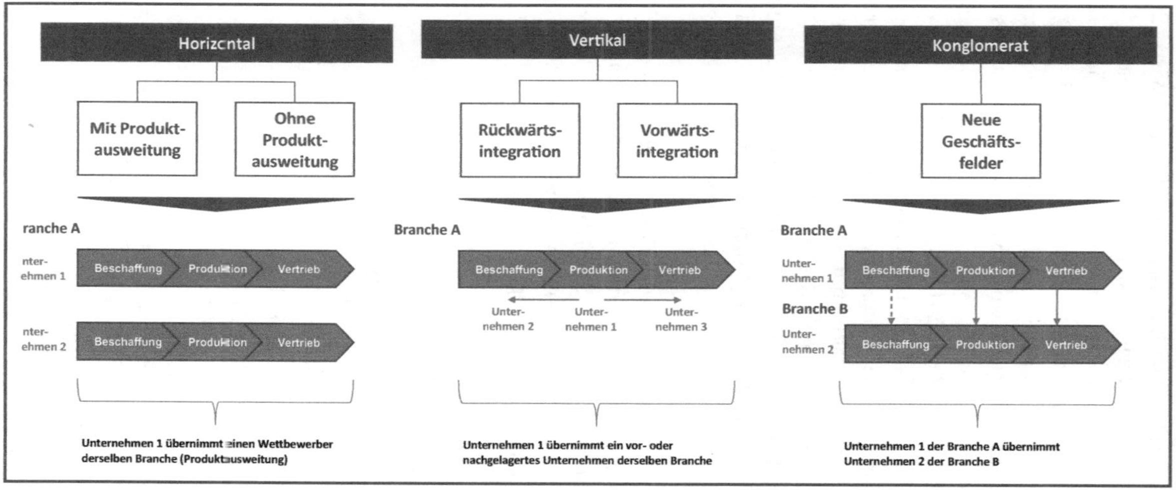

Abbildung 2.9 Strategische Ausrichtung, Ziele und Motive von Unternehmenszusammenschlüssen. (Quelle: Eigene Darstellung in Anlehnung an Wirtz, 2017, S. 19)

Globale Rahmenbedingungen haben erheblichen Einfluss auf M&A-Aktivitäten und strategische Unternehmensentscheidungen (Wirtz, 2017, S. 82–83). Grundlagen der dazugehörigen Untersuchungsansätze gehen auf Farmer und Richman (1964) zurück, die die sog. Makroumwelt (Wirtz, 2017, S. 83) oder die globale Umwelt (Schreyögg & Koch, 2020, S. 161–162) zunächst in „ökonomische, soziokulturelle, politisch-rechtliche und technologische Faktoren" unterteilen (Wirtz, 2017, S. 83). Später wird „Natur und Umwelt" als fünfter Faktor ergänzt (Camphausen, 2007, S. 33; Wirtz, 2017, S. 83–84). Dem gegenüber betrifft die sog. Mikroumwelt (Wirtz, 2017, S. 89) oder die Wettbewerbsumwelt (Schreyögg & Koch, 2020, S. 170–173) das Verhalten der Anspruchsgruppen des Unternehmens, wie beispielsweise Kunden, Vertriebspartner, Lieferanten, Wettbewerber und Eigentümer. Die Makroumwelt ist „in den letzten Jahrzehnten zunehmend unsicherer, komplexer und dynamischer geworden" (Wirtz, 2017, S. 88), wobei Unternehmen und Branchen in ihrer Entwicklung unterschiedlich stark betroffen sind (Wirtz, 2017, S. 93). Akquisitionen und Übernahmen haben sich als generelles Mittel bewährt, diesen Veränderungen zu begegnen (Wirtz, 2017, S. 93).

Der Ablauf des M&A-Managements wird in der Literatur unterschiedlich dargestellt, wobei die phasenbezogene Gliederung eine Gemeinsamkeit ist (Wirtz, 2017, S. 116). Der von Wirtz (2017, S. 117) erarbeitete idealtypische Prozess mit den Hauptphasen Akquisitionsmanagement, PMI-Management und Demerger-Management wird in Abbildung 2.10 dargestellt.

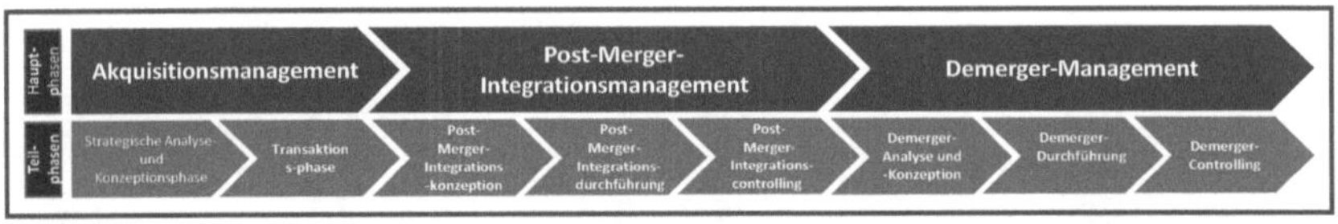

Abbildung 2.10 Idealtypischer Prozess des M&A-Managements. (Quelle: Eigene Darstellung in Anlehnung an Wirtz, 2017, S. 117)

Übergeordnete Aufgabe der PMI ist es, „Akquisitionsziele und somit die wirtschaftliche Wertschöpfung" des betreffenden M&A-Projekts zu realisieren (Meynerts-Stiller & Rohloff, 2017, S. 299). In der Literatur finden sich viele unterschiedliche Definitionen des Begriffs der PMI (Bauch, 2004, S. 43–44; Wirtz, 2017, S. 282–283). Aus Sicht von Lohre (2010, S. 18) lässt sich das PMI-Management „als ganzheitlicher und zielgerichteter Einsatz, sowie als Steuerung von Unternehmensressourcen zur Zusammenführung und Verschmelzung von Strukturen, Kulturen, Ressourcen und Systemen“ verstehen. Grundlage der Ausführungen dieser Dissertation ist folgende Definition:

> Unter PMI-Management wird „die Zusammenführung von [...] Unternehmen mit der Zielsetzung verstanden, die Markt- und Wettbewerbsposition zu verbessern. Die Zusammenführung umfasst dabei [...] den Ressourcentransfer und erfolgt durch die Prozesse [...], die sich auf organisations-, informations-, und marktorientierte Aspekte erstrecken“ (Wirtz, 2017, S. 284).

Das PMI-Management wird in konzeptionelle, umsetzungsorientierte und auf die Steuerung und Kontrolle des Erfolgs gerichtete Teilphasen eingeteilt (Wirtz, 2017, S. 120–122). Konzeption, Durchführung und Controlling werden in Abbildung 2.11 als Elemente der Teilphasen dargestellt. Gründe für das Scheitern oder das Gelingen eines M&A-Projekts werden häufig in der Konzeption der PMI verortet (Meynerts-Stiller & Rohloff, 2017, S. 301). Wichtige Elemente der PMI-Konzeption sind die Planung und Koordination der strategischen, strukturellen, personellen und kulturellen Maßnahmen (Vogel, 2002, S. 254).

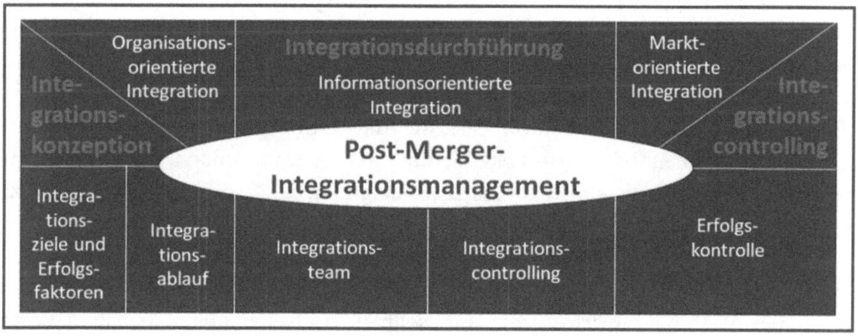

Abbildung 2.11 Teilphasen und Elemente des PMI-Managements. (Quelle: Eigene Darstellung in Anlehnung an Wirtz, 2017, S. 285)

Wie in Abbildung 2.12 dargestellt, nennt Wirtz (2017, S. 287) als weitere Elemente der PMI-Konzeption die Festlegung des Integrationsgrads und der Integrationsgeschwindigkeit sowie das Projektmanagement und das Integrationsteam.

Nach Meinung von Grimpe (2005b, S. 3) bietet ein hoher Integrationsgrad „größere Möglichkeiten zur Ausschöpfung von Wertsteigerungspotenzialen“, während „ein geringerer Integrations- und damit höherer Anatomiegrad ein verringertes Konfliktpotenzial“ mit sich bringe, „das sich in höherem Engagement

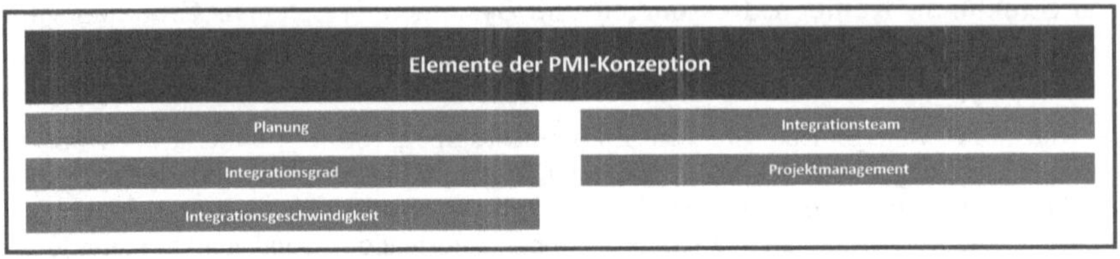

Abbildung 2.12 Elemente der PMI-Konzeption. (Quelle: Eigene Darstellung in Anlehnung an Wirtz, 2017, S. 287)

und Kreativität niederschlagen kann" (Grimpe, 2005b, S. 3). Die Geschwindigkeit der Integration definiert Gerpott (1993, S. 161) zum einen durch den Zeitpunkt des Beginns der Integrationsmaßnahmen und zum anderen durch die Dauer des Integrationsprozesses (Wirtz, 2017, S. 299).

Zur Integrationsgeschwindigkeit werden zwei idealtypische Vorgehensweisen und Begrifflichkeiten unterschieden: das schnelle, sog. „revolutionäre" Vorgehen und die langsame, sog. „evolutionäre" Integration (Wirtz, 2017, S. 300). Uzelac et al. (2016, S. 2436) und Birkinshaw et al. (2000, S. 395) vermuten, dass sich eine schnelle Integration von Mitarbeitern positiv auswirke, während eine schnelle Integration von Aufgaben einen negativen Effekt habe (Uzelac et al., 2016, S. 2450). Thomas und Louisgrand (2022, S. 906) heben als Ergebnis ihrer Untersuchungen hervor, dass die Integrationsgeschwindigkeit ein von den Mitarbeitern individuell unterschiedlich wahrgenommener Faktor innerhalb des PMI-Managements sei (Thomas & Louisgrand, 2022, S. 912). Picot (2012, S. 686) führt aus, dass mit einer hohen Geschwindigkeit Erwartungen an den schnellen Aufbau von Führungs- und Kommunikationsstrukturen, an den Abbau von Unsicherheiten und an schnelle Erfolge geknüpft würden. Es sei im Rahmen einer PMI häufig erfolgsrelevant, schnelle Entscheidungen beispielsweise in Bezug auf ein neues Management oder eine neuen Gehaltsstruktur zu treffen (Picot, 2012, S. 686), was im Rahmen der PMI Unsicherheiten unter den Mitarbeitern vermeide (Vogel, 2002, S. 250). Dem ständen die Gefahren gegenüber, vorschnell und kurzfristig Fehlentscheidungen zu treffen (Schewe & Gerds, 2001, S. 88) sowie zu hohe Anforderungen an die Anpassungs- und Lernfähigkeiten der Mitarbeiter zu stellen (Schewe & Gerds, 2001, S. 87–88; Vogel, 2002, S. 250). Eine situations- und unternehmensspezifische Kombination aus einer schnellen und langsamen Vorgehensweise erscheint zweckmäßig (Wirtz, 2017, S. 301).

Zur Lenkung des PMI-Managements ist der Projektmanagementansatz mit einem eigenständigen Integrationsteam unter Nutzung des verfügbaren Instrumentariums gängige Praxis für die Planung, Steuerung und Kontrolle der PMI (Meynerts-Stiller & Rohloff, 2022, S. 49; Staehle, 2014, S. 764; Wirtz, 2017, S. 305). Generelle Aufgabe des Projektmanagements ist es, den am Projekt Beteiligten Absehbarkeit zu ermöglichen, einen Rahmen zu setzen und Strukturen zu schaffen, um innerhalb der unsicheren Situation der PMI deren Handlungsfähigkeit zu sichern (Meynerts-Stiller & Rohloff, 2022, S. 49). Während ältere Literatur zum Projektmanagement institutionelle, funktionale und instrumentale Dimensionen des Projektmanagements unterscheiden (Kuster et al., 2011, S. 10; Wirtz, 2017, S. 305), strukturieren neue Ansätze die Dimensionen des Projektmanagements als Kompetenzbereiche (Kuster et al., 2019, S. 14–15). Daraus resultiert die Empfehlung, das PM-Integrationsteam mit Mitarbeitern zu besetzen, die über weitreichende Kenntnisse der Rahmenbedingungen in beiden beteiligten Unternehmen sowie über adäquate persönliche und soziale Kompetenzen verfügen (Meynerts-Stiller & Rohloff, 2017, S. 312; Wirtz, 2017, S. 305). Externe Berater und Spezialisten könnten zeitweise das Projektteam ergänzen (McCarthy & Noseleit, 2022, S. 1846) und zudem ggf. bei Meinungsverschiedenheiten schlichten (Wirtz, 2017, S. 306). Die Projektleitung soll an die obersten Führungsebenen der Unternehmen berichten (Wirtz, 2017, S. 307), was schnelle Entscheidungen begünstigt (Bartels & Cosack, 2012, S. 544). Zum Instrumentarium des Projektmanagements (Kuster et al., 2019, S. 15) gehören sowohl ein Masterplan mit den vereinbarten Zielen, geplanten Maßnahmen und Meilensteinen (Bartels & Cosack, 2012, S. 552), als auch ein geeignetes Projektcontrolling, um den Projektfortschritt jederzeit im Blick zu haben sowie um frühzeitig Planabweichungen zu erkennen und Gegenmaßnahmen zu ergreifen (Wirtz, 2017, S. 308).

Die PMI-Durchführung gliedert Wirtz (2017, S. 309), wie in Abbildung 2.13 dargestellt, „nach organisations-, informations- und marktorientierten Gesichtspunkten". Barnikel (2006, S. 18) unterscheidet in diesem Zusammenhang in Anlehnung an Gerpott (1993, S. 115) interne und externe Gestaltungsebenen, die zeitlich parallel verlaufen und sich gegenseitig beeinflussen (Barnikel, 2006, S. 18). Die nach innen gerichtete organisatorische Integration umfasst die Veränderungen der Aufbau- und Ablauforganisation, die Harmonisierung der Unternehmenskultur sowie das Personalmanagement (Wirtz, 2017, S. 122; 309–310). Das Informationsmanagement befasst sich mit den technischen Informationssystemen, mit der Informations- und Kommunikationspolitik im Rahmen der PMI sowie mit dem Wissensmanagement (Wirtz, 2017, S. 122; 349). Die marktorientierte Integration umfasst das Marken- und Kundenmanagement (Wirtz, 2017, S. 380).

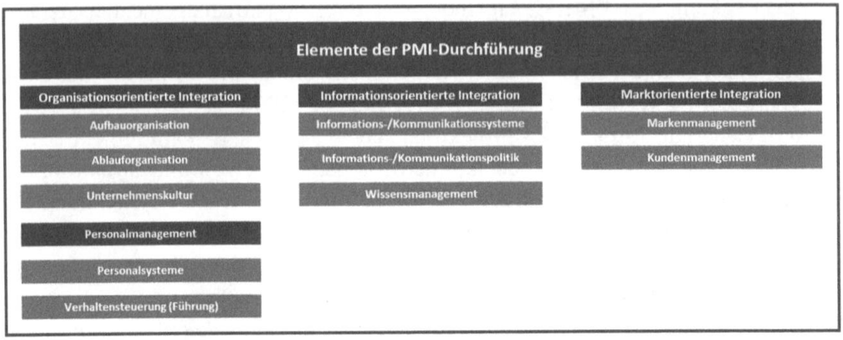

Abbildung 2.13 Elemente der PMI-Durchführung. (Quelle: Eigene Darstellung in Anlehnung an Wirtz, 2017, S. 309)

Der Integrationsgrad ist wesentlicher Einflussfaktor der Änderungen der Aufbau- und Ablauforganisation (Wirtz, 2017, S. 316). Je höher der angestrebte Integrationsgrad, desto komplexer und schwieriger gestalten sich Veränderungen, und mit deren Zunahme wächst auch die Gefahr eines Scheiterns der PMI (Wirtz, 2017, S. 316–317). Änderungen der Aufbauorganisation erfordern je nach gewähltem Integrationsgrad in der Folge auch eine Anpassung der Prozesse beider Unternehmen (Wirtz, 2017, S. 319). Die Komplexität der Prozesse ist ein wesentlicher Einflussfaktor für die Integrationsdauer und das Integrationsrisiko (Claassen et al., 2019, S. 677; Lindstädt & Wolff, 2007, S. 338). Entscheidungen über die Organisationsausrichtung werden situationsbezogen gefällt (Wirtz, 2017, S. 320). Sie haben großes Potenzial, Synergieeffekte zu realisieren (Wirtz, 2017, S. 317). Lindstädt und Wolff (2007, S. 340) empfehlen, die grundlegenden Entscheidungen über die Zielorganisation bereits vor dem eigentlichen Zusammenschluss der Unternehmen zu treffen. Eine Erweiterung der allgemeinen Due Diligence um eine „Organizational Due Diligence" (Lindstädt & Wolff, 2007, S. 340) sei in diesem Zusammenhang zweckmäßig.

Das kulturorientierte Integrationsmanagement befasst sich mit der Erfassung unterschiedlicher Unternehmenskulturen sowie mit gestaltenden Maßnahmen, um die angestrebte Ausprägung der Unternehmenskultur zu erreichen (Wirtz, 2017, S. 327–328). Kulturelle Aspekte sind wichtige Faktoren im gesamten PMI-Management, wobei die Unternehmenskultur „durch kommunikations- und personalpolitische sowie organisatorische Maßnahmen beeinflusst werden" kann (Wirtz, 2017, S. 331). Die Unternehmenskultur weist bei ganzheitlicher Sichtweise zahlreiche Schnittmengen mit anderen Elementen der PMI-Durchführung auf, wie dem Personalmanagement, dem Wissensmanagement und der Unternehmenskommunikation (Stafflage, 2005, S. 6). Die angemessene Einbeziehung der Bedeutung kultureller Unterschiede in das PMI-Management hat das Potenzial, den PMI-Erfolg zu erhöhen (Y. Weber, Tarba & Reichel, 2011, S. 16), insbesondere bei grenzüberschreitenden M&A-Projekten (Teerikangas & Irrmann, 2016, S. 196). Alle Integrationsaktivitäten können die Unternehmenskultur beeinflussen (Teerikangas & Irrmann, 2016, S. 221–222). Gestaltungsmaßnahmen zur Beeinflussung der Unternehmenskultur im Rahmen des PMI-Managements sind wechselseitig voneinander abhängig und im gesamten PMI-Prozess zu berücksichtigen (Wirtz, 2017, S. 330–331). Die Basis der kommunikationspolitischen Maßnahmen zur Beeinflussung der Unternehmenskultur seien laut Wirtz (2017, S. 331) die „Vision, Mission und Unternehmensphilosophie des fusionierten Unternehmens“.

Das integrationsspezifische Personalmanagement kann die Einrichtung einer Projektgruppe mit dem Schwerpunkt „Personal“ notwendig machen (Wirtz, 2017, S. 342), wobei diese Aufgabe mit vorbildlichen, erfahrenen und systematisch sowie konsequent agierenden Führungskräften besetzt werden soll (Gerds & Schewe, 2014, S. 34; Wirtz, 2017, S. 342–343). Hauptaufgabe des Personalmanagements im Rahmen des PMI-Managements ist es, „die personellen Voraussetzungen zu schaffen, dass die Mitarbeiter den Zusammenschluss mittragen“ (Wirtz, 2017, S. 348).

Im Rahmen der informationsorientierten Integration geht es zunächst um die zumeist komplexe operative Integration und Zusammenführung der Informationssysteme (Wirtz, 2017, S. 355). K. Lee et al. (2022, S. 2262) sprechen in diesem Zusammenhang von der IT-Distanz, die die Unterschiede zwischen den IT-Systemen von Erwerber- und Zielunternehmen vor der Übernahme erfasse und die mit der Integration der unterschiedlichen Systeme verbundenen Kosten widerspiegele. An die Entscheidung über die generelle Integrationsstrategie schließt sich die Analyse der Alternativen zur Architektur der Informationstechnologie und der operativen Möglichkeiten der Umsetzung an (Schaaf, 2016, S. 511; Wirtz, 2017, S. 355). Das Ergebnis der Zusammenführung ist „eine vereinheitlichte Software und Hardwarestruktur in einem gemeinsamen Kommunikationsnetzwerk“ (Wirtz, 2017, S. 355).

Im Rahmen der Kommunikation geht es um die steuernde Funktion aller relevanten Informationen für die Mitarbeiter und um die Kommunikationsstrategie gegenüber dem sozioökonomischen Umfeld sowie allen relevanten Anspruchsgruppen der beteiligten Unternehmen (Wirtz, 2017, S. 365). Die Ziele der internen Kommunikation sind, den Mitarbeitern Sinn und Zweck des Integrationsmanagements zu erklären, Probleme, Widerstände und Konflikte zu beseitigen, einen Beitrag zur Harmonisierung der Kulturen zu leisten sowie Unsicherheiten und Gerüchte zu vermeiden (Wirtz, 2017, S. 365). Homburg et al. (2000, S. 19) haben die Informationen, die im Rahmen des PMI-Managements für die Mitarbeiter bereitzustellen sind, in dem in Abbildung 2.14 dargestellten Kommunikationsprozess zusammengefasst, dessen Basis eine offene Informationspolitik ist.

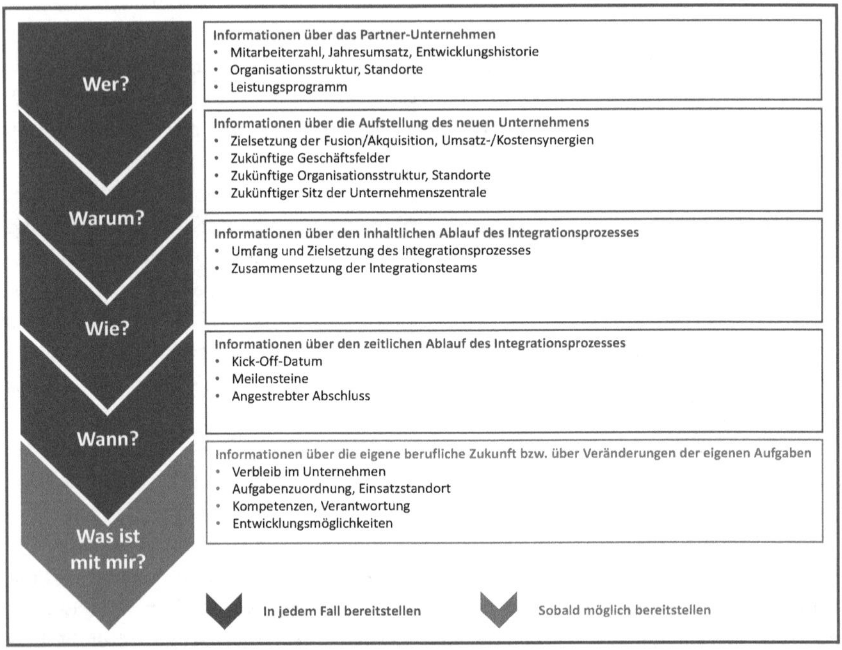

Abbildung 2.14 Informationsbedürfnisse der Mitarbeiter im PMI-Management. (Quelle: Eigene Darstellung in Anlehnung an Homburg et al., 2000, S. 19)

Gerpott und Neubauer (2016, S. 8) erwähnen in diesem Zusammenhang das sog. „Fusionssyndrom“ (Marks & Mirvis, 2011, S. 164) als mögliche Folge einer Übernahme, welches die Gefühle der arbeitsplatzbezogenen Ungewissheit und Unsicherheit bei den Mitarbeitern beschreibt. Auch gegenüber Aufsichtsgremien und Eigentümern der Unternehmen muss das Management ein situativ angemessenes Maß an Informationen finden und gleichzeitig den souveränen Umgang mit allen auftretenden Schwierigkeiten im Integrationsmanagement deutlich machen

(Wirtz, 2017, S. 365). Schließlich geht es bei der informationsorientierten Integration um Wissensmanagement (Annosi et al., 2021, S. 131; Arzubiaga et al., 2022, S. 269; Durst et al., 2023, S. 25) und Wissenstransfer (Birkinshaw et al., 2010, S. 22; Bresman et al., 1999, S. 439; Yahiaoui et al., 2016, S. 2415). Schwerpunkte des Wissensmanagements, dessen Rolle in der PMI nach Ansicht von Yahiaoui et al. (2016, S. 2415) unzureichend erforscht ist, bilden im PMI-Management die Dokumentation und der Austausch von Wissen (Wirtz, 2017, S. 276). Als Handlungsrahmen eignet sich der von Probst et al. (2012, S. 30–32) entwickelte fünfstufige, auf die Erreichung der wissensbasierten Ziele des PMI-Managements ausgerichtete Wissensmanagement-Prozess mit den Schritten der Identifikation, der Sammlung und Bündelung, der analytischen Strukturierung, Bewertung, Selektion und Dokumentation, der zur Verfügungsstellung und des Austausches bzw. Teilens sowie der Nutzung, Kontrolle und Sicherung von Wissen.

Die marktorientierte Integration umfasst das Marken- und das Kundenmanagement, welches in empirischen Untersuchungen zum PMI-Management keinen hohen Stellenwert hat (Gomes et al., 2020, S. 188–189; Homburg & Bucerius, 2005, S. 95; Umashankar et al., 2022, S. 83; Wirtz, 2017, S. 380). Das Markenmanagement verlangt ein genaues strategisches Vorgehen auf Basis der Ergebnisse detaillierter Analysen der gegenwärtigen und geplanten zukünftigen Situation (Anh Vũ et al., 2009, S. 37; Wirtz, 2017, S. 396). Zentraler Faktor ist die Vermeidung der Verunsicherung der Kunden und Marktpartner der beteiligten Unternehmen (Homburg et al., 2000, S. 9–10), weshalb die Kundenansprache frühzeitig organisiert und umgesetzt werden muss (Wirtz, 2017, S. 403).

Grün (2010, S. 83) stellt in dem in Abbildung 2.15 dargestellten Beziehungsmodell die Einflüsse der kundenbeziehungsbezogenen Integrationsgestaltung auf den Integrationserfolg und den Unternehmenserfolg dar. Die Kategorie Integrationsgestaltung verdeutlicht die Zusammenhänge der beziehungsgestaltenden Variablen „Kunden- und Mitarbeitereinbindung“, „Kundenkommunikation“ und „Konfliktmanagement“.

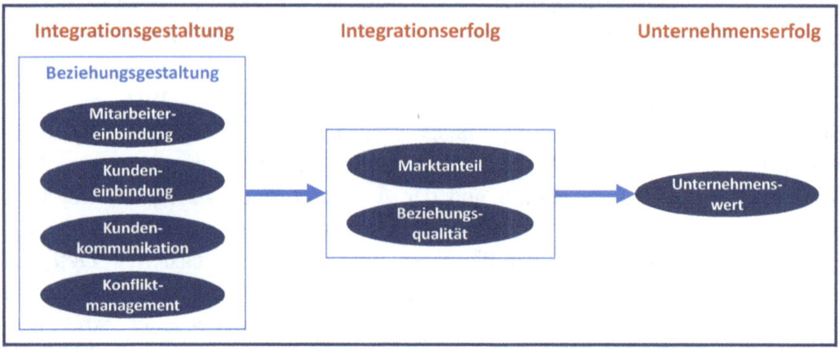

Abbildung 2.15 Beziehungsmodell des Kundenmanagements der PMI. (Quelle: Eigene Darstellung in Anlehnung an Grün, 2010, S. 83)

Homburg et al. (2000, S. 12) schlagen als wesentlichen Teilprozess des PMI-Managements den in Abbildung 2.16 dargestellten Kundenbindungsprozess vor. Zielsetzung der Ablaufschritte ist die Erhaltung oder Verbesserung der Kundenbindung. Wichtig sei, den direkten Zusammenhang zwischen verunsicherten Mitarbeitern und der Verunsicherung von Kunden nicht zu vernachlässigen (Homburg et al., 2000, S. 19). Folglich kommt der Information der Mitarbeiter auch im Rahmen des kundenorientierten Integrationsprozesses eine große Bedeutung zu. Die Kommunikation mit Kunden (Homburg et al., 2000, S. 20) kann aktiv, beispielsweise durch Außendienstmitarbeiter, oder reaktiv, beispielsweise durch Beantwortung gezielt gestellter Kundenanfragen, erfolgen (Homburg et al., 2000, S. 21).

Die Aufgabenelemente des in Abbildung 2.19 dargestellten PMI-Controllings sind die fortlaufende Kontrolle und Steuerung des PMI-Prozesses (Wirtz, 2017, S. 407) anhand von Budget- und Zeitplänen sowie qualitativen Erfolgsmaßstäben (Wirtz, 2017, S. 414).

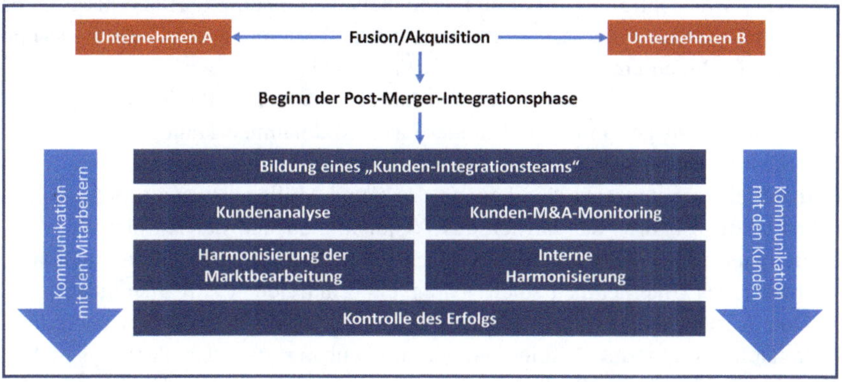

Abbildung 2.16 Kundenorientierter Integrationsprozess. (Quelle: Eigene Darstellung in Anlehnung an Homburg et al., 2000, S. 12)

Abbildung 2.17 Elemente des PMI-Controllings. (Quelle: Eigene Darstellung in Anlehnung an Wirtz, 2017, S. 407–408; 413)

Ein professionelles Controlling ist ein kritischer Erfolgsfaktor des PMI-Managements (Wirtz, 2017, S. 407) und stellt das Management der beteiligten Unternehmen vor große Herausforderungen (J. Weber & Roventa, 2006, S. 281). Ansätze und Instrumente des PMI-Controllings konzentrieren sich auf die quantitative Kontrolle der Einhaltung gesetzter Ziele, Budgets und Zeitpläne des PMI-Prozesses anhand geeigneter Kennzahlen (Wirtz, 2017, S. 410) sowie auf die qualitative Kontrolle der Performance des Projektteams (Wirtz, 2017, S. 410). Idealerweise wird das PMI-Controlling mit einem regelmäßigen Berichtswesen verbunden (Bühler & Bindl, 2012, S. 200), so dass bei Abweichungen rechtzeitig strategische Ansätze zur Verbesserung des PMI-Managementprozesses entwickelt werden können (Wirtz, 2017, S. 408). Eine weitere wichtige Funktion des PMI-Controllings ist die qualitative Steuerung und Kontrolle des sog. Integrationsklimas (Wirtz, 2017, S. 411–412). In diesem Zusammenhang ist das

Ziel des PMI-Controllings, kulturell und personell bedingte Hindernisse eines erfolgreichen PMI-Prozesses frühzeitig zu identifizieren und gezielt wirksame Gegenmaßnahmen einzuleiten (Wirtz, 2017, S. 411).

Eine kritische Reflexion der Wirkungen der im Rahmen des PMI-Managements ausgewählten und umgesetzten Maßnahmen kann schrittweise zu Lerneffekten und einem Aufbau von Kompetenzen führen, die bei zukünftigen PMI-Projekten genutzt werden können. Voss und Müller-Stewens (2006a, S. 23) halten dazu fest, dass das Lernen aus Akquisitionen und der Aufbau von diesbezüglichen Kompetenzen komplexer sei, als dies die Lernforschung annehme, weshalb jedes Unternehmen solche Fähigkeiten individuell aufbauen müsse.

Den Ansätzen und Methoden der PMI-Erfolgskontrolle stehen widersprüchliche Definitionen des Erfolgs im Zusammenhang mit der PMI gegenüber, die von Pfeifle (2020, S. 31) detailliert beschrieben werden. Im Kontext des PMI-Controllings bezieht sich Wirtz (2017, S. 407) auf Hase (2002, S. 184) und beschreibt den M&A-Erfolg „als eine Folge des Integrationserfolges". Die Gleichsetzung der Begriffe Post-Merger-Erfolg und M&A-Erfolg ist nach Auffassung der Verfasserin dieser Dissertation jedoch problematisch, denn sie hätte zur Folge, dass sich Ausführungen zur Erfolgskontrolle der PMI auch auf die Beurteilung des Gesamterfolgs des M&A-Projekts bezögen. Pfeifle (2020, S. 66) definiert dagegen den jeweiligen Erfolg einzelner Elemente des Integrationsprozesses als Maßstab für den Erfolg des gesamten PMI-Prozesses (Pfeifle, 2020, S. 209).

Die Erfolgskontrolle eines solchen komplexen Systems kann in einem integrierten PMI-Cockpit erfolgen, welches sich an die Untersuchungen von Ruess und Voelpel (2012, S. 82–84) sowie Grösser und Stauffer (2016, S. 581) anlehnt und am Konzept der Verknüpfung von Erfolgsfaktoren innerhalb eines BSC-Cockpits (Kaplan & Norton, 2018, S. 142) orientiert. Die Erfolgskontrolle des PMI-Managements basiert damit auf der Messung kritischer Erfolgsfaktoren des PMI-Managementprozesses. So erlaubt das PMI-Cockpit, zeitnah und kontinuierlich den Verlauf einzelner Prozesse innerhalb des gesamten PMI-Managementprozesses zu verfolgen und das Management dabei zu unterstützen, adäquat auf ungewollte Abweichungen zu reagieren (Grösser & Stauffer, 2016, S. 586). Beispiele für Erfolgsfaktoren als Variablen des PMI-Erfolgs sind beispielsweise der Grad der kulturellen Integration, das Verhalten des Schlüsselpersonals, die Zufriedenheit und das Engagement der Mitarbeiter, die Kundenzufriedenheit, die Qualität und Effektivität der internen und externen Kommunikation sowie die Funktion der Informationssysteme (Grösser & Stauffer, 2016, S. 587). Das PMI-Cockpit kann in diesem Sinne ein Gradmesser für den gesamten PMI-Prozess und eine Visualisierungshilfe für die komplexen Vorgänge und Interdependenzen innerhalb des PMI-Managements sein und damit eine besonders geeignete Methode, um den PMI-Erfolg zu kontrollieren.

2.2.4.2 Forschungsergebnisse zu Erfolgsfaktoren des PMI-Managements

Der beschriebene PMI-Managementprozess hat in seinen Grundzügen deutliche Schnittmengen mit Prozessmodellen des Strategischen Managements. Die PMI-Managementforschung identifiziert aus diesem inhaltlich-thematischen Zusammenhang heraus einerseits PMI-relevante Erfolgsfaktoren, die dem Strategischen Management zuzuordnen sind, wie beispielsweise Informations- und Kommunikationsmanagement, HRM, Projektmanagement sowie Wissensmanagement und andererseits integrationsspezifische Erfolgsfaktoren, wie Integrationsgrad und Integrationsgeschwindigkeit, Zusammenstellung und Kompetenzen des Integrationsteams sowie Integration von Kunden und Marken. Im Folgenden wird sowohl auf strategieorientierte als auch auf integrationsspezifische Erfolgsfaktoren des PMI-Managements eingegangen. Damit werden die im Rahmen der Deskription und Evaluation des Stands der Forschung abgeleiteten Erkenntnisse um weiterführende Forschungsergebnisse empirischer Studien zu den Erfolgsfaktoren des PMI-Managements ergänzt.

Steigenberger (2017) stellt in seinem systematischen Literatur-Review den Integrationserfolg zusammenfassend als eine Funktion inhaltlicher, struktureller und kommunikationsbasierter Interventionen dar. Trotz großer Fortschritte der wissenschaftlichen Integrationsforschung seien viele Faktoren nicht ausreichend untersucht (Steigenberger, 2017, S. 408). Ziel seines Reviews ist es, die Schlüsselthemen in der PMI-Forschung zu identifizieren und zu den thematischen Gruppen zu verdichten (Steigenberger, 2017, S. 412). Unter dem Begriff „Kontext der Integration“ gruppiert Steigenberger (2017, S. 412) Schlüsselthemen, die die Gegebenheiten einer Integration beschreiben. In diesem Zusammenhang nennt der Autor vorherige Integrationserfahrung, Wahrnehmung des Integrationsprozesses durch Mitarbeiter sowie das durch Komplementarität oder kulturelle Distanz beschriebene Verhältnis der beteiligten Unternehmen zueinander. Tabelle 2.39 listet innerhalb der thematischen Gruppe „Kontext der Integration“ Schlüsselthemen der ausgewerteten empirischen Studien auf. Der Umfang der Auswirkungen des Kontexts auf die Integrationsleistung hängt wesentlich von Strukturen, Prozessen und Systemen ab (Steigenberger, 2017, S. 415).

Tabelle 2.39 Schlüsselthemen der PMI der thematischen Gruppe „Kontext der Integration". (Quelle: Eigene Darstellung in Anlehnung an Steigenberger, 2017, S. 412–415)

Schlüsselthemen PMI innerhalb der thematischen Gruppe „Kontext der Integration"	Wissenschaftliche Studien und empirische Untersuchungen
Interne und externe Komplementarität (Steigenberger, 2017, S. 412)	Datta (1991); Very et al. (1997); Ellis et al. (2009); Kim und Finkelstein (2009); Ranft und Lord (2002); Mtar (2010); Zollo und Reuer (2010); Marco und Rausser (2011); F. Bauer und Matzler (2014) Daniliuc et al. (2014); Sengupta (2020)
Kulturelle Distanz (Steigenberger, 2017, S. 413)	Shrivastava (1986); Nahavandi und Malekzadeh (1988); Pucik (2008); Ellis et al. (2011); Reus (2012); Cheng und Seeger (2012); S.-J. Lee et al. (2015); F. Bauer et al. (2016) Yildiz (2016)
Integrationserfahrung (Steigenberger, 2017, S. 414)	Haleblian und Finkelstein (1999); Vaara (2002); Duncan und Mtar (2006); Barkema und Schijven (2008a); Ellis et al. (2009); Zollo (2009); Al-Laham et al. (2010); Ellis et al. (2011)
Wahrnehmung des Integrationsprozesses durch die Mitarbeitenden, Macht der Interessengruppen (Steigenberger, 2017, S. 415)	Cannella und Hambrick (1993); Greenwood et al. (1994); Bourantas und Nicandrou (1998); Nikandrou et al. (2000); Thomson und McNamara (2001); Kiefer (2002); Ranft und Lord (2002); Vaara (2003); Bijlsma-Frankema (2004); Graebner (2004); Piekkari et al. (2005) Kusstatscher (2006); Oreg (2006); Ullrich und van Dick (2007); Cording et al. (2008); Angwin und Meadows (2009); Brannen und Peterson (2009); S. M. Clark et al. (2010); E. Clark und Geppert (2011); Colman und Lunnan (2011); Ellis et al. (2011); Makri et al. (2012); Joshi (2013); Monin et al. (2013); Kroon et al. (2015)

Unter dem Begriff „Strukturelle Einflussnahme" gruppiert Steigenberger (2017, S. 415) Schlüsselthemen und Faktoren, die einen wesentlichen Einfluss darauf haben, wie Mitarbeiter und andere Interessengruppen die Integration erleben. Tabelle 2.40 führt auf, welche empirischen Studien Steigenberger (2017, S. 415–417) zum Einfluss der Integrationstiefe, der Integrationsgeschwindigkeit und der operativen Integration ausgewertet hat, wobei die operative Integration praktische Integrationsaufgaben wie die Angleichung der Buchhaltungssysteme, die Zuweisung von Ressourcen und die Gestaltung von Managementaufgaben und Belohnungssystemen umfasst (Steigenberger, 2017, S. 417). Die Wahl des Integrationsgrads und damit des Ausmaßes der Autonomie bezeichnet der Autor als eine der wichtigsten strategischen Entscheidungen bei Integrationsprojekten und betont im Zusammenhang mit der Integrationsgeschwindigkeit, dass die Integrationsprozesse große Veränderungsprozesse seien, die Jahre in Anspruch nehmen könnten.

Tabelle 2.40 Schlüsselthemen der PMI der thematischen Gruppe „Strukturelle Einflussnahme". (Quelle: Eigene Darstellung in Anlehnung an Steigenberger, 2017, S. 415–417)

Schlüsselthemen PMI innerhalb der thematischen Gruppe „Strukturelle Einflussnahme"	Wissenschaftliche Studien und empirische Untersuchungen
Integrationstiefe (Steigenberger, 2017, S. 415)	Datta und Grant (1990); Pablo (1996); Very et al. (1997); Capron und Hulland (1999); Castrogiovanni und Bruton (2000); Ranft und Lord (2002); Schweiger und Véry (2003); Angwin (2004a); Graebner (2004); Homburg und Bucerius (2005); Homburg und Bucerius (2006); Karim (2006); Ranft (2006); Colombo et al. (2007); Barkema und Schijven (2008a); C. B. Meyer (2008); Slangen und Hennart (2008); Angwin und Meadows (2009); Puranam et al. (2009); Schoenberg und Bowman (2010); Zaheer et al. (2013); F. Bauer und Matzler (2014); Kato und Schoenberg (2014); Angwin und Meadows (2015); Reus et al. (2016)
Integrationsgeschwindigkeit (Steigenberger, 2017, S. 416)	Nikandrou et al. (2000); Ranft und Lord (2002); Epstein (2004); Angwin (2004b); Homburg und Bucerius (2005); Schweizer (2005); Homburg und Bucerius (2006); Colombo et al. (2007); Yoo et al. (2007); Cording et al. (2008); Al-Laham et al. (2010); Shim (2011); Monin et al. (2013); F. Bauer und Matzler (2014); J. Lee et al. (2014); Uzelac et al. (2016)
Operative Integration (Steigenberger, 2017, S. 417)	Shrivastava (1986); Greenwood et al. (1994); Ashkenas et al. (1998); Larsson und Finkelstein (1999); Piske (2002); Ranft und Lord (2002); Schweizer (2002); Papadakis (2005); Mitleton-Kelly (2006); Ranft (2006); Ellis et al. (2009); Moffat und McLean (2010); Chen et al. (2010); Lauser (2010); Allatta und Singh (2011); Briscoe und Tsai (2011); Teerikangas et al. (2011); Angwin und Urs (2014)

In der thematischen Gruppe der „Führungs- und kommunikationsbasierten Einflussnahme“ wertet Steigenberger (2017, S. 417–419) die in Tabelle 2.41 aufgeführten empirischen Studien aus, die sich mit den beteiligten Menschen, ihrer Motivation und der Lösung der Probleme befassen (Steigenberger, 2017, S. 417).

Eigentümer und Führungskräfte geben den Grad und die Geschwindigkeit der Integration vor und schaffen die Voraussetzungen für einen reibungslosen Prozessablauf, was Steigenberger (2017, S. 417) unter „Mobilisierung und Abschwächung“ zusammenfasst. In diese thematische Gruppe fallen auch das Management der Herausforderungen, die im Integrationsprozess aus heterogen Kulturen resultieren, sowie der Einfluss verschiedener Führungsstile auf den PMI-Erfolg (Steigenberger, 2017, S. 419).

In der thematischen Gruppe „Kollektive Sinnstiftung und Verhandlungen“ wertet Steigenberger (2017, S. 419–420) die in Tabelle 2.42 aufgeführten empirischen Studien aus, die sich mit der Sichtweise befassen, dass der Erfolg des komplexen PMI-Managements als Folge des Drucks externer und interner Interessengruppen eher das Ergebnis von Verhandlungen, Kompromissen und kollektiver Bewusstseinsbildung sei und nicht immer sorgfältig reflektierten strategischen Entscheidungen des Managements folge (Steigenberger, 2017, S. 419).

Tabelle 2.41 Schlüsselthemen der PMI der thematischen Gruppe „Führungs- und kommunikationsbasierte Einflussnahme". (Quelle: Eigene Darstellung in Anlehnung an Steigenberger, 2017, 418–419)

Schlüsselthemen PMI innerhalb der thematischen Gruppe „Führungs- und kommunikationsbasierte Einflussnahme"	Wissenschaftliche Studien und empirische Untersuchungen
Mobilisierung und Abschwächung (Steigenberger, 2017, S. 418)	Shleifer und Summers (1988); Haspeslagh und Jemison (1991b); Schweiger und Denisi (1991); Shanley und Correa (1992); Olie (1994); Nikandrou et al. (2000); Hubbard und Purcell (2001); Schuler und Jackson (2001); Piske (2002); Vaara (2002); Angwin (2004a); Graebner (2004); Lipponen et al. (2004); Searle und Ball (2004); Homburg und Bucerius (2005); Riad (2005); Bligh (2006); Lin und Wei (2006); van Dick et al. (2006); Kavanagh und Ashkanasy (2006); C. B. Meyer und Altenborg (2007); Öberg et al. (2007); Barmeyer und Mayrhofer (2008); Cording et al. (2008); Ellis et al. (2009); Grün (2010); Colman und Lunnan (2011); Maire und Collerette (2011); Choi et al. (2012); Edwards und Edwards (2012); Langley et al. (2012); Makri et al. (2012); Rouzies und Colman (2012); Colquitt et al. (2013); Drori et al. (2013); Monin et al. (2013); Cording et al. (2014); Kato und Schoenberg (2014); Lupina-Wegener et al. (2014); Vieru und Rivard (2014); Bernardis und Giustiniano (2015); Elstak et al. (2015); Lupina-Wegener et al. (2015); van Marrewijk (2016); Yildiz (2016)
Umgang mit kultureller Distanz (Steigenberger, 2017, S. 419)	Nahavandi und Malekzadeh (1988); Olie (1990); Y. Weber et al. (1995); Bellinger und Hillman (2000); Schoenberg (2000); Larsson und Lubatkin (2001); Stahl und Voigt (2004); Quah und Young (2005); Schweiger und Goulet (2005); Duncan und Mtar (2006); Lodorfos und Boateng (2006); Teerikangas und Very (2006); Froese und Goeritz (2007); Riad (2007); Barmeyer und Mayrhofer (2008); Stahl und Voigt (2008); Brannen und Peterson (2009); Saunders et al. (2009); Choi et al. (2012); Reus (2012); Vaara et al. (2012); Y. Weber, Tarba et al. (2012); Lupina-Wegener (2013); Frantz (2015); Rottig et al. (2015);
Führungsstile (Steigenberger, 2017, S. 419)	Joyce Covin et al. (1997); Nemanich und Keller (2007); Dagnino und Pisano (2008); Nemanich und Vera (2009); Waldman und Javidan (2009); Tikhomirov und Spangler (2010); Choi et al. (2012); Schweizer und Patzelt (2012); Zhang et al. (2015)

Tabelle 2.42 Schlüsselthemen der PMI der thematischen Gruppe „Kollektive Sinnstiftung und Verhandlungen". (Quelle: Eigene Darstellung in Anlehnung an Steigenberger, 2017, S. 419–420)

Schlüsselthemen PMI innerhalb der thematischen Gruppe „Kollektive Sinnstiftung und Verhandlungen"	Wissenschaftliche Studien und empirische Untersuchungen
Sinnstiftung (Steigenberger, 2017, S. 419)	Gertsen und Søderberg (2000); Vaara (2003); Roch (2004); Yu et al. (2005); Rees und Edwards (2009); S. M. Clark et al. (2010); Vaara und Monin (2010); E. Clark und Geppert (2011); Drori et al. (2013); Monin et al. (2013);
Verhandlungen (Steigenberger, 2017, S. 420)	Hubbard und Purcell (2001); Harwood und Ashleigh (2005); Yu et al. (2005); C. B. Meyer (2006); Harwood und Chapman (2009); Rees und Edwards (2009)

Graebner et al. (2017, S. 2) entwerfen in ihrem Literatur-Review eine Arbeitsdefinition der PMI, die ein vielschichtiger, dynamischer Prozess sei, bei dem die beteiligten Unternehmen bzw. ihre Ressourcen zu einer neuen Organisation zusammengeführt würden. In ihrem Überblick über die PMI-Forschung im Zeitraum 1997–2017 konzentrieren sich die Autoren auf die strategische und soziokulturelle Integration sowie auf das Element „Erfahrung und Lernen" (Graebner et al., 2017, S. 2). Strategische Perspektiven der Integration betrachten die Art und Weise, wie das übernommene und das übernehmende Unternehmen koordiniert und aufeinander abgestimmt werden und wie ihre Ressourcen kombiniert werden, um Werte zu schaffen (Graebner et al., 2017, S. 2–3).

Graebner et al. (2017, S. 3) unterteilen die Studien zur strategischen Integration in zwei Kategorien. Studien der ersten Kategorie befassen sich mit der Interaktion und Kommunikation (Bresman et al., 1999; Graebner et al., 2017; Larsson & Finkelstein, 1999), dem Ausmaß der Anpassung und Standardisierung in der kombinierten Organisation (F. Bauer & Matzler, 2014; Cording et al., 2008; Ellis et al., 2011; Morosini et al., 1998; Reus & Lamont, 2009; Reus et al., 2016; Sarala & Vaara, 2010; Vaara et al., 2012; Zollo & Singh, 2004; Zollo, 2009; Zollo & Reuer, 2010), dem Grad der strukturellen Absorption des Zielunternehmens (Kapoor & Lim, 2007; Paruchuri et al., 2006; Puranam et al., 2006; Puranam & Srikanth, 2007; Puranam et al., 2009) und mit dem Ausmaß, in dem Zielunternehmen Autonomie gewährt wird (Chatterjee, 2009; Datta & Grant, 1990; Larsson & Lubatkin, 2001; Reus & Lamont, 2009; Reus et al., 2016; Sarala & Vaara, 2010; Weber et al., 1996; Zaheer et al., 2013). Eine intensive

Interaktion und Kommunikation wirken sich positiv und die Anpassung sowie Standardisierung überwiegend positiv aus (Graebner et al., 2017, S. 6), während die Autonomie als eigene Dimension gemeinsam mit der strukturellen Integration unterschiedliche Auswirkungen auf die Ergebnisse der PMI habe (Graebner et al., 2017, S. 6).

Studien der zweiten Kategorie untersuchen, wie das PMI-Management Möglichkeiten zur Neukombination und Erneuerung von Unternehmenskomponenten wie Vermögenswerte, Wissen und Fähigkeiten schaffen kann (Barney, 1991; Eisenhardt & Martin, 2000; Kogut & Zander, 1992), einschließlich der Restrukturierung von Geschäftseinheiten (Barkema & Schijven, 2008b; Karim, 2006), der Neukonfiguration von Ressourcen (Barden, 2012; Capron & Mitchell, 1998; Capron et al., 1998; Capron & Hulland, 1999; Capron, 1999; Capron et al., 2001; Capron & Guillén, 2009; Karim & Mitchell, 2000; Krishnan et al., 2004), dem Transfer und der Neukombination von Wissen (Ahuja & Katila, 2001; Bresman et al., 1999; Capron et al., 1998; Cording et al., 2008; Empson, 2001; Graebner, 2004; Kogut & Zander, 1992, 1996; Meyer & Lieb-Dóczy, 2003; Puranam & Srikanth, 2007; Ranft & Lord, 2000, 2002; Reus et al., 2016; Sarala & Vaara, 2010) sowie der Rekonfiguration sozialer Netzwerke (Allatta & Singh, 2011; Balogun et al., 2005; Briscoe & Tsai, 2011; Lingo & O'Mahony, 2010; Martin, 2011; Paruchuri & Eisenman, 2012; Teerikangas et al., 2011). Zusammenfassend ergäben diese Studien, dass das PMI-Management die Möglichkeit biete, Geschäftseinheiten, materielle Ressourcen, Wissen, Routinen, Produktlinien und soziale Netzwerke neu zu konfigurieren, wobei es nur wenige wissenschaftliche Erkenntnisse darüber gebe, wie sich dies auf die PMI-Leistung auswirke (Graebner et al., 2017, S. 10). Zudem werde der Grad der Rekonfiguration verschiedener organisatorischer Komponenten durch den Grad der Kommunikation und die Wahrnehmung der Ressourcenqualität des jeweiligen Unternehmens durch das Management beeinflusst. Da sich die Integration über Jahre oder sogar Jahrzehnte hinziehen könne, könnten sich auch die Konsequenzen der Integration im Laufe der Zeit ändern (Graebner et al., 2017, S. 10).

Während sich die Forschungsarbeiten im Themenfeld „Strategische Integration" auf die Koordination, Ausrichtung und Neuausrichtung von Organisationen und ihren Ressourcen (Graebner et al., 2017, S. 10) konzentrieren, analysieren Graebner et al. (2017, S. 10) innerhalb des Themenschwerpunkts „Soziokulturelle Integration" Forschungsarbeiten zu den menschlichen, sozialen und kulturellen Aspekten der Integration. Aus der kulturellen Perspektive der PMI heraus (Sarala et al., 2016; Stahl & Voigt, 2008; Teerikangas & Very, 2006) befassen sich diese Studien mit dem Einfluss kultureller Unterschiede auf die PMI-Leistung (Chatterjee et al., 1992; Greenwood et al., 1994; Sarala et al., 2016; Stahl & Voigt,

2008). Einigen Autoren entwickeln Modelle, um die Dynamik des Einflusses besser zu verstehen (Buono, 2005; Teerikangas & Very, 2006; Vaara, 2003) und um vermeintlich unterschiedliche Wirkungen auf den PMI-Erfolg näher zu untersuchen (Björkman et al., 2007; Reus & Lamont, 2009). Im Zusammenhang mit grenzüberschreitenden M&A-Projekten geht es um nationale Kulturunterschiede (Chatterjee, 2009; Datta & Grant, 1990; Larsson & Lubatkin, 2001; Reus & Lamont, 2009; Reus et al., 2016; Sarala & Vaara, 2010; Y. Weber et al., 1996; Zaheer et al., 2013), die sich stärker auf den PMI-Erfolg auswirken würden als die Unterschiede in den Unternehmenskulturen bei nationalen M&A-Projekten (Y. Weber et al., 1996).

Das theoretische Prozessmodell von Björkman et al. (2007) versucht zu erklären, dass die negativen Auswirkungen kultureller Unterschiede auf die soziale Integration durch den Einsatz sozialer Integrationsmaßnahmen und eine angemessene Kommunikation abgemildert werden könnten. Parallel zur Untersuchung des Phänomens Kultur haben sich Studien über die zentrale Rolle der organisatorischen Identität, Identifikation und Identitätsbildung innerhalb der PMI entwickelt (Ullrich & van Dick, 2007; van Knippenberg et al., 2002). Identität beziehe sich dabei auf das gemeinsame Gruppengefühl. Identifikation beschreibe den Prozess, innerhalb dessen sich die Menschen mit der Identität der Organisation verbänden. Demgegenüber beschreibe Identitätsbildung den Prozess, mit dem eine neue organisatorische Identität innerhalb der PMI geschaffen würde (Graebner et al., 2017, S. 12). Zusammenfassend zeige die Forschung, dass die Identifikation mit dem Unternehmen nach Abschluss eines M&A-Projekts höher sei, wenn Mitarbeiter des übernommenen Unternehmens wahrnähmen, dass es eine Kontinuität der vor Beginn der PMI wahrgenommenen Identität gebe. Würden sich die Mitarbeiter vom übernehmenden Unternehmen dominiert fühlen, sinke die Identifikation (Graebner et al., 2017, S. 14).

Zu den Faktoren der soziokulturellen Integration gehöre im Zusammenhang mit Kultur und Integration auch der Faktor „Gerechtigkeit" bzw. „Fairness" (Graebner et al., 2017, S. 14), der als eine mögliche Erklärung für Reaktionen der Mitarbeiter innerhalb der PMI untersucht wird (Colquit et al., 2001). Dabei ginge es beispielsweise um die Empfindungen zur Verteilungsgerechtigkeit (Drori et al., 2013; Monin et al., 2013 Lipponen et al., 2004; C. B. Meyer & Altenborg, 2007), um die faire Behandlung der Beteiligten innerhalb der PMI (Ellis et al., 2009; Gleibs et al., 2008), um die Veränderungen der Einstellungen zur Gerechtigkeit im Zeitablauf (Drori et al., 2011; Graebner et al., 2017, S. 15; Monin et al., 2013) und schließlich um die mögliche Substitution verschiedener Gerechtigkeitsempfindungen (Melkonian et al., 2011) untereinander (Graebner et al., 2017, S. 15). Andere Studien befassen sich mit dem soziokulturellen Erfolgsfaktor der PMI

„Vertrauen“ (Graebner, 2009; Graebner et al., 2017; Maguire & Phillips, 2008; Stahl & Sitkin, 2010). Graebner et al. (2017, S. 15) definieren Vertrauen in der PMI „als die Bereitschaft einer Person, Gruppe oder Organisation, sich in Situationen [...] auf die Handlungen einer anderen Partei zu verlassen“. Grundsätzlich betrachtet, wirke sich gemäß der Studie von Stahl et al. (2011) Vertrauen tendenziell positiv aus, und Misstrauen verursache laut der Studie von Lander und Kooning (2013) Integrationsprobleme insbesondere im Zusammenhang mit kulturellen Konflikten und Identitätsbedrohungen während der PMI (Graebner et al., 2017, S. 15).

„Erfahrung und Lernen“ ist der dritte von Graebner et al. (2017, S. 16–18) untersuchte Themenschwerpunkt des PMI-Managements, dem die Autoren auf Basis der Studie von Barkema und Schijven (2008a) Erfolgsfaktoren wie erfahrungsorientiertes Lernen, bewusste Lernprozesse und die Übertragung von in anderen Aktivitäten und Bereichen des Unternehmens gesammelten Erfahrungen zuordnen. Studien zum erfahrungsorientierten Lernen untersuchen, inwieweit Unternehmen die Bewältigung von Übernahmen durch das Sammeln von Erfahrungen erlernen können. Konkrete M&A-Erfahrungen von Unternehmen könnten sich positiv auf die Ergebnisse zukünftiger M&A-Projekte auswirken (Barkema et al., 1996; Bruton et al., 1994; Vermeulen & Barkema, 2001), wobei die Ergebnisse nicht eindeutig seien (Barkema & Schijven, 2008a, S. 607). Das Modell von Haleblian und Finkelstein (1999) sowie die Studien von Barkema und Schijven (2008b) und Hayward (2002) versuchen zu erklären, dass die Auswirkungen der Akquisitionserfahrungen, je nach dem Grad der Ähnlichkeit zwischen den Akquisitionen der Unternehmen, positiv und auch negativ sein könnten und der Zeitfaktor eine Rolle spiele. In Bezug auf bewusste Lernprozesse untersuchen die Studien von Zollo und Winter (2002) sowie Zollo und Singh (2004), inwieweit PMI-Handbücher, ein persönlicher Wissensaustausch sowie Schulungen einen positiven Einfluss auf die PMI-Leistung haben könnten. Die Studie von Heimeriks et al. (2012) kommt zu dem Ergebnis, dass grundsätzlich die Gefahr bestehe, den Wissenstand nicht fortlaufend anzupassen und immer wieder gleiche Routinen anzuwenden, was sich negativ auf die PMI-Leistung auswirken könne.

Schließlich erwähnen Graebner et al. (2017, S. 17) Studien zu möglichen Effekten der Übertragung von Wissen aus anderen Aktivitäten des Unternehmens auf das PMI-Management (Bingham et al., 2015; Porrini, 2004; Zollo & Reuer, 2010), wonach je nach Ähnlichkeit der Aufgaben, der Effekt der Übertragung dieser Erfahrungen auf die PMI positiv oder negativ sein könne. Als Konklusion regen Graebner et al. (2017, S. 25) an, die Dynamik des „vielschichtigen, dynamischen und kontextspezifischen“ Prozesses besser zu untersuchen. Sie halten fest, dass „die Prozessperspektive der Schlüssel zu einem besseren

Verständnis der Komplexität, Unvorhersehbarkeit, Unsicherheit und Mehrdeutigkeit von PMI" sei (Graebner et al., 2017, S. 25). Als Anregung für die weiterführende Forschung ordnen die Autoren den einzelnen Themenbereichen und Erfolgsfaktoren vier weitere Untersuchungsperspektiven zu, die zukünftig eine Rolle in der PMI-Forschung spielen sollten (Graebner et al., 2017, S. 19–21; 22–25): die zeitliche Perspektive (Geschwindigkeit, Frequenz, Rhythmus); die Entscheidungsfindung (Persönlichkeit der Führungskräfte, Macht, Politik); Praktiken und Tools (Erstellung und Einsatz, Wertschöpfung, Kommunikation, Auswirkungen auf soziokulturelle Integration) und die Emotionalität (emotionale Heterogenität, Management von Emotionen). Tabelle 2.43 fasst die von Graebner et al. (2017, S. 19–21; 22–25) strukturierten Themenschwerpunkte zukünftiger Forschung zusammen.

Tabelle 2.43 Themenschwerpunkte und Erfolgsfaktoren zukünftiger Forschung zum PMI-Prozess. (Quelle: Eigene Darstellung in Anlehnung an Graebner et al., 2017, S. 19–21; 22–25)

Themenschwerpunkte der PMI	Erfolgsfaktoren des PMI-Managements
Strategische Perspektiven	Interaktion und Kommunikation; Anpassungen und strukturelle Integration; Umstrukturierung und Erneuerung
Soziokulturelle Perspektiven	Kulturunterschiede; Identität; Gerechtigkeit; Vertrauen
Erfahrung und Lernen	Erfahrungsorientiertes Lernen; bewusste Lernprozesse; Übertragung von Erfahrungen
Zeitliche Perspektive	Geschwindigkeit; Frequenz und Rhythmus
Entscheidungsfindung	Persönlichkeit der Führungskräfte; Macht und Politik
Praktiken und Tools	Erstellung und Einsatz; Wertschöpfung; Kommunikation; Auswirkungen auf soziokulturelle Integration
Emotionalität	Emotionale Heterogenität; Management von Emotionen

Schijven et al. (2024) basieren ihr Literatur-Review auf dem Standardwerk „Managing Acqusitions" von Haspeslagh und Jemison (1991b) und evaluieren die in den drei Jahrzehnten nach dessen Erscheinen veröffentlichten Forschungsbeiträge zu den Schlüsselthemen Wertschöpfung, Entscheidungsfindung, Integration, Lernen aus Akquisitionserfahrungen und strategischer Aufbau. Haspeslagh und Jemison (1991b, S. 105) bezeichnen die PMI als „Schlüssel zum Gelingen von Akquisitionen" und definieren sie als einen „interaktiven und schrittweisen Prozess, in dem die Mitarbeiter zweier Organisationen lernen, zusammenzuarbeiten und beim Transfer strategischer Fähigkeiten zu kooperieren" (Haspeslagh & Jemison, 1991b, S. 106). Dabei unterscheiden die Autoren die Phasen Vorbereitung, Integration und Übergang, die sich je nach gewähltem Integrationsansatz (Erhaltung, Absorption und Symbiose) in Form und Gestalt unterscheiden und wesentliche Einflussfaktoren des Integrationserfolgs darstellen würden (Haspeslagh & Jemison, 1991b, S. 145; Schijven et al., 2024, S. 17). Die nach 1991 erschienenen Forschungsarbeiten zur PMI unterteilen Schijven et al. (2024, S. 18) in vier Gruppen. Die erste Gruppe an Arbeiten befasst sich mit der Bedeutung und den Herausforderungen im Zusammenhang mit dem Transfer von Ressourcen und Fähigkeiten. Die Autoren erwähnen beispielhaft die Arbeit von Capron et al. (1998), die die Konsequenzen unterschiedlicher Ressourcenstärke untersuchen sowie die Arbeit von Capron (1999), die die Übertragung der Ressourcen im Rahmen der Integration als Quelle der Wertschöpfung und Grundlage der langfristigen Leistungsentwicklung erforscht, und die Arbeit von Puranam et al. (2006), die den Einfluss der Integration auf die Innovationsleistung untersuchen.

Die zweite Gruppe an Arbeiten befasst sich mit dem Zielkonflikt zwischen Autonomie und Integration. In diesem Zusammenhang erwähnen Schijven et al. (2024, S. 18) die Studie von Schweizer (2005) zu hybriden Integrationsformen und deren Einfluss auf die Übertragung von Wissen, Technologien und innovativen Fähigkeiten sowie die Studie von Zaheer et al. (2013), wonach Autonomie und Integration kein Widerspruch seien, sondern in unterschiedlichen Aktionsfeldern nebeneinander bestehen könnten. Innerhalb der dritten Gruppe der Forschungsarbeiten untersucht die Studie von Dattée et al. (2022) spezifische Integrationsstrategien und die Studie von Graebner et al. (2010) den Einfluss ausgewählter Prozesse auf den Integrationserfolg.

Innerhalb der vierten Gruppe nennen Schijven et al. (2024, S. 20–21) die Studie von Homburg und Bucerius (2006) zum Erfolgsfaktor Integrationsgeschwindigkeit, die Studie von F. Bauer und Matzler (2014) zu den Wechselwirkungen zwischen Integrationsgeschwindigkeit und Integrationsgrad auf der einen Seite und der Komplementarität und kulturellen Passung auf der anderen Seite sowie Studien zu anderen Erfolgsfaktoren wie beispielsweise zur Identität (S. M. Clark et al., 2010; Colman & Lunnan, 2011; Drori et al., 2013), zur Kommunikation (Agarwal et al., 2012; Allatta & Singh; Schweiger & Denisi, 1991), zum Wechsel des Managements (Krug et al., 2014), zur Bindung von Schlüsselpersonal (Boyacıoğlu et al., 2024) sowie zur Bedeutung von Synergien (Feldman & Hernandez, 2022; Meyer-Doyle et al., 2019). Für zukünftige Forschungsarbeiten regen Schijven et al. (2024, S. 21–22) an, den Einfluss der Motivation und Moral von Führungskräften und Mitarbeitern sowie der Führungsstile und Entscheidungen von Führungskräften auf den PMI-Erfolg zu untersuchen.

2.2.4.3 Schlussfolgerungen für den eigenen Managementansatz

Zur Beantwortung der zweiten theoretischen Forschungsfrage und als Vorbereitung der Konzeption des eigenen erfolgsfaktorenbasierten Managementansatzes werden die aus Sicht des PMI-Managements identifizierten Erfolgsfaktoren im Folgenden konzeptionell strukturiert. Dazu werden die Erfolgsfaktoren zunächst thematisch gruppiert, um sie dann für die Berücksichtigung im eigenen Managementansatz zu relevanten kritischen Erfolgsfaktoren des PMI-Managements zu aggregieren.

Tabelle 2.44 stellt zusammenfassend die thematischen Gruppierungen für die aggregierten kritischen Erfolgsfaktoren „Informations- und Kommunikationsmanagement" (z. B. Zusammenführung der Informations- und Kommunikationssysteme; Kommunikationsstrategie; Kommunikationsmedien, -instrumente, -träger und Kommunikationsmaßnahmen) sowie „Wissensmanagement" (z. B. Übertragung von Wissen, Technologien und innovativen Fähigkeiten; Erfahrung und Lernen; Wissensquellen und -träger; Bewertung, Selektion und Dokumentation von Wissen) dar. In chronologischer Reihenfolge werden wissenschaftliche Studien und empirische Untersuchungen aufgelistet, die die vorgenannten aus Sicht des PMI-Managements identifizierten Erfolgsfaktoren untersuchen.

Tabelle 2.45 stellt zusammenfassend die thematischen Gruppierungen für die aggregierten kritischen Erfolgsfaktoren „Unternehmenskultur" (z. B. gestaltende Maßnahmen; kulturelle Distanz; Wechselwirkungen zwischen Integrationsgeschwindigkeit sowie Integrationsgrad und kultureller Passung; Einfluss kultureller Unterschiede auf die PMI-Leistung; Auswirkungen nationaler Kulturunterschiede; Identität), „Steuerung und Erfolgskontrolle" (z. B. PMI-Projektcontrolling; Steuerung und Erfolgskontrolle des PMI-Managements; Kontrolle der Performance des Projektteams) und „Ressourcenmanagement" (z. B. Transfer, Neukombination und Erneuerung von Ressourcen; Restrukturierung von Geschäftseinheiten) dar. In chronologischer Reihenfolge werden wissenschaftliche Studien und empirische Untersuchungen aufgelistet, die die vorgenannten aus Sicht des PMI-Managements identifizierten Erfolgsfaktoren untersuchen.

Tabelle 2.44 Thematische Gruppierung und Aggregierung der Erfolgsfaktoren aus Sicht des PMI-Managements; Teil 1 von 5. (Quelle: Eigene Darstellung)

Thematische Gruppierung der aus Sicht des PMI-Managements identifizierten Erfolgsfaktoren (Teil 1 von 5)	Kritische Erfolgsfaktoren des PMI-Managements
Operative Integration und Zusammenführung der Informations- und Kommunikationssysteme; IT Distanz; Architektur der Informationstechnologie; steuernde Funktion der Kommunikation aller relevanten Informationen für die Mitarbeitenden; Kommunikationsstrategie gegenüber dem sozioökonomischen Umfeld; Richtlinien, Abläufe und Inhalte der Kommunikation; Kommunikationsmedien, -instrumente und -träger; Informations- und Kommunikationsmaßnahmen; Interaktion und Kommunikation; Storytelling; kommunikative Manipulation	**Informations- und Kommunikations-management**
Wissenschaftliche Studien und empirische Untersuchungen: Schweiger und Denisi (1991); Bresman et al. (1999); Larsson und Finkelstein (1999); Stafflage (2005); Schauer (2008); Allatta und Singh (2011); Marks und Mirvis (2011); A. Palm (2011b); Agarwal et al. (2012); Borck (2016); Gerpott und Neubauer (2016); Schaaf (2016); Graebner et al. (2017); Hermes (2021); K. Lee et al. (2022)	
Übertragung von Wissen, Technologien und innovativen Fähigkeiten; Übertragung von Erfahrungen; Erfahrung und Lernen; Schulungen; erfahrungsorientiertes Lernen; Lernprozesse, Sammeln von Erfahrungen; Identifikation aller Wissensquellen und -träger; Sammlung und Bündelung von Wissen; analytische Strukturierung, Bewertung, Selektion und Dokumentation von Wissen; Bereitstellung und Austausch bzw. Teilen von Wissen; Nutzung, Kontrolle und Sicherung von Wissen; Integrationserfahrung; Neukombination von Wissen	**Wissensmanagement**
Wissenschaftliche Studien und empirische Untersuchungen: Kogut und Zander (1992); Bruton et al. (1994); Kogut und Zander (1996); Capron und Mitchell (1998); Bresman et al. (1999); Haleblian und Finkelstein (1999); Ranft und Lord (2000); Ahuja und Katila (2001); Vermeulen und Barkema (2001); Ranft und Lord (2002); Vaara (2002); Zollo und Winter (2002); Güttel (2003); K. E. Meyer und Lieb-Dóczy (2003); Empson (2001); Graebner (2004); Zollo und Singh (2004); Duncan und Mtar (2006); Scholl (2006); Voss und Müller-Stewens (2006a); Puranam und Srikanth (2007); Barkema und Schijven (2008a); Cording et al. (2008); Ellis et al. (2009); Zollo (2009); Al-Laham et al. (2010); Ellis et al. (2011); Probst et al. (2012); Schön (2013); Zahoor et al. (2013); Bingham et al. (2015); Roux et al. (2016); Kolev und Haleblian (2018); Annosi et al. (2021); Durst et al. (2023)	

Tabelle 2.45 Thematische Gruppierung und Aggregierung der Erfolgsfaktoren aus Sicht des PMI-Managements; Teil 2 von 5. (Quelle: Eigene Darstellung)

Thematische Gruppierung der aus Sicht des PMI-Managements identifizierten Erfolgsfaktoren (Teil 2 von 5)	Kritische Erfolgsfaktoren des PMI-Managements
Gestaltende Maßnahmen zur Unternehmenskultur; Überwindung von und Umgang mit kultureller Distanz; Wechselwirkungen zwischen Integrationsgeschwindigkeit sowie Integrationsgrad und kultureller Passung; Gerechtigkeit und Fairness; Verteilungsgerechtigkeit; faire Behandlung; Einfluss der kulturellen Unterschiede auf die PMI-Leistung; Auswirkungen nationaler Kulturunterschiede; Identität als gemeinsames Gruppengefühl	**Unternehmenskultur**
Wissenschaftliche Studien und empirische Untersuchungen: Shrivastava (1986); Nahavandi und Malekzadeh (1988); Olie (1990); Chatterjee et al. (1992); Calori et al. (1994); Olie (1994); Greenwood et al. (1994); Y. Weber et al. (1995); Y. Weber et al. (1996); Lubatkin et al. (1998); Morosini et al. (1998); Bellinger und Hillman (2000); Sauermann (2000); Schoenberg (2000); Colquit et al. (2001); Larsson und Lubatkin (2001); van Knippenberg et al. (2002); Vaara (2003); Lipponen et al. (2004); Stahl und Voigt (2004); Unterreitmeier (2004); Buono (2005); Stafflage (2005); Quah und Young (2005); Schweiger und Goulet (2005); Bligh (2006); Duncan und Mtar (2006); Lodorfos und Boateng (2006); Teerikangas und Very (2006); Björkman et al. (2007); C. B. Meyer und Altenborg (2007); Riad (2007); Ullrich und van Dick (2007); Barmeyer und Mayrhofer (2008); Pucik (2008); Stahl und Voigt (2008); Brannen und Peterson (2009); Chakrabarti et al. (2009); Ellis et al. (2009); Reus und Lamont (2009); Saunders et al. (2009); S. M. Clark et al. (2010); Colman und Lunnan (2011); Ellis et al. (2011); Drori et al. (2011); Melkonian et al. (2011); A. Palm (2011a); Y. Weber, Tarba und Bachar (2011); Choi et al. (2012); Cheng und Seeger (2012); Vaara et al. (2012); Y. Weber, Drori und Tarba (2012); Reus (2012); Drori et al. (2013); Colquitt et al. (2013); Monin et al. (2013); Gerds und Schewe (2014); Frantz (2015); S.-J. Lee et al. (2015); Rottig et al. (2015); F. Bauer et al. (2016); Sarala et al. (2016); Teerikangas und Irrmann (2016); Yildiz (2016); Graebner et al. (2017); Hille (2022)	
PMI-Projektcontrolling; Steuerung und Erfolgskontrolle des PMI-Managements anhand quantitativer und qualitativer Parameter; Kontrolle der Performance des Projektteams	**Steuerung und Erfolgskontrolle**
Wissenschaftliche Studien und empirische Untersuchungen: Hase (2002); Bartels und Cosack (2012); Ruess und Voelpel (2012); Grösser und Stauffer (2016); Pfeifle (2020)	
Transfer von Ressourcen; Neukombination und Erneuerung von Unternehmenskomponenten; Restrukturierung von Geschäftseinheiten	**Ressourcenmanagement**
Wissenschaftliche Studien und empirische Untersuchungen: Barney (1991); Kogut und Zander (1992); Capron und Mitchell (1998); Capron et al. (1998); Capron und Hulland (1999); Eisenhardt und Martin (2000); Güttel (2003); Puranam et al. (2006); Grill (2011)	

Tabelle 2.46 stellt zusammenfassend die thematischen Gruppierungen für den aggregierten kritischen Erfolgsfaktor „Human Resource Management" (z. B. Bindung von Schlüsselpersonal; Wechsel des Managements; Vertrauen und Misstrauen; Sinnstiftung; Macht der Interessengruppen; Führungsstile; Persönlichkeit der Führungskräfte, emotionale Heterogenität, Management von Emotionen; Managementkontrollen; soziale Identität; Zusammenhang zwischen Integrationsgeschwindigkeit und Commitment der Mitarbeiter; Erwartungen der Mitarbeiter) dar. In chronologischer Reihenfolge werden wissenschaftliche Studien und empirische Untersuchungen aufgelistet, die HRM als aus Sicht des PMI-Managements identifizierten Erfolgsfaktor untersuchen.

Tabelle 2.46 Thematische Gruppierung und Aggregierung der Erfolgsfaktoren aus Sicht des PMI-Managements; Teil 3 von 5. (Quelle: Eigene Darstellung)

Thematische Gruppierung der aus Sicht des PMI-Managements identifizierten Erfolgsfaktoren (Teil 3 von 5)	Kritische Erfolgsfaktoren des PMI-Managements
Bindung von Schlüsselpersonal; Wechsel des Managements; Vertrauen und Misstrauen; Vertrauensverlust; Sinnstiftung; Wahrnehmung des Integrationsprozesses durch die Mitarbeitenden; Macht der Interessengruppen; Führungsstile; Persönlichkeit der Führungskräfte, Macht und Politik; emotionale Heterogenität, Management von Emotionen; Managementkontrollen; soziale Identität; Zusammenhang zwischen Integrationsgeschwindigkeit und Commitment der Mitarbeitenden; Erfüllung von Erwartungen; Erwartungen der Mitarbeitenden managen; Business Ethik; authentische Führung	**Human Resource Management**
Wissenschaftliche Studien und empirische Untersuchungen: Shleifer und Summers (1988); Schweiger und Denisi (1991); Shanley und Correa (1992); Cannella und Hambrick (1993); Greenwood et al. (1994); Joyce Covin et al. (1997); Bourantas und Nicandrou (1998); Nikandrou et al. (2000); Sauermann (2000); Hubbard und Purcell (2001); Thomson und McNamara (2001); Kiefer (2002); Ranft und Lord (2002); Vaara (2003); Bijlsma-Frankema (2004); Graebner (2004); Searle und Ball (2004); Piekkari et al. (2005); Kusstatscher (2006); Lin und Wei (2006); Oreg (2006); Nemanich und Keller (2007); Ullrich und van Dick (2007); Cording et al. (2008); Dagnino und Pisano (2008); Maguire und Phillips (2008); Angwin und Meadows (2009); Brannen und Peterson (2009); Graebner (2009); Nemanich und Vera (2009); Waldman und Javidan (2009); S. M. Clark et al. (2010); Stahl und Sitkin (2010); Tikhomirov und Spangler (2010); E. Clark und Geppert (2011); Colman und Lunnan (2011); Ellis et al. (2011); Choi et al. (2012); Makri et al. (2012); Schweizer und Patzelt (2012); Joshi (2013); Lupina-Wegener (2013); Monin et al. (2013); Stahl et al. (2013); Cording et al. (2014); Krug et al. (2014); Kroon (2015); Zhang et al. (2015); Graebner et al. (2017); Brunner-Kirchmair (2018); Boyacıoğlu et al. (2024)	

Tabelle 2.47 stellt zusammenfassend die thematischen Gruppierungen für den aggregierten kritischen Erfolgsfaktor „Integrationsgrad und -geschwindigkeit" (z. B. Grad der organisatorischen Autonomie; Maß des Zentralisierungsgrads; Grad der kulturellen Integration; Geschwindigkeit, Zeitraum und Dauer der Integration festlegen; Zielkonflikt zwischen Autonomie und Integration; Rahmenbedingungen der operativen Integration; Geschwindigkeit, Frequenz und Rhythmus; Zeitpunkt, Zeitraum und Dauer der Integrationsmaßnahmen und des Integrationsprozesses) dar. In chronologischer Reihenfolge werden wissenschaftliche Studien und empirischen Untersuchungen aufgelistet, die Integrationsgrad und -geschwindigkeit als aus Sicht des PMI-Managements identifizierten Erfolgsfaktor untersuchen.

Tabelle 2.47 Thematische Gruppierung und Aggregierung der Erfolgsfaktoren aus Sicht des PMI-Managements; Teil 4 von 5. (Quelle: Eigene Darstellung)

Thematische Gruppierung der aus Sicht des PMI-Managements identifizierten Erfolgsfaktoren (Teil 4 von 5)	Kritische Erfolgsfaktoren des PMI-Managements
Grad der organisatorischen Autonomie und Maß des Zentralisierungsgrades festlegen; Grad der kulturellen Integration festlegen; ggf. grenzüberschreitende Integrationsmechanismen festlegen; neue organisatorische Identität festlegen; Kriterien der Abteilungsbildung festlegen; Geschwindigkeit, Zeitraum und Dauer der Integration festlegen; Zielkonflikt zwischen Autonomie und Integration; Rahmenbedingungen der operativen Integration; Grad der strukturellen Absorption des Zielunternehmens; Ausmaß, in dem Zielunternehmen Autonomie gewährt wird; Geschwindigkeit, Frequenz und Rhythmus; Zeitpunkt, Zeitraum und Dauer der Integrationsmaßnahmen und des Integrationsprozesses; evolutionäre oder revolutionäre Integration	**Integrationsgrad und -geschwindigkeit**
Wissenschaftliche Studien und empirische Untersuchungen: Datta und Grant (1990); Gerpott und Schreiber (1994); Pablo (1996); Very et al. (1997); Capron und Hulland (1999); Castrogiovanni und Bruton (2000); Gerds (2000); Nikandrou et al. (2000); Larsson und Lubatkin (2001); Schewe & Gerds, 2001; Ranft und Lord (2002); Vogel, 2002; Schweiger und Véry (2003); Angwin (2004a); Angwin (2004b); Graebner (2004); Grimpe (2005b); Homburg und Bucerius (2005); Schumann (2005); Schweizer (2005); Homburg und Bucerius (2006); Karim (2006); Paruchuri et al. (2006); Puranam et al. (2006); Ranft (2006); Colombo et al. (2007); Kapoor und Lim (2007); Puranam und Srikanth (2007); Yoo et al. (2007); Barkema und Schijven (2008a); C. B. Meyer (2008); Slangen und Hennart (2008); Chatterjee (2009); Angwin und Meadows (2009); Puranam et al. (2009); Reus und Lamont (2009); Schoenberg und Bowman (2010); Stahl et al. (2013); Zaheer et al. (2013); F. Bauer und Matzler (2014); Kato und Schoenberg (2014); Q. Lu (2014); Angwin und Meadows (2015); Reus et al. (2016); Uzelac et al. (2016); Thomas und Louisgrand (2022)	

Tabelle 2.48 stellt zusammenfassend die thematischen Gruppierungen für die aggregierten kritischen Erfolgsfaktoren „Kundenintegration“ (z. B. Kunden analysieren und Kundendaten migrieren; Harmonisierung der Marktbearbeitung; kundenorientierter Integrationsprozess; Vereinheitlichung Produktprogramm, Serviceangebot, Preis- und Konditionspolitik; Messung der Kundenzufriedenheit und Kundenbindung), „Markenintegration“ (z. B. Festlegung und Implementierung der Markenintegrationsstrategie; Vereinheitlichung der Markenpolitik), „Aufbau- und Ablauforganisation“ (z. B. Ablaufprozesse analysieren, situativ anpassen, harmonisieren, koordinieren; Ausmaß der Anpassung und Standardisierung in der kombinierten Organisation), „Synergiemanagement“ (z. B. Synergien managen; Bedeutung von Synergien; interne und externe Komplementarität), „Integrationsteam“ (z. B. PMI-Team aus Mitarbeitern aller wesentlichen Bereiche der beteiligten Unternehmen; Integrationsablauf detailliert planen und konsequent durchführen) und „Integrationskompetenzen“ (z. B. Kompetenzentwicklung) dar. In chronologischer Reihenfolge werden wissenschaftliche Studien und empirische Untersuchungen aufgelistet, die die vorgenannten aus Sicht des PMI-Managements identifizierten Erfolgsfaktoren untersuchen.

Bei den kritischen Erfolgsfaktoren Informations- und Kommunikationsmanagement, Wissensmanagement, Unternehmenskultur, Steuerung und Erfolgskontrolle, Ressourcenmanagement sowie Human Ressource Management ergeben sich Schnittmengen mit den aus Sicht des Strategischen Managements identifizierten Erfolgsfaktoren (Abschnitt 2.2.3). Zusammenfassend sollen zusätzlich zu den bereits aus Sicht des Strategischen Managements identifizierten Erfolgsfaktoren die folgenden aus Sicht des PMI-Managements identifizierten kritischen Erfolgsfaktoren bei der Konzeption des eigenen Managementansatzes Berücksichtigung finden: Integrationsgrad und -geschwindigkeit, Kundenintegration, Markenintegration, Aufbau- und Ablauforganisation, Synergiemanagement, Integrationsteam und Integrationskompetenzen.

Tabelle 2.48 Thematische Gruppierung und Aggregierung der Erfolgsfaktoren aus Sicht des PMI-Managements; Teil 5 von 5. (Quelle: Eigene Darstellung)

Thematische Gruppierung der aus Sicht des PMI-Managements identifizierten Erfolgsfaktoren (Teil 5 von 5)	Kritische Erfolgsfaktoren des PMI-Managements
Kunden analysieren und Kundendaten migrieren; Harmonisierung der Marktbearbeitung; Aktivitäten und Maßnahmen des kundenorientierten Integrationsprozesses; Vereinheitlichung des Produktprogramms, des Serviceangebotes, der Preis- und Konditionspolitik; Messung der Entwicklung der Kundenzufriedenheit und der Kundenbindung im Rahmen von Kundenbefragungen	**Kundenintegration**
Wissenschaftliche Studien und empirische Untersuchungen: Datta (1991); Kahn und Mentzer (1998); Homburg et al. (2000); Zollo und Singh (2004); Homburg und Bucerius (2005); Grün (2010); Öberg (2013); Kato und Schoenberg (2014); Sinkovics et al. (2014); Spilski und Göppel-Klein (2015); Degbey und Pelto (2021); Umashankar et al. (2022)	
Markenintegrationsstrategie festlegen und implementieren; Vereinheitlichung der Markenpolitik	**Markenintegration**
Wissenschaftliche Studien und empirische Untersuchungen: Capron und Hulland (1999); Homburg und Bucerius (2005); Anh Vũ et al. (2009); Sinkovics et al. (2014)	
Ablaufprozesse analysieren und situativ anpassen, harmonisieren, koordinieren; Ausmaß der Anpassung und Standardisierung in der kombinierten Organisation	**Aufbau- und Ablauforganisation**
Wissenschaftliche Studien und empirische Untersuchungen: Morosini et al. (1998); Lindstädt und Wolff (2007); Cording et al. (2008); Reus und Lamont (2009); Lohre (2010); Ellis et al. (2011); Bauer und Matzler (2014); Caiazza und Volpe (2015); M. Palm und Kammerlander (2021)	
Synergien managen; Bedeutung von Synergien; interne und externe Komplementarität	**Synergiemanagement**
Wissenschaftliche Studien und empirische Untersuchungen: Datta (1991); Ebert (1998); Larsson und Finkelstein (1999); Ranft und Lord (2002); Hakkinen und Hilmola (2005); Hofmann (2005); J. Weber und Roventa (2006); Ellis et al. (2009); Kim und Finkelstein (2009); Zollo und Reuer (2010); Marco und Rausser (2011); Mirc (2012); Zaheer et al. (2013); Angwin und Urs (2014); Bauer und Matzler (2014); Daniliuc et al. (2014); Tarba et al. (2019); Meyer-Doyle et al. (2019); Sengupta (2020); Feldman und Hernandez (2022); Bauer und Friesl (2024)	
PMI-Team aus Mitarbeitenden aller wesentlichen Bereiche der beteiligten Unternehmen mit weitreichenden Kenntnissen und Kompetenzen zusammenstellen; Integrationsablauf detailliert planen; PMI planvoll und konsequent durchführen	**Integrationsteam**
Wissenschaftliche Studien und empirische Untersuchungen: Shanley und Correa (1992); Harwood und Chapman (2009); Martin (2011); Borgstädt (2012); Steigenberger (2013); Frohn und Walleyo (2016); Grotto und Andreassi (2022); McCarthy und Noseleit (2022); Meynerts-Stiller und Rohloff (2022)	
Kompetenzentwicklung	**Integrationskompetenzen**
Wissenschaftliche Studien und empirische Untersuchungen: Prahalat und Hamel (1990); Post (1997); Freiling (2004); Scholl (2006); Freiling et al. (2008); Kuster et al. (2011); Bartels und Cosack (2012); Guiette und Vandenbempt (2014); Sanchez und Heene (2014)	

2.2.5 Identifikation von Erfolgsfaktoren aus Sicht der Mittelstandsforschung

2.2.5.1 Begriff und Relevanz des deutschen Mittelstands

Die volkswirtschaftliche Bedeutung des deutschen Mittelstands prägt nicht nur das Ausmaß der medialen und politischen Aufmerksamkeit, sondern insbesondere auch die Aktivitäten von Interessenvertretungen, die unter dem Begriff „Mittelstand" kleine und mittlere Unternehmen aller Branchen zusammenfassen (Krimphove & Tytko, 2002, S. 4). Die Wissenschaft beschäftigt sich angesichts der wirtschaftlichen und förderpolitischen Bedeutung seit Jahrzehnten mit Besonderheiten mittelständischer Unternehmen in Deutschland und rückt in ihren Forschungsarbeiten Themen wie Führung, operative Kernfunktionen, finanzielle Steuerung sowie andere ausgewählte Themen des deutschen Mittelstands in den Fokus (Becker & Ulrich, 2011, S. 18–20). Trotz dieser hohen Präsenz des Begriffs „Mittelstand" in Wissenschaft, Politik und Praxis fehlt eine allgemeingültige Definition des Mittelstandbegriffs als Grundlage wissenschaftlicher Arbeiten (Pahnke et al., 2023, S. 729; Wolf et al., 2019, S. 1). Gantzel (1962, S. 129) und Kosmider (1991, S. 29) zählen hunderte von Definitionen des Mittelstandbegriffs als Beleg für das Scheitern einer einheitlichen Definition (Botzkowski, 2018, S. 38). Dies stellt die nationale und internationale Mittelstandsforschung vor ein Dilemma (Becker & Ulrich, 2011, S. 18–20; Krimphove & Tytko, 2002, S. 4; Pahnke et al., 2023, S. 730).

Diese Dissertation verfolgt das Ziel, Forschungsfragen zu beantworten, die sich auf die begrifflich schwer zu spezifizierende Gruppe von Unternehmen im „deutschen Mittelstand" beziehen. Entscheidend scheint der Hinweis von Becker und Ulrich (2011, S. 18–20) zu sein, dass es aufgrund der Heterogenität und Komplexität des Mittelstands kaum eine allgemeingültige Definition geben kann, sondern diese überwiegend Überlegungen zur kontextbezogenen Zweckmäßigkeit folgen muss (Botzkowski, 2018, S. 39). Im Kontext dieser Dissertation bedeutet Zweckmäßigkeit, dass der Untersuchungsgegenstand präzise identifiziert und im Hinblick auf die Forschungsfragen eindeutig abgegrenzt werden muss (Botzkowski, 2018, S. 39; Stadelmann, 1996, S. 11).

Für die Definition des Mittelstandsbegriffs können grundsätzlich quantitative und qualitative Kriterien herangezogen werden (Botzkowski, 2018, S. 39; Wolf et al., 2019, S. 1). Quantitative Kriterien beziehen sich beispielsweise auf Umsatzhöhe, Mitarbeiteranzahl oder Bilanzsumme. Beispiele für die Verwendung quantitativer Abgrenzungsmerkmale sind die in Tabelle 2.49 dargestellte Klassifizierung des IfM Bonn (IfM Institut für Mittelstandsforschung, 2023) und die in Tabelle 2.50 dargestellte Segmentierung der Europäischen Union (European Commission, 2020).

Tabelle 2.49 KMU-Definitionen des IfM, Bonn. (Quelle: Eigene Darstellung in Anlehnung an Wolf et al., 2019, S. 2 und IfM Institut für Mittelstandsforschung, 2023, www.ifm-bonn.org)

Unternehmensgröße	Zahl der Beschäftigten	Jahresumsatz (Euro)
Kleinstunternehmen	bis 9	bis 2 Millionen
Kleinunternehmen	bis 49	bis 10 Millionen
Mittlere Unternehmen	bis 499	bis 50 Millionen
KMU (zusammen)	unter 500	bis 50 Millionen

Den anhand der Beschäftigtenanzahl und des Jahresumsatzes vom IfM Bonn gebildeten Größenklassen stehen KMU-Schwellenwerte der EU gegenüber, die als zusätzliches Kriterium die Bilanzsumme hinzunimmt und KMU mit dem internationalen Pendant „SME" für Small and Medium Sized Enterprises bezeichnet (European Commission, 2020).

Tabelle 2.50 KMU-Schwellenwerte der EU. (Quelle: Eigene Darstellung in Anlehnung an Wolf et al., 2019, S. 2 und IfM Institut für Mittelstandsforschung, 2023, www.ifm-bonn.org)

Unternehmensgröße	Zahl der Beschäftigten	Jahresumsatz (Euro)	Jahresbilanzsumme (Euro)
Kleinstunternehmen	bis 9	bis 2 Millionen	bis 2 Millionen
Kleine Unternehmen	bis 49	bis 10 Millionen	bis 10 Millionen
Mittlere Unternehmen	bis 249	bis 50 Millionen	bis 43 Millionen
KMU (zusammen)	unter 250	bis zu 50 Millionen	bis zu 43 Millionen
Und das Unternehmen darf nicht zu 25 % oder mehr im Besitz eines oder mehrerer Unternehmen stehen, die nicht die EU-Definition eines KMU erfüllen.			

Bei der Interpretation und Verwendung dieser quantitativen Kriterien ergibt sich das Problem, dass KMU als Kurzbezeichnung kleiner und mittlerer Unternehmen häufig mit mittelständischen Unternehmen gleichgesetzt und nicht begrifflich abgegrenzt werden (Pahnke et al., 2023, S. 729–730). Eine weitere Differenzierung ist notwendig, wenn der Begriff „Familienunternehmen" in die Diskussion einbezogen wird. So konstatiert das IfM, dass „die Begriffe Mittelstand, Familienunternehmen, Eigentümerunternehmen und familiengeführte Unternehmen […] synonym [verwendet] werden" könnten (IfM Institut für Mittelstandsforschung, 2023). Zwar sind deutsche Familienunternehmen vielfach auch mittelständische Unternehmen (Achleitner et al., 2008, S. 13; Becker et al., 2014, S. 7), aber die Betriebstypen stimmen nicht überein. Eine grundsätzliche Gleichsetzung sei nach Ansicht anderer Autoren falsch (Becker et al., 2014, S. 7; Scherer et al., 2005, S. 4).

Der BDI spricht in seinem Positionspapier (Wehnert, 2023) von einem „unternehmerischen Mittelstand mit vielen Familienunternehmen“ und fordert, auf der europäischen Ebene die KMU-Definition zu reformieren, „die finanziellen Schwellenwerte der KMU-Definition“ zu überprüfen und „Mid-Caps“ als Kategorie zu etablieren (Wehnert, 2023, S. 1; 6). Dieser Begriff könne durch die Unternehmenskategorie „Small-Mid-Caps“ ergänzt werden. Diese Unternehmen würden dann oberhalb der bisherigen Schwellenwerte für KMU quantifiziert werden (Wehnert, 2023, S. 5). Nach Angaben des Statistischen Bundesamtes zählen zu den sog. Mid-Caps Unternehmen mit 250 bis 3.000 Beschäftigten, was auf etwa 16.400 Unternehmen des großen deutschen Mittelstands zutreffe, die für den Arbeitsmarkt bedeutsam seien, da etwa 29 % aller Beschäftigten in Deutschland in großen mittelständischen Unternehmen arbeiten würden (https://www.iwd.de/artikel/die-grossen-mittelstaendler-in-deutschland-stehen-unter-druck-633233/ [abgefragt am 22.10.2024]).

Eine quantitative Segmentierung der Unternehmen verbessert grundsätzlich differenzierte Erhebungsmöglichkeiten, was ein wesentlicher Grund für die häufige Verwendung quantitativer Abgrenzungsmerkmale in empirischen Studien ist (Krimphove & Tytko, 2002, S. 4). Wolf et al. (2019, S. 2) kritisieren den begrenzten Nutzen quantitativer Definitionen auf Basis willkürlich gesetzter Grenzen, die zwar erste Ansatzpunkte liefern würden, aber bei denen beispielsweise ein Unternehmen mit mehr als 600 Mitarbeitern und einem Jahresumsatz von 60 Mio. Euro nicht dem Mittelstand zugerechnet würde, „obwohl es in seinen Charakteristika [...] durchaus mittelständisch geprägt sein kann“ (Wolf et al., 2019, S. 2). Diese Problematik hat in der Forschung zu der Erkenntnis geführt, dass quantitative Merkmale für eine begriffliche Definition des Mittelstands nicht ausreichen und qualitative Merkmale zusätzlich einbezogen werden müssen.

Welter (2018, S. 103) und Schenkenhofer (2022, S. 417; 455–458) identifizieren zahlreiche Schlüsselmerkmale mittelständischer Unternehmen, die jedoch mangels eindeutiger Messbarkeit nicht oder nur eingeschränkt geeignet sind, um Unternehmen objektiv als „Mittelstand“ zu klassifizieren (Pahnke et al., 2023, S. 731). Pahnke et al. (2023, S. 731) fassen in ihrem Analyserahmen die drei Kriterien Eigentümerführung, Unternehmensgröße und als zusätzliche Dimension das selbsteingeschätzte Zugehörigkeitsgefühl zum Mittelstand zusammen, auf dessen Basis sie eine Konzeptionalisierung des Mittelstands vorschlagen, die Grundlage nationaler und internationaler Forschung sein könne, da sie die „besondere Unternehmensidentität auf der Grundlage von Eigentum und Management in den Mittelpunkt dessen stellt, was den Mittelstand ausmacht“ (Pahnke et al., 2023, S. 729). Die Einheit von Eigentum und Leitung sei laut Reinemann (2019, S. 4) prägend für mittelständische Unternehmen. Zusätzlich werden von Reinemann

(2019, S. 5) qualitative Spezifika des Mittelstands genannt, wie beispielsweise die „Einheit von […] Entscheidung und Verantwortung“ sowie die Einheit von „Risiko und Kontrolle“.

Versuche, Familienunternehmen begrifflich vom Mittelstand abzugrenzen (Rau, 2010, S. 12), sind zumindest teilweise komplex und es ist zweifelhaft, ob diese Definitionssätze für diese Dissertation weiterführend sein können. Das IfM Bonn nennt als Voraussetzungen für die Definition als Familienunternehmen, dass „bis zu zwei natürliche Personen oder ihre Familienangehörigen mindestens 50 % der Anteile eines Unternehmens halten und diese natürlichen Personen der Geschäftsführung angehören“ (IfM Bonn; www.ifm-bonn.org). Laut Reinemann (2019, S. 8) spiegelt eine solche Definition die realen Verhältnisse in den meisten Familienunternehmen wider und lässt die Unterschiede zwischen den Definitionen von Familienunternehmen und mittelständischen Unternehmen kleiner werden. Reinemann (2019, S. 9) kombiniert die quantitativen und qualitativen Kriterien in der in Abbildung 2.18 dargestellten Matrix. Demnach fühlen sich die großen Familienunternehmen des Typs II zum Mittelstand gehörig, obwohl sie nach den reinen quantitativen Kriterien aus der engen Mittelstandsdefinition herausfallen würden (Reinemann, 2019, S. 9).

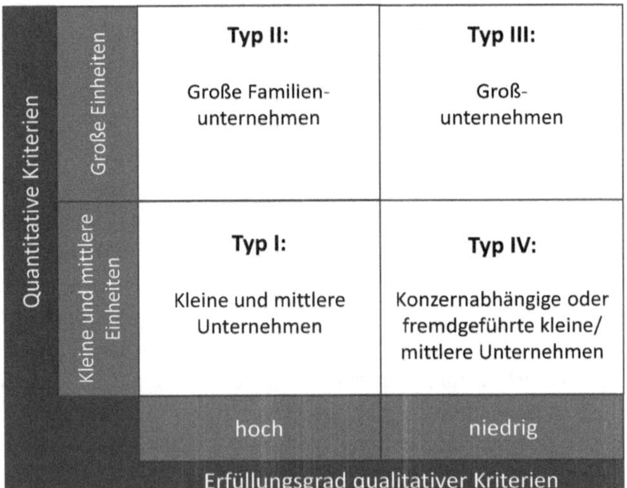

Abbildung 2.18 Typisierung wirtschaftlicher Einheiten anhand quantitativer und qualitativer Kriterien. (Quelle: Eigene Darstellung in Anlehnung an Reinemann, 1999, zitiert bei Reinemann, 2019, S. 9)

Dieses subjektive Zugehörigkeitsgefühl haben Pahnke et al. (2023, S. 733) in ihren in Abbildung 2.19 dargestellten dreidimensionalen analytischen Rahmen einbezogen und kombinieren es mit den Kriterien Größe und Eigentum.

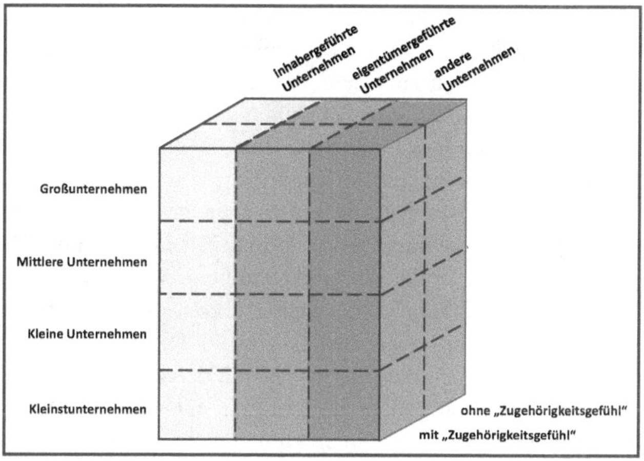

Abbildung 2.19 Abgrenzung des Begriffs Mittelstand im dreidimensionalen Rahmen. (Quelle: Eigene Darstellung in Anlehnung an Pahnke et al., 2023, S. 733)

Die möglichst genaue Definition des Begriffs „Mittelstand" ist zusammenfassend für diese Dissertation nicht nur zweckmäßig, sondern als Gütekriterium essenziell, sowohl für die Auswahl der Stichprobe als auch für die Interpretation der Ergebnisse der geplanten empirischen Untersuchung. Als Resümee des oben zusammenfassend dargestellten Diskurses, wie der Mittelstand angemessen definiert werden könne (Berlemann et al., 2022, S. 1171), sowie unter Berücksichtigung der Anregungen von Deimel et al. (2021, S. 70–71), Becker et al. (2016, S. 8–9) und Reker und Götzen (2012, S. 3) verwendet diese Dissertation mit dem Ziel der untersuchungsspezifischen Operationalisierung der Eigentums- und Managementstruktur des Mittelstands die folgende eigene Arbeitsdefinition, bei der die Einheit von Eigentum, Haftung und Führung als qualitatives Kriterium im Vordergrund steht (Wolter & Hauser, 2001, S. 73):

„Mittelständische Unternehmen in Deutschland bzw. der deutsche Mittelstand im Sinne dieser Untersuchung sind wirtschaftlich und rechtlich selbstständige, eigentümergeführte Unternehmen, die einen oder mehrere Gesellschafter haben, die in den Führungsgremien des Unternehmens Verantwortung für die strategischen Entscheidungen tragen, die das unternehmerische Risiko tragen und deren Erwerbs- und Existenzgrundlage durch das Unternehmen gesichert wird".

Grundlegendes Kriterium dieser Definition ist die zentrale Rolle des mittelständischen Unternehmers, der Managementprozesse und -funktionen steuert, führt und/oder kontrolliert (Windau & Schumacher, 1996, S. 30; Wolf et al., 2019, S. 2). Mittelständische Unternehmen sind „ein wirtschaftlich-sozialer Organismus", in dem es eine Identität zwischen der Persönlichkeit des Unternehmers und dem Unternehmen gibt (Windau & Schumacher, 1996, S. 30; Wolf et al., 2019, S. 3). Als eigentümer- oder familiengeführte Unternehmen werden Unternehmen identifiziert, in denen bis zu zwei natürliche Personen geschäftsführend tätig sind, die oder deren engste Familienangehörige direkt oder indirekt über Zwischengesellschaften mindestens 50 % der stimmberechtigten Anteile des Unternehmens halten (Wolter & Hauser, 2001, S. 65). Damit erfasst die qualitative Definition, unabhängig von ihrer Größe, ausdrücklich sowohl Nicht-Familienunternehmen als auch Familienunternehmen, soweit sie eigentümergeführt sind und den übrigen in der eigenen Definition genannten Kriterien entsprechen. Diese Definition unterstreicht, dass mittelständische Unternehmen nicht anhand ihrer vermeintlich geringen Größe definiert werden können, sondern die Einheit von Eigentum und unternehmerischer Verantwortung den Mittelstand im Kern ausmacht.

Der deutsche Mittelstand wird im Rahmen dieser Untersuchung als eine spezifische Gruppe von Unternehmen definiert, die bestimmte qualitative Kriterien erfüllen. Statistiken zur wirtschaftlichen Relevanz dieser definierten Gruppe stehen nicht zur Verfügung, so dass hilfsweise die wenigen und zumeist nicht aktuellen veröffentlichten Zahlen zu den überwiegend quantitativ definierten Unternehmensgruppen herangezogen werden. Ziel dieser Vorgehensweise ist es, zumindest einige annähernde Aussagen zur volkswirtschaftlichen Relevanz des deutschen Mittelstands treffen zu können. Der BDI (Bundesverband der deutschen Industrie e. V.) hat die in Tabelle 2.51 dargestellten Zahlen aus dem Jahr 2022 veröffentlicht, die aus einer vom IfM Bonn beauftragten Sonderauswertung (Wehnert, 2023, S. 3) des Statistischen Bundesamtes stammen.

Demnach lassen sich 99,5 % der insgesamt etwa 3,4 Mio. erfassten deutschen Unternehmen als SME bzw. KMU im Sinne der EU-Definition (European Commission, 2020) mit weniger als 250 Beschäftigten und höchstens 50 Mio. Euro Jahresumsatz klassifizieren. Es kann angenommen werden, dass der weitaus größte Teil dieser Unternehmen eigentümergeführt ist. Nimmt man die nächste Gruppe der Unternehmen hinzu, die zwischen 250 und 499 Mitarbeiter beschäftigen, dann entspreche diese Gruppe, unter der Voraussetzung, dass

Tabelle 2.51 Unternehmen in Deutschland nach Anzahl der Beschäftigten. (Quelle: Eigene Darstellung in Anlehnung an Wehnert, 2023, S. 3)

Jahr 2022	Unternehmen nach Anzahl der Beschäftigten							
Anzahl	0-99[1]		100-249[1]	250-499[1]	500-999[1]	1.000-1.499[1]	1.500-2.999[1]	> 3.000[1]
	0-9[1]	10-99[1]						
	2.946.649	399.577	27.774	9.288	4.277	1.405	1.129	605
	3.346.226							
%	98,69		99,51	0,27	0,13	0,04	0,03	0,02

Kleinste, kleine und mittlere Unternehmen (KMU) entlang Empfehlung 2003 | 361 | EG der EU-Kommission

Kleine Unternehmen mit mittelgroßer Marktkapitalisierung „small mid cap" entlang EFSI, VO (EU) 2015/2017

Unternehmen mit mittelgroßer Marktkapitalisierung „large mid cap" entlang EFSI, VO (EU) 2015/2017

[1] Quelle: Unternehmensregister des Statistischen Bundesamtes, Sonderauswertung des IfM Bonn.

der Jahresumsatz der einbezogenen Unternehmen unterhalb von 50 Mio. Euro liegt, der KMU-Definition des IfM Bonn. Das IfM Bonn definiert den deutschen Mittelstand wie oben beschrieben, betont aber zudem, dass qualitative Kriterien aussagefähiger seien als quantitative Kriterien (IfM Institut für Mittelstandsforschung, 2023), obwohl alle vom IfM veröffentlichten Zahlen zum deutschen Mittelstand auf Basis der KMU-Definition der EU-Kommission berechnet werden, da es amtliche Statistiken nicht zulassen würden, die relevanten qualitativen Kriterien des Mittelstands abzulesen. Wie Tabelle 2.51 zeigt, ist der zahlenmäßige Anteil der KMU an den gesamten Unternehmen in Deutschland hoch. Somit kann angenommen werden, dass folgende Angaben des IfM Bonn (IfM Institut für Mittelstandsforschung, 2023) mit dem Ziel der Quantifizierung der wirtschaftlichen Relevanz tendenziell auf den deutschen Mittelstand gemäß der eigenen Arbeitsdefinition übertragbar sind: KMU erwirtschaften etwa 31 % des gesamten Umsatzes von Unternehmen in Deutschland, sie beschäftigen etwa 19 Mio. Mitarbeiter bzw. 54 % aller abhängig Beschäftigten und 70 % aller Auszubildenden.

Zusammenfassend wird deutlich, dass die Datenlage zur Bestimmung der wirtschaftlichen Relevanz des deutschen Mittelstands, der von Politik und Wirtschaft plakativ als Rückgrat der deutschen Wirtschaft und Motor für Wachstum und Beschäftigung bezeichnet wird, völlig unzureichend ist. Dies ist zum einen auf das Fehlen eines gemeinsamen Verständnisses des Mittelstands in der Literatur zurückzuführen und resultiert zum anderen vermutlich aus den divergierenden Interessen derjenigen Institutionen, die in ihren medialen Darstellungen zum Mittelstand und zu mittelständischen Themen mit Zahlen arbeiten, die überwiegend nicht aktuell sind, auf unklaren Grundgesamtheiten basieren und nicht zu den selbstgewählten Definitionen passen.

2.2.5.2 Forschungsergebnisse zu Erfolgsfaktoren des Mittelstands

Zur Vorbereitung der Erstellung eines Katalogs potenzieller mittelstandsspezifischer Erfolgsfaktoren werden im Folgenden die diesbezüglichen Erkenntnisse aus der Analyse des Stands der Forschung um weiterführende Forschungsergebnisse empirischer Studien zu mittelstandsspezifischen Erfolgsfaktoren ergänzt.

„Wer über den Mittelstand etwas aussagen will, befindet sich nicht in der beneidenswerten Lage der Naturwissenschaftler, die, welches immer das Forschungsobjekt sein möge, einem willentlich frei abgrenzbaren und zur klaren Umschreibung geeigneten Fragenkomplex gegenüberstehen“. Der Mittelstand ist „ein praktisch nicht leicht zu umgrenzendes Gebilde“ (Marbach, 1942, S. 11). Diese schon im Jahr 1942 beschriebene Problematik der definitorischen Heterogenität des Mittelstands und die daraus resultierende begriffliche Unschärfe haben wesentliche Konsequenzen für die Mittelstandsforschung.

Zunächst befasst sich die Betriebswirtschaftslehre lange Zeit kaum mit dem Mittelstand (Schauf, 2009, S. 3) und dann werden „die strukturellen Unterschiede der mittelständischen Unternehmenspraxis [...] zugunsten einer vereinfachenden, pauschalierenden Darstellung in der mittelstandsorientierten Betriebswirtschaftslehre weitgehend vernachlässigt“ (Becker, Staffel & Ulrich, 2008, S. 31). In der Rückschau auf das 65-jährige Bestehen des IfM Bonn im Jahr 2023 erinnert Gröschl (2023, S. 21–23) an historische Meilensteine der Mittelstandsforschung. Demnach ging es Ende der 1950-er Jahre u. a. zunächst um das Herausfiltern der Interessen des Mittelstands, um die Untersuchung der Funktionen der KMU in der Marktwirtschaft sowie um deren Wettbewerbsnachteile gegenüber Großunternehmen. Im Jahr 1960 wird die Abgrenzung des Begriffs Mittelstand als notwendig erachtet, um festzustellen, „welcher Betrieb aufgrund seiner Zugehörigkeit zum Mittelstand gefördert werden müsse“ (Gröschl, 2023, S. 24).

Becker, Staffel und Ulrich (2008, S. 31–32) leiten folgende wesentlichen Zielsetzungen der (empirischen) Mittelstandsforschung ab: Validierung der qualitativen Definitionsmerkmale des Mittelstands, Systematisierung der mittelstandseigenen Problemlandkarte, Untersuchung der Prinzipal-Agent-Probleme zwischen Eigentümern und Management, Überprüfung der mittelstandseigenen Erfolgsfaktoren, Entwicklung anforderungsgerechter, betriebswirtschaftlicher Problemlösungen sowie die dazugehörigen eigenständigen und machbaren Umsetzungskonzepte. Aus dieser Forderung resultiert ein Forschungsschwerpunkt an der Universität Bamberg zur Ermittlung und Untersuchung mittelständischer Erfolgspotenziale und der erwarteten zukünftigen Veränderung der Erfolgsfaktoren im Mittelstand (Becker, Staffel & Ulrich, 2008, S. 36–37). Zehn Jahre später resümieren Berlemann et al. (2018, S. 22), dass wegen der falschen

Gleichsetzung mittelständischer Unternehmen mit KMU die empirische Mittelstandsforschung „noch in den Kinderschuhen" stecke und „faktisch der ganz überwiegende Teil der existierenden empirischen Mittelstandsforschung inhaltlich Forschung zu kleinen und mittleren Unternehmen" sei (Berlemann et al., 2018, S. 22–23). Die vorgenannten Autoren fordern, „die empirische Mittelstandsforschung auf eine zuverlässigere Basis zu stellen", neue Impulse für diesen wichtigen Forschungsbereich zu setzen (Berlemann et al., 2018, S. 28) und eine eigenständige Mittelstandsforschung zu etablieren, die auf eine zuverlässige Datenbasis zurückgreifen könne (Cassel & Thomas, 2019, S. 1).

Aus Sicht der Verfasserin dieser Dissertation erscheint es plausibel, dass diese Problematik auch ein Erklärungsbeitrag für die bestehende Forschungslücke in Bezug auf das strategische PMI-Management im deutschen Mittelstand ist. Denn während in einem an der Anzahl gemessenen großen Teil der kleinen und mittleren Unternehmen des deutschen Mittelstands M&A-Projekte mit hoher Wahrscheinlichkeit eine eher unbedeutende Rolle spielen, besteht ein hochaktuelles Interesse an der Erforschung der spezifischen mittelstandsgeprägten M&A- und PMI-Strategien eigentümergesteuerter großer mittelständischer Unternehmen (S. A. Jansen, 2004, S. 237), in denen das Thema M&A in den letzten Jahren erheblich an Bedeutung gewonnen hat. Diese Unternehmen geraten aber offenbar wenig in den Fokus der Forschung, weil sie fälschlicherweise häufig mit KMU gleichgesetzt werden.

Die Auflistung und Beschreibung charakteristischer Strukturmerkmale mittelständischer Unternehmen stößt wegen der oben ausgeführten definitorischen Heterogenität auf Schwierigkeiten (Winkler, 2020, S. 25) und kann laut Daschmann (1994, S. 67) „der komplexen Wirklichkeit nur ansatzweise entsprechen". Zudem stehen „die Faktoren in einem interdependenten Zusammenhang" und „die isolierte Darstellung und Beurteilung stellen eine notwendige Vereinfachung dar" (Daschmann, 1994, S. 67). Charaktermerkmale des deutschen Mittelstands werden im Hinblick auf die empirische Untersuchung dieser Dissertation auf die Position und das Verhalten der Eigentümer als das wesentliche Element der Arbeitsdefinition zurückgeführt. Die Einheit von Eigentum und Leitung ist nicht nur in KMU, sondern auch in größeren mittelständisch geprägten Industrie- und Familienunternehmen gegeben. Für die geplante empirische Untersuchung wird angenommen, dass dieses Merkmal weitere qualitative Merkmale der Strategie, Organisation, Führung und Kultur und damit auch den Erfolg mittelständischer Unternehmen direkt und indirekt maßgeblich beeinflusst. Diese Annahme macht die in dieser Dissertation thematisierte gesonderte Betrachtung des PMI-Managements im deutschen Mittelstand erforderlich.

Als weitere qualitative und weitestgehend größenunabhängige Besonderheiten des Mittelstands lassen sich auf Basis der Arbeitsdefinition dieser Dissertation die Einheit von Risiko und Kontrolle sowie von Entscheidung und Verantwortung, die flachen Hierarchien, der Konsens zwischen Leitung und Personal und die persönlichen Beziehungen der Eigentümer zum Unternehmensumfeld auflisten (Reinemann & Ludwig, 2015, S. 39; Reinemann, 2019, S. 5). Aus der zentralen Stellung der Person des Eigentümers ergeben sich wesentliche Auswirkungen auf die gesamte Unternehmensführung (Reinemann, 2019, S. 14), denn in eigentümergeführten Unternehmen wirken Eigentümer „sowohl auf unternehmenspolitische Verständigungspotenziale als auch auf geschäftsstrategische Erfolgs- und betriebliche Produktivitätspotenziale ein" (Pfohl, 2020, S. 98). In dieser Konstellation bestimmen die Eigentümer nicht nur die unternehmenspolitischen Leitplanken, sondern treffen in ihrer unternehmerischen Rolle auch alle strategischen und operativen Entscheidungen unmittelbar (Reinemann & Ludwig, 2015, S. 41). Sie sind bestrebt, die Einheit von Leitung und Entscheidung zu erhalten (Reinemann & Ludwig, 2015, S. 42) und sind nicht bereit, die Kontrolle über die strategisch relevanten Ressourcen ihres Unternehmens abzugeben (Colli, 2013, S. 586). In diesem Zusammenhang weist Daschmann (1994, S. 68) darauf hin, dass „die zentrale Stellung und Bedeutung der Unternehmensleitung im Mittelstand" sowohl als „Erfolgsfaktor und Wettbewerbsvorteil als auch als entscheidender Misserfolgsfaktor wirken kann" (Daschmann, 1994, S. 68). Die Untersuchung von Dücker (2020, S. 267) zeigt, dass sich Erfolgsfaktoren eigentümergeführter Unternehmen generell aus den Unterschieden gegenüber kapitalmarktorientierten Unternehmen ergeben, die aus der spezifischen Eigentümerstruktur und Organisation resultieren. Die langfristige Orientierung mittelständischer Unternehmen als wesentlicher Charakterzug des Verhaltens der Eigentümer wird in diesem Zusammenhang als Erfolgsfaktor identifiziert, oft gepaart mit einer eher niedrigen Risikoneigung, bei der der Erhalt des Unternehmens im Vordergrund steht und nicht die kurzfristige Erwartung hoher Renditen (Reinemann & Ludwig, 2015, S. 43).

Aus der Einheit von Eigentum und Kontrolle ergeben sich in mittelständischen Unternehmen, die nicht über ausgeprägte Corporate-Governance-Systeme verfügen, Risiken, die aus der fehlenden Selbstkontrolle von Eigentümern und Familienmitgliedern und aus einem Mangel an distanzierter Objektivität gegenüber Mitgliedern der Eigentümerfamilie resultieren können (Reinemann & Ludwig, 2015, S. 45). Beiräte und mit externen Fachleuten ergänzte Gesellschafterausschüsse tragen in immer mehr mittelständischen Unternehmen dazu bei, diese Risiken zu reduzieren (Reinemann & Ludwig, 2015, S. 45; Staffel et al., 2010, S. 61–63). Auch in größeren eigentümergeführten Unternehmen ist „die

Unternehmensleitung bestrebt [...] eine starke Kontrollbeziehung bis in die operativen Einheiten aufrecht zu erhalten“ (Reinemann & Ludwig, 2015, S. 46). Daraus resultiert die von Mitarbeitern meist als positiv empfundene geringe Distanz zur Unternehmensleitung sowie die allgemeinen besseren Mitwirkungsmöglichkeiten an den unternehmerischen Entscheidungen (Reinemann & Ludwig, 2015, S. 46). Die transparenten und engen Beziehungen können sich positiv auf das sog. Betriebsklima und damit auf die Unternehmenskultur auswirken (Reinemann & Ludwig, 2015, S. 47).

Eine weitere größenunabhängige Besonderheit mittelständischer Unternehmen ist die Beziehung zum Umfeld in Form persönlicher regionaler Netzwerke der Eigentümer, die häufig in der Übernahme von Verantwortung im Rahmen der Corporate Social Responsibility (CSR) des Unternehmens zum Ausdruck kommt (Reinemann & Ludwig, 2015, S. 47) und seine Wurzeln in der engen Verbundenheit der Eigentümer mit dem regionalen Umfeld, Mitarbeitern, Kunden und übrigen Anspruchsgruppen des Unternehmens hat (Miller et al., 2008, S. 56; Reinemann & Ludwig, 2015, S. 47). Mittelständische Unternehmen engagieren sich gesellschaftlich stärker und priorisieren die Wünsche ihrer Anspruchsgruppen in besonderer Weise, auch aus Sorge um ihr Image und ihre Reputation, verbunden mit dem Wunsch, ihre Vermögenswerte schützen zu wollen (Reinemann & Ludwig, 2015, S. 47).

Reinemann und Ludwig (2015, S. 49) räumen ein, dass die o. g. Differenzierungsmerkmale als Teil der Erklärung des Erfolgs des deutschen Mittelstands nicht ausreichend empirisch untersucht seien. Auch eine pauschale Übertragung der Unterscheidungsmerkmale sei angesichts der Heterogenität der Zusammensetzung des deutschen Mittelstands nicht möglich. Sowohl die „langfristige Orientierung als auch die stabilen Stakeholder-Beziehungen“ könnten aber einen Teil des Erfolgs des deutschen Mittelstands erklären. Runst und Thomä (2023, S. 4) führen zur Resilienz von KMU aus, dass sie in Krisen angesichts begrenzter Ressourcen häufig grundsätzlich anfällig seien. Sie seien andererseits aber in der Lage, auf neue Marktanforderungen flexibel zu reagieren und dabei neue Wege zu gehen, was die Forschungsliteratur als „Organizational Ambidexterity“ (Iborra et al., 2022, S. 1122) oder „organisatorischen Weitblick“ bezeichnet.

A. G. Schmidt und Moritz (2023, S. 191) generalisieren für den eigentümergeführten Mittelstand ein hohes Maß an Entscheidungsfreiheit und -autonomie. Diese Freiheit ermögliche es mittelständischen Unternehmen, bewusst oder unbewusst, nach immateriellen Parametern wie Werten und Einstellungen zu entscheiden, wobei angenommen werden könne, „dass der Unternehmer die Entscheidung trifft, die ihm unter Abwägung der materiellen und immateriellen Parameter seiner Nutzenfunktion den in Relation zu allen anderen Entscheidungsalternativen höchsten Nutzen stiftet", und die entweder positive, negative oder neutrale Auswirkungen auf den Unternehmenswert haben könnten (A. G. Schmidt & Moritz, 2023, S. 191–192).

Bauweraerts und Colot (2013, S. 314) bestätigen die Bedeutung formeller und informeller Corporate Governance als Erfolgsfaktor in eigentümergeführten Unternehmen. Becker, Fischer et al. (2008, S. 7) sehen auf Basis ihrer theoretischen Überlegungen und empirischer Untersuchungen Unternehmensführung und Controlling als Erfolgsfaktoren mittelständischer Unternehmen, wobei diese durch Führungs- und Managementkompetenzen miteinander verbunden würden (Becker, Fischer et al., 2008, S. 13; Hechtfischer, 2004, S. 315). Arbeiten innerhalb der Führungsforschung machen in diesem Zusammenhang deutlich, dass Faktoren im Kontext der Führung wie beispielsweise die Aufbauorganisation, Organisationsanweisungen, Aus- und Weiterbildung und Anreizsysteme als Substitute für Personalführung wirken können (Braun, 2014, S. 94). Ein weiterer Vorteil der Einheit von Eigentum und Leitung liegt in der generellen Vermeidung von Prinzipal-Agent-Problemen zwischen Eigentümern und Managern von Unternehmen (Berlemann et al., 2022, S. 1171). Küpper und Daschmann (1993, S. 9–12) nennen als entscheidende Erfolgsfaktoren mittelständischer Unternehmen die Qualität und insbesondere die Motivation der Mitarbeiter, die Qualität der Unternehmensführung, die Innovationsfähigkeit, die Markt- und Wettbewerbssituation, den Stand der Produktionstechnik und Umweltschutzaspekte.

Die folgenden Tabellen fassen ausgewählte Aussagen wissenschaftlicher Studien und der empirischen Forschung zu mittelstandsspezifischen Faktoren zusammen, von denen angenommen wird, dass sie im Kontext der PMI einen Einfluss auf den Erfolg haben. Tabelle 2.52 gruppiert Aussagen zur zentralen Rolle des Eigentümers im Mittelstand, die einen umfassenden und starken Einfluss auf alle Prozesse und Entscheidungen im Unternehmen hat, wie z. B. zum Machtstreben, zur Führung als Erfolgs- und Misserfolgsfaktor, zur Prägung des Zielsystems, zu persönlichen Bindungen sowie zur Einbindung in das operative Geschäft.

Tabelle 2.52 Aussagen der wissenschaftlichen Literatur zur zentralen Rolle des Eigentümers im Mittelstand; Teil 1 von 2. (Quelle: Eigene Darstellung)

Aussagen in der wissenschaftlichen Literatur zur zentralen Rolle des Eigentümers im Mittelstand (Teil 1 von 2)	Quellen
Streben des Unternehmers nach Macht und Verantwortung; Erfolg haben um des Erfolges Willen; Freude am Gestalten; allgemeine Entscheidungsfreude des Unternehmers	Schumpeter, 1987, S. 138-139; Bitzer, 1977, S. 79-81
Führung als entscheidender Erfolgs- und Misserfolgsfaktor	Steiner, 1969, S. 2
Unternehmer beherrscht Prozesse und Strukturen unmittelbar	Daschmann, 1994, S. 61
Unternehmer prägt das charakteristische mittelständische Zielsystem (Liquiditätssicherung, Sicherung des Unternehmensbestandes, Sicherung der unternehmerischen Unabhängigkeit, Steigerung des Unternehmenswertes)	Daschmann, 1994, S. 58; Hinderer, 1984, S. 142; T. Günther & Gonschorek, 2011, S. 20; Stietencron, 2013, S. 4-6; J. Wolf et al., 2019, S. 4
Direkter Kontakt, enge und starke persönliche Bindung zwischen Unternehmer und Mitarbeitenden	Gabele, 1983, S. 134-139; Gross, 1967, S. 174; Daschmann, 1994, S. 61
Eigentümer immer federführend bei Entscheidungen	Becker et al., 2016, S. 75
Enge Verbindung zwischen Unternehmenserfolg und Haftung des Unternehmers	Daschmann, 1994, S. 56; Welter, 2015, S. 23
Führung des Unternehmers durch Vorbild und Persönlichkeit; Führungspersönlichkeiten und Führungsstil sind stark geprägt durch den Eigentümer; Zielstrebigkeit, Furchtlosigkeit, Energie und Motivationsfähigkeit; Führung autoritär in den Grundwerten, aber partizipativ im Detail	Daschmann, 1994, S. 61; Golsner, 2012, S. 17;
Hohe Einbindung der Geschäftsführung in operative Tätigkeiten; Geschäftsführung mit strategischen Herausforderungen und Tagesgeschäft überlastet	Krol, 2009, S. 10; Stich et al., 2016, S. 348
Hohes gesellschaftspolitisches Engagement des Unternehmers	Gabele, 1983, S. 134-139

Tabelle 2.53 gruppiert weitere Aussagen im Zusammenhang mit der zentralen Rolle des Eigentümers im Mittelstand, wie z. B. zur Leistungsbereitschaft, zur Wertestruktur, zum Führungsstil, zur mitarbeiterorientierten Führung und zur unternehmerischen Qualifikation.

Tabelle 2.53 Aussagen der wissenschaftlichen Literatur zur zentralen Rolle des Eigentümers im Mittelstand; Teil 2 von 2. (Quelle: Eigene Darstellung)

Aussagen in der wissenschaftlichen Literatur zur zentralen Rolle des Eigentümers im Mittelstand (Teil 2 von 2)	Quellen
Leistungsbereitschaft der Unternehmensführung (Motive, Motivation, Werterhaltung)	Daschmann, 1994, S. 99
Klare und langsam gewachsene Wertestruktur im Mittelpunkt der Organisation, Traditions- und Verantwortungsbewusstsein, Risikoaversion, Streben nach unternehmerischer Unabhängigkeit	Stich et al., 2016, S. 348
Patriarchalischer Führungsstil, der Unternehmer entscheidet allein, wenn auch in gewissen Punkten Rücksprache oder Diskussionen mit den Mitarbeitern stattfinden	Pfohl, 2020, S. 107; Bitzer, 1977, S. 79-81
Personen- und mitarbeiterorientierte Führung, fachliche Kompetenz, Managementkompetenz, Führungskompetenz, Persönlichkeit	Hechtfischer, 2004, S. 314-319
Persönliche Erfolgs- und Risikoverantwortlichkeit	Daschmann, 1994, S. 56
Persönliche Mitwirkung des Unternehmers bis in die Einzelheiten bzw. Delegation in geringem Umfang	Gantzel, 1962, S. 284; Pfohl, 2020, S. 29; J. Wolf et al., 2019, S. 4
Pragmatische Herangehensweise, flache Hierarchien	Becker et al., 2016, S. 54
Starke soziale, generationenübergreifender und regionaler Werte und Verantwortungsgefühl, das über das Unternehmen und seine Mitarbeiter hinausgeht	Welter, 2018, S. 99
Unternehmerische Qualifikation; Erfahrung, berufliches und branchenbezogenes Fachwissen; unternehmerische Fähigkeit, Chancen und Risiken zu erkennen	Daschmann, 1994, S. 93-94
Vereinigung aller wesentlichen Aufgaben der Betriebsführung in der Person des mittelständischen Unternehmers	Daschmann, 1994, S. 60
Zentrale Stellung des Unternehmers (Überschneidung von Kapitalbesitz und Geschäftsführung)	Bitzer, 1977, S. 79-81; Daschmann, 1994, S. 55
Zentrale Stellung und Bedeutung der Unternehmensleitung kann sowohl als Erfolgsfaktor als auch als Misserfolgsfaktor wirken	Daschmann, 1994, S. 68

Tabelle 2.54 Aussagen der wissenschaftlichen Literatur zur mittelstandsspezifischen Flexibilität und Effizienz. (Quelle: Eigene Darstellung)

Aussagen in der wissenschaftlichen Literatur zur mittelstandsspezifischen Flexibilität und Effizienz	Quellen
Begrenzte (überschaubare) Ressourcen und Flexibilität	Daschmann, 1994, S. 55
Flexibilität als „Wunderwaffe" des Mittelstandes, ergibt sich aus der besonderen Führungsstruktur, aus den kurzen Informations- und Entscheidungswegen	Semlinger, 1988, S. 230; Daschmann, 1994, S. 67
Geringe Arbeitsteilung	Daschmann, 1994, S. 61
Flacher Organisationsaufbau mit geringer Abteilungsbildung	Daschmann, 1994, S. 60
Keine Kosten für das Prinzipal-Agent-Problem, eingesparte Kosten werden in F+E investiert und erhöhen die Innovationsfähigkeit	Berlemann & Jahn, 2014, S. 26; Küpper, 1994, S. 122; Böhler & Scigliano, 2004, S. 203; 207
Kleineres Aufgabenspektrum der Mitarbeiter, starke Fokussierung	Berlemann & Jahn, 2014, S. 26
Kurze Informations- und Entscheidungswege, schnelle Reaktionsfähigkeit, potenzielle Flexibilität auf Veränderungen zu reagieren	Daschmann, 1994, S. 60-61
Mittelstandsunternehmen profitieren von einer flacheren Aufbauorganisation, die zu kürzeren Entscheidungs- und Informationswegen führt und den Mittelstand schneller handlungsfähig macht	Brunner-Kirchmair & Pernsteiner, 2016, S. 320
Organisation: einfache und unbürokratische Abläufe und Strukturen, hierarchische Grundordnung der Aufbauorganisation, klar angeordnete Befugnisse; eindeutige Entscheidungs-strukturen; schnelle Entscheidungs- und Reaktionsfähigkeit	Daschmann, 1994, S. 108
Schnelle Reaktion auf Veränderungen durch Flexibilität	Khadjavi, 2005, S. 159
Unternehmerische Flexibilität	Schlüchtermann & Pointner, 2004, S. 21

Tabelle 2.54 gruppiert Aussagen der wissenschaftlichen Literatur zur mittelstandsspezifischen Flexibilität und Effizienz, die sich aus der Führungsstruktur ergeben und von denen angenommen werden kann, dass sie Prozesse und Entscheidungen im Rahmen der PMI beeinflussen. Dazu gehören z. B. die flexible Führungsstruktur, der flache Organisationsaufbau, kurze Informations- und Entscheidungswege sowie unbürokratische Strukturen.

Tabelle 2.55 gruppiert Aussagen der wissenschaftlichen Literatur zur mittelstandstypischen langfristigen Orientierung. Dazu gehören z. B. die hohe Führungskontinuität, die langfristen und engen Beziehungen zu Kunden, Lieferanten, Mitarbeitern und Finanzinstituten, ein generell eher langfristig ausgeprägtes Denken sowie ein nachhaltiges unternehmerisches Handeln

Tabelle 2.55 Aussagen der wissenschaftlichen Literatur zur mittelstandsspezifischen langfristigen Orientierung. (Quelle: Eigene Darstellung)

Aussagen in der wissenschaftlichen Literatur zur mittelstandsspezifischen langfristigen Orientierung	Quellen
Langfristorientierung und hohe Führungskontinuität; Umsetzungskompetenz bei Entscheidungen und Projekten	Deimel et al., 2021, S. 74; Berghoff, 2006, S. 272; Massis et al., 2018, S. 132-133; Welter, 2018, S. 103;
Langfristig orientiert, implizites Wissen über die Identität des Unternehmens, enge Beziehungen zu Kunden, Lieferanten, Mitarbeitern und Banken	Minichilli et al., 2016, S. 3; Biedermann, 2018, S. 147-148; Berlemann et al., 2022, S. 1173
Langfristiges Denken	Massis et al., 2018, S. 125; J. Wolf et al., 2019, S. 5
Nachhaltiges unternehmerisches Handeln	Stich et al., 2016, S. 348

Tabelle 2.56 listet weitere Mittelstandsspezifika auf, zu denen in der wissenschaftlichen Literatur Aussagen getroffen werden und die innerhalb des PMI-Prozesses eine Rolle spielen können. Dazu gehören beispielsweise die hohe Abhängigkeit von Schlüsselpersonen, eine spezifische Risikokultur, die starke Identifikation der Mitarbeiter mit dem Unternehmen, aber auch strategische Defizite, geringe M&A-Erfahrung und eine hohe Fehleranfälligkeit in der PMI.

Tabelle 2.56 Allgemeine Aussagen der wissenschaftlichen Literatur zu Mittelstandsspezifika. (Quelle: Eigene Darstellung)

Aussagen in der wissenschaftlichen Literatur zu allgemeinen Mittelstandsspezifika	Quellen
Ausgeprägtes „Wir-Gefühl"; starke Identifikation der Mitarbeiter mit ihren Aufgaben und ihren Produkten	Bickel, 1981, S. 181; Stich et al., 2016, S. 348; Daschmann, 1994, S. 61; Vallejo, 2008, S. 273; J. Wolf et al., 2019, S. 4
Abhängigkeit von Schlüsselpersonen	Stich et al., 2016, S. 348
Unzureichende externe Unternehmenskommunikation	Brunner-Kirchmair & Pernsteiner, 2016, S. 319
Hervorragende Mitarbeiterbeziehungen, positives Betriebsklima	Daschmann, 1994, S. 61; Massis et al., 2018, S. 125; Vallejo, 2008, S. 273
Entscheidungen basieren auf Improvisation, Intuition	Becker et al., 2016, S. 72
Hohe Kunden- und Marktnähe	Daschmann, 1994, S. 120-123; Nicklaus, 1984, S. 123-128; Küpper & Daschmann, 1993, S. 11; Khadjavi, 2005, S. 151
Probleme bei der Finanzierung; Vorliebe für traditionelle Finanzierungsformen und Eigenfinanzierung	Daschmann, 1994, S. 66; Krol, 2009, S. 13; Massis et al., 2018, S. 125
Qualität der Informations-, Planungs- und Kontrollsysteme sowie der Kosten- und Leistungsrechnung	Daschmann, 1994, S. 110-111; 118; T. Günther & Gonschorek, 2011, S. 21-23; Küpper & Daschmann, 1993, S. 11; Krol, 2009, S. 16
Ressourcenengpässe; eingeschränkte Handlungsoptionen; Konzentration auf Marktnischen oder geografische Regionen	Stich et al., 2016, S. 348; J. Wolf et al., 2019, S. 5
Spezifische(s) Risikokultur, Risikoerkennung, Risikomanagement	Berlemann et al., 2022, S. 1173; K. Wolf, 2004, S. 193; Brunner-Kirchmair & Pernsteiner, 2016, S. 320
Rückgriff auf Erfahrungswerte bei Investitionsentscheidungen	Krol, 2009, S. 12
Hohe Innovationsfähigkeit als Folge des technischen Sachverstandes des Unternehmers, des kreativitätsfördernden Organisationsaufbaus, des Fachwissens und der Verbundenheit der Mitarbeiter mit dem Produkt	Daschmann, 1994, S. 61-62
Strategische Defizite, Ziele und Entscheidungsgrundlagen der Eigentümer; geringe Kapazitäten und Veränderungsbereitschaft; verbesserungswürdiges Finanz- und Rechnungswesen	Schmitt & Mayerhöfer, 2015, S. 610; J. Wolf et al., 2019, S. 5
Wenig M&A-Erfahrungen; fehlendes Wissen; Fehleranfälligkeit in der PMI	Becker et al., 2016, S. 57-58; Brunner-Kirchmair & Pernsteiner, 2016, S. 328

2.2.5.3 Schlussfolgerungen für den eigenen Managementansatz

Zur Beantwortung der theoretischen Forschungsfragen und als Vorbereitung der Konzeption des eigenen erfolgsfaktorenbasierten Managementansatzes werden die aus Sicht der Mittelstandsforschung identifizierten Erfolgsfaktoren im Folgenden konzeptionell strukturiert. Dazu werden die identifizierten Erfolgsfaktoren zunächst thematisch gruppiert, um sie dann für die Berücksichtigung im eigenen Managementansatz zu relevanten kritischen Erfolgsfaktoren zu aggregieren. Die gruppierten mittelstandsspezifischer Erfolgsfaktoren sowie die aggregierten, kritischen Erfolgsfaktoren werden in Tabelle 2.57 dargestellt.

Mittelstandsspezifische Erfolgsfaktoren, wie beispielsweise die zentrale Rolle des Eigentümers, sind dualistisch, d. h. sie können den Erfolg der Strategieumsetzung sowohl begünstigen als auch behindern. Zusammenfassend sollen die folgenden aus Sicht der Mittelstandsforschung identifizierten kritischen Erfolgsfaktoren bei der Konzeption des eigenen Managementansatzes Berücksichtigung finden: zentrale Rolle des Eigentümers, langfristige Orientierung sowie Flexibilität und Effizienz.

Tabelle 2.57 Thematische Gruppierung und Aggregierung der Erfolgsfaktoren aus Sicht der Mittelstandsforschung. (Quelle: Eigene Darstellung)

Thematische Gruppierung der aus Sicht der Mittelstandsforschung identifizierten Erfolgsfaktoren	Aggregierte kritische Erfolgsfaktoren
Zentrale Rolle des Eigentümers und Prägung des Unternehmens durch dessen Persönlichkeit; persönliche Beziehungen: direkter Kontakt zu allen Mitarbeiterebenen; flache Hierarchien; geringe Abteilungsbildung; wenig Bürokratie; pragmatische Herangehensweise; eindeutige Entscheidungsstrukturen; hohe Managementpräsenz; Corporate Governance: Führung, Kapitalbesitz, Haftung und Risikoverantwortlichkeit verbunden; persönliche wirtschaftliche Existenz mit der wirtschaftlichen Existenz des Unternehmens verbunden; hohes gesellschaftspolitisches Engagement; Streben nach Macht, Erfolg; Sicherung der eigenen Selbstständigkeit und Unabhängigkeit; persönliche Mitwirkung und detaillierte Kenntnis der Organisation und Prozesse; hohe Einbindung in operative Tätigkeiten; Führung durch Persönlichkeit; eigene hohe Leistungsbereitschaft; persönliche Erfahrungswerte; Zugehörigkeitsgefühl zum Mittelstand	**Zentrale Rolle des Eigentümers**
Wissenschaftliche Studien und empirische Untersuchungen: Gantzel (1962); Gross (1967); Steiner (1969); Bitzer (1977); Gabele (1983); Hinderer (1984); Schumpeter (1987); Daschmann (1994); Hechtfischer (2004); Krol (2009); T. Günther und Gonschorek (2011); Golsner (2012); Welter (2015); Becker et al. (2016); Stich et al. (2016); Welter (2018); Pfohl (2020)	
Langfristiges Denken: langfristige Orientierung, mittelstandsspezifisches Zielsystem; Regionale Verankerung: Kunden- und Marktnähe, hohe Bedeutung des persönlichen Netzwerks; Nachhaltigkeit und soziale Verantwortung: wertorientierte Unternehmensführung, mittelstandsspezifische Unternehmenskultur, nachhaltige, sozial-verantwortliche Unternehmensführung, eher gewinn- als wertorientierte Ausrichtung; hohe Risikoaversion; mittelstandsspezifische (überschaubare) qualitative und quantitative Ressourcen; traditionelle Finanzierung; mittelstandsspezifisches Strategisches Management	**Langfristige Orientierung**
Wissenschaftliche Studien und empirische Untersuchungen: Semlinger (1988); Daschmann (1994); Küpper und Daschmann (1994); Böhler und Scigliano (2004); Schlüchtermann und Pointner (2004); Khadjavi (2005); Berlemann und Jahn (2014); Brunner-Kirchmair und Pernsteiner (2016)	
Schnelle Entscheidungsprozesse: Anpassungsfähigkeit und Flexibilität; kurze Informations- und Entscheidungswege; hohe Innovationsfähigkeit als Folge des Sachverstandes und der Branchenkenntnisse des Unternehmers; flexible Anpassungsfähigkeit auf der Basis der besonderen Führungsstruktur; mittelstandsspezifische Qualität der Informations-, Planungs- und Kontrollsysteme; mittelstandsspezifische Qualität der Managementinstrumente; effiziente Ressourcen: Organisation; Qualität der Mitarbeitenden; Wertestruktur	**Flexibilität und Effizienz**
Wissenschaftliche Studien und empirische Untersuchungen: Jensen und Meckling (1976); Berghoff (2006); Bartz und Winkler (2016); Minichilli et al. (2016); Stich et al. (2016); Massis et al. (2018); Berlemann et al. (2022)	

2.2.6 Konzeption des eigenen Managementansatzes

Nach Erarbeitung der theoretischen und methodischen Grundlagen zur Identifikation von Erfolgsfaktoren (Abschnitt 2.2.2) und der strukturierenden Identifikation der in der wissenschaftlichen Forschung untersuchten Erfolgsfaktoren aus Sicht des Strategischen Managements (Abschnitt 2.2.3) und des PMI-Managements (Abschnitt 2.2.4) sowie der Ergänzung der theoretischen Bezugspunkte um die Spezifika und Erfolgsfaktoren aus Sicht der Mittelstandsforschung (Abschnitt 2.2.5) ergeben sich die in Abbildung 2.20 dargestellten kritischen Erfolgsfaktoren, die in der Konzeption des eigenen Modells für das strategische PMI-Management im deutschen Mittelstand Berücksichtigung finden. Für die Erfolgsfaktoren Steuerung und Erfolgskontrolle, Ressourcenmanagement, Informations- und Kommunikationsmanagement, HRM, Unternehmenskultur und Wissensmanagement verdeutlicht Abbildung 2.20 die Schnittmengen der aus Sicht des Strategischen Managements und des PMI-Managements identifizierten Erfolgsfaktoren.

Abbildung 2.21 zeigt den eigenen, auf Basis der theoretisch-konzeptionellen Überlegungen entwickelten, erfolgsfaktorenbasierten Managementansatz für das strategische PMI-Management im deutschen Mittelstand.

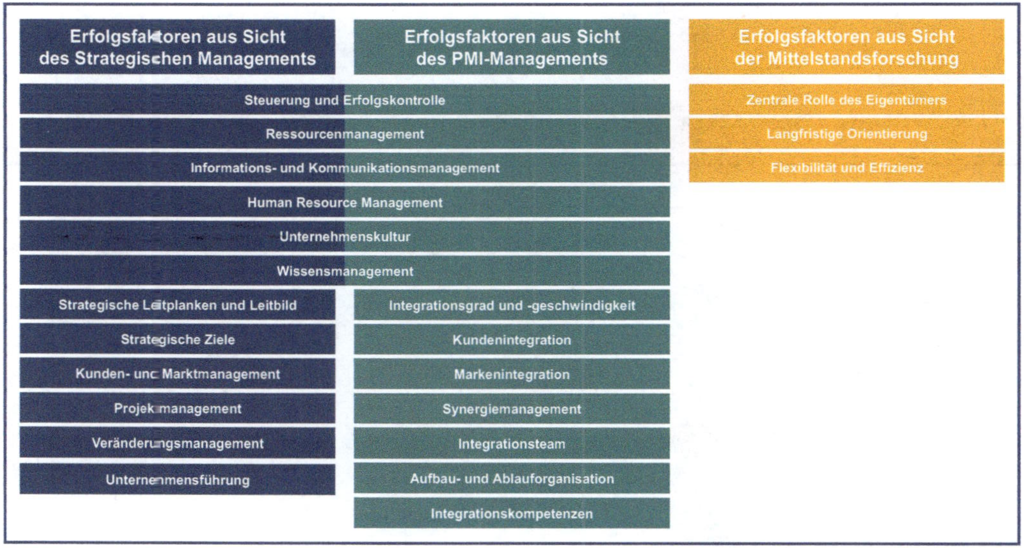

Abbildung 2.20 Kritische Erfolgsfaktoren für den eigenen Managementansatz. (Quelle: Eigene Darstellung)

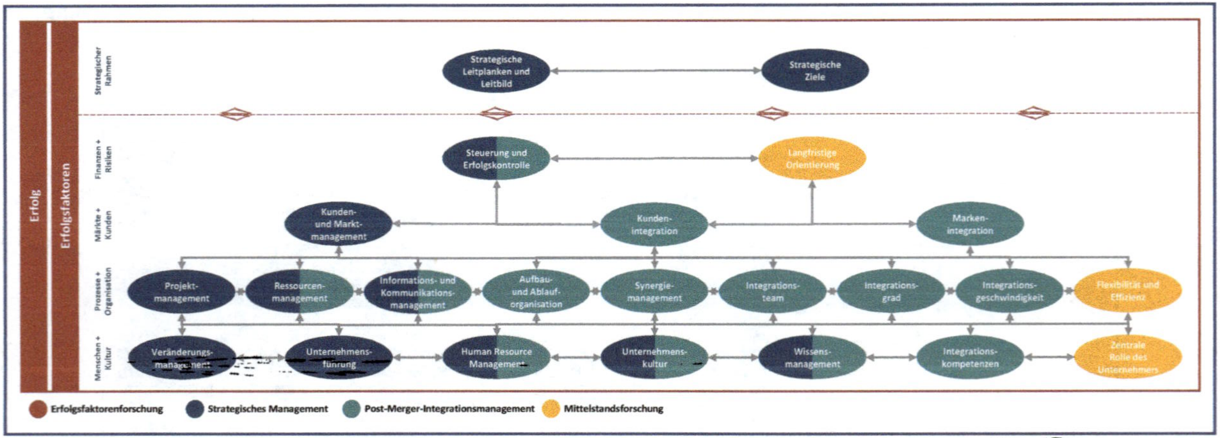

Abbildung 2.21 Multiperspektivischer, erfolgsfaktorenbasierter Managementansatz des strategischen PMI-Managements im deutschen Mittelstand. (Quelle: Eigene Darstellung)

Der Managementansatz enthält wesentliche Elemente eines multiperspektivisches Strategieprozessmodells (Chakravarthy et al., 2017, S. 2; Hungenberg, 2014, S. 14; Reisinger et al., 2017, S. 51). Die strategischen Leitplanken und das Leitbild sowie die daraus abgeleiteten strategischen Ziele bilden den übergeordneten strategischen Rahmen des PMI-Managements (Welge et al., 2017, S. 199). Planung, Steuerung und Kontrolle sowie das strategische und operative PMI-Management werden an den strategischen Zielen ausgerichtet (T. Günther & Gonschorek, 2011, S. 18).

Die modellhafte Visualisierung der Wirkungszusammenhänge der identifizierten Erfolgsfaktoren des strategischen PMI-Managementprozesses im deutschen Mittelstand entspricht der Form einer Strategy-Map (Kaplan & Norton, 2000, S. 54–56; Müller-Stewens & Lechner, 2016, S. 591–592), mit den aus dem BSC-Ansatz abgeleiteten strategischen Perspektiven „Finanzen und Risiken“, „Märkte und Kunden“, „Prozesse und Organisation“ sowie „Menschen und Kultur“ (S. A. Jansen, 2016, S. 372). Innerhalb jeder dieser Perspektiven sowie innerhalb der in diesem Ansatz ergänzten Perspektive des strategischen Rahmens können für jeden dargestellten Erfolgsfaktor quantitative und qualitative Erfolgsindikatoren (Haenecke & Forsmann, 2006, S. 45) festgelegt werden, mit denen Zielerreichung und globaler Erfolg des PMI-Managements bewertet werden können. Im Rahmen des strategischen PMI-Managements verändern strategische Maßnahmen, Handlungen und Entscheidungen den Einfluss der Erfolgsfaktoren auf die Erfolgsindikatoren (Welge et al., 2017, S. 222; 290).

Die aus Sicht der Mittelstandsforschung identifizierten Erfolgsfaktoren resultieren aus dem Kern der Arbeitsdefinition für den deutschen Mittelstand und damit aus der Einheit von Eigentum, Haftung, Führung, Kontrolle und Entscheidung als wesentliches Charakteristikum. Die zentrale Rolle des Eigentümers, die langfristige Orientierung sowie die mittelstandsspezifische Flexibilität und Effizienz ergänzen als Erfolgsfaktoren den eigenen Managementansatz und bilden den mittelstandsspezifischen Kontext des strategischen PMI-Managements ab. Wie jeder Prozess des strategischen Managements ist der PMI-Managementprozess interaktiv mit vielen „Rückkopplungen und Überlappungen“ (Al-Laham, 1997, S. 342; Welge et al., 2017, S. 196) und damit ein vernetzter Masterplan, in dem die identifizierten Erfolgsfaktoren in Bezug auf ihre erfolgsrelevanten Wirkungszusammenhänge gleichzeitig betrachtet werden können.

2.3 Konklusion des theoretischen Teils

Im Abschnitt 2.3.1 wird als Konklusion des theoretischen Teils konkretisiert, wie die theoriegeleiteten Zielstellungen erreicht und die theoretischen Forschungsfragen beantwortet werden. Abschnitt 2.3.2 leitet die empiriegeleitete Fragestellung aus den Erkenntnissen und Ergebnissen des theoretischen Teils ab.

2.3.1 Konklusion und Beantwortung der theoriegeleiteten Fragestellungen

Zielsetzung des ersten Abschnitts des theoretischen Teils dieser Dissertation ist die Beantwortung der ersten theoretischen Subforschungsfrage, welche Erfolgsfaktoren des strategischen PMI-Managements die wissenschaftliche Forschung mit welchen Ergebnissen untersucht hat und wie die bisherigen Untersuchungsansätze zu bewerten sind. Die relevante Literatur wird unter dieser Zielsetzung innerhalb thematischer Cluster in Form von Deskriptionsmatrizen dargestellt, analysiert und kritisch reflektiert. Die bisherigen Untersuchungsansätze zu den Erfolgsfaktoren des strategischen PMI-Managements werden anhand ausgewählter und im Sinne der Zielsetzungen des theoretischen Teils zweckmäßiger Kriterien evaluiert und in Evaluierungsmatrizen zusammengefasst.

Zusammenfassend wird deutlich, dass die überwiegende Anzahl der evaluierten Forschungsarbeiten methodisch und theoretisch in einem Forschungsansatz des Strategischen Managements verankert ist und nur wenige empirische Arbeiten in ihren Untersuchungen Ansätze der EFF und des Strategischen Managements verbinden. Ebenfalls nur wenige Studien untersuchen mittelstandsspezifische Erfolgsfaktoren des Strategischen Managements und des PMI-Managements. Generell stehen Unternehmen im deutschen Mittelstand äußerst selten im Fokus wissenschaftlicher Untersuchungen. Auffällig ist auch, dass in der Mehrzahl der betrachteten Studien einzelne strategische Perspektiven und dabei insbesondere Faktoren wie Mitarbeiter, Führung, Kultur, Prozesse und Organisation isoliert untersucht werden. Nur in wenigen Fällen wird ein ganzheitlicher Forschungsansatz gewählt, in dem gleichzeitig alle strategischen Perspektiven betrachtet werden. Anhand der Ergebnisse der Evaluierung der wissenschaftlichen Arbeiten lässt sich ableiten, dass es im Kontext PMI eine Forschungslücke in Bezug auf die Untersuchung der strategischen Erfolgsfaktoren des PMI-Managements mittelständischer Unternehmen in Deutschland gibt. Die evaluierten Arbeiten, in deren Mittelpunkt mittelständische Unternehmen in Deutschland stehen, unterstreichen, dass obwohl die besonderen Bedingungen im deutschen Mittelstand ein spezifisches strategisches PMI-Management erfordern, dennoch zahlreiche Fragen zu den spezifischen Erfolgsfaktoren der PMI im Mittelstand nicht ausreichend untersucht sind.

Zielstellung des zweiten Abschnitts des theoretischen Teils ist die Beantwortung der zweiten theoretischen Subforschungsfrage, wie ein erfolgsfaktorenbasierter Managementansatz zu konzipieren ist, mit dem sich die PMI im deutschen Mittelstand erfolgreich strategisch managen lässt. Die Identifikation und evaluierende Strukturierung der Erfolgsfaktoren des strategischen PMI-Managements im deutschen Mittelstand hat ihre theoretischen Bezugspunkte in der EFF, dem Strategischen Management, dem PMI-Management und der Mittelstandsforschung.

Im ersten Schritt einer Erfolgsfaktorenstudie erfolgt die Zusammenstellung potenzieller Erfolgsfaktoren, die aus bestehenden Theorien und bisherigen Forschungsergebnissen abgeleitet werden. Anschließend werden die kritischen Erfolgsfaktoren eingegrenzt und thematisch strukturiert, um auf Basis bestehender Forschungsergebnisse deren Relevanz für das strategische PMI-Management im deutschen Mittelstand zu beschreiben.

Aus Sicht des Strategischen Managements werden anhand bestehender Theorien und bisheriger Forschungsergebnisse die folgenden kritischen Erfolgsfaktoren abgegrenzt: strategische Leitplanken und strategisches Leitbild, Steuerung und Erfolgskontrolle, Kunden- und Marktmanagement, Ressourcenmanagement, Projektmanagement, Informations- und Kommunikationsmanagement, Unternehmensführung, HRM, Veränderungsmanagement, Unternehmenskultur und Wissensmanagement.

Aus Sicht des PMI-Managements werden anhand bestehender Theorien und bisheriger Forschungsergebnisse die folgenden kritischen Erfolgsfaktoren identifiziert und abgegrenzt, die Schnittmengen mit den kritischen Erfolgsfaktoren des Strategischen Managements aufweisen: Steuerung und Erfolgskontrolle, Ressourcenmanagement, Informations- und Kommunikationsmanagement, HRM, Unternehmenskultur, Wissensmanagement, Integrationsgrad und -geschwindigkeit, Kundenintegration, Markenintegration, Synergiemanagement, Integrationsteam, Aufbau- und Ablauforganisation und Integrationskompetenzen.

Die Identifikation von Erfolgsfaktoren aus Sicht der Mittelstandsforschung steht vor dem Problem, dass in der bestehenden Theorie keine einheitliche Definition für den Mittelstand existiert und es diese wohl auch aufgrund der Heterogenität und Komplexität des Mittelstands nur kontextbezogen geben kann. Viele empirische Untersuchungen zu Fragen des Mittelstands setzen fälschlicherweise den Mittelstand mit KMU oder SME gleich. Da diese Dissertation trotz der begrifflichen Widrigkeiten das Ziel verfolgt, Forschungsfragen zu beantworten, die sich auf die schwer zu spezifizierende Gruppe „Deutscher Mittelstand" beziehen, wird eine im Sinne der Forschungsfragen zweckmäßige Arbeitsdefinition für den Mittelstand formuliert, bei der nicht quantitative Kriterien, sondern die Einheit von Eigentum, Haftung und Führung als qualitatives Kriterium im Vordergrund steht.

Dennoch stoßen die Ableitung und Abgrenzung mittelständischer Erfolgsfaktoren aus der Theorie und bisherigen Forschungsergebnissen wegen der definitorischen Heterogenität auf Schwierigkeiten. Im Sinne der eigenen Arbeitsdefinition führt diese Dissertation die Charaktermerkmale und Erfolgsfaktoren des deutschen Mittelstands als Voraussetzung der Berücksichtigung im eigenen Managementansatz auf die Position und das Verhalten der Eigentümer als das wesentliche Element der Arbeitsdefinition zurück. Es wird angenommen, dass dieses Merkmal weitere qualitative Merkmale der Strategie, Organisation, Führung und Kultur und damit auch den Erfolg mittelständischer Unternehmen direkt und indirekt maßgeblich beeinflusst. Vor diesem Hintergrund sollen zusammenfassend die folgenden, aus Sicht der Mittelstandsforschung identifizierten, kritischen Erfolgsfaktoren bei der Konzeption des eigenen Managementansatzes Berücksichtigung finden: zentrale Rolle des Eigentümers, langfristige Orientierung, Flexibilität und Effizienz.

Auf Basis der theoretischen und methodischen Grundlagen zur Identifikation von Erfolgsfaktoren und der Ergebnisse der strukturierenden Abgrenzung kritischer Erfolgsfaktoren aus Sicht des Strategischen Managements, des PMI-Managements sowie der Mittelstandsforschung wird zur Beantwortung der zweiten theoretischen Subforschungsfrage und entsprechend der damit verbundenen Zielstellung ein eigener Managementansatz konzipiert. Darin werden die für den strategischen PMI-Managementprozess im deutschen Mittelstand abgegrenzten kritischen Erfolgsfaktoren in Form einer Strategy-Map visualisiert. Unterhalb eines übergeordneten strategischen Rahmens mit den strategischen Leitplanken und Zielen mündet die Zuordnung der kritischen Erfolgsfaktoren zu den vier strategischen Perspektiven „Finanzen und Risiken", „Märkte und Kunden", „Prozesse und Organisation" sowie „Menschen und Kultur" in einen erfolgsfaktorenbasierten, multiperspektivischen und ganzheitlichen Managementansatz für das strategische PMI-Management im deutschen Mittelstand, dessen wesentliche Elemente in einer eigenen qualitativen empirischen Untersuchung evaluiert werden sollen.

2.3.2 Empiriegeleitete Fragestellung

Die theoretischen Vorüberlegungen im theoretischen Teil bilden das in der Theorie verankerte Such- und Analyseraster für die empirische Untersuchung (Gläser & Laudel, 2010, S. 89). Die Elemente des auf theoretischen Grundlagen sowie bisherigen Forschungsergebnissen und damit theoretisch-konzeptionellen Überlegungen basierenden eigenen erfolgsfaktorenbasierten Managementansatzes, der die Erfolgsfaktoren des PMI-Managements im deutschen Mittelstand und deren vermutete Zusammenhänge visualisiert, werden einer empirischen Evaluierung unterzogen, in der die folgende empiriegeleitete Fragestellung beantwortet werden soll: Welche kritischen Erfolgsfaktoren des strategischen PMI-Managements im deutschen Mittelstand lassen sich auf Basis der Einschätzungen und Erfahrungen von Experten ermitteln, beschreiben und qualitativ evaluieren?

Zielstellung des empirischen Teils ist zunächst die Erläuterung der generellen Vorgehensweise und der einzelnen Untersuchungsschritte in Bezug auf die durchgeführte Studie. Im Mittelpunkt stehen dabei die Konzeption des Leitfadens sowie die qualitative Inhaltsanalyse. Anschließend erfolgt die Darstellung, Interpretation und Diskussion der Ergebnisse der qualitativen Inhaltsanalyse des in leitfadengestützten Experteninterviews im Rahmen der eigenen empirischen Untersuchung gewonnenen Datenmaterials.

3 Empirischer Teil

Abschnitt 3.1 erläutert und begründet das Untersuchungsdesign des qualitativen Forschungsansatzes. Abschnitt 3.2 legt die Ergebnisse der empirischen Untersuchung dar und zeigt Gemeinsamkeiten, Unterschiede sowie Auffälligkeiten auf. Abschnitt 3.3 diskutiert und interpretiert die Ergebnisse zusammenfassend aus verschiedenen strategischen Perspektiven und reflektiert kritisch das methodische Vorgehen anhand von Gütekriterien. Zudem werden die empiriegeleitete Fragestellung beantwortet und die gestaltungsgeleitete Fragestellung abgeleitet.

3.1 Untersuchungsdesign

Zur Beantwortung der empirischen Subforschungsfrage wird ein qualitatives Forschungsdesign mit leitfadengestützten Experteninterviews gewählt. Abschnitt 3.1.1 ordnet die empirische Untersuchung methodisch ein und beschreibt das Vorgehen und den Ablauf der empirischen Untersuchung. Im Abschnitt 3.1.2 werden Vorgehen und Ablauf der Datenerhebung mittels leitfadengestützter Experteninterviews beschrieben und begründet. Abschnitt 3.1.3 erläutert die methodischen Grundlagen und die Vorgehensweise der Datenanalyse mittels der qualitativen Inhaltsanalyse.

K. Verbakel, *Strategisches Post-Merger-Integrationsmanagement*, Leadership Insights: Impulse für Management und Führung,
https://doi.org/10.1007/978-3-658-50274-4_3

3.1.1 Methodische Einordnung der Untersuchung

3.1.1.1 Grundlagen und Elemente des qualitativen Forschungsansatzes

Erfolgsfaktoren und Erfolgsindikatoren können in qualitativen und quantitativen Studien identifiziert werden (Baumgarth & Evanschitzky, 2009, S. 239). Abbildung 3.1 stellt die Vorgehensweisen qualitativer und quantitativer Forschungsprozesse vergleichend gegenüber.

Während die quantitative Forschung „nach dem Wieviel fragt und Relationen objektiv ermitteln oder durch Zahlenwerte darstellen will", fragt die qualitative Forschung „nach dem Warum" und stellt „Verbalisierungen der Erfahrungswirklichkeit in den Mittelpunkt, die vorwiegend interpretativ ausgewertet werden" (Angerer et al., 2006, S. 118). Die qualitative Forschung eignet sich, um individuelle „Meinungen und Eindrücke zu erhalten" (Berger-Grabner, 2022, S. 127) und um auf Basis der Daten „den Untersuchungsgegenstand im Kontext detaillierter zu beschreiben" (Döring & Bortz, 2016, S. 26). Qualitative und quantitative Ansätze weisen Überschneidungen auf und haben jeweils spezifische Vor- und Nachteile (Angerer et al., 2006, S. 119; 125). Sie können sich in Mixed Methods Designs integrativ ergänzen (Angerer et al., 2006, S. 119; 125; Gilad, 2021, S. 1077–1078; Mayring, 2012, S. 30–32).

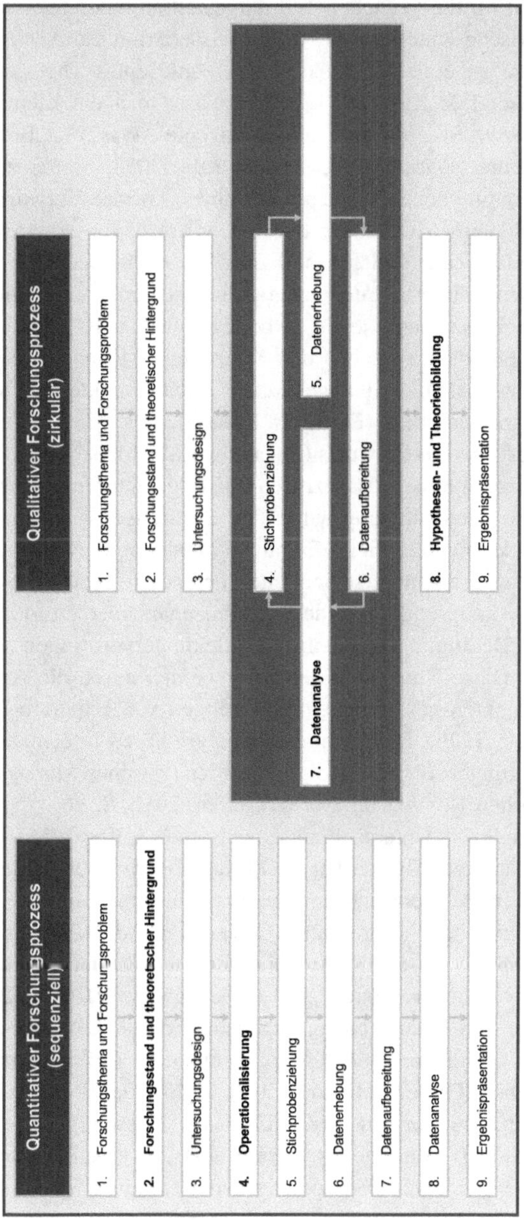

Abbildung 3.1 Quantitativer und qualitativer Forschungsprozess im Vergleich. (Quelle: Eigene Darstellung in Anlehnung an Witt, 2001, zitiert bei Döring, 2023, S. 27)

Ausgehend von den im theoretischen Teil dargestellten theoretischen Bezugspunkten hat die empirische Untersuchung dieser Dissertation die Absicht, Ergebnisse und Erkenntnisse zu erzielen, die neue Elemente eines Theorie-Entwurfs darstellen können (Eisend & Kuß, 2023, S. 82). Fasst man die Elemente einer Theorie (Whetten, 1989, S. 490–491) als „Konzepte (Was?)“, „Beziehungen (Wie?)“ und „Argumente (Warum?)“ (Eisend & Kuß, 2023, S. 35) zusammen, so geht es zum einen um neue Ansatzpunkte eines Theorie-Entwurfs zu den für den Erfolg der PMI im Mittelstand relevanten Konzepten sowie um deren Beziehungen zueinander. Zum anderen soll die Frage untersucht werden, wie diese gemessen werden können. Untersuchungsziel ist damit „die Entwicklung und Verwendung von Konzepten“ sowie „Überlegungen“ und „kritische Reflexionen“ zu den „Beziehungen zwischen den Konzepten“ (Eisend & Kuß, 2023, S. 151). Die im theoretischen Teil abgeleiteten Anhaltspunkte zur möglichen Relevanz einzelner Erfolgsfaktoren (Eisend & Kuß, 2023, S. 158) sollen im Fortgang des Prozesses des Theorie-Entwurfs (Eisend & Kuß, 2023, S. 158) durch die empirische Identifikation mittelstandsspezifischer Erfolgsfaktoren ergänzt werden.

Für die empirische Untersuchung wird ein qualitatives Forschungsdesign gewählt, um tiefgehende und detaillierte Einblicke in die komplexen mittelstandsspezifischen PMI-Prozesse aus unterschiedlichen Perspektiven zu gewinnen. Ziel der Untersuchung ist es, zugrundeliegende Kausalmechanismen zu identifizieren, „die unter bestimmten Bedingungen spezifische Effekte hervorbringen“ (Gläser & Laudel, 2010, S. 26). Diese Kausalmechanismen werden durch die Analyse der in konkreten PMI-Projekten gesammelten Erfahrungen von Experten untersucht (Gläser & Laudel, 2010, S. 26). Die qualitative Analyse liefert Informationen über die vermuteten Bedingungen für ein erfolgreiches strategisches Management der PMI im mittelständischen Kontext (Gläser & Laudel, 2010, S. 26).

Innerhalb des komplexen Untersuchungsgegenstands sollen Wirkungsweisen und Zusammenhänge aufgedeckt werden (Behler, 2020, S. 160; Gläser & Laudel, 2010, S. 26–27). Im Vordergrund des qualitativen Forschungsansatzes steht die verbale Beschreibung der Sachverhalte (Gläser & Laudel, 2010, S. 27). Im Gegensatz zu quantitativen Ansätzen wird die Komplexität erst schrittweise im Prozess der Datenauswertung reduziert (Gläser & Laudel, 2010, S. 27). Diese Vorgehensweise ist für den Untersuchungsgegenstand dieser Dissertation besonders geeignet, um zu verstehen, welche Wirkungen beim Auftreten bestimmter Erfolgsfaktoren entstehen (Gläser & Laudel, 2010, S. 25). Der Forschungsprozess baut auf existierendem Wissen auf und will neues Wissen generieren (Gläser & Laudel, 2010, S. 33). Konkrete Situationen und Prozesse des strategischen PMI-Managements werden unter den spezifischen Bedingungen des deutschen

Mittelstands rekonstruiert, um den Untersuchungsgegenstand „zu verstehen und zu erklären" (Gläser & Laudel, 2010, S. 37).

Die Vorgehensweise entspricht etablierten Verfahren der praxisorientierten EFF, wie z. B. im Forschungsdesign der Untersuchung von Behler (2020, S. 159–163), der mit einer qualitativ-explorativen Methode „ein grundlegendes und umfassendes Verständnis über das untersuchte Phänomen und die einzelnen Facetten der Konstrukte" schafft (Homburg & Giering, 1996, S. 11), zusätzlich „die fundamentalen Zusammenhänge" zwischen Erfolgsfaktoren und Erfolg „aufgedeckt" (Behler, 2020, S. 161; Herr, 2007, S. 81) und „eine Ausgangsmenge von Indikatoren für die vermuteten Erfolgsfaktoren" (Behler, 2020, S. 161; Homburg & Giering, 1996, S. 11) bildet.

Der Zugang zu diesen vielschichtigen Informationen kann mit teilstandardisierten Interviews erreicht werden (Eisend & Kuß, 2023, S. 160). Die Ergebnisse qualitativer Erfolgsfaktorenstudien beschreiben, diskutieren und interpretieren Erfolgsfaktoren (Haenecke & Forsmann, 2006, S. 47; Schmalen et al., 2006, S. 355). Haenecke und Forsmann (2006, S. 54) bestätigen die gute Eignung einer qualitativen Erfolgsfaktorenstudie mit Expertenbefragungen zur multiperspektivischen Untersuchung eines komplexen Untersuchungsgegenstands. In Gesprächen mit Unternehmern und Führungskräften, die sich in ihrer beruflichen Praxis in mittelständischen Unternehmen intensiv mit der Gestaltung, Durchführung, Kontrolle und Steuerung der PMI befassen, werden die unterschiedlichen persönlichen Erfahrungen, Handlungen, Wahrnehmungen sowie das kontextbezogene Wissen dieser Experten zu den Erfolgsfaktoren der PMI im Mittelstand erfasst (Gläser & Laudel, 2010, S. 40–41).

Mayring (2023, S. 19–22) nennt „fünf Postulate qualitativen Denkens", die mit Bezug auf diese Dissertation wie folgt konkretisiert werden können: (1) Ausgangspunkt der qualitativen Untersuchung sind Experten im deutschen Mittelstand, die mit Fragen der PMI befasst sind und an deren konkreten praktischen Erfahrungen angesetzt werden soll (Mayring, 2023, S. 23). (2) Den Anfang der qualitativen Analyse bildet eine genaue Deskription des Forschungsgegenstands (Mayring, 2023, S. 21). (3) Der Forschungsgegenstand wird durch die „Interpretation der Ergebnisse" und die „Auseinandersetzung mit dem Forschungsgegenstand" (Mayring, 2023, S. 21; 23) erschlossen. (4) Die Experten werden in ihrem beruflichen Umfeld befragt (Mayring, 2023, S. 21), und (5) eine „Verallgemeinerung der Ergebnisse muss im Einzelfall schrittweise begründet werden" (Mayring, 2023, S. 22).

Zur Aufbereitung und Analyse der Daten wird im Rahmen der empirischen Untersuchung die „inhaltlich strukturierende qualitative Inhaltsanalyse“ (Kuckartz & Rädiker, 2022, S. 104) angewandt, die das Ziel hat, bestimmte Aspekte aus den transkribierten Experteninterviews herauszufiltern und das Material „unter bestimmten Kriterien“ einzuschätzen (Mayring, 2022a, S. 473). Im Rahmen der Konzeptualisierung sollen die in den Experteninterviews geschilderten Verhaltensweisen gedanklich und abstrahierend zusammengefasst werden (Eisend & Kuß, 2023, S. 164), um die Konzepte bzw. die Erfolgsfaktoren als Bestandteile des Theorie-Entwurfs möglichst präzise zu charakterisieren (Eisend & Kuß, 2023, S. 143). Diese Vorgehensweise mündet in einen „iterativen Prozess“, in dem die durchgeführten Untersuchungen zu einem verbesserten wissenschaftlichen Kenntnisstand führen sollen (Aspers & Corte, 2019, S. 139; Eisend & Kuß, 2023, S. 160–161).

Die methodische Vorgehensweise basiert auf Kernelementen des von Homburg und Giering (1996, S. 5) entwickelten Leitfadens zur „Konzeptualisierung und Operationalisierung komplexer Konstrukte“. Zunächst wird im empirischen Teil deduktiv ein grobes Kategoriensystem konzipiert. Im Verlauf der Erhebung und Auswertung der empirischen Daten werden die theoretisch begründeten Erfolgsfaktoren mit induktiv entwickelten Subkategorien thematisch ausdifferenziert. Im Gestaltungsteil dieser Dissertation werden auf Basis dieses deduktiv-induktiv entwickelten Kategoriensystems im Rahmen der Konzeptualisierung die kritischen Erfolgsfaktoren für das strategische PMI-Management im deutschen Mittelstand abgeleitet. Diese deduktiv-induktiv ermittelten Erfolgsfaktoren werden als „latente Variable […] messbar“ gemacht (Homburg & Giering, 1996, S. 6), indem die Beziehungen zwischen den Erfolgsfaktoren und den im empirischen Teil induktiv abgeleiteten Erfolgsindikatoren als „beobachtbare Variablen“ spezifiziert werden (Homburg & Giering, 1996, S. 6).

Die Operationalisierung der Erfolgsfaktoren wird als kategoriebezogene Teilmodelle visualisiert. Forschungshypothesen werden als abduktive Vermutung entwickelt (Eisend & Kuß, 2023, S. 79; Schurz, 2014, S. 56) und bilden den Ausgangspunkt weiterführender Forschung (Janiszewski & van Osselaer, 2022, S. 184–185). Bei der von Peirce (1976) formulierten „Abduktion“ geht es „um den Schluss von Beobachtungen auf deren vermutete Gründe“ (Eisend & Kuß, 2023, S. 78). Die Abduktion ergänzt in der eigenen Untersuchung Deduktion und Induktion als „gedankliche Operationen“ der qualitativen Forschung (Reichertz, 2019, S. 10). Die von Eisend und Kuß (2023, S. 79) zitierte Arbeit von

Schurz (2014, S. 56) beschreibt die abduktive Vorgehensweise wie folgt: Das vorhandene Hintergrundwissen lässt eine bestimmte Erklärung für ein Ereignis plausibel erscheinen, die dann als „abduktive Vermutung“ als „wahr“ angenommen und so zu einer „plausiblen Hypothese“ wird, deren „Wahrheit noch zu prüfen ist“ (Eisend & Kuß, 2023, S. 79). Abduktion ist die „kreative Phase der Untersuchung“ (Brühl, 2021, S. 77), in der es um „neue Ideen und Hypothesen“ geht (Eisend & Kuß, 2023, S. 82). Dieses Vorgehen ist für die im Rahmen dieser Dissertation durchgeführte qualitativ-explorative Untersuchung besonders geeignet, um theoretische Konzepte in der unternehmerischen Praxis zu verankern und weiterzuentwickeln. Die in Teilmodellen operationalisierten kritischen Erfolgsfaktoren werden abschließend verknüpft und als Managementansatz für das strategische PMI-Management im deutschen Mittelstand modellhaft visualisiert.

Als Resümee der obigen Ausführungen ist der gewählte qualitative Forschungsansatz mit einer Datenerhebung mittels leitfadengestützter Experteninterviews sowie einer Auswertung und Analyse der Daten mittels einer qualitativen Inhaltsanalyse nach Auffassung der Verfasserin eine geeignete und angemessene Methode zur Beantwortung der empirischen Fragestellung dieser Dissertation, welche kritischen Erfolgsfaktoren des strategischen PMI-Managements im deutschen Mittelstand sich auf Basis der Einschätzungen und Erfahrungen von Experten ermitteln, beschreiben und qualitativ evaluieren lassen. Es geht um die Erforschung und das Verstehen eines kontextbezogenen, individuellen menschlichen Verhaltens im Rahmen der komplexen, vielschichtigen und multiperspektivischen PMI. Um die Perspektiven und subjektiven Wahrnehmungen der Interviewpartner und damit die kritischen, mittelstandsspezifischen Erfolgsfaktoren identifizieren und interpretieren zu können, ist der qualitative Forschungsansatz besonders geeignet.

Tabelle 3.1 stellt die Kernelemente des qualitativen Forschungsansatzes zusammenfassend dar, die in den nachfolgenden Abschnittn erläutert werden.

Tabelle 3.1 Elemente des qualitativen Forschungsansatzes der empirischen Untersuchung. (Quelle: Eigene Darstellung)

Elemente des qualitativen Forschungsansatzes	Erläuternde Details und weiterführende Quellen
Formulierung der empirischen Forschungsfrage auf der Basis der theoretischen Vorüberlegungen	Welche kritischen Erfolgsfaktoren des strategischen PMI-Managements im deutschen Mittelstand lassen sich auf der Basis der Einschätzungen und Erfahrungen von Experten ermitteln, beschreiben und qualitativ evaluieren?
Datenerhebung	Leitfadengestützte Experteninterviews (Bogner et al., 2002, S. 37, 2014, S. 2-3; Döring, 2023, S. 353; Flick, 2022a, S. 263; Gläser & Laudel, 2010, S. 111-115; Hopf, 2016, S. 17, 2022, S. 353-355; Krell & Lamnek, 2024, S. 189-193; Schneijderberg et al., 2022, S. 61-63)
Interviewleitfaden	Funktion, Aufbau, Pre-Test des Interviewleitfadens (Gläser & Laudel, 2010, S. 142; Kaiser, 2021, S. 65-66; 67; 82; 115; Kelle & Erzberger, 2022, S. 305; Krell & Lamnek, 2024, S. 691-694)
Sampling und Stichprobe	Begründete, konkrete, nachvollziehbare Auswahl der Experten (Akremi, 2022, S. 418; Bogner et al., 2014, S. 13-14; Gläser & Laudel, 2010, S. 117; Kelle, 2022, S. 499; Krell & Lamnek, 2024, S. 186-188; Merkens, 2022, S. 295-297)
Datenanalyse und -auswertung	Transkription und Kodierung (Gläser & Laudel, 2010, S. 193; Kaiser, 2021, S. 115-116); Qualitative Inhaltsanalyse (Gläser & Laudel, 2010, S. 197; Kuckartz & Rädiker, 2022, S. 105-107; Mayring, 2022b, S. 60-63; Schneijderberg et al., 2022, S. 120-123; Wolff, 2022, S. 502; 512)
Gütekriterien	Einhaltung methodenspezifischer Gütekriterien (Berner, 2023, S. 44-47; Bogner et al., 2014, S. 92; Döring, 2023, S. 106-110; 111-114; Flick, 2011, S. 41-42, 2022c, S. 316-317; Krell & Lamnek, 2024, S. 146-149; Mayring, 2022b, S. 121-125; Steinke, 2022, S. 322-323; Strübing et al., 2018, S. 83-84)
Zeitraum der Datenerhebung	Juni - August 2024

3.1.1.2 Vorgehen und Ablauf

Mayring (2023, S. 37) hat ein Ablaufmodell mit Prinzipien und Standards qualitativer Forschung entwickelt, welches in Abbildung 3.2 mit Kapitelbezügen dieser Dissertation auf die eigene empirische Untersuchung adaptiert wird.

Abbildung 3.2 Ablaufmodell der qualitativen Untersuchung. (Quelle: Eigene Darstellung in Anlehnung an Mayring, 2023, S. 37)

Der Ablauf lässt sich wie folgt zusammenfassen: Die empirische Subforschungsfrage dieser Dissertation fragt nach Einschätzungen und Erfahrungen zum strategischen PMI-Management im deutschen Mittelstand. Auf Basis der empirischen Befunde soll der als Ergebnis der theoretischen Vorüberlegungen gestaltete eigene Managementansatz weiterentwickelt und vertieft werden (Gläser & Laudel, 2010, S. 90). Hopf (2016, S. 17), Mayring (2023, S. 59) und Gläser und Laudel (2010, S. 39–42) listen gängige Vorgehensweisen für die Erhebung qualitativer Daten auf, wozu auch die Befragung mittels leitfadengestützter Experteninterviews gehört. Im Rahmen des qualitativen Forschungsansatzes dieser Dissertation werden in Experteninterviews mittelstandsspezifische Rahmenbedingungen, Prozesse und Einflussfaktoren des strategischen PMI-Managements rekonstruiert (Gläser & Laudel, 2010, S. 13), um die Einschätzungen und Erfahrungen der befragten Experten zu den Erfolgsfaktoren zu erschließen. Zur Vorbereitung der Interviews gehört das sog. Sampling (Bogner et al., 2014, S. 27). Die Interviewpartner müssen Expertenwissen zum PMI-Management haben, welches aus ihrer aktiven Beteiligung an konkreten PMI-Projekten resultiert. Die Daten aus den Transkripten der Interviews werden mittels einer qualitativen Inhaltsanalyse extrahiert, aufbereitet und ausgewertet (Gläser & Laudel, 2010, S. 199–200). Im Anschluss an die Darstellung der Ergebnisse der empirischen Untersuchung werden die Ergebnisse diskutiert und interpretiert sowie anhand methodenspezifischer Gütekriterien kritisch reflektiert.

3.1.2 Datenerhebung mittels leitfadengestützter Experteninterviews

3.1.2.1 Experteninterview als Erhebungsmethode

Leitfadeninterviews definieren sich über die Führung und Strukturierung des Interviews mittels eines Leitfadens (Helfferich, 2022, S. 875). Das Leitfadeninterview ist ein spezieller Typ teilstandardisierter Interviews, in dem Themen und Fragen in Form eines Leitfadens vorgegeben sind (Gläser & Laudel, 2010, S. 42). Es ist ein Kompromiss zwischen größtmöglicher Offenheit und minimaler Strukturierung des Gesprächs (Helfferich, 2022, S. 876). Das Experteninterview wird als spezifische Form des Leitfadeninterviews in Untersuchungen angewendet, die Prozesse erklären wollen (Gläser & Laudel, 2010, S. 13; Winkler, 2020, S. 150) und in denen es darum geht, „Handlungen, Beobachtungen und Wissen der Interviewpartner“ (Gläser & Laudel, 2010, S. 40) „zu erfahren und zu verstehen“ (Winkler, 2020, S. 150). Experteninterviews definieren sich über die Zielgruppe der Interviewpartner und das Interesse des Forschenden an dem Expertenwissen (Helfferich, 2022, S. 876–877).

Die im Rahmen dieser Dissertation geführten Experteninterviews haben explorativen und systematisierenden Charakter. Sie sollen die Verfasserin dabei unterstützen, „das Untersuchungsgebiet thematisch zu strukturieren“ und „das praxisorientierte Handlungs- und Erfahrungswissen der Experten zu erschließen“ (Bogner et al., 2002, S. 37). Die Experteninterviews werden offen geführt, der

Ablauf des Gesprächs wird durch einen Leitfaden strukturiert (Bogner et al., 2002, S. 37). Die Forschungsfrage wird in Fragen an den Gesprächspartner operationalisiert (Gläser & Laudel, 2010, S. 39; 113), was durch die Formulierung der Leitfragen und die Gestaltung des Leitfadens zum Ausdruck kommt und auch im Interview selbst geschieht (Gläser & Laudel, 2010, S. 112).

Die einzelnen Fragen des Leitfadens ergeben sich aus den theoretischen Vorüberlegungen. Sie sollen offen, neutral, nicht suggestiv, einfach, klar und verständlich sein (Gläser & Laudel, 2010, S. 122). In einzelnen Fällen kann es notwendig sein, durch im Leitfaden vorsorglich notierte Ergänzungsfragen den Redefluss des Interviewpartners aufrechtzuerhalten, in anderen Fällen kann sich bei großer Offenheit der Fragen ein Zielkonflikt mit der Anzahl der Fragen und der angestrebten maximalen Dauer des Interviews (Gläser & Laudel, 2010, S. 132) ergeben. Das Ziel der Interviews ist nicht das Abarbeiten des Leitfadens, sondern Erkenntnisse und Erfahrungen der Interviewpartner zu sammeln (Bogner et al., 2014, S. 32–34; Gläser & Laudel, 2010, S. 187–190). Der Interviewer benötigt die leitfadengestützte Struktur, um nicht selbst abzuschweifen (Gläser & Laudel, 2010, S. 189–190). In jedem Interview gibt es für den Interviewer persönliche Lerneffekte, die bei nachfolgenden Interviews berücksichtigt werden, um individuelle Fehler nicht zu wiederholen (Gläser & Laudel, 2010, S. 195). Je nach Interviewpartner kann es notwendig sein, die Fragen anzupassen sowie die Reihenfolge und Priorität der Fragen zu ändern (Gläser & Laudel, 2010, S. 150–153). Nach dem Ende der Interviews kann jeweils nach weiteren potenziellen Interviewpartnern im selben Unternehmen oder in anderen Unternehmen gefragt werden (Gläser & Laudel, 2010, S. 191). Die wichtigsten Vorarbeiten der teilstandardisierten, leitfadengestützten Experteninterviews sind die Entwicklung des Interviewleitfadens sowie die Auswahl und Ansprache der Interviewpartner, die nachfolgend erläutert werden.

3.1.2.2 Interviewleitfaden und Durchführung der Experteninterviews

Der Leitfaden soll den Interviewpartner dazu bringen, über seine konkreten Erfahrungen und Erkenntnisse zum strategischen PMI-Management in mittelständischen Unternehmen zu erzählen. Die Experten sollen schildern, wie sie das PMI-Managements erlebt und wie sie im jeweiligen Kontext gehandelt haben (Bogner et al., 2014, S. 28; 62–63). Der Leitfaden strukturiert als „Checkliste und Richtschnur" (Bogner et al., 2014, S. 27) die Untersuchung thematisch (Kaiser, 2021, S. 64–66) und stellt sicher, dass in jedem Interview vergleichbare Informationen gewonnen werden (Bogner et al., 2014, S. 28–30; Gläser & Laudel, 2010, S. 142). Für die leitfadengestützten Interviews wird der in Abbildung 3.3 komprimiert dargestellte Interviewleitfaden verwendet.

Interviewleitfaden

A. Begrüßen, für Bereitschaft danken, kurz vorstellen

B. Thema der Arbeit, Zweck und Zeitrahmen des Interviews nennen, Vertraulichkeit betonen, auf Aufzeichnung hinweisen, Fragen klären, Einverständniserklärung unterzeichnen, Aufnahmegeräte starten

C. Anlass und Ziele der Untersuchung sowie Bedeutung der Interviewergebnisse für die Arbeit erläutern

D. Interview durchführen

[Hauptfrage 1] Ich würde gern etwas über Ihren beruflichen Werdegang und Ihre aktuelle Position im Unternehmen erfahren. Könnten Sie sich bitte kurz vorstellen?

[Erläuterung] Sie haben in den letzten Jahren an strategischen PMI-Projekten verantwortlich mitgewirkt. Bitte denken Sie bei der Beantwortung meiner Fragen an die PMI-Projekte, an denen Sie aktiv mitgewirkt haben bzw. für die Sie verantwortlich waren.

[Hauptfrage 2] Welches sind aus Ihrer professionellen Sicht wesentliche Themen, die im Zusammenhang mit dem strategischen Management der PMI eine Rolle spielen?

[Ergänzungsfrage 2a] Welche besonderen Herausforderungen traten in den von Ihnen begleiteten PMI-Projekten auf?

[Ergänzungsfrage 2b] Was ist in Ihren PMI-Projekten besonders gut gelaufen?

[Ergänzungsfrage 2c] Was würden Sie aus heutiger Sicht anders machen?

[Hauptfrage 3] Welche sind nach Ihrer persönlichen Einschätzung und Erfahrung besonders wichtige Faktoren für ein erfolgreiches strategischen Management der Post-Merger-Integration?

[Ergänzungsfrage 3a] Denken Sie beispielsweise an Faktoren in verschiedenen strategischen Bereichen, wie z. B. im strategischen Management im finanziellen Bereich und im Risikomanagement oder in Bezug auf Ihre Märkte und Kunden oder bzgl. Ihrer Organisation und der Prozesse oder auch im Zusammenhang mit Personal- und Kulturfragen.

[Hauptfrage 4] Mein Thema bezieht sich auf den deutschen Mittelstand, der nicht klar begrifflich ab gegrenzt ist. Dennoch gibt es einige spezifische Eigenschaften, die mittelständische Unternehmen – unabhängig von ihrer Größe - besonders charakterisieren. Welche Charakteristika sind Ihrer professionellen Erfahrung nach besonders typisch für mittelständische Unternehmen in Deutschland – unabhängig von ihrer Größe?

[Hauptfrage 5] Wirken sich die von Ihnen genannten Charakteristika Ihrer Einschätzung nach auf den Erfolg des PMI-Managements in mittelständischen Unternehmen aus? Wie würden Sie diese Auswirkungen näher beschreiben?

[Hauptfrage 6] Im Rahmen meiner bisherigen Recherche habe ich verschiedene Erfolgsfaktoren identifiziert, von denen ich annehme, dass sie einen Einfluss auf den Erfolg des strategischen PMI-Managements im deutschen Mittelstand haben.

[Vorlegen/Einblenden bislang identifizierter Erfolgsfaktoren]

Wie beurteilen Sie die Relevanz der von mir bislang identifizierten Faktoren für den Erfolg des strategischen PMI-Managements im deutschen Mittelstand?

[Hauptfrage 7] Könnten Sie bitte die einzelnen Faktoren hinsichtlich der Stärke ihres Einflusses bewerten, dabei zwischen einem starken, einem geringen und keinem Einfluss unterscheiden und Ihre jeweilige Entscheidung begründen?

[Hauptfrage 8] Gibt es aus Ihrer Sicht wesentliche Erfolgsfaktoren, die in meiner Auswertung bislang fehlen und ergänzt werden müssen? Könnten Sie bitte Ihre Ergänzungsvorschläge begründen?

E. Gespräch abschließen, Feedback des Experten einholen, nach potenziellen Interviewpartnern fragen

F. Besonderheiten und persönliche Eindrücke notieren

Abbildung 3.3 Leitfaden für die Experteninterviews. (Quelle: Eigene Darstellung)

Die Funktionalität des Leitfadens wird in einem Pre-Test erprobt (Buschle et al., 2022, S. 823; Kaiser, 2021, S. 82; Woywode, 2004, S. 40). Für jede Frage wird geprüft, warum sie gestellt wird, wonach genau gefragt wird, ob die jeweilige Frage treffender formuliert werden kann, ob der gewählte Fragentyp richtig ist und ob die betrachtete Frage an der richtigen Stelle im Leitfaden steht (Gläser & Laudel, 2010, S. 149).

Alle Interviews werden von der Verfasserin dieser Dissertation selbst durchgeführt. Nach Kurzvorstellung der Interviewerin werden die Datenschutzformalitäten abgehandelt. Das Interview beginnt mit der Hauptfrage 1 zum beruflichen Werdegang des Experten. Anschließend erläutert die Interviewerin ihr Forschungsvorhaben sowie die Rolle und die Bedeutung der Interviews für die Untersuchung. Im ersten Themenblock fragen Hauptfragen 2 und 3 offen nach Themen, die im Zusammenhang mit dem strategischen PMI-Management aus der professionellen Sicht des Experten eine Rolle spielen und nach den Faktoren, die aus persönlicher Einschätzung und Erfahrung des Experten besonders wichtig für eine erfolgreiche PMI sind. Ergänzungsfragen werden eingesetzt, falls der Experte Unterstützung bei der Aufrechterhaltung des Redeflusses benötigt. Im zweiten Themenblock beziehen sich die offenen Hauptfragen 4 und 5 auf Auswirkungen mittelständischer Spezifika im Zusammenhang des PMI-Managements. Im dritten Themenblock werden die Experten mittels der Hauptfragen 6 und 7 zur Relevanz der im theoretischen Teil identifizierten Erfolgsfaktoren befragt und gebeten, einzelne Faktoren hinsichtlich der Stärke ihres Einflusses auf den PMI-Erfolg zu bewerten. Hauptfrage 8 fragt abschließend, ob nach Einschätzung der Experten wesentliche Erfolgsfaktoren des strategischen PMI-Managements im deutschen Mittelstand begründet ergänzt werden müssen.

Jedes Interview endet mit dem Dank an den jeweiligen Experten. Nach dem Abschalten der Aufnahmegeräte wird um ein Feedback zum Ablauf des Interviews gebeten und angeboten, die Untersuchungsergebnisse zur Verfügung zu stellen. Abschließend wird der jeweilige Experte gebeten, weitere potenzielle Interviewpartner vorzuschlagen. Die Interviewdauer beträgt mit zwei Ausnahmen zwischen 60 und 90 Minuten. Der Leitfaden der Experteninterviews wird im Laufe des Untersuchungsverlauf schrittweise situativ angepasst (Gläser & Laudel, 2010, S. 149). In jedem der durchgeführten Interviews ergeben sich neue Erkenntnisse zum Untersuchungsgegenstand, die in den jeweils folgenden Interviews ergänzend eingebracht werden. So verändert sich der Interviewleitfaden kontinuierlich bis zum letzten Interview, was entsprechende Folgen auch für das im Rahmen der qualitativen Inhaltsanalyse gebildete Kategoriensystem hat (Gläser & Laudel, 2010, S. 201).

Alle Interviews werden unter Nutzung der Software MAXQDA transkribiert (Gläser & Laudel, 2010, S. 193–195; Kaiser, 2021, S. 115; Kuckartz & Rädiker, 2022, S. 197–201). Die Transkripte werden durch Interviewberichte ergänzt, in dem die Rahmenbedingungen der Interviews und Besonderheiten des Gesprächsverlaufs dokumentiert werden. Die Interviews werden unmittelbar nach dem Interview vollständig anonymisiert (Gläser & Laudel, 2010, S. 193–194; Kuckartz & Rädiker, 2022, S. 204–205).

3.1.2.3 Sampling und Rekrutierung der Stichprobe

Die Entscheidung darüber, welche Interviewpartner als Experten für die Interviews gewonnen werden sollen, legt fest, welche empirischen Informationen in die Untersuchung einfließen (Gläser & Laudel, 2010, S. 97; 117). Laut Bogner et al. (2014, S. 13) lassen sich „Experten […] als Personen verstehen, die, ausgehend von einem spezifischen Praxis- oder Erfahrungswissen, das sich auf einen klaren Problemkreis bezieht, die Möglichkeit geschaffen haben, mit ihren Deutungen das konkrete Handlungsfeld sinnhaft und handlungsleitend für Andere zu strukturieren“. Das Sampling, d. h. „die nachvollziehbare Auswahl der zu befragenden Experten“ (Bogner et al., 2014, S. 27), umfasst die Aufgabe, „Personen zu finden, die als Informanten über den gewählten Forschungsgegenstand Auskünfte erteilen können bzw. deren themenrelevante Deutungen wir erheben wollen“ (Bogner et al., 2014, S. 34–35). Die Generierung der Stichprobe ist entscheidend für die Qualität der Daten, insbesondere bei einer für die qualitative Forschung typischen kleinen Stichprobe (Misoch, 2019, S. 211). Die methodische Literatur zum Sampling unterscheidet verschiedene Techniken, die auch miteinander kombiniert werden können. Abbildung 3.4 gibt einen Überblick über die Sampletechniken qualitativer Forschung.

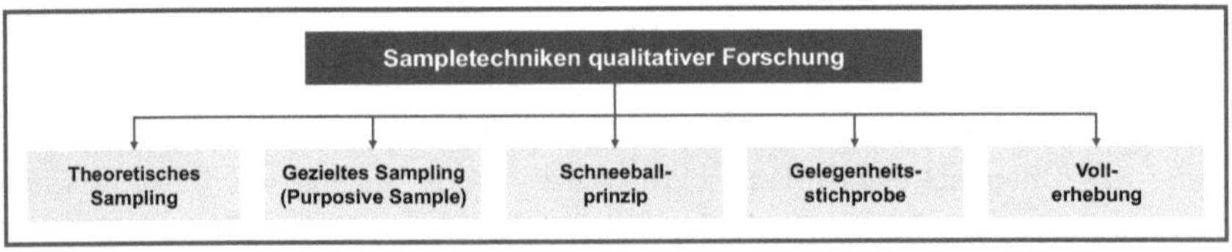

Abbildung 3.4 Sampletechniken qualitativer Forschung. (Quelle: Eigene Darstellung in Anlehnung an Misoch, 2019, S. 204)

Das „Theoretische Sampling“ stammt aus der Grounded Theory (Glaser & Strauss, 1998, S. 53–57) und „meint den auf die Generierung von Theorie zielenden Prozess der Datenerhebung, währenddessen der Forscher seine Daten parallel erhebt, kodiert und analysiert sowie darüber entscheidet, welche Daten als nächstes erhoben werden sollen und wo sie zu finden sind“ (Glaser & Strauss, 1998, S. 53). Nach Ansicht von Schneijderberg et al. (2022, S. 122) ist das theoretische Sampling mit der qualitativen Inhaltsanalyse nicht vereinbar.

Beim zielgerichteten Sampling wird die Kenntnis der für die Forschungsfrage relevanten Merkmale genutzt, um die Interviewpartner gezielt zusammenzustellen (Misoch, 2019, S. 208). Beim Schneeballprinzip (Misoch, 2019, S. 208) wird der jeweilige Interviewpartner um eine Empfehlung weiterer Experten gebeten. Dabei ist zu vermeiden, dass es durch eine subjektive Vorauswahl zu einer Verzerrung der Stichprobe kommt (Misoch, 2019, S. 207–208). Bei der Gelegenheitsstichprobe ist das wesentliche Auswahlkriterium die leichte Erreichbarkeit der Interviewpartner (Misoch, 2019, S. 207). Dieses Verfahren wird kritisch in Bezug auf die Datenqualität bewertet (Misoch, 2019, S. 207).

Das Sampling der empirischen Untersuchung dieser Dissertation entspricht einer Kombination aus gezieltem Sampling und Schneeballverfahren. Es ist eine große Herausforderung, im deutschen Mittelstand Experten zu identifizieren, die sowohl die definierten Merkmalskriterien erfüllen als auch für ein Expertengespräch zur Verfügung stehen. Die potenziellen Interviewpartner werden zunächst im erweiterten beruflichen Umfeld und Netzwerk der Verfasserin rekrutiert. Die Experten sollen Eigentümer, Geschäftsführer oder leitende Manager mittelständischer Unternehmen gemäß der in Abschnitt 2.2.5.1 formulierten Arbeitsdefinition sein. Sie sollen im Zeitraum 2020 bis 2024 aktiv im Management von PMI-Projekten verantwortlich tätig gewesen sein. Grundlage dieser Entscheidung ist der sog. „Key Informant Approach“ (Deimel et al., 2021, S. 72; Marshall, 1996, S. 92), unter Beachtung der von Hurrle und Kieser (2005, S. 597–598) untersuchten möglichen Verzerrungen und des in Abschnitt 2.2.2.4 erläuterten sog. „Key Informant Bias“ (Nicolai & Kieser, 2002, S. 584–585).

Auf Basis einer Longlist grundsätzlich geeigneter Personen wird mit dem Ziel der Auswahl der Interviewpartner ein kriterienbasierter Screeningprozess durchgeführt. Die Auswahlkriterien beziehen sich insbesondere auf die M&A- bzw. PMI-Erfahrung, die Unternehmensgröße sowie die Verantwortungsebene der Experten. Aus dem in Vorgesprächen durchgeführten systematischen Screening resultiert eine anhand der abgefragten Kriterien bereinigte Shortlist. Die endgültige Anzahl an Experten ergibt sich aus Verfügbarkeit und Interviewbereitschaft sowie aus dem zur Verfügung stehenden zeitlichen Rahmen für die Auswertung der Interviews (Gläser & Laudel, 2010, S. 118). Die Stichprobengröße orientiert sich nicht an der „theoretischen Sättigung“ (Akremi, 2022, S. 418). Die in der eigenen empirischen Studie berücksichtigten Empfehlungen für die Forschungspraxis zur Stichprobengröße beziehen sich eher auf die „verfügbaren Ressourcen“ und auf „inhaltliche Erwägungen“, womit gemeint ist, wie spezifisch die Fragestellung ist, sowie darauf, welche „Art der Datenerhebung“ und welche „Auswertungsmethode“ geplant sind (Akremi, 2022, S. 418–419). Letztlich sind auch die „Konventionen der Forschungsliteratur und -praxis“ zu berücksichtigen, wonach sich „auch mit kleinen Stichprobengrößen“ schon „wesentliche Themen des Untersuchungsgegenstandes herausarbeiten“ lassen (Akremi, 2022, S. 418–420). Auch Haenecke und Forsmann (2006, S. 55) führen in diesem Zusammenhang aus, dass innerhalb einer qualitativen Erfolgsfaktorenstudie mittels einer gestützten Expertenbefragung auch bei einer kleinen Anzahl an Interviews gute Erkenntnisse über die Erfolgsfaktoren erarbeitet werden können.

Tabelle 3.2 fasst die in die Untersuchung einbezogenen Unternehmen und Experten zusammen. Innerhalb dieser vermeintlich homogenen Gruppe von Unternehmern und Führungskräften in mittelständischen Unternehmen ergeben sich für die empirische Untersuchung dennoch heterogene Perspektiven und eine Varianz der Stichprobe, sowohl als Folge unterschiedlicher Branchen und Größen der Unternehmen sowie verschiedener Positionen und Rollen der Interviewpartner im Unternehmen als auch durch die unterschiedliche Größe der jeweiligen PMI-Projekte im Erfahrungshintergrund der Experten. In der Stichprobe sind geschäftsführende Gesellschafter mit einem hohen mengenmäßigen Anteil überproportional vertreten, was eines der Ziele bei der Auswahl der Interviewpartner ist, da diese aus ihrer Rolle operativ tätiger Eigentümer heraus einen sehr besonderen und für viele mittelständische Unternehmen entscheidend prägenden Blickwinkel auf das strategische PMI-Management einnehmen. Vier Fremdgeschäftsführer sind Teil der Stichprobe sowie drei Bereichsleiter, die als operative PMI-Manager fungieren.

Die Oberziele der M&A-Projekte mittelständischer Unternehmen in Deutschland sind Wachstum und die Steigerung des Unternehmenswerts, um die Zukunftsfähigkeit zu sichern (Stich et al., 2016, S. 347–348). Die spezifischen M&A-Motive mittelständischer Unternehmen in Deutschland sind vielfältig. Als strategische Motive sind die Steigerung des Umsatzes, die Verbesserung der Wettbewerbsposition, die Diversifizierung des Produktportfolios, der Zugang zu Technologien und Know-how, die Nutzung von Synergien sowie die Stärkung von Lieferketten zu nennen. Die jeweiligen Zielsetzungen der in der empirischen Untersuchung berücksichtigen Unternehmen werden in dieser Dissertation nicht näher untersucht. Die befragten Personen blicken jeweils auf unterschiedliche

Tabelle 3.2 In die empirische Untersuchung einbezogene Unternehmen und Experten. (Quelle: Eigene Darstellung)

Funktion	Unternehmen	Umsatz (Mio. €)	Mitarbeiter (Anzahl)
Geschäftsführender Gesellschafter	A	500-999	>3.000
Fremdgeschäftsführer	A	500-999	>3.000
Geschäftsführender Gesellschafter	B	10-49	500-999
Fremdgeschäftsführer	B	10-49	500-999
Bereichsleiter	C	>1.000	>3.000
Bereichsleiter	C	>1.000	>3.000
Geschäftsführender Gesellschafter	D	50-99	500-999
Fremdgeschäftsführer	D	50-99	500-999
Geschäftsführender Gesellschafter	E	50-99	500-999
Bereichsleiter	E	50-99	500-999
Geschäftsführender Gesellschafter	F	100-249	250-499
Geschäftsführender Gesellschafter	G	250-499	1.000-2.999
Fremdgeschäftsführer	H	10-49	50-249
Geschäftsführender Gesellschafter	H	10-49	50-249
Geschäftsführender Gesellschafter	I	250-499	500-999
Geschäftsführender Gesellschafter	I	250-499	500-999
Geschäftsführender Gesellschafter	J	250-499	1.000-2.999
Geschäftsführender Gesellschafter	K	500-999	>3.000

M&A-Projekte mit unterschiedlichen Zielsetzungen zurück. Die projektbezogenen Motive werden nicht strukturiert thematisiert. Anhand der Ausführungen der Experten in den Interviews kann vermutet werden, dass bei den befragten mittelständischen Unternehmen Wachstum und Zukunftssicherung als M&A-Motive im Vordergrund stehen. Es kann nicht ausgeschlossen werden, dass die jeweiligen M&A-Motive der Unternehmen die Sichtweise der befragten Experten auf die Erfolgsfaktoren des strategischen PMI-Managements beeinflussen. Diese Fragestellung wird im Rahmen der Untersuchung nicht behandelt.

Wichtig erscheint an dieser Stelle der Hinweis, dass es sich auch bei den größeren Unternehmen in der Stichprobe mit mehr als 3.000 Mitarbeitern um mittelständische Unternehmen gemäß der in Abschnitt 2.2.5.1 ausgeführten qualitativen Definition handelt, die unterstreicht, dass mittelständische Unternehmen in dieser Dissertation nicht anhand ihrer Größe definiert werden, sondern die Einheit von Eigentum und unternehmerischer Verantwortung den Mittelstand im Kern ausmacht.

3.1.3 Datenanalyse mittels qualitativer Inhaltsanalyse

3.1.3.1 Methodische Grundlagen der qualitativen Inhaltsanalyse

Wenn man vor der Herausforderung steht, qualitative Daten methodisch kontrolliert, transparent und dokumentierbar zu analysieren (Kuckartz & Rädiker, 2022, S. 7), stößt man auf die qualitative Inhaltsanalyse. Nach ersten inhaltsanalytischen Studien von Lasswell im Jahr 1927 (Krell & Lamnek, 2024, S. 457) haben sich verschiedene „inhaltsanalytische Techniken“ entwickelt (Krell & Lamnek, 2024, S. 457), wie beispielsweise die Ansätze von Mayring (2022b), Kuckartz und Rädiker (2022), Schreier (2014), Kruse (2015) sowie Gläser und Laudel (2010). Im Vergleich mit anderen qualitativen Auswertungsmethoden, wie beispielsweise der freien Interpretation, sequenzanalytischen Methoden und dem Kodieren innerhalb der Grounded Theory (Birks & Mills, 2023, S. 163–164) ist die qualitative Inhaltsanalyse zur Auswertung von Experteninterviews besonders geeignet (Gläser & Laudel, 2010, S. 44–46), da sie die Informationen aus transkribierten Interviews getrennt vom ursprünglichen Text verarbeitet (Gläser & Laudel, 2010, S. 46). Die internationale Sichtbarkeit der qualitativen Inhaltsanalyse hat sich in den letzten Jahren stark erhöht (Kuckartz & Rädiker, 2022, S. 6).

Bei der Auswertung qualitativer Daten geht es um das Verstehen und Interpretieren von Texten, um den Begriff der Hermeneutik (Krell & Lamnek, 2024, S. 70–73; 86–87; Kuckartz & Rädiker, 2022, S. 24; Mayring, 2022b, S. 29–30) und ihre Funktion als „Orientierung […] inhaltsanalytischer Auswertungen qualitativer Forschungsdaten“ (Kuckartz & Rädiker, 2022, S. 25). Aus der Hermeneutik haben sich als „Hilfestellung für Interpretierende“ (Krell & Lamnek, 2024, S. 87) Regeln für die qualitative Datenanalyse entwickelt, die sich u. a. auf die Rolle des eigenen Vorverständnisses, die Erarbeitung des Textes als Ganzes, das Durchsuchen des Textes vor dem Hintergrund der eigenen Forschungsfragen sowie auf die Identifikation von Themen und Kategorien und das Entdecken von Neuem beziehen (Kuckartz & Rädiker, 2022, S. 27–28).

Zur qualitativen Inhaltsanalyse und ihrer Differenzierung gibt es kontroverse Auffassungen. So werden von Kuckartz und Rädiker (2022, S. 40) die Grundsätze zur Entwicklung einer qualitativen Inhaltsanalyse von Mayring (2022b, S. 48) bezüglich ihrer Vereinbarkeit untereinander kritisch gesehen. Die Definition von Stamann et al. (2016, S. 5) wird u. a. in Bezug auf die Arten der Kategorienbildung präzisiert und die Aspekte der systematischen Beschreibung qualitativen Materials und des Kodiervorgangs gemäß der Definition von Schreier (2014, S. 20) werden als problematisch diskutiert. Gläser und Laudel (2010, S. 199) kritisieren, dass das Verfahren der qualitativen Inhaltsanalyse nach Mayring (Mayring, 2022b, S. 61–63) „letztlich Häufigkeiten analysiert, statt

Informationen zu extrahieren“ (Gläser & Laudel, 2010, S. 199). Mayring (2019, S. 7–8) selbst kritisiert an der Konzeption der qualitativen Inhaltsanalyse nach Kuckartz (2016), einzelne Prozessschritte seien „offen interpretativ, wenig überprüfbar“ und würden eine „nicht weiterbegründete Auswahl des Repertoires“ aufweisen (Mayring, 2019, S. 8). Die Konzeptionen von Kuckartz (2016) und Schreier (2012) zeigen nach Ansicht von Mayring (2022b, S. 126) „Einseitigkeiten und Ungenauigkeiten“ auf, die „die Inhaltsanalyse […] unpraktikabel werden“ ließen.

Für die empirische Untersuchung im Rahmen dieser Dissertation wird die folgende Definition als Grundlage der Konzeption der qualitativen Inhaltsanalyse übernommen:

> „Unter qualitativer Inhaltsanalyse wird die systematische und methodisch kontrollierte Analyse von Texten […] verstanden […]. Im Zentrum der qualitativen Analyse stehen Kategorien, mit denen das gesamte für die Forschungsfrage(n) bedeutsame Material kodiert wird. Die Kategorienbildung kann deduktiv, induktiv oder deduktiv-induktiv erfolgen. Die Analyse geschieht primär qualitativ“ (Kuckartz & Rädiker, 2022, S. 39).

Mit der qualitativen Inhaltsanalyse lassen sich Interviews bearbeiten, die als Transkripte vorliegen (Kuckartz & Rädiker, 2022, S. 41–42). „Sie eignet sich für alle Formen der Analyse, die auf Systematik Wert legen und die methodische Kontrolle als sehr wichtig erachten“ (Kuckartz & Rädiker, 2022, S. 42). Das Vorwissen, welches in die Erstellung des Leitfadens für die Experteninterviews eingeflossen ist, wird in Analysekategorien übersetzt (Kuckartz & Rädiker, 2022, S. 51). Von besonderer Bedeutung (Kuckartz & Rädiker, 2022, S. 65) ist dabei ein hierarchisch angeordnetes und sorgfältig strukturiertes System mit Oberkategorien und Subkategorien (Kuckartz & Rädiker, 2022, S. 61–62; Schreier, 2012, S. 61; Stamann et al., 2016, S. 8). Die Kategorien müssen für die Forschungsfragen relevant sein und jedem Aspekt, der im Sinne der Forschungsfragen ausgewertet werden soll, muss jeweils eine Kategorie zugewiesen werden. Die Kategorien müssen eindeutig und präzise definiert werden, sich gegenseitig ausschließen sowie sprachlich sorgfältig und passend formuliert werden. Sie müssen ein kohärentes System bilden, in dem die gewählten Subkategorien „Aspekte, Ausprägungen oder Dimensionen“ (Kuckartz & Rädiker, 2022, S. 64) der übergeordneten Kategorien sind.

Innerhalb der qualitativen Inhaltsanalyse hängen die Begriffe Kategorie und Kodierung eng zusammen. Über das Kodieren werden bei verbalen Daten Textstellen und Kategorien verbunden (Kuckartz & Rädiker, 2022, S. 67). Kodierung bedeutet, Textstellen zu identifizieren und klassifizieren. Damit werden die betreffenden Textstellen entweder einer der definierten Kategorien zugeordnet oder sie regen zur Generierung einer neuen Kategorie an, sobald in den Transkripten etwas Neues entdeckt wird (Kuckartz & Rädiker, 2022, S. 67). Die Vorgehensweise bei der Kategorienbildung steht im engen Zusammenhang zu den Forschungsfragen, zu den Forschungszielen und zum Vorwissen des Forschenden (Ruin, 2017, S. 132). Bei deduktiven, also vor der empirischen Untersuchung gebildeten Kategorien, können als Quellen für die Kategorien laut Kuckartz und Rädiker (2022, S. 72–74) u. a. der Stand der Forschung, der theoretische Bezugsrahmen, der Interviewleitfaden, bestehende Prozessmodelle und auch persönliche Erfahrungen des Forschenden und subjektive Theorien genutzt werden. Bei der induktiven Kategorienbildung werden die Kategorien am empirisch ermittelten Datenmaterial entwickelt (Kuckartz & Rädiker, 2022, S. 83).

Empfohlen wird eine deduktiv-induktive Kategorienbildung (Gläser & Laudel, 2010, S. 200–201; Kuckartz & Rädiker, 2022, S. 102; Ruin, 2017, S. 130–131), die die Vorteile beider Vorgehensweisen vereint (Ruin, 2017, S. 133). In der Folge einer deduktiven Kategorienbildung auf Basis des Vorwissens wird dann während der Analyse auf besondere Merkmale des Datenmaterials situativ reagiert (Ruin, 2017, S. 133), und es werden Anpassungen am System oder den Definitionen der Kategorien vorgenommen (Gläser & Laudel, 2010, S. 201; Kuckartz & Rädiker, 2022, S. 81). Die Kategorien werden während des Analyseprozesses verfeinert und differenziert, neue Kategorien können hinzugefügt werden (Kuckartz & Rädiker, 2022, S. 107). Kuckartz und Rädiker (2024, S. 62) erläutern den deduktiv-induktiven Ansatz der Kategorienbildung in Zusammenhang mit dem Verfahren der „fokussierten Interviewanalyse mit MAXQDA", welches in dieser Dissertation angewandt wird.

Die Vielzahl an Methoden und Techniken der qualitativen Inhaltsanalyse (Krell & Lamnek, 2024, S. 457) erfordert eine individuelle Entscheidung für den eigenen Forschungsansatz. Dabei sind die in der Literatur identifizierten Empfehlungen und kritischen Diskussionspunkte zu den Methoden der qualitativen Inhaltsanalyse, zum methodenspezifischen Bearbeitungsaufwand sowie die Möglichkeiten einer softwaregestützten Verarbeitung, Analyse und Darstellung der Ergebnisse abzuwägen.

Als Ergebnis dieser Abwägung entscheidet die Verfasserin dieser Dissertation, im Rahmen der empirischen Untersuchung die „inhaltlich strukturierende qualitative Inhaltsanalyse" (Kuckartz & Rädiker, 2022, S. 104) anzuwenden. Im Wesentlichen hat die strukturierende Inhaltsanalyse zum Ziel, bestimmte Aspekte aus den transkribierten Interviews herauszufiltern und das Material „unter bestimmten Kriterien" einzuschätzen (Mayring, 2022a, S. 473). Abbildung 3.5 stellt modellhaft die sieben Phasen des idealtypischen Verlaufs einer inhaltlich strukturierenden qualitativen Inhaltsanalyse dar. Voraussetzung für den Einstieg in die Analyse sind die Reflexion der Ziele und Zusammenhänge der eigenen empirischen Untersuchung sowie die Darstellung des Vorwissens und der Voranannahmen zum Untersuchungsgegenstand (Kuckartz & Rädiker, 2022, S. 118) im theoretischen Teil dieser Dissertation.

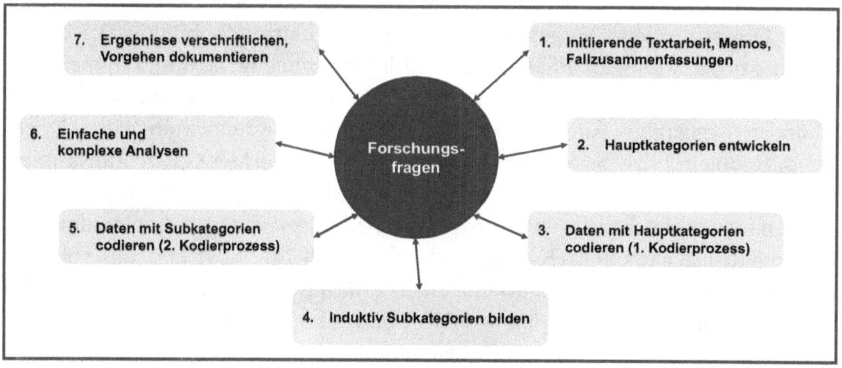

Abbildung 3.5 Ablauf einer inhaltlich strukturierenden qualitativen Inhaltsanalyse. (Quelle: Eigene Darstellung in Anlehnung an Kuckartz & Rädiker, 2022, S. 132)

Die erste Phase umfasst die Durcharbeitung der transkribierten Texte, mit dem Ziel, vor dem Hintergrund der empirischen Forschungsfrage ein grundlegendes Verständnis für die Transkripte der Interviews zu entwickeln (Kuckartz & Rädiker, 2022, S. 119). In der zweiten Phase werden die thematischen Hauptkategorien (Kuckartz & Rädiker, 2022, S. 129) aus Forschungsfragen und Interviewleitfaden, Stand der Forschung, theoretischem Bezugsrahmen und eigenem Managementansatz entwickelt. In der dritten Phase werden in einem ersten Kodierprozess relevante und isoliert verständliche Textabschnitte den Kategorien zugeordnet (Kuckartz & Rädiker, 2022, S. 134–137). In der vierten Phase werden einzelne Hauptkategorien nach Bedarf induktiv über Subkategorien weiter differenziert. In einer fünften Phase werden die Daten in einem zweiten Kodierprozess mit den Subkategorien kodiert (Kuckartz & Rädiker, 2022, S. 142–143). Die Phasen vier und fünf werden in mehreren Zyklen durchlaufen. In der sechsten Phase werden Analysen für die Präsentation der Ergebnisse vorbereitet (Kuckartz & Rädiker, 2022, S. 147–148), in der siebten Phase werden die Ergebnisse und damit die Antworten auf die empirische Forschungsfrage dokumentiert. Die Phasen sechs und sieben sind miteinander verbunden und können in mehreren Zyklen durchlaufen werden (Kuckartz & Rädiker, 2022, S. 154–156).

3.1.3.2 Datenanalyse mittels inhaltlich strukturierender qualitativer Inhaltsanalyse

Die durchgeführten Experteninterviews liegen als Audio-Dateien vor. Die Inhaltsanalyse der Experteninterviews erfolgt unter Verwendung der Software MAXQDA 2024 (Kuckartz & Rädiker, 2024; Mayring, 2022b, S. 111; Ohne Autor, 2024). Die prinzipielle Vorgehensweise entspricht dem in Abbildung 3.5 dargestellten Ablauf, wobei die Phasen drei bis fünf zusammengefasst und in mehreren Zyklen durchlaufen werden. Im ersten Schritt wird das vorliegende Material an Audiodaten innerhalb von MAXQDA als Dokumentengruppen angelegt (Kuckartz & Rädiker, 2024, S. 5). Die Interviews werden von MAXQDA transkribiert (Kuckartz & Rädiker, 2024, S. 1; 5–6) und teilweise anonymisiert. Anschließend erfolgen ein Abgleich jedes Transkriptes mit der entsprechenden Audioaufnahme, notwendige Nacharbeiten (Kuckartz & Rädiker, 2024, S. 4) und die vollständige Anonymisierung. Die angewendeten Transkriptionsregeln sind in Tabelle 3.3 dargestellt und entsprechen dem von Kuckartz und Rädiker (2024, S. 2–4) für Leitfadeninterviews entworfenen Transkriptionssystem.

Tabelle 3.3 Angewandte Transkriptionsregeln. (Quelle: Eigene Darstellung in Anlehnung an Kuckartz & Rädiker, 2024, S. 2–3)

Bezug	Angewandte Transkriptionsregel
Sprechbeiträge	Jeder Sprechbeitrag wird als eigener Absatz transkribiert. Zwischen den Sprechbeiträgen wird eine Leerzeile eingefügt.
	Sprechbeiträge der interviewenden oder moderierenden Person werden durch „**S1**“, die des Experten durch „**S2**“ eingeleitet.
Inhalt und Grammatik	Es wird wörtlich transkribiert, Sprache und Interpunktion werden an das Schriftdeutsch angenähert.
	Wortstellung und Artikel werden auch dann beibehalten, wenn sie grammatikalisch falsch sind. Auch Wortwiederholungen werden transkribiert
	Nicht eindeutig identifizierbare Wörter werden in Klammern mit Fragezeichen gesetzt. Unverständliche Wörter und Passagen werden durch „(unv.)“ kenntlich gemacht.
Bestätigungen und Einwürfe	Zustimmende Lautäußerungen der Interviewerin werden transkribiert, wenn sie den Redefluss der befragten Person deutlich unterbrechen.
Pausen, Betonungen und Lautäußerungen	Längere Pausen werden durch in Klammern gesetzte Auslassungspunkte (…) markiert. Entsprechend der Länge der Pause in Sekunden werden ein, zwei oder drei Punkte gesetzt, bei längeren Pausen wird eine Zahl entsprechend der Dauer in Sekunden angegeben.
	Besonders betonte Begriffe werden unterstrichen. Besonders lautes Sprechen wird durch GROSSBUCHSTABEN kenntlich gemacht.
	Lautäußerungen werden in einfachen Klammern notiert, ebenso nonverbale Aktivitäten und Störungen.
Anonymisierung	Alle Angaben, die einen Rückschluss auf die Person des Experten erlauben, werden anonymisiert.

Vor dem Hintergrund der empiriegeleiteten Forschungsfrage und dem eigenen Managementansatz als Extrakt der Vorannahmen werden die Interviews anhand der Transkripte exploriert (Kuckartz & Rädiker, 2024, S. 14). Soweit in Transkripten besonders relevante Inhalte auffallen, werden sie innerhalb des MAXQDA-Projekts als Projekt- und Dokument-Memo gesichert (Kuckartz & Rädiker, 2024, S. 21–22). Zur Vorbereitung der Analyse der Daten wird aus dem Interviewleitfaden, dem theoretischen Bezugsrahmen und dem eigenen

Managementansatz das in Tabelle 3.4 dargestellte erste System von Hauptkategorien deduktiv entwickelt (Kuckartz & Rädiker, 2024, S. 32). Dabei kommt es zunächst zu Dopplungen von Kategorien, die sowohl aus Sicht des Strategischen Managements als auch aus Sicht des PMI-Managements entwickelt werden können.

Tabelle 3.4 Kategoriensystem auf Basis des theoretischen Bezugsrahmens. (Quelle: Eigene Darstellung)

Theoretischer Bezugsrahmen	Bezug zum Leitfaden	Kategorien
Erfolgsfaktoren des Strategischen Managements	**(F2) Welches sind aus Ihrer Sicht wesentliche Themen, die im Zusammenhang mit dem strategischen Management der PMI eine Rolle spielen?** **(F3) Welches sind nach Ihrer persönlichen Einschätzung und Erfahrung besonders wichtige Faktoren für ein erfolgreiches strategisches Management der PMI?**	Strategische Leitplanken und Leitbild
		Steuerung und Erfolgskontrolle
		Kunden- und Marktmanagement
		Ressourcenmanagement
		Projektmanagement
		Informations- und Kommunikationsmanagement
		Unternehmensführung
		HR-Management
		Veränderungsmanagement
		Unternehmenskultur
		Wissensmanagement
Erfolgsfaktoren des Post-Merger-Integrationsmanagements	**(F6) Wie beurteilen Sie die Relevanz der bislang identifizierten Erfolgsfaktoren des strategischen PMI-Managements im deutschen Mittelstand?** **(F7) Können Sie die einzelnen Faktoren hinsichtlich der Stärke ihres Einflusses auf den Erfolg begründet bewerten und dabei zwischen einem starken, einen geringen und keinem Einfluss unterscheiden?** **(F8) Gibt es aus Ihrer Sicht wesentliche Erfolgsfaktoren, die in der bisherigen Auswertung fehlen und ergänzt werden müssen? Können Sie Ihre Ergänzungsvorschläge begründen?**	Steuerung und Erfolgskontrolle
		Ressourcenmanagement
		Informations- und Kommunikationsmanagement
		HR-Management
		Unternehmenskultur
		Wissensmanagement
		Integrationsgrad und -geschwindigkeit
		Kundenintegration
		Markenintegration
		Synergiemanagement
		Aufbau- und Ablauforganisation
		Integrationskompetenzen
Erfolgsfaktoren der Mittelstandsforschung	**(F4) Welche Charakteristika sind Ihrer professionellen Erfahrung nach besonders typisch für mittelständische Unternehmen in Deutschland – unabhängig von ihrer Größe?** **(F5) Wirken sich die von Ihnen genannten Charakteristika ihrer Einschätzung nach auf den Erfolg des PMI-Managements in mittelständischen Unternehmen aus? Wie würden Sie diese Auswirkungen näher beschreiben?**	Zentrale Rolle des Unternehmers
		Langfristige Orientierung
		Flexibilität und Effizienz

Sowohl während der Datenerhebung als auch während der Analyse wird in der Folge der deduktiven Kategorienbildung auf besondere Merkmale des Datenmaterials situativ reagiert (Ruin, 2017, S. 133). Der Leitfaden der Experteninterviews wird im Laufe des Untersuchungsverlaufs schrittweise angepasst (Gläser & Laudel, 2010, S. 149). Soweit sich in den Interviews neue Erkenntnisse zum Untersuchungsgegenstand ergeben, werden sie in den folgenden Interviews eingebracht. Sowohl im Verlauf der Datenerhebung als auch im Verlauf der Auswertung werden Ergänzungen am Kategoriensystem vorgenommen (Gläser & Laudel, 2010, S. 201; Kuckartz & Rädiker, 2022, S. 81). In der Konsequenz wird das ursprüngliche auf den theoretischen Vorüberlegungen basierende Kategoriensystem angepasst (Gläser & Laudel, 2010, S. 205). Dabei werden die ursprünglichen Kategorien zu 13 Hauptkategorien aggregiert, die jeweils durch induktiv entwickelte Subkategorien ausdifferenziert werden (Kuckartz & Rädiker, 2024, S. 62). Das als Ergebnis dieses deduktiv-induktiven Verfahrens entwickelte Kategoriensystem mit den zusammenfassend überarbeiteten Hauptkategorien und den im Verlauf der Datenerhebung und -auswertung ergänzten Subkategorien wird in Abbildung 3.6 dem ursprünglichen, auf Basis des Leitfadens und des Theoriebezugs entwickelten System an Hauptkategorien gegenübergestellt.

Das endgültige Kategoriensystem wird in MAXQDA als Codesystem angelegt (Kuckartz & Rädiker, 2024, S. 27; 42). Kuckartz und Rädiker (2022, S. 132) empfehlen, den Kodierprozess in eine sog. „Basiskodierung" (Kuckartz & Rädiker, 2024, S. 48) anhand der Hauptkategorien und in einen nachfolgenden zweiten Kodiervorgang nach Subkategorien aufzuteilen. Im Rahmen dieser Dissertation werden die beiden vorgenannten Kodierschritte zusammengefasst. In einem Kodierprozess wird in mehreren Zyklen nach Haupt- und Subkategorien kodiert. Jeder relevante Textabschnitt (Kuckartz & Rädiker, 2024, S. 48), der als „Sinneinheit" oder als „zusammenhängende Aussage" (Kuckartz & Rädiker, 2024, S. 47) klassifiziert ist, wird dabei mit einer Kategorie verbunden und stellt dann eine „kodierte Textstelle" oder ein „kodiertes Segment" dar (Kuckartz & Rädiker, 2024, S. 46). Bei der Kodierung hat die Verfasserin die Ziele und Formate späterer Analyseschritte und Ergebnisberichte vor Augen (Kuckartz & Rädiker, 2024, S. 84–85).

Kodierregeln werden für den Umfang der Kodierungen und für den Umgang mit wiederholten Aussagen festgelegt (Kuckartz et al., 2008, S. 39–40; Kuckartz & Rädiker, 2024, S. 47–48). Es werden mindestens ein Satz oder eine zusammenhängende Aussage kodiert. Fragen der Interviewerin werden nur kodiert, wenn sie für das Verständnis der Antwort des Experten notwendig sind (Kuckartz & Rädiker, 2024, S. 47). Wiederholte Aussagen in den Interviews werden bei jedem Vorkommen kodiert. In häufigkeitsbezogenen Auswertungen wird die jeweilige Kategorie bei mehrfacher Nennung innerhalb eines Interviews mehrfach gezählt (Kuckartz & Rädiker, 2024, S. 48).

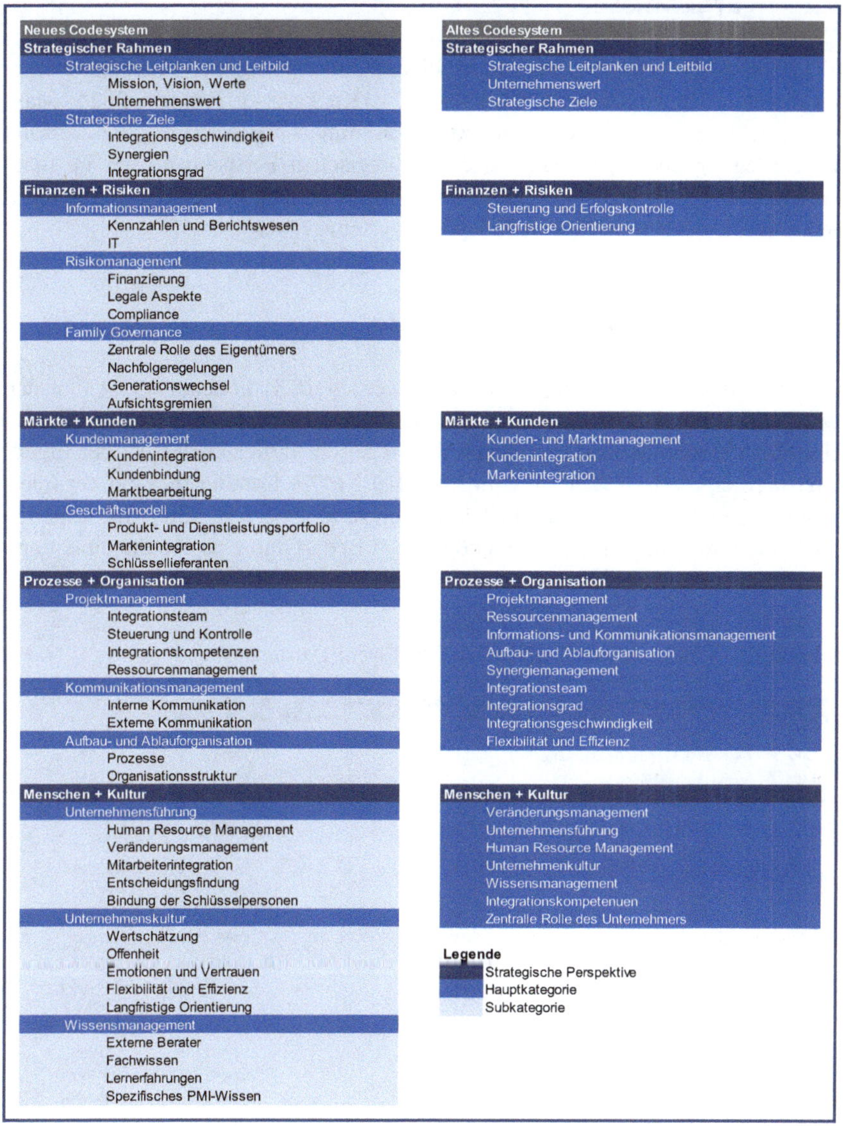

Abbildung 3.6 Gegenüberstellung der Kategoriensysteme auf Basis des theoretischen Bezugsrahmens (rechts) und des deduktiv-induktiv weiterentwickelten Systems aus Haupt- und Subkategorien (links). (Quelle: Eigene Darstellung)

3.2 Ergebnisse

Abschnitt 3.2.1 fasst das Vorgehen bei der Auswertung der Ergebnisse unter Verwendung der Software MAXQDA 2024 (Kuckartz & Rädiker, 2024; Mayring, 2022b, S. 111; Ohne Autor, 2024) zusammen. Im Abschnitt 3.2.2 erfolgt die Darlegung der Ergebnisse aus den strategischen Perspektiven des im theoretischen Teil entwickelten Managementansatzes entlang der Erfolgsfaktoren des deduktiv-induktiv entwickelten Kategoriensystems.

3.2.1 Auswertung der Ergebnisse

Innerhalb der empirischen Untersuchung werden 18 Experteninterviews zu den Erfolgsfaktoren des strategischen PMI-Managements durchgeführt. Tabelle 3.5 gibt einen Überblick über die Profile der Experten. In der Darlegung der Ergebnisse werden die Experten mit dem Kürzel „EXP" in Kombination mit der Interviewnummer bezeichnet. Beruflicher Hintergrund, Position, Alter der Experten sowie die Größe der Unternehmen können im Bedarfsfall eine expertenorientierte Bewertung der Ergebnisse unterstützen.

Tabelle 3.5 Profildaten der Experten. (Quelle: Eigene Darstellung)

Nr.	Funktion	Altersgruppe	Unternehmen	Umsatz (Mio. €)	Mitarbeiter (Anzahl)
EXP1	Geschäftsführender Gesellschafter	≥60	A	500-999	>3.000
EXP2	Geschäftsführender Gesellschafter	≥60	B	10-49	500-999
EXP3	Fremdgeschäftsführer	≥60	B	10-49	500-999
EXP4	Bereichsleiter	30-44	C	>1.000	>3.000
EXP5	Bereichsleiter	30-44	C	>1.000	>3.000
EXP6	Geschäftsführender Gesellschafter	45-59	D	50-99	500-999
EXP7	Geschäftsführender Gesellschafter	≥60	E	50-99	500-999
EXP8	Fremdgeschäftsführer	45-59	D	50-99	500-999
EXP9	Fremdgeschäftsführer	≥60	A	500-999	>3.000
EXP10	Bereichsleiter	45-59	E	50-99	500-999
EXP11	Geschäftsführender Gesellschafter	30-44	F	100-249	250-499
EXP12	Geschäftsführender Gesellschafter	≥60	G	250-499	1.000-2.999
EXP13	Fremdgeschäftsführer	≥60	H	10-49	50-249
EXP14	Geschäftsführender Gesellschafter	45-59	H	10-49	50-249
EXP15	Geschäftsführender Gesellschafter	≥60	I	250-499	500-999
EXP16	Geschäftsführender Gesellschafter	30-44	I	250-499	500-999
EXP17	Geschäftsführender Gesellschafter	45-59	J	250-499	1.000-2.999
EXP18	Geschäftsführender Gesellschafter	30-44	K	500-999	>3.000

Befragt werden überwiegend geschäftsführende Gesellschafter, andere Experten sind als Fremdgeschäftsführer (EXP3, EXP8, EXP9, EXP13) oder Bereichsleiter (EXP4, EXP5, EXP10) tätig. Die geschäftsführenden Gesellschafter gehören überwiegend zur Altersgruppe „≥ 60“ (EXP1, EXP2, EWP7, EXP12, EXP15), sowie in die Altersgruppen „45–59“ (EXP6, EXP14, EXP17) und „30–44“ (EXP11, EXP16, EXP18) einordnen. Die Fremdgeschäftsführer sind mit einer Ausnahme (EXP8) alle über 60 Jahre alt. Die Bereichsleiter gehören zu den Altersgruppen „45–49“ (EXP10) und „30–44“ (EXP4, EXP5).

Vier Experten (EXP1, EXP4, EXP5, EXP18) sind für große eigentümergeführte, mittelständische Unternehmen mit mehr als 3.000 Mitarbeitern tätig. Vier andere Experten (EXP2, EXP3, EXP13, EXP14) kommen aus Unternehmen mit weniger als 1.000 Mitarbeitern und einem Umsatz unter 100 Mio. Euro. Die Unternehmen gehören zu einem breiten Spektrum unterschiedlicher Branchen wie beispielsweise Textil, Automotive und Maschinenbau. Branchen werden aus Gründen des Datenschutzes in Tabelle 3.5 nicht den Experten zugordnet. Je nach ihrer Position sind die Experten entweder operativ oder strategisch in die PMI-Prozesse ihres Unternehmens eingebunden, in einigen Fällen gibt es dabei Überschneidungen. In sieben Unternehmen ist es gelungen, jeweils zwei Experten zu befragen, um die Sichtweisen aus unterschiedlichen Perspektiven untereinander abzugleichen. Dies erhöht die Objektivität, die bei der Befragung einzelner Repräsentanten eines Unternehmens schwer zu gewährleisten ist (Haenecke & Forsmann, 2006, S. 50).

Die Transkripte der Interviews werden auf Basis des Kategoriensystems im Rahmen einer inhaltlich strukturierenden qualitativen Inhaltsanalyse unter Verwendung der Software MAXQDA 2024 (Kuckartz & Rädiker, 2024; Mayring, 2022b, S. 111; Ohne Autor, 2024) von der Verfasserin dieser Dissertation kodiert. Abbildung 3.7 gibt einen Gesamtüberblick über die kodierten Haupt- und Subkategorien.

Nach dem mehrstufigen Kodieren liegen die Daten in strukturierter Form ähnlich einer Matrix vor (Kuckartz & Rädiker, 2024, S. 79–80), in der die Zeilen die einzelnen interviewten Experten und die Spalten die Haupt- und Subkategorien darstellen (Kuckartz & Rädiker, 2024, S. 80). Die strukturierten Daten sind Grundlage für die Darlegung der Ergebnisse im Abschnitt 3.2.2 sowie für die Diskussion und Interpretation der Ergebnisse und die Beantwortung der empiriegeleiteten Fragestellung in Abschnitt 3.3.

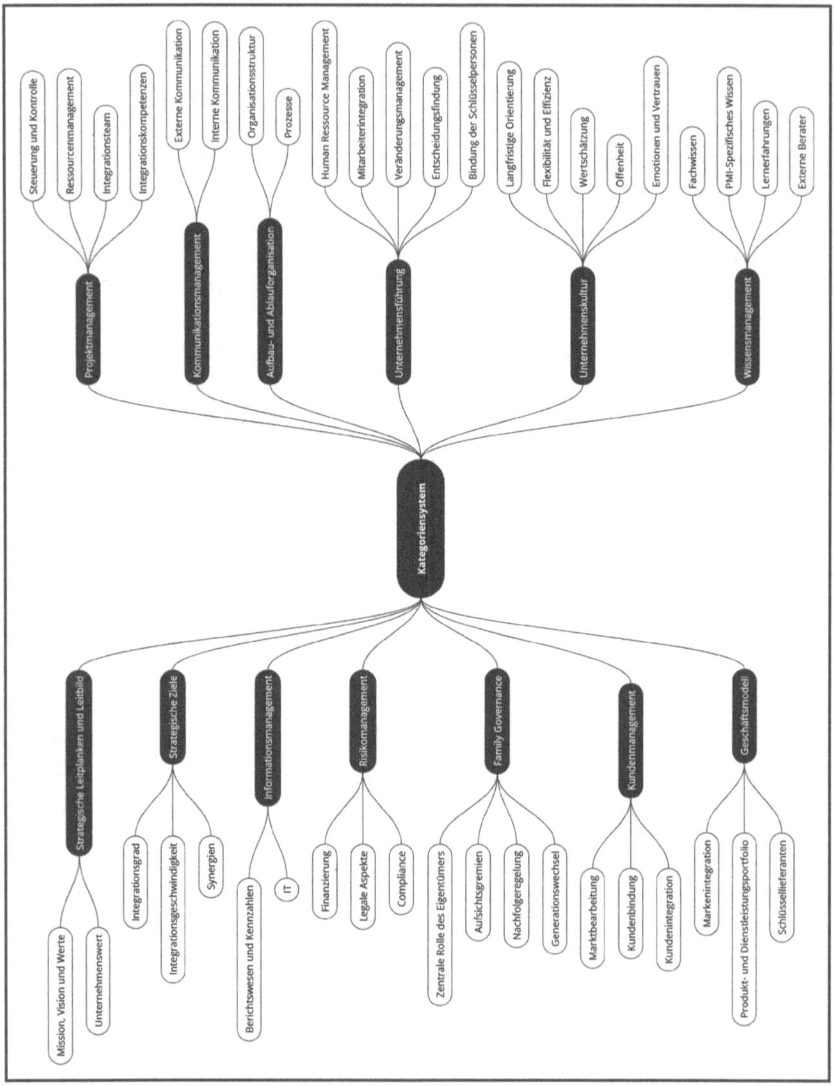

Abbildung 3.7 Kodierbaum der Haupt- und Subkategorien. (Quelle: Eigene Darstellung)

3.2.2 Darlegung der Ergebnisse

3.2.2.1 Ergebnisse für die strategische Perspektive „Strategischer Rahmen"

3.2.2.1.1 Strategische Leitplanken und Leitbild

Im Rahmen der strategischen Planung werden als strategische Leitplanken die auf die Erhöhung des Unternehmenswerts ausgerichtete Unternehmenspolitik und das Leitbild festgelegt. Tabelle 3.6 fasst das Kodierschema zusammen.

Tabelle 3.6 Kodierschema der Hauptkategorie „Strategische Leitplanken und Leitbild". (Quelle: Eigene Darstellung)

Strategische Leitplanken und Leitbild Im Rahmen der strategischen Planung werden als strategische Leitplanken die auf die Erhöhung des Unternehmenswertes ausgerichtete Unternehmenspolitik und das Leitbild festgelegt.			
Subkategorien	**Beschreibungen**	**Anwendungsregeln**	**Anwendungsbeispiele**
Mission, Vision, Werte	Mission, Vision, Werte sind die wesentlichen Elemente des Leitbildes.	Diese Subkategorie wird auf alle Textstellen (Kodiereinheiten) angewendet, die auf die Elemente des Leitbildes Mission, Vision oder Werte eingehen oder diese umschreiben.	„Erfolgreiche Unternehmen haben [...] über Charisma und Werte eine Kultur geschaffen" (Interview 2_Pos. 8).
Unternehmenswert	Unternehmenswert umschreibt Aussagen zum Unternehmenswert und zu dessen Einflussgrößen.	Diese Subkategorie wird auf alle Textstellen (Kodiereinheiten) angewendet, die sich auf den Unternehmenswert und dessen Einflussgrößen beziehen.	„Naja, und die Unternehmenswertentwicklung, natürlich war das [...] unser Ziel, auch den Unternehmenswert zu steigern, ist ja auch heute noch" (Interview 10_Pos. 79).

Abbildung 3.8 zeigt, dass innerhalb der Hauptkategorie „Strategische Leitplanken und Leitbild" die Subkategorie „Mission, Vision, Werte" sehr häufig von den Experten angesprochen wird.

Leitplanken und Leitbild sind nach Ansicht von EXP4 zentrale Orientierungs- und Steuerungsinstrumente, die vorgäben, wie das betreffende PMI-Projekt strategisch zu steuern sei (Interview 4_Pos. 78). EXP11 findet, dass das Leitbild den Veränderungswillen zum Ausdruck bringe (Interview 11_Pos. 50). EXP8 meint, die Leitplanken müssten Ziele zu Wachstum, Umsatz, Kosten und Ergebnissen definieren sowie an veränderte Rahmenbedingungen angepasst werden (Interview 8_Pos. 56). Nach Auffassung von EXP10 spiegele das Leitbild wider, wie das Unternehmen mit Mitarbeitern, Kunden und Lieferanten umgehe (Interview 10_Pos. 43).

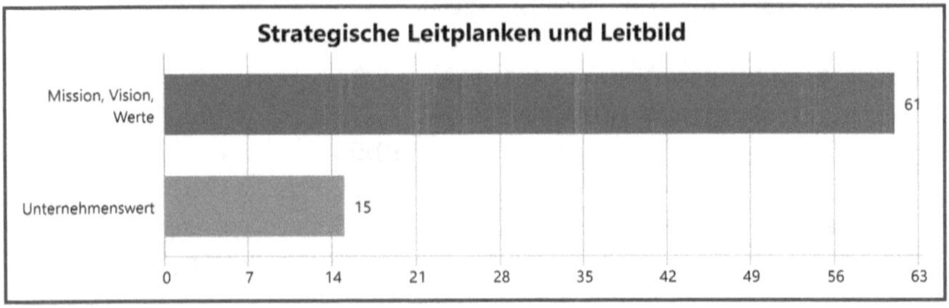

Abbildung 3.8 Häufigkeiten der Subkategorien innerhalb der Hauptkategorie „Strategische Leitplanken und Leitbild". (Quelle: Eigene Darstellung)

EXP2 bezweifelt, dass eigentümergeprägte Werte bei großen Veränderungen Bestand hätten. Werte würden die Kultur prägen und seien eine entscheidende Grundlage dafür, dass Unternehmen zusammenpassen würden (Interview 2_Pos. 10). Die Werte fremdgeführter Großunternehmen seien andere als die eigentümergeprägter Unternehmen. Das PMI-Management müsse berücksichtigen, dass das Werteverständnis junger Menschen in Bezug auf Familie, Freizeit, Kultur und persönliche Lebensziele ein völlig anderes sei als das der „Dinosauriergeneration" (Interview 2_Pos. 10, 16).

EXP3 unterstreicht, PMI-Management sei eine Chance, die eigenen Werte zu überdenken (Interview 3_Pos. 71). EXP5 meint, Mittelständler seien gut darin, mit einer Vision zu begeistern und Narrative einzusetzen, wenn es um die Sinnstiftung ginge (Interview 5_Pos. 113). Nach Meinung von EXP17 sei es wichtig, kritisch zu prüfen, ob sich die Vision der PMI realisieren ließe, denn man habe es mit Menschen zu tun (Interview 17_Pos. 5, 7). EXP13 glaubt, man brauche für eine erfolgreiche PMI ein „gegenseitiges Werteverständnis" (Interview 13_Pos. 50). EXP6 findet, Eigentümer und Führungskräfte müssten Werte vorleben und ihren Führungsstil immer wieder kritisch prüfen (Interview 6_Pos. 32).

EXP7 betont, eine Akquisition müsse Unternehmenswert schaffen, nicht vernichten (Interview 7_Pos. 108). EXP3 und EXP10 meinen, beim PMI-Management stehe nicht die Steigerung des Unternehmenswerts im Vordergrund, sondern der Erwerb von Marktzugängen und Ressourcen (Interview 3_Pos. 10; Interview 10_Pos. 79). Der Mittelstand denke nach Ansicht von EXP3 zu wenig an Marken, Patente, Innovationskraft und Wettbewerbsposition als Treiber des Unternehmenswerts (Interview 3_Pos. 73). EXP6 meint, die positive Entwicklung des Unternehmenswerts sei ein Signal für Stabilität (Interview 6_Pos. 116).

Nach Ansicht von EXP8 sichere die Wertsteigerung die „Überlebensfähigkeit“ (Interview 8_Pos 56).

3.2.2.1.2 Strategische Ziele

Das Strategische Management setzt das Leitbild in strategische Ziele um. Tabelle 3.7 fasst das Kodierschema zusammen.

Tabelle 3.7 Kodierschema der Hauptkategorie „Strategische Ziele“. (Quelle: Eigene Darstellung)

Strategische Ziele Das strategische Management setzt das Leitbild in auf drei bis fünf Jahre ausgelegte strategische Ziele und Maßnahmen um.			
Subkategorien	**Beschreibungen**	**Anwendungsregeln**	**Anwendungsbeispiele**
Synergien	Synergieeffekte lassen sich erzielen, wenn Unternehmen durch einen Zusammenschluss Wettbewerbsvorteile schaffen. Synergien bezeichnen hier Synergieeffekte als strategisches Ziel.	Diese Subkategorie wird auf alle Textstellen angewendet, die auf die Realisierung von Synergien eingehen.	„Und Teil dieses Business Cases sind dann natürlich auch Synergien, die aber letztendlich für den Kaufpreis natürlich nicht alle relevant sind, weil es ist ja gewisses Risiko: Hebe ich sie alle oder nicht?“ (Interview 4_Pos. 38).
Integrations-geschwindigkeit	Die Geschwindigkeit der Integration wird bestimmt durch den Zeitpunkt des Beginns der Integrationsmaßnahmen und durch die zeitliche Dauer des Integrationsprozesses.	Diese Subkategorie wird auf alle Textstellen angewendet, die auf die Geschwindigkeit, den Zeitpunkt des Beginns und die Dauer der PMI eingehen.	„Und Geschwindigkeit hängt, glaube ich, von der Organisation, die aufnimmt, […] die aufgenommen wird.“ (Interview 11_Pos. 26).
Integrationsgrad	Der Integrationsgrad beschreibt innerhalb der organisatorischen Integration das angestrebte Maß der Integration (gering bzw. hoch) als Einflussfaktor auf die Aufbau- und Ablauforganisation.	Diese Subkategorie wird auf alle Textstellen angewendet, die auf den Grad als das Maß der Integration eingehen.	„Integrationsgrad, klar, das musst du festlegen: Bleibt das eine komplett unabhängige Bude, oder holst du alles rein?“ (Interview 11_Pos. 26).
Wachstum und Stabilität	Wachstum bezieht sich auf sich auf die Art und Weise, wie sich das Unternehmen entwickeln und vergrößern soll, Stabilität steht für die Widerstandskraft gegenüber kritischen Situationen.	Diese Subkategorie wird auf alle Textstellen angewendet, die auf Wachstum und Stabilität als strategische Ziele der PMI eingehen.	„Man kann viel verändern, aber man muss schon so eine grundsätzliche Stabilität haben.“ (Interview 16_Pos. 60).

Abbildung 3.9 zeigt, dass innerhalb der Hauptkategorie „Strategische Ziele" die Subkategorien „Synergien", „Integrationsgeschwindigkeit" und „Integrationsgrad" etwa gleich häufig von den Experten angesprochen werden.

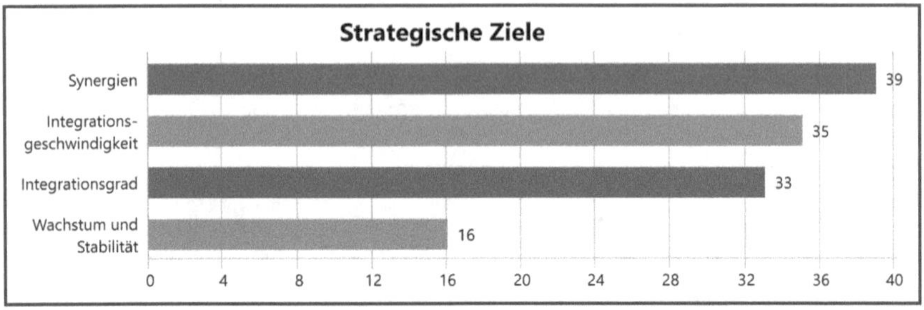

Abbildung 3.9 Häufigkeiten der Subkategorien innerhalb der Hauptkategorie „Strategische Ziele". (Quelle: Eigene Darstellung)

EXP3 hält es für wichtig, früh ein Zielbild zu formulieren (Interview 3_ Pos. 6). Mitarbeiter, die sich nicht mit dem Sinn der PMI identifizieren könnten, verliere man (Interview 3_Pos. 43). Ziele würden Führungskräfte für Zukunftsthemen sensibilisieren (Interview 3_Pos. 13), sie würden ermöglichen, die Stärken des Mittelstands, wie beispielsweise Geschwindigkeit und Flexibilität, mit den Stärken eines Konzerns, wie beispielsweise professionelle Systematik und wiederholbare Leistung, zu verbinden (Interview 3_Pos. 13). EXP5 und EXP7 stimmen überein, dass ohne Ziele weder Steuerung noch Erfolgskontrolle des PMI-Managements möglich seien (Interview 5_Pos. 38, 41, 69; Interview 7_ Pos. 20). EXP16 findet es wichtig, Ziele mit dem Erreichten zu vergleichen (Interview 16_Pos. 60).

Synergien seien laut EXP1 wesentliches Ziel der PMI (Interview 1_Pos. 66). EXP4 hält es für zweckmäßig, „die Themen zuerst zu machen, die am meisten auf die Synergien einzahlen" (Interview 4_Pos. 100). „Ergibt sich automatisch, brauche ich nicht", sagt dagegen EXP3 (Interview 3_Pos. 37). EXP15 und EXP17 bezweifeln, dass Synergien existieren würden. Synergien würden überschätzt und Integrationskosten unterschätzt, die Effekte höben sich gegeneinander auf (Interview 15_Pos. 23; Interview 17_Pos. 19). EXP3 empfindet das Aufspüren von Synergien als zeitlich und personell aufwendig. Das Integrationsteam solle besser Aufträge generieren (Interview 3_Pos. 8), als nach „Doppelrollen" zu suchen (Interview 3_Pos. 10). EXP12 meint, Synergien müssten „auf jeden Fall" genutzt werden. Das „Synergiepotenzial" sei umso größer, je mehr man integrieren könne, meint EXP17 (Interview 17_Pos. 15). Nach Ansicht von EXP5 sei das Heben von Synergien „ein total relevantes Thema“ (Interview 5_Pos. 27). EXP8 meint, Synergien seien mit einem externen Berater zu klären (Interview 8_Pos. 26).

Die Bedeutung der Integrationsgeschwindigkeit für den PMI-Erfolg wird von vielen Experten bestätigt (Interview 2_Pos. 42; Interview 6_Pos. 44; Interview 10_Pos. 43; Interview 5_Pos. 35). EXP1 bezweifelt, ob man die Integrationsgeschwindigkeit früh festlegen könne, man solle flexibel bleiben (Interview 1_ Pos. 50). EXP2 meint, die Integrationsgeschwindigkeit habe einen starken Einfluss auf den Erfolg, allerdings könne sowohl „langsam gut“ als auch „schnell gut“ sein (Interview 2_Pos. 42). EXP6 meint, aus Sicht eines übernommenen Unternehmens, dem im Integrationsprozess „alles [...] schnell übergestülpt“ werde, könne Geschwindigkeit auch ein Misserfolgsfaktor sein. Geschwindigkeit müsse angemessen und „situationsabhängig“ sein. Die Menschen müssten „es verstehen und leben“ (Interview 6_Pos. 108). EXP9 meint, eine hohe Geschwindigkeit könne zu irrationalen Entscheidungen führen (Interview 9_Pos. 79) und EXP8 findet, „komplexere Themen“ solle man „lieber [...] in Ruhe machen“ (Interview 8_Pos. 52).

EXP11 meint, Integrationsgrad könne wichtiger als Geschwindigkeit sein (Interview 11_Pos. 26). EXP1 warnt, man müsse in Bezug auf den Integrationsgrad flexibel bleiben (Interview 1_Pos. 50). Falsche Entscheidungen zum Integrationsgrad würden dazu führen, dass es „nicht funktioniert“ (Interview 1_Pos. 90). EXP5 meint, der Integrationsgrad beantworte Fragen darüber, ob und warum man etwas integrieren wolle (Interview 5_Pos. 37). EXP12 sagt, bei grenzüberschreitenden Akquisitionen könne es angesichts der Nationalitäten, Regionen und Gefühlswelten zweckmäßig sein, wenig zu integrieren (Interview 12_Pos. 22).

Wachstum wird von vielen Experten als Ziel der PMI bestätigt (Interview 1_Pos. 25; Interview 2_Pos. 12; Interview3_Pos. 10, 13; Interview 4_Pos. 38; Interview 5_Pos. 44–47; Interview 6_Pos. 22; Interview 8_Pos. 55–56; Interview 15_Pos. 3, 15). EXP3 meint, Wachstum stärke bei Mitarbeitern das Verständnis für organisatorische Änderungen und den zukünftigen Bedarf an Kompetenzen und Fähigkeiten (Interview 3_Pos. 13). EXP6 glaubt, eine positive Unternehmenswertentwicklung gebe dem Unternehmen Stabilität (Interview 6_Pos. 116). EXP16 hält es für wichtig, Menschen im Unternehmen Sicherheit zu geben. Man könne „viel verändern“, brauche aber „eine grundsätzliche Stabilität“ (Interview 16_Pos. 17–18), da Veränderungen „Angst“ machen und „Unsicherheit“ auslösen würden (Interview 16_Pos. 8).

3.2.2.2 Ergebnisse für die strategische Perspektive „Finanzen und Risiken"

3.2.2.2.1 Informationsmanagement

Informationsmanagement umschreibt die technologiebasierte und strukturierte Bereitstellung von entscheidungsrelevanten Daten sowie die Nutzung von Informationssystemen zur Erzeugung und Bereitstellung von Informationen zur Planung, Kontrolle und Steuerung von Unternehmen. Tabelle 3.8 fasst das Kodierschema zusammen.

Tabelle 3.8 Kodierschema der Hauptkategorie „Informationsmanagement". (Quelle: Eigene Darstellung)

Informationsmanagement

Informationsmanagement umschreibt die technologiebasierte und strukturierte Bereitstellung von entscheidungsrelevanten Daten sowie die Nutzung von Informationssystemen zur Erzeugung und Bereitstellung von Informationen zur Planung, Kontrolle und Steuerung von Unternehmen.

Subkategorien	Beschreibungen	Anwendungsregeln	Anwendungsbeispiele
Kennzahlen und Berichtswesen	Berichtswesen und Kennzahlen erfüllen die Aufgabe, über ausgewählte und wichtige Sachverhalte des Unternehmens gezielt zu informieren. Dabei werden wichtige Daten in Form von Tabellen und Zahlen dargestellt, die auf die Zielgruppe und den Zweck abgestimmt sind.	Diese Subkategorie wird auf alle Textstellen angewendet, die auf Kennzahlen und Berichtswesen im Rahmen des PMI-Managements eingehen.	„Also, die Zahlen, es ist wichtig, die Zahlen zu haben, aber wie man die interpretiert, ist vielleicht ein bisschen anders als bei einem Unternehmen, was schon länger Teil der Gruppe ist, zumal andere Unternehmen halt andere, andere Zahlenstrukturen haben" (Interview 16_Pos. 54).
IT	IT (Informations-technologie) umschreibt die in den Informations-systemen eingesetzte zweck- und zielgerichtete Hardware und Software. Sie muss im Zusammenhang mit den Menschen gesehen werden, die die Erstellung, den Betrieb und die Nutzung der Informationstechnik verantworten und damit ebenfalls zur IT zählen.	Diese Subkategorie wird auf alle Textstellen angewendet, die auf die IT und deren Nutzung im Rahmen des PMI-Managements eingehen.	„Aber eben gerade in der [...] IT. Und da kann ich nur sagen rückblickend, da darf man keine Kosten und nichts zulassen. Also, da muss man so schnell wie irgend möglich rangehen – [...] ein gemeinsames Berichtswesen, gemeinsame ERP-Systeme aufzubauen" (Interview 1_Pos. 52).

Abbildung 3.10 zeigt, dass innerhalb der Hauptkategorie „Informationsmanagement“ die Subkategorien „Kennzahlen und Berichtswesen“ sowie „IT“ vergleichsweise wenig von den Experten angesprochen werden.

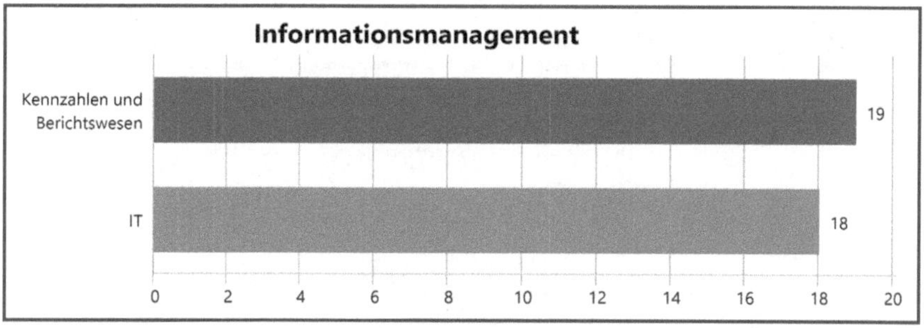

Abbildung 3.10 Häufigkeiten der Subkategorien innerhalb der Hauptkategorie „Informationsmanagement“. (Quelle: Eigene Darstellung)

EXP1 unterstreicht, man müsse schnell ein gemeinsames Berichtswesen und ERP-System aufbauen (Interview 1_Pos. 52). EXP8 empfiehlt, die administrativen Systeme wie HR, Controlling, Accounting zu zentralisieren (Interview 8_ Pos. 16, 24), rationale Entscheidungen würden auf Zahlen, Daten und Fakten basieren (Interview 8_Pos. 58). EXP10 und EXP12 räumen einer SAP-Einführung im Rahmen der PMI eine hohe Priorität ein, um verlässliche Zahlen zu haben (Interview 10_Pos. 25; Interview 12_Pos. 30). EXP5 schildert andere Prioritäten: „Die sind bis heute nicht bei uns in die SAP-Landschaft integriert worden“. Eine Integration sei „wichtiger in den Managementabläufen“. Auch EXP8 meint: „Machen wir nicht, alles zu teuer […]. Wir lassen es […] jetzt so weiterlaufen“ (Interview 8_Pos. 6, 14). Auch EXP6 hat die kostenträchtige Standardisierung und Anpassung des ERP-Systems immer wieder aufgeschoben.

3.2.2.2.2 Risikomanagement

Risikomanagement umschreibt Risiken und Risikofaktoren, die im Rahmen des PMI-Managements bestehen sowie das Erkennen von und den Umgang mit Risiken. Tabelle 3.9 fasst das Kodierschema zusammen.

Tabelle 3.9 Kodierschema der Hauptkategorie „Risikomanagement". (Quelle: Eigene Darstellung)

Risikomanagement Risikomanagement umschreibt alle Arten von Risiken und Risikofaktoren, die im Rahmen des PMI-Managements bestehen sowie das Erkennen von Risiken und den Umgang mit diesen Risiken.			
Subkategorien	**Beschreibungen**	**Anwendungsregeln**	**Anwendungsbeispiele**
Finanzierung	Finanzierung umschreibt generelle und unerwartete finanzielle Probleme und Risiken bei der Finanzierung im Rahmen des PMI-Managements.	Diese Subkategorie wird auf alle Textstellen angewendet, die auf das Problem und die Risiken der Finanzierung im Rahmen des PMI-Managements eingehen.	„Also, das ist ein wichtiges Thema, also [...] der mögliche [...] Nachfinanzierungsbedarf wird wahrscheinlich tendenziell eher unterschätzt" (Interview 17_Pos. 19).
Legale Aspekte	Legale Aspekte umschreiben alle gesetzlichen Regelungen, die im Rahmen des PMI-Managements beachtet werden müssen, insbesondere zum Arbeitsrecht, Datenschutz, Markenrecht, Kartellrecht, Lieferbedingungen u. a.	Diese Subkategorie wird auf alle Textstellen angewendet, die auf die legalen Aspekte innerhalb des PMI-Managements eingehen.	„[...] Ich glaube, jeder Kauf hat legale Aspekte, auch desto öfter du es gemacht hast und desto mehr du schon gesehen hast, desto länger werden die Verträge, weil du quasi [...] die Fehler der Vergangenheit vermeidest" (Interview 11_Pos. 28).
Compliance	Compliance beschreibt die Beachtung und das Einhalten von Regeln, Bestimmungen, Gesetzen und Vorschriften.	Diese Subkategorie wird auf alle Textstellen angewendet, die auf die Rolle von Compliance im PMI-Management eingehen.	„Also, ich würde [...] damit rechnen, wir stoßen auf 10 % von was auch immer, Dinge, mit denen wir nicht gerechnet haben und die mit unserer Kultur und unserer Compliance [...] oder unserer Governance [...] nicht tolerierbar sind" (Interview 15_Pos. 52).

Abbildung 3.11 zeigt, dass innerhalb der Hauptkategorie „Risikomanagement" die Subkategorie „Finanzierung" besonders häufig von den Experten angesprochen wird.

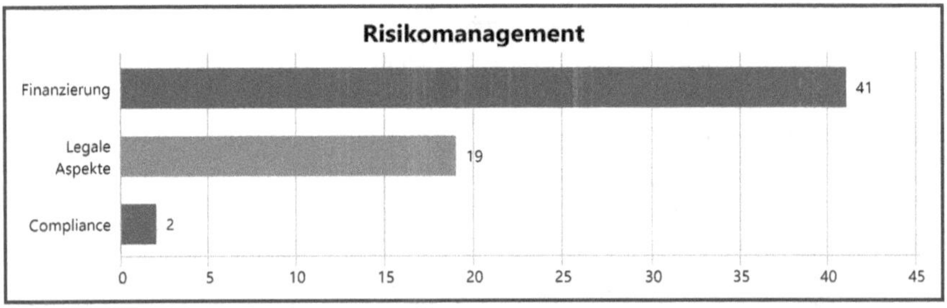

Abbildung 3.11 Häufigkeiten der Subkategorien innerhalb der Hauptkategorie „Risikomanagement". (Quelle: Eigene Darstellung)

EXP1 sieht Risiken der zentralen Rolle des Eigentümers, da dieser vieles übersehen könne (Interview 1_Pos. 34–35). EXP2 bemerkt, dass Eigentümer bei einer Kaufgelegenheit manchmal „verliebt in das Objekt“ seien und Risiken nicht rational bewerten würden. Im Umfeld des Eigentümers traue sich niemand, Risiken anzusprechen (Interview 2_Pos. 36). EXP6 wünscht sich Mitarbeiter, die die Risiken der Eigentümerentscheidungen offen aufzeigen (Interview 6_Pos. 40). EXP5 sieht als mittelstandsspezifisches Risiko irrationale Entscheidungen des Eigentümers mit „Bauchgefühl“, im Konzern werde eher „datenaffin“ entschieden (Interview 5_Pos. 127). „Emotional getriebene“ Eigentümer würden zwar glauben, dass alles gut laufe, bekämen dann aber „schnell Herzrasen“, wenn das „Invest gar nicht funktioniert“. Eine PE-Gesellschaft schaue darauf „vermutlich etwas rationaler“ (Interview 5_Pos. 103).

EXP4 sieht organisatorische „Uneinigkeit“ als Risiko. Wenn Eigentümer im Unternehmen verbleiben würden, dürften diese Veränderungen und Synergien nicht im Wege stehen. Für Mitarbeiter müsse eindeutig sein, wer nach der Übernahme verantwortlich sei (Interview 4_Pos. 36). EXP5 erwähnt den Einfluss von Risiken auf die Komplexität des PMI-Managements (Interview 5_Pos. 9). Man müsse permanent abwägen, welche Risiken man eingehen wolle und prüfen, welche Risiken gemanagt werden könnten (Interview 5_Pos. 21). Im Mittelstand sei es ein Risiko, sich gegen eine externe Beratung zu entscheiden, obwohl die eigene Organisation das PMI-Management nicht bewältigen könne (Interview 5_Pos. 107). EXP12 sagt, Risiken müssten „verdaubar“ sein, so dass sie nicht das ganze Unternehmen gefährden würden (Interview 12_Pos. 34). Ähnlich sieht es auch EXP13, man brauche immer „noch einen Puffer“ (Interview 13_Pos. 66). EXP16 hält es für wichtig, dass das Berichtswesen im PMI-Management die Risiken thematisiere (Interview 16_Pos. 18, 56).

Obwohl das Thema Finanzierung überwiegend mit der Pre-Merger-Phase in Verbindung gebracht wird (Interview 1_Pos. 9, 21; Interview 3_Pos. 23; Interview 5_Pos. 47), sieht EXP1 Risiken, die aus Finanzierungsfragen innerhalb der PMI resultieren würden (Interview 1_Pos. 112). EXP2 meint, man müsse sich „auf [...] fünf Jahre Finanzierung einstellen“, bis die Lage stabil sei (Interview 2_Pos. 46). EXP7 meint, finanziellen Risiken müsse man mit einer Erfolgskontrolle begegnen (Interview 7_Pos. 56). EXP9 beobachtet, dass auf operative Themen konzentrierte Führungskräfte die Themen Controlling und Finanzen unterschätzen würden. Das Controlling müsse in wesentliche Entscheidungen des PMI-Managements eingebunden werden (Interview 9_Pos. 25). Die Finanzierung der „ersten 12 bis 18 Monate nach der Übernahme“ müsse gesichert sein, es könne immer zu „Überraschungen“ kommen (Interview 9_Pos. 65). EXP10 betont, wie wichtig es sei, frühzeitig „Oberhand über die Finanzen“ zu bekommen (Interview 10_Pos. 13). EXP13 meint, man könne nicht erwarten, dass ein Unternehmen, welches bislang gute Zahlen geliefert habe, erfolgreich weiterlaufe (Interview 13_Pos. 66). Auch EXP16 meint: „Man kann die Due Diligence noch so gut machen […], es gibt Sachen, die man nicht vorhersehen kann“ (Interview 16_Pos. 18).

Legale Aspekte des PMI-Managements werden von wenigen Experten angesprochen (Interview 4_Pos. 142; Interview 6_Pos. 53; Interview 8_Pos. 32; Interview 11_Pos. 28). EXP4 nennt bei grenzüberschreitenden PMI-Projekten nationale Gesetze als mögliches Risiko (Interview 4_Pos. 40). EXP5 sieht legale Aspekte nicht als kritischen Erfolgsfaktor des PMI-Managements (Interview 5_Pos. 43). EXP10 und EXP17 sprechen nationales Arbeitsrecht an. Um Details dazu könne man sich erst kümmern, „wenn man selber […] im Unternehmen“ sei (Interview 10_Pos. 45; Interview 17_Pos. 9). Angesprochen werden zudem Fragen des Markenrechts (Interview 17_Pos. 23) und Anforderungen der DSGVO bei der Nutzung von Kundendaten (Interview 4_Pos. 60, 76; Interview 17_Pos. 23), Sonderkündigungsrechte bei einem Kontrollwechsel (Interview 2_Pos. 26) sowie kartellrechtliche Fragen, die laut EXP4 dazu führen könnten, „dass ein Deal rückabgewickelt“ werden müsse (Interview 4_Pos. 142).

Laut EXP1 würden „Compliance-Geschichten“ bedeutsamer, wenn ein Familienunternehmen „familienfremde Manager“ habe. Man müsse sich mehr absichern, als wenn man nur „mit dem eigenen Geld“ spiele (Interview 1_Pos. 33). EXP15 sagt, man müsse damit rechnen, dass in einem übernommenen Unternehmen Geschäfte getätigt würden, die mit der eigenen Auffassung von Compliance nicht vereinbar oder „nicht tolerierbar“ seien (Interview 15_Pos. 52). EXP16 betont, dass „Sachen wie Compliance“ in allen Beteiligungsgesellschaften nach einem einheitlichen Standard geregelt sein müssten (Interview 16_Pos. 14).

3.2.2.2.3 Family Governance

Family Governance umschreibt Regeln und Strukturen, Werte und Ziele zur Steuerung sowie zur professionellen und verantwortungsvollen Organisation der Eigentümerfamilie, um das Zusammengehörigkeitsgefühl und die Identifikation mit dem Unternehmen zu stärken, Konflikte zu vermeiden und mit der unternehmerischen Verantwortung professionell umzugehen. Tabelle 3.10 fasst das Kodierschema zusammen.

Tabelle 3.10 Kodierschema der Hauptkategorie „Family Governance“. (Quelle: Eigene Darstellung)

Family Governance Family Governance umschreibt ein Set aus Regeln und Strukturen, Werten und Zielen zur Steuerung sowie zur professionellen und verantwortungsvollen Organisation der Eigentümerfamilie(n), mit den Zielen, das Zusammengehörigkeitsgefühl und die Identifikation mit dem Unternehmen zu stärken, Konflikte zu vermeiden und mit der unternehmerischen Verantwortung professionell umzugehen.			
Subkategorien	**Beschreibungen**	**Anwendungsregeln**	**Anwendungsbeispiele**
Zentrale Rolle des Eigentümers	Die zentrale Rolle des Eigentümers umschreibt die Steuerung, Führung und Kontrolle der Managementprozesse durch den/die Eigentümer und damit die Verbindung der Persönlichkeit der/des Eigentümer/s mit dem Unternehmen.	Diese Subkategorie wird auf alle Textstellen angewendet, die auf die zentrale Rolle der/des Eigentümer/s eingehen.	„Okay, du musst das aber jetzt entscheiden oder dass dann super viel Wissen wirklich gebündelt ist beim Eigentümer auch bei der Post-Merger-Integration, dass er eigentlich [...] die Anlaufstelle war für alles und das dann faszinierend, obwohl dann da ein Laden ist, der irgendwie 150 Mitarbeiter hat, läuft trotzdem alles über die Person [...]“ (Interview 5_Pos. 27).
Nachfolge-regelungen	Nachfolgeregelungen benennen klar, wie es weitergeht, auch wenn der jetzige Eigentümer nicht mehr aktiv ist.	Diese Subkategorie wird auf alle Textstellen angewendet, die sich auf Nachfolgregelungen im Zusammenhang mit dem PMI-Management beziehen.	„Hat man da Nachfolger, hat man da ein interessiertes Kind, Enkel, ein motiviertes, das vielleicht wirklich [...] eintritt für diesen Post-Merger-Bereich? Möchte man das? Hat man das beurteilt? Hat man das trainiert? Hat man das gecoacht oder sowas?“ (Interview 2_Pos. 84).
Generations-wechsel	Generationswechsel bezieht sich auf Regelungen innerhalb der Eigentümer-familie, die im Fall der Übernahme durch die nächste Generation dafür Sorge tragen, dass Generationenkonflikte bewältigt werden.	Diese Subkategorie wird auf alle Textstellen angewendet, die auf den Generationswechsel im Zusammenhang mit dem PMI-Management eingehen.	„Also dieser Generationswechsel ist natürlich ein ganz wichtiges Thema. Aber wie gesagt, da haben wir uns bei uns in dem Fall keine Gedanken gemacht, weil wir wissen, da ist alles in trockenen Tüchern“ (Interview 10_Pos. 79).
Aufsichtsgremien	Mit Aufsichtsgremien werden die Rolle, der Einfluss und die Erwartungen von Aufsichtsräten und Beiräten auf das PM- Management umschrieben.	Diese Subkategorie wird auf alle Textstellen angewendet, die auf die Rolle der Aufsichtsgremien und Beiräte im PMI-Managementprozess eingehen.	„Die [...] die Nachteile einer solchen Position ist natürlich auch, dass dann [...] möglicherweise nicht mehr kritisch darüber nachgedacht wird, [...] auch von Außenstehenden [...] und anderen Leuten [...] dass [...] dann nicht mehr kritisch reflektiert wird“ (Interview 1_Pos. 39).

Abbildung 3.12 zeigt, dass innerhalb der Hauptkategorie „Family Governance“ die Subkategorie „Zentrale Rolle des Eigentümers“ überproportional häufig von den Experten angesprochen wird. Diese Subkategorie wird im Vergleich zu allen anderen untersuchten Subkategorien am häufigsten erwähnt.

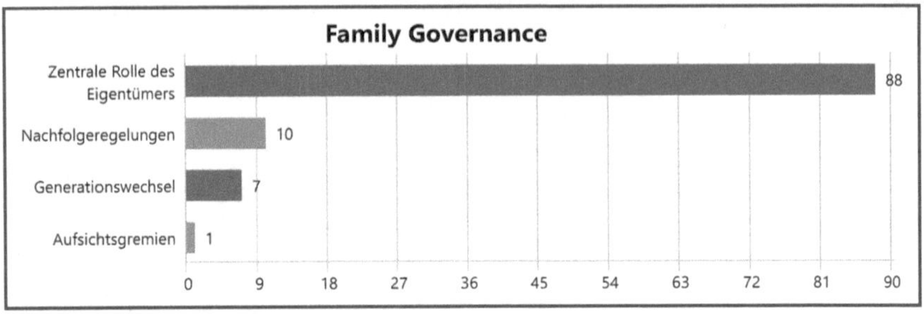

Abbildung 3.12 Häufigkeiten der Subkategorien innerhalb der Hauptkategorie „Family Governance". (Quelle: Eigene Darstellung)

Laut EXP1 berge die „Machtkonzentration" in eigentümergeführten Unternehmen Risiken (Interview 1_Pos. 35). EXP2 gibt an, größere Familienunternehmen hätten „reifere, gesetzte Strukturen, Aufsichtsräte, größere Organschaften, anderes Controlling, andere Finanzvorstände" (Interview 2_Pos. 20). EXP8 räumt ein, dass es zu Themen des PMI-Managements „viele interne Diskussionen in der Familie" gebe. Wichtig sei, dass alle den gleichen Weg gehen würden (Interview 8_Pos. 60).

EXP14 berichtet, mit zunehmender Größe seines Unternehmens gelernt zu haben, Entscheidungen und deren Kontrolle „auf eine andere Ebene zu ziehen", um das Unternehmen „noch besser [zu] steuern" (Interview 14_Pos. 28). Klare Strukturen in der Familie seien „absolut wichtig", es würde „nicht klappen", wenn in der Eigentümerfamilie „der eine Hüh oder [der] andere Hott" sage (Interview 14_Pos. 47–48). EXP15 erzählt, man habe in einem „Familienpositionspapier" die „Grundausrichtung" der Eigentümer eindeutig geklärt, das umfasse auch Vorgaben zu M&A-Projekten (Interview 15_Pos. 43). EXP16 sagt, man müsse in der Familie sicherstellen, in grundsätzlichen Dingen „ähnliche Vorstellungen" zu haben (Interview 16_Pos. 58). EXP17 schildert, es sei sehr wichtig, „dass die Familie oder der Gesellschafterkreis geschlossen [...] hinter einer Akquisition" stehe (Interview 17_Pos. 37). EXP18 meint, dass eine Einigkeit in der Eigentümerfamilie insbesondere auch gegenüber den Mitarbeitern wichtig sei, sonst erzeuge man Unruhe (Interview 18_Pos. 51).

EXP1 findet die „starke Machtstellung" des Eigentümers positiv in Bezug auf den Prozess von der Idee bis zur „Entscheidungsfindung: Wir machen das!" (Interview 1_Pos. 39, 82). EXP2 schildert die Prägung der Unternehmenskultur durch den „Patriarchen" (Interview 2_Pos. 20), der als „Leuchtturm" untrennbar mit den Begriffen Mittelstand und Familienunternehmen verbunden sei und „authentisch“ und „vertrauensvoll“ sein müsse (Interview 2_Pos. 74). EXP18 meint, die Eigentümerfamilie präge die DNA des Unternehmens (Interview 18_Pos. 28).

EXP3 meint aus Sicht eines Fremdgeschäftsführers, die Rolle des Eigentümers werde „oft überschätzt“. Eine „führende Hand“ für die „Orchestrierung und Sinnstiftung und für die Orientierung“ sei notwendig, doch wenn der Eigentümer „operativ in die Post-Merger-Integration eingreift“, sei das ein Fehler (Interview 3_Pos. 15). Auf einen „Patriarchen“ fixierte Unternehmen, seien „nicht mehr lange überlebensfähig“ (Interview 3_Pos. 57). EXP4 meint, wenn mit der Rolle des Eigentümers verbunden sei, dass er generell „auch stark involviert ist in das Projekt“, dann sei dies „für die Integration eigentlich nicht wirklich richtig“ (Interview 4_Pos. 114). EXP10 führt aus, dass der Eigentümer zwar nicht operativ an der PMI beteiligt, aber „seine Präsenz vor Ort“ wichtig sei, da er Mitarbeitern Mut machen und Orientierung geben könne (Interview 10_Pos. 29, 73).

EXP14 bestätigt, wie stark die Verbindung der Mitarbeiter zur Eigentümerfamilie sei. Es könne wichtig sein, dass Alteigentümer die PMI noch begleiten würden, bevor sie aus dem Unternehmen gehen würden (Interview 14_Pos. 44). Völlig anderer Meinung ist EXP17: „Wenn ein Unternehmen ein anderes eigentümergeführtes Unternehmen übernimmt, und da sitzt irgendein Chef, der macht das 20 Jahre, das kannst du vergessen“ (Interview 17_Pos. 13). EXP13 meint, der Unternehmenseigentümer müsse sich bei der PMI „ein Stück zurücknehmen“, sonst funktioniere die Integration nicht (Interview 13_Pos. 58).

EXP2 erklärt, die Nachfolgeregelung in der Familie sei ein wichtiges Element der PMI. Man müsse wissen, ob eigene Kinder es attraktiver fänden „auf der grünen Wiese coole Unternehmerideen aufzubauen“ als die von der vorherigen Generation aufgebauten „Dickschiffe zu verändern“ (Interview 2_Pos. 84). EXP3 plädiert dafür, die Nachfolge in eigentümergeführten Unternehmen über Kompetenzen zu definieren (Interview 3_Pos. 65). EXP2 meint, die nachfolgende Generation könne „ein ganz anderes Familienverständnis, ein ganz anders Freizeitverständnis, ein ganz anderes Verständnis zur Arbeit“ haben (Interview 2_Pos. 16). EXP7 sieht den Generationswechsel nicht als Dogma, das Unternehmen müsse nicht durch ein Familienmitglied weitergeführt werden (Interview 7_Pos. 112). EXP8 berichtet von einem gelungenen Generationswechsel im Zusammenhang mit der PMI, da habe man „keine Probleme gehabt“ (Interview 8_Pos. 60).

EXP1 vermisst eine kritische Reflexion in eigentümergeführten Unternehmen: „Wenn der Chef gesagt hat, wir machen das, dann machen wir das halt" (Interview 1_Pos. 39). Nach Ansicht von EXP9 sei ein familiengeführter Aufsichtsrat eine gute Möglichkeit, die Sichtbarkeit der Familie im PMI-Management zu gewährleisten, ohne sich operativ einzumischen (Interview 9 _Pos. 49). EXP14 ist der Auffassung, es brauche ein Gremium, welches das PMI-Management überwache, um die „Ernsthaftigkeit" zu betonen und den Beteiligten klarzumachen, dass man sich „kümmern" müsse (Interview 14_Pos. 22).

3.2.2.3 Ergebnisse für die strategische Perspektive „Märkte und Kunden"

3.2.2.3.1 Kundenmanagement

Kundenmanagement beschreibt zusammenfassend alle auf Kunden und Kundenbeziehungen bezogene Themen, Handlungen und Maßnahmen im Rahmen des PMI-Managements. Tabelle 3.11 fasst das Kodierschema zusammen.

Tabelle 3.11 Kodierschema der Hauptkategorie „Kundenmanagement". (Quelle: Eigene Darstellung)

Kundenmanagement Kundenmanagement beschreibt zusammenfassend alle auf Kunden und Kundenbeziehungen bezogene Themen, Handlungen und Maßnahmen im Rahmen des PMI-Managements.			
Subkategorien	**Beschreibungen**	**Anwendungsregeln**	**Anwendungsbeispiele**
Kundenintegration	Kundenintegration umschreibt die Aufgaben, Handlungen, Maßnahmen und Zielsetzungen im Zusammenhang mit der Erfassung, Analyse und Migration der Kundendaten sowie der Kundenbindung im PMI-Management.	Diese Subkategorie wird auf alle Textstellen angewendet, die auf die Kundenintegration im Rahmen des PMI-Managements eingehen.	„Kundenintegration, würde ich sagen, hängt stark ab von der Kundenstruktur. Also, wenn du jetzt ein Zalando morgen verkaufst, ist das glaube ich eben egal, ob jetzt A oder B Zalando gehört. Weil du hast, eigentlich, also, du kaufst bei einem Marktplatz etwas. Wenn du jetzt der klassische Mittelständler B2B, hast du eigentlich nur fünf große Kunden, da musst du wahrscheinlich mit jedem Kunden mal essen gehen" (Interview 11_Pos. 30).
Marktbearbeitung	Marktbearbeitung umschreibt alle marktbezogenen Handlungen und Maßnahmen, die sich auf die Harmonisierung beziehen und bei denen es um die für die Kunden sichtbare Vereinheitlichung der Marktbearbeitung geht, wie z. B. um die Preis-, Konditions- und Markenpolitik sowie auch um die Vertriebsstrategie.	Diese Subkategorie wird auf alle Textstellen angewendet, die auf die Marktbearbeitung im PMI-Management eingehen.	„Wir hatten natürlich die grundsätzliche Entscheidung: Lasst, es fing so an, wir haben überlegt, lassen wir die Firmen komplett getrennt und versuchen nur hier und da Synergien zu nutzen, aber lass uns wirklich als getrennte Firmen auch auf dem Markt? Oder führen wir sie komplett zusammen? Oder was dazwischen" (Interview 9_Pos. 35).

Abbildung 3.13 zeigt, dass innerhalb der Hauptkategorie „Kundenmanagement“ die Subkategorie „Kundenintegration“ deutlich häufiger als die Subkategorie „Marktbearbeitung“ von den Experten angesprochen wird.

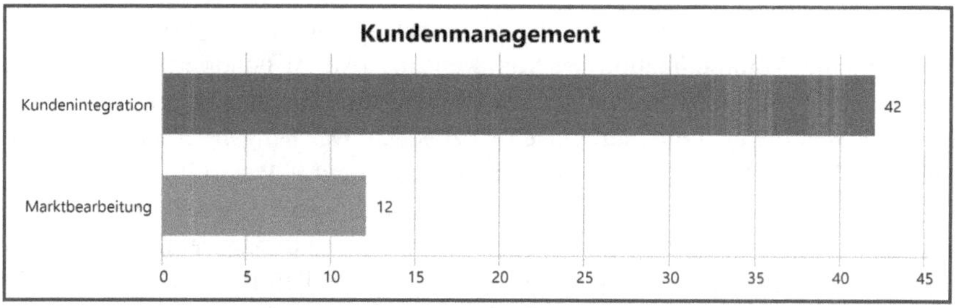

Abbildung 3.13 Häufigkeiten der Subkategorien innerhalb der Hauptkategorie „Kundenmanagement“. (Quelle: Eigene Darstellung)

EXP2 bewertet die Kundenintegration als „sehr wichtig“ (Interview 2_ Pos. 48). EXP1 berichtet von „Reibungen“, die sich durch parallele Kundenstrukturen ergäben. Man müsse in einem solchen Fall „abgrenzen“, damit „Märkte und Kunden“ in der PMI funktionieren würden (Interview 1_Pos. 13, 92). Zur Kundenintegration gehöre laut EXP4, Mitarbeiter darauf vorzubereiten, Kunden richtig anzusprechen (Interview 4_Pos. 92). Mitarbeiter bekämen dazu ein Training vor Ort (Interview 4_Pos. 72). Bei der Kundenintegration müsse man im Umgang mit Kundendaten gesetzliche Regelungen beachten (Interview 4_Pos. 60). EXP17 führt in diesem Zusammenhang aus, dass die aus der DSGVO resultierenden Restriktionen zu einer höheren Ausfallquote geführt hätten (Interview 17_Pos. 23).

Im Zusammenhang mit der Kundenintegration ständen laut EXP5 auch Sortimentsgestaltung und Lieferanten. Wenn ein Sortiment nicht mehr angeboten werden könne, „dann fliegen […] die Kunden weg“ (Interview 5_Pos. 57). EXP16 meint, sehr schnelle Umstellungen im Vertrieb seien mit Gefahren verbunden. „Da muss man sehr aufpassen […], dass man nicht zu schnell zu viel verändert“ (Interview 16_Pos. 6). EXP14 warnt vor negativen Reaktionen der Kunden, wenn sie das Gefühl bekämen, man habe eine „absolute Monopolstellung“ (Interview

14_Pos. 18). EXP1 berichtet, Kunden hätten angesichts einer neuen Angebotssituation zusätzliche Lieferanten mit Produktionskapazitäten außerhalb Europas gesucht (Interview 1_Pos. 17). EXP6 findet es „unheimlich wichtig", sich bei übernommenen Kunden persönlich vorzustellen und um Rückmeldung zu bitten, falls es Probleme gebe (Interview 6_Pos. 54). Für EXP8 ist die offene Kommunikation mit Kunden ein wichtiger Erfolgsfaktor (Interview 8_Pos. 10). EXP9 berichtet, die Kommunikation sei von Kunden „extrem honoriert" worden. Es gehe darum, sich die Auswirkungen der PMI auf die Kunden zu überlegen (Interview 9_Pos. 19, 21) und darauf gezielt einzugehen. Der Umgang mit den Kunden stehe an oberster Stelle für den PMI-Erfolg (Interview 9_Pos. 67).

EXP12 findet es einfacher, Kunden die Vorteile einer Übernahme zu erklären, wenn die Ansprechpartner gleichbleiben würden und man Veränderungen im Sortiment oder Service positiv in den Vordergrund stellen könne (Interview 12_Pos. 26). EXP16 meint, die Projektberichterstattung der PMI müsse darauf eingehen, ob und aus welchen Gründen Kunden „abgesprungen" seien, damit man reagieren könne (Interview 16_Pos. 56).

3.2.2.3.2 Geschäftsmodell

Geschäftsmodell umschreibt, mit welchen Produkten, Dienstleistungen, Marken und Lieferanten das im Rahmen des PMI-Managements entstehende Unternehmen Umsätze, Gewinne und Wertschöpfung realisieren soll. Tabelle 3.12 fasst das Kodierschema zusammen.

Tabelle 3.12 Kodierschema der Hauptkategorie „Geschäftsmodell". (Quelle: Eigene Darstellung)

Geschäftsmodell Geschäftsmodell ist der Plan und die Beschreibung, mit welchen Produkten, Dienstleistungen, Marken und Lieferanten das im Rahmen des PMI-Managements entstehende Unternehmen Umsätze und Gewinne und damit eine Wertschöpfung erwirtschaften soll.			
Subkategorien	**Beschreibungen**	**Anwendungsregeln**	**Anwendungsbeispiele**
Produkt- und Dienstleistungsportfolio	Mit Produkt- und Dienstleistungsportfolio werden die Produkte und Dienstleistungen zusammengefasst, die ein Unternehmen anbietet. Eine Analyse des Produktportfolios führt zu Erkenntnissen, wie rentabel Produkte und Dienstleistungen sind und ob das Portfolio den Anforderungen der strategischen Ausrichtung des Geschäftsmodells entspricht.	Diese Subkategorie wird auf alle Textstellen angewendet, die auf das Produkt- und Dienstleistungsportfolio im Rahmen des PMI-Managements eingehen.	„Ich meine, du hast ja eigentlich [...] beim Produktportfolio [...] expand, stay the same oder reduce. Also, dann muss ich jetzt eine Analyse fahren: Mit welchem Produkt verdiene ich überhaupt Kohle und mit welchem auch nicht? Und brauche ich die aus anderen Gründen, was auch immer? Ich glaube, Produktportfolio ist sauwichtig, dass du es dir anguckst, aber es kann in alle drei Richtungen gehen" (Interview 11_Pos. 30).
Markenintegration	Die Markenintegration beschreibt Entscheidungen, Maßnahmen und Handlungen in Bezug auf die Markenstrategie und -politik. So kann bei der Markenintegration z. B. eine Marke in eine andere Marke überführt werden, wobei die zu ersetzende Marke in eine bestehende oder in eine neue Marke integriert wird.	Diese Subkategorie wird auf alle Textstellen angewendet, die auf die Markenintegration im Rahmen des PMI-Managements eingehen.	„Und dann hat man gesagt: Nee, wir wollen jetzt aber doch, dass da unsere Marke, dass das die führende Marke wird, heißt die Maschine kriegt jetzt unser Label. Und das war natürlich nicht so einfach, weil die Kunden verunsichert waren, auf einmal andere Produkte unter einem anderen Label. Weil die Mitarbeiter natürlich damit auch was verbinden, mit einer Marke" (Interview 4_Pos. 95).
Schlüssellieferanten	Der Begriff Schlüssellieferanten umschreibt Lieferanten, bei denen Unternehmen strategisch wichtige Güter und Dienstleistungen beziehen und mit denen eine enge Zusammenarbeit besteht, um gemeinsam strategische Wettbewerbsvorteile zu erarbeiten.	Diese Subkategorie wird auf alle Textstellen angewendet, die auf die Bedeutung von und dem Umgang mit Schlüssellieferanten im Rahmen des PMI-Managements eingehen.	„Also, ein [Unternehmen] hat eine tolle Brand, aber es gibt Lieferanten, die [...] per se nicht mit uns und unserem Unternehmen kooperieren wollen. Da sind das wichtige Sachen, aber es ist halt sehr selektiv. (S1 - Ja.) Deswegen, auch da wieder, fallbezogen. Bei anderen ist das, glaube ich: Du kaufst den Kunden, du kaufst [...] die Kunden-Lieferanten-Beziehung [...]" (Interview 5_Pos. 57).

Abbildung 3.14 zeigt, dass innerhalb der Hauptkategorie „Geschäftsmodell" die Subkategorie „Produkt- und Dienstleistungsportfolio" im Vergleich zu den übrigen Subkategorien etwas häufiger von den Experten angesprochen wird.

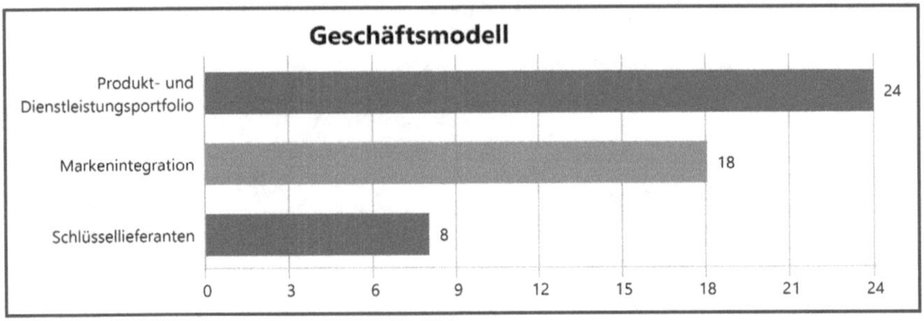

Abbildung 3.14 Häufigkeiten der Subkategorien innerhalb der Hauptkategorie „Geschäftsmodell". (Quelle: Eigene Darstellung)

EXP16 meint, „man hat aber auch immer irgendwie eine Idee, was man aus der Firma machen will. [...] Wenn eine Firma wunderbar läuft, kann man die auch so weiterlaufen lassen. Ich würde [...] aber trotzdem [...] hinterfragen, ob das auch wirklich der beste Weg ist" (Interview 16_Pos 22). Die PMI habe laut EXP2 drei Kernthemen: „Mensch, Märkte und Produkte" (Interview 2_Pos. 6). Wenn man ein Unternehmen übernehme, müsse man prüfen, wie es in das bisherige Portfolio passe und welche Synergien sich ergäben (Interview 2_Pos. 6, 26).

EXP14 betont, es sei ein Fehler zu denken, es laufe weiter „wie früher" und man brauche sich nicht zu „kümmern". Man müsse sich „mit dem Geschäftsmodell" befassen (Interview 14_Pos. 22). EXP18 meint, man müsse das Geschäftsmodell „voll verstehen" und analysieren, ob Ähnlichkeiten der Geschäftsmodelle eine erfolgreiche Integration erwarten lassen würden (Interview 18_Pos. 42). EXP8 stellt das Portfolio in den Zusammenhang mit den kunden- und marktbezogenen Zielen der PMI (Interview 8_Pos. 34). Laut EXP11 seien umfangreiche Analysen zur Produktrentabilität die Grundlage, um das zukünftige Portfolio festlegen zu können (Interview 11_Pos. 30).

EXP2 nennt als Kriterien für Entscheidungen zur Markenintegration, wie stark die jeweilige Marke am Markt sei (Interview 2_Pos. 48). EXP3 sieht die Markenintegration als strategische Entscheidung: „Wer hat die stärkere Marke?“ (Interview 3_Pos. 29). Marken würden zu „den Treibern des Unternehmenswerts“ gehören (Interview 3_Pos. 73). EXP15 formuliert, Marken seien „Kraftquelle des Unternehmens“ (Interview 15_Pos. 47). EXP4 meint, man solle anhand des Bekanntheitsgrads entscheiden, mit welchen Marken man nach der PMI arbeiten möchte“ (Interview 4_Pos. 96). Emotionale Bindungen könnten laut EXP5 für die Markenintegration eine Rolle spielen (Interview 5_Pos. 9, 29).

EXP5 sieht branchenabhängig unterschiedliche Bedeutungen der Lieferantenbeziehungen (Interview 5_Pos. 49). EXP11 meint, man müsse „die wichtigsten Lieferanten zeitnah, offen und transparent über die anstehende Integration und deren Auswirkungen angemessen informieren“ (Interview 11_Pos. 8). EXP16 findet es wichtig, dass die wichtigsten Lieferanten „an Bord bleiben, wenn man ein Unternehmen kauft“ (Interview 16_Pos. 60). EXP17 sagt, im Thema Lieferanten stecke Potenzial. So sei es möglich, neue Lieferanten hinzuzugewinnen, die man im bisherigen „Kerngeschäft gut einsetzen“ könne (Interview 17_Pos. 25).

3.2.2.4 Ergebnisse für die strategische Perspektive „Prozesse und Organisation"

3.2.2.4.1 Projektmanagement

Das Projektmanagement steuert und unterstützt mit einem Integrationsteam die Umsetzung der Integrationsmaßnahmen mit den erforderlichen Tools und Kompetenzen, es setzt einen Rahmen, schafft Strukturen und sichert die Handlungsfähigkeit. Tabelle 3.13 fasst das Kodierschema zusammen.

Tabelle 3.13 Kodierschema der Hauptkategorie „Projektmanagement“. (Quelle: Eigene Darstellung)

Projektmanagement Das Projektmanagement steuert und unterstützt mit einem Integrationsteam die Umsetzung der Integrationsmaßnahmen mit den erforderlichen Tools und Kompetenzen, es setzt einen Rahmen, schafft Strukturen und sichert die Handlungsfähigkeit.			
Subkategorien	**Beschreibungen**	**Anwendungsregeln**	**Anwendungsbeispiele**
Integrationsteam	Das Integrationsteam ist idealerweise mit Mitarbeitenden besetzt, die die Rahmenbedingungen in den beteiligten Unternehmen besonders gut kennen und über die erforderlichen Kompetenzen verfügen.	Diese Subkategorie wird auf alle Textstellen angewendet, die auf das Integrationsteam eingehen.	„Ist die Frage, welche Kompetenzen ordne ich dem Integrationsteam zu? Das ist natürlich die dahinter liegende Frage. Wenn das, wenn das Integrationsteam [...] eigentlich die Führung des ganzen Projektes übernimmt und die auch [...] auch, die Entscheidungskompetenz hat, dann ist es natürlich extrem wichtig“ (Interview 1_Pos. 102).
Steuerung und Kontrolle	Steuerung und Kontrolle umschreibt alle Maßnahmen und Handlungen im Zusammenhang mit dem PMI-Management sowie das Setzen klarer, messbarer nach Prioritäten geordneter Ziele, um die Arbeit des Integrationsteams zu kontrollieren und den Fortschritt der Integration zu messen.	Diese Subkategorie wird auf alle Textstellen angewendet, die sich auf die Steuerung und Kontrolle des PMI-Managements beziehen.	„Und von daher denke ich, muss man schon klar und offen ansprechen: Das erwarten wir, so soll die Steuerung ausschauen. Und ich denke, das muss, in diesem Integrationsprozess muss das für beide Seiten ganz klar vorher abgesprochen werden: Was muss ich leisten, was muss ich [...] liefern“ (Interview 14_Pos. 12).
Ressourcen-management	Ressourcenmanagement umschreibt im Zusammenhang des PMI-Managements den Prozess der Planung, Terminierung und Zuweisung von Personen, Finanzen und Technologien.	Diese Subkategorie wird auf alle Textstellen angewendet, die auf das Ressourcenmanagement im PMI-Managementprozess eingehen.	„Ressourcenmanagement, würde ich ja sogar sagen: Zeit, People, Kohle. Wenn, musst du sie alle drei eigentlich managen [...]“ (Interview 11_Pos. 32).
Integrations-kompetenzen	Integrationskompetenzen umfassen den Stand und die Entwicklung von Kenntnissen, Wissen, Fähigkeiten, Erfahrungen sowie persönlichen und soziale Kompetenzen, die im Rahmen des PMI-Managements erforderlich sind.	Diese Subkategorie wird auf alle Textstellen angewendet, die auf die innerhalb des PMI-Managements erforderlichen Kompetenzen eingehen.	„Integrationskompetenzen, das hängt auch so ein bisschen am Team, muss man sagen. Also, dass die Kompetenzen vorhanden sind, so eine Post-Merger-Integration überhaupt zu treiben und umzusetzen“ (Interview 11_Pos. 35).

Abbildung 3.15 zeigt, dass innerhalb der Hauptkategorie „Projektmanagement“ die Subkategorien „Integrationsteam“ sowie „Steuerung und Kontrolle“ häufig von den Experten angesprochen werden.

Projektmanagement wird von vielen Experten als einer der wichtigsten Faktoren für den PMI-Erfolg gesehen (Interview 1_Pos. 21, 23, 58, 94; Interview 2_ Pos. 52, 58; Interview 3_Pos. 39; Interview 4_Pos. 78, 98; Interview 6_Pos. 58; Interview 7_Pos. 70; Interview 13_Pos. 30; Interview 16_Pos. 30). Laut EXP1

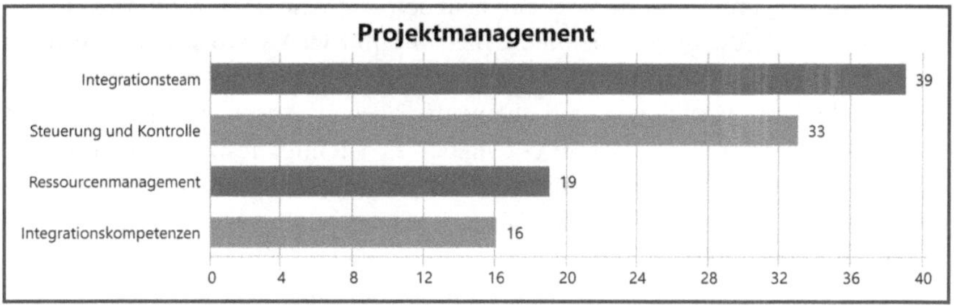

Abbildung 3.15 Häufigkeiten der Subkategorien innerhalb der Hauptkategorie „Projektmanagement". (Quelle: Eigene Darstellung)

müsse das Projektmanagement „darauf achten, dass die Ressourcen vorhanden sind" und dafür sorgen, „dass die anderen Themen funktionieren" (Interview 1_Pos. 94). EXP17 meint, „die meisten Mittelständler" hätten „kein professionelles Integrationsmanagement" (Interview 17_Pos. 41), denn „die Leute kriegen das aus dem Tagesgeschäft heraus nicht hin" (Interview 17_Pos. 31). EXP2 meint, dass ein gutes Projektteam viele Themen der PMI lösen könne (Interview 2_Pos. 58). Nach Ansicht von EXP16 sei ein Projektmanagement wichtig, man würde sich sonst verzetteln (Interview 16_Pos. 30).

EXP4 berichtet, dass sein Unternehmen einen Pool an Mitarbeitern hätte, „die diese Projektmanagementtätigkeit gut können oder auch [...] komplexe Themen bündeln, überschaubar machen" (Interview 4_Pos. 74). Für einzelne Aufgabensegmente habe man spezialisierte „Funktionsteams" (Interview 4_Pos. 76). EXP5 ergänzt, dass ein PMI-Projekt mit einem Kick-off beginne, danach würde eine Person koordinativ die „Fäden zusammenhalten", idealerweise jemand aus dem operativen Geschäft (Interview 5_Pos. 7). Es sei die Aufgabe des Projektmanagements, Verantwortung zu übernehmen und „die Leute [zu] treiben", „Verbindlichkeit" einzuholen sowie „Kommunikationswege oder auch Informationswege" sicherzustellen" (Interview 5_Pos. 61).

EXP11 meint, Projektmanagement sei eine Frage des „Professionalisierungsgrades" (Interview 11_Pos. 32). EXP12 merkt selbstkritisch an, kein PMO zu haben. Sie gäben diese Aufgabe an einen Verantwortlichen, der es dann „mit jemandem aus dem Controlling" pragmatisch abarbeite (Interview 12_Pos. 40). EXP15 beschreibt, man betreibe kein „strukturiertes Projektmanagement" (Interview 15_Pos. 27). „Steuerungsteam" (Interview 4_Pos. 42) und „Projektsteuerungsteam" (Interview 4_Pos. 70) werden synonym für das Integrationsteam verwendet, einige Experten differenzieren zwischen „Projektteam", welches in der Pre-Merger-Phase eingebunden sei, und „Integrationsteam“, in dem möglichst Leute tätig sein sollten, die früh im M&A-Prozess dabei gewesen seien (Interview 5_Pos. 71). EXP4 berichtet, dass früh ein Organigramm mit Teammitgliedern, Funktionen und themenbezogenen Ansprechpartnern erstellt werde (Interview 4_Pos. 104). EXP1 findet es wichtig, festzulegen, wer „die Führung des ganzen Projektes“ mit welchen „Entscheidungskompetenzen“ übernimmt. Wenn das Team nur berichte, aber nicht entscheide, sei es weniger wichtig (Interview 1_Pos. 102).

EXP2 meint, Teammitglieder müssten im Mittelstand nicht nur teamorientiert arbeiten, sondern man schicke dort seine „besten Leute hin, die gerade mein Operatives zusammenhalten“ (Interview 2_Pos. 16). Auch EXP7 meint, ein Konzern habe „mehr Möglichkeiten“, die Dinge schneller zu verändern: „Da werden irgendwelche Teams zusammengestellt [...] und bei uns sind halt die Führungskräfte [...] auch gleichzeitig für die Integration [...] zuständig“ (Interview 7_Pos. 38). EXP5 meint, man könne „das nicht im Tagesgeschäft nebenbei machen“ (Interview 5_Pos. 71). Für EXP10 ist es generell wichtig, dass das Projektteam „Präsenz vor Ort“ zeige und „Mitarbeiter an die Hand“ nehme (Interview 10_Pos. 55). EXP1 hebt die Bedeutung einer guten Zusammenarbeit auf Käufer- und Verkäuferseite hervor (Interview 1_Pos. 23). EXP5 meint, man müsse „frühzeitig“ und „aktiv Leute reinholen, die auf der anderen Seite eigentlich sitzen“ (Interview 5_Pos. 23).

EXP1 relativiert, Steuerung und Kontrolle hätten einen geringen Einfluss auf den Erfolg. „Keinen Überblick“ zu haben, sei aber „auch schlecht“ (Interview 1_Pos. 92). EXP3 meint, Kontrolle als Controlling im Sinne eines Nachsteuerns funktioniere nicht. Tagesaktuelle Steuerung als „Orchestrierung“ sei dagegen elementar (Interview 3_Pos. 21). EXP4 nennt als Elemente der Steuerung die Ziele „Struktur reinzubringen [...], zu visualisieren“ sowie Projekte zu „bündeln“ und zu „moderieren“ (Interview 4_Pos. 46). Ein guter Überblick sei der „Hauptschlüssel“ zum Erfolg (Interview 4_Pos. 52, 64, 88). Auch EXP5 hält Steuerung und Erfolgskontrolle für „total relevant“, um gesetzte Ziele nachzuhalten (Interview 5_Pos. 41).

EXP9 sagt, man müsse in allen Bereichen, „den Erfolg kontrollieren“ (Interview 9_Pos. 63). EXP11 schildert, wie man sich mit einem „100-Tage-Plan“ an der Vorgehensweise von PE-Unternehmen angelehnt habe. Den Plan müsse man „von Anfang mitverfolgen“ (Interview 11_Pos. 8, 28). EXP13 meint, er wolle als Unternehmer nach drei bis vier Jahren wissen, ob sich „der Aufwand eigentlich gelohnt“ habe (Interview 13_Pos. 64). EXP14 meint, man müsse „klar und offen ansprechen: Das erwarten wir, so soll die Steuerung ausschauen“ (Interview 14_Pos. 12).

EXP5 meint, PMI-Management verbrauche „sehr viele Ressourcen“ (Interview 5_Pos. 23). EXP4 sagt, man müsse kritisch auf eigene Ressourcen schauen (Interview 4_Pos. 60). Auch EXP2 meint, Ressourcenmanagement sei „ein essenzielles“ Thema (Interview 2_Pos. 50). EXP6 empfiehlt, vor der Integration die notwendigen Menschen und Finanzen sowie deren Kosten zu erfassen (Interview 6_Pos. 56). EXP5 findet, Ressourcenmanagement müsse ständig mit dem PMO abgestimmt werden (Interview 5_Pos. 59). „Wenn ich die Menschen nicht habe (…) dann funktioniert es nicht“, sagt EXP9. Möglicherweise könne zukünftig KI den PMI-Prozess managen (Interview 9_Pos. 69).

EXP1 berichtet, die Kompetenz des Projektmanagers sei „erheblich“. Hier habe „insbesondere der kleinere Mittelstand noch Lücken. „Die Entscheidungskompetenz“ des Teams sei besonders wichtig (Interview 1_Pos. 21, 102). EXP3 meint, dass „derjenige, der die Post-Merger-Integration orchestriert“, auch in der Lage sein müsse, für Mitarbeiter neue Rollen zu finden oder „auch eine Trennung herbeizuführen“ (Interview 3_Pos. 6). Die Kompetenzen, das Know-how, wie eine Integration funktioniere, könne man einkaufen, nicht aber die Leute, „die es tun“ (Interview 3_Pos. 51).

EXP5 fragt sich, ob Integrationskompetenz ein Erfolgsfaktor sei, wenn doch vieles im PMI-Management „Tagesgeschäft“ sei. Er habe Mitarbeiter, „die haben das erste Mal eine Integration begleitet und die wussten genau, worauf sich achten müssen, [und] haben die richtigen Fragen gestellt“. Man müsse „seinen Job“ und „sein Geschäft“ verstehen sowie „ganzheitlich“ denken. (Interview 5_Pos. 92). EXP6 meint, eine Kompetenz bilde sich aus einer „Routine“. Da im Mittelstand der zeitliche Abstand zwischen Integrationen vermutlich groß sei, passe der Begriff Kompetenz nicht (Interview 6_Pos. 82, 84). EXP7 meint, es komme auf den „gesunden Menschenverstand“ an: „Wenn die Führungskräfte mitdenken, sensibel sind, einen guten Job machen, erfolgsorientiert sind, dann klappt das auch so“ (Interview 7_92). EXP11 gibt zu bedenken, dass jede Integration andere „relevante Themen“ und „unterschiedliche Ausprägungen“ habe, für die man „unterschiedliche Skills“ brauche (Interview 11_Pos. 36).

3.2.2.4.2 Kommunikationsmanagement

Kommunikationsmanagement umschreibt jede Form der Kommunikation des Unternehmens und umfasst die Planung, Durchführung und Kontrolle aller internen und externen Kommunikationsprozesse des Unternehmens. Tabelle 3.14 fasst das Kodierschema zusammen.

Tabelle 3.14 Kodierschema der Hauptkategorie „Kommunikationsmanagement". (Quelle: Eigene Darstellung)

Kommunikationsmanagement Kommunikationsmanagement umschreibt jede Form der Kommunikation des Unternehmens und umfasst die Planung, Durchführung und Kontrolle aller internen und externen Kommunikationsprozesse des Unternehmens.			
Subkategorien	**Beschreibungen**	**Anwendungsregeln**	**Anwendungsbeispiele**
Interne Kommunikation	Interne Kommunikation umschreibt die Planung, Durchführung und Kontrolle aller internen Kommunikationsprozesse des Unternehmens und umfasst z. B. die Kommunikation zwischen Führungskräften und Mitarbeitenden sowie die informelle und formelle Kommunikation der Mitarbeitenden untereinander.	Diese Subkategorie wird auf alle Textstellen angewendet, die auf die interne Kommunikation im Rahmen des PMI-Managements eingehen.	„Halte ich persönlich für ganz wichtig. Vor allem, nicht unbedingt die Kommunikation, wo die Reise hingeht, das ist auch wichtig, aber ich glaube, man muss sich da als Führungskraft aufmachen und die persönlichen Ängste und Sorgen der betroffenen Mitarbeiter ernst nehmen" (Interview 13_Pos. 28).
Externe Kommunikation	Externe Kommunikation umschreibt die Planung, Durchführung und Kontrolle aller externen Kommunikationsprozesse des Unternehmens und umfasst z. B. die Kommunikation des Unternehmens mit Kunden, Lieferanten, Eigentümern, der Öffentlichkeit und sonstigen Interessen-gruppen.	Diese Subkategorie wird auf alle Textstellen angewendet, die auf die externe Kommunikation im Rahmen des PMI-Managements eingehen.	„Wir waren uns dann natürlich sofort einig, was, was, wie, was kommuniziert wird. [...]. Und seitens [Unternehmen], ja, da sind halt manche Eckpunkte gar nicht kommuniziert worden aus dem, [...] was im Verkauf gesprochen worden ist, also wie zum Beispiel das Thema für die Preise gelten das verhandelte Preis-/ Leistungsverzeichnis" (Interview 14_Pos. 30).

Abbildung 3.16 zeigt, dass innerhalb der Hauptkategorie „Kommunikationsmanagement" die Subkategorie „Interne Kommunikation" deutlich häufiger als die Subkategorie „Externe Kommunikation" von den Experten angesprochen wird.

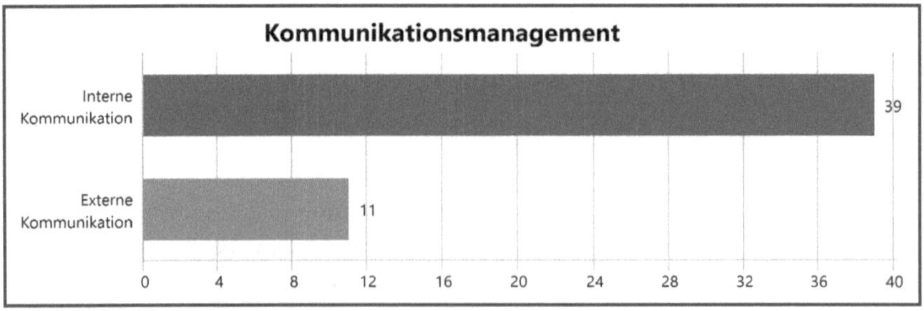

Abbildung 3.16 Häufigkeiten der Subkategorien innerhalb der Hauptkategorie „Kommunikationsmanagement". (Quelle: Eigene Darstellung)

Interne und externe Kommunikation müssten „stark getrennt werden", sagt EXP1 (Interview 1_Pos. 60). EXP5 glaubt, eine „gute Kommunikation" sei „ein ganz, ganz wichtiger Strang [...] der Post-Merger-Integration" (Interview 5_ Pos. 7). Die Kommunikationswege aufzuzeigen, sei wichtige Aufgabe des Projektmanagements (Interview 5_Pos. 61). Mit Kommunikation könne man nur verlieren, wenn man sie nicht gut mache, „dann hat das einen Riesenimpact" (Interview 5_Pos. 63).

EXP7 unterstreicht, Kommunikation müsse „erstmal zur Mannschaft hin" erfolgen, danach sei „Kommunikation im Markt" wichtig (Interview 7_Pos. 72). EXP9 bezeichnet Kommunikation als wichtigen, „großen Block" des PMI-Managements, man müsse viel kommunizieren, nicht einseitig, sondern im Dialog und kontinuierlich (Interview 9_Pos. 5). EXP13 hält „gute Kommunikation" für einen Teil der Unternehmenskultur" (Interview 13_Pos. 50) und EXP8 stellt „die Kommunikation mit den Menschen" in den Zusammenhang mit dem Führungsstil (Interview 18_49).

EXP1 hält die interne Kommunikation für „die wichtigere" (Interview 1_ Pos. 60). EXP3 verbindet interne Kommunikation mit einer offenen Gesprächskultur und transparenter Kommunikation: „Ich finde, eine offene Kommunikation [...] ist der Schlüssel für Akzeptanz" (Interview 3_Pos. 33). Ähnlich sieht es auch EXP4: „Nichts vorenthalten, das hilft definitiv" (Interview 4_Pos. 34, 42, 128). EXP5 meint, interne Kommunikation brauche „Fingerspitzengefühl" (Interview 5_Pos. 7). Zeitpunkt, Themen und Priorisierung der Kommunikation seien enorm wichtig (Interview 5_Pos. 17). EXP9 warnt, weder Priorität noch Bedeutung der Aktualität der internen Kommunikation zu vernachlässigen (Interview 9_Pos. 5). EXP13 hält interne Kommunikation als Teil der Führung für besonders wichtig: „Ich glaube, man muss sich da als Führungskraft aufmachen und die persönlichen Ängste und Sorgen der betroffenen Mitarbeiter ernst nehmen" (Interview 13_Pos. 28). EXP14 betont, „klare Strukturen und klare Kommunikation" seien notwendig, weil das „Durcheinander" für die Mitarbeiter schon groß genug sei (Interview 14_Pos. 30). EXP16 hält die Intensität der internen Kommunikation für wichtig. Man solle „nicht einmal groß erzählen, was ist", sondern die Leute „im Alltäglichen" enger „abholen", weil Informationen unterschiedlich verstanden würden (Interview 16_Pos. 10).

Der internen Kommunikation wird deutlich mehr Bedeutung zugeschrieben als der externen Kommunikation, die im Wesentlichen als Teil des „Stakeholdermanagements" (Interview 5_Pos. 7; Interview 11_Pos. 32), als PR und Presseinformation sowie als Kommunikation gegenüber Kunden und Lieferanten angesprochen wird (Interview 4_Pos. 76; Interview 5_Pos. 17; Interview

7_Pos. 72; Interview 8_Pos. 19; Interview 9_Pos. 19; Interview 11_Pos. 18; Interview 14_Pos. 30; Interview 16_Pos. 20).

3.2.2.4.3 Aufbau- und Ablauforganisation

Aufbau- und Ablauforganisation thematisiert Organigramme, die Zuordnung von Funktionen und Aufgaben, Planungsabläufe, Prozess- und Funktionsbeschreibungen, Weisungsbefugnisse, die Abfolge von Handlungen und Entscheidungen sowie die Ordnung von Arbeitsprozessen. Ziel des PMI-Managements ist die Zusammenführung der organisations- und prozessorientierten Strukturen. Tabelle 3.15 fasst das Kodierschema zusammen.

Tabelle 3.15 Kodierschema der Hauptkategorie „Aufbau- und Ablauforganisation". (Quelle: Eigene Darstellung)

Aufbau- und Ablauforganisation Die Aufbau- und Ablauforganisation thematisiert Organigramme, die Zuordnung von Funktionen und Aufgaben, Planungsabläufe, Prozess- und Funktionsbeschreibungen, Weisungsbefugnisse, die Abfolge von Handlungen und Entscheidungen sowie die Ordnung von Arbeitsprozessen. Ziel des PMI-Managements ist die Zusammenführung der organisations- und prozessorientierten Strukturen.			
Subkategorien	**Beschreibungen**	**Anwendungsregeln**	**Anwendungsbeispiele**
Prozesse	Die Prozesse umschreiben eine Folge von Aktivitäten mit einem zielgerichteten Ergebnis. Reibungslose und effiziente Prozesse sind die Voraussetzung für dauerhaften Erfolg. An den Prozessen arbeiten Menschen mit Maschinen und Materialien unter bestimmten Bedingungen zusammen. Jeder einzelne Prozess ist Teil des Gesamtablaufs, jeder Prozess beeinflusst den Gesamterfolg.	Diese Subkategorie wird auf alle Textstellen angewendet, die auf die Prozesse im Rahmen des PMI-Managements eingehen.	„Das heißt ja nicht unbedingt, dass da schlechte Prozesse sind. Vielleicht sind die Prozesse ja auch absolut optimiert und es ist alles gut. Aber anschauen würde ich sie mir auf jeden Fall. In der Regel, glaube ich, dass es wenige Firmen gibt, die Prozesse wirklich optimiert haben. Ich glaube, dass man oft in den eigenen Strukturen so ein bisschen gefangen ist und der Blick von außen fehlt. Und deshalb glaube ich, dass man eigentlich immer irgendwas findet, was man besser machen kann" (Interview 16_Pos. 28).
Organisations-struktur	Die Organisationsstruktur umschreibt die Zuordnung einzelner Stellen zu bestimmten Aufgaben und die Weisungsbefugnisse der Stellen untereinander und wird als Organigramm visualisiert.	Diese Subkategorie wird auf alle Textstellen angewendet, die auf die Organisations-struktur im Rahmen des PMI-Managements eingehen.	„Ich kaufe ein Unternehmen, das Unternehmen, also angenommen du hast ein Unternehmen, das hat Tausend Mitarbeiter, das übernimmt ein Unternehmen mit 150 Mitarbeitern, ne? Und dann überlegt man sich: Man, braucht man zwei Personalabteilungen? Braucht man zwei Buchhaltungs-abteilungen? Braucht man, weiß ich nicht. Und dann geht man her und sagt, man legt Shared Services gegebenenfalls zusammen, und lässt das Thema Produkt-entwicklung und Vertrieb, lässt man in einer separaten Business Unit, ne?" (Interview 17_Pos. 29).

Abbildung 3.17 zeigt, dass innerhalb der Hauptkategorie „Aufbau- und Ablauforganisation“ die Subkategorie „Prozesse“ deutlich häufiger von den Experten angesprochen wird als die Subkategorie „Organisationsstruktur“.

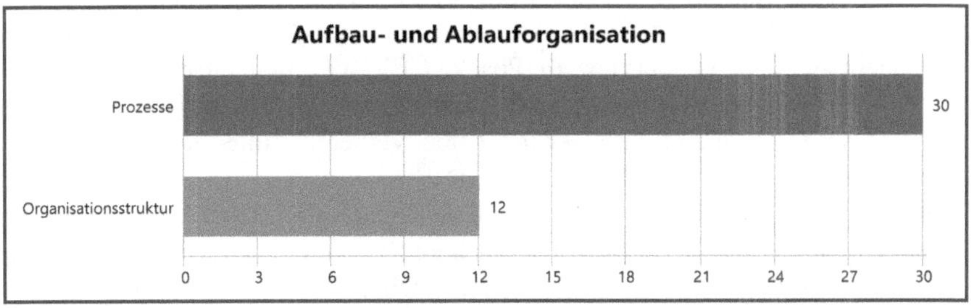

Abbildung 3.17 Häufigkeiten der Subkategorien innerhalb der Hauptkategorie „Aufbau- und Ablauforganisation“. (Quelle: Eigene Darstellung)

EXP1 warnt davor, die Aufbau- und Ablauforganisation zu vernachlässigen: „Eher früher als später, ist ein ganz wichtiger Punkt“ (Interview 1_Pos. 62). Es sei zentrale Aufgabe des Projektmanagements, Versäumnisse könne man nicht nachholen (Interview 1_94). EXP4 meint, dass man immer eine Vereinheitlichung der Prozesse und Organisation anstreben solle, um Synergieeffekte zu realisieren (Interview 4_Pos. 98). EXP18 sagt, die Aufbau- und Ablauforganisation sei „Kern der ganzen Geschichte“ (Interview 18_Pos. 44, 47).

EXP9 meint, Änderungen der Aufbau- und Ablauforganisation seien wichtig, aber nicht eilig (Interview 9_Pos. 73). EXP6 hält Änderungen für notwendig, um Synergien zu heben, mahnt aber Fingerspitzengefühl an: „Ich würde es keinem empfehlen, tief reinzugehen“ (Interview 6_Pos. 62). EXP2 ist der Auffassung, dass man bei der Anpassung der Prozesse vorsichtig vorgehen solle, um Unruhe zu vermeiden (Interview 2_Pos. 54). EXP17 meint, bei Anpassungen der Aufbau- und Ablauforganisation im Rahmen der PMI könne man „nicht alles allen recht machen“ (Interview 17_Pos. 29). EXP6 spricht sich dafür aus, vorrangig übergeordnete Prozesse zu zentralisieren und über eine gute Kommunikation miteinander zu verbinden (Interview 6_Pos. 62). Auch EXP8 empfiehlt die Zentralisierung administrativer Prozesse, alle anderen Prozesse sollten autark laufen (Interview 8_Pos. 16).

EXP10 berichtet, dass man Prozesse „in einigen Bereichen komplett ausgetauscht“ habe, um die Arbeitsweisen zu vereinheitlichen (Interview 10_Pos. 55). EXP12 meint, profitable Unternehmen lasse man „weiterlaufen“, würde von ihnen lernen und warten, bis sich die Prozesse mit der Zeit annähern würden. Bei nicht erfolgreichen Unternehmen sei die Änderung der Prozesse „alternativlos“ (Interview 12_Pos. 20). EXP14 findet es wichtig, bei der Anpassung der Prozesse konsequent zu bleiben (Interview 14_Pos. 22). EXP17 empfiehlt zu berücksichtigen, dass Prozessveränderungen für Mitarbeiter schwer zu akzeptieren seien: „Du hast [...] immer vermeintliche Gewinner und Verlierer“ (Interview 17_Pos. 13, 29).

EXP13 hält es für wichtig, im Rahmen der organisatorischen Integration Führungskräfte aus beiden beteiligten Unternehmen zu integrieren: „Ich glaube, dass sich [...] jedes Unternehmen eine [...] feine Organisationsstruktur geben muss. Und idealerweise sind in der [...] Führungsstruktur von beiden Welten Führungsverantwortliche drin“ (Interview 13_Pos. 22). EXP14 berichtet von Lerneffekten, wenn mittelständische Unternehmen gemeinsam mit einem größeren Unternehmen eine neue Organisation bilden würden (Interview 14_Pos. 28). EXP15 meint, ein ausgeglichenes Organigramm sei „eine Kraftquelle des Unternehmens“ (Interview 15_Pos. 35, 47).

3.2.2.5 Ergebnisse für die strategische Perspektive „Menschen und Kultur“

3.2.2.5.1 Unternehmensführung

Unternehmensführung umschreibt die Motive, die Planung, die Maßnahmen der Durchführung, die Qualität, Steuerung und Kontrolle von Maßnahmen zur Zielerfüllung eines Unternehmens. Tabelle 3.16 fasst das Kodierschema zusammen.

Tabelle 3.16 Kodierschema der Hauptkategorie „Unternehmensführung". (Quelle: Eigene Darstellung)

Unternehmensführung Unternehmensführung umschreibt die Motive, die Planung, die Maßnahmen der Durchführung, die Qualität, Steuerung und Kontrolle von Maßnahmen zur Zielerfüllung eines Unternehmens.			
Subkategorien	**Beschreibungen**	**Anwendungsregeln**	**Anwendungsbeispiele**
Human Resource Management	Human Resource (HR) Management umschreibt alle auf die Mitarbeitenden und deren Arbeits-bedingungen bezogene Handlungen und Maßnahmen.	Diese Subkategorie wird auf alle Textstellen angewendet, die auf das HR-Management eingehen.	„Unternehmensführung natürlich hohe Relevanz, dass das irgendwie gut klappt. Dass, Human Resources ist, dass du irgendwie die Leute gut managst, integrierst, sie sich willkommen fühlen" (Interview 11_Pos. 36).
Veränderungs-management	Das Veränderungs-management (Change Management) umschreibt die Umsetzung von Handlungen und Maßnahmen im Rahmen zielgerichteter Veränderungsprozesse im Unternehmen.	Diese Subkategorie wird auf alle Textstellen angewendet, die auf das Management der Veränderungsprozesse oder auf das Change Management eingehen.	„Also jetzt, also da muss man sofort anfangen, nach der, nach dem Kauf, dass man an den vorher schon, jedes Unternehmen hat Schwachpunkte, dass man die Risikopunkte mit einer ganz besonderen Dynamik und Aufmerksamkeit im Veränderungsbereich anlangt" (Interview 2_Pos. 88).
Entscheidungs-findung	Entscheidungsfindung umschreibt die von den Führungsstrukturen abhängigen Rahmen-bedingungen, Strukturen; Grundlagen und Systeme der Entscheidungsprozesse, -wege, -freude und -geschwindigkeit im Unternehmen.	Diese Subkategorie wird auf alle Textstellen angewendet, die auf die Entscheidungs-prozesse und -systeme eingehen.	„Naja, das entweder das begleitet wird, eben durch so einen Integrationsbeauftragten, nenne ich es mal, der dann eine Entscheidung von beiden Seiten einfordert. Und es sollte halt gewährleistet sein, bei beiden Seiten, dass eben, ich sage jetzt mal maximal zwei, drei Leute mitsprechen, und die dann auch die Entscheidungsbefugnis haben und dann auch klar ist im jeweiligen Unternehmen: Es ist so entschieden, das ist jetzt umzusetzen" (Interview 14_Pos. 38).
Bindung der Schlüsselpersonen	Bindung von Schlüssel-personal umschreibt Handlungen und Maßnahmen, die sich positiv oder negativ auf den Verbleib von für den Unternehmenserfolg besonders wichtigen Personen beziehen.	Diese Subkategorie wird auf alle Textstellen angewendet, die auf die Handlungen und Maßnahmen zur Bindung von Schlüsselpersonen eingehen.	„Das ist extrem wichtig in der Post-Merger-Integration, weil wenn dann die Schlüsselpersonen abhauen, dann wird es wackelig. Und manchmal muss man den Schlüsselpersonen wahrscheinlich auch finanziell so eine Sicherheit geben" (Interview 16_Pos. 18).
Mitarbeiter-Integration	Mitarbeiterintegration umschreibt Vorgehen und Abläufe bei der Integration der Mitarbeitenden im Rahmen des PMI-Managements.	Diese Subkategorie wird auf alle Textstellen angewendet, die auf die Integration der Mitarbeitenden eingehen.	„Ja, Mitarbeiterintegration, ja, war ein ganz schwieriges Thema, nachdem die Integrations-kompetenzen auch gefehlt haben, dann auch die richtigen Mitarbeiter da zu integrieren. Aber letztendlich haben wir es dann geschafft, ja" (Interview 10_Pos. 69).

Abbildung 3.18 zeigt, dass innerhalb der Hauptkategorie „Unternehmensführung" die Subkategorien „Human Resource Management" und „Veränderungsmanagement" besonders häufig von den Experten angesprochen werden.

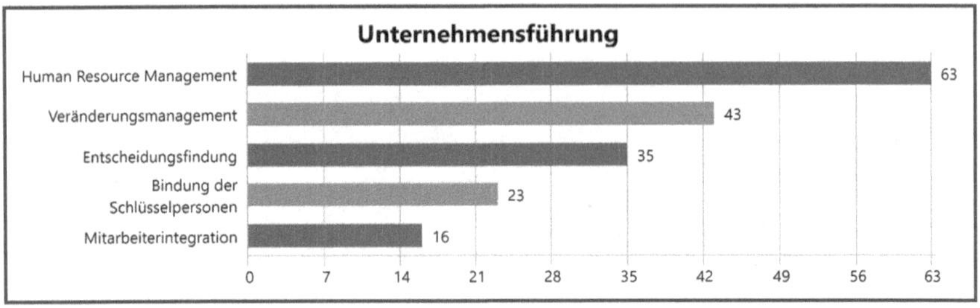

Abbildung 3.18 Häufigkeiten der Subkategorien innerhalb der Hauptkategorie „Unternehmensführung". (Quelle: Eigene Darstellung)

EXP5 sieht die Gefahr, dass die Unternehmensführung im Mittelstand eher zum Misserfolgsfaktor werde, da sie sich die „Themen [...] nicht so objektiviert" anschaue. Die Leitung des Projektmanagements müsse das Rückgrat haben, der Unternehmensführung zu widersprechen, um den negativen Einfluss der Unternehmensführung im Mittelstand zu verhindern (Interview 5_Pos. 73). EXP6 gibt zu bedenken, dass eine eigentümergeprägte Unternehmensführung mittelständischer Unternehmen zu weit vom operativen Geschäft entfernt sein könne, um den Integrationsprozess erfolgreich zu begleiten (Interview 6_Pos. 94).

Innerhalb der Unternehmensführung wird besonders häufig HRM als wichtiges Element erwähnt. EXP1 schildert die Komplexität unterschiedlicher Arbeitsvergütungen bei internationalen PMI-Projekten. Trotz großer nationaler Unterschiede der Vergütungen für vergleichbare Arbeiten, müsse man im Rahmen der PMI erreichen, dass sich alle Mitarbeiter in den jeweiligen Ländern fair entlohnt fühlen würden (Interview 1_Pos. 74). EXP3 sieht einen engen Zusammenhang zwischen HRM und Wissensmanagement. Entscheidend sei, herauszufinden, „welches Wissen [...] in welchen Menschen stecke" (Interview 3_Pos. 49). Nach Ansicht von EXP5 müsse das HRM zunächst grundlegende Funktionen gewährleisten, und sofort die Gehaltsstrukturen sorgfältig prüfen, um als „gute Message [...] am Tag 1" dafür zu sorgen, dass Tätigkeiten mit demselben Jobprofil gleich bezahlt würden (Interview 5_Pos. 75).

EXP4 berichtet, wie wichtig es sei, Mitarbeiter darüber zu informieren, wer die Vertrauenspersonen im HRM seien (Interview 4_Pos. 34). EXP6 sagt, es gehe beim HRM als Teil des Ressourcenmanagements um die „Menschen" in der Integration (Interview 6_Pos. 56). EXP9 teilt seine Erfahrung, dass idealerweise bei Entscheidungen des PMI-Managements, immer das HRM „mit am Tisch" sitze.

Das mache Entscheidungen bewusster, weil man sie erklären und kommunizieren müsse (Interview 9_Pos. 81).

EXP1 meint, Veränderungsmanagement würde im Mittelstand „immer noch sehr stark unterschätzt“ (Interview 1_Pos. 88). EXP2 sieht den Zusammenhang mit der Unternehmenskultur. Träfen zwei unterschiedliche Kulturen aufeinander, löse dies einen starken Veränderungsprozess aus. Es sei wichtig zu überlegen, welche Veränderungen einem übernommenen Unternehmen zugemutet werden könnten (Interview 2_Pos. 6).

EXP2 meint, es seien insbesondere die Personalveränderungsprozesse, die „das Tal der Tränen“ prägen würden, welches man nach der ersten euphorischen Phase im PMI-Management durchlaufe. „Meistens kommt es nicht so, wie man geplant hat“, die Veränderungen bei den Mitarbeitern, Kunden und Lieferanten würden nicht „ohne Straucheln“ vonstattengehen (Interview 2_Pos. 30). EXP5 empfindet Veränderungsmanagement innerhalb der PMI als Chance, Veränderungen anzugehen, „die sonst nicht gehen“, deshalb solle man das „so professionell wie möglich aufsetzen“ und die Leute im Veränderungsprozess begleiten (Interview 5_Pos. 83). EXP3 meint, innerhalb der PMI sei „eine andere Offenheit“ da, „Veränderungen zuzulassen“ (Interview 3_Pos. 63). Für EXP6 ist Vertrauen die wesentliche Voraussetzung für ein erfolgreiches Veränderungsmanagement. Druck, Zwang oder Drohungen würden nicht funktionieren. Man müsse Mitarbeiter von Veränderungen überzeugen, damit sie nachhaltig wirken würden (Interview 6_Pos. 76).

EXP10 beschreibt die Schwierigkeit, Veränderungen zu priorisieren: „Wir hatten so viele gleichzeitige Projekte laufen, wir [...] hätten am liebsten von heute auf morgen alles umgestellt“ (Interview 10_Pos. 60). In diesem Zusammenhang führt EXP14 aus, dass es notwendig sei, flexibel zu bleiben. Beide Seiten sollten immer offen sein, die eine oder andere Veränderung zu überdenken (Interview 14_Pos. 42). EXP13 hält Offenheit für wichtig: „Ich glaube, Integration gelingt, wenn beide Seiten offen sind für Veränderungen“ (Interview 13_Pos. 70). Laut EXP16 würden Veränderungen Mitarbeitern „Angst“ machen und es verunsichere sie, wenn ein Unternehmen „in andere Hände“ gehe (Interview 16_Pos. 8). Menschen müssten sich mit dem neuen Unternehmen identifizieren, damit sie „Lust“ hätten, „etwas zu verändern“ (Interview 16_Pos. 44).

Entscheidungen bärgen grundsätzlich Risiken, meint EXP1, insbesondere, wenn man sie aus der Eigentümerrolle heraus treffe. Schnell entscheiden zu können, sei grundsätzlich positiv (Interview 1_Pos. 35). Gutes Management sei, Fehlentscheidungen zu vermeiden, „die kritischen Stimmen nicht abzutöten und trotzdem schnelle Entscheidungen herbeizuführen“ (Interview 1_Pos. 39).

EXP6 schildert, es bereichere ihn, sich der Entscheidungsrisiken bewusst zu werden und zu wissen, dass es andere Entscheidungen mit anderen Konsequenzen gebe (Interview 6_Pos. 40). EXP2 meint, die Grundlage guter Entscheidungen im PMI-Management sei ein 360-Grad-Blickwinkel auf Bilanzzahlen, Produkte und Dienstleistungen, auf Menschen, Kunden und Kultur (Interview 2_Pos. 26, 28). EXP4 findet es wichtig, dass jeder wisse, wer, in welchen Gremien und wann welche Entscheidungen zu welchen Themen treffe (Interview 4_Pos. 70, 114). EXP5 meint, dass es für Entscheidungen innerhalb des PMI-Managements „feste Rhythmen" geben müsse. Entscheidungsfindung sei „elementar", es gehöre zum „Projektsetup, klare Verantwortlichkeiten" zu haben (Interview 5_Pos. 5). Eine Verantwortungsmatrix könne die Eskalations- und Entscheidungswege klarer machen (Interview 5_Pos. 95). Für EXP11 ist Erfolg die Summe vieler guter Entscheidungen (Interview 11_Pos. 34).

EXP6 sagt, Entscheidungen dürften „auch mal falsch sein", sonst würden Menschen sich nicht trauen, „eine Entscheidung zu treffen". Die Qualität müsse anhand der zum Zeitpunkt der Entscheidung verfügbaren Informationen gemessen werden (Interview 6_Pos. 70). EXP9 findet es wichtig, Entscheidungen nicht hinauszuzögern, insbesondere wenn sie folgenreich für die Menschen im Unternehmen seien (Interview 9_Pos. 23, 43). EXP13 meint, der Mittelstand lerne durch falsche Entscheidungen, sich „weiterzuentwickeln", man könne sich nicht alle Entscheidungen von allen Fachabteilungen „abstempeln" lassen (Interview 13_Pos. 26). EXP14 schlägt vor, wichtige Entscheidungen im PMI-Management einzufordern und Entscheidungen mit der Aufforderung zur Umsetzung zu kommunizieren (Interview 14_Pos. 38). EXP17 resümiert, eine entscheidungsfreudige Führung sei eine gute Führung. In schwierigen Zeiten müsse man „als Chef richtig Flagge zeigen und Entscheidungen treffen, auch ohne große Diskussion" (Interview 17_Pos. 33).

EXP1 verbindet das Thema „Schlüsselpersonen" mit dem „Wettstreit um die Talente" und dem Ziel, Mitarbeiter nicht zu verlieren (Interview 1_Pos. 15). EXP2 meint, die „strategische Personalauswahl" im PMI-Management werde unzureichend vorbereitet, man müsse schon vor der Integration verschiedene Szenarien planen (Interview 2_Pos. 6). Man könne die Auswahl zukünftiger Führungskräfte durch Psychologen begleiten. Nicht Fachwissen und Kompetenzen ständen im Vordergrund, sondern die charakterliche Eignung (Interview 2_Pos. 8). EXP4 sagt, man kläre vor der Integration, wo man jemanden verlieren könne. Wichtig sei, auf diejenigen zu achten, die ihre „eigene Agenda" hätten und für Unruhe sorgen würden. Das müsse man schnell beenden (Interview 4_Pos. 64).

EXP8 räumt ein, organisatorische Entscheidungen im Rahmen der PMI auch von der möglichen Mitarbeiterreaktion abhängig zu machen (Interview 8_Pos. 8).

Es sei wichtig, ausgewählten Führungskräften frühzeitig das Vertrauen auszusprechen, um die Führungsmannschaft stabil zu halten (Interview 8_Pos. 14, 24, 38). EXP14 meint, Mitarbeiter würden das Unternehmen verlassen, wenn das Vertrauen in die Führung verloren gehe (Interview 14_Pos. 32). EXP4 berichtet über „Halte-Boni für Schlüsselpersonal" (Interview 4_Pos. 64), die EXP5 ausschließlich denjenigen Schlüsselpersonen anbiete, von denen er eine bestimmte Leistung in einer bestimmten Zeiteinheit verlange. Ungleichbehandlungen würden immer zu Diskussionen unter den Mitarbeitern führen (Interview 5_Pos. 81). Finanzielle Anreize für das Verbleiben seien nach Ansicht von EXP16 generell hilfreich, um Schlüsselpersonen zu binden (Interview 16_Pos. 18). EXP8 meint, Schlüsselpersonen in die Strategie einzubinden, binde sie auch an das Unternehmen (Interview 8_Pos 24).

EXP13 berichtet, noch Jahre nach einer Fusion oder Übernahme spreche man von Mitarbeitern des einen und des anderen Unternehmens. In der PMI gehe es darum, alle Mitarbeiter „zu bündeln, einzufangen, zu strukturieren" (Interview 13_Pos. 4). EXP10 meint, es gehöre zu den Integrationskompetenzen, die „richtigen Mitarbeiter zu integrieren". Dies hänge „nicht nur mit dem Wissen zusammen", sondern auch davon ab, wie man Mitarbeiter in die Prozesse integriere und welche Entscheidungsfreiräume man ihnen gebe (Interview 10_ Pos. 71). EXP12 beobachtet, dass mittelständische Unternehmen bei der Mitarbeiterintegration vorsichtiger agieren würden als PE-Unternehmen (Interview 12_Pos. 10), die „nach ihren Prinzipien" handeln und damit erheblichen Schaden anrichten würden (Interview 12_Pos. 10). EXP17 meint dagegen, der Mittelstand mache es sich „schwerer [...] als Konzerne" (Interview 17_Pos. 7). Auch EXP18 sieht das Verhalten mittelständischer Unternehmen kritisch: „Wir sind [...] viel zu gutmütig manchmal, was Themen um Personal [...] angeht" (Interview 18_ Pos. 22).

3.2.2.5.2 Unternehmenskultur

Unternehmenskultur umschreibt die Bedeutung der prägenden Elemente unterschiedlicher Unternehmenskulturen sowie gestaltenden Maßnahmen der kulturellen Unterschiede im PMI-Management. Tabelle 3.17 fasst das Kodierschema zusammen.

Tabelle 3.17 Kodierschema der Hauptkategorie „Unternehmenskultur“. (Quelle: Eigene Darstellung)

Unternehmenskultur
Unternehmenskultur umschreibt die Bedeutung der prägenden Elemente unterschiedlicher Unternehmenskulturen sowie gestaltenden Maßnahmen der kulturellen Unterschiede im PMI-Management.

Subkategorien	Beschreibungen	Anwendungsregeln	Anwendungsbeispiele
Wertschätzung	Eine Führung der Mitarbeitenden mit Wertschätzung drückt sich durch Respekt, Fairness, Wohlwollen, Zugewandtheit, Interesse, Aufmerksamkeit und Freundlichkeit aus.	Diese Subkategorie wird auf alle Textstellen angewendet, die auf die Rolle der Wertschätzung eingehen, die Mitarbeitenden innerhalb des PMI-Managements der Mitarbeitenden entgegengebracht wird.	„Und Wertschätzung drückt sich ja nicht nur in finanziellen Werten aus, sondern auch: Bitte, danke. Auch mal jemanden zum Geburtstag zu gratulieren“ (Interview 10_Pos. 13).
Offenheit	Offenheit umschreibt einen offenen und transparenten Umgang mit Mitarbeitenden und anderen Interessengruppen, wie z. B. Kunden und Lieferanten.	Diese Subkategorie wird auf alle Textstellen angewendet, die auf einen offenen und transparenten Umgang mit Mitarbeitenden und anderen Interessengruppen innerhalb des PMI-Managements eingehen.	„Ja, wenn es eine gute Unternehmenskultur gibt, also das heißt, wenn es die Werte von Vertrauen gibt, von Offenheit, von einer guten Kommunikation, von gemeinschaftlichen Werten und Zielen, dann wird das wahrscheinlich auf beiden Seiten sein, die zu integrieren sind, weil ich glaube, eine Firma, die diese Werte lebt, integriert nur eine Firma, die im Ansatz diese Werte auch vertritt“ (Interview 13_Pos. 50).
Emotionen und Vertrauen	Emotionen und Vertrauen umschreiben die Rolle negativer und positiver Emotionen im PMI-Management und gegenseitiges Vertrauen zwischen Führungskräften und Mitarbeitenden sowie die Bereitschaft anderer Interessengruppen, sich auf die Handlungen der im Unternehmen agierenden Personen verlassen zu können.	Diese Subkategorie wird auf alle Textstellen angewendet, die auf die Rollen von Emotionen und Vertrauen innerhalb des PMI-Managements eingehen.	„Das würde ich eher als Risiko sehen, dass er noch zu viel Einfluss nimmt, da können Emotionen bei sein“ (Interview 4_Pos. 36). „Ich kann nicht von, von Unternehmenskultur und von, von, von, von Ehrlichkeit und von Vertrauen sprechen, wenn ich nicht bereit bin, mich zu öffnen und, und es einfach so zu sagen, egal wie unangenehm es ist“ (Interview 6_Pos. 104).
Langfristige Orientierung	Die kulturelle Dimension „langfristige Orientierung“ umschreibt den langfristigen Charakter der strategischen Planungen und Zielsetzungen von Unternehmen.	Diese Subkategorie wird auf alle Textstellen angewendet, die auf die Rolle der langfristigen Orientierung der Entscheidungen und Ziele von Unternehmern und Unternehmen innerhalb des PMI-Managements eingehen.	„Es, es interessiert mich überhaupt nicht, wirklich interessiert mich null, ob [Unternehmen] Geld verliert. Es könnte mich nicht weniger interessieren. Mich interessiert nur, dass sie auf dem Weg sind, kein Geld mehr zu verlieren. Ja? Ich will da was aufbauen, ich will, dass, dass aus [Unternehmen] irgendwann, zu meiner Zeit noch, vielleicht 40, 50 Millionen Umsatz werden“ (Interview 15_Pos. 41).
Flexibilität und Effizienz	Flexibilität und Effizienz ergeben sich aus einer mittelständisch geprägten Führungsstruktur und beschreibt z. B. kurze Informations- und Entscheidungswege.	Diese Subkategorie wird auf alle Textstellen angewendet, die auf die Flexibilität und Effizienz innerhalb des PMI-Managements eingehen.	„Und es, man kommt ja irgendwann mal nach ein, zwei Jahren an einem Punkt und sagt, also, wenn man offen ist, dann schaut man sich mal in die Augen und sagt: Okay, an der und der Stelle haben wir uns vertan, das sollten wir vielleicht noch mal ändern. Und da sollten beide Seiten so flexibel sein, das anzugehen und zu sagen: Okay, da [...], da gehen wir noch mal ran“ (Interview 14_Pos. 42)

Abbildung 3.19 zeigt, dass innerhalb der Hauptkategorie „Unternehmenskultur“ die Subkategorie „Wertschätzung“ besonders häufig von den Experten angesprochen wird.

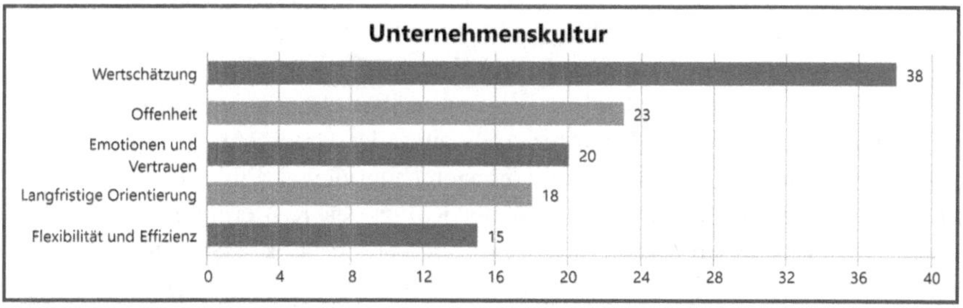

Abbildung 3.19 Häufigkeiten der Subkategorien innerhalb der Hauptkategorie „Unternehmenskultur“. (Quelle: Eigene Darstellung)

EXP2 meint, man müsse entscheiden, ob man die Kultur „belasse, wenn es möglich“ sei (Interview 2_Pos. 6). „Jede Firma hat eine Kultur, ob man das jetzt gut […] oder schlecht heißen mag“ (Interview 2_Pos. 6). Erfahrene Leute sollten sich vor dem Erwerb eines Unternehmens „die Führungskräfte und den alten Inhaber anschauen“ (Interview 2_Pos. 16). Wenn ein großes Unternehmen ein kleineres Unternehmen übernehme, dann treffe „eine sehr starke Leitkultur“ auf eine „Vertrauenskultur“, „Handschlagkultur“ und „Macherkultur“. Der daraus resultierende Kulturkonflikt sei „nicht zu unterschätzen“ (Interview 2_Pos. 6) und könne „die PMI sehr schwer“ machen (Interview 2_Pos. 8).

EXP11 meint, unterschiedliche Unternehmenskulturen würden „in der Realität nicht zueinanderfinden“ und man würde die Ziele der PMI nicht erreichen (Interview 11_Pos. 36). Schon vor dem Merger möchte EXP15 „ein Gefühl dafür […] bekommen: Wie gehen die in diesem Unternehmen miteinander um?“ Er finde es „ganz wichtig zu verstehen, ob die ähnlich ticken“ (Interview 15_Pos. 52). Auch EXP18 möchte „diesen Kultur-Fit“ schon im Vorfeld einer Integration herausfinden: „Was ist das für eine Mannschaft? […] Was genau ist das für eine Kultur?“ (Interview 18_Pos. 12).

EXP3 empfiehlt, Kulturen „in den jeweiligen Unternehmenseinheiten auch […] während und nach der PMI“ bestehen zu lassen (Interview 3_Pos. 47). Man müsse versuchen, die Kultur über „intrinsische Ziele“ zu entwickeln und dabei Orientierung über eine „saubere Strategie“ geben. Unternehmenskultur sei „nicht veränderlich“, man solle „eher die Kulturen zulassen und beflügeln“ (Interview 3_Pos. 6). EXP9 meint, wenn man versuche, eine Kultur zu ändern, dauere es Jahre und man halte es nicht durch (Interview 9_Pos. 75). Es sei richtiger, die Unterschiede zwischen den Kulturen klar zu kommunizieren und deren jeweilige Stärken hervorzuheben (Interview 9_Pos. 75).

Nach Meinung von EXP4 sei man bei grenzüberschreitenden Mergern sowohl mit Unterschieden der Landeskulturen als auch der Unternehmenskulturen konfrontiert. Man müsse sich vorsichtig vortasten (Interview 4_Pos. 54). Das Ziel sei, dass die erworbenen Unternehmen in die Kultur des Käuferunternehmens „auf jeden Fall reinwachsen“ (Interview 4_Pos. 56). Eine gemeinsame Kultur könne man anpassen, falls „die Werte andere sind“ (Interview 4_Pos. 132). EXP13 setzt eine „gute“ Unternehmenskultur mit Vertrauen, Offenheit und guter Kommunikation gemeinschaftlicher Werte und Ziele gleich (Interview 13_Pos. 50). Nach Ansicht von EXP8 würden Mitarbeiter nach einer Übernahme das Unternehmen verlassen, weil sie nicht mit der Kultur des neuen Unternehmens zurechtkämen (Interview 8_Pos. 38).

Die Kategorie „Offenheit“ wird von den Experten sowohl im Zusammenhang mit der Gesprächskultur und einer transparenten Kommunikation angesprochen als auch mit der Offenheit für Neues und Veränderungen, mit einem „offenen Ohr“ und einer Zugewandtheit gegenüber Mitarbeitern sowie im Zusammenhang mit der Bereitschaft des Mittelstands, Erfahrungen zu teilen und externe Berater im PMI-Management einzusetzen. EXP6 meint, man könne nicht von „Ehrlichkeit“ und Vertrauen sprechen, wenn man nicht bereit sei, auch unangenehme Dinge offen anzusprechen (Interview 6_Pos. 104). EXP2 erwähnt, dass einem familiengeführten Erwerberunternehmen eher Vertrauen entgegenbracht werde als einem Konzern: „Wenn ein Konzern etwas kauft, sind viel mehr Ängste da“ (Interview 2_Pos. 22). EXP2 beschreibt in diesem Zusammenhang, dass er Vertrauen bei fehlendem Umsetzungswillen der Führungskräfte verliere (Interview 2_Pos. 32). Ähnlich sieht es EXP14, der sich fragt, wie man „Vertrauen schaffen“ solle, „wenn wir schon Sachen quasi angehen und dann wieder zurückgepfiffen werden“ (Interview 14_Pos. 32).

EXP4 berichtet, dass man sich nach einer Übernahme schon bei den ersten Schritten des Integrationsmanagements Gedanken mache, wie man „Vertrauen gewinnen“ könne (Interview 4_Pos. 30). Es sei wichtig, bisherige Vertrauenspersonen der Mitarbeiter in den PMI-Prozess einzubinden (Interview 4_Pos. 34). Man müsse im Integrationsprozess „sehr sensibel sein“, um Vertrauen zu gewinnen (Interview 4_Pos. 54). EXP6 meint, Vertrauen sei eine grundlegende

Voraussetzung für den Erfolg der PMI (Interview 6_Pos. 76). Nach Ansicht von EXP8 könne eine hohe Transparenz Vertrauen fördern (Interview 8_Pos. 48). EXP15 meint, Vertrauen sei der „Dreh- und Angelpunkt" des Verhaltens von Mitarbeitern (Interview 15_Pos. 21).

Emotionen werden von den Experten im Zusammenhang mit der Rolle von Alteigentümern im PMI-Management erwähnt. Trotz bestimmter Rücksichten sei es nach Ansicht von EXP4 ein Risiko, im Sinne „alter Treueschwüre" Emotionen und damit Unklarheiten über veränderte Verantwortlichkeiten zuzulassen (Interview 4_Pos. 36). EXP5 meint, die interne Kommunikation habe eine emotionale Komponente (Interview 5_Pos. 63). Es könne passieren, dass bei einer Übernahme eine durch „Daten und Fakten" getriebene Kultur auf ein vom Alteigentümer geprägtes „emotional getriebenes" Denken stoße (Interview 5_ Pos. 103). EXP17 warnt: „So wenig wie möglich Emotionen [...], [besser] kühles Rechnen" (Interview 17_Pos. 19, 35).

Mehrere Experten sprechen im Zusammenhang mit Emotionen und Vertrauen die Zugewandtheit gegenüber den Mitarbeitern im Sinne eines „offenen Ohrs" an. So sagt EXP4: „Und dann hast du natürlich auch mal den einen oder anderen Mitarbeiter, der dann weint, [...] klar, das sind dann ganz persönliche Themen, die du da einfangen musst [...]: Offenes Ohr, Unterstützung, Vertrauensperson" (Interview 4_Pos. 68). EXP16 meint, man müsse „schon verstehen, wo wirklich die [...] wichtigen Dinge sind, wo kritische Situationen sind" (Interview 16_ Pos. 38).

Der Kategorie „langfristige Orientierung" ordnen Experten das Verhalten eigentümergeprägter mittelständischer Unternehmen zu (Interview 7_Pos. 96; Interview 8_Pos. 42; Interview 9_Pos. 77; Interview 11_Pos. 22). Trotz eines kurzfristig geprägten Berichtswesens gehe es nach Ansicht von EXP8 innerhalb der PMI „eher um die strategisch langfristige Ausrichtung im Unternehmen" (Interview 8_Pos. 24). EXP15 meint: „Also, ich glaube, Langfristigkeit unterscheidet uns definitiv [...]. Es geht nicht nur um Zahlen, wir denken beim Kauf nicht schon wieder an den Verkauf [...] und wollen langfristig etwas aufbauen. Ich denke, dass das der größte Unterschied ist" (Interview 15_Pos. 41). EX10 formuliert es so: „Diese langfristige Orientierung [...] war [...] ganz wichtig, weil wir haben [...] auch Perspektiven aufgezeigt und [...] gesagt: Wir sind niemand, der jetzt [...] auf kurzfristigen Erfolg aus ist" (Interview 10_Pos. 73).

EXP6 sagt, bei Fremdgeschäftsführern mit befristeten Verträgen sei eine langfristige Orientierung selten und durch Anreizsysteme wenig gestaltbar. Langfristige Orientierung müsse glaubhaft sein, das könnten nur Eigentümer, Unternehmer oder Manager verkörpern, die lange im Unternehmen seien (Interview 6_Pos. 96). EXP18 unterstreicht dies: „Sobald die Familie sagt: Wir meinen das ernst, dann wissen alle: [...] Wenn der das sagt, dann, dann ist das so. Das ist natürlich auch ein langfristiges Statement. Wenn [...] ein CEO das sagt, der kann auch ein verstecktes Spiel führen und der kann auch ein Jahr später sowieso weg sein [...], wenn die Familie das sagt, dann gibt das eine gewisse Ruhe“ (Interview 18_Pos. 30).

EXP2 schränkt ein, langfristige Orientierung sei nicht in jedem mittelständischen Unternehmen gegeben (Interview 2_Pos. 76). EXP3 meint, sie habe einen geringen Einfluss auf den Erfolg des PMI-Managements (Interview 3_Pos. 59, 61). Auch EXP4 äußert Zweifel an der Bedeutung der langfristigen Orientierung für den Erfolg und empfindet „Schnelligkeit“ wichtiger als langfristige Orientierung (Interview 4_Pos. 116). EXP5 kommt im direkten Vergleich mit dem rationalen Verhalten von PE-Unternehmen zu dem Schluss, dass ein Mittelständler zwar langfristiger denke, dies aber eher emotional getrieben sei und zu einer wenig positiven Einstellung führen könne, die sinngemäß laute: „Wenn es [...] jetzt dieses Jahr nicht klappt, dann machen wir es halt nächstes Jahr“ (Interview 5_Pos. 103).

Der Kategorie Flexibilität und Effizienz lassen sich im Rahmen der Unternehmenskultur Aussagen zum Verhalten eigentümergeprägter Unternehmen zuordnen. EXP4 sagt, es gebe „immer mal punktuell Themen“, bei denen Flexibilität wichtig sei. Mit zunehmender Größe bestehe die Gefahr, dass die Flexibilität abnehme (Interview 4_Pos. 120). Nach Ansicht von EXP5 sei Effizienz „kein Erfolgsgarant“, aber „hilfreich“ (Interview 5_Pos. 89). Im Mittelstand würden die „Leute über den Tellerrand schauen“, die Silo-Mentalität sei nicht ausgeprägt (Interview 5_Pos. 105). EXP8 hält Flexibilität und Effizienz gerade bei Mittelständlern für besonders wichtig: „Haben wir heute Diskussionen, dann wird es morgen entschieden – spätestens“ (Interview 8_Pos. 46). EXP9 und EXP14 sagen, es brauche Flexibilität, da viele Sachen anders laufen würden, als man sie geplant habe. (Interview 9_Pos. 77; Interview 14_Pos. 42).

EXP10 meint, Flexibilität und Effizienz seien wichtig, aber die zentrale Rolle des Eigentümers und dessen langfristige Orientierung seien wichtiger für den Erfolg des PMI-Managements (Interview 10_Pos. 73). EXP2 meint, man müsse aufpassen, dass die eigene „Organisation [...] auch immer mitkommt“ (Interview 2_Pos. 78). EXP3 meint, Flexibilität führe auch zur Offenheit, Veränderungen zuzulassen, und Effizienz brauche man, das sei „Teil eigentlich jeden Mittelständlers“ (Interview 3_Pos. 63).

3.2.2.5.3 Wissensmanagement

Wissensmanagement umschreibt die Identifikation, die Sammlung und Bündelung, die Strukturierung, Bewertung, Selektion und Dokumentation, die Bereitstellung und den Austausch bzw. das Teilen sowie die Nutzung, Kontrolle und Sicherung von Wissen. Tabelle 3.18 fasst das Kodierschema zusammen.

Tabelle 3.18 Kodierschema der Hauptkategorie „Wissensmanagement". (Quelle: Eigene Darstellung)

Wissensmanagement Wissensmanagement umschreibt die Identifikation, die Sammlung und Bündelung, die Strukturierung, Bewertung, Selektion und Dokumentation, die Bereitstellung und den Austausch bzw. das Teilen sowie die Nutzung, Kontrolle und Sicherung von Wissen.			
Subkategorien	**Beschreibungen**	**Anwendungsregeln**	**Anwendungsbeispiele**
Externe Berater	Externe Berater umschreibt und klärt die Rolle und die spezifischen Funktionen, die externe Berater und Spezialisten innerhalb des PMI-Managements einnehmen können.	Diese Subkategorie wird auf alle Textstellen angewendet, die auf die Rolle externer Berater im PMI-Management eingehen.	„Also, ich [...] würde vorher mal, mir mehr Gedanken, mehr Gedanken darüber machen, wie man einen Integrationsprozess überhaupt durchführt, ja? Und würde dann auch im, verlangen, einen Integrationsberater oder Coach, oder wie auch immer, einen Neutralen zu haben. Das, das [...], absolut, weil sonst [...], ja, da hätten wir uns, glaube ich, viele Kämpfe gespart" (Interview 14_Pos. 52).
Lernerfahrungen	Lernerfahrungen umschreiben Lerneffekte und damit die Rolle und den Einfluss des Lernens aus Erfahrungen, die Mitarbeitende innerhalb von PMI-Managementprozessen gesammelt haben.	Diese Subkategorie wird auf alle Textstellen angewendet, die auf die Rolle von Lernerfahrungen im PMI-Management eingehen.	„Und was ich damals gelernt habe, ist, wenn man Firmen im, im Ausland kauft, die müssen schon eine Mindestgröße haben, dass man gute Führungskräfte, ein gutes Führungspersonal sich leisten kann" (Interview 7_Pos. 4).
Fachwissen	Fachwissen bezeichnet das branchenbezogene, explizite Wissen der Mitarbeitenden, das Fakten- und Regelwissen, das man in Form von Berichten, Handbüchern, Arbeitsanweisungen oder Visualisierungen an andere Menschen weitergeben kann; es kann gespeichert, verarbeitet und übertragen werden.	Diese Subkategorie wird auf alle Textstellen angewendet, die auf die Rolle des Fachwissens der Mitarbeitenden innerhalb des PMI-Managements eingehen.	„Und da muss man sicherstellen, dass das Wissen nicht komplett nur in den Köpfen ist, sondern auch, dass entweder die anderen Mitarbeiter genauso fit sind und genauso viel Wissen haben, aber vor allem ist wichtig, dass man die Informationen irgendwo finden kann, damit auch neue Mitarbeiter gut eingearbeitet werden können und das alles schnell lernen können, dass halt nicht zu viel Wissen verloren geht" (Interview 16_Pos. 34).
Spezifisches PMI-Wissen	Spezifisches PMI-Wissen das Vorhandensein und die Bedeutung konkreter Erfahrungen, Kenntnisse und Fähigkeiten, die im PMI-Management erforderlich sind.	Diese Subkategorie wird auf alle Textstellen angewendet, die auf das im PMI-Management erforderliche spezifische PMI-Wissen eingehen.	„Wissensmanagement immer, ist ja wie eure E-Learning-Plattform da, ne, also desto mehr Wissen du hast, desto bessere Entscheidungen kannst du treffen und desto erfolgreicher wird es" (Interview 11_Pos. 36).

Abbildung 3.20 zeigt, dass innerhalb der Hauptkategorie „Wissensmanagement“ die Subkategorie „Externe Berater“ am häufigsten von den Experten angesprochen wird.

Abbildung 3.20 Häufigkeiten der Subkategorien innerhalb der Hauptkategorie „Wissensmanagement“. (Quelle: Eigene Darstellung)

EXP1 sagt, Wissensmanagement habe einen geringen Einfluss auf den PMI-Erfolg, andere Dinge seien wichtiger (Interview 1_Pos. 96). EXP2 meint, Wissensmanagement werde „sehr überschätzt“. Mitarbeiter hätten „keinen Bock, [...] altes Zeug zu lesen“. Wissen müsse frisch sein, es sei wichtiger, die Organisation zu fragen, wie man die Kundenprobleme von morgen mit dem Wissen von heute lösen könne (Interview 2_Pos. 70).

Laut EXP3 könne Wissensmanagement herausfinden, welches Wissen in „welchen Menschen“ stecke (Interview 3_Pos. 49). Laut EXP6 könne die Zusammenführung von Wissen innerhalb der PMI „Kernkompetenzen“ verteidigen und Synergien realisieren. Wissensmanagement komme zu kurz, weil es zeitaufwendig sei und innerhalb des PMI-Managements anderen Aspekten mehr Priorität eingeräumt werde (Interview 6_Pos. 80). EXP12 bezeichnet Wissen als Vermögenswert. Langjährige Mitarbeiter zu haben, sei ein „Wissensvorteil“. Das Wissen von „aufgekauften“ Unternehmen transferiere sich durch Zusammenarbeit (Interview 12_Pos. 12, 16), aber Wissenstransfer sei kein Selbstläufer, einige Mitarbeiter würden mauern und ihr Wissen als „Pseudostärke“ für sich behalten (Interview 12_Pos. 18).

Beratungen seien nach Ansicht von EXP1 teuer, aufwendig und komplex. Man müsse zunächst „sein Innerstes nach außen wenden, damit der Berater überhaupt beraten“ könne (Interview 1_Pos. 7). Es gebe Misstrauen gegenüber Beratern, man habe Sorgen, sich zu öffnen und Wettbewerbsvorteile zu verlieren. Um gut zu beraten, müsse der Berater „tief drin stecken“ und das sei „eine Hürde im

Mittelstand" (Interview 1_Pos. 7), die dazu führe, dass sich der Mittelstand zu wenig Rat von außen hole, obwohl dieser „das Spektrum des Betrachters" erweitern könne (Interview 1_Pos. 9). Es sei ein generelles Problem des Mittelstands, zu meinen, alles selbst machen zu müssen (Interview 1_Pos. 31). Daraus resultiere, dass der Mittelstand vor „Opportunitäten, die sich ergeben" zurückscheue und sage: „Ich schaffe das nicht [...] und Beratung ist zu teuer" (Interview 1_Pos. 33).

EXP5 meint: „Ein Mittelständler kann sich nicht leisten, [...] ein M&A-Team [...] aufzusetzen". Mittelständler seien tendenziell „eher mal knauserig" (Interview 5_Pos. 105). EXP2 sagt, dass man wie bei der DD auch für die PMI einen Spezialisten über einen Zeitraum von zwei bis drei Jahren brauche (Interview 2_Pos. 40). EXP4 weist darauf hin, dass es bei grenzüberschreitenden Akquisitionen innerhalb des PMI-Managements zweckmäßig sei, Berater einzusetzen, die vor Ort „Beziehungen" hätten, sich auskennen würden und Vorgänge beschleunigen könnten (Interview 4_Pos. 72). Das PMO könne sich, je nach Notwendigkeit bzw. fehlender eigener fachlicher Expertise, um den temporären Einsatz von Beratern kümmern (Interview 4_Pos. 74, 122).

EXP7 meint dagegen, wenn man „einen gesunden Menschenverstand in der Führung" habe, brauche man kein Beratungsteam (Interview 7_Pos. 90, 92). Sein Unternehmen traue sich zu, „ziemlich viel ohne externe Beratung [...] hinzubekommen" (Interview 7_Pos. 100). Der Bedarf an externer Beratung hänge nach Ansicht von EXP8 auch mit der Größenordnung des PMI-Projekts zusammen: „Wenn es jetzt größere Themen wären [...], dann würde ich es mir doch überlegen, in dem einen oder anderen Bereich da jemand mit reinzubekommen, zumindest für die speziellen Fachbereiche" (Interview 8_Pos. 26). Auch weil die Führungskräfte der beteiligten Unternehmen stark „im Tagesgeschäft verhaftet" seien und deshalb wenig Zeit hätten, sei es zweckmäßig, für „spezielle, vordefinierte Bereiche" externe Berater einzusetzen (Interview 8_Pos. 26). EXP17 resümiert, dass die meisten Mittelständler kein professionelles Integrationsmanagement hätten und „externe Hilfe brauchen" (Interview 17_Pos. 41). EXP4 und EXP7 schildern die Notwendigkeit der Zusammenarbeit mit externen Beratern, wenn es um die IT-Integration und Softwareumstellungen gehe (Interview 4_Pos. 48; Interview 7_Pos. 100).

EXP11 vergleicht den Einsatz externer Berater im eigentümerorientierten Mittelstand und in PE-Gesellschaften. Im Gegensatz zum „Patriarchen-Typ", der meine, alles zu können, binde der „PE-Typ", der nicht mit seinem eigenen Geld „hantiert", eine Beratung ein, damit er, falls es „schief geht", sagen könne, dass er „einen Stempel von [...] einer namhaften Beratung habe", die bestätigt habe, dass es „klappen“ sollte (Interview 11_Pos. 40). EXP14 schildert, dass der Mittelstand auf eine externe Beratung verzichte, weil der Optimismus vorherrsche, dass es „schon gut“ gehe (Interview 14_Pos. 54).

EXP1 schaut kritisch auf Lernerfahrungen im eigenen PMI-Management. Der Mittelstand hätte keine Abteilung, der man sagen könne: „Was lief gut, was lief schlecht, und was können wir daraus für das nächste Mal lernen?“ Da müsse man eigentlich „zwei Leute dransetzen“, „schon ganz von Anfang an und [...] das systematisch aufarbeiten“ (Interview 1_Pos. 31). EXP4 sagt, dass sich Erfahrungen „mit mehr Projekten“ positiv auf den PMI-Erfolg auswirken würden (Interview 4_Pos. 74). EXP5 gibt zu bedenken, dass Lernerfahrungen im PMI-Management grundsätzlich positiv seien, aber man nicht alle Erfahrungen auf zukünftige Projekte übertragen könne, da jedes PMI-Projekt anders sei (Interview 5_Pos. 89). EXP6 meint, Lernerfahrungen hälfen, Fehler nicht zu wiederholen. Dinge, die man unterschätzt habe, bekämen beim nächsten Mal mehr Aufmerksamkeit (Interview 6_Pos. 24, 46).

EXP14 sagt, er habe aus bisherigen Erfahrungen gelernt und würde sich zukünftig „vorher [...] mehr Gedanken darüber machen, wie man einen Integrationsprozess überhaupt durchführt“ (Interview 14_Pos. 52). Auch EXP10 will mehr darauf achten, Erfahrungen festzuhalten und daraus zu lernen: „Aktuell gibt es jetzt hier nichts in schriftlicher Form, was festgehalten wurde. [...] Aber [...], wenn heute noch mal so ein Projekt dazu kommen würde, dann würden wir definitiv so etwas auf die Beine stellen“ (Interview 10_Pos. 39). EXP16 hat dies bereits umgesetzt: „Wir haben es in [...] unserem Gesellschafter-Teams-Ordner abgelegt, damit wir beim nächsten Mal es nochmal durchgehen können und die Sache ein bisschen anders machen können“ (Interview 16_Pos. 34).

EXP2 hält kulturelle, persönliche, charismatische Eigenschaften seiner Führungskräfte für wichtiger als Fachwissen, welches man „immer in sechs Monaten irgendwo herholen“ könne (Interview 2_Pos. 8). EXP4 meint dagegen, dass „es immer die eine fachliche Thematik“ geben könne, die „irgendwo eine Abhängigkeit zu anderen Themen“ habe (Interview 4_Pos. 42). Diejenigen, die das PMI-Management steuern würden, seien „fachlich natürlich total auf die Bereiche angewiesen“, das fachliche Wissen diene dazu, dass alle die Zusammenhänge verständen (Interview 4_Pos. 46). Die „fachliche Perspektive“ und die „Fachexperten“ miteinander zu verbinden, sei eine wichtige Projektsteuerungsaufgabe, das große „Volumen an Informationen“ müsse strukturiert werden (Interview 4_Pos. 64).

EXP16 hält es für wichtig, dass während bzw. nach einer Integration „Wissen dableibt“. Falls Mitarbeiter das Unternehmen verlassen würden, müsse man sicherstellen, dass das Wissen „nicht komplett nur in den Köpfen ist, sondern auch, dass entweder die anderen Mitarbeiter [...] genauso viel Wissen haben, aber vor allem ist wichtig, dass man die Informationen irgendwo finden kann, damit auch neue Mitarbeiter gut eingearbeitet werden können und das alles schnell lernen können“. Es gehe im Rahmen der PMI immer Wissen verloren, aber es dürfe „nicht zu viel sein“ (Interview 16_Pos 34).

„Spezifisches PMI-Wissen“ wird von den Experten innerhalb anderer Subkategorien, wie beispielsweise „Integrationskompetenzen“ und „Lernerfahrungen“ angesprochen. Die thematischen Schnittmengen zwischen diesen Kategorien sind groß. EXP3 sagt im Zusammenhang mit dem Know-how, wie eine Integration funktioniert: „Die kann man sich einkaufen [...], die, die uns helfen es zu tun (Interview 3_Pos. 51). EXP11 meint: Je „mehr Wissen du hast, desto bessere Entscheidungen kannst du treffen und desto erfolgreicher wird es“ (Interview 11_Pos. 3).

3.3 Diskussion, Interpretation und Konklusion

Im Abschnitt 3.3.1 werden die Erkenntnisse und Ergebnisse der Diskussion und Interpretation der Gemeinsamkeiten, Unterschiede und Auffälligkeiten der empirischen Ergebnisse aus den verschiedenen strategischen Perspektiven dargelegt. Der Abgleich der empirischen Ergebnisse mit der Theorie dient der Identifikation und Interpretation von Konvergenzen und Divergenzen. Die Darlegung möglicher Erklärungsansätze für diese Unterschiede vertieft innerhalb der einzelnen strategischen Perspektiven das Verständnis für die komplexen Wirkungszusammenhänge der identifizierten Erfolgsfaktoren und bildet den Ausgangspunkt für die Konzeptionalisierung und Operationalisierung der Erfolgsfaktoren des strategischen PMI-Managements im deutschen Mittelstand im Gestaltungsteil dieser Dissertation. Im Abschnitt 3.3.2 werden die qualitative Untersuchung und das methodische Vorgehen anhand der Gütekriterien qualitativer Forschung kritisch reflektiert. Nach der Konklusion und der Beantwortung der empiriegeleiteten Fragestellung im Abschnitt 3.3.3 wird die gestaltungsgeleitete Fragestellung der Dissertation im Abschnitt 3.3.4 abgeleitet.

3.3.1 Diskussion und Interpretation der Ergebnisse

3.3.1.1 Erfolgsfaktoren der strategischen Perspektive „Strategischer Rahmen"

Das strategische Leitbild mit den Elementen „Mission, Vision, Werte“ wird von den Experten als übergeordneter Erfolgsfaktor des PMI-Managements gesehen und präge die Unternehmenskultur. Diese Auffassung bestätigt die Ergebnisse anderer Studien zur identitäts- und richtungsweisenden Funktion des Leitbilds (Pryor et al., 2007, S. 7–8; Raps, 2017, S. 76–77). Bauch (2004, S. 180) bewertet ein strategiekonformes Leitbild als essenziellen Faktor für den PMI-Erfolg. Furtner (2011, S. 74–75) sowie Grösser und Stauffer (2016, S. 582) bekräftigen insbesondere im mittelständischen Kontext die Funktion von Mission, Vision und Werten als zentrale Bezugspunkte für die Führungs- und Kommunikationsprozesse der PMI.

Wertorientiertes Handeln wird von den Experten als wesentlicher Erfolgsfaktor der PMI dargestellt, dessen Wirkung sich insbesondere in Bezug auf die kulturelle Integration zeige. Ein gemeinsames Werteverständnis sei ein entscheidender Erfolgsfaktor für die kulturelle Integration. Unternehmen, die zusammengehen würden, müssten zusammenpassen und gemeinsame Werte vertreten, die mit den Werten der Nachfolgegeneration vereinbar seien. Hille (2022, S. 91) betont die Prägung der Werte durch die Eigentümer als „Wurzeln der Unternehmenskultur“. Werte und strategische Visionen jüngerer und älterer Eigentümer scheinen unterschiedlich. Ein unterschiedliches Werteverständnis könne den PMI-Erfolg gefährden. Das strategische Leitbild sei somit nicht nur Orientierungsrahmen und Steuerungsinstrument der PMI, sondern habe auch als kultureller Anker eine besondere Relevanz. Unterschiede zwischen den strategischen Visionen jüngerer und älterer Eigentümer äußern sich in unterschiedlichen Sichtweisen zur Steigerung des Unternehmenswerts und unterschiedlichen Prioritäten im strategischen Management der PMI. Die Sichtweise, dass auch Marken, Patente und Innovationskraft Treiber des Unternehmenswerts sind, ergänzt die Erkenntnisse aus Untersuchungen anderer wertschöpfender Elemente der PMI, die eher finanziell geprägt sind (Haleblian et al., 2009, S. 472–474).

Die Ergebnisse der empirischen Untersuchung dieser Dissertation zum strategischen Leitbild bestätigen zentrale theoretische Annahmen, die die Bedeutung von Mission, Vision und Werten als Orientierungsrahmen für das strategische PMI-Management hervorheben (Wirtz, 2017, S. 331). Die Abweichung zur Theorie zeigt sich in der operativen Umsetzung. Anders als in idealtypischen Modellen des Strategischen Managements (Welge et al., 2017, S. 195) ist das strategische Leitbild in den untersuchten mittelständischen Unternehmen häufig implizit und stark personenbezogen geprägt. Die Orientierung basiert auf dem Werteverständnis der Eigentümer, deren strategische Grundannahmen häufig nicht schriftlich fixiert und nicht umfassend kommuniziert werden. In den untersuchten eigentümergeführten Unternehmen wirken informelle Zielbilder und Normen stärker als sorgfältig ausgearbeitete strategische Leitbilder. Dies birgt die Gefahr, dass ein klarer Orientierungsrahmen für die PMI fehlt.

Ein klar formuliertes Zielbild könne nach Ansicht der Experten eine kohärente und zielgerichtete Integration sicherstellen. Dies deckt sich mit Forschungsbeiträgen des Strategischen Managements, die die Wichtigkeit klarer Zielsetzungen und einer zielgerichteten Planung und Steuerung für den Erfolg der strategischen Umsetzung hervorheben (Atkinson, 2006, S. 1445–1446; Bourgeois & Brodwin, 1984, S. 246–247; Wooldridge & Floyd, 1990, S. 240). Strategische Ziele müssten regelmäßig überprüft und an geänderte Bedingungen angepasst werden. Diese Einschätzung bestätigt Raps (2017, S. 166; 316), der eine permanente strategische Lernfähigkeit als Voraussetzung für eine erfolgreiche Umsetzung komplexer Veränderungsprozesse sieht. Die häufig geschilderte Erfahrung, ursprünglich gesetzte Ziele der Integration nicht erreicht zu haben, verdeutlicht die Herausforderungen bei der Kontrolle der operativen PMI-Umsetzung. Auch Gomes et al. (2013, S. 22–23) verweisen auf die Lücke zwischen dem strategischen Plan der PMI und der operativen Umsetzung.

Synergien seien nach Ansicht der Experten einerseits ein kritischer Erfolgsfaktor der PMI, anderseits würden Synergien überschätzt und deren Einfluss auf den Integrationsprozess müsse relativiert werden. Synergien seien im Hinblick auf Effizienzsteigerungen und Skaleneffekte ein wichtiges strategisches Ziel, aber kein vorrangiges Erfolgselement der Integration. Synergien könnten sich auch ungeplant ergeben. Synergien würden zur besseren Nutzung von Ressourcen führen, aber unterschätzte Integrationskosten könnten erhoffte Synergieeffekte neutralisieren. Jüngere Führungskräfte betrachten Synergien als wichtiges strategisches Ziel, ältere Geschäftsführer hinterfragen deren Nutzen eher kritisch. Diese Einschätzung ergänzt die Erkenntnisse anderer Studien zu den unterschiedlichen Erwartungen an die Realisierung von Synergien (F. Bauer & Friesl, 2024, S. 37; Feix, 2023, S. 189–191).

In Bezug auf die Festlegung der Integrationsgeschwindigkeit und des Integrationsgrads wird die Abweichung der empirischen Ergebnisse von der Theorie deutlich. Während Cording et al. (2008, S. 749) und Steigenberger (2017, S. 415–419) auf die Bedeutung dieser Faktoren für den strategischen Erfolg hinweisen, werden in einigen der befragten Unternehmen diese Größen nicht systematisch festgelegt. Es sei notwendig, die Integrationsgeschwindigkeit an spezifische Anforderungen des Integrationsprozesses anzupassen, um Risiken zu vermeiden.

Jüngere Experten scheinen eine schnellere Integration zu bevorzugen, sie wollen Synergien rasch realisieren und strategische Ziele erreichen. Ältere Interviewpartner warnen vor negativen Auswirkungen einer hohen Integrationsgeschwindigkeit auf Menschen und Prozesse, besonders bei komplexeren Themen der Integration. Als Resümee wird eine flexible, situationsabhängige Herangehensweise empfohlen. Auch Homburg und Bucerius (2006, S. 359–360) beschreiben sowohl negative als auch positive Effekte einer schnellen Integration in Abhängigkeit vom Kontext. Gomes et al. (2013, S. 24) resümieren ebenso wie die befragten Experten, dass die Integrationsgeschwindigkeit nicht standardisierbar sei, sondern immer eine situative Anpassungsfähigkeit benötige.

Obwohl in den befragten Unternehmen nicht entsprechend konsequent gehandelt wird, herrscht bei den Experten die Einsicht vor, dass der Integrationsgrad ein bedeutender Faktor für den PMI-Erfolg sei und sorgfältig geplant werden müsse, um Synergien zu realisieren und die strategische Vision umzusetzen. Er könne ein flexibles und situativ anpassbares Element der Integration sein und in Abhängigkeit vom Verlauf und den Spezifika der PMI variieren. Ein hoher Integrationsgrad, der Unterschiede beteiligter Unternehmen und Menschen nicht berücksichtige, könne den Integrationserfolg gefährden. Mit einem prozessorientierten Ansatz könne der Integrationsgrad auf Basis des internen Austauschs der Mitarbeiter intrinsisch gefördert werden. Diese Aussage stützt die Sichtweise von Birkinshaw et al. (2000, S. 419–420), dass insbesondere die „human integration" ein kritischer Erfolgsfaktor sei, der nicht allein durch Struktur zu steuern sei.

Auffällig ist, dass einige der befragten Unternehmen Stabilität und Wachstum als wichtige strategische Ziele des PMI-Managements bewusst verbinden. Mitarbeiter würden nach der Formulierung strategischer Wachstumsziele mehr Akzeptanz für organisatorische Veränderungen zeigen. Stabilität und Wachstum seien nicht nur wirtschaftliche Ziele, sondern gäben den Mitarbeitern Sicherheit. Wachstum sichere die Wettbewerbsfähigkeit und Stabilität des Unternehmens, die entscheidend seien, um Ängste und Unsicherheiten während des PMI-Prozesses zu reduzieren. Diese beiden Ziele können miteinander im Konflikt stehen und werden in der Literatur bislang selten parallel untersucht.

Die empirischen Ergebnisse dieser Dissertation unterstreichen die zentrale Bedeutung klar formulierter strategischer Ziele für die Steuerung und Erfolgskontrolle des PMI-Managements. Allerdings werde in eigentümergeführten Unternehmen das grundlegende Zielbild nach Meinung der Experten nicht immer systematisch operationalisiert und die Bedeutung der umfassenden Kommunikation der strategischen Ziele unterschätzt. In solchen Fällen dominieren kurzfristige und eher operativ geprägte Zielsetzungen. Langfristige strategische Zielsetzungen treten in den Hintergrund, was im Widerspruch zu denjenigen konzeptionellen

Modellen steht, die betonen, dass die operativen Maßnahmen stets mit den langfristigen strategischen Zielen integrativ verbunden sein müssen (Pryor et al., 2007, S. 7–8). Strategische Ziele im PMI-Management mittelständischer Unternehmen können ihre volle Wirksamkeit besser entfalten, wenn sie stärker formalisiert und durch geeignete Steuerungsinstrumente unterstützt werden.

3.3.1.2 Erfolgsfaktoren der strategischen Perspektive „Finanzen und Risiken"

Unternehmensdaten hätten nach Meinung der Experten eine hohe Relevanz für den Erfolg und würden innerhalb des Informationsmanagements als Grundlage von Entscheidungen eine zentrale Rolle im PMI-Management spielen. Diese Einschätzung deckt sich mit den Ergebnissen anderer Studien, die betonen, wie bedeutend Informationen für strategische Entscheidungsprozesse im Rahmen der PMI seien (Gomes et al., 2013, S. 21; 25). Die Zentralisierung administrativer Systeme verbessere den Überblick über die Daten. Die regelmäßige Überprüfung wichtiger Kennzahlen sei entscheidend für die strategische PMI-Steuerung, ein entsprechendes Berichtswesen sei als Begleitung langfristiger Pläne unerlässlich. Hungenberg (2014, S. 341–343) hebt die Bedeutung eines IT-gestützten Management-Informationssystems als „wichtigstes Instrument zur Informationsgewinnung, -verarbeitung und -weitergabe" für das Strategische Management hervor. Homburg und Bucerius (2005, S. 108–109) zeigen, wie sehr Tiefe und Geschwindigkeit der IT-Integration die Leistungsfähigkeit von Unternehmen nach Akquisitionen beeinflusse. Raps (2017, S. 308) bestätigt, dass „inadäquate Informationssysteme" als „eine der Hauptursachen" für eine nicht erfolgreiche Strategieimplementierung gelten würden. Es seien Softwarelösungen notwendig, die auch „qualitative Informationen verarbeiten" und „Monitoring-Prozesse" automatisieren könnten.

Es scheint einen Bedarf an externer Beratung für die IT-Integration und Softwareumstellungen zu geben. Einige Experten weisen der Vereinheitlichung der ERP-Systeme eine hohe Priorität zu, andere Experten meinen, es gebe Maßnahmen, die wichtiger für den Integrationserfolg seien. Thematisiert werden die großen Herausforderungen, die sich aus nicht standardisierten ERP-Systemen für die Dauer und Kosten der Integration der Systeme ergäben. Manche Experten bevorzugen eine schnelle IT-Integration, andere setzen auf einen iterativen Verbesserungsprozess bestehender Systeme.

Zusammenfassend zeigen die empirischen Ergebnisse dieser Dissertation, dass das Informationsmanagement in einigen mittelständischen Unternehmen eher informell sowie erfahrungs- und personenbezogen erfolgt. Der Konsolidierung der ERP-Systeme wird eher zu wenig Aufmerksamkeit geschenkt. Das Reporting zur Information des Managements könnte besser strukturiert werden. Darunter leiden die für das PMI-Management wichtigen Informationsflüsse, deren Qualität von der Initiative der Eigentümer und einzelner Führungskräfte abhängig zu sein scheinen. Becker et al. (2016, S. 101) bestätigen, dass mittelständischen Unternehmen häufig die Formalisierung ihrer Prozesse „wenig sinnvoll" erscheint.

Die Experten betonen die hohe Bedeutung des Risikomanagements innerhalb des PMI-Managements. Der Finanzierungsbedarf der PMI werde unterschätzt. Unternehmen ohne eine umfassende Übersicht über ihre finanzielle Situation könnten in der PMI in eine schwierige Lage geraten. Die DD könne nicht alle finanziellen Risiken des PMI-Managements prognostizieren, da in der Pre-Merger-Phase noch Informationen fehlen würden. Die Annahme, dass die PMI wie geplant laufe, scheint in eigentümergeführten Unternehmen verbreitet zu sein. Dieser Optimismus könne zu unerwarteten finanziellen Problemen führen und den PMI-Erfolg gefährden. Finanzielle Reserven müssten bereitgehalten werden, um unvorhergesehene Entwicklungen kompensieren zu können. Man solle nicht Wunschdenken und Emotionen in den Vordergrund stellen, sondern das PMI-Management auf Basis fundierter Analysen sorgfältig strategisch planen.

Gomes et al. (2013, S. 22) warnen davor, das PMI-Management als Automatismus zu begreifen, sondern als sorgfältig geplantes, kontextbezogenes strategisches Steuerungssystem. Entscheidungen in den befragten mittelständischen Unternehmen würden häufig auf persönlichen Einschätzungen der Eigentümer beruhen. Strukturierte Risikoerhebungen, Frühwarnsysteme und ein institutionalisiertes Risikocontrolling der PMI würden fehlen. Eigentümergeprägte Unternehmen im deutschen Mittelstand scheinen dazu zu neigen, die Risiken im PMI-Management eher als Herausforderungen, statt als Bedrohung des strategischen Erfolgs zu sehen, was die Entwicklung eines risikoaffinen PMI-Managements behindert.

Die Relevanz legaler Aspekte im Risikomanagement der PMI wird von wenigen Experten gesehen. Mögliche Konsequenzen aus Verstößen der Unternehmen gegen nationales Arbeitsrecht oder kartellrechtliche Regelungen könnten den PMI-Erfolg gefährden. Andere Untersuchungen warnen insbesondere vor rechtlichen Risiken bei grenzüberschreitenden PMI-Prozessen (Stafflage, 2005, S. 74). Jüngere Experten behandeln rechtliche Details eher nicht vorausschauend und häufig erst spät im Integrationsprozess. Sie empfinden operativ geprägte Herausforderungen der PMI als wichtiger. Ältere Experten zeigen ein tieferes Verständnis für die Komplexität rechtlicher Fragestellungen und halten einen proaktiven und differenzierten Umgang mit legalen Aspekten für einen wichtigen Erfolgsfaktor der Integration. Die Tendenz zur Unterschätzung von Compliance-Risiken scheint ähnlich wie bei rechtlichen Fragestellungen. Die wenigen Experten, die sich mit Compliance-Risiken befassen, führen aus, dass die Bedeutung von Compliance-Themen steige, wenn ein Fremdmanagement tätig sei. In solchen Fällen müsse man sich so absichern, wie dies auch in nicht eigentümergeführten Gesellschaften notwendig sei.

Zusammenfassend belegen die empirischen Ergebnisse dieser Dissertation die große Bedeutung des Risikomanagements für den PMI-Erfolg. Wenn Finanzierungsbedarf und finanzielle Risiken aufgrund von Optimismus und fehlenden Informationen unterschätzt werden und strukturierte Risikoerhebungen und Frühwarnsysteme fehlen, ist der PMI-Erfolg gefährdet.

Überlegungen der Experten zur Rolle der Eigentümerfamilie sowie zu Nachfolgregelungen, Generationswechsel und Aufsichtsgremien lassen sich als Erfolgsfaktor „Family Governance" zusammenfassen. Die Rolle der Eigentümerfamilie in der Unternehmensführung scheint, unabhängig von der Größe der Unternehmen, ein zentraler Aspekt zu sein. Werte und Präsenz der Eigentümerfamilie würden Kultur und Strategie des Unternehmens beeinflussen. Botero et al. (2022, S. 459) bestätigen, dass beispielsweise das Engagement der nächsten Generation und die Beziehungen zwischen den Generationen die Kultur eines eigentümergeführten Unternehmens beeinflussen und Eigentümerfamilien, die ein Unternehmen seit mehreren Generationen führen, großen Wert auf Kontinuität legen würden.

Die Eigentümerfamilie präge nach Ansicht der Experten die Vision des Unternehmens und fälle wesentliche Entscheidungen. Botero et al. (2022, S. 465) bestätigen, dass Merkmale und Werte von Familienunternehmen wie Engagement, Vertrauen, Harmonie und Langzeitorientierung eine wesentliche Rolle bei der Nachfolgeplanung spielen und damit die langfristige Vision entscheidend prägen würden. In großen Familienunternehmen sehen die Experten die Eigentümer im Rahmen des PMI-Managements eher in einer unterstützenden Rolle, ohne in die operativen Details der Integration einzugreifen. Der Fokus liege hier auf der strategischen Führung des PMI-Managements, während die operative Umsetzung beim Management liege. Diese klare Aufgabenteilung gebe es in kleineren mittelständischen Unternehmen nicht. Hier würden Eigentümer in operative Details des PMI-Managements eingreifen, was sowohl Vorteile als auch Nachteile haben könne. Es gibt unter den Experten Bedenken, dass eine durch den Eigentümer geprägte Führung im Mittelstand zu weit vom operativen Geschäft entfernt sein könne, um den Integrationsprozess effektiv zu steuern. Becker et al. (2016, S. 59) halten als Ergebnis ihrer Studie fest, dass bei den in M&A-Projekten engagierten Personen nur von „rudimentärem Wissen ausgegangen" werden könne und ein „fundiertes Wissen" nicht existiere.

Ältere Eigentümer betonen ihre zentrale Rolle für die Führung und kulturelle Identität ihres Unternehmens. Sie sehen sich als „Patriarchen“, der durch starke Präsenz und authentische Führung das Vertrauen der Mitarbeiter gewinne und eine „gute Aura“ um sich schaffe. Ihren Einfluss auf die Unternehmenskultur bewerten Eigentümer in diesem Sinne positiv. Dies entspricht den Ergebnissen von Becker et al. (2016, S. 72), wonach in mittelständischen Unternehmen „ein patriarchalischer Führungsstil“ vorherrsche, der „kaum partizipative Gruppenentscheidungen“ zulasse und bei dem „Improvisation und Intuition“ die Entscheidungsfindung prägen würden. Jüngere Führungskräfte verweisen auf mögliche negative Konsequenzen eines starken Engagements des Eigentümers. Eine „führende Hand“ sei zwar notwendig, Eigentümer müssten sich aber auch zurücknehmen können, um eine erfolgreiche Integration zu ermöglichen. Sie könnten durch ihre physische Präsenz Vertrauen schaffen, aber sollten nicht operativ in den Integrationsprozess eingreifen.

Eine durchdachte Nachfolgeregelung sei nach Ansicht der Experten grundsätzlich wichtig für den langfristigen Erfolg eines Unternehmens. Becker et al. (2016, S. 54) kommen zu dem Ergebnis, „dass die Nachfolgeregelung den wichtigsten internen Einflussfaktor“ darstelle und „das M&A-Verhalten des Unternehmens nachhaltig“ beeinflusse. Jüngere Unternehmer und Fremdmanager denken weniger über die Frage der Nachfolge nach, während ältere Führungskräfte sich intensiv mit ihrer eigenen Zukunft und der Nachfolge auseinandersetzen. Man müsse rechtzeitig potenzielle Nachfolger innerhalb der Eigentümerfamilie identifizieren und deren Interesse an der Unternehmensführung kritisch beurteilen. Eine klare Nachfolgeplanung sei eine wichtige Rahmenbedingung für ein erfolgreiches PMI-Management. Die Idee eines Experten, Nachfolgeregelungen in Familienunternehmen nicht über familiäre Bindungen, sondern über Kompetenzen zu definieren, könne nach Ansicht der Experten bei traditionsbewussten eigentümergeführten Unternehmen auf Widerstand stoßen.

Die Einstellungen der nächsten Generation könnten entscheidend für die Sicherung der Kontinuität des Unternehmens im Sinne der Eigentümerfamilie sein, insbesondere in Verbindung mit Übernahmen und Fusionen. Überlegungen zur Nachfolgeregelung und zum Generationswechsel sind in mittelständischen Unternehmen eng verknüpft. Moritz et al. (2023, S. 152) führen dazu aus, dass Eigentümer bestrebt seien, das Unternehmen familienintern weiterzuführen, „da die nachfolgende Generation vermutlich die Unternehmensziele nach denselben Werten und Motiven“ ausrichte. Calabrò et al. (2023, S. 1076) bestätigen, dass die Absicht der Eigentümer, das Unternehmen auf die nächste Generation zu übertragen, ihr zukunftsgerichtetes Handeln entscheidend präge. Nach Ansicht von Experten sei es die Aufgabe von Eigentümerfamilien, sich aktiv um den Generationswechsel zu kümmern, möglicherweise sogar durch eine gezielte Akquisition oder Fusion. Zu beachten sei nach Ansicht der Experten, dass sich die Werte und das Engagement einer nachfolgenden Generation deutlich von denen der vorherigen unterscheiden könnten. Hier müsse geprüft werden, was aktuelle und zukünftige Ansprüche der Eigentümerfamilie seien. Ältere Experten nehmen an, dass die jüngere Generation wenig an traditionellen Werten interessiert und stärker darauf fokussiert sei, Erfüllung und Freude in ihren Aufgaben zu finden.

In eigentümergeführten Unternehmen seien Risiken zu beachten, die aus dem Fehlen einer neutralen, kritischen Überprüfung der Entscheidungen der Unternehmensführung resultieren würden. Miller und Le Breton-Miller (2021, S. 664) bestätigen als typisches Merkmal eigentümergeführter Unternehmen die persönliche Beteiligung mehrerer Familienmitglieder an der Unternehmensführung, die ihr Unternehmen besitzen und leiten, ohne dass sie von familienfremden Eigentümern beaufsichtigt würden. Die Autoren verbinden diese Konstellation mit der Gefahr von Familienkonflikten. Das Ausmaß des Eingriffs der Eigentümerfamilie in die Führung des Unternehmens könne sowohl positive als auch negative Auswirkungen auf den Erfolg haben (Miller & Le Breton-Miller, 2021, S. 674). Aufsichtsräte, wie sie in größeren Unternehmen etabliert seien, könnten nach Ansicht von Experten diese Risiken reduzieren. Ein eigentümergeführter Aufsichtsrat könne die Sichtbarkeit der Eigentümer im strategischen PMI-Management sicherstellen, ohne operativ in die Umsetzung einzugreifen. Dieses Gremium könne das PMI-Management überwachen und damit Struktur und Ernsthaftigkeit des PMI-Prozesses gewährleisten. Eigentümergeführte Unternehmen könnten mit ihrer Struktur und ihrem Management wie Konzerne agieren und dennoch von den positiven Aspekten der zentralen Rolle der Eigentümerfamilie, die schnelle Entscheidungen ermöglicht, profitieren. Dabei sei es nach Ansicht der Interviewpartner wichtig, mit klaren Regeln in der Eigentümerfamilie ein standardisiertes Vorgehen sicherzustellen, insbesondere auch in Bezug auf strategische Entscheidungen im PMI-Management.

Die empirischen Ergebnisse dieser Dissertation weisen zusammenfassend darauf hin, dass Family Governance, wie sie in der Literatur ausgeführt wird (Miller & Le Breton-Miller, 2021, S. 664–665; Minichilli et al., 2016, S. 565), in mittelständischen Unternehmen selten systematisch ausgestaltet ist. Formale Strukturen zur Regelung von Entscheidungsprozessen in den Eigentümerfamilien, zur Abgrenzung der Rollen in Gesellschafter- und Geschäftsführungsfunktion oder zur Steuerung der Interessen der Eigentümerinteressen im Rahmen des PMI-Managements fehlen. Das Interesse der Eigentümerfamilien wird eher informell verhandelt und beruht auf mündlichen Absprachen. Dies könnte darauf zurückzuführen sein, dass Eigentümerfamilien erst im Konfliktfall die Notwendigkeit expliziter Governance-Strukturen erkennen und dass es an Sensibilität fehlt, wenn es um die notwendige Einbettung von Governance-Strukturen in Integrationsprozesse geht.

3.3.1.3 Erfolgsfaktoren der strategischen Perspektive „Märkte und Kunden"

Nahezu alle Experten unterstreichen die Bedeutung des Kundenmanagements als Erfolgsfaktor des PMI-Managements. Gomes et al. (2020, S. 188–189) und Umashankar et al. (2022, S. 83) weisen darauf hin, dass sich bislang nur wenige Studien mit markt- und kundenbezogenen Themen im Zusammenhang mit den strategischen Erfolgsfaktoren der PMI befassen würden. Der Entwicklung der Kundenzufriedenheit innerhalb des PMI-Managements müsse eine hohe Aufmerksamkeit geschenkt werden, da unerwartete Kundenreaktionen den PMI-Erfolg erheblich mindern könnten (Umashankar et al., 2022, S. 70; 83).

Wichtig sei, das richtige Maß der Geschwindigkeit für die Umstellung der Kunden- und Marktbearbeitung zu finden. Eine zu hohe Geschwindigkeit berge Risiken. Dies bestätigt die Ergebnisse der Studie von Homburg und Bucerius (2006, S. 350), die argumentieren, dass die entscheidende positive Auswirkung einer situativ angepassten Integrationsgeschwindigkeit die Verringerung der Unsicherheit der Kunden sei. Einerseits könne die Unsicherheit der Kunden grundsätzlich durch eine hohe PMI-Geschwindigkeit reduziert werden, andererseits verschaffe eine moderate Geschwindigkeit den Beteiligten Zeit, Vertrauen aufzubauen (Homburg & Bucerius, 2006, S. 351). Auch Kroon und Reif (2023, S. 820) bestätigen die Erkenntnis, dass der Aufbau von Vertrauen innerhalb des PMI-Managements Zeit benötige. Die Reaktionen von Kunden auf Fusionen oder Übernahmen ihrer bisherigen Lieferanten könnten anders als erwartet ausfallen. Falls Kunden den Eindruck gewännen, dass sich die aus der Fusion resultierende Angebotskonzentration für sie nachteilig entwickele, nähmen sie zusätzliche Lieferanten auf. Die daraus resultierenden Umsatzeinbußen würden den PMI-Erfolg gefährden.

Eine offene Kommunikation mit den Kunden im Rahmen der PMI halten die meisten Experten für wichtig. Im Idealfall umfasse diese eine persönliche Vorstellung neuer Führungsstrukturen bei Schlüsselkunden und eine Präsentation, welche Ziele die neuen Eigentümer mit der Übernahme verfolgen und welche Konsequenzen dies für die Kunden habe. Dies stimmt mit den Ergebnissen anderer Studien überein, wonach ein zentraler Faktor innerhalb des Kundenmanagements die Vermeidung der Verunsicherung der Kunden und Marktpartner der beteiligten Unternehmen (Homburg et al., 2000, S. 9–10) sei und die Kundenansprache frühzeitig organisiert und umgesetzt werden müsse (Wirtz, 2017, S. 403). Auf vom Kunden thematisierte Probleme müsse man nach Ansicht der Experten sensibel und zeitnah reagieren. Umashankar et al. (2022, S. 83) thematisieren in ihrer Studie die generelle Gefahr der Reaktion unzufriedener Kunden, wenn sie im Rahmen der PMI nicht genügend Aufmerksamkeit erführen, weil die Führungskräfte im PMI-Management beispielsweise finanziellen Fragen eine höhere Priorität einräumen würden. Wichtig sei nach Ansicht der Interviewpartner, den idealen Zeitpunkt für die Information der Kunden über die anstehenden Veränderungen zu finden. Kunden würden grundsätzlich eine frühzeitige und offene Kommunikation honorieren. Man könne den Kunden die Umstellungen vereinfachen, wenn bisherige Ansprechpartner erhalten bleiben würden. Dies stimmt mit den Erkenntnissen von Umashankar et al. (2022, S. 70–71) überein, dass der Überzeugung und Zufriedenheit von Außendienstmitarbeitern große Aufmerksamkeit geschenkt werden müsse.

Es scheint zweckmäßig, in die Projektberichterstattung des PMI-Managements einen Berichtspunkt über die Kundenentwicklungen aufzunehmen, mit dem das Projektteam regelmäßig über die Ursachen des Gewinns und Verlusts von Kunden berichtet, um im PMI-Management darauf zeitnah und angemessen reagieren zu können. Öberg (2013, S. 71) bestätigt in ihrer Studie, dass der Erfolg der Integration danach bewertet werden müsse, inwieweit es tatsächlich gelungen sei, die Kunden zu integrieren. Wichtig erscheint auch, sich darüber im Klaren zu sein, dass gesetzliche Regelungen, wie beispielsweise die DSGVO, die Kundenintegration behindern können. Inwieweit diese oder andere regulatorische Hindernisse grundsätzliche Risiken des strategischen PMI-Managements für mittelständische Unternehmen in Deutschland darstellen, muss näher untersucht werden.

Kundenintegration und Markbearbeitung haben als PMI-Erfolgselemente innerhalb des Kundenmanagements enge Berührungspunkte. Wertschöpfung durch Erhöhung der Marktmacht sei eines der wichtigsten M&A-Motive (Haleblian et al., 2009, S. 474–475). Generell sei bei einer Übernahme und der anschließenden Integration eines übernommenen Unternehmens frühzeitig zu beachten, wie sich das Produktportfolio entwickele und welche Konsequenzen dies für die zukünftige Marktbearbeitung habe.

Zusammenfassend zeigen die empirischen Ergebnisse, dass in einigen der befragten Unternehmen das Kundenmanagement im Rahmen des strategischen PMI-Managements nicht systematisch berücksichtigt wird. Die Integration von Kunden und Lieferanten erfolgt vielfach über persönliche, langjährige Beziehungen, die zwar Vertrauen, Flexibilität und Loyalität bieten, aber durch die hohe Abhängigkeit von einzelnen Personen auch hohe Risiken in Zeiten großer Veränderungen bergen.

Die Überlegungen der Experten zur zukünftigen Entwicklung von Marktposition, Zielmärkten, Produkt- und Dienstleistungsportfolio, Produktionsstruktur, Markenintegration und Schlüssellieferanten lassen sich in ihrer Bedeutung für das strategische PMI-Management als Erfolgsfaktor „Geschäftsmodell" zusammenfassen. Einige Experten machen deutlich, wie wichtig es sei, sich mit dem Geschäftsmodell zu beschäftigen, um sich über die Zielsetzungen der PMI im Hinblick auf die vorgenannten Elemente klar zu werden. Ähnlichkeiten zwischen den Geschäftsmodellen würden die Erfolgswahrscheinlichkeit der PMI erhöhen. Dies entspricht wesentlichen Elementen des von Colovic et al. (2022, S. 77–78) untersuchten Faktors des „strategic fit", der die generelle strategische Übereinstimmung zwischen dem Erwerber und dem Zielunternehmen beschreibt. In jedem Fall müsse man das Geschäftsmodell, mit dem man zukünftig arbeiten wolle, verstehen.

Die Zukunftsfähigkeit des Portfolios müsse nach Ansicht der Experten sorgfältig abgewogen werden, Produkte und Marktchancen müssten verglichen werden. Gleichzeitig müsse man vor Augen haben, welche kunden-, markt- und produktionsbezogenen Möglichkeiten sich nach einer erfolgreichen Integration mit einem neuen Produkt- und Dienstleistungsportfolio eröffnen könnten, um darauf innerhalb der PMI strategisch hinzuarbeiten. Es müssten verlässliche Zahlen vorliegen, auf deren Basis man entscheiden könne, welche Produkte und Dienstleistungen in welchem Umfang im zukünftigen Portfolio eine Rolle spielen sollten. Eine Bereinigung des Portfolios könne wirtschaftlich zweckmäßig sein. Langenstein (2007, S. 104) macht deutlich, dass sich im Rahmen der PMI die Chance biete, das Geschäftsmodell neu zu strukturieren. Feix (2023, S. 251) formuliert die für den Integrationserfolg „entscheidende Frage", ob das Geschäftsmodell des übernehmenden Unternehmens die Integration des Zielunternehmens unterstütze und das zukünftige gemeinsame Geschäftsmodell genau definiert sei.

Ein wesentlicher Teil des angestrebten Geschäftsmodells könne nach Meinung der Experten die Integration der Marken sein. Die jeweilige Stärke der Marken, emotionale Bindungen und neue Möglichkeiten der zukünftigen Nutzung seien mögliche Kriterien für Entscheidungen zur Markenintegration. Marken seien ein wesentlicher Treiber des Unternehmenswerts und damit auch ein wichtiger Erfolgsfaktor des PMI-Managements. Capron und Hulland (1999, S. 43) machen deutlich, dass Marken zu einem nachhaltigen Wettbewerbsvorteil führen könnten. Ein hoher Markenwert sei selten und starke Marken könnten ihren Wert deutlich erhöhen, wenn sie im Rahmen des strategischen PMI-Managements auf neue Produkte ausgedehnt würden. Einige Interviewpartner merken an, dass es zu Interessenkonflikten kommen könne, wenn ehemalige Eigentümer den Erhalt ihrer Marken als Bedingung formulieren würden.

Einige Experten bestätigen, wie wichtig es sei, sich während der PMI um den Erhalt der Schlüssellieferanten zu kümmern. Je nach Branche und Geschäftsmodell habe dies unterschiedliche Priorität. Minichilli et al. (2016, S. 556) betonen, dass Unternehmen nicht nur durch stabile Beziehungen zu den Kunden, sondern auch durch gute Lieferantenbeziehungen gestärkt würden. Biedermann (2018, S. 200) nennt das Lieferantenmanagement als wesentlichen Erfolgsfaktor einer „Supply Chain Resilienz". Dem Erhalt der Schlüssellieferanten müsse man nach Ansicht der Interviewpartner ebenso viel Aufmerksamkeit wie den Kunden schenken. Auch Lieferanten müssten zeitnah, offen und transparent über die anstehende Integration und deren Auswirkungen informiert werden. Der Erhalt der Lieferantenbeziehungen könne dem Unternehmen angesichts der vielen Veränderungen innerhalb der PMI eine grundsätzliche Stabilität geben und das Potenzial eröffnen, neue Geschäfte aufzubauen.

Zusammenfassend zeigen die Ergebnisse der empirischen Untersuchung zum Geschäftsmodell, dass mittelständische Unternehmen parallel zum Wachstum eher nach Kontinuität, Stabilität und Wahrung der Identität streben, obwohl die Theorie im Zusammenhang mit dem strategischen Management der PMI häufig von einer strategischen Neuausrichtung spricht. Der Forderung der Theorie, den strategischen Managementprozess auch für eine kritische Reflexion und einen strategischen Neuanfang zu nutzen, stehen im deutschen Mittelstand der Wunsch nach Stabilität, die Priorisierung operativer Maßnahmen und vermutlich auch methodische Unsicherheiten gegenüber.

3.3.1.4 Erfolgsfaktoren der strategischen Perspektive „Prozesse und Organisation"

Meynerts-Stiller und Rohloff (2022, S. 48–49) nennen das Projektmanagement als wichtige Teilkompetenz einer den Spezifika des Mittelstands angepassten PMI-Kompetenz. Grösser und Stauffer (2016, S. 582) weisen dem Projektmanagement eine Schlüsselrolle für die Koordination von Schnittstellenprozessen innerhalb der PMI zu. Pella et al. (2014, S. 187) resümieren, dass die konsequente Erzielung qualitativ hochwertiger Ergebnisse mit der Fähigkeit des Managements zusammenhinge, ein Projekt managen zu können. Zur Lenkung des PMI-Managements sei in der Literatur der Projektmanagementansatz mit einem eigenständigen Integrationsteam, das mit dem Instrumentarium zur Planung, Steuerung und Kontrolle der PMI ausgestattet sei, gängige Praxis (Meynerts-Stiller & Rohloff, 2022, S. 49; Staehle, 2014, S. 764).

Diejenigen Interviewpartner, die in Übereinstimmung mit der Literatur ein professionelles Projektmanagements befürworten, unterstreichen, dass ein geeignetes Projektteam viele Themen der PMI erfolgreich lösen könne. Die Verantwortungen für einzelne Aufgaben der PMI müssten klar sein, man müsse den Überblick über den gesamten Prozess bewahren und verhindern, sich zu verzetteln. Idealerweise könne ein zentrales PMO mit spezialisierten Funktionsteams den gesamten Prozess steuern. Es sei wichtig, dem Projektteam den notwendigen Entscheidungsfreiraum zu geben. Das Team müsse das PMI-Management operativ führen und entscheiden dürfen. Hilfreich könne sein, im Integrationsteam Mitarbeiter einzusetzen, die schon in der Pre-Merger-Phase engagiert gewesen seien. Gut sei, wenn das Projektteam aus verschieden Funktionsbereichen zusammengesetzt sei und damit die fachbezogenen Kenntnisse im Projekt vernetze. Das Projektteam müsse eine starke Präsenz vor Ort zeigen und die Mitarbeiter aktiv begleiten. Ein weiteres Erfolgselement könne die enge Zusammenarbeit zwischen den Projektteams auf Käufer- und Verkäuferseite oder sogar die Bildung eines gemeinsamen Projektteams sein. Sabourin (2015, S. 128) bestätigt, wie wichtig es für den Erfolg der Umsetzung einer Strategie sei, die Ziele in konkrete Projekte zu übersetzen und die Handlungsfähigkeit des Projektteams entsprechend zu stärken. R. Müller und Jugdev (2012, S. 768) empfehlen, den angestrebten Projekterfolg kontextbezogen so klar wie möglich zu definieren.

Größere mittelständische Unternehmen bevorzugen formelle Ansätze zur Steuerung und Kontrolle der Arbeit des Projektteams und betonen die Notwendigkeit einer detaillierten Überwachung des Integrationsprozesses für den PMI-Erfolg. Kleinere Unternehmen tendieren zu pragmatischen Methoden und ziehen eine flexible Herangehensweise bei der Steuerung und Kontrolle des PMI-Managements vor. Ein geschäftsführender Gesellschafter äußert sich generell skeptisch zu einem strukturierten Projektmanagement im PMI-Prozess. Er bevorzuge stattdessen eine pragmatische Vorgehensweise. Die befragten Unternehmen sind sich überwiegend bewusst, dass ihr Projektmanagement nicht das gleiche Niveau an Professionalität wie in kapitalmarktorientierten Großunternehmen habe, die stets Zugang zu erfahrenen Integrationsmanagern und spezialisierten Teams für das Projektmanagement hätten. In mittelständischen Unternehmen fehle es oft an spezialisierten Ressourcen dieser Art. Manager und Mitarbeiter, die man für diese Aufgaben brauche, hätten wichtige operative Verantwortung im Unternehmen und nicht die zeitlichen Freiräume, sich darüber hinaus mit einem hohen Zeiteinsatz um das PMI-Management zu kümmern. Becker et al. (2016, S. 130–131) sprechen in diesem Zusammenhang von einer mittelstandsspezifischen „mangelnde[n] Professionalisierung" und „begrenzten Ressourcen". Nach Ansicht der Experten müssten mittelständische Unternehmen vor Beginn des Integrationsprozesses sorgfältig prüfen, ob sie die notwendigen Ressourcen selbst bereitstellen könnten oder externe Unterstützung benötigen würden. Fehlende Ressourcen könnten zu einem deutlich längeren PMI-Prozess führen und den Erfolg der Integration gefährden. McCarthy und Noseleit (2022, S. 1846) empfehlen ausdrücklich die zeitlich begrenzte Ergänzung des Projektteams durch externe Spezialisten.

Unter den Experten gibt es unterschiedliche Auffassungen zur Ausprägung und Bedeutung der Integrationskompetenzen im Projektteam für den Erfolg des PMI-Managements. R. Müller und Jugdev (2012, S. 768) machen deutlich, dass der Erfolg des Projektmanagements direkt von der Qualität und den Kompetenzen der Mitglieder des Projetteams abhänge. Meynerts-Stiller und Rohloff (2017, S. 312) fassen zusammen, dass „ohne ausgeprägte Kompetenzen im Projekt-Management [...] eine Integration nur sehr schwer erfolgreich zu gestalten“ sei. Einige Experten sehen spezifische Fachkompetenz und Erfahrung als entscheidend an, während andere soziale Kompetenzen sowie Kommunikations- und Entscheidungsfähigkeiten für wichtiger halten. In Bezug auf die Kompetenzen der Teammitglieder hätten größere gegenüber kleineren mittelständischen Unternehmen den Vorteil, geeignete Mitarbeiter mit passenden Kompetenzen bereitstellen zu können.

Einige Experten meinen, viele Aufgaben im PMI-Management seien dem Tagesgeschäft ähnlich und würden keine spezifischen PMI-Kompetenzen erfordern. PMI-Prozesse würden sich im Mittelstand selten wiederholen, PMI-Kompetenzen könnten sich deshalb im Mittelstand nicht herausbilden. Diese Sichtweise steht im Widerspruch zu der Perspektive großer Unternehmen und kann durch das von Pahnke et al. (2023, S. 740) beschriebene eigentümergeprägte „Mittelstand mindset“ erklärt werden. Es findet sich auch die Auffassung, dass als PMI-Kompetenz ein gesunder Menschenverstand ausreiche und mitdenkende, sensible, erfolgsorientierte Führungskräfte ohne spezielle Kompetenzen den PMI-Erfolg sicherstellen könnten. Diese Auffassung steht im Gegensatz zu den Empfehlungen von Meynerts-Stiller und Rohloff (2017, S. 313), dass das PM-Integrationsteam mit Mitarbeitern zu besetzen sei, die über adäquate persönliche und soziale Kompetenzen verfügen müssten.

Die konträren Auffassungen zur Struktur und Professionalität des Integrationsmanagements schaffen unterschiedliche Ausgangslagen für ein erfolgreiches strategisches PMI-Management. Während die Grundprinzipien des Managements der PMI von den meisten Experten anerkannt werden, verzichten einige Unternehmensführungen bewusst auf ein professionelles Projektmanagement. Es entsteht der Eindruck, dass nicht alle Experten davon überzeugt sind, dass an limitierte

Ressourcen angepasste Ansätze oder der Verzicht auf ein strukturiertes Projektmanagement die Effektivität und den Gesamterfolg des PMI-Managements erheblich beeinträchtigen.

Zusammenfassend zeigen die empirischen Ergebnisse zum Projektmanagement, dass die PMI-Managementprozesse in den befragten mittelständischen Unternehmen häufig unstrukturiert verlaufen und damit konträr zu den Handlungsempfehlungen der Literatur stehen. Integrationsprojekte werden in das operative Tagesgeschäft integriert, was dazu führen kann, dass detaillierte Umsetzungspläne für das strategische PMI-Projekt fehlen und damit auch eine priorisierende Projektsteuerung und ein wirksames Controlling. Winkler (2020, S. 32) resümiert, der Mittelstand begegne bürokratischen Steuerungsmechanismen und komplexen Projektmanagementmethoden eher mit Skepsis, und es fehle häufig an den dafür erforderlichen Ressourcen.

Einige Studien kommen zu dem Ergebnis, dass sich die Erfolgswahrscheinlichkeit der PMI mit der Beachtung einer umfassenden und effektiven Kommunikation als Erfolgsfaktor des Integrationsprozesses erhöhe (Furtner, 2011, S. 39; Grösser & Stauffer, 2016, S. 585; M. Palm & Kammerlander, 2021, S. 17; Picot, 2012, S. 22–23). Die Ergebnisse der von Schauer (2008, S. 188) durchgeführten Experteninterviews bestätigen die wesentliche Bedeutung der internen Kommunikation für den Post-Merger-Prozess. Angwin et al. (2016, S. 2392) betonen, dass die Kommunikation effektiver sei, wenn sie während aller Phasen des M&A-Prozesses eingesetzt werde. Die Reichhaltigkeit der Kommunikation trage dazu bei, das Engagement der Mitarbeiter für das Unternehmen zu stärken. Die Experten differenzieren deutlich zwischen interner und externer Kommunikation im Rahmen des PMI-Prozesses. In jedem Fall müsse die Kommunikation offen und zeitnah erfolgen. Es könne eine Aufgabe des Projektmanagements sein, Kommunikationsmaßnahmen und Kommunikationswege auszuwählen und zu steuern. Man könne nicht zu viel, wohl aber zu wenig und zu selten kommunizieren. Fehler in der Kommunikation könnten den PMI-Prozess gefährden. Die interne Kommunikation gegenüber Mitarbeitern wird als besonders wichtig erachtet. Dies bestätigt die Ergebnisse der Studie von Raps (2017, S. 316), wonach die Kommunikation maßgeblich wichtig sei, damit sich „Mitarbeiter verstärkt mit dem Unternehmen und der eingeschlagenen strategischen Stoßrichtung identifizieren". Umfang und Qualität der Kommunikation seien nach Ansicht der Interviewpartner eine Frage des Führungsstils und Teil der Unternehmenskultur. Diese Auffassung stimmt mit der Studie von Stafflage (2005, S. 6) überein, die die Schnittmenge zwischen Unternehmenskultur und -kommunikation deutlich macht.

Nach Ansicht der Experten müsse die Kommunikation durch Offenheit und Transparenz geprägt sein, dann sei sie ein Schlüssel zur Akzeptanz der Mitarbeiter. Besonders der Informationsbedarf der Menschen, die im Rahmen der Integration in ein kulturell anders aufgestelltes und ggf. auch größeres Unternehmen kämen, müsse mit viel Fingerspitzengefühl gedeckt werden. Auch der jeweilige Zeitpunkt, wann Mitarbeiter über welche Ereignisse und Maßnahmen unterrichtet würden, sei enorm wichtig. Man müsse unbedingt vermeiden, dass in den Integrationsprozess eingebundene Menschen wichtige Informationen aus der Presse anstatt durch die interne Unternehmenskommunikation erhielten. Vaara (2003, S. 877–879) identifiziert kommunikationsbedingte Unklarheiten als potenziellen Misserfolgsfaktor von M&A-Projekten. Der schnelle Aufbau von Kommunikationsstrukturen vermeide nach Ansicht von Vogel (2002, S. 250) Unsicherheiten unter den Mitarbeitern. Schauer (2008, S. 187) betont, dass das Fehlen einer klaren Kommunikation eine starke Verunsicherung bei den Mitarbeitern hervorrufe und den PMI-Prozess erschwere. Eine offene, transparente, ehrliche und zeitnahe Kommunikation stärke nach Meinung der Experten das Vertrauen der Mitarbeiter. Förderlich seien eine klare Sprache sowie die Koordination der Wege und Frequenz der Kommunikation durch das Projektteam. Es sei nötig, sich zu vergewissern, dass die Botschaften der internen Kommunikation von den Mitarbeitern richtig verstanden würden.

Die externe Kommunikation richte sich nach Ansicht der Experten an Kunden, Lieferanten und die Presse und müsse ebenfalls offen sein. Schauer (2008, S. 66) nennt als Ziel der externen Kommunikation „die Aufrechterhaltung […] bzw. die Etablierung und den Aufbau eines neuen Images“ sowie gegenüber allen Beteiligten „die plausible Vermittlung der spezifischen Vorteile, aber auch der Risiken“ des M&A-Projekts. Homburg et al. (2000, S. 20–21) betonen, dass die Kommunikation gegenüber den Kunden durch Außendienstmitarbeiter erfolge und deshalb die Information der Mitarbeiter indirekt auch den Erfolg der externen Kommunikation beeinflusse. Nach Meinung der Interviewpartner sei sorgfältig zu bedenken, wie bestimmte Themen der PMI gegenüber externen Stakeholdern des Unternehmens kommuniziert werden müssten, um den Integrationsprozess positiv zu beeinflussen. Graebner et al. (2017, S. 24) regt für die zukünftige Forschung an, näher zu untersuchen, welche Instrumente das Management einsetzen könne, um mit externen Stakeholdern erfolgreich zu kommunizieren.

Die empirischen Ergebnisse zum Kommunikationsmanagement machen zusammenfassend deutlich, dass die Kommunikation in den befragten Unternehmen häufig situativ und informell erfolgt. Dies kann dazu führen, dass es entgegen allen Empfehlungen der Literatur an klaren Kommunikationszielen und strukturierten Kanälen fehlt, über die abgestimmte Botschaften kommuniziert werden.

Kommunikation erfolgt häufig spontan und mündlich, in einem engen persönlichen Bezug, zumeist durch Eigentümer und Geschäftsführung. Man gewinnt in den Interviews den Eindruck, dass einige mittelständische Unternehmen die Bedeutung der Kommunikation als Erfolgsfaktor der PMI unterschätzen.

Die befragten Experten haben keine einheitliche Meinung zu den Anpassungen der Aufbau- und Ablauforganisation innerhalb der PMI. Während einige Experten davor warnen, Umfang und Zeitpunkt der Veränderungen zu vernachlässigen, sind andere Experten der Ansicht, dass Änderungen in den Abläufen und der Organisation zwar notwendig, aber nicht eilig seien und zu starke Änderungen viel Unruhe auslösen würden. Diese Auffassung widerspricht der Empfehlung von Lindstädt und Wolff (2007, S. 340), die grundlegenden Entscheidungen über die Zielorganisation bereits vor dem eigentlichen Zusammenschluss der Unternehmen zu treffen. F. Bauer und Matzler (2014, S. 284) formulieren als Voraussetzung für die Festlegung der Integrationsgeschwindigkeit, ein ganzheitliches Verständnis für die Prozesse in dem zu integrierenden Unternehmen entwickelt zu haben. Lohre (2010, S. 299) nennt die Verbindung bestehender Prozesse, die Entwicklung neuer Prozesse und die Eliminierung nicht mehr benötigter Prozesse als Voraussetzung zur Erreichung „wertsteigernder Ziele". Gerds und Schewe (2014, S. 62) kommen zu dem Schluss, dass die „Struktur-Risiken" einer PMI mit der Größe der Unterschiede zwischen den jeweiligen Aufbauorganisationen der beteiligten Unternehmen zunähmen. Die leistungsfähige Verzahnung der Prozesse sei die Voraussetzung für die Funktion des neuen Unternehmens im geschäftlichen Alltag (Gerds & Schewe, 2014, S. 60). Administrative Prozesse und Support-Abteilungen würden sich nach Ansicht der Interviewpartner am ehesten vereinheitlichen und gruppenübergreifend zentralisieren lassen. Produktionsprozesse könnten nach Ansicht einiger Experten auch dezentral uneinheitlich bleiben, es sei denn, externe Zertifizierungen zwängen zur Harmonisierung. In manchen Fällen sei es notwendig, Prozesse vollständig zu ersetzen, um sie gruppenweit zu vereinheitlichen. Je erfolgreicher das zu integrierende Unternehmen sei, desto weniger müsse man an den Prozessen ändern.

Zaheer et al. (2013, S. 623) vermuten, dass Erwerber bevorzugen würden, Integrationsziele wie z. B. Synergien und Rationalisierung über die Harmonisierung der Organisation und der Prozesse zu erreichen, statt Vorteile der Unterschiedlichkeit der beteiligten Firmen zu erkennen und bestehen zu lassen (Zaheer et al., 2013, S. 624). Es falle dem Management schwerer, Vorteile aus einer neuartigen Kombination vormals getrennter Organisationen zu erzielen, als sie einfach zu konsolidieren (Zaheer et al., 2013, S. 624). Schönreiter (2019, S. 346) macht deutlich, dass zwar ein allgemeingültiger Leitfaden für die Prozessharmonisierung fehle, aber nicht zwangsläufig jeder einzelne Prozess und das

Managementsystem harmonisiert werden müssten (Schönreiter, 2019, S. 347). M. Palm und Kammerlander (2021, S. 15) berichten, dass in den von ihnen untersuchten Familienunternehmen „so wenig wie möglich, so viel wie notwendig" integriert und teilweise die Identität des übernommenen Unternehmens gewahrt werde, um den Mitarbeitern das Gefühl von Kontinuität zu vermitteln (M. Palm & Kammerlander, 2021, S. 17).

Nach Änderungen der Prozesse drohe nach Ansicht der Experten die Gefahr, dass Beteiligte wieder zu vorherigen Prozessen aus Gewohnheit zurückkehren würden. Mitarbeiter würden sich nicht leicht an neue Prozesse gewöhnen und täten sich schwer, zu akzeptieren, dass das übernehmende Unternehmen, neue Prozesse vorgebe. Die Anpassung der Prozesse müsse konsequent nachgehalten werden. Schweizer und Patzelt (2012, S. 307) betonen in diesem Zusammenhang die wichtige Rolle des mittleren Managements, das einen besonders starken Einfluss auf die erfolgreiche Umsetzung nach der Übernahme habe. Gerds und Schewe (2014, S. 61) halten ein Nachhalten der veränderten Prozesse auch im Sinne einer iterativen „Prozessverfeinerung und -adjustierung" für wichtig.

Bei Veränderungen der Organisation empfehlen Experten, Führungskräfte jeweils aus beiden, nun gemeinsam agierenden Firmen, in die neue Organisation zu integrieren, was Hungenberg (2014, S. 504) als vertrauensbildende Maßnahme bestätigt. Es sei ratsam, offen für Lerneffekte zu sein, wenn beispielsweise ein kleineres Unternehmen im Rahmen der PMI gemeinsam mit einem größeren Unternehmen eine neue Organisation bilde. Diese Empfehlungen werden durch die Ergebnisse von Zollo und Singh (2004, S. 1241) gestützt, wonach der Austausch von Führungskräften im übernommenen Unternehmen bei sonst gleichen Bedingungen die PMI-Leistung negativ beeinflusse. Birkinshaw et al. (2000, S. 419) heben die zwischenmenschliche Integration als Voraussetzung für strukturelle Anpassungen hervor.

Nach Ansicht der Experten solle das übernehmende Unternehmen auch die neue Organisation festlegen. Grundsätzlich wird empfohlen, ein ausgeglichenes Organigramm zu bilden, welches klare Berichtslinien zeige und die zukünftig benötigten Kompetenzen berücksichtige. Dies steht im Einklang mit den Ergebnissen von Raps (2017), dass Organisationsstruktur und strategische Stoßrichtung im Einklang ständen und die Organisation die „Infrastruktur für die Strategieimplementierung bereitstellen müsse (Raps, 2017, S. 107; 130). Deimel et al. (2021, S. 73) verweisen auf einfache Organisationsstrukturen und direkte Kommunikationswege, die erfolgreiche Firmen gemeinsam hätten.

Zusammenfassend besteht in der Literatur weitgehende Einigkeit darüber, dass die organisatorische Integration sowie die Harmonisierung von Strukturen und Prozessen wichtig für den Erfolg der PMI sind. Die empirischen Ergebnisse dieser Dissertation zur Aufbau- und Ablauforganisation zeigen, dass mittelständische Unternehmen eher dazu tendieren, nach einer Übernahme an bestehenden Organisationsstrukturen festzuhalten. Selten wird die bestehende Aufbau- und Ablauforganisation fundiert analysiert, um sie systematisch an zukünftige Erfordernisse anzupassen. Man gewinnt in den Interviews den Eindruck, dass dies zum einen auf die im eigentümergeführten Mittelstand verbreitete Kultur der Bewahrung und Stabilität zurückzuführen ist. Zum anderen fehlen in einigen mittelständischen Unternehmen aber auch die Ressourcen und Analyseinstrumente für umfassende organisatorische Änderungen. Möglicherweise kollidieren notwendige organisatorische Änderungen auch mit den eigentümergeprägten informellen Strukturen und Prozessen in mittelständischen Unternehmen.

3.3.1.5 Erfolgsfaktoren der strategischen Perspektive „Menschen und Kultur"

Nach Ansicht der meisten Experten sei eine starke und klare Unternehmensführung der wesentliche Erfolgsfaktor im PMI-Management. Die Unternehmensführung spiele eine wichtige Rolle, um Orientierung und Sinnstiftung zu schaffen. Eine fehlende Orientierung könne bei Mitarbeitern zu Verunsicherungen führen. Ein entscheidendes Element der Unternehmensführung sei die Fähigkeit der Führungskräfte, die Unternehmenskultur vorzuleben und den Integrationsprozess aktiv zu steuern. Diese Einschätzung bestätigt die Ergebnisse vonSteigenberger (2017, S. 417), wonach Eigentümer und Führungskräfte den Grad und die Geschwindigkeit der PMI vorgäben und die Voraussetzungen für einen reibungslosen Prozessablauf schaffen würden. Vaara (2003, S. 865) betont die wichtige Funktion der Führungskräfte als Sinnstifter im Rahmen der PMI. Pfohl (2020, S. 98) und Reinemann (2019, S. 41) verweisen auf die zentrale Stellung der Eigentümer in mittelständischen Unternehmen, die auf alle strategischen und operativen Entscheidungen einwirken würden.

HRM spiele nach Ansicht der Experten eine Schlüsselrolle innerhalb der PMI, beispielsweise bei der Bewältigung der Komplexität unterschiedlicher Gehaltsstrukturen und der Sicherstellung einer fairen Entlohnung für vergleichbare Tätigkeiten. Vuori et al. (2018, S. 874) schildern, dass bei der Standardisierung der Prozesse unerwartete Probleme mit dem Vergütungs- und Belohnungssystem auftreten könnten. Voraussetzung sei, dass Prozessbeschreibungen befolgt werden müssten. Die Interviewpartner betonen den engen Zusammenhang mit dem Wissensmanagement. Maßnahmen innerhalb des HRM müssten sicherstellen, dass kritisches Wissen im Unternehmen bleibe. HRM sei bei allen Entscheidungen des PMI-Managements einzubinden, um die Kommunikation zu den einhergehenden Veränderungen zu unterstützen und das Vertrauen der Mitarbeiter zu festigen. Köseoglu et al. (2020, S. 6) zitieren in diesem Zusammenhang aus ihren Interviews, dass „für das Management […] die menschliche Führung sehr wichtig" sei. Birkinshaw et al. (2000, S. 419) machen deutlich, dass eine unzureichende „human integration" die Wirksamkeit der „task integration" deutlich einschränke und damit den gesamten Erfolg des M&A-Projekts gefährde. Dao et al. (2016, S. 2505) bestätigen, dass ohne wirksame Maßnahmen zur Integration der Mitarbeiter deren Engagement schwinde und organisatorische Widerstände aufträten.

Ein gutes Veränderungsmanagement sei nach Ansicht der Experten unerlässlich für den PMI-Erfolg und müsse viel Flexibilität zeigen. Aarnio und Varis (2022, S. 41) berichten über die Unsicherheiten der Mitarbeiter, die den möglichen Verlust des Arbeitsplatzes, das Ausmaß der Veränderung und die Auswirkungen der Integration auf die Organisationskultur oder die Prozesse beträfen. Die Experten machen deutlich, dass nicht alle notwendigen Änderungen innerhalb der PMI vorab detailliert geplant werden könnten. Vertrauen, Offenheit und die enge Begleitung der Mitarbeiter bei der Realisierung der Veränderungsmaßnahmen werden als Schlüsselfaktoren für den PMI-Erfolg genannt. Die meisten Experten halten es für unerlässlich, das Veränderungsmanagement im Mittelstand professioneller zu gestalten, es würde häufig unterschätzt. Einige Experten plädieren dafür, vorrangig die Änderungen vorzunehmen, die sich direkt auf den wirtschaftlichen Erfolg auswirken würden und ansonsten flexibel zu bleiben sowie situativ zu entscheiden.

Der Verlust von Schlüsselpersonen nach einer Übernahme könne erhebliche Auswirkungen auf Stabilität und Bestand an wichtigem Know-how haben. Stich et al. (2016, S. 348) bestätigen, dass mittelständische Unternehmen von Schlüsselpersonen abhängig seien. Man müsse die „zentralen Wissensträger" rechtzeitig einbinden, um Verunsicherungen und eine Abwanderung von Schlüsselpersonen zu vermeiden. Auch nach Ansicht der Interviewpartner sei die aktive Einbindung von Schlüsselpersonen in die strategischen Entscheidungen des Unternehmens eine wirksame Maßnahme, um wichtige Mitarbeiter im Unternehmen zu halten. Einige Experten äußern Bedenken hinsichtlich Fairness und langfristiger Effektivität finanzieller Maßnahmen zum Halten wichtiger Mitarbeiter. Stich et al. (2016, S. 353) empfehlen, Schlüsselpersonen innerhalb des Change-Managements sowohl in die Analyse als auch in die Entwicklung der Vision und die Planung der Umsetzungsmaßnahmen einzubinden.

Die Mitarbeiterintegration im Rahmen der PMI sei nach Ansicht der Experten ein sensibler und komplexer Prozess, der durch eine offene Kommunikation und eine gleichberechtigte Behandlung aller Beteiligten gefördert werden müsse. Der feinfühlige Umgang mit kulturellen Unterschieden wird als entscheidend angesehen, um die Mitarbeiterintegration erfolgreich zu gestalten. Schmola (2018, S. 296) macht deutlich, dass der aktiven Gestaltung der Unternehmenskultur im Rahmen der PMI zu wenig Beachtung geschenkt würde, obwohl diese einen entscheidenden Beitrag dazu leiste, in welchem Umfang Führungskräfte und Mitarbeiter das jeweilige M&A-Projekt unterstützen. Eine Vernachlässigung kultureller Unterschiede könne zu Ablehnungshaltungen und Konflikten führen. Vaara (2003, S. 890) betont, dass Führungskräfte bei kulturellen und organisatorischen Integrationsaufgaben immer auf schwierige Entscheidungen vorbereitet sein müssten.

Strukturierte, nachvollziehbare, verlässliche und klare Entscheidungsprozesse seien nach Ansicht der Experten ebenfalls wichtig innerhalb der PMI. Entscheidungen müssten verlässlich in regelmäßigen Rhythmen getroffen werden. Ein geeignetes Maß an Entscheidungsfreiheit sowie schnelle, mutige Entscheidungen seien wichtige Erfolgsfaktoren im mittelständischen PMI-Management. Es sei eine Entscheidungsfindung nötig, die nicht zu formal und strukturiert sein solle, sondern genügend Freiraum für intuitive und schnelle Entscheidungen lasse, auch wenn dies zu Fehlern führen könne. Daraus könne man lernen. Eine iterative, anpassungsfähige und damit agile Entscheidungsfindung sei ein Erfolgsfaktor strategischer Managementprozesse. Laut Doz und Kosonen (2010, S. 370) seien wesentliche Elemente der Entscheidungsfindung die strategische Sensibilität, die Einigkeit der Führung und die flexible Bereitstellung von Ressourcen. Die Studie von Becker et al. (2021, S. 261) kommt zu dem Schluss, dass Mitarbeiter in mittelständischen Unternehmen Veränderungen von Prozessen und Strukturen grundsätzlich skeptisch und ablehnend gegenüberständen. Es fehle häufig auch eine Unterstützung der Führungskräfte, denen es in klassisch-hierarchisch strukturierten mittelständischen Unternehmen schwerfalle, Verantwortung abzugeben und Aufgaben zu delegieren. Agile Führungsstrukturen könnten einen Beitrag zur Lösung dieses mittelstandsspezifischen Problems leisten.

Zusammenfassend stimmen viele der befragten Experten darin überein, dass die Unternehmensführung mit den thematischen Elementen HRM, Veränderungsmanagement, Mitarbeiterintegration, Entscheidungsfindung und der Bindung von Schlüsselpersonen ein wesentlicher Erfolgsfaktor im PMI-Management sei. Es bestehen in den Details der Umsetzung unterschiedliche Auffassungen darüber, wie stark diese Elemente zu strukturieren und zu formalisieren sind und wie flexibel der Umgang mit den Maßnahmen gestaltet sein solle. Die bevorzugten Methoden variieren zwischen einer stark strukturierten Herangehensweise und flexiblen, pragmatischen Methoden, die immer auch den spezifischen Kontext und die Bedürfnisse des Unternehmens berücksichtigen müssten. Diese Ambivalenz spiegelt sich auch in der Forschung zur Umsetzung strategischer Veränderungen im Rahmen der Integration akquirierter Unternehmen wider (Hungenberg, 2014, S. 503).

Viele Experten betonen, dass die Unternehmenskultur nicht nur während des Integrationsprozesses, sondern auch danach für den langfristigen Erfolg von entscheidender Bedeutung sei. Eine gründliche Analyse und die Beachtung der kulturellen Unterschiede seien wesentliche Elemente eines erfolgreichen PMI-Managements. Es sei notwendig, Vertrauen zu schaffen, um einen erfolgreichen Integrationsprozess zu gewährleisten. Vertrauen sei bei der Übernahme durch eigentümergeprägte Unternehmen im Vergleich zu Übernahmen durch große Konzerne oft stärker gegeben und wird als wesentlicher Faktor für eine erfolgreiche Integration angesehen. Mehrere Experten unterstreichen, dass Vertrauen und Offenheit essenzielle Voraussetzungen für eine gelungene Integration seien. Diese Aussagen sind konsistent mit den Ergebnissen von Hille (2022, S. 184), die Vertrauen als weichen Erfolgsfaktor neben „Respekt, Veränderungsbereitschaft, Offenheit und Ehrlichkeit" untersucht. Sachsenmaier und Guo (2019, S. 213) empfehlen, dass Führungskräfte innerhalb des PMI-Managements „positive trust dynamics" erzeugen, um damit eine Grundlage für die Entwicklung von Vertrauen zu schaffen, indem sie eine transparente Kommunikation der Unternehmensstrategien und die Identifizierung von Vorteilen für beide Parteien fördern.

Trotz vieler übereinstimmender Meinungen der Experten zur Bedeutung der Unternehmenskultur gibt es auch unterschiedliche Auffassungen zur Rolle der Unternehmenskultur als Erfolgsfaktor der PMI. So wird vorgeschlagen, kulturelle Unterschiede als gegeben hinzunehmen, die Kulturen der beteiligten Unternehmen prinzipiell zu erhalten und im Rahmen der PMI eher durch intrinsische Ziele und eine klare Strategie zu einer gemeinsamen Kultur zu kommen. Eine vollständige Integration der Kulturen sei möglicherweise nicht realistisch. Kulturelle Unterschiede sollten akzeptiert und respektiert werden. Die Herausforderung liege darin, einen ausgewogenen Ansatz zu finden, der sowohl die kulturellen Unterschiede respektiere als auch die notwendigen Anpassungen für eine erfolgreiche Integration ermögliche. Diese Ansicht stimmt überein mit den Ergebnissen von Stahl (2001, S. 75), wonach nicht die kulturellen Unterschiede selbst das Problem seien, sondern es vielmehr entscheidend sei, wie die Unternehmensführung mit der „kulturellen Heterogenität" umgehe. Es sei möglich, Kulturunterschiede „produktiv zu nutzen" und „Synergiepotentiale […] besser auszuschöpfen" als bei „kulturell homogenen M&As".

Emotionen würden ebenfalls eine zentrale Rolle spielen, insbesondere im Kontext der Interaktion mit Mitarbeitern. Einige Experten betonen, dass Emotionen den klaren Blick verstellen und rationale Entscheidungen verhindern würden. Dies könne zu ungewollten Entwicklungen führen. Die Ergebnisse der empirischen Untersuchungen von Vuori et al. (2018, S. 859) sowie die Aussagen von Kroon und Reif (2023, S. 819–820) zu den möglichen positiven Effekten negativer Emotionen bestätigen die Ambivalenz emotionaler Faktoren im PMI-Prozess.

Die für den Mittelstand als typisch angesehene Flexibilität sehen einige Experten als großen Vorteil. Sie ermögliche eine schnelle Anpassung an neue Bedingungen. Die Untersuchungen von Daschmann (1994, S. 67), Schlüchtermann und Pointner (2004, S. 21) sowie Khadjavi (2005, S. 159) bestätigen diese Ergebnisse und sehen darin einen grundsätzlichen strukturellen Vorteil mittelständischer Unternehmen. Andere Experten warnen vor den möglichen negativen Folgen dieser Flexibilität, die auch in mangelnde Konsequenz und eine Gleichgültigkeit gegenüber einer unvollkommenen Umsetzung von Maßnahmen umschlagen könne. Diese Beobachtung bringt einen interessanten Aspekt in die Forschung ein, der ein Fokus zukünftiger Mittelstandsforschung sein könnte.

Zusammenfassend zeigen die empirischen Ergebnisse, dass die Rolle der Unternehmenskultur im strategischen PMI-Management von den befragten Experten als wichtig für den langfristigen Erfolg der PMI erachtet wird. Sie wird jedoch in einigen Fällen nicht systematisch gesteuert, obwohl eine gründliche Analyse kultureller Unterschiede und der Aufbau von Vertrauen essenziell sind. Instrumente zur Analyse kultureller Unterschiede oder zur Ausrichtung gemeinsamer Werte werden selten angewandt. Im mittelständischen Kontext folgt die kulturelle Integration häufig keinem standardisierten Prozess. Vielmehr übernehmen Eigentümer durch ihr Verhalten, ihre Kommunikation und ihre Personalentscheidungen die implizite Steuerung der PMI. Die Ausführungen der Experten lassen den Schluss zu, dass dieses mittelstandsspezifische Verhalten sowohl durch die hohe emotionale Bindung der Eigentümer als auch durch die lange Betriebszugehörigkeit der Mitarbeiter sowie durch die Vermischung von strategischer und operativer Führung erklärt werden kann. Manche Experten schlagen vor, kulturelle Unterschiede zu akzeptieren und die ursprünglichen Kulturen zu erhalten, um durch gemeinsame Ziele auch eine gemeinsame Basis zu finden, anstatt eine vollständige kulturelle Integration anzustreben. Dabei liegt die Herausforderung darin, einen ausgewogenen Ansatz zu finden, der sowohl kulturellen Respekt als auch notwendige Anpassungen ermöglicht. Emotionen können rationale Entscheidungen behindern und ambivalente Effekte auf den PMI-Prozess haben. Die Flexibilität mittelständischer Unternehmen wird als grundsätzlicher Vorteil für schnelle Anpassungen gesehen, birgt aber auch das Risiko mangelnder Konsequenz bei der Umsetzung von Maßnahmen.

Die Sichtweisen der interviewten Experten zur Bedeutung des Wissensmanagements für den Erfolg des PMI-Managements sind unterschiedlich. Einige Experten meinen, Wissensmanagement habe einen geringen Einfluss auf den Projekterfolg und werde überschätzt. Andere weisen darauf hin, dass Wissensmanagement zeitaufwändig sei und deshalb innerhalb der PMI zu kurz komme, obwohl es wichtig sei. Die Zusammenführung von Wissen könne Synergien realisieren und Kernkompetenzen verteidigen. Wissenstransfer sei kein Selbstläufer, er müsse aktiv gefördert und es müsse darauf geachtet werden, dass Mitarbeiter nicht mauern würden. Gegenseitiges Lernen sei innerhalb des PMI-Managements besonders wichtig, man könne immer voneinander profitieren und lernen. Yahiaoui et al. (2016, S. 2415) und Durst et al. (2023, S. 26–27) unterstreichen den Bedarf, die Forschung zur Bedeutung des Wissensmanagements im Mittelstand und in der PMI zu intensivieren. Stafflage (2005, S. 220) betont, ein unkontrollierter Verlust und eine unzureichende Wissensintegration gefährde den M&A-Erfolg. Grundvoraussetzung eines „ganzheitlichen Wissensmanagements“ sei die erfolgreiche kulturelle Integration. Annosi et al. (2021, S. 144) halten es für wichtig, zu verstehen, wie das Wissen des Erwerbers genutzt werden und wie der Erwerber seine Wissensbasis über das Zielunternehmen erkunden könne. Der Erwerber müsse die Fähigkeiten der Mitarbeiter der beteiligten Unternehmen so kombinieren, dass Innovation und Kreativität ausgelöst würden.

Die Aversion im Mittelstand, mit externen Beratern zu arbeiten, resultiere nach Ansicht einiger Experten aus Unsicherheit und Misstrauen sowie aus Bedenken wegen der Beratungskosten. Man wolle sich nicht einem Berater öffnen sowie Erfolgsrezepte erklären und empfinde Beratungen als teuer, aufwendig und komplex. Obwohl mittelständische Unternehmen im Vergleich zu kapitalmarktorientierten Großunternehmen nicht nur weniger PMI-Erfahrung, sondern auch geringere quantitative und qualitative Ressourcen für das PMI-Management haben, trauen sich Mittelständler häufig zu, den PMI-Prozess ohne externe Unterstützung zu durchlaufen. Einige Experten schildern, dass es insbesondere bei grenzüberschreitenden Integrationsprozessen zweckmäßig sein könne, Berater mit spezifischen Kenntnissen der jeweiligen nationalen Verhältnisse einzusetzen. Diejenigen Unternehmen, die PMI-Prozesse mit der Unterstützung einer externen Beratung durchlaufen haben, schildern gute Erfahrungen, bestätigen aber Komplexität und als hoch empfundene Kosten. Shimizu et al. (2004, S. 332) sieht in Bezug auf die Beratungskosten Forschungsbedarf zu der Frage, wer in welchem Maße im strategischen PMI-Management durch den Einsatz externer Berater profitiere. Auch Graebner et al. (2017, S. 10) regen an, näher zu untersuchen, wie und mit welchem Ergebnis externe Berater PMI-Entscheidungen prägen würden.

Der Erwerb und Erhalt von spezifischem Fachwissen werden von der Mehrheit der Experten im Zusammenhang mit dem PMI-Management für wichtig gehalten. Kulturelle und persönliche Eigenschaften der Führungskräfte seien wichtiger als Fachwissen, das man extern erwerben könne. Probst et al. (2012, S. 157) empfehlen dagegen, Strukturen im Unternehmen zu schaffen, die es erlauben würden, bedarfsgerecht und fallweise auf das im Unternehmen vorhandene Wissen zuzugreifen. Auch einige Experten meinen, dass diejenigen, die das PMI-Management steuern würden, auf das fachliche Wissen einzelner Bereiche angewiesen seien. Aufgabe der Projektsteuerung sei es, unterschiedliches Fachwissen zusammenzubringen und die Abhängigkeit von diesem Wissen richtig einzuschätzen. In diesem Zusammenhang wird auch die Bedeutung der Bindung von Schlüsselpersonen gesehen. Es müsse verhindert werden, dass mit wichtigen Mitarbeitern innerhalb der PMI auch wichtiges Fachwissen das Unternehmen verlasse.

Einige Experten räumen selbstkritisch ein, dass sie Lernerfahrungen im eigenen PMI-Management nicht systematisch dokumentieren und aufarbeiten würden, obwohl sie wüssten, dass der Rückgriff auf solche Erfahrungen hilfreich sei und sich positiv auf den Erfolg der PMI-Projekte auswirke. Voss und Müller-Stewens (2006a, S. 23–24) halten dazu fest, dass der Aufbau strategischer M&A-Kompetenz über Lernmechanismen schwieriger sei als im Rahmen des üblichen operativen Geschäfts der Unternehmen. Auch die Interviewpartner meinen, es sei selten, dass mittelständische Unternehmen regelmäßig akquirieren oder integrieren und somit Lernerfahrungen sammeln und einsetzen könnten. Insbesondere ginge es darum, Fehler zu dokumentieren und nicht zu wiederholen. Aus diesem Grund nehmen sich einige Experten vor, zukünftig in PMI-Projekten zu dokumentieren, was gut und was schlecht gelaufen sei, um dies vor Beginn eines neuen Projekts durchzugehen und sich Gedanken zu machen, wie man den Integrationsprozess angehen wolle. Barkema und Schijven (2008a, S. 626) empfehlen Unternehmen, zum Aufbau von Fähigkeiten zunächst aus dokumentierten Erfahrungen anderer zu lernen, bevor sie selbst Erfahrungen sammeln.

Spezifischem PMI-Wissen wird von den Experten in den Interviews nicht viel Raum gegeben. Der Aufbau eines PMI-Wissens im eigenen Unternehmen sei nur möglich und nötig, wenn man häufig PMI-Projekte realisiere. Für den Einzelfall könne man ein spezifisches Wissen extern zukaufen. Haleblian et al. (2009, S. 490) bestätigen, dass ein positiver Effekt der Fluktuation von Schlüsselpersonen im Rahmen von M&A-Projekten sei, dass man im Bedarfsfall spezifisches PMI-Wissen extern erwerben und damit die eigenen Fähigkeiten kurzfristig verbessern könne (Haleblian et al., 2009, S. 491).

Zusammenfassend zeigen die empirischen Ergebnisse, dass Wissensmanagement zwar ein zentrales Element des strategischen PMI-Managements ist, aber nur in wenigen der befragten mittelständischen Unternehmen strukturiert umgesetzt wird. Wenn Wissen personengebunden bleibt und Prozesse zum Transfer von Wissen nicht formalisiert werden, kann Wissen durch Rollenwechsel sowie planmäßige oder auch unplanmäßige Mitarbeiterfluktuation verloren gehen. Wissensmanagement wird häufig als administrativer Mehraufwand wahrgenommen, dem der Nutzen nicht adäquat gegenübergestellt wird. Die in der Theorie geforderte IT-basierte Systematisierung zur Identifikation, Sicherung und Übertragung von Wissen wird mit den im Mittelstand begrenzen Ressourcen nicht umgesetzt.

3.3.2 Gütekriterien und methodische Abgrenzung

Kuckartz und Rädiker (2022, S. 234–235) sowie Krell und Lamnek (2024, S. 147) geben einen zusammenfassenden Überblick über die kontroverse Diskussion zu generellen Gütekriterien der qualitativen Forschung (Döring & Bortz, 2016, S. 106–110; Flick, 2020, S. 258–259, 2021, S. 487, 2022b, S. 535; Kromrey, 2007, S. 244–245; Mayring, 2022b, S. 118–120; Miles et al., 2020, S. 305–306; Reichertz, 2019, S. 1; Seale & Silverman, 1997, S. 380–381). Eine zusammenfassende Diskussion der mehr als einhundert unterschiedlichen Kriterienkataloge (Döring & Bortz, 2016, S. 107) ist im Rahmen dieser Dissertation nicht zielführend. Manche Autoren bezweifeln sogar, ob überhaupt einheitliche Kriterienkataloge für das gesamte Feld der qualitativen Forschung formuliert werden könnten und befürchten, dass die spezifische Offenheit und Flexibilität qualitativer Forschung unter allgemeinverbindlichen Gütekriterien zu eingeengt werden könnten (Döring & Bortz, 2016, S. 107; Flick, 2022b, S. 545).

Die Gütekriterien dieser Dissertation orientieren sich an der Einschätzung, dass Gütekriterien quantitativer Forschung (Gültigkeit, Zuverlässigkeit, Objektivität und Repräsentativität) nicht unverändert für qualitative Forschung übernommen werden können, sondern diese Kriterien „mit neuen Inhalten gefüllt werden" müssen (Krell & Lamnek, 2024, S. 149; Mayring, 2023, S. 119). Mayring (2023, S. 122–125) schlägt mit dieser Zielsetzung die in Tabelle 3.19 zusammenfassend dargestellten sechs Gütekriterien qualitativer Forschung vor: (1) die genaue Dokumentation von Vorverständnis, Analysetools des Vorgehens bei der Datenerhebung; (2) die „argumentative" Absicherung der Interpretation; (3) das Festhalten an Regeln und Ablaufmodellen; (4) die „größtmögliche Nähe" zur Forschungsfrage; (5) die „Validierung im Dialog" mit den Interviewpartnern zur Absicherung der Ergebnisse und (6) die „Triangulation", d. h. der Versuch, unterschiedliche Lösungswege für die Fragestellungen zu finden und diese miteinander zu vergleichen (Mayring, 2023, S. 122–125).

Tabelle 3.19 Sechs Gütekriterien qualitativer Forschung. (Quelle: Eigene Darstellung in Anlehnung an Krell & Lamnek, 2024, S. 147–148; Mayring, 2023, S. 122–125)

Gütekriterien qualitativer Forschung nach Mayring	Erläuterungen
Verfahrensdokumentation	Detaillierte Dokumentation der spezifischen Vorgehensweise, des Ablaufs und getroffener Entscheidungen, mit der Explikation des Vorverständnisses, der Zusammenstellung der Analyse-Tools, der Durchführung und Auswertung der Datenerhebung, damit Dritte die Entstehung der Ergebnisse nachvollziehen können
Argumentative Interpretationsabsicherung	Sinnvoll theoriegeleitete Deutung durch adäquates Vorverständnis der Interpretationen; in sich schlüssige Interpretationen, die aus dem Material heraus entstehen; Brüche erklären; Alternativdeutungen suchen und erklären; Argumente dem generellen Vorwurf der Willkür und Beliebigkeit qualitativer Forschung gegenüberstellen
Regelgeleitetheit	Einhaltung bestimmter Verhaltensregeln, systematische, einheitliche Bearbeitung des Materials; aber keine Regelhörigkeit, Ausnahmen ggf. zulassen;
Nähe zum Untersuchungsgegenstand	Leitgedanke qualitativer Forschung; Forschung in der Lebenswelt der Beforschten; Versuch der Interessenübereinstimmung mit den Beforschten; offenes, gleichberechtigtes Verhältnis mit den Beforschten; Zielsetzungen der Untersuchungen werden den Beforschten offen und transparent dargestellt
Kommunikative Validierung	Rückkopplung der Interpretationen an die Befragten; Absicherung der Rekonstruktion subjektiver Deutungen; Gewinnung von Argumenten zur Relevanz der Ergebnisse
Triangulation	Qualität der Forschung durch mehrere Analysengänge vergrößern; unterschiedliche Lösungswege (Methoden, Theorieansätze, Interpreten, Datenquellen) für die Fragestellung finden

Krell und Lamnek (2024, S. 148–149) hinterfragen die von Mayring (2023) vorgeschlagenen Gütekriterien kritisch. Es bleibe unklar, ob es sich bei diesen Kriterien eher um „Zielvorgaben und Prüfsteine für die qualitative Sozialforschung" (Krell & Lamnek, 2024, S. 148) und um Beschreibungen grundlegender „Ausgangspositionen für jeden empirischen Forschungsprozess" (Krell & Lamnek, 2024, S. 148) handele. Die vorgenannten Autoren verweisen auf die von Strübing et al. (2018, S. 85–86) entwickelten Gütekriterien qualitativer Forschung, die auf der These basieren, dass sich „übergreifend anwendbare Kriterien gelungener qualitativer Forschung" wie in Tabelle 3.20 dargestellt formulieren lassen würden.

Tabelle 3.20 Fünf Gütekriterien qualitativer Forschung. (Quelle: Eigene Darstellung in Anlehnung an Krell & Lamnek, 2024, S. 149; Strübing et al., 2018, S. 85–86)

Gütekriterien qualitativer Forschung	Erläuterungen
Gegenstandsangemessenheit	Grundlegendes Basiskriterium; Forschungsgegenstand so herstellen, dass das empirische Feld ernst genommen wird und Methoden, Fragestellungen und Datentypen fortlaufend justiert werden
Empirische Sättigung	Empirische Erschließung des Forschungsfeldes; Breite und Vielfalt der Daten; Intensität der Datengewinnung und Datenanalyse
Theoretische Durchdringung	Komplementär zur empirischen Sättigung; entscheidend ist nicht die Menge, sondern die Qualität der Theorienbezüge, deren Irritationspotenzial herausgearbeitet werden muss
Textuelle Performanz	Relevanz der Forschungsergebnisse wird durch den reflexiven Umgang des Forschenden mit seiner Rolle und dem Erbringen einer rhetorischen Überzeugungsleitung bei der Kommunikation der Ergebnisse des Forschungsprozesses untermauert
Originalität	Umsetzung der Erwartung an die Forschung, Erkenntnisgewinne zu erzielen; Neues reklamieren, indem an Wissensstände angeknüpft wird

Auch über diese Gütekriterien werden kontroverse Diskussionen geführt (Eisewicht & Grenz, 2018, S. 370–371; Hirschauer et al., 2019, S. 92–95; T. Jansen, 2019, S. 322–324; Strübing et al., 2018, S. 92–95). Eisewicht und Grenz (2018, S. 371) betonen in ihrem Fazit einerseits, dass qualitative Forschung kein Freifahrtschein sein dürfe für alles, was möglich sei. Andererseits sollten überbergreifende Gütekriterien der qualitativen Forschung aber nicht das Ziel haben, zu regeln, was erlaubt oder nicht erlaubt sei, sondern eher den Blick darauf richten, „warum und mit welchen Folgen wie geforscht wird" (Eisewicht & Grenz, 2018, S. 373).

Im Folgenden wird das eigene methodische Vorgehen kritisch betrachtet und aus subjektiver Sicht der Verfasserin anhand der von Mayring (2023, S. 122–125) entwickelten Gütekriterien qualitativer Forschung dargelegt, wie die methodenspezifischen Gütekriterien des qualitativen Vorgehens eingehalten werden. Das Vorgehen des qualitativen Forschungsansatzes muss detailliert dokumentiert werden, damit der Forschungsprozess für andere nachvollziehbar ist (Mayring, 2023, S. 123). Als „Verfahrensdokumentation" werden in den Abschnitten 2.1, 2.2, 2.3, 3.1, 3.2 und 3.3 für die empirische Untersuchung dieser Dissertation die spezifische Vorgehensweise, der Ablauf, das Vorverständnis, die Durchführung und Auswertung der Datenerhebung sowie die Analyse-Tools dokumentiert. Tabelle 3.21 fasst diese Dokumentation zusammen.

Die „argumentative Interpretationsabsicherung" ermöglicht eine Qualitätseinschätzung der argumentativen Begründung der Interpretation der Ergebnisse. Damit die Interpretation „sinnvoll theoriegeleitet erfolgt", muss das „Vorverständnis der jeweiligen Interpretationen [...] adäquat sein" (Mayring, 2023, S. 123). Die Argumentation muss „in sich schlüssig sein", Brüche müssen „erklärt werden" (Mayring, 2023, S. 123). Es muss nach „Alternativdeutungen" gesucht werden, die überprüft werden müssen (Mayring, 2023, S. 123). Die im Abschnitt 3.3.1 dargestellte Diskussion und Interpretation der Ergebnisse basieren auf den Aussagen der Experten.

Tabelle 3.21 Verfahrensdokumentation der empirischen Untersuchung. (Quelle: Eigene Darstellung in Anlehnung an Mayring, 2023, S. 123)

Elemente der Verfahrensdokumentation	Stichworte zu den Inhalten der Dokumentation	Kapitel
Theoretisches Vorwissen	▪ Aufarbeitung des Standes der Forschung ▪ Analyse empirischer Ergebnisse anderer Studien ▪ Theoretischer Bezugsrahmen ▪ Konzeptioneller Modellansatz	2.1 2.2 2.3
Vorgehensweise und Ablauf	▪ Darstellung der Vorgehensweise und des Ablaufs der qualitativen Untersuchung	3.1.1
Datenerhebung	▪ Leitfadengestützte Experteninterviews ▪ Sampling und Rekrutierung der Stichprobe ▪ Audiodateien der Experteninterviews	3.1.2
Auswertung der Datenerhebung und Analysetools	▪ Transkription nach Transkriptionsregeln ▪ Anonymisierung ▪ Interviewberichte ▪ Deduktive und induktive Kategorienbildung ▪ Kodierleitfaden ▪ Kodieren mit Haupt- und Subkategorien ▪ Qualitative Inhaltsanalyse ▪ Ergebnisdarstellung, -diskussion, -interpretation ▪ Unterstützung der Analyse durch MAXQDA	3.1.3 3.2 3.3

Die ungekürzten Transkripte machen das analysierte Material vollständig transparent. Für alle Haupt- und Subkategorien werden im Abschnitt 3.2.2 die jeweiligen Kodierregeln anhand von Ankerbeispielen erläutert, um einen einheitlichen Analyseprozess zu gewährleisten. Die argumentativen Begründungen der dargestellten Interpretationen sind beeinflusst durch das im theoretischen Teil dieser Dissertation dargestellte Vorverständnis bezüglich des Forschungsgegenstands (Mayring, 2023, S. 23) und durch eigene „subjektive Erfahrungen" der Verfasserin dieser Dissertation „mit dem Forschungsgegenstand" (Mayring, 2023, S. 23).

Die „Regelgeleitetheit", d. h. die Einhaltung bestimmter Verhaltensregeln und die Transparenz des analytischen Vorgehens (Mayring, 2023, S. 124), lässt sich auf Basis der in den Abschnittn 3.1.1.1 und 3.1.1.2 dieser Dissertation dargestellten Ablaufmodelle der qualitativen Untersuchung und der im Abschnitt 3.1.3 dargestellten inhaltlich strukturierenden qualitativen Inhaltsanalyse bewerten, indem die einzelnen Schritte des analytischen Prozesses der eigenen empirischen Untersuchung beschrieben werden (Mayring, 2023, S. 124).

Die „Nähe zum Gegenstand" kann „erreicht" werden, indem „möglichst nahe an der Alltagswelt der beforschten Subjekte" angeknüpft wird (Mayring, 2023, S. 124). Letztlich geht es darum, in den Interviews mit den Experten „ein offenes, gleichberechtigtes Verhältnis herzustellen“ (Mayring, 2023, S. 124). Tabelle 3.22 stellt zusammenfassend dar, dass die Experten in Präsenz oder in Form von Videokonferenzen in ihrem beruflichen Umfeld befragt werden. Nur in drei Ausnahmefällen werden die Interviews aus persönlichen oder technischen Gründen telefonisch geführt. In den Interviews gelingt es der Verfasserin, eine Atmosphäre der „Interessenübereinstimmung mit den Beforschten“ (Mayring, 2023, S. 124) herzustellen. Die Experten zeigen großes Interesse an der Forschungsarbeit und bitten um Zusendung der Ergebnisse.

Tabelle 3.22 Interviewformen der Experteninterviews. (Quelle: Eigene Darstellung)

Nr.	Funktion	Unternehmen	Ort
EXP1	Geschäftsführender Gesellschafter	A	Videokonferenz
EXP2	Geschäftsführender Gesellschafter	B	Videokonferenz
EXP3	Fremdgeschäftsführer	B	Videokonferenz
EXP4	Bereichsleiter	C	Persönlich
EXP5	Bereichsleiter	C	Persönlich
EXP6	Geschäftsführender Gesellschafter	D	Videokonferenz
EXP7	Geschäftsführender Gesellschafter	E	Telefonat
EXP8	Fremdgeschäftsführer	D	Videokonferenz
EXP9	Fremdgeschäftsführer	A	Videokonferenz
EXP10	Bereichsleiter	E	Videokonferenz
EXP11	Geschäftsführender Gesellschafter	F	Videokonferenz
EXP12	Geschäftsführender Gesellschafter	G	Telefonat
EXP13	Fremdgeschäftsführer	H	Videokonferenz
EXP14	Geschäftsführender Gesellschafter	H	Videokonferenz
EXP15	Geschäftsführender Gesellschafter	I	Telefonat
EXP16	Geschäftsführender Gesellschafter	I	Videokonferenz
EXP17	Geschäftsführender Gesellschafter	J	Videokonferenz
EXP18	Geschäftsführender Gesellschafter	K	Persönlich

Die „kommunikative Validierung“ beschreibt die zusätzliche Überprüfung der „Gültigkeit der Ergebnisse“ und deren Interpretationen, indem man mit den Interviewpartnern die Ergebnisse und die Interpretationen diskutiert (Mayring, 2023, S. 124), um die Experten nicht auf die Rolle von „Datenlieferanten“ zu reduzieren, sondern im Anschluss an die Analyse und Interpretation der Ergebnisse im Dialog mit den Experten „Argumente zur Relevanz der Ergebnisse“ zu gewinnen (Mayring, 2023, S. 124–125). Die Verfasserin hat die im Abschnitt 3.2.2

dargelegten Ergebnisse der empirischen Untersuchung sowie die in Abschnitt 3.3.1 dargelegten Interpretationen selektiv mit ausgewählten Interviewpartnern persönlich und telefonisch besprochen, um zu evaluieren, ob und inwieweit sich die interviewten Experten „in den Analyseergebnissen und Interpretationen auch wiederfinden" (Mayring, 2023, S. 124).

„Triangulation" beschreibt das Bestreben, die Qualität der qualitativen Forschung zu erhöhen, indem „man versucht, für die Fragestellung unterschiedliche Lösungswege zu finden und die Ergebnisse zu vergleichen" (Mayring, 2023, S. 125). Der Vergleich der aus verschiedenen Perspektiven der Analyse erzielten Ergebnisse ermöglicht, die „Stärken und Schwächen der jeweiligen Analysewege" einzuschätzen (Mayring, 2023, S. 125). In diesem Zusammenhang befragt die Verfasserin in sieben der elf beteiligten Unternehmen jeweils zwei Interviewpartner, um eine monopersonale Erhebung zu vermeiden (Haenecke & Forsmann, 2006, S. 50) und Daten zum Forschungsgegenstand von mehr als einem Interviewpartner pro Unternehmen einzuholen (Gläser & Laudel, 2010, S. 117). Zudem werden von der Verfasserin Interviewpartner in Unternehmen unterschiedlicher Branchen und Größen befragt, die zu branchen- und größenspezifischen Sichtweisen auf den Forschungsgegenstand führen. Die Interviewpartner sind in unterschiedlichen Positionen als geschäftsführende Gesellschafter, Fremdgeschäftsführer oder als Bereichsleiter operativ oder strategisch in die PMI-Prozesse ihrer jeweiligen Unternehmen eingebunden und betrachten den Forschungsgenstand folglich aus ihren jeweiligen Perspektiven differenziert. Die Experten gehören zudem zu unterschiedlichen Altersgruppen. Diese Maßnahmen tragen zur Triangulation der Ergebnisse der eigenen empirischen Untersuchung im Sinne der Kombination unterschiedlicher Datensorten bei (Flick, 2011, S. 13–14).

3.3.3 Konklusion und Beantwortung der empiriegeleiteten Fragestellung

Für die Zukunftssicherung mittelständischer Unternehmen nimmt die Bedeutung von Übernahmen und Fusionen als Alternative zum organischen Wachstum zu. Komplexe M&A-Projekte sind für viele mittelständische Unternehmen angesichts fehlender Erfahrungen und begrenzter Ressourcen mit zahlreichen Risiken verbunden. Ein gescheitertes M&A-Projekt kann die Existenz eines mittelständischen Unternehmens gefährden. Die Ursachen für das Scheitern liegen häufig im strategischen PMI-Management, das in der praktischen Umsetzung häufig auf Probleme stößt.

Die im theoretischen Teil dieser Dissertation evaluierten empirischen Arbeiten lassen den Schluss zu, dass sich die Erfolgswahrscheinlichkeit des strategischen PMI-Managements mit der Beachtung kritischer Erfolgsfaktoren erhöhen lässt. Zahlreiche Fragen zu den mittelstandsspezifischen Erfolgsfaktoren der PMI sind bislang nicht ausreichend untersucht. Auf Basis der bisherigen Untersuchungsansätze und der im theoretischen Bezugsrahmen identifizierten Erfolgsfaktoren wird in dieser Dissertation ein eigener Managementansatz für das strategische PMI-Management im deutschen Mittelstand konzipiert. Unterhalb eines übergeordneten strategischen Rahmens mit strategischen Leitplanken und Zielen mündet die Zuordnung der kritischen Erfolgsfaktoren zu den übrigen strategischen Perspektiven „Finanzen und Risiken", „Märkte und Kunden", „Prozesse und Organisation" sowie „Menschen und Kultur" in einen erfolgsfaktorenbasierten, multiperspektivischen und ganzheitlichen Managementansatz für das strategische PMI-Management im deutschen Mittelstand.

Die Elemente dieses auf den theoretisch-konzeptionellen Vorüberlegungen basierenden Managementansatzes werden in der eigenen empirischen Untersuchung auf Basis der Einschätzungen und Erfahrungen von Experten evaluiert. Ziel des empirischen Teils ist die Beantwortung der empiriegeleitete Fragestellung, welche kritischen Erfolgsfaktoren des strategischen PMI-Managements im deutschen Mittelstand sich auf Basis der Einschätzungen und Erfahrungen von Experten ermitteln, beschreiben und qualitativ evaluieren lassen. Aus der Darstellung, der Interpretation und Diskussion der Ergebnisse der qualitativen Inhaltsanalyse der leitfadengestützten Experteninterviews lassen sich die folgenden empirischen Ergebnisse als Konklusion resümieren.

Aus der Perspektive „Strategischer Rahmen" sind das strategische Leitbild und die strategischen Ziele nach Ansicht von Experten zentrale Erfolgsfaktoren im PMI-Management. Ein gemeinsames Werteverständnis ist entscheidend für die kulturelle Integration. Unterschiedliche Werte zwischen jüngeren und älteren Eigentümern können den PMI-Erfolg gefährden. Synergien sind einerseits ein maßgebliches Ziel der Integration, andererseits werden sie auch überschätzt. Integrationskosten können Synergieeffekte neutralisieren. Integrationsgrad und Integrationsgeschwindigkeit sollen flexibel an die spezifischen Anforderungen angepasst werden. Ein zu hoher Integrationsdruck kann negative Auswirkungen haben. Klare Ziele für Wachstum und Stabilität fördern bei Mitarbeitern die Akzeptanz für Veränderungen, da sie Sicherheit bieten und die Wettbewerbsfähigkeit stärken.

Aus der Perspektive „Finanzen und Risiken" sorgt die Zentralisierung von Daten und Kennzahlen für bessere Entscheidungsgrundlagen. Externe Beratung kann für die IT-Integration und Vereinheitlichung von ERP-Systemen notwendig sein. Ein strukturiertes Risikomanagement ist besonders für die realistische Einschätzung finanzieller Risiken der PMI wichtig. Compliance-Regelungen und rechtliche Aspekte werden je nach Erfahrungsstand unterschiedlich priorisiert. Family Governance ist ein Schlüsselfaktor, da Eigentümerfamilien die Kultur und strategische Ausrichtung beeinflussen. Ältere Eigentümer betonen ihre Rolle als entscheidungszentrierte „Patriarchen", während jüngere eine Balance zwischen familiärer Kontrolle und professioneller Managementführung befürworten. Eine klare Nachfolgeplanung und Aufsichtsgremien stärken die langfristige Stabilität sowie das Vertrauen in die Unternehmensführung und gewährleisten eine kontrollierte und strukturierte PMI.

Aus der Perspektive „Märkte und Kunden" betonen Experten die zentrale Rolle des Kundenmanagements für den Erfolg im PMI-Management. Eine angemessene Geschwindigkeit bei der Umstellung der Kunden- und Marktbearbeitung ist entscheidend, da zu hohe Geschwindigkeiten Risiken bergen und negative Kundenreaktionen hervorrufen können. Eine offene Kommunikation mit Kunden ist wichtig, klare Informationen über die Ziele der PMI und anstehende Veränderungen können das Vertrauen stärken. Eine frühzeitige Kommunikation und die Beibehaltung bisheriger Ansprechpartner erleichtern den Übergang. Auch eine sorgfältige Betrachtung des Produktportfolios und der Marktstrategien ist wichtig für ein erfolgreiches PMI-Management. Experten heben die Notwendigkeit hervor, das zukünftige Geschäftsmodell und die Marktposition zu definieren, um die Ziele der PMI zu klären. Ähnlichkeiten zwischen den Geschäftsmodellen erhöhen die Erfolgschancen, und eine Analyse von Kunden- und Marktchancen ist notwendig, um strategische Entscheidungen zu treffen. Ein wichtiger Aspekt ist die Markenintegration, da Marken wesentliche Treiber des Unternehmenswerts sind. Schlüssellieferanten müssen transparent über den Integrationsprozess informiert werden, da stabile Lieferantenbeziehungen die Grundlage für zukünftige Geschäfte bilden.

Aus der Perspektive „Prozesse und Organisation" sehen Experten ein professionelles Projektmanagement als Schlüsselfaktor für den PMI-Erfolg. Ein gut organisiertes Projektteam, idealerweise aus verschiedenen Funktionsbereichen, soll klare Zuständigkeiten haben und vor Ort präsent sein. Größere Unternehmen bevorzugen formelle Ansätze, während kleinere Unternehmen flexibler vorgehen und oft auf Ressourcenprobleme stoßen. Es wird empfohlen, ein zentrales PMO zu etablieren. Die Ansichten zu notwendigen Kompetenzen der Projektteams sind geteilt: Während einige Experten Fachwissen und Erfahrung priorisieren, legen andere Wert auf soziale und kommunikative Fähigkeiten. Großunternehmen haben Vorteile durch spezialisierte Ressourcen, während mittelständische

Unternehmen oft auf flexible Lösungen oder externe Unterstützung angewiesen sind. Eine transparente und zeitnahe interne Kommunikation schafft Akzeptanz und Vertrauen unter den Mitarbeitern, während die externe Kommunikation für ein positives Image der Integration bei Kunden und Lieferanten sorgt. Eine gute Kommunikation muss dem Führungsstil und der Unternehmenskultur entsprechen und besonders dann sensibel sein, wenn kulturelle Unterschiede bestehen. Einige Experten betonen die Notwendigkeit einer Harmonisierung und einer konsequenten Nachverfolgung neuer Prozesse, während andere für flexible Lösungen plädieren. Führungskräfte aus beiden Unternehmen sollen in die neue Organisation eingebunden werden und es soll ein ausgewogenes Organigramm mit klaren Berichtslinien entstehen. Der Integrationsgrad bestimmt das Ausmaß der organisatorischen Veränderungen.

Aus der Perspektive „Menschen und Kultur" bewerten Experten eine starke Unternehmensführung, die Orientierung, Vertrauen und eine klare Kultur vorgibt, als zentralen Erfolgsfaktor der PMI. Führungskräfte sollen die Unternehmenskultur aktiv vorleben und Flexibilität im Veränderungsmanagement zeigen, um Mitarbeiter durch transparente Kommunikation und kulturelles Feingefühl zu integrieren. HRM spielt eine Schlüsselrolle, insbesondere in Bezug auf eine sensible Integration, eine faire Entlohnung und die Sicherung von Wissen. Entscheidungsprozesse sollen klar und verlässlich sein, aber genügend Raum für flexible, schnelle Entscheidungen lassen, was besonders im Mittelstand als Vorteil gilt. Der Erhalt von Schlüsselpersonen und spezifischem Fachwissen ist essenziell, da der Verlust von Mitarbeitern und deren Know-how die Integration gefährden kann. Mittelständische Unternehmen schätzen ihre Unabhängigkeit, stehen dem Einsatz externer Berater zwar skeptisch gegenüber, nutzen sie aber zunehmend bei Spezialfragen. Die Experten unterstreichen die Bedeutung der Unternehmenskultur und des Wissensmanagements, wobei der Umgang mit kulturellen Unterschieden flexibel und kontextabhängig gestaltet werden soll, um den Erfolg im PMI-Management zu sichern.

3.3.4 Gestaltungsgeleitete Fragestellung

Der als Ergebnis des theoretischen Teils entwickelte erfolgsfaktorenbasierte Managementansatz visualisiert die theoretisch abgeleiteten Erfolgsfaktoren des strategischen PMI-Managements im deutschen Mittelstand innerhalb der Perspektiven „Strategischer Rahmen", „Finanzen und Risiken", „Märkte und Kunden", „Prozesse und Organisation" sowie „Menschen und Kultur". Die Evaluierung dieses auf theoretisch-konzeptionellen Vorüberlegungen basierenden Managementansatzes anhand der Erkenntnisse und Ergebnisse der eigenen empirischen Untersuchung lassen den Schluss zu, dass die interviewten Experten Grundstruktur und wesentliche Elemente des eigenen Managementansatzes bestätigen. Aus der Interpretation und Diskussion der Ergebnisse der qualitativen Inhaltsanalyse der Experteninterviews lassen sich zu den Erfolgsfaktoren des strategischen PMI-Managements Mittelstandsspezifika ableiten, die in dem eigenen Managementansatz Berücksichtigung finden sollen.

Im Gestaltungsteil dieser Dissertation soll folgende gestalterische Subforschungsfrage (GSFF) beantwortet werden: Wie kann der eigene Managementansatz auf Basis der Ergebnisse der empirischen Untersuchung vertieft und finalisiert werden, um daraus für den deutschen Mittelstand Handlungsempfehlungen für ein erfolgreiches PMI-Management abzuleiten?

Die damit verbundenen gestaltungsgeleiteten Zielstellungen sind, die Ergebnisse und Erkenntnisse aus dem theoretischen und empirischen Teil zusammenzuführen und zu diskutieren, Maßnahmen, Handlungsempfehlungen und Lösungsansätze für die weiterführende Forschung sowie praxisrelevante Handlungsempfehlungen für die Planung, Durchführung und Erfolgskontrolle des strategischen Managements der PMI im deutschen Mittelstand zu beschreiben und begründen.

Gestaltungsteil

4

Abschnitt 4.1 vertieft und finalisiert den eigenen Managementansatz. Abschnitt 4.2 und 4.3 leiten jeweils Handlungsimplikationen für die Forschung und für die Praxis ab. Abschnitt 4.4 fasst wesentliche Erkenntnisse und Konklusion des Gestaltungsteils zusammen und beantwortet die gestaltungsgeleitete Fragestellung.

4.1 Vertiefung und Finalisierung des Managementansatzes

Im Abschnitt 4.1.1 werden auf Basis des im empirischen Teil deduktiv-induktiv entwickelten Kategoriensystems Maßnahmenkategorien und kritische Erfolgsfaktoren abgeleitet, denen jeweils aus den Ergebnissen des empirischen Teils abgeleitete Erfolgsindikatoren zugeordnet werden. Die vermuteten Wirkungen der kritischen Erfolgsfaktoren auf die Erfolgsindikatoren werden aus allen strategischen Perspektiven anhand der empirischen Erkenntnisse und Ergebnisse konzeptualisiert und theoretisch eingeordnet. Die Operationalisierung der Erfolgsfaktoren jeder Maßnahmenkategorie wird jeweils als kategoriebezogenes Teilmodell visualisiert. Forschungshypothesen werden als abduktive Vermutung entwickelt und bilden den Ausgangspunkt weiterführender Forschung. Im Abschnitt 4.1.2 werden die in den Teilmodellen operationalisierten kritischen

K. Verbakel, *Strategisches Post-Merger-Integrationsmanagement*, Leadership Insights: Impulse für Management und Führung,
https://doi.org/10.1007/978-3-658-50274-4_4

Erfolgsfaktoren verknüpft und innerhalb des vertieften, finalisierten Managementansatzes für das strategische PMI-Management im deutschen Mittelstand visualisiert.

4.1.1 Konzeptionalisierung und Operationalisierung der kritischen Erfolgsfaktoren

4.1.1.1 Konzeptualisierung der Perspektiven, Kategorien, Faktoren und Indikatoren

Im empirischen Teil wird zunächst deduktiv ein grobes Kategoriensystem konzipiert, in dem die aus der Theorie abgeleiteten Erfolgsfaktoren (Abschnitt 2.2.6) als ursprüngliche Hauptkategorien definiert werden. Im Verlauf der Erhebung und Auswertung der empirischen Daten werden diese theoretisch begründeten Erfolgsfaktoren zu neuen Hauptkategorien aggregiert und mit induktiv entwickelten Subkategorien thematisch ausdifferenziert (Abschnitt 3.1.3.2). Auf Basis des deduktiv-induktiv entwickelten Kategoriensystems werden im Rahmen der Konzeptualisierung aus den Hauptkategorien insgesamt 13 Maßnahmenkategorien und aus den Subkategorien insgesamt 46 kritische Erfolgsfaktoren für das strategische PMI-Management im deutschen Mittelstand abgeleitet. Jedem kritischen Erfolgsfaktor wird jeweils eine aus Sicht der Verfasserin adäquate Anzahl an Erfolgsindikatoren zugeordnet. Abbildung 4.1 stellt das Erfolgsfaktorensystem zusammenfassend dar.

Endgültiges Erfolgsfaktorenssystem auf der Basis der Maßnahmenkategorien

Perspektive "Strategischer Rahmen"

Kategorie "Strategisches Leitbild"
- EF1 Unternehmenswert
- EF2 Mission
- EF3 Vision
- EF4 Werte

Kategorie "Strategische Ziele"
- EF5 Synergien
- EF6 Integrationsgeschwindigkeit
- EF7 Integrationsgrad
- EF8 Wachstum
- EF9 Stabilität

Perspektive "Finanzen + Risiken"

Kategorie "Informationsmanagement"
- EF10 Berichtswesen
- EF11 IT

Kategorie "Risikomanagement"
- EF12 Finanzierung
- EF13 Legale Aspekte
- EF14 Compliance

Kategorie "Family Governance"
- EF15 Zentrale Rolle des Eigentümers
- EF16 Nachfolgeregelungen
- EF17 Generationswechsel
- EF18 Aufsichtsgremien

Perspektive "Märkte + Kunden"

Kategorie "Kundenmanagement"
- EF19 Kundenintegration
- EF20 Marktbearbeitung

Kategorie "Geschäftsmodell"
- EF21 Produkt- und Leistungsportfolio
- EF22 Markenintegration
- EF23 Schlüssellieferanten

Perspektive "Prozesse + Organisation"

Kategorie "Projektmanagement"
- EF24 Integrationsteam
- EF25 Steuerung
- EF26 Ressourcenmanagement
- EF27 Integrationskompetenzen

Kategorie "Kommunikationsmanagement"
- EF28 Interne Kommunikation
- EF29 Externe Kommunikation

Kategorie "Aufbau- und Ablauforganisation"
- EF30 Prozesse
- EF31 Organisationsstruktur

Perspektive "Menschen + Kultur"

Kategorie "Unternehmensführung"
- EF32 Human Resource Management
- EF33 Veränderungsmanagement
- EF34 Entscheidungsfindung
- EF35 Bindung der Schlüsselpersonen
- EF36 Mitarbeiterintegration

Kategorie "Unternehmenskultur"
- EF37 Wertschätzung
- EF38 Offenheit
- EF39 Emotionen
- EF40 Vertrauen
- EF41 Langfristige Orientierung
- EF42 Flexibilität

Kategorie "Wissensmanagement"
- EF43 Externe Berater
- EF44 Fachwissen
- EF45 Lernerfahrungen
- EF46 Spezifisches PMI-Wissen

Legende
- Strategische Perspektiven
- Maßnahmenkategorien
- Kritische Erfolgsfaktoren

Abbildung 4.1 Erfolgsfaktorensystem auf Basis deduktiv-induktiv entwickelter Maßnahmenkategorien. (Quelle: Eigene Darstellung)

Im Sinne des ganzheitlichen Untersuchungsansatzes werden für jede strategische Perspektive theoretisch und empirisch begründete Maßnahmenkategorien (Kelle, 2003, S. 232) gebildet. Jeder Erfolgsfaktor wird jeweils einer Maßnahmenkategorie zugeordnet. Diese Vorgehensweise hat im ersten Schritt das Ziel, die Erfolgsfaktoren „greifbar“ zu machen (Homburg & Giering, 1996, S. 6; Krell & Lamnek, 2024, S. 133) und die Zusammenhänge der im empirischen Teil dargestellten, diskutierten und interpretierten Erfahrungen und Erkenntnisse der Experten besser zu verstehen. Im zweiten Schritt lassen sich aus den Ergebnissen der Analysen sowohl der weitere empirische Forschungsbedarf als auch praxisrelevante Handlungsempfehlungen ableiten.

Die methodische Vorgehensweise basiert auf den Kernelementen des von Homburg und Giering (1996, S. 5) entwickelten Leitfadens zur „Konzeptualisierung und Operationalisierung komplexer Konstrukte". Die deduktiv-induktiv ermittelten Erfolgsfaktoren werden darin als „theoretisches Konstrukt", als „latente Variable" und als „nicht direkt messbare Größe" (Homburg & Giering, 1996, S. 6) definiert. Um dieses theoretische Konstrukt „messbar" zu machen, werden die Beziehungen zwischen den Erfolgsfaktoren und den im empirischen Teil induktiv abgeleiteten Erfolgsindikatoren als „beobachtbare Variablen" spezifiziert (Homburg & Giering, 1996, S. 6). Bezüglich der „Richtung der Beziehungen" (Homburg & Giering, 1996, S. 6) zwischen einem Erfolgsfaktor und den gebildeten Erfolgsindikatoren werden reflektive und formative Beziehungen unterschieden (Albers & Hildebrandt, 2006, S. 3–4; Bollen & Lennox, 1991, S. 305–307; Christophersen & Grape, 2009, S. 103; Coltman et al., 2008, S. 1255; T. A. E. Ebert & Raithel, 2009, S. 125–126; Eisend & Kuß, 2023, S. 254–255; Fuchs, 2011, S. 7–9; Homburg & Giering, 1996, S. 6; Homburg & Klarmann, 2006, S. 7–8; Huber et al., 2007, S. 17; Riemenschneider, 2006, S. 193). Werden Erfolgsfaktoren formativ operationalisiert, bestimmen die Erfolgsindikatoren die Ausprägung des Erfolgsfaktors (Behler, 2020, S. 345; Ehrler, 2022, S. 136; Eisend & Kuß, 2023, S. 254–255; Fritsch, 2007, S. 96; Huber et al., 2007, S. 19).

Bei der in dieser Dissertation gewählten „reflektiven Spezifikation des Konstruktes" beeinflusst dagegen der jeweilige Erfolgsfaktor als latente Variable bzw. Konzept die Ausprägung der Erfolgsindikatoren (Behler, 2020, S. 345; Eisend & Kuß, 2023, S. 254; Fritsch, 2007, S. 96; Huber et al., 2007, S. 19). Verändert sich der Erfolgsfaktor als Teil der jeweiligen Maßnahmenkategorie, verändern sich auch die Erfolgsindikatoren. Weil die Variablen bzw. Erfolgsfaktoren nicht direkt beobachtet werden können, wird das Ziel verfolgt, ein Struktur- und Messmodell zu entwickeln, um die Wirkung der latenten Variablen bzw. der identifizierten Erfolgsfaktoren auf die jeweils zugeordneten Indikatoren zu erklären (Eisend & Kuß, 2023, S. 254).

Albers und Hildebrandt (2006, S. 3) merken kritisch an, dass bei dieser Vorgehensweise in der empirischen EFF „die inhaltliche Struktur und die Annahme der Reflektivität der Indikatoren üblicherweise nicht in Frage gestellt" werde, wodurch „konzeptionelle Fehler" entstehen würden. Die innerhalb der EFF auf Ebene des Managements untersuchte Wirkung von Faktoren erforsche eher formative Indikatoren, auf die man reflektive Modelle nicht anwenden könne (Albers & Hildebrandt, 2006, S. 8–9). Die Autoren führen weiter aus, dass man die Unterstellung der Reflektivität trotz Zusammensetzung des Konstrukts aus unabhängigen gestalterischen Maßnahmen verteidigen könne, indem man das „Konstrukt als ganzheitliche Strategie mit hoch korrelierenden Maßnahmen (Indikatoren)“ begreife. Verstehe „man die Strategie dann so, dass bei einer Veränderung der Strategieausprägung [...] alle Indikatoren [...] gleichermaßen verändert“ würden, so sei „die Richtung der Kausalität zwischen Konstrukt und Indikatoren nicht bedeutsam“ (Albers & Hildebrandt, 2006, S. 12). Die „Aussagekraft des Modells“ sei aber grundsätzlich „eingeschränkt, da man nur die Auswirkungen von Strategie-Ausprägungen untersuchen“ und „nicht sicher sein“ könne, ob die Indikatoren die Strategie vollständig beschreiben würden (Albers & Hildebrandt, 2006, S. 12). Letztlich untersuche das so gebildete Modell, ob „das gleichzeitige Verändern von Treibern zum Erfolg führt“ (Albers & Hildebrandt, 2006, S. 13). Homburg und Klarmann (2006, S. 8) diskutieren die Forderungen von Albers und Hildebrandt (2006, S. 10) kritisch und führen die Vorteile reflektiver Messmodelle auf. Ihrer Ansicht nach bestehe bei der Ableitung konkreter Handlungsempfehlungen „aus einem Messmodell [...] auch ein theoretisches Interesse an den Indikatoren selbst“ (Homburg & Klarmann, 2006, S. 8).

Unter Berücksichtigung der vorgenannten Auffassungen werden im Rahmen der Konzeptualisierung (Homburg & Giering, 1996, S. 11; 14) innerhalb der in Abbildung 4.1 dargestellten 13 Maßnahmenkategorien 46 kritische Erfolgsfaktoren abgeleitet, die über die den jeweiligen Faktoren zugeordneten Erfolgsindikatoren reflektiv operationalisiert werden. Abbildung 4.2 stellt beispielhaft eine Operationalisierung dar, wie sie in kategoriebezogenen Teilmodellen für alle kritischen Erfolgsfaktoren vorgenommen wird. Als Indikatoren des PMI-Erfolgs werden vor dem Hintergrund multidimensionaler individueller Zielbündel der Zielerreichungsgrad (Effektivität) und das Erreichen eines bestimmten Zielniveaus mit möglichst geringem Input (Effizienz) ausgewählt (Baumgarth & Evanschitzky, 2009, S. 242–243; Eisend & Kuß, 2023, S. 252–253).

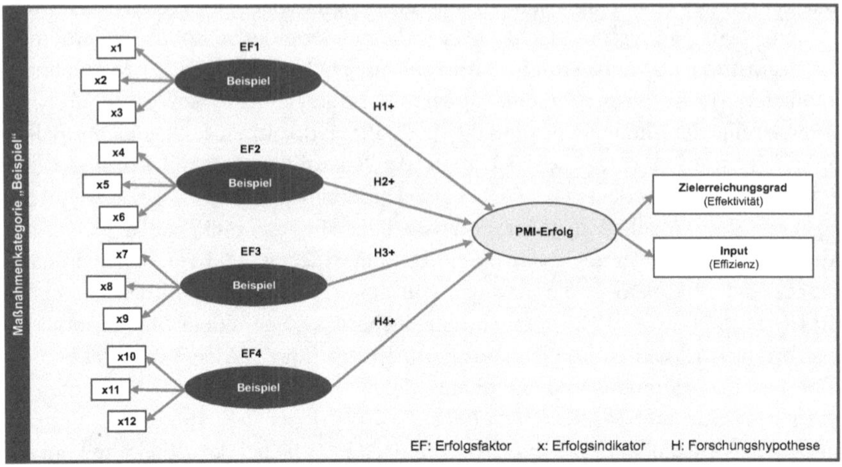

Abbildung 4.2 Beispiel eines kategoriebezogenen Teilmodells kritischer Erfolgsfaktoren. (Quelle: Eigene Darstellung in Anlehnung an Behler, 2020, S. 356; Homburg & Giering, 1996, S. 7)

Die Konzeptualisierung des endgültigen Erfolgsfaktorensystems bildet den Bezugsrahmen für die Ausführungen in den folgenden Abschnittn 4.1.1.2 bis 4.1.1.6, in denen innerhalb der fünf strategischen Perspektiven für jede der 13 Maßnahmenkategorien die 46 kritischen Erfolgsfaktoren unter Ableitung von Erfolgsindikatoren operationalisiert und theoretisch eingeordnet werden. Für jede Maßnahmenkategorie werden, wie in Abbildung 4.2 beispielhaft dargestellt, kategoriespezifische Teilmodelle entwickelt, die die Operationalisierung der Erfolgsfaktoren anhand der Erfolgsindikatoren und die Forschungshypothesen zu den Zusammenhängen zwischen den kritischen Erfolgsfaktoren und dem PMI-Erfolg visualisieren (Behler, 2020, S. 345; F. D. Davis et al., 1989, S. 985; Eisend & Kuß, 2023, S. 253; Fritsch, 2007, S. 95). Strategische Maßnahmen, Handlungen und Entscheidungen innerhalb des PMI-Managements verändern den Einfluss der jeweiligen Erfolgsfaktoren auf den PMI-Erfolg. Mit der Veränderung der Erfolgsfaktoren verändern sich auch die Erfolgsindikatoren. Für jedes Teilmodell werden „intuitiv akzeptable" und „plausible" Forschungshypothesen als „abduktive Vermutung" (Eisend & Kuß, 2023, S. 79; Schurz, 2014, S. 56) formuliert und tabellarisch zusammengefasst, die im Sinne der weiteren Theorieentwicklung den Ausgangspunkt weiterführender Forschung bilden (Janiszewski & van Osselaer, 2022, S. 184–185). Die kategoriebezogenen Teilmodelle werden in dem vertieften, finalisierten Managementansatz für das strategische PMI-Management im deutschen Mittelstand verknüpft, der als Bezugsrahmen für weiterführende Untersuchungen genutzt werden kann (Behler, 2020, S. 353; Fritsch, 2007, S. 134).

4.1.1.2 Strategische Perspektive „Strategischer Rahmen"

4.1.1.2.1 Kritische Erfolgsfaktoren der Maßnahmenkategorie „Strategisches Leitbild"

Aus der übergeordneten Zielsetzung wertorientierter Unternehmensführung heraus bildet das strategische Leitbild in Form der Mission, Vision und Werte den Kern des strategischen Rahmens des PMI-Managements. Es gibt die Richtung vor und bildet nach Ansicht der Experten den Orientierungsrahmen für alle Entscheidungen und Handlungen innerhalb des strategischen PMI-Managements. Tabelle 4.1 stellt innerhalb dieser Maßnahmenkategorie die kritischen Erfolgsfaktoren dar und macht sie anhand der Ausprägungen der auf Basis der Ergebnisse des theoretischen und des empirischen Teils zugeordneten Erfolgsindikatoren greifbar.

Tabelle 4.1 Kritische Erfolgsfaktoren und Erfolgsindikatoren der Maßnahmenkategorie „Strategisches Leitbild". (Quelle: Eigene Darstellung)

Maßnahmenkategorie „Strategisches Leitbild"			
Erfolgsfaktoren		**Erfolgsindikatoren**	
EF1	**Unternehmens-wert**	x1	Steigerung des Unternehmenswertes ist als Ziel der PMI formuliert.
		x2	PMI wird mit wertorientierten Kennzahlen gesteuert.
		x3	Wertorientierte Führungsinstrumente werden angewendet.
EF2	**Mission**	x4	Mission beschreibt den Unternehmenszweck.
		x5	Mission definiert den überlegenden Kundennutzen.
		x6	Mission ist Teil des Handlungsrahmens der PMI.
EF3	**Vision**	x7	Vision motiviert mit einer langfristigen Perspektive.
		x8	Vision konkretisiert das Zielbild.
		x9	Vision ist Teil des Handlungsrahmens der PMI.
EF4	**Werte**	x10	Werteverständnis ist mittelstandsgeprägt.
		x11	Werte und ethische Standards der Eigentümer werden gelebt.
		x12	Werte sind Teil des Handlungsrahmens der PMI.

Bauch (2004, S. 180) bestätigt die Bedeutung „einer strategiekonformen Ausrichtung" der PMI. Häufig scheitert die Umsetzung aber an einem Mangel an Konsequenz (Bauch, 2004, S. 167). In der empirischen Untersuchung von Barnikel (2006, S. 180) wird von Mitarbeitern und Experten als Erfolgsfaktor der PMI am häufigsten genannt, „eine klare Strategie" und „ein gutes Managementteam" zu haben, welches „eine saubere Strategie, Vision, Linie, Mission" entwirft. Dies impliziert, „früh Entscheidungen zu fällen", und den Mitarbeitern „trotz all der Veränderungen" Orientierung zu geben (Barnikel, 2006, S. 180; 226). Das Fehlen einer klaren Strategie führt zu Verzögerungen des PMI-Prozesses (Barnikel, 2006, S. 226).

Der PMI-Managementprozess entspricht in seinen Grundzügen einem Prozessmodell des Strategischen Managements. Sowohl im Vorfeld als auch während der Strategieumsetzung ist eine ganzheitliche Perspektive von Bedeutung (Vigfússon et al., 2024, S. 11–14). Ausgehend von dem Oberziel, „eine Steigerung des Gesamtwertes der beteiligten Unternehmen zu realisieren" (Lohre, 2010, S. 18), entscheiden mittelständische Unternehmen im Strategieprozess auf Basis ihrer Werte und Einstellungen, mit unterschiedlichen Auswirkungen auf den Unternehmenswert (A. G. Schmidt & Moritz, 2023, S. 191–192). Furtner (2011, S. 101) betont als Grundregel für mittelständische Unternehmen, die „Grundsatzentscheidungen hinsichtlich der Integrationsstrategie" frühzeitig zu treffen, da „strategische Fehler und Versäumnisse" im Verlauf des PMI-Prozesses kaum korrigiert werden können.

Den Einfluss unterschiedlicher Integrationsstrategien auf den Erfolg des PMI-Managements beurteilen Wei und Clegg (2020, S. 1681–1682) anhand der Messgrößen „Wertschöpfung" und „Wertverlust". Die empirischen Ergebnisse dieser Dissertation ergänzen die Ergebnisse anderer Untersuchungen, wonach bei Entscheidungen eigentümergeprägter, mittelständischer Unternehmen im Rahmen des strategischen PMI-Managements nicht wie bei PE-Gesellschaften und Kapitalmarktunternehmen die Steigerung des Unternehmenswerts im Vordergrund stehen, sondern die Erfüllung einer Mischung qualitativ und quantitativ geprägter, nicht klar definierter Ziele und Interessen der Eigentümer (Miculeac, 2018, S. 124–125; Stietencron, 2013, S. 130). Eine wertorientierte Führung ist umso eher anzutreffen, „wenn Mittelständler groß, von angestelltem Management geführt oder börsennotiert sind" (T. Günther & Gonschorek, 2011, S. 18). Auch in den Experteninterviews dieser Dissertation zeigt sich, dass Ansätze eines wertorientierten Managements nur in großen mittelständischen Unternehmen zu finden sind. Wertorientierte Kennzahlen und Managementinstrumente werden „nur relativ selten" in mittelständischen Unternehmen angewandt. Der Schwerpunkt liegt eher auf „operativen Managementinstrumenten" und nicht auf strategischen, „wertorientiert ausgerichteten“ Methoden (Krol, 2009, S. 2). Pfohl (2020, S. 109) spricht von „intuitiv-antizipativen Planungen“ in mittelständischen Unternehmen, die aus der zentralen Rolle des Eigentümers resultieren und häufig an die Stelle eines expliziten, strukturierten Strategieprozesses treten.

Feix (2023, S. 189) nennt als „Eckpfeiler der Integrationsstrategie“ die Definition von Mission und Vision der Integration für das gemeinsame Unternehmen. Vision und Mission müssen Fragen zum „Nutzen des neuen gemeinsamen Unternehmens“, zu den erwarteten Wettbewerbsvorteilen, zum angestrebten Geschäftsmodell, zu den „Synergiehebeln“, zu den erwarteten „Kernkompetenzen des gemeinsamen Unternehmens“ und zum beabsichtigten „Änderungsprogramm“ beantworten (Feix, 2023, S. 189–191). Die im Rahmen dieser Dissertation befragten Experten betonen, dass Mission und Vision mittelständischer Unternehmen entscheidend durch die Eigentümerfamilie geprägt werden. Die Vision hat eine besonders hohe Bedeutung in „veränderungsintensiven“ Projekten für die Identifikation, Integration und Orientierung, auch als Grundlage der „notwendigen Kommunikationsprozesse“ (Klostermann & Düsterhoff, 2020, S. 34). Visionskonzepte können in Kombination mit einer geeigneten Kommunikation wesentlich zum Erfolg der Integration beitragen (Klostermann & Düsterhoff, 2020, S. 34). Insbesondere in Zeiten großer Veränderungen im Rahmen der PMI ist eine „prägnante und zukunftsorientierte“ Vision von großer Bedeutung (Lohre, 2010, S. 234). Die Mitarbeiter im akquirierten Unternehmen benötigen mit einer motivierenden Vision eine Langfristperspektive (M. Palm & Kammerlander, 2021, S. 17). Nach Ansicht der Experten, können insbesondere mittelständische Unternehmen mit einer Vision begeistern und Sinn stiften.

Werte wie beispielsweise Zuverlässigkeit, Verantwortung, Respekt, Tradition, Loyalität, Dominanz und Reputation machen in unterschiedlichen Kombinationen und Ausprägungen die Heterogenität familiengeführter Unternehmen aus und sind die Treiber der strategischen Ausrichtung (Rau et al., 2019, S. 203). Ein gemeinsames Werteverständnis ist nach Meinung der befragten Experten ein entscheidendes Gestaltungselement für eine erfolgreiche kulturelle Integration und das nachhaltige Zusammenwachsen der Unternehmen. Stoßen innerhalb des PMI-Managements eine konzerngeprägte auf die „klare und langsam gewachsene Wertestruktur“ (Stich et al., 2016, S. 348) eines mittelständischen Unternehmens, können diese Unterschiede im Werteverständnis den PMI-Erfolg gefährden.

Zusammenfassend konkludieren Angwin et al. (2022, S. 855), dass Unternehmensführungen immer die Option haben, eine erfolgreiche Strategie für das PMI-Management auszuwählen und umzusetzen. Erfolgreiche M&A-Projekte resultieren aus einer Kombination kontextbezogener und strategischer Variablen sowie aus der Motivation der Führung.

4.1.1.2.2 Kritische Erfolgsfaktoren der Maßnahmenkategorie „Strategische Ziele"

Gemeinsam mit dem Leitbild bilden strategische Ziele den langfristig ausgelegten strategischen Rahmen für das PMI-Management. Nach Auffassung der befragten Experten stellt ein klares, aktuelles Zielbild ein kohärentes und zielgerichtetes PMI-Management sicher. Tabelle 4.2 stellt innerhalb dieser Maßnahmenkategorie die kritischen Erfolgsfaktoren dar und macht sie anhand der Ausprägungen der zugeordneten Erfolgsindikatoren greifbar.

Als Ergebnisse ihrer Expertenbefragung nennt Bauch (2004, S. 173) als strategische Ziele der PMI neben der Festlegung der Integrationsschwerpunkte, der Auseinandersetzung mit der generellen Konzeption und den Risiken der PMI, die Festlegung des Integrationsgrads und der Integrationsgeschwindigkeit. Cording et al. (2008, S. 760) heben hervor, dass es in Bezug auf die im Rahmen des PMI-Managements formulierten Ziele für das Management hilfreich ist, Zwischenziele zu setzen. Die Verwendung von Zwischenzielen zur Steuerung der Integrationsentscheidungen ermöglicht es Entscheidungsträgern, ihr „kausales Verständnis" für die Wirkung der Maßnahmen zu erweitern, als Konsequenz ihre Entscheidungsfindung zu verbessern und letztlich die Akquisitionsleistung zu steigern.

Furtner (2011, S. 101) betont, wie wichtig es ist, die Ziele des PMI-Managements „klar und offen" zu kommunizieren. Diese müssen aus der Integrationsstrategie „abgeleitet, formuliert" und „an alle Beteiligten kommuniziert" werden (Furtner, 2011, S. 108). Die strategischen Ziele haben vielfältige Funktionen für beteiligte Mitarbeiter, sie geben „Orientierung", sind motivierend und geben einen „Leistungsanreiz" (Furtner, 2011, S. 108).

Feix (2023, S. 192–194) macht deutlich, dass die Mission und Vision den langfristigen Rahmen für die „mittelfristigen Integrationsziele und -prioritäten" darstellen. Dabei machen beispielsweise strategische Ziele zum zukünftigen Geschäftsmodell und zu „Kernsynergien" die Mission und Vision „greifbarer" (Feix, 2023, S. 193). Die strategischen Ziele der Integration bilden die wesentliche Grundlage für die Festlegung der Prioritäten im PMI-Management und die „Identifizierung von Integrationsaufgaben" (Feix, 2023, S. 193–194). Planung, Steuerung und Kontrolle des strategischen PMI-Managements müssen nach Ansicht von T. Günther und Gonschorek (2011, S. 18) konsequent an den strategischen Zielen ausgerichtet werden.

Tabelle 4.2 Kritische Erfolgsfaktoren und Erfolgsindikatoren der Maßnahmenkategorie „Strategische Ziele“. (Quelle: Eigene Darstellung)

Maßnahmenkategorie „Strategische Ziele“			
Erfolgsfaktoren		**Erfolgsindikatoren**	
EF5	Synergien	x1	Synergiepotenziale werden realistisch eingeschätzt.
		x2	Synergiepotenziale werden mit hoher Aufmerksamkeit verfolgt.
		x3	Synergiepotenziale und Integrationskosten werden abgeglichen.
EF6	Integrationsgeschwindigkeit	x4	Integrationsgeschwindigkeit passt zum Kontext.
		x5	Integrationsgeschwindigkeit wird situativ angepasst.
EF7	Integrationsgrad	x6	Mission und Vision bestimmen den Integrationsgrad.
		x7	Integrationsgrad passt zur Unternehmensgröße und Erfahrung.
		x8	Integrationsgrad ist mit verfügbaren Ressourcen zu erreichen.
		x9	Integrationsgrad wird situativ angepasst.
EF8	Wachstum	x10	Wachstum belegt Wettbewerbsfähigkeit.
		x11	Wachstum erleichtert Akzeptanz für Veränderungen.
		x12	Wachstumsziele sind messbar festgelegt.
EF9	Stabilität	x13	Stabilität bindet die Mitarbeitenden.
		x14	Stabilität verringert Ängste und Unsicherheiten.

In der empirischen Untersuchung dieser Dissertation werden als wesentliche konzeptionelle Elemente des Zielbildes die Festlegung des Integrationsgrads und der Integrationsgeschwindigkeit sowie das Streben nach Synergieeffekten, Wachstum und Stabilität genannt. Bestätigt werden die Ergebnisse anderer Untersuchungen, dass potenzielle Synergieeffekte durch unterschätzte Integrationskosten kompensiert werden können (Kretschmer & Dehne, 2020, S. 480; Weber, 2019, S. 100). Die Überschätzung der Synergiepotenziale und Unterschätzung negativer Effekte, können den PMI-Erfolg gefährden (Hofmann, 2005, S. 484). Umashankar et al. (2022, S. 83) erwähnen in diesem Zusammenhang auch mögliche finanzielle Verluste, die sich ergeben, wenn sich als Folge der Veränderungen unzufriedene Kunden abwenden. Furtner (2011, S. 124–125) empfiehlt mittelständischen Unternehmen, sich dem strategischen Ziel, Synergieeffekte zu erzielen, „vorsichtig anzunähern“. Das Heben von Synergien ist „an einen hohen Integrationsgrad gekoppelt“, der wiederum einen „komplexen“ Integrationsprozess nach sich zieht. Unrealistische Erwartungen zu den erzielbaren

Synergien führen zu einem hohen Druck, großer Enttäuschung und letztlich auch zu einem Misserfolg im PMI-Management (Furtner, 2011, S. 124–125).

Synergiepotenziale können im Rahmen des PMI-Managements für eine realistische Einschätzung ihrer Wirkungen mit den erhofften Erlössteigerungen und Kostensenkungen quantifiziert werden, um sie drohenden Dyssynergien gegenüberzustellen, die als potenzielle Erlösminderungen und Kostensteigerungen geplant werden können (Hofmann, 2005, S. 484). Den eher plakativen und teilweise widersprüchlichen Aussagen der Experten, Synergien seien einerseits wichtig, aber würden andererseits überschätzt, sind aktuelle Forschungsergebnisse gegenüberzustellen, die deutlich machen, dass die erfolgreiche Realisierung unterschiedlicher Arten von Synergien innerhalb der PMI einer hohen Aufmerksamkeit bedürfen (F. Bauer & Friesl, 2024, S. 37).

Integrationsgeschwindigkeit und Integrationsgrad müssen nach Ansicht der befragten Experten als strategische Ziele des PMI-Managements sorgfältig geplant und während der PMI situationsabhängig angepasst werden, um potenzielle negative Auswirkungen zu vermeiden. Bauch (2004, S. 174) fasst als Ergebnisse ihrer Interviews zusammen, dass einige Experten eine „zügige" PMI bevorzugen, während andere meinen, „dass das Tempo durch die spezifischen Umstände bestimmt" wird. Integrationsprozesse sind große Veränderungsprozesse, die Jahre in Anspruch nehmen können, eine hohe Geschwindigkeit kann den anfänglichen „Schwung der frühen Integrationsphase" mitnehmen, eine langsame Integrationsgeschwindigkeit ist weniger anstrengend für Mitarbeiter (Steigenberger, 2017, S. 416–417). Die Beantwortung der Frage nach der richtigen Integrationsgeschwindigkeit hat eine hohe Komplexität (Thomas & Louisgrand, 2022, S. 913). Unabhängig davon, ob man eine schnelle oder langsame Integration anstrebt, kann sich jede spürbare zeitliche Verzögerung von Integrationsmaßnahmen gegenüber der Planung negativ auf den Erfolg auswirken (Wei & Clegg, 2020, S. 1682).

Hille (2022, S. 236) macht den Konflikt deutlich, einerseits mit einer hohen Geschwindigkeit die Zeiten der Unsicherheit für Mitarbeiter zu verkürzen oder auch Verluste von Marktanteilen zu vermeiden und andererseits insbesondere „kulturellen Veränderungen" genügend Zeit zu geben. Furtner (2011, S. 108–109) sieht als Ergebnis ihrer empirischen Untersuchung keinen generellen Zusammenhang zwischen der Integrationsgeschwindigkeit und dem Integrationserfolg. Die befragten mittelständischen Unternehmen in Österreich sprechen sich „einhellig gegen eine [...] Forcierung" der Integrationsgeschwindigkeit aus. Die Autorin empfiehlt, die Integrationsgeschwindigkeit „situationsabhängig, individuell festzulegen" (Furtner, 2011, S. 108). Trotz zahlreicher Untersuchungen (Angwin, 2004b; Homburg & Bucerius, 2006; Q. Lu, 2014; Uzelac et al., 2016) gibt es keine allgemeingültigen Empfehlungen für einen hohen oder niedrigen Integrationsgrad und für eine hohe oder niedrige Integrationsgeschwindigkeit. Jede Vorgehensweise hat Vor- und Nachteile (Steigenberger, 2017, S. 423–424).

Die Ergebnisse anderer Untersuchungen unterstreichen die Bedeutung des richtigen Maßes der Integration, da ein hoher Integrationsgrad Gefahren bergen kann (Zaheer et al., 2013, S. 627). Die Höhe des Integrationsgrads leitet sich aus der Vision ab, die Integrationsrisiken nehmen mit der Höhe des Integrationsgrads zu (Claassen et al., 2019, S. 677). In Familienunternehmen folgt der Integrationsgrad der Regel „so wenig wie möglich, so viel wie notwendig" (M. Palm & Kammerlander, 2021, S. 15). Ein hoher Integrationsgrad hat „größere Möglichkeiten zur Ausschöpfung von Wertsteigerungspotenzialen" und ein geringerer Integrationsgrad hat „ein verringertes Konfliktpotenzial" (Grimpe, 2005b, S. 3). Die Wahl des Integrationsgrads ist eine der wichtigsten strategischen Entscheidungen bei Integrationsprojekten und hat wesentlichen Einfluss auf die Integrationsgeschwindigkeit (Steigenberger, 2017, S. 415–416). Furtner (2011, S. 41–42) findet bei den von ihr befragten mittelständischen Unternehmen niedrige bis mittlere Integrationsgrade vor. Nach ihrem Eindruck steigt mit dem Integrationsgrad das Risko eines Misserfolgs, weshalb die Passung eines hohen Integrationsgrads mit der „Unternehmensgröße" und der „Integrationserfahrung" zunimmt.

Wachstum und Stabilität sollen nach Ansicht der im Rahmen dieser Dissertation befragten Experten als strategische Ziele formuliert werden, da sie Ängste und Unsicherheiten im PMI-Managementprozess reduzieren und die Akzeptanz für Veränderungen erhöhen. In eigentümergeführten Unternehmen resultiert die Bindung der Mitarbeiter „aus einem generellen Verständnis […] für Kontinuität und Stabilität" (Sachs, 2007, S. 248). Mit Unternehmenswachstum werden eine Steigerung der Wettbewerbsfähigkeit und eine Stärkung der Mitarbeiterbindung assoziiert (Gebauer & Sagebiel, 2015, S. 24–25). Die Ergebnisse der eigenen empirischen Untersuchung geben Hinweise, dass Mitarbeiter Wachstum und Stabilität als Gegenpol zu den mit der PMI einhergehenden Veränderungen empfinden, was sich entsprechend positiv auf ihre Akzeptanz für die Veränderungen im Rahmen der Integration auswirkt.

4.1.1.2.3 Kategoriebezogene Teilmodelle und Hypothesen

Zusammenfassend dienen das strategische Leitbild und die strategischen Ziele als Orientierung für alle Entscheidungen im strategischen PMI-Management. In eigentümergeführten Unternehmen vorherrschende informelle Formulierungen strategischer Ziele können schriftliche Ausformulierungen nicht ersetzen und verfehlen den Zweck, allen Akteuren im PMI-Management eine klare Richtung vorzugeben. Die Ergebnisse der Interviews deuten an, dass mittelständische Unternehmen dazu neigen, den Fokus auf kurzfristige operative Ziele zu legen. Das birgt die Gefahr, operative Aufgaben gegenüber strategischen Zielen zu priorisieren. Das Zielbild des PMI-Managements mit einer realistischen Aussage zu den angestrebten Synergieeffekten, mit der Festlegung des Integrationsgrads und der Integrationsgeschwindigkeit sowie mit der Formulierung strategischer Wachstumsziele schärft den Fokus auf die strategischen Ziele des PMI-Managements und ermöglicht, den Erfolg des strategischen PMI-Managements anhand der festgelegten Parameter zu messen.

Das in Abbildung 4.3 dargestellte Teilmodell visualisiert aus der Perspektive „Strategischer Rahmen" für die Maßnahmenkategorie „Strategisches Leitbild" die Operationalisierung der kritischen Erfolgsfaktoren anhand der Erfolgsindikatoren sowie die Ableitung der Forschungshypothesen zu den positiven Wirkungen der Erfolgsfaktoren EF1 bis EF4 auf den PMI-Erfolg.

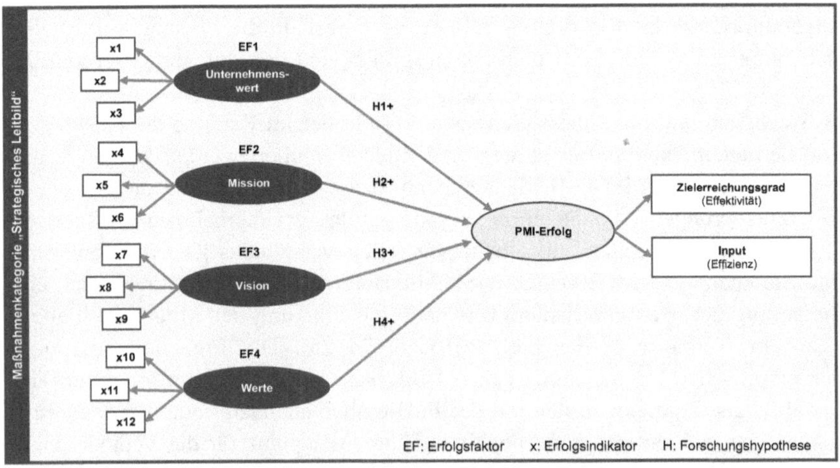

Abbildung 4.3 Teilmodell zur Ableitung der Forschungshypothesen H1 bis H4 der Maßnahmenkategorie „Strategisches Leitbild". (Quelle: Eigene Darstellung)

In Tabelle 4.3 werden die Hypothesen H1 bis H4 als Ausgangspunkt weiterführender Forschungsarbeiten formuliert.

Tabelle 4.3 Forschungshypothesen H1 bis H4 zu den Erfolgsfaktoren der Maßnahmenkategorie „Strategisches Leitbild" als Ausgangspunkt weiterführender Forschungsarbeiten. (Quelle: Eigene Darstellung)

Maßnahmenkategorie „Strategisches Leitbild"			
Erfolgsfaktoren		Forschungshypothesen	
EF1	**Unternehmenswert**	**H1**	Wenn das strategische PMI-Management im deutschen Mittelstand wertorientiert ausgerichtet ist, wirkt sich dies positiv auf den PMI-Erfolg aus.
EF2	**Mission**	**H2**	Wenn das strategische PMI-Management im deutschen Mittelstand eine klare Mission integriert, wirkt sich dies positiv auf den PMI-Erfolg aus.
EF3	**Vision**	**H3**	Wenn das strategische PMI-Management im deutschen Mittelstand eine klare Vision integriert, wirkt sich dies positiv auf den PMI-Erfolg aus.
EF4	**Werte**	**H4**	Wenn das strategische PMI-Management im deutschen Mittelstand ein mittelstandsgeprägtes Werteverständnis integriert, wirkt sich dies positiv auf den PMI-Erfolg aus.

Das in Abbildung 4.4 dargestellte Teilmodell visualisiert aus der Perspektive „Strategischer Rahmen" für die Maßnahmenkategorie „Strategische Ziele" die Operationalisierung der kritischen Erfolgsfaktoren anhand der Erfolgsindikatoren sowie die Ableitung der Forschungshypothesen zu den positiven Wirkungen der Erfolgsfaktoren EF5 bis EF9 auf den PMI-Erfolg.

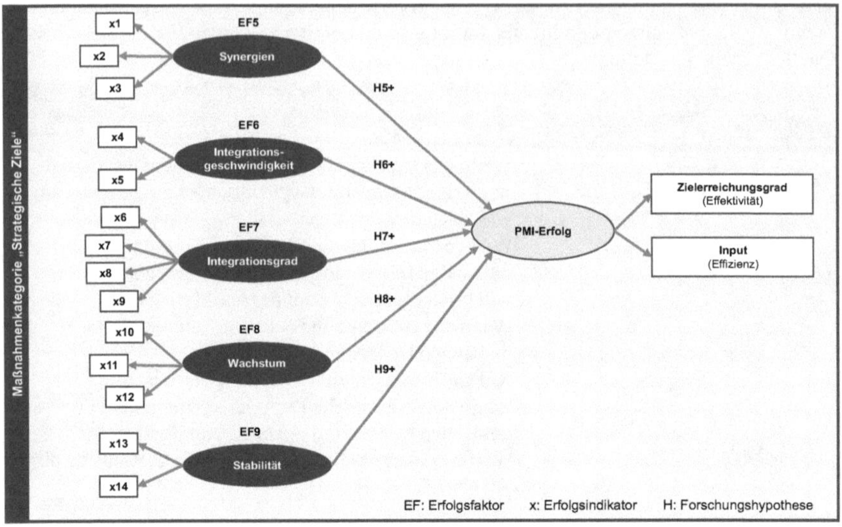

Abbildung 4.4 Teilmodell zur Ableitung der Forschungshypothesen H5 bis H9 der Maßnahmenkategorie „Strategische Ziele“. (Quelle: Eigene Darstellung)

In Tabelle 4.4 werden die Hypothesen H5 bis H9 als Ausgangspunkt weiterführender Forschungsarbeiten formuliert.

Tabelle 4.4 Forschungshypothesen H5 bis H9 zu den Erfolgsfaktoren der Maßnahmenkategorie „Strategische Ziele“ als Ausgangspunkt weiterführender Forschungsarbeiten. (Quelle: Eigene Darstellung)

Maßnahmenkategorie „Strategische Ziele“			
Erfolgsfaktoren		Forschungshypothesen	
EF5	**Synergien**	**H5**	Wenn das strategische PMI-Management im deutschen Mittelstand Synergien gezielt identifiziert und umsetzt, wirkt sich dies positiv auf den PMI-Erfolg aus.
EF6	**Integrationsgeschwindigkeit**	**H6**	Wenn das strategische PMI-Management im deutschen Mittelstand die Integrationsgeschwindigkeit flexibel gestaltet, wirkt sich dies positiv auf den PMI-Erfolg aus.
EF7	**Integrationsgrad**	**H7**	Wenn das strategische PMI-Management im deutschen Mittelstand den Integrationsgrad bewusst bestimmt, wirkt sich dies positiv auf den PMI-Erfolg aus.
EF8	**Wachstum**	**H8**	Wenn das strategische PMI-Management im deutschen Mittelstand messbare Wachstumsziele verfolgt, wirkt sich dies positiv auf den PMI-Erfolg aus.
EF9	**Stabilität**	**H9**	Wenn das strategische PMI-Management im deutschen Mittelstand Stabilität anstrebt, wirkt sich dies positiv auf den PMI-Erfolg aus.

4.1.1.3 Strategische Perspektive „Finanzen und Risiken“

4.1.1.3.1 Kritische Erfolgsfaktoren der Maßnahmenkategorie „Informationsmanagement“

Kernaussagen der Experten zum Informationsmanagement bestätigen die Bedeutung der IT- und ERP-Systeme für die Bereitstellung von Kennzahlen eines aussagekräftigen Berichtswesens als Grundlage der strategischen Steuerung des PMI-Managements. Tabelle 4.5 stellt innerhalb dieser Maßnahmenkategorie die kritischen Erfolgsfaktoren dar und macht sie anhand der Ausprägungen der zugeordneten Erfolgsindikatoren greifbar.

Einige Experten empfehlen eine schnelle Zentralisierung administrativer Systeme, um schon zu Beginn des PMI-Prozesses einen guten Überblick anhand der Daten zu bekommen, wobei auch einfache IT-Systeme gute Daten liefern können. Einigkeit besteht in dem Punkt, dass die Zusammenführung und Standardisierung von IT-/ERP-Systemen kosten- und zeitintensiv sind. Man gewinnt

Tabelle 4.5 Kritische Erfolgsfaktoren und Erfolgsindikatoren der Maßnahmenkategorie „Informationsmanagement". (Quelle: Eigene Darstellung)

Maßnahmenkategorie „Informationsmanagement"			
Erfolgsfaktoren		**Erfolgsindikatoren**	
EF10	**Berichtswesen**	x1	Zeitplan für die Zentralisierung des Berichtswesens liegt vor.
		x2	Berichtswesen ist insgesamt aussagekräftig.
		x3	Berichtswesen erfolgt regelmäßig in angemessenen Zeitabständen.
		x4	Kennzahlen sind geeignet, das PMI-Management zu unterstützen.
EF11	**IT**	x5	IT-/ERP-Integration erhält hohe strategische Aufmerksamkeit.
		x6	Zeit-/Maßnahmen-/Kostenplan für die gemeinsame IT/ERP liegt vor.
		x7	IT-Integration ist zentraler Bestandteil des PMI-Managements.
		x8	Analyseergebnisse der IT-Distanz liegen vor.
		x9	IT-/ERP-Risiken sind bewertet.
		x10	Strategischer Plan zur Minimierung der IT-/ERP-Risiken ist ausgearbeitet.
		x11	Externe IT-Beratung hat den Auftrag, IT-/ERP-Risiken zu reduzieren.

den Eindruck, dass in einigen Unternehmen die IT-Integration angesichts eines hohen Zeit- und Kostendrucks nicht die notwendige Aufmerksamkeit bekommt und anderen operativen Themen des PMI-Managements eine höhere Priorität eingeräumt wird. Das kann den PMI-Erfolg mindern. Die Unterstützung einer externen Beratung für die IT-Integration und Vereinheitlichung der ERP-Systeme wird, trotz der Kosten, von den meisten Experten als unumgänglich im Sinne einer Risikominimierung gesehen.

Bauch (2004, S. 203) hebt die Bedeutung der kontinuierlichen Weiterführung bestehender Systeme als Basis der Planung von Finanzen, Liquidität und Investitionen, der Rechnungslegung, der Kostenrechnung und eines Management-Informations-Systems (Bauch, 2004, S. 268) sowie des Berichtswesens hervor (Bauch, 2004, S. 225–227). Furtner (2011, S. 101) formuliert als Grundregel der PMI die „schnellstmögliche Implementierung einer Informationsbasis" und damit eines für alle Beteiligten verständlichen und eindeutigen Berichtswesens. Die Autorin beschreibt die Rolle und Bedeutung der IT im PMI-Management und kritisiert, dass die IT im Integrationsprozess vielfach erst dann die notwendige Aufmerksamkeit bekommt, „wenn erste Probleme auftauchen" (Furtner, 2011, S. 109). Sie betont die „hohen Kosten" einer „IT-Zusammenführung", deren Vorteile von vielen Faktoren abhängt, wie beispielsweise von den strategischen Zielen zu Wachstum, Kostensynergien und Prozessintegration. Mittelständische Unternehmen konzentrieren sich eher auf Wachstumsziele, neigen generell zu einem „niedrigen Integrationsgrad" und bevorzugen „unabhängige IT-Landschaften, wohl auch, weil die finanziellen Ressourcen für eine Harmonisierung der IT- und ERP-Systeme nicht verfügbar" sind (Furtner, 2011, S. 111).

Obwohl die IT-Integration ein besonders wichtiger Problembereich der PMI ist, ist sie nicht ausreichend erforscht (Henningsson et al., 2018, S. 277). Für ein erfolgreiches PMI-Management muss das IT-Integrationsprojekt vom übernehmenden Unternehmen sorgfältig geplant und umgesetzt werden (Henningsson et al., 2018, S. 255). Die sog. IT-Distanz erfasst die Unterschiede zwischen den IT-Systemen von Erwerber- und Zielunternehmen vor der Übernahme und spiegelt die mit der Integration unterschiedlicher Systeme verbundenen Kosten wider (K. Lee et al., 2022, S. 2262). IT-Risiken müssen innerhalb der DD bewertet werden und auf Basis dieser Herausforderungen sind spezifische Strategien zu entwickeln, um die IT-Risiken innerhalb der PMI zu minimieren (K. Lee et al., 2022, S. 2277). Lace und Kirikova (2021, S. 115) empfehlen den PMI-Prozess so zu organisieren, dass Informationssysteme zu einem zentralen Bestandteil werden. Böhm et al. (2023, S. 16) heben hervor, dass eine Zentralisierung der IT-Ressourcen Synergieeffekte begünstigt, da man vorhandenes IT-Wissen für die Integration nutzen und diese beschleunigen kann. Aarnio und Varis (2022, S. 42–43) verweisen auf Basis der Ergebnisse einer Fallstudie darauf, dass eine langsame IT-Integration auch die kulturelle Integration hinauszögern kann, da getrennte IT-Systeme auch die Mitarbeiter trennt.

4.1.1.3.2 Kritische Erfolgsfaktoren der Maßnahmenkategorie „Risikomanagement"

Die Experten betonen die hohe Bedeutung des Risikomanagements innerhalb des PMI-Managements. Tabelle 4.6 stellt innerhalb dieser Maßnahmenkategorie die kritischen Erfolgsfaktoren dar und macht sie anhand der Ausprägungen der Erfolgsindikatoren greifbar.

Da DD-Prozesse nicht alle Risiken prognostizieren können, ist das Risikomanagement ein wesentlicher Faktor für den PMI-Erfolg. Man gewinnt aus den Ergebnissen der im Rahmen dieser Dissertation geführten Interviews den Eindruck, dass eigentümergeprägte Unternehmen dazu neigen, den Ablauf der PMI

Tabelle 4.6 Kritische Erfolgsfaktoren und Erfolgsindikatoren der Maßnahmenkategorie „Risikomanagement". (Quelle: Eigene Darstellung)

Maßnahmenkategorie „Risikomanagement"			
Erfolgsfaktoren		**Erfolgsindikatoren**	
EF12	**Finanzierung**	x1	Finanzbedarf der PMI ist fundiert analysiert und sorgfältig geplant.
		x2	Finanzielle Risiken der PMI werden realistisch eingeschätzt.
		x3	Finanzielle Budgets steuern Führungskräfte und Mitarbeitende.
		x4	Das Finanzmanagement reduziert Risiken und beschleunigt den Prozess.
EF13	**Legale Aspekte**	x5	Legale Aspekte sind früh und vorausschauend adressiert.
		x6	Mit legalen Aspekten wird proaktiv umgegangen.
EF14	**Compliance**	x7	Relevante Compliance-Regelungen sind bekannt.
		x8	Compliance-Risiken sind fester Bestandteil des Risikomanagements.

zu optimistisch zu sehen und Risiken nicht realistisch einzuschätzen. Das kann zu unerwarteten Problemen führen, besonders im Bereich der Finanzierung. Für eine erfolgreiche PMI dürfen nicht Wunschdenken und Emotionen den Prozess bestimmen, sondern fundierte Analysen und eine sorgfältige strategische Planung müssen das Management prägen.

Bauch (2004, S. 278) erwähnt als Risikofaktor, dass der für die PMI erforderliche Zeitrahmen unterschätzt wird. Dies kann indirekt zu finanziellen Risiken führen. Razi et al. (2021, S. 21) unterstreicht, wie Budgets finanzielle Risiken der PMI reduzieren können, indem sie Aktivitäten und Handlungen im PMI-Prozess kontrollieren und „Mitarbeiter und Führungskräfte" steuern. Weigel et al. (2023, S. 593) empfehlen mittelständischen Unternehmen, „Finanzmanager" mit einem „unternehmerischen Mindset" einzusetzen. Die Einbeziehung solcher Finanzmanager kann strategische Umsetzungsprozesse beschleunigen und nicht nur finanzielle Risiken reduzieren.

Mit rechtlichen Aspekten und Compliance Regelungen müssen mittelständische Unternehmen generell proaktiver umgehen und diese früh im Integrationsprozess adressieren. Einige Experten machen deutlich, dass selbst in aufwendigen DD-Prüfungen weder alle finanziellen noch alle rechtlichen Risiken vollständig erfasst werden, da zu dem Zeitpunkt nicht alle Informationen vorliegen und nicht alle Entwicklungen des PMI-Managements überschaut werden können. Verstöße gegen nationales Arbeitsrecht oder gegen kartellrechtliche Regelungen können nach Ansicht der Experten den gesamten PMI-Erfolg gefährden.

4.1.1.3.3 Kritische Erfolgsfaktoren der Maßnahmenkategorie „Family Governance"

Die Kernaussagen der Experten zur Rolle der Eigentümerfamilie, zu Nachfolgregelungen, Generationswechsel und Aufsichtsgremien werden in dieser Dissertation als Maßnahmenkategorie „Family Governance" zusammengefasst. Tabelle 4.7 stellt innerhalb dieser Maßnahmenkategorie die kritischen Erfolgsfaktoren dar und macht sie anhand der Ausprägungen der zugeordneten Erfolgsindikatoren greifbar.

Tabelle 4.7 Kritische Erfolgsfaktoren und Erfolgsindikatoren der Maßnahmenkategorie „Family Governance". (Quelle: Eigene Darstellung)

Maßnahmenkategorie „Family Governance"			
Erfolgsfaktoren		**Erfolgsindikatoren**	
EF15	**Zentrale Rolle des Eigentümers**	x1	Es gibt eine Aufgabenteilung zwischen Eigentümer und Management.
		x2	Zentrale Rolle wird vom Eigentümer nicht überbetont.
		x3	Eigentümer überschätzt seine Fähigkeiten nicht.
		x4	Eigentümer bezieht andere Ebenen in Entscheidungen ein.
		x5	Eigentümer schätzt zukünftige Entwicklungen realistisch ein.
		x6	Eigentümer neigt nicht zu riskanten Entscheidungen.
EF16	**Nachfolgeregelungen**	x7	Transparente Nachfolgeregelungen liegen schriftlich vor.
		x8	Kompetenzen werden bei internen Nachfolgeregelungen berücksichtigt.
EF17	**Generationswechsel**	x9	Mögliche Änderungen des Werteverständnisses werden berücksichtigt.
		x10	Veränderte Ansichten zur Unternehmensführung werden berücksichtigt.
EF18	**Aufsichtsgremien**	x11	Es gibt klare, schriftliche Regelungen zur Family-Governance.
		x12	Entscheidungsrisiken werden durch Aufsichtsgremien reduziert.
		x13	Aufsichtsgremien prüfen Entscheidungen kritisch und neutral.

Botero et al. (2022, S. 460) nennen als Charakterzüge von Family Governance das Engagement der nächsten Generation, das Vertrauen innerhalb der Familie und die Beziehungen zwischen den Generationen. Sie betonen den Einfluss der Führungsrollen von Familienmitgliedern der nächsten Generation auf die Unternehmenskultur und den Wissensaustausch. Eigentümer prägen die Kultur und die Strategie des Unternehmens. Sie beeinflussen viele Entscheidungen direkt und neigen dazu, ihre zentrale Rolle in der Unternehmensführung stark zu betonen. Bei diesem Faktor wird in den Interviews besonders deutlich, dass er sich positiv, aber auch negativ auf den PMI-Erfolg auswirken kann. Homberg und Osterloh (2010, S. 289) thematisieren, dass die eigene Überschätzung von Entscheidungsträgern in empirischen Studien immer „mit Misserfolg bei Akquisitionen" einhergeht. Becker et al. (2016, S. 76) bestätigen als Ergebnisse ihrer Expertenbefragung die „herausragende Bedeutung von Eigentümern", die selten weitere Ebenen in Entscheidungen innerhalb des M&A-Prozesses einbeziehen. Auch A. G. Schmidt und Moritz (2023, S. 191) betonen das „hohe Maß an Freiheit und Autonomie" in den Entscheidungen der Eigentümer mittelständischer Unternehmen.

Miller und Le Breton-Miller (2021, S. 675) unterstreichen, dass Eigentümerfamilien hinsichtlich ihres Verhaltens gegenüber Interessengruppen und in Bezug auf ihre strategischen Initiativen zu Extremen neigen. Die Autoren führen diese Extreme auf emotionale Bindungen in der Familie, auf die Priorisierung der Geheimhaltung gegenüber einer Kontrolle und auf außergewöhnlich große Ermessensspielräume des Managements zurück. Diese Merkmale können sowohl zu außerordentlichem Erfolg, aber auch zum Scheitern strategischer Initiativen führen. Im Vergleich dazu neigen börsennotierte Unternehmen und solche Unternehmen, die von „professionellen" Managern geführt werden, weniger zu Extremen (Miller & Le Breton-Miller, 2021, S. 675).

M. Palm und Kammerlander (2021, S. 11–12) schildern als Ergebnis ihrer Studie den Einfluss der Eigentümerfamilien auf Entscheidungsprozesse in M&A-Prozessen, die zentraler, schneller, aber auch intuitiver getroffen werden als in fremdgeführten Unternehmen. Die Eigentümerfamilie vereint in sich die Macht, strategische Entscheidungen zu treffen. Dies führt zu schnellen Entscheidungen, die Intuition der Eigentümerfamilie ersetzt in extremen Fällen sogar einen strukturierten DD-Prozess. Khadjavi (2005, S. 250) macht deutlich, dass die Einheit von Eigentum und Führung in mittelständischen Unternehmen die „größte Auswirkung auf die Entwicklung eines Managementansatzes" hat und gleichzeitig die wissenschaftliche Untersuchung der unternehmerischen Entscheidungen im eigentümergeführten Mittelstand komplex macht.

Um negative Folgen aus der Kombination der zentralen Rolle des Eigentümers mit der Überschätzung seiner eigenen Fähigkeiten besser zu verstehen, können die Ergebnisse der Studie von Wang et al. (2023, S. 11) Hinweise geben. Die Autoren verweisen darauf, dass die Auswahlkriterien bei der Besetzung der Position eines Fremdgeschäftsführers nicht nur Wissen, Fähigkeiten und Erfahrungen, sondern auch wichtige Persönlichkeitsmerkmale einschließen. Die Eignung des aus der Eigentümerfamilie gestellten Managements wird nicht anhand dieser Kriterien geprüft. Sich selbst überschätzende Manager neigen zu riskanten Entscheidungen. Geeignete Maßnahmen verhindern diesen Effekt bei Fremdgeschäftsführern, bei Eigentümern fehlt die Kontrolle dieser Kriterien (Wang et al., 2023, S. 11). Weng und Yamakawa (2023, S. 129) ergänzen, dass Unternehmensführer, die sich selbst überschätzen, nicht nur annehmen, sie könnten zukünftige Entwicklungen präzise voraussehen, sie schätzen diese Entwicklungen auch tendenziell zu optimistisch ein.

Eine klare Aufgabenteilung zwischen Eigentümer und Management innerhalb der PMI ist nach Ansicht der Experten für Mitarbeiter eine wichtige Orientierung. Risiken aus dem Fehlen einer Überprüfung der Entscheidungen der Unternehmensführung kann durch die neutrale und kritische Kontrolle eines Aufsichtsrates reduziert werden. Damit ist die Sichtbarkeit der Eigentümer im strategischen PMI-Management sichergestellt, ohne dass die Eigentümer operativ in die Umsetzung eingreifen. Im Hinblick auf die Risiken, die sich in diesem Zusammenhang aus der zentralen Rolle des Eigentümers in mittelständischen Unternehmen ergeben, können geeignete, schriftlich formulierte Regelungen für das Zusammenspiel der Familie und neutrale Aufsichtsgremien die möglichen negativen Konsequenzen abmildern.

Eine transparente Nachfolgeplanung ist eine wichtige Rahmenbedingung für ein erfolgreiches PMI-Management. Im Zusammenhang mit der Aussage eines Experten, Nachfolgeregelungen in Familienunternehmen sollen nicht über familiäre Bindungen, sondern über Kompetenzen definiert werden, sehen auch A. G. Schmidt und Moritz (2023, S. 190–191) die grundsätzliche Gefahr, dass eigentümergeführte Unternehmen eine familieninterne Nachfolge trotz fehlender Kompetenzen präferieren. Moritz et al. (2023, S. 150) weisen darauf hin, dass „familieninterne Nachfolgelösungen rückläufig“ sind. Überlegungen zur Nachfolgeregelung und zum Generationswechsel sind in mittelständischen Unternehmen eng verknüpft. Zu beachten ist nach Ansicht der Experten, dass ein Generationswechsel mit einem neuen Werteverständnis und neuen Ansichten zur Unternehmensführung einhergehen kann.

4.1.1.3.4 Kategoriebezogene Teilmodelle und Hypothesen

Zusammenfassend sorgen datenbasierte Informationssysteme mit wichtigen Kennzahlen für Transparenz und unterstützen Steuerung und Kontrolle der PMI. Unternehmen, die aus Zeit- und Kostengründen keine geeigneten Systeme zur Erfassung und Analyse von Daten etablieren, fehlen diese Steuerungsgrößen für ein erfolgreiches PMI-Management. Ein standardisiertes Risikomanagement ermöglicht die frühzeitige Identifikation, Bewertung und Steuerung potenzieller Risiken des PMI-Managements und steht damit dem häufig überschätzten „Bauchgefühl“ des Eigentümers konträr gegenüber. Die Family Governance regelt die Interaktion zwischen Eigentümerfamilie und Unternehmen und unterstützt die Unternehmensführung. Eigentümergeführte Unternehmen müssen eine zweckmäßige Balance zwischen familiärer Einflussnahme und professioneller Kontrolle finden, um Konflikte innerhalb der PMI zu vermeiden.

Das in Abbildung 4.5 dargestellte Teilmodell visualisiert aus der Perspektive „Finanzen und Risiken“ für die Maßnahmenkategorie „Informationsmanagement“ die Operationalisierung der kritischen Erfolgsfaktoren anhand der Erfolgsindikatoren sowie die Ableitung der Forschungshypothesen zu den positiven Wirkungen der Erfolgsfaktoren EF10 und EF11 auf den PMI-Erfolg.

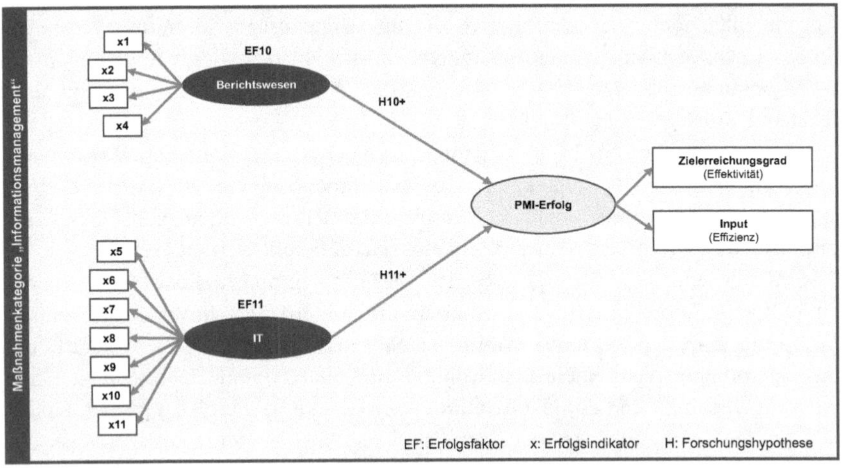

Abbildung 4.5 Teilmodell zur Ableitung der Forschungshypothesen H10 und H11 der Maßnahmenkategorie „Informationsmanagement“. (Quelle: Eigene Darstellung)

In Tabelle 4.8 werden die Hypothesen H10 und H11 als Ausgangspunkt weiterführender Forschungsarbeiten formuliert.

Tabelle 4.8 Forschungshypothesen H10 und H11 zu den Erfolgsfaktoren der Maßnahmenkategorie „Informationsmanagement" als Ausgangspunkt weiterführender Forschungsarbeiten. (Quelle: Eigene Darstellung)

Maßnahmenkategorie „Informationsmanagement"			
Erfolgsfaktoren		Forschungshypothesen	
EF10	**Berichtswesen**	**H10**	Wenn das strategische PMI-Management im deutschen Mittelstand ein zielgerichtetes Berichtswesen etabliert, wirkt sich dies positiv auf den PMI-Erfolg aus.
EF11	**IT**	**H11**	Wenn das strategische PMI-Management im deutschen Mittelstand die IT-Integration strukturiert umsetzt, wirkt sich dies positiv auf den PMI-Erfolg aus.

Das in Abbildung 4.6 dargestellte Teilmodell visualisiert aus der Perspektive „Finanzen und Risiken" für die Maßnahmenkategorie „Risikomanagement" die Operationalisierung der kritischen Erfolgsfaktoren anhand der Erfolgsindikatoren sowie die Ableitung der Forschungshypothesen zu den positiven Wirkungen der Erfolgsfaktoren EF12 bis EF14 auf den PMI-Erfolg.

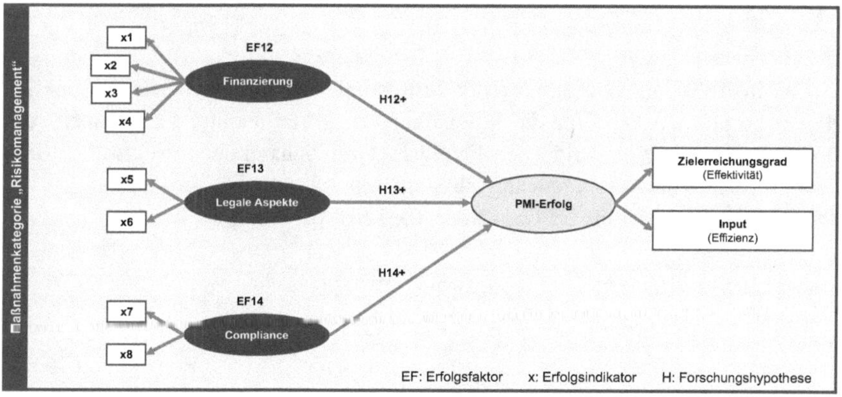

Abbildung 4.6 Teilmodell zur Ableitung der Forschungshypothesen H12 bis H14 der Maßnahmenkategorie „Risikomanagement". (Quelle: Eigene Darstellung)

In Tabelle 4.9 werden die Hypothesen H12 bis H14 als Ausgangspunkt weiterführender Forschungsarbeiten formuliert.

Tabelle 4.9 Forschungshypothesen H12 bis H14 zu den Erfolgsfaktoren der Maßnahmenkategorie „Risikomanagement" als Ausgangspunkt weiterführender Forschungsarbeiten. (Quelle: Eigene Darstellung)

Maßnahmenkategorie „Risikomanagement"			
Erfolgsfaktoren		Forschungshypothesen	
EF12	**Finanzierung**	**H12**	Wenn das strategische PMI-Management im deutschen Mittelstand finanzielle Risiken effektiv steuert, wirkt sich dies positiv auf den PMI-Erfolg aus.
EF13	**Legale Aspekte**	**H13**	Wenn das strategische PMI-Management im deutschen Mittelstand rechtliche Herausforderungen frühzeitig berücksichtigt, wirkt sich dies positiv auf den PMI-Erfolg aus.
EF14	**Compliance**	**H14**	Wenn das strategische PMI-Management im deutschen Mittelstand Compliance-Aspekte systematisch berücksichtigt, wirkt sich dies positiv auf den PMI-Erfolg aus.
EF42	**Flexibilität**	**H42**	Wenn das strategische PMI-Management im deutschen Mittelstand von Flexibilität geprägt ist, wirkt sich dies positiv auf den PMI-Erfolg aus.

Das in Abbildung 4.7 dargestellte Teilmodell visualisiert aus der Perspektive „Finanzen und Risiken" für die Maßnahmenkategorie „Family Governance" die Operationalisierung der kritischen Erfolgsfaktoren anhand der Erfolgsindikatoren sowie die Ableitung der Forschungshypothesen zu den positiven Wirkungen der Erfolgsfaktoren EF15 bis EF18 auf den PMI-Erfolg.

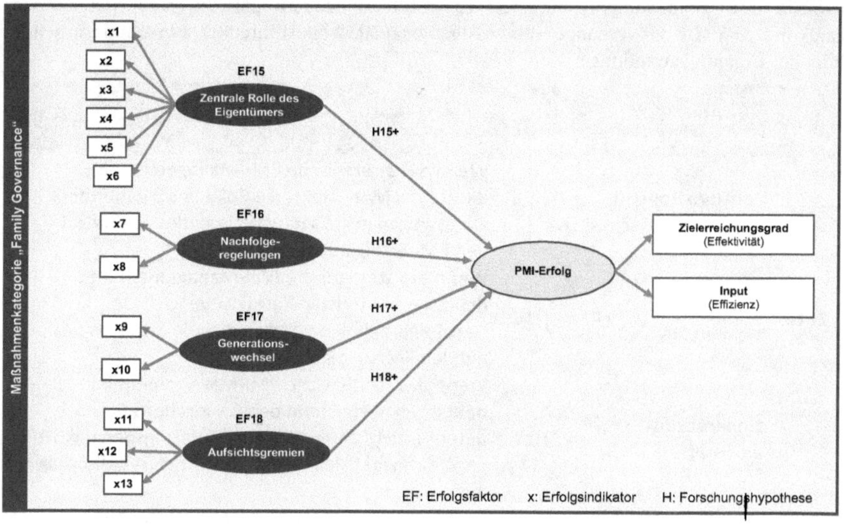

Abbildung 4.7 Teilmodell zur Ableitung der Forschungshypothesen H15 bis H18 der Maßnahmenkategorie „Family Governance". (Quelle: Eigene Darstellung)

In Tabelle 4.10 werden die Hypothesen H15 bis H18 als Ausgangspunkt weiterführender Forschungsarbeiten formuliert.

Tabelle 4.10 Forschungshypothesen H15 bis H18 zu den Erfolgsfaktoren der Maßnahmenkategorie „Family Governance“ als Ausgangspunkt weiterführender Forschungsarbeiten. (Quelle: Eigene Darstellung)

Maßnahmenkategorie „Family Governance“			
Erfolgsfaktoren		Forschungshypothesen	
EF15	**Zentrale Rolle der Eigentümer**	**H15**	Wenn das strategische PMI-Management im deutschen Mittelstand die Rolle des Eigentümers ausgewogen gestaltet, wirkt sich dies positiv auf den PMI-Erfolg aus.
EF16	**Nachfolge-regelungen**	**H16**	Wenn das strategische PMI-Management im deutschen Mittelstand strukturierte Nachfolgereglungen etabliert, wirkt sich dies positiv auf den PMI-Erfolg aus.
EF17	**Generations-wechsel**	**H17**	Wenn das strategische PMI-Management im deutschen Mittelstand den Generationswechsel unter Berücksichtigung neuer Führungsperspektiven gestaltet, wirkt sich dies positiv auf den PMI-Erfolg aus.
EF18	**Aufsichtsgremien**	**H18**	Wenn das strategische PMI-Management im deutschen Mittelstand Aufsichtsgremien effektiv einbindet, wirkt sich dies positiv auf den PMI-Erfolg aus.

4.1.1.4 Strategische Perspektive „Märkte und Kunden“

4.1.1.4.1 Kritische Erfolgsfaktoren der Maßnahmenkategorie „Kundenmanagement“

Nahezu alle Experten unterstreichen die Bedeutung des Kundenmanagements als Erfolgsfaktor des PMI-Managements. Es muss das richtige Maß für die Geschwindigkeit der Integration der Kunden und für den Umfang der Veränderungen in der Marktbearbeitung gefunden werden. Die zeitnahe, offene, persönliche Kommunikation mit den Kunden ist wichtig für eine erfolgreiche Kundenintegration. Kunden können als Reaktionen auf Fusionen und Übernahmen den Lieferanten wechseln. Daraus resultierende Umsatzeinbußen gefährden den PMI-Erfolg. Eine Beibehaltung bisheriger Ansprechpartner für den Kunden kann die Integration vereinfachen. Eigentümer bzw. Unternehmensführung sollen sich regelmäßig berichten lassen, wie die Kunden auf Maßnahmen der PMI reagieren. Tabelle 4.11 stellt innerhalb dieser Maßnahmenkategorie die kritischen Erfolgsfaktoren dar und macht sie anhand der Ausprägungen der zugeordneten Erfolgsindikatoren greifbar.

Tabelle 4.11 Kritische Erfolgsfaktoren und Erfolgsindikatoren der Maßnahmenkategorie „Kundenmanagement". (Quelle: Eigene Darstellung)

Maßnahmenkategorie „Kundenmanagement"			
Erfolgsfaktoren		**Erfolgsindikatoren**	
EF19	Kunden-integration	x1	Kundenintegration erfolgt mit „Fingerspitzengefühl".
		x2	Kundenintegration wird in adäquater Geschwindigkeit umgesetzt.
		x3	Kundenreaktionen bekommen systematische Aufmerksamkeit.
		x4	Kundenbedürfnisse werden sorgfältig analysiert.
		x5	Geeignete Kommunikation mit den Kunden hat hohe Priorität.
EF20	Markt-bearbeitung	x6	Vertriebsstrategie liegt ausgearbeitet vor.
		x7	Marktbearbeitung ist kundenorientiert ausgerichtet.
		x8	Änderungen der Marktbearbeitung werden sensibel umgesetzt.
		x9	Produkt- und Leistungssortiment sind vereinheitlicht.
		x10	Preis- und Konditionspolitik sind vereinheitlicht.

Maßnahmen zur Gestaltung der Kundenbeziehungen leisten einen bedeutenden Beitrag zum PMI-Erfolg und müssen in den Mittelpunkt des PMI-Managements gestellt werden (Grün, 2010, S. 181). Umashankar et al. (2022, S. 83) thematisieren in ihrer Studie die generelle Gefahr der Reaktion unzufriedener Kunden, wenn sie im Rahmen der PMI nicht genügend Aufmerksamkeit erfahren, weil die Führungskräfte im PMI-Management beispielsweise finanziellen Fragen eine höhere Priorität einräumen. Homburg et al. (2000, S. 35) empfehlen, im PMI-Management die „Kommunikation" mit Kunden wichtig zu nehmen und die „Bedürfnisse" der Kunden sorgfältig zu analysieren. Umashankar et al. (2022, S. 70–71) regen an, sich nicht nur bewusst zu machen, dass strategische und kulturelle Fragen einen Einfluss auf den PMI-Erfolg haben, sondern insbesondere auch daran zu denken, dass Kunden ihre Wahrnehmung des Unternehmens einseitig durch Interaktion mit den Mitarbeitern „an vorderster Front" entwickeln. Deshalb muss der Überzeugung und Zufriedenheit beispielsweise von Außendienstmitarbeitern große Aufmerksamkeit geschenkt werden.

Öberg (2013, S. 71) weist darauf hin, dass Kunden im Rahmen des PMI-Managements kein „übertragbares Gut" sind und es entscheidend ist, welche Ergebnisse am Ende der Kundenintegration stehen. Kato und Schoenberg (2014, S. 342) nennen als wichtige Einflussfaktoren auf Kundenbeziehungen und Kundenbindung die Kundenorientierung, das Account-Management und die Mitarbeiterbindung innerhalb des PMI-Managements. In den PMI-Prozess eingebundene

Führungskräfte müssen sorgfältig abwägen, wie sich die geplanten Integrationsmaßnahmen auf diese kritischen Faktoren der Kundenbeziehung auswirken. F. Bauer et al. (2020, S. 910–911) mahnen zur Vorsicht bei der Integration zweier ehemals getrennter Marketingfunktionen. Das Management muss den Auswirkungen des M&A-Prozesses auf die Kunden besonders viel Aufmerksamkeit schenken. Eine zu hohe Geschwindigkeit bei der Kundenintegration kann beispielsweise das mit der Integration verbundene strategische Ziel einer Marktexpansion gefährden.

Innerhalb des Kundenmanagements haben die Erfolgselemente „Kundenintegration" und „Marktbearbeitung" enge Berührungspunkte. Homburg et al. (2000, S. 21–24; 25–28) fasst als Handlungsfelder der „kundenorientierten Ausrichtung der Marktbearbeitung" die Vereinheitlichung des Produktprogramms, des Serviceangebots, der Markenpolitik, der Preis- und Konditionspolitik sowie der Vertriebsstrategie zusammen. Umashankar et al. (2022, S. 83) machen deutlich, dass zu wenig erforscht ist, wie Kunden auf M&A-bedingte Veränderungen reagieren. Der Entwicklung der Kundenzufriedenheit muss eine hohe Aufmerksamkeit geschenkt werden, denn unerwartete Kundenreaktionen können den Erfolg erheblich mindern. Nur eine erfolgreiche Integration des Marketings und eine erhöhte Aufmerksamkeit für die Auswirkungen der Veränderungen auf die Kunden kann diese potenziellen negativen Auswirkungen verhindern (Umashankar et al., 2022, S. 83).

4.1.1.4.2 Kritische Erfolgsfaktoren der Maßnahmenkategorie „Geschäftsmodell"

Die Überlegungen der Experten zur zukünftigen Marktposition, zu den Zielmärkten, zum Produktportfolio, zur Produktionsstruktur, zur Markenintegration und zum Erhalt von Schlüssellieferanten werden im überarbeiteten Managementansatz als Maßnahmenkategorie „Geschäftsmodell" zusammengefasst. Die PMI ist eine Chance, das Geschäftsmodell kritisch zu prüfen und ggf. neu zu strukturieren (Langenstein, 2007, S. 104). Tabelle 4.12 stellt innerhalb dieser Maßnahmenkategorie die kritischen Erfolgsfaktoren dar und macht sie anhand der Ausprägungen der zugeordneten Erfolgsindikatoren greifbar.

F. Bauer und Friesl (2024, S. 55) geben zur Bedeutung des Geschäftsmodells für das Heben von Synergien in M&A-Projekten den Hinweis, dass die Bewertung von Synergien bei Geschäftsmodellen zeitaufwendig ist, „da zunächst ein gemeinsames Verständnis dafür geschaffen werden muss, was ein Geschäftsmodell ausmacht, bevor man sich auf ein kombiniertes Modell einigen" kann. Hier geht es um „Wertversprechen an die Kunden, Wertgenerierung durch aufeinander abgestimmte Leistungsprozesse, Werttransfer über definierte

Tabelle 4.12 Kritische Erfolgsfaktoren und Erfolgsindikatoren der Maßnahmenkategorie „Geschäftsmodell". (Quelle: Eigene Darstellung)

Maßnahmenkategorie „Geschäftsmodell"			
Erfolgsfaktoren		**Erfolgsindikatoren**	
EF21	**Produkt- und Leistungsportfolio**	x1	Verlässliche Zahlen zu Produkten, Kunden, Markt liegen vor.
		x2	Produktbezogenen Chancen und Risiken sind analysiert und bewertet.
		x3	Marktbezogene Chancen und Risiken sind analysiert und bewertet.
		x4	Kundenbezogene Chancen und Risiken sind analysiert und bewertet.
		x5	Gemeinsames Verständnis besteht, was das Geschäftsmodell ausmacht.
		x6	Ähnlichkeiten im Geschäftsmodell bestehen.
		x7	Das Geschäftsmodell wird auf der Basis der Analysen gestaltet.
EF22	**Markenintegration**	x8	Stärken der jeweiligen Marken sind bewertet.
		x9	Der Markenfit ist analysiert und bewertet.
		x10	Markenintegrationsstrategie liegt ausgearbeitet vor.
		x11	Neuordnung und Integration der Marken werden umgesetzt.
EF23	**Schlüssellieferanten**	x12	Lieferanten werden zeitnah und offen über Änderungen informiert.
		x13	Erhalt der Schlüssellieferanten hat hohe Priorität.
		x14	Beziehungen zwischen Eigentümer und Lieferanten werden gepflegt.

Absatzkanäle, Preismanagement und Gewinnmechanik" (Thömmes, 2022, S. 8). Das Geschäftsmodell eines mittelständischen Unternehmens ist die Quelle seiner Wettbewerbsvorteile, hier wird Wertschöpfung generiert, indem den Kunden Produkte und Dienstleistungen angeboten werden (Zott et al., 2011, S. 1020).

Im strategischen PMI-Management geht es um die zweckmäßige Gestaltung des Geschäftsmodells (Thömmes, 2022, S. 11). Das Verständnis des Geschäftsmodells erleichtert die Bewertung und Umsetzung von Veränderungen. Ähnlichkeiten im Geschäftsmodell von Käufer- und Zielunternehmen erhöhen nach Ansicht der befragten Experten die Erfolgswahrscheinlichkeit der PMI. Produkt-, kunden- und marktbezogene Chancen und Risiken des Geschäftsmodells müssen auf Basis verlässlicher Zahlen sorgfältig analysiert werden, um innerhalb der PMI zweckmäßige Änderungen im Geschäftsmodell umzusetzen. Die Integration und Neuordnung der Marken als wesentliche Treiber des Unternehmenswerts sowie der Erhalt der Lieferantenbeziehungen sind wichtige Teilaufgaben im PMI-Management. Capron und Hulland (1999, S. 43; 51) bezeichnen die Markenintegration als wichtigen Erfolgsfaktor des PMI-Managements. Spilski und

Göppel-Klein (2015, S. 304) schlussfolgern aus ihrer Studie, dass der „bisherige Kenntnisstand in diesem Themenfeld bisher eher gering ist und zahlreiche denkbare Einflussfaktoren bisher unberücksichtigt geblieben sind“. Rippe (2017, S. 203) fasst als Ergebnisse der Forschung zur Markenintegration zusammen, dass sich optimale Markenintegrationsszenarien in Abhängigkeit vom Markenfit zwischen Ziel- und Käuferunternehmen ergeben.

Minichilli et al. (2016, S. 556) heben die Bedeutung der Pflege enger Beziehungen zwischen Eigentümerfamilie und Schlüssellieferanten für die Resilienz mittelständischer Unternehmen hervor. Biedermann (2018, S. 147–148) beschreibt die Bedeutung des Erhalts von Schlüssellieferanten im Zusammenhang mit der Risikominimierung, da bereits der Wegfall eines Schlüssellieferanten die gesamte Leistungsfähigkeit des Unternehmens erheblich beeinträchtigen kann. Meiners (2016, S. 198–200) unterstreicht die Bedeutung der Lieferantenbeziehungen innerhalb der Wachstumsstrategien mittelständischer Unternehmen.

4.1.1.4.3 Kategoriebezogene Teilmodelle und Hypothesen

Zusammenfassend stärkt das Kundenmanagement die Kundenbindung und gewährleistet eine nahtlose Integration der Produkte und Dienstleistungen. Die Integration von Kunden und Marken bedarf strukturierter Prozesse. Gute persönliche Kundenbeziehungen können hilfreich sein, sind allein aber keine ausreichende Basis für eine erfolgreiche Integration. Das Geschäftsmodell zu verstehen, erleichtert die Bewertung und die Umsetzung geeigneter Veränderungsmaßnahmen. Das „Bauchgefühl“ des Eigentümers kann strukturierte Analysen zur Marktposition, zum Produktportfolio, zur Markenintegration sowie zu den Schlüssellieferanten nicht ersetzen.

Das in Abbildung 4.8 dargestellte Teilmodell visualisiert aus der Perspektive „Märkte und Kunden“ für die Maßnahmenkategorie „Kundenmanagement“ die Operationalisierung der kritischen Erfolgsfaktoren anhand der Erfolgsindikatoren sowie die Ableitung der Forschungshypothesen zu den positiven Wirkungen der Erfolgsfaktoren EF19 und EF20 auf den PMI-Erfolg.

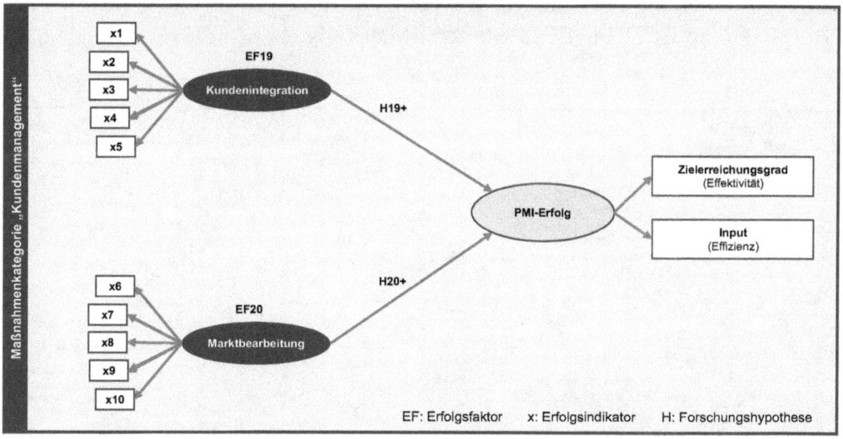

Abbildung 4.8 Teilmodell zur Ableitung der Forschungshypothesen H19 und H20 der Maßnahmenkategorie „Kundenmanagement". (Quelle: Eigene Darstellung)

In Tabelle 4.13 werden die Hypothesen H19 und H20 als Ausgangspunkt weiterführender Forschungsarbeiten formuliert.

Tabelle 4.13 Forschungshypothesen H19 und H20 zu den Erfolgsfaktoren der Maßnahmenkategorie „Kundenmanagement" als Ausgangspunkt weiterführender Forschungsarbeiten. (Quelle: Eigene Darstellung)

Maßnahmenkategorie „Kundenmanagement"			
Erfolgsfaktoren		Forschungshypothesen	
EF19	**Kundenintegration**	**H19**	Wenn das strategische PMI-Management im deutschen Mittelstand die Kundenintegration sensitiv umsetzt, wirkt sich dies positiv auf den PMI-Erfolg aus.
EF20	**Marktbearbeitung**	**H20**	Wenn das strategische PMI-Management im deutschen Mittelstand die Marktbearbeitung kundenorientiert gestaltet, wirkt sich dies positiv auf den PMI-Erfolg aus.

Das in Abbildung 4.9 dargestellte Teilmodell visualisiert aus der Perspektive „Märkte und Kunden" für die Maßnahmenkategorie „Geschäftsmodell" die Operationalisierung der kritischen Erfolgsfaktoren anhand der Erfolgsindikatoren sowie die Ableitung der Forschungshypothesen zu den positiven Wirkungen der Erfolgsfaktoren EF21 bis EF23 auf den PMI-Erfolg.

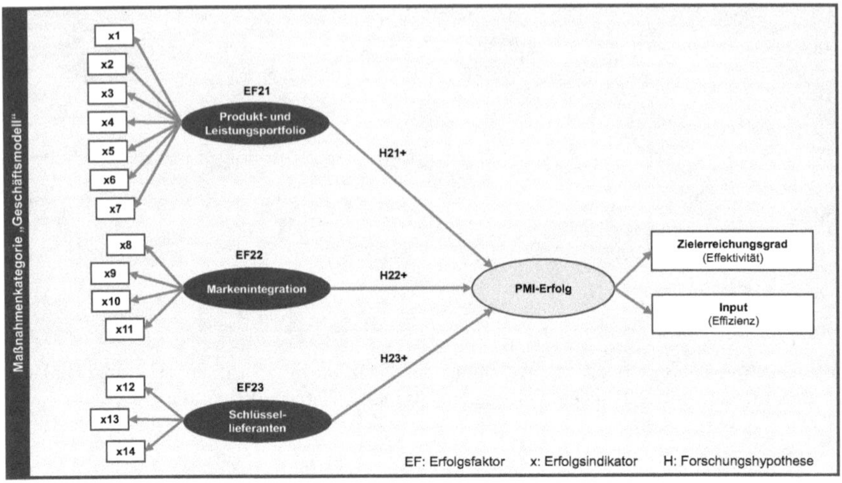

Abbildung 4.9 Teilmodell zur Ableitung der Forschungshypothesen H21 bis H23 der Maßnahmenkategorie „Geschäftsmodell". (Quelle: Eigene Darstellung)

In Tabelle 4.14 werden die Hypothesen H21 bis H23 als Ausgangspunkt weiterführender Forschungsarbeiten formuliert.

Tabelle 4.14 Forschungshypothesen H21 bis H23 zu den Erfolgsfaktoren der Maßnahmenkategorie „Geschäftsmodell" als Ausgangspunkt weiterführender Forschungsarbeiten. (Quelle: Eigene Darstellung)

Maßnahmenkategorie „Geschäftsmodell"			
Erfolgsfaktoren		Forschungshypothesen	
EF21	**Produkt- und Leistungsportfolio**	H21	Wenn das strategische PMI-Management im deutschen Mittelstand das Produkt- und Leistungsportfolio versteht, wirkt sich dies positiv auf den PMI-Erfolg aus.
EF22	**Markenintegration**	H22	Wenn das strategische PMI-Management im deutschen Mittelstand die Markenintegration systematisch bewertet, wirkt sich dies positiv auf den PMI-Erfolg aus.
EF23	**Schlüssellieferanten**	H23	Wenn das strategische PMI-Management im deutschen Mittelstand Schlüssellieferanten gezielt einbezieht, wirkt sich dies positiv auf den PMI-Erfolg aus.

4.1.1.5 Strategische Perspektive „Prozesse und Organisation"

4.1.1.5.1 Kritische Erfolgsfaktoren der Maßnahmenkategorie „Projektmanagement"

Nach Ansicht der Experten kann ein geeignetes Projektteam viele Themen der PMI erfolgreich lösen. Das PMO gibt einen regelmäßigen Überblick über den gesamten Prozess der PMI, verhindert, dass sich Führungskräfte und Mitarbeiter in der Umsetzung verzetteln und vernetzt das fachbezogene Wissen in den beteiligten Funktionsbereichen. Das Integrationsteam braucht ein geeignetes Maß an Entscheidungsfreiraum und -kompetenzen, es muss Präsenz vor Ort zeigen und die Mitarbeiter innerhalb der Integrationsmaßnahmen eng begleiten. Ein von Käufer- und Verkäuferseite besetztes, gemeinsames Projektteam kann zweckmäßig sein.

Mittelständischen Unternehmen fehlt es häufig an quantitativen und qualitativen Ressourcen für das Projektmanagement. Es gibt in den befragten Unternehmen einen Konflikt zwischen den zeitintensiven Aufgaben des operativen Geschäfts und den zusätzlichen Aufgaben im Projektmanagement der PMI. Eine sorgfältige Planung muss vor Beginn der PMI prüfen, ob Ressourcen fehlen und externe Unterstützung benötigt wird. Fehlende Ressourcen gefährden den PMI-Erfolg. Einige der befragten mittelständischen Unternehmen passen ihre Ansätze den verfügbaren Ressourcen an, verzichten damit bewusst auf ein professionelles Projektmanagement der PMI und bevorzugen weniger formelle

Methoden für die Steuerung und Kontrolle der PMI. Die Zuweisung klarer Verantwortungen an einzelne Personen wird in diesem Fall als ausreichend bewertet. Spezifische PMI-Kompetenzen und PMI-Erfahrungen stehen im deutschen Mittelstand eher selten zur Verfügung. Tabelle 4.15 stellt innerhalb dieser Maßnahmenkategorie die kritischen Erfolgsfaktoren dar und macht sie anhand der Ausprägungen der zugeordneten Erfolgsindikatoren greifbar.

Furtner (2011, S. 106) bestätigt die spezifische Problematik im Mittelstand, dass Führungskräfte kaum Zeit für die Übernahme von Aufgaben im Integrationsmanagement haben. Der angestrebte Integrationsgrad muss an den „verfügbaren PMI-Kapazitäten" ausgerichtet werden. R. Müller und Jugdev (2012, S. 768) beschreiben die verschiedenen Dimensionen und Vernetzungen des Erfolgs im Projektmanagement, der wesentlich durch die Kompetenzen der Teammitglieder, durch die Qualität ihrer Zusammenarbeit und durch das Zeit- und Kostenmanagement beeinflusst wird. Furtner (2011, S. 74–76) unterstreicht, dass die Komplexität der Projektstruktur im Rahmen von M&A-Projekten mittelständischer Unternehmen den spezifischen Verhältnissen und Ressourcen angepasst werden muss.

Im Rahmen der Steuerung und Kontrolle werden die Arbeit des Projektteams und der gesamte Integrationsprozess überwacht. Bauch (2004, S. 74) erwähnt im Rahmen des Controllings ein durch geeignete Kennzahlen gestütztes „Tracking des PMI-Prozesses", mit dem man jederzeit den Projektfortschritt und die Auswirkungen der PMI-Maßnahmen verfolgen kann. Grösser und Stauffer (2016, S. 586) empfehlen zur Steuerung der Erfolgsfaktoren ein PMI-Cockpit, welches fortlaufend die Ziel- und Ist-Werte der innerhalb multipler strategischer Perspektiven festgelegten quantitativen und qualitativen Erfolgsindikatoren vergleicht, mit denen die Wirkung der einzelnen Erfolgsfaktoren und der Gesamterfolg des Projekts evaluiert werden können.

Nach Ansicht der von Barnikel (2006, S. 226) befragten Mitarbeiter und Experten muss sich das Integrationsteam „mit der Planung und Umsetzung der Integrationsstrategie" befassen. PMI-Erfahrungen sind vorteilhaft, „um einen reibungslosen Ablauf zu gewährleisten und Fehlentscheidungen zu vermeiden". Wichtige Kompetenzen des Integrationsteams sind „strategisches Verständnis", „Managementerfahrung", „Change Management- und Coaching-Kompetenz" sowie „Sozialkompetenz" (Barnikel, 2006, S. 226). Eine wichtige Aufgabe des Integrationsteams ist, „wiederholbare Prozesse" zu schaffen und „Aktivitäten" zu standardisieren (Barnikel, 2006, S. 226–227). Pella et al. (2014, S. 187) betonen, dass die Fähigkeit, ein komplexes Projekt managen zu können, im Management zu konstant hochwertigen Ergebnissen führt. Grotto und Andreassi (2022, S. 468–469) unterstreichen, dass die organisatorische Umstrukturierung innerhalb

Tabelle 4.15 Kritische Erfolgsfaktoren und Erfolgsindikatoren der Maßnahmenkategorie „Projektmanagement". (Quelle: Eigene Darstellung)

Maßnahmenkategorie „Projektmanagement"			
Erfolgsfaktoren		**Erfolgsindikatoren**	
EF24	Integrations-team	x1	Projektteam begleitet die Mitarbeitenden eng „vor Ort".
		x2	Projektteam überwacht das gesamte PMI-Management.
		x3	Projektteam verhindert ein Verzetteln bei der Umsetzung.
		x4	Projektteam verfügt über notwendiges Maß an Entscheidungsspielraum.
		x5	Projektteam gibt regelmäßigen Überblick über den PMI-Verlauf.
		x6	Projektteam ist von Käufer- und Verkäuferseite besetzt.
		x7	Die Zusammenarbeit im Projektteam ist von guter Qualität.
		x8	Projektteam initiiert Schulungs- und Entwicklungsmaßnahmen.
EF25	Steuerung	x9	Es gibt ein systematisches Zeit- und Kostenmanagement.
		x11	Steuerung passt zur Größe des Unternehmens.
		x12	Steuerung passt zu den verfügbaren Ressourcen.
		x13	Methode der Projektsteuerung und -kontrolle passt zum Mittelstand.
		x14	Es gibt ein PMI-Cockpit zur Steuerung anhand von Kennzahlen.
		x15	Wirkungen der Erfolgsfaktoren auf die Indikatoren werden kontrolliert.
		x16	Projektteam standardisiert nach Möglichkeit Aktivitäten in der PMI.
EF26	Ressourcen-management	x17	Es ist geprüft, welche Ressourcen für PMI zur Verfügung stehen.
		x18	Verfügbare Ressourcen passen zum Integrationsgrad.
		x19	Verfügbare Ressourcen passen zur Integrationsgeschwindigkeit.
		x20	Komplexität der Projektstruktur ist mit den Ressourcen zu bewältigen.
		x21	Es gibt eine Planung, wie die Ressourcen bereitgestellt werden.
		x22	Es gibt keinen störenden Konflikt zwischen Tagesgeschäft und PMI.
		x23	Bedarf an externer Unterstützung ist geprüft und entschieden.
EF27	Integrations-kompetenzen	x24	Integrationsteam hat notwendiges Fachwissen.
		x25	Integrationsteam hat Kommunikationskompetenzen
		x26	Integrationsteam hat Entscheidungskompetenzen.
		x27	Integrationsteam hat strategisches Verständnis.
		x28	Integrationsteam hat Kompetenzen im Veränderungsmanagement.
		x29	Integrationsteam vernetzt das Fachwissen der Funktionsbereiche.

des PMI-Managements für die Mitarbeiter ein einschneidendes und belastendes

Ereignis darstellt. In Bezug auf die Kompetenzen des Integrationsteams sollen Führungskräfte Schulungs- und Entwicklungsmaßnahmen initiieren. Dies macht die Teammitglieder resistenter gegenüber dem Stress im PMI-Management, der sich negativ auf die Leistung auswirkt.

4.1.1.5.2 Kritische Erfolgsfaktoren der Maßnahmenkategorie „Kommunikationsmanagement"

Nach Ansicht der Experten müssen interne und externe Kommunikation zeitnah, offen und ehrlich erfolgen. Tabelle 4.16 stellt innerhalb dieser Maßnahmenkategorie die kritischen Erfolgsfaktoren dar und macht sie anhand der Ausprägungen der zugeordneten Erfolgsindikatoren greifbar.

Tabelle 4.16 Kritische Erfolgsfaktoren und Erfolgsindikatoren der Maßnahmenkategorie „Kommunikationsmanagement". (Quelle: Eigene Darstellung)

Maßnahmenkategorie „Kommunikationsmanagement"			
Erfolgsfaktoren		**Erfolgsindikatoren**	
EF28	**Interne Kommunikation**	x1	Interne Kommunikation (ITK) ist offen und transparent.
		x2	ITK geht gezielt auf den Bedarf der Mitarbeitenden ein.
		x3	ITK nutzt eine klare, verständliche Sprache.
		x4	ITK prüft, ob Botschaften richtig verstanden werden.
		x5	ITK kommuniziert Strategie, Ziel und anstehende Veränderungen.
		x6	ITK nutzt Events mit fachlichem und sozialem Charakter.
		x7	ITK behält gleichmäßige Intensität während der gesamten PMI-Dauer bei.
		x8	Zeitpunkt, Umfang und Qualität der ITK entsprechen stets dem Bedarf.
		x9	ITK fördert Engagement und Motivation der Mitarbeitenden.
		x11	ITK verfügt über ausreichende Ressourcen.
		x12	ITK nutzt Newsletter, FAQ, Intranet und andere geeignete Formate.
EF29	**Externe Kommunikation**	x13	Externe Kommunikation (ETK) ist an Kunden, Lieferanten, Medien gerichtet.
		x14	ETK ist klar, offen und transparent.
		x15	ETK nutzt die richtigen Kommunikationswege in der richtigen Frequenz.
		x16	ETK verfügt über ausreichende Ressourcen.
		x17	ETK baut kontinuierlich neue Kommunikationsbeziehungen auf.

Eine offene interne Kommunikation ist nach Ansicht der Experten der Schlüssel zur Akzeptanz der Mitarbeiter. Umfang und Qualität der internen Kommunikation sind Teil des Führungsstils. Eine klare Sprache, die richtige Frequenz und geeignete Kommunikationswege sind wichtig. Externe, stakeholderorientierte Kommunikation mit Kunden, Lieferanten und Presse beeinflussen den Integrationsprozess positiv. Wichtig ist nach Ansicht der Experten, immer wieder zu überprüfen, ob kommunizierte Botschaften richtig verstanden werden, um ggf. die Kommunikation zu wiederholen bzw. zu verändern.

Die vorgenannten Statements der Experten decken sich mit Aussagen in der Literatur, wonach eine offene, transparente, ehrliche Kommunikation Vertrauen schafft und „die Offenheit gegenüber Veränderungen positiv beeinflussen“ kann (Gerkhardt & Frey, 2006, S. 53; Hille, 2022, S. 188). Bauch (2004, S. 73) hebt den Kommunikationsbedarf für die Mitarbeiter- und Kundenbindung hervor. Kommunikationsmaßnahmen unterstützen wegen ihrer „koordinierenden Wirkung […] indirekt“ alle anderen Maßnahmen der PMI (Bauch, 2004, S. 129).

Barnikel (2006, S. 86–87) bestätigt die große Bedeutung der Kommunikation für den PMI-Erfolg, insbesondere in der Funktion, gezielt auf die Bedürfnisse der von PMI-Maßnahmen betroffenen Mitarbeiter eingehen zu können. Die Autorin verweist auch auf die „wechselseitige Beziehung“ zwischen dem Vertrauen der Mitarbeiter und der internen Kommunikation“ (Barnikel, 2006, S. 89). Nach Ansicht der von der Autorin interviewten Mitarbeiter und Experten stellt eine umfangreiche Information während der PMI sicher, dass die Mitarbeiter „darüber im Bilde sind“, indem die Unternehmensführung frühzeitig „klare und umfangreiche Informationen zur Verfügung stellt“ sowie kommuniziert, welche Strategie mit welchen Zielen verfolgt wird und welche Veränderungen anstehen (Barnikel, 2006, S. 181). Man soll aber nicht Information und Kommunikation gleichsetzen. Informationen sind wichtig, aber „nur eine richtige Kommunikation“ schafft Engagement und Motivation (Barnikel, 2006, S. 184). Geeignete Kommunikationsmaßnahmen können beispielsweise Newsletter, FAQs und Informationsseiten im Intranet sein. Die höchste Bedeutung wird der persönlichen Kommunikation in Workshops und ähnlichen Events zugewiesen, die einen „fachlichen und sozialen Charakter“ haben (Barnikel, 2006, S. 196–197). Wichtig ist, darauf zu achten, dass eine „einheitliche Unternehmenssprache“ geschaffen wird, die für alle Mitarbeiter verständlich ist (Barnikel, 2006, S. 226–227).

Furtner (2011, S. 43–44) bestätigt anhand der Ergebnisse ihrer empirischen Studie die große Bedeutung der Kommunikation innerhalb des PMI-Managements. Sie merkt kritisch an, dass wider besseres Wissen nicht ausreichend qualitativ und quantitativ kommuniziert wird. Die Intensität nimmt mit zunehmender Dauer des Prozesses ab und genügt dann nicht mehr dem „tatsächlichen Kommunikationsbedarf" (Furtner, 2011, S. 43). Hille (2022, S. 113) betont die generell hohe Bedeutung der Kommunikation als Erfolgsfaktor von Veränderungsprozessen, in denen es darum geht, den betroffenen Mitarbeitern das „Warum" und „Wozu" zu erklären (Gerkhardt & Frey, 2006, S. 54). Die Kommunikation muss alle Anspruchsgruppen über geeignete Informationskanäle erreichen und die notwendigen Informationen in „verständlicher Sprache" umfassen (Gerkhardt & Frey, 2006, S. 53; Hille, 2022, S. 113). Entscheidend ist ein früher Zeitpunkt, um „Gerüchten und Unsicherheiten vorzubeugen" (Gerkhardt & Frey, 2006, S. 53; Hille, 2022, S. 113). Die Kommunikation muss während der gesamten PMI einem „Kommunikationsplan" folgen, in dem die Kommunikationsmaßnahmen zeitlich und inhaltlich koordiniert werden können (Hille, 2022, S. 117).

Feix (2023, S. 237) verbindet die kulturelle Integration mit der Zielsetzung der Kommunikation, auf Basis von Vision und Mission „die angestrebten Werte, Normen und Verhaltensweisen zu vermitteln" und eine „schnelle und transparente Unternehmenskommunikation" in der Unternehmenskultur zu verankern, um den PMI-Prozess zu beschleunigen und Mitarbeiter zu binden (Feix, 2023, S. 239). „Transparenz" bedeutet, auch schwierige und unangenehme Themen offen anzusprechen (Feix, 2023, S. 239). Boyer und McDermott (1999, S. 300) machen deutlich, dass Unternehmen für eine erfolgreiche strategische Umsetzung „der effektiven Kommunikation von Zielen auf allen Unternehmensebenen mehr Aufmerksamkeit widmen müssen". Die Aufgabe der Kommunikation im Rahmen von M&A-Projekten ist die eines zentralen Vermittlers an der Schnittstelle zwischen Unternehmen und den internen sowie externen Interessengruppen (Schauer, 2008, S. 184). Der Bedarf an interner Kommunikation ist bei den befragten mittelständischen Unternehmen umso größer, je unterschiedlicher die Kulturen der zu integrierenden Unternehmen sind. Kommunikation kann als Unterstützung der Maßnahmen des HRM wirken und Distanzen reduzieren (Schauer, 2008, S. 184). Stafflage (2005, S. 290) stellt ebenfalls den wechselseitigen Beziehungszusammenhang zwischen der Unternehmenskultur und der Kommunikation heraus und bewertet die Kommunikation als ein bedeutsames Instrument, Fehlentwicklungen zu reduzieren.

Winkler (2020, S. 102–103) kritisiert als Ergebnis ihrer Studie die unzureichende Qualität der Kommunikation „kleiner und mittlerer Unternehmen", die entweder durch den Eigentümer selbst oder als eine „Nebenbei-Tätigkeit" (Winkler, 2020, S. 102) von Mitarbeitern in den Bereichen Marketing, Vertrieb oder Personal verantwortet wird. Kommunikationsmaßnahmen erfolgen im Mittelstand „eher intuitiv und situativ". Die „wenig professionelle Kommunikation" führt die

Autorin auf fehlende finanzielle, personelle und zeitliche Ressourcen sowie auf fehlendes Wissen zu den Instrumenten einer erfolgreichen Unternehmenskommunikation zurück (Winkler, 2020, S. 102–104). Wichtig erscheint das Plädoyer der Autorin, „Mittelstandskommunikation nicht [...] an den Maßstäben von Großunternehmen zu messen“ (Winkler, 2020, S. 302), denn „nicht alle Prozesse und Strukturen eines strategischen Kommunikationsmanagements“ sind „funktional“ für den Mittelstand (Winkler, 2020, S. 302). Allerdings erfordert es „Schlüsselereignisse“ sowie „Veränderungen und Herausforderungen“ (Winkler, 2020, S. 302), worunter sicher auch das besondere Ereignis einer PMI fällt, um in mittelständischen Unternehmen eine vorausschauende Planung und spezifische Kommunikation mit einer klaren Verteilung der Aufgaben und Verantwortung sowie mit der Unterstützung der Unternehmensführung umzusetzen (Winkler, 2020, S. 238).

M. Palm und Kammerlander (2021, S. 17) identifizieren insbesondere Kommunikation gegenüber Mitarbeitern als kritischen Erfolgsfaktor des PMI-Managements. Die interne Kommunikation innerhalb des PMI-Prozesses überwindet organisatorische Distanz (K. Lee et al., 2022, S. 2263). Die Einbeziehung der Mitarbeiter beider Unternehmen während des Integrationsprozesses in die Gestaltung der Kommunikation und in die Angleichung und Standardisierung von Prozessen kann dazu beitragen, Sorgen um Karriere und finanzielle Sicherheit, mangelndes Vertrauen in neue Kollegen sowie Entfremdungsgefühle und emotionale Konflikte zu lösen (Graebner et al., 2017, S. 3–6; Schweiger & Denisi, 1991, S. 111–112).

Zentrales Ziel der PMI ist, Mitarbeiter in einem Unternehmen mit einem gemeinsamen Verständnis der Strategie zusammenzuführen (Borck, 2016, S. 7). Die interne Kommunikation innerhalb der PMI hilft, die Mitarbeiter an die strategischen Ziele der PMI heranzuführen, diese zu verinnerlichen und deren Vorzüge zu verstehen (Borck, 2016, S. 7). Die interne Kommunikation kann eine wichtige Grundlage der Akzeptanz der Mitarbeiter für den Veränderungsprozess sein, wenn sie die Emotionalität der Mitarbeiter authentisch aufgreift (Borck, 2016, S. 7). Organisatorische Änderungen sind erfolgreicher, wenn sie durch eine geeignete Kommunikation unterstützt werden (Agarwal et al., 2012, S. 710). Mitarbeiter empfinden innerhalb der PMI eine allgemeine Unsicherheit in Bezug auf die Wahrscheinlichkeit positiver und negativer Veränderungen. Der daraus resultierende Stress erhöht sich, die Produktivität sinkt und die Fluktuation steigt, wenn Mitarbeiter als Folge einer unzureichenden internen Kommunikation über die Ziele der PMI im Unklaren gelassen werden (Marks & Mirvis, 2011, S. 164).

Bei der internen und externen Kommunikation können rechtliche Vorschriften im Rahmen der Informationspflichten eine Rolle spielen (Bauch, 2004, S. 206).

Die externe Kommunikation, beispielsweise mit Kunden und Lieferanten sowie der Presse ist das zweite wichtige Element des kritischen Erfolgsfaktors Kommunikationsmanagement, dessen zunehmende Bedeutung für mittelständische Unternehmen den notwendigen Aufbau neuer Kommunikationsbeziehungen zu diesen Bezugsgruppen bedeuten kann (Buchholz & Knorre, 2019, S. 9). Auch Kunden müssen von der Sinnhaftigkeit des Zusammengehens der Unternehmen überzeugt werden und das gute Gefühl bekommen, dass die Änderungen nicht zu Nachteilen führen (Hille, 2022, S. 236).

4.1.1.5.3 Kritische Erfolgsfaktoren der Maßnahmenkategorie „Aufbau- und Ablauforganisation"

Die Aufbau- und Ablauforganisation ermöglicht die erfolgreiche Implementierung der Post-Merger-Integrationsstrategie. Tabelle 4.17 stellt innerhalb dieser Maßnahmenkategorie die kritischen Erfolgsfaktoren dar und macht sie anhand der Ausprägungen der zugeordneten Erfolgsindikatoren greifbar.

Nach Ansicht der befragten Experten können Prozesse in erfolgreich agierenden Unternehmen unverändert belassen werden. Mitarbeiter gewöhnen sich nur langsam an neue Prozesse. Es besteht die Gefahr, dass sie nach Änderungen von Prozessen zu den gewohnten Prozessen zurückkehren. Bei Organisationsveränderungen müssen Führungskräfte aus beiden beteiligten Unternehmen integriert werden. Es ist für Mitarbeiter nur schwer zu akzeptieren, dass ihre Prozesse geändert werden müssen. Sie empfinden dies innerhalb der Integration als „Niederlage“ gegenüber denjenigen, die ihre Prozesse beibehalten können. Ein Organigramm muss ausgeglichen sein, klare Berichtslinien zeigen und die zukünftig benötigten Kompetenzen berücksichtigen.

Administrative Prozesse lassen sich leichter vereinheitlichen und gruppenweit zentralisieren als produktionsspezifische Prozesse (Bauch, 2004, S. 152–153). Das unternehmerische Know-how ist in der „Organisation der Prozesse“ gebündelt und bildet den Kern des Unternehmenswerts (Schönreiter, 2019, S. 1). Vor dem Hintergrund eines wertorientierten PMI-Managements kommt der Harmonisierung der Prozesse eine große Bedeutung für den PMI-Erfolg zu. Eine effiziente Prozessharmonisierung ist in der angespannten Situation der PMI Störungen und Zielkonflikten ausgesetzt (Schönreiter, 2019, S. 1–2). Der Umfang der Veränderungen der Organisationsstrukturen (Aufbau) und der Prozesse (Ablauf) wird entscheidend durch den Integrationsgrad beeinflusst. Kretschmer und Dehne (2020, S. 504) machen deutlich, dass relativ einfach umzusetzende Veränderungen der Organisationsstruktur im Rahmen der PMI mit anspruchsvolleren Änderungen des Führungsstils einhergehen sollen, um die formelle und informelle Organisation anzugleichen.

Tabelle 4.17 Kritische Erfolgsfaktoren und Erfolgsindikatoren der Maßnahmenkategorie „Aufbau- und Ablauforganisation". (Quelle: Eigene Darstellung)

Maßnahmenkategorie „Aufbau- und Ablauforganisation"			
Erfolgsfaktoren		**Erfolgsindikatoren**	
EF30	Prozesse	x1	Umfang der Änderungen ergeben sich aus dem Integrationsgrad.
		x2	Notwendigkeit der Harmonisierungen werden sorgfältig geprüft.
		x3	Standardisierung von Abläufen wird gefördert.
		x4	Erfolgreiche Prozesse werden nicht geändert.
		x5	Prozessänderungen werden geduldig und zielgerichtet begleitet.
		x6	Änderungen der Prozesse werden nicht als „Niederlage" empfunden.
		x7	Rückkehr der Mitarbeitenden zu alten Prozessen wird verhindert.
EF31	Organisations-struktur	x8	Es gibt ein Organisationsentwicklungskonzept.
		x9	Entwicklungskonzept vereint den strukturellen und personellen Ansatz.
		x10	Führungskräfte beider Organisationen werden einbezogen.
		x11	Änderungen werden gemeinsam umgesetzt.
		x12	Das Organigramm ist ausgewogen.
		x13	Das Organigramm zeigt klare Berichtslinien.
		x14	Das Organigramm berücksichtigt die benötigten Kompetenzen.

Bauch (2004, S. 153) erwähnt als Ergebnis einer Fallstudie, dass eine „straffe Abwicklung […] bei der Anpassung der Organisation […] gegenüber den Mitarbeitern rasch klare Verhältnisse" schafft, die dann aber auf „Gewöhnungsprobleme und Widerstände" stoßen können. Die Harmonisierung der Organisation ist „fallweise zu prüfen" (Bauch, 2004, S. 204) und bezieht sich in erster Linie auf die vollständige Überarbeitung der Organigramme und Funktionsbeschreibungen (Bauch, 2004, S. 201). Die notwendige Härte des Integrationsansatzes und der daraus resultierenden organisatorischen Änderungen ist von der angestrebten Integrationsgeschwindigkeit abhängig. Barnikol (2006, S. 53) beschreibt, dass in Bezug auf die Veränderungen der Aufbau- und Ablauforganisation innerhalb des PMI-Managements ein „umfassendes Organisationsentwicklungskonzept den personellen und den strukturellen Ansatz vereint". Die Komplexität der Prozesse ist ein wesentlicher Einflussfaktor für die Integrationsdauer und das Integrationsrisiko (Claassen et al., 2019, S. 677; Lindstädt & Wolff, 2007, S. 338). Entscheidungen über die Organisationsausrichtung werden situationsbezogen gefällt (Wirtz, 2017, S. 320). Sie haben ein großes Potenzial, Synergieeffekte zu realisieren (Wirtz, 2017, S. 317). Lindstädt und Wolff (2007, S. 340) empfehlen, die grundlegenden Entscheidungen über die Zielorganisation bereits vor dem eigentlichen Zusammenschluss der Unternehmen zu treffen. Eine Erweiterung der standardmäßigen Due Diligence um eine „Organizational Due Diligence“ (Lindstädt & Wolff, 2007, S. 340) kann in diesem Zusammenhang zweckmäßig sein. Änderungen der Aufbauorganisation erfordern je nach gewähltem Integrationsgrad in der Folge auch eine Anpassung der Prozesse beider Unternehmen (Wirtz, 2017, S. 319).

4.1.1.5.4 Kategoriebezogene Teilmodelle und Hypothesen

Zusammenfassend ermöglicht das Projektmanagement die Ressourcenplanung, die Messung des Projektfortschritts und des Zielerreichungsgrads. Der Verzicht auf ein systematisches Projektmanagement gefährdet den Erfolg des PMI-Managements. Die interne und externe Kommunikation reduziert Unsicherheiten und fördert die Zusammenarbeit. Wenn klare Kommunikationsprozesse fehlen und die Kommunikation informell erfolgt, wirkt sich das negativ auf die interne und externe Wahrnehmung des PMI-Managements aus. Die erfolgreiche Umsetzung der Maßnahmen des PMI-Managements schlägt sich in Änderungen der Aufbau- und Ablauforganisation nieder. Ein Festhalten an flachen Hierarchien und situativ improvisierten Abläufen mit dem Eigentümer in einer zentralen Führungsrolle, erscheint flexibel, erschwert aber die Standardisierung von Abläufen.

Das in Abbildung 4.10 dargestellte Teilmodell visualisiert aus der Perspektive „Prozesse und Organisation“ für die Maßnahmenkategorie „Projektmanagement“ die Operationalisierung der kritischen Erfolgsfaktoren anhand der Erfolgsindikatoren sowie die Ableitung der Forschungshypothesen zu den positiven Wirkungen der Erfolgsfaktoren EF24 bis EF27 auf den PMI-Erfolg.

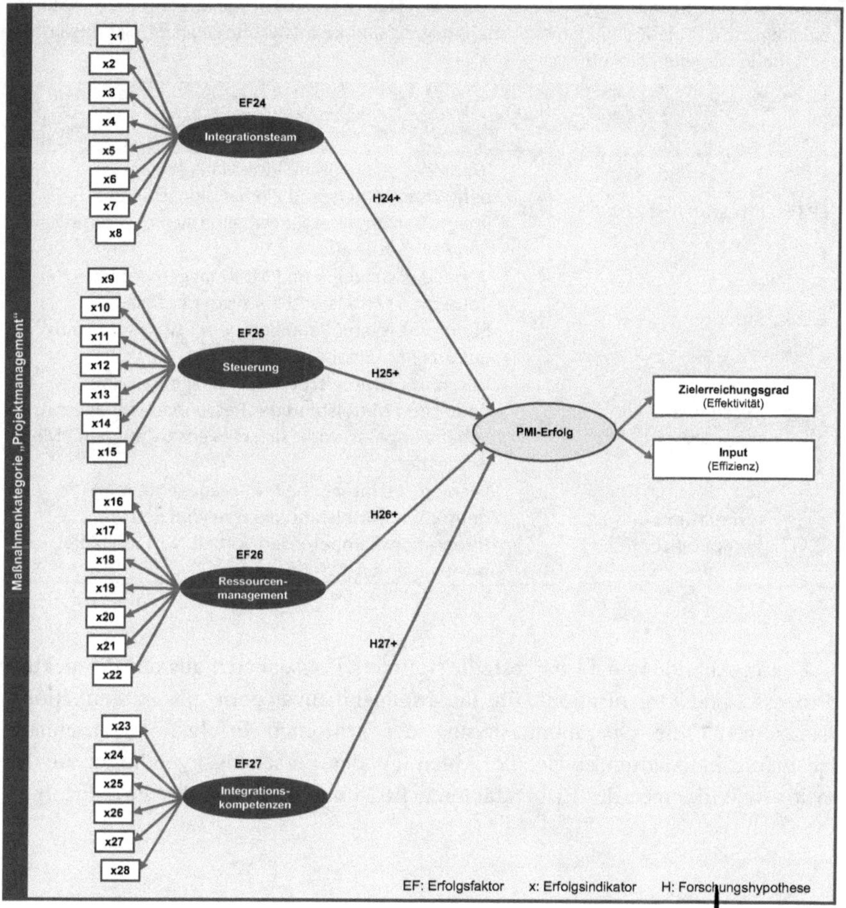

Abbildung 4.10 Teilmodell zur Ableitung der Forschungshypothesen H24 bis H27 der Maßnahmenkategorie „Projektmanagement". (Quelle: Eigene Darstellung)

In Tabelle 4.18 werden die Hypothesen H24 bis H27 als Ausgangspunkt weiterführender Forschungsarbeiten formuliert.

Tabelle 4.18 Forschungshypothesen H24 bis H27 zu den Erfolgsfaktoren der Maßnahmenkategorie „Projektmanagement" als Ausgangspunkt weiterführender Forschungsarbeiten. (Quelle: Eigene Darstellung)

Maßnahmenkategorie „Projektmanagement"			
Erfolgsfaktoren		Forschungshypothesen	
EF24	**Integrationsteam**	**H24**	Wenn das strategische PMI-Management im deutschen Mittelstand ein handlungsfähiges Integrationsteam etabliert, wirkt sich dies positiv auf den PMI-Erfolg aus.
EF25	**Steuerung**	**H25**	Wenn das strategische PMI-Management im deutschen Mittelstand ein systematisches Steuerungssystem etabliert, wirkt sich dies positiv auf den PMI-Erfolg aus.
EF26	**Ressourcen-management**	**H26**	Wenn das strategische PMI-Management im deutschen Mittelstand das Ressourcenmanagement situativ anpasst, wirkt sich dies positiv auf den PMI-Erfolg aus.
EF27	**Integrations-kompetenzen**	**H27**	Wenn das strategische PMI-Management im deutschen Mittelstand die notwendigen Integrationskompetenzen vorhält, wirkt sich dies positiv auf den PMI-Erfolg aus.

Das in Abbildung 4.11 dargestellte Teilmodell visualisiert aus der Perspektive „Prozesse und Organisation" für die Maßnahmenkategorie „Kommunikationsmanagement" die Operationalisierung der kritischen Erfolgsfaktoren anhand der Erfolgsindikatoren sowie die Ableitung der Forschungshypothesen zu den positiven Wirkungen der Erfolgsfaktoren EF28 und EF29 auf den PMI-Erfolg.

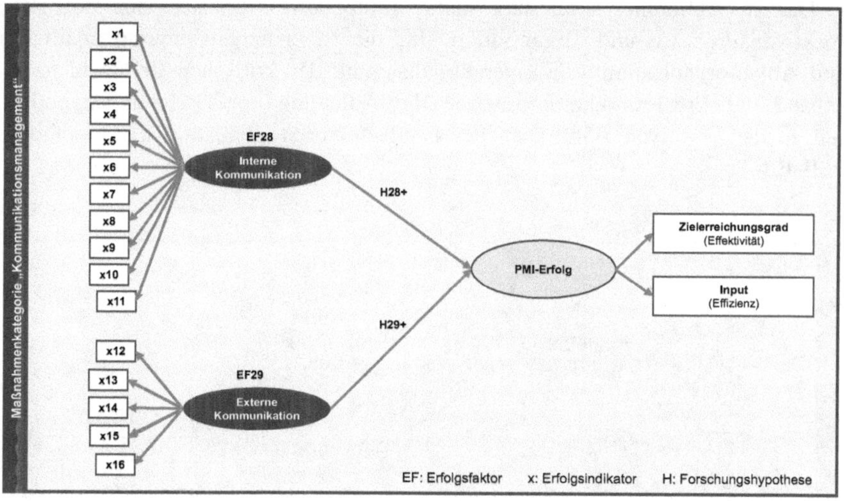

Abbildung 4.11 Teilmodell zur Ableitung der Forschungshypothesen H28 und H29 der Maßnahmenkategorie „Kommunikationsmanagement". (Quelle: Eigene Darstellung)

In Tabelle 4.19 werden die Hypothesen H28 und H29 als Ausgangspunkt weiterführender Forschungsarbeiten formuliert.

Tabelle 4.19 Forschungshypothesen H28 und H29 zu den Erfolgsfaktoren der Maßnahmenkategorie „Kommunikationsmanagement" als Ausgangspunkt weiterführender Forschungsarbeiten. (Quelle: Eigene Darstellung)

Maßnahmenkategorie „Kommunikationsmanagement"			
Erfolgsfaktoren		Forschungshypothesen	
EF28	Interne Kommunikation	H28	Wenn das strategische PMI-Management im deutschen Mittelstand eine offene und klare interne Kommunikation pflegt, wirkt sich dies positiv auf den PMI-Erfolg aus.
EF29	Externe Kommunikation	H29	Wenn das strategische PMI-Management im deutschen Mittelstand eine transparente externe Kommunikation pflegt, wirkt sich dies positiv auf den PMI-Erfolg aus.

Das in Abbildung 4.12 dargestellte Teilmodell visualisiert aus der Perspektive „Prozesse und Organisation" für die Maßnahmenkategorie „Aufbau- und Ablauforganisation" die Operationalisierung der kritischen Erfolgsfaktoren anhand der Erfolgsindikatoren sowie die Ableitung der Forschungshypothesen zu den positiven Wirkungen der Erfolgsfaktoren EF30 und EF31 auf den PMI-Erfolg.

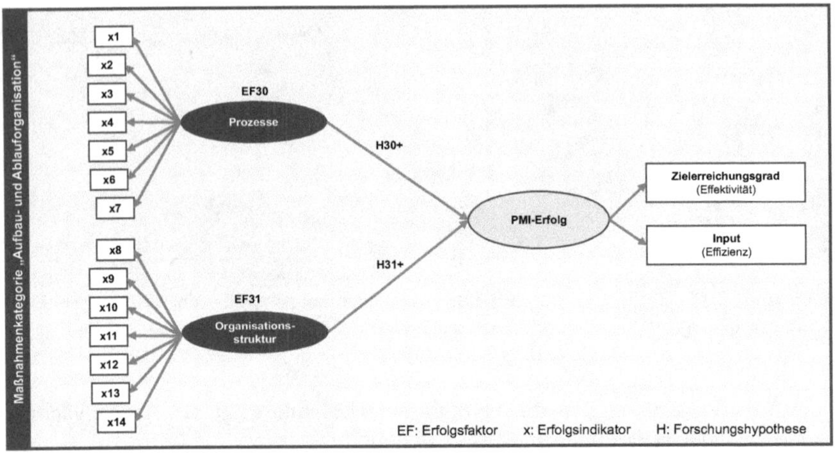

Abbildung 4.12 Teilmodell zur Ableitung der Forschungshypothesen H30 und H31 der Maßnahmenkategorie „Aufbau- und Ablauforganisation". (Quelle: Eigene Darstellung)

In Tabelle 4.20 werden die Hypothesen H30 und H31 als Ausgangspunkt weiterführender Forschungsarbeiten formuliert.

Tabelle 4.20 Forschungshypothesen H30 und H31 zu den Erfolgsfaktoren der Maßnahmenkategorie „Aufbau- und Ablauforganisation“ als Ausgangspunkt weiterführender Forschungsarbeiten. (Quelle: Eigene Darstellung)

Maßnahmenkategorie „Aufbau- und Ablauforganisation“			
Erfolgsfaktoren		Forschungshypothesen	
EF30	**Prozesse**	**H30**	Wenn das strategische PMI-Management im deutschen Mittelstand Prozessänderungen sorgfältig prüft und zielgerichtet umsetzt, wirkt sich dies positiv auf den PMI-Erfolg aus.
EF31	**Organisations-struktur**	**H31**	Wenn das strategische PMI-Management im deutschen Mittelstand eine kompetenzbasierte und gemeinsam getragene Organisationsstruktur umsetzt, wirkt sich dies positiv auf den PMI-Erfolg aus.

4.1.1.6 Strategische Perspektive „Menschen und Kultur“

4.1.1.6.1 Kritische Erfolgsfaktoren der Maßnahmenkategorie „Unternehmensführung“

Eine starke und konsequente Unternehmensführung ist ein wesentlicher Erfolgsfaktor im PMI-Management. Sie gibt mit einem professionellen Veränderungsmanagement (VM) Orientierung, stiftet Sinn und schafft Vertrauen. Die Führung des Unternehmens muss den Integrationsprozess sichtbar steuern und die Integrationsziele konsequent umsetzen (Langenstein, 2007, S. 102–103). Tabelle 4.21 stellt innerhalb dieser Maßnahmenkategorie die kritischen Erfolgsfaktoren dar und macht sie anhand der Ausprägungen der zugeordneten Erfolgsindikatoren greifbar.

HRM spielt nach Ansicht der Experten eine Schlüsselrolle innerhalb der PMI. Eine Einbindung von HRM in Entscheidungen kann die entscheidungsbezogene, interne Kommunikation unterstützen und das Vertrauen der Mitarbeiter festigen. Grundlage für erfolgreiche Veränderungsmaßnahmen sind eine detaillierte Planung und eine situative Flexibilität bei der Umsetzung. Schlüsselfaktoren für den PMI-Erfolg sind Vertrauen, Offenheit und die enge Begleitung der Mitarbeiter bei der Umsetzung der Maßnahmen des Veränderungsmanagements. Mitarbeiterintegration ist ein sensibler und komplexer Prozess, der Feinfühligkeit erfordert und durch offene Kommunikation sowie faire Behandlung der Beteiligten begleitet werden muss, um erfolgreich zu sein. Nachvollziehbare, verlässliche, klare und in regelmäßigen Rhythmen getroffene Entscheidungen sind wichtig für den PMI-Erfolg. In mittelständischen Unternehmen muss es genügend Freiraum für intuitive, schnelle Entscheidungen geben. Die Bedeutung eines professionellen Veränderungsmanagements scheint in den in die empirische Untersuchung dieser Dissertation einbezogenen mittelständischen Unternehmen unterschätzt zu werden.

Cooke et al. (2021, S. 7) machen deutlich, dass die Führungskräfte der im Rahmen der PMI von vielen Veränderungen betroffenen Mitarbeiter die Einflussfaktoren des psychischen Wohlbefindens verstehen müssen. Schulungen und Teamarbeit können den Mitarbeitern helfen, sich auf Veränderungen besser einzustellen. Aber auch materielle Dimensionen, wie die Arbeitsplatzsicherheit und Vergütung der Arbeit, sind zu berücksichtigen. Das HRM innerhalb des PMI-Managements muss sich mit den Reaktionen der Mitarbeiter auf die Ankündigung eines Personalabbaus genauso beschäftigen, wie mit einer fairen und gerechten Entlohnung. Unternehmen müssen sich das Ausmaß der Auswirkungen der PMI auf ihre Mitarbeiter bewusst machen, damit sie schneller geeignete HRM-Maßnahmen ergreifen können, um negative Reaktionen zu vermeiden. Sie müssen sicherstellen, dass die Führungskräfte in dem zu integrierenden Unternehmen die Integration unterstützen (Cooke et al., 2021, S. 6–7).

Hille (2022, S. 105–106) erwähnt unter Bezug auf die Ergebnisse von Gerkhardt und Frey (2006, S. 48), dass die Bedeutung des Veränderungsmanagements mit zunehmendem „Wandlungsdruck" auf Änderungen der wirtschaftlichen Rahmenbedingungen als „zeitlich begrenzter Prozess" und „konzeptioneller Ansatz zur Umsetzung von Veränderungsprozessen" an Bedeutung gewonnen hat. Es geht dabei insbesondere um „personenbezogene Themen" zur Förderung der Umsetzung „großer organisatorischer, prozessbezogener" Änderungen (Hille, 2022, S. 107). Barnikel (2006, S. 60–61) betont die große Bedeutung der Funktion des PMI-Managements als Veränderungsmanagement, in dem es darum geht, im Zusammenhang mit den Maßnahmen des PMI-Managements vor allem Mitarbeiter zu unterstützen. Angst und Unsicherheit der Mitarbeiter in Bezug auf die in der PMI anstehenden Veränderungen sind nach Ansicht von Barnikel (2006, S. 184–185) negative Emotionen, die den Erfolg des Integrationsprozesses gefährden können. Unternehmensführung, HRM und interne Kommunikation müssen sich dieser Problematik im PMI-Management annehmen.

Vaara (2003, S. 890) beobachtet in seiner Untersuchung zur Entscheidungsfindung im Rahmen der PMI vier miteinander verbundene Tendenzen, warum das häufige Problem langsamen Fortschritts bei der Integration nach der Übernahme

Tabelle 4.21 Kritische Erfolgsfaktoren und Erfolgsindikatoren der Maßnahmenkategorie „Unternehmensführung“. (Quelle: Eigene Darstellung)

Maßnahmenkategorie „Unternehmensführung“			
Erfolgsfaktoren		**Erfolgsindikatoren**	
EF32	**Human Resource Management**	x1	HRM wird bei allen Entscheidungen eingebunden.
		x2	HRM sichert die Unterstützung durch die Führungskräfte.
		x3	HRM unterstützt die entscheidungsbezogene interne Kommunikation.
		x4	HRM begleitet Mitarbeitende bei allen Veränderungsmaßnahmen.
		x5	HRM festigt das Vertrauen der Mitarbeitenden.
		x6	HRM geht auf die Reaktionen der Mitarbeitenden ein.
		x7	HRM ergreift Maßnahmen zur Vermeidung negativer Reaktionen.
		x8	HRM trägt Verantwortung für faire und gerechte Entlohnung.
EF33	**Veränderungs-management**	x9	Veränderungsmanagement (VM) ist für alle Fragen verfügbar.
		x10	Führung zeigt im Rahmen des VM regelmäßige PMI-Teilerfolge auf.
		x11	Mitarbeitende werden vom VM auf Veränderungen vorbereitet.
		x12	Professionalität des VM entspricht den Anforderungen der PMI.
		x13	VM verfügt über notwendige Ressourcen.
		x14	VM berücksichtigt das psychische Wohlbefinden der Mitarbeitenden.
		x15	Mitarbeitende nehmen Initiativen des VM positiv wahr.
		x16	VM bietet Trainings und Schulungen an.
		x17	Maßnahmen des VM werden situativ flexibel umgesetzt.
EF34	**Entscheidungs-findung**	x18	Entscheidungen werden in verlässlichen Rhythmen getroffen.
		x19	Entscheidungen sind nachvollziehbar.
		x20	Entscheidungen werden verständlich, klar und zeitnah kommuniziert.
		x21	Entscheidungsträger haben individuellen Entscheidungsfreiraum.
		x22	Entscheidungen werden, wenn nötig, intuitiv und schnell getroffen.
EF35	**Bindung der Schlüssel-personen**	x23	Schlüsselpersonen werden in strategische Entscheidungen eingebunden.
		x24	Schlüsselpersonen nehmen Initiativen, sie zu halten, positiv wahr.
		x25	Bindung der Schlüsselpersonen hat hohe Priorität.
EF36	**Mitarbeiter-integration**	x26	Mitarbeiterintegration (MI) erfolgt mit Feingefühl.
		x27	MI ist durch faire Behandlung der Mitarbeitenden geprägt.
		x28	MI wird von offener Kommunikation begleitet.

auftritt: Unklarheiten in Bezug auf Integrationsfragen, kulturelle Verwirrung in der sozialen Interaktion und Kommunikation, organisatorische Heuchelei bei Integrationsentscheidungen und die Politisierung von Integrationsfragen. Der Autor betont, wie wichtig es ist, zu erkennen, dass Entscheidungen innerhalb des PMI-Managements kulturellen und kommunikativen Einflüssen unterworfen sind und häufig nicht rational, sondern irrational erfolgen. Die Irrationalität von Entscheidungen darf weder von der Forschung noch von der Praxis übersehen werden, wenn der Erfolg oder Misserfolg der Integration untersucht wird und zu leicht eher die offensichtlichen Ursachen, wie beispielsweise die Kultur oder der Widerstand der Mitarbeiter, als relevant eingestuft werden (Vaara, 2003, S. 890).

Thomas und Louisgrand (2022, S. 911–912) verbinden in ihrer Studie die Gestaltung der Entscheidungsfindung mit der empfundenen Geschwindigkeit der PMI. Demnach hängt die individuelle Wahrnehmung der Geschwindigkeit von Veränderungen während der PMI auch davon ab, inwieweit betreffende Personen auf die Entscheidungen Einfluss nehmen. Wird jemand stark in die Identifikation und Analyse eines Problems sowie in die Auswahl der erforderlichen Maßnahmen einbezogen, empfindet diese Person die Geschwindigkeit als langsamer gegenüber jemandem, der ohne vorherige Einbindung von der Entscheidung überrascht wird.

Barnikel (2006, S. 90–91) betont unter dem Stichwort „Partizipation" die Bedeutung unterschiedlicher Formen der Einbindung der Mitarbeiter in die Entscheidungsprozesse im Rahmen des PMI-Managements mit positiven Auswirkungen auf deren „Handlungs- und Problemlösungskompetenz", die zum PMI-Erfolg beitragen. Als Ergebnis ihrer empirischen Untersuchung hält die Autorin fest, dass Mitarbeiter eine starke Unterstützung der PMI durch die Unternehmensführung erwarten, was sich u. a. darin äußert, dass die Führung „für Fragen, Anregungen […] verfügbar" sein muss und motivierende, frühe Teilerfolge aufzeigt (Barnikel, 2006, S. 181). Weiterhin ist es nötig, von der Unternehmensführung „früh konkrete Entscheidungen" zu erhalten (Barnikel, 2006, S. 181). Die von der Autorin befragten Mitarbeiter erwarten im Rahmen der PMI, dass die Unternehmensführung sie auf anstehende Veränderungen vorbereitet und Initiativen zur Bindung und Motivation der Mitarbeiter ergreift. Dazu gehört auch ein Training im Veränderungsmanagement.

Schlüsselpersonen sind Leistungsträger mit wichtigem strategischen Know-how (Lohre, 2010, S. 99). Im Rahmen der PMI muss es nach Meinung des Autors gelingen, diese Schlüsselpersonen an das Unternehmen zu binden. Sie sind wegen ihres „hohen Marktwertes" und ihres „ausgeprägten Selbstbewusstseins" nicht nur besonders „abwanderungsgefährdet" (Lohre, 2010, S. 99), sondern für den Erfolg des PMI-Managementprozesses auch besonders wichtig. Eine aktive Einbindung der Schlüsselpersonen in strategische Entscheidungen des PMI-Managements kann ein wesentlicher Beitrag zur Bindung dieser besonders wichtigen Mitarbeiter sein, was den Verlust von Know-how verhindert (Lohre, 2010, S. 101).

Schröer (2005, S. 161–164) entwickelt Integrationsstrategien zum Umgang mit Widerständen im Zusammenhang mit der Mitarbeiterintegration. Die Autorin merkt kritisch an, dass sich komplexe Veränderungen im Rahmen des PMI-Managements „kaum erfolgreich durch ein paar einfache Prinzipien" managen lassen. So benötigt man im Umgang mit Widerständen von Mitarbeitern die Darstellung von „Handlungsstrategien", die als „kausale Wirkketten über die Auflistung allgemeiner Erfolgsfaktoren" hinausgehen (Schröer, 2005, S. 167). Die „faire" Behandlung der Mitarbeiter im PMI-Management wird von den von Barnikel (2006, S. 200) befragten Mitarbeitern als besonders wichtig angesehen. Die Befragten weisen darauf hin, dass es im Rahmen der Mitarbeiterintegration darauf ankommt, auch denjenigen, deren Arbeitsplatz nicht von Integrationsmaßnahmen betroffen ist, das Gefühl zu geben, dass mit Betroffenen fair umgegangen wird. Fairnessaspekte des Integrationsprozesses werden von der Autorin besonders hoch eingeschätzt. Sie haben einen wichtigen Einfluss auf den PMI-Erfolg, insbesondere was das „persönliche Erleben" der Mitarbeiter betrifft (Barnikel, 2006, S. 210).

4.1.1.6.2 Kritische Erfolgsfaktoren der Maßnahmenkategorie „Unternehmenskultur"

Die Unternehmenskultur, in manchen Fällen auch als „Organisationskultur" bezeichnet (Hille, 2022, S. 86), bestimmt das Verhalten und die Zusammenarbeit der Mitarbeiter und ist ein entscheidender und langfristig wirkender Erfolgsfaktor des PMI-Managements. Hille (2022, S. 81) fasst auf Basis der Ausführungen von Hofstede et al. (2010, S. 344) Merkmale der Unternehmenskultur u. a. mit „ganzheitlich, historisch geprägt, sozial" sowie mit „schwer zu verändern" zusammen. Die empirischen Ergebnisse dieser Dissertation bestätigen, dass offenbar nicht kulturelle Unterschiede an sich, sondern deren unzureichende Beachtung und Handhabung den PMI-Erfolg gefährden (Langenstein, 2007, S. 135). Tabelle 4.22 stellt innerhalb dieser Maßnahmenkategorie die kritischen Erfolgsfaktoren dar und macht sie anhand der Ausprägungen der zugeordneten Erfolgsindikatoren greifbar.

Tabelle 4.22 Kritische Erfolgsfaktoren und Erfolgsindikatoren der Maßnahmenkategorie „Unternehmenskultur". (Quelle: Eigene Darstellung)

Maßnahmenkategorie „Unternehmenskultur"			
Erfolgsfaktoren		**Erfolgsindikatoren**	
EF37	**Wertschätzung**	x1	Wertschätzender Umgang prägt die Unternehmenskultur.
		x2	Fairness und Wohlwollen sind Kennzeichen der Unternehmenskultur.
		x3	Mitarbeitenden wird stets aufmerksames Interesse entgegengebracht.
		x4	Der Umgangston im Unternehmen ist immer freundlich und zugewandt.
EF38	**Offenheit**	x5	Es herrscht Offenheit und Respekt gegenüber kulturellen Unterschieden.
		x6	Offenheit wird eingesetzt, um Angst und Unsicherheit zu vermeiden.
		x7	Offenheit ist die Basis jeder Kommunikation im Unternehmen.
EF39	**Emotionen**	x8	Emotionen stehen sachlich begründeten Entscheidungen nicht entgegen.
		x9	Emotionen führen nicht zu ungewollten Entwicklungen.
		x10	Angepasste Integrationsgeschwindigkeit fördert positive Emotionen.
		x11	Positive Emotionen helfen, sich mit Veränderungen zu identifizieren.
		x12	Führungskräfte fangen Furcht und Sorgen Mitarbeitender individuell auf.
		x13	Negative Emotionen motivieren zum positiven Zusammenhalt.
		x14	Führungskräfte kehren Frust in optimistischen Umsetzungswillen um.
EF40	**Vertrauen**	x15	Führungskräfte pflegen kommunikative Nähe zu Mitarbeitenden.
		x16	Unternehmenskultur festigt das Vertrauen der Mitarbeitenden.
		x17	Vertrauen und Harmonie sind Ziele des PMI-Managements.
		x18	Situativ angepasste Integrationsgeschwindigkeit baut Vertrauen auf.
		x19	Eigentümer vertrauen Führungskräften und Mitarbeitenden.
		x20	Vertrauen ist wesentlicher Treiber der Arbeitszufriedenheit.
EF41	**Langfristige Orientierung**	x21	Trotz langfristiger Orientierung wird schnell und konsequent gehandelt.
		x22	Eigentümer geben gewünschten Veränderungen ausreichend Zeit.
		x23	Langfristiger Erfolg ist Eigentümern wichtiger als kurzfristiger Erfolg.
EF42	**Flexibilität**	x24	Anpassungen an kulturelle Veränderungen erfolgen mit hoher Flexibilität.
		x25	Hohe Flexibilität beschleunigt den Integrationsprozess.

Das kulturorientierte Integrationsmanagement befasst sich mit der Erfassung der Unterschiede und der Gestaltung der Unternehmenskultur durch „kommunikations- und personalpolitische sowie organisatorische Maßnahmen" (Wirtz, 2017, S. 331). Die Unternehmenskultur weist bei ganzheitlicher Sichtweise zahlreiche Schnittmengen mit anderen Elementen der PMI-Durchführung auf, wie dem Personalmanagement, dem Wissensmanagement und der Unternehmenskommunikation (Stafflage, 2005, S. 6). Die angemessene Einbeziehung der Bedeutung kultureller Unterschiede in das PMI-Management hat das Potenzial, den PMI-Erfolg zu erhöhen (Y. Weber, Tarba & Reichel, 2011, S. 16).

Aus Sicht der Experten sind Analyse und Beachtung kultureller Unterschiede sowie der Aufbau von Vertrauen bedeutende Elemente des PMI-Managements. Wesentlich für den PMI-Erfolg ist die Entscheidung, welche kulturellen Unterschiede erhalten werden sollen. Eine klare Strategie unterstützt das Ziel, zu einer gemeinsamen Kultur zu kommen. Eine vollständige Integration der Kulturen erscheint nicht realistisch. Es muss ein Ansatz gefunden werden, der sowohl die kulturellen Unterschiede respektiert als auch die notwendigen Anpassungen für eine erfolgreiche Integration ermöglicht.

In der Untersuchung von Barnikel (2006, S. 182) bringen befragte Mitarbeiter und Experten zum Ausdruck, dass es ihnen wichtig ist, ein Bewusstsein für die kulturellen Aspekte der PMI zu schaffen, konsequent auf die „kulturellen Besonderheiten“ der beteiligten Unternehmen einzugehen und die „Kulturentwicklung“ auch langfristig zu beobachten. Barnikel (2006, S. 86) führt als „vertrauensstärkende Maßnahmen“ im Rahmen des PMI-Managements eine „offene und ehrliche Kommunikation, Fairness und unterstützendes Verhalten“ an, die von den von der Autorin interviewten Experten auch im Zusammenhang mit anderen Erfolgsfaktoren genannt werden. Vertrauen ist eine „implizite Variable für Kommunikation und Arbeitszufriedenheit“ (Barnikel, 2006, S. 90).

Ähnlich wie die interne Kommunikation hat auch die Kultur eine besondere „Koordinationsfunktion“ im Rahmen des PMI-Managements (Bauch, 2004, S. 130). Langenstein (2007, S. 135) sieht den Erfolg und die Geschwindigkeit der kulturellen Integration in einem Abhängigkeitsverhältnis zum „Überlegenheitsverhalten des akquirierenden Unternehmens“, zu dem, wie die beteiligten Mitarbeiter die Transaktion bewerten, sowie zu angestrebter „Harmonie“. Unternehmenskulturen sind ein wichtiger Bestimmungsfaktor für das gegenseitige Vertrauen (Langenstein, 2007, S. 134). Vertrauen betrifft viele unterschiedliche Beziehungsebenen, wie beispielsweise das Vertrauen der Mitarbeiter gegenüber Eigentümern und Unternehmensführung oder auch das Vertrauen untereinander, wenn es um die Umsetzung von Veränderungsmaßnahmen geht (Hille, 2022, S. 235–236). Vertrauen scheint in eigentümergeführten Unternehmen stärker ausgeprägt als in Konzernen. Hille (2022, S. 185) hebt die Bedeutung von „Vertrauen in die handelnden Personen“ für den Fusionserfolg hervor. Vertrauen wird u. a. dadurch gesichert, dass auch negative Effekte „offen und ehrlich“ kommuniziert werden (Hille, 2022, S. 186).

Emotionen können rationale, sachlich begründete Entscheidungen verhindern und zu ungewollten Entwicklungen führen. Die für mittelständische Unternehmen als typisch angesehene Flexibilität kann ein Vorteil für die Geschwindigkeit der Anpassung an Veränderungen sein. Berlemann und Jahn (2014, S. 26) verweisen als Ergebnis ihrer empirischen Untersuchungen darauf, dass die langfristige Orientierung der Eigentümer mittelständischer Unternehmen dazu führt, Projekten, die den Unternehmenswert steigern, mehr Zeit einzuräumen. Angestellte Geschäftsführer streben demnach eher den kurzfristigen Erfolg an. Kroon und Reif (2023, S. 819–820) bringen als Ergebnisse ihrer Studie zum Ausdruck, dass negative Emotionen innerhalb des PMI-Managements positive Auswirkungen auf den PMI-Erfolg haben können. Frustration bei Mitarbeitern kann sich im PMI-Prozess durch sinnstiftende Maßnahmen der Führung in Optimismus verwandeln und das emotionale Wohlbefinden steigern. Der Umsetzungswille und die proaktive Einstellung zur Zusammenarbeit können dadurch gesteigert werden.

Graebner et al. (2017, S. 2) heben hervor, dass es wichtig ist, die Dynamik des PMI-Prozesses und die sich im Prozessablauf verändernden Emotionen zu beachten. In diesem Zusammenhang betonen Kroon und Reif (2023, S. 821–822) die Bedeutung des mittleren Managements, das als Folge der direkten Nähe zu den Mitarbeitern die Möglichkeit hat, häufig und regelmäßig mit diesen zu kommunizieren. Es ist von großer Bedeutung für den PMI-Erfolg, zu kontrollieren, wie das mittlere Management mit Emotionen umgeht und den Veränderungsprozess sowie die strategische Umsetzung unterstützt (Kroon & Reif, 2023, S. 822). Die Autoren knüpfen an die Untersuchungen von Homburg und Bucerius (2006, S. 351) an und betonen, dass eine moderate Integrationsgeschwindigkeit nicht nur positive Emotionen fördern kann, sondern auch Zeit verschafft, Vertrauen aufzubauen (Kroon & Reif, 2023, S. 820). Aarnio und Varis (2022, S. 44) verweisen darauf, dass insbesondere zu Beginn des PMI-Managements aufkommende Emotionen, wie die Sorge um den eigenen Arbeitsplatz und die generelle Furcht vor umwälzenden Veränderungen, in geeigneter und effektiver Weise vom Management aufgefangen werden müssen.

Vuori et al. (2018, S. 887–890) beobachten, dass das Verbergen negativer Emotionen in der Arbeitsumgebung Korrekturmaßnahmen verhindern kann, Meinungsverschiedenheiten eskalieren lässt und dazu führen kann, dass Menschen nachhaltige negative Gefühle zum Gegenüber entwickeln, die letztlich zu dysfunktionalen Verhaltensweisen führen. Sie empfehlen innerhalb des PMI-Managements zu prüfen, wie die Praktiken in ihrer Organisation die Menschen entweder daran hindern oder aber ihnen ermöglichen, ihre Emotionen authentisch mitzuteilen, um rechtzeitig Korrekturmaßnahmen und eine proaktive Entwicklung von Geschäftsabläufen zu gewährleisten.

Klok et al. (2022, S. 597) umschreiben im Umfeld der PMI als Treiber von Emotionen Ereignisse wie beispielsweise die Zusammenlegung von Teams, die Integration der IT-Systeme, Entscheidungen über Standorte und veränderte Machtstrukturen (Schlindwein & Geppert, 2021, S. 402). Wenn Mitarbeiter des einen Unternehmens mit denen des anderen Unternehmens interagieren, kann es zu Emotionen in Bezug auf Gerechtigkeit, Autonomie, Transparenz und Offenheit sowie zum Verlust der Identität kommen (Drori et al., 2013, S. 1727; Monin et al., 2013, S. 258). Schlindwein und Geppert (2021, S. 408) haben einen „emotionalen Modellansatz" entwickelt, der veranschaulicht, wie und warum ähnliche PMI-Ereignisse zu entgegengesetzten individuellen Reaktionen und zu heterogenen Erfolgen der PMI führen können.

Zahoor et al. (2022, S. 2) beschreiben, dass Mitarbeiter in M&A-Projekten sowohl mit „Aufregung, Zufriedenheit, Glück, Gelassenheit und Freude" als auch mit „Wut, Misstrauen, Aggression, Frustration, Trauer und Enttäuschung" reagieren können. Positive Emotionen können den Mitarbeitern helfen, sich schnell mit der neuen Organisation zu identifizieren (Schlindwein & Geppert, 2021, S. 402), während unzufriedene Mitarbeiter weniger produktiv sind, höhere Fehlzeiten aufweisen oder das Unternehmen verlassen (Sinkovics et al., 2011, S. 27). Eine Unterstützung durch die Führungskräfte und sowie eine offene und ehrliche Kommunikation können die Ängste der Mitarbeiter verringern (van Dick et al., 2006, S. 77).

4.1.1.6.3 Kritische Erfolgsfaktoren der Maßnahmenkategorie „Wissensmanagement"

Das Wissensmanagement verbindet nach Ansicht der Experten Erfahrungen und Kompetenzen der Unternehmen und steigert die Innovationskraft und Effizienz. Das Zusammenführen von Wissen kann Synergieeffekte realisieren. Die Integration von Wissen hilft, Kernkompetenzen zu verteidigen. Wissenstransfer und gegenseitiges Lernen müssen im PMI-Management aktiv gefördert werden. Erwerb und Erhalt von Fachwissen spielen nach Ansicht der Experten eine wichtige Rolle für den Erfolg des PMI-Managements, das auf das fachliche Wissen einzelner Funktionsbereiche angewiesen ist. Die Abhängigkeit von Wissen muss realistisch eingeschätzt werden. Tabelle 4.23 stellt innerhalb dieser Maßnahmenkategorie die kritischen Erfolgsfaktoren dar und macht sie anhand der Ausprägungen der auf Basis der Ergebnisse des theoretischen und empirischen Teils zugeordneten Erfolgsindikatoren greifbar.

Tabelle 4.23 Kritische Erfolgsfaktoren und Erfolgsindikatoren der Maßnahmenkategorie „Wissensmanagement“. (Quelle: Eigene Darstellung)

Maßnahmenkategorie „Wissensmanagement“			
Erfolgsfaktoren		**Erfolgsindikatoren**	
EF43	Externe Berater	x1	Quantität und Qualität eigener Ressourcen werden realistisch bewertet.
		x2	Eigene PMI-Erfahrungen und Fähigkeiten werden realistisch eingeschätzt.
		x3	Entscheidung über Einsatz externer Berater erfolgt auf der Sachebene.
		x4	Externe Berater kompensieren fehlendes PMI-Wissen.
		x5	Zusammenarbeit mit externen Beratern ist offen und effizient.
EF44	Fachwissen	x6	Erwerb und Erhalt von Fachwissen sind wichtige Ziele der PMI.
		x7	Zusammenführung und Integration von Wissen wird mit Priorität verfolgt.
		x8	Wissensrisiken sind identifiziert und Maßnahmen werden umgesetzt.
		x9	Individuelle Würdigung von Wissen fördert Innovativität und Kreativität.
		x10	Kulturelle Integration fördert die Integration von Wissen.
EF45	Lernerfahrungen	x11	Lernerfahrungen sind aufbereitet und schriftlich dokumentiert.
		x12	Lernerfahrungen vermeiden die Wiederholung von Fehlern.
		x13	Lernerfahrungen werden individuell und flexibel adaptiert.
		x14	Maßnahmenauswahl wird durch Lernerfahrungen unterstützt.
		x15	Lernprozesse werden aktiv gemanagt.
		x16	Checklistenkontrollierte Standardprozesse basieren auf Lernerfahrungen.
EF46	Spezifisches PMI-Wissen	x17	Soziale Kompetenz kompensiert teilweise fehlende PMI-Erfahrung.
		x18	Managementerfahrung kompensiert teilweise fehlende PMI-Erfahrung.
		x19	Führungskompetenz kompensiert teilweise fehlende PMI-Erfahrung.
		x20	Kulturelle Kompetenz kompensiert teilweise fehlende PMI-Erfahrung.

Furtner (2011, S. 106) bestätigt die geringe Verfügbarkeit spezifischer PMI-Erfahrung im Mittelstand. Selbst wenn die Unternehmensführung ein spezifisches PMI-Wissen besitzt, erfolgt die Umsetzung des PMI-Managements auf Ebenen, die dieses Wissen nicht haben. Externe Berater können diese Defizite ausgleichen und in Einzelfällen sogar mit der Leitung der PMI beauftragt werden (Furtner, 2011, S. 106).

Die von den befragten Experten genannten Gründe, warum mittelständische Unternehmen im PMI-Management selten mit Beratern zusammenarbeiten, sind vielschichtig. Bei speziellen Fragen, wie beispielsweise zu rechtlichen Fragen, zur IT oder zu landesspezifischen Verhältnissen bei internationalen Projekten, steht man einer Zusammenarbeit überwiegend positiv gegenüber.

Das PMI-Management selbst trauen sich aber viele der befragten mittelständischen Unternehmen ohne die Unterstützung einer externen Beratung zu, trotz fehlender eigener Erfahrungen und trotz begrenzter qualitativer und quantitativer Ressourcen. Einerseits kann dies aus einer Überschätzung der eigenen Fähigkeiten und des Wissens der Unternehmensführung resultieren, andererseits bestehen Unsicherheit und Misstrauen, Unternehmensspezifika mit Beratern zu teilen. Zudem werden Kosten und Komplexität einer externen Beratung kritisch gesehen, wobei der Nutzen nicht adäquat evaluiert wird. Lernerfahrungen im PMI-Management werden in den befragten mittelständischen Unternehmen nur vereinzelt schriftlich dokumentiert, obwohl deren Nutzen anerkannt wird. Mittelständische Unternehmen führen PMI-Projekte eher selten durch, weshalb spezifische PMI-Kompetenzen nicht aufgebaut werden. Einige der befragten mittelständischen Unternehmen halten die kulturellen, persönlichen und charismatischen Eigenschaften der Führungskräfte für wichtiger als das Wissen, welches man extern zukaufen kann.

Durst et al. (2023, S. 45) weisen darauf hin, dass Wissensmanagement auch in mittelständischen Unternehmen eine bedeutende Rolle spielt und stellen einen interessanten Zusammenhang zum Risikomanagement her. Mittelständische Unternehmen sollen Wissensrisiken in ihrem Wissensmanagementansatz aufdecken und fehlendes Wissen im Risikomanagementansatz berücksichtigen. Barnikel (2006, S. 218) erwähnt eine erfolgreiche kulturelle Integration als Voraussetzung für einen gelungenen Wissenstransfer innerhalb des PMI-Managements.

Felker et al. (2024, S. 2–3) schließen aus den Ergebnissen ihrer Studie, dass Lernerfahrungen es generell erleichtern, mit Komplexität und Unsicherheit im PMI-Management umzugehen. Es sind jedoch keine Routinen. Maßnahmen müssen stets an die Strategie und die individuellen Bedürfnisse der jeweiligen PMI angepasst werden. Böhm et al. (2023, S. 17) empfehlen auf Basis von Lernerfahrungen, checklistenkontrollierte Standardprozesse aufzubauen. Diese erleichtern es, in neuen PMI-Projekten effektiver vorzugehen, da auf Basis dieses Wissens bekannt ist, welche Maßnahmen notwendig und erfolgreich sind und welche nicht. PMI-Prozesse können dadurch erheblich beschleunigt werden. Die Autoren plädieren dafür, das PMI-Wissen von Mitarbeitern zu nutzen, denn auch wenn jedes PMI-Projekt seinen eigenen Charakter hat, gibt es doch, beispielsweise in den Bereichen Finanzierung, HRM und IT, sich wiederholende Gemeinsamkeiten der PMI-Prozesse (Böhm et al., 2023, S. 16).

Vinocur et al. (2023, S. 229) halten als Ergebnisse ihrer Studie fest, dass Lernprozesse im Zusammenhang mit M&A-Prozessen aktiv gemanagt werden müssen, um M&A-Kompetenzen zu entwickeln und zu festigen, was nachweislich zu besseren M&A-Prozessen und einer höheren langfristigen Unternehmensleistung führt. Haleblian et al. (2006, S. 368) verweisen im Zusammenhang mit Lernerfahrungen auf den interessanten Effekt, dass diese nicht nur die generelle Wahrscheinlichkeit des Erfolgs des jeweils folgenden M&A-Projekts erhöhen, sondern auch die Wahrscheinlichkeit, überhaupt in Zukunft weitere M&A-Projekte zu realisieren. Barkema und Schijven (2008a, S. 626) weisen darauf hin, dass Unternehmen auch aus Erfahrungen anderer lernen können und müssen, denn kaum ein Unternehmen kann in seiner historischen Entwicklung eigene Lernerfahrungen für alle Managementbereiche sammeln. Das Lernen aus Erfahrungen anderer ist eine praktikable Art des „explorativen Lernens". Die Autoren vertreten die Ausfassung, dass Unternehmen trotz eines multiplen Systems an kurz-, mittel- und langfristigen Zielen, angesichts wichtiger strategischer Entscheidungen immer danach streben sollen, neue Fähigkeiten auf- und bestehende Fähigkeiten auszubauen (Barkema & Schijven, 2008a, S. 630).

Lace (2023, S. 30) sieht das Wissensmanagement als einen „der wichtigsten unterstützenden Faktoren" des PMI-Managements. Die Autorin stellt die Verbindung zur IT-Integration her und empfiehlt, die Integration der IT als zentralen Bestandteil des PMI-Managements in das Wissensmanagement einzuschließen. Annosi et al. (2021, S. 144) betonen, dass es essenziell wichtig für den PMI-Erfolg ist, die Ressourcen des Zielunternehmens zu nutzen und zu verstehen, wie das übernehmende Unternehmen sein eigenes Wissen mit dem Wissen des Zielunternehmens verbinden kann. Die Autoren empfehlen, Mitarbeiter von Käufer- und Zielunternehmen innerhalb der PMI so zu kombinieren, dass die Mitarbeiter des Zielunternehmens das Gefühl haben, eine wichtige Rolle für das Käuferunternehmen zu spielen. Dieses Gefühl steigert Innovativität und Kreativität und vermeidet, dass sich Mitarbeiter ausgegrenzt fühlen.

4.1.1.6.4 Kategoriebezogene Teilmodelle und Hypothesen

Zusammenfassend sorgt die Unternehmensführung für Orientierung, schafft Vertrauen und setzt die Ziele der PMI konsequent um. Führungskräfte, die in mittelständischen Unternehmen eine Vielzahl an Aufgaben übernehmen, laufen Gefahr, die strategischen Ziele aus den Augen zu verlieren. Die Unternehmenskultur bestimmt das Verhalten und die Zusammenarbeit der Mitarbeiter und hat eine entscheidende Bedeutung für den PMI-Erfolg. Eine stark von der Eigentümerfamilie geprägte Kultur kann zu fehlender Konsequenz bei der Umsetzung wichtiger Entscheidungen innerhalb der PMI führen, insbesondere wenn diese Entscheidungen zu Lasten von Mitarbeitern gehen. Das Wissensmanagement verbindet in der Integration Erfahrungen, Kompetenzen und Fachkenntnisse und steigert so die Innovationskraft und Effizienz. Wenn Wissen nur sporadisch und informell gespeichert und nicht strukturiert erfasst wird, besteht die Gefahr, dass Wissen innerhalb der PMI verlorengeht.

Das in Abbildung 4.13 dargestellte Teilmodell visualisiert aus der Perspektive „Menschen und Kultur“ für die Maßnahmenkategorie „Unternehmensführung“ die Operationalisierung der kritischen Erfolgsfaktoren anhand der Erfolgsindikatoren sowie die Ableitung der Forschungshypothesen zu den positiven Wirkungen der Erfolgsfaktoren EF32 bis EF36 auf den PMI-Erfolg.

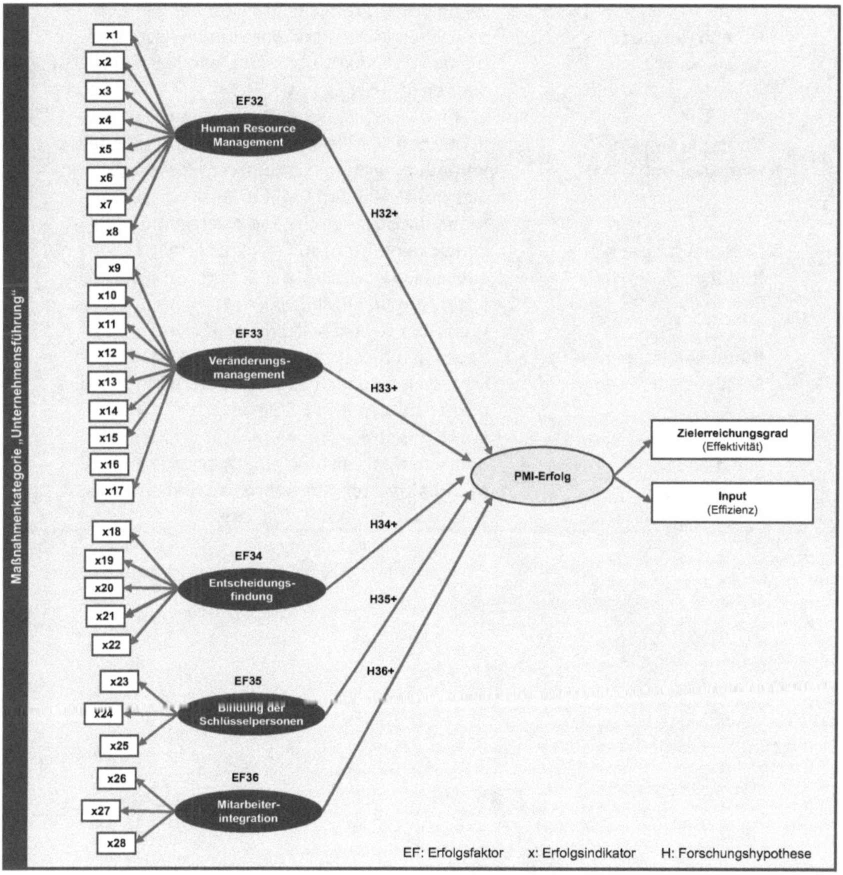

Abbildung 4.13 Teilmodell zur Ableitung der Forschungshypothesen H32 bis H36 der Maßnahmenkategorie „Unternehmensführung“. (Quelle: Eigene Darstellung)

In Tabelle 4.24 werden die Hypothesen H32 bis H36 als Ausgangspunkt weiterführender Forschungsarbeiten formuliert.

Tabelle 4.24 Forschungshypothesen H32 bis H36 zu den Erfolgsfaktoren der Maßnahmenkategorie „Unternehmensführung" als Ausgangspunkt weiterführender Forschungsarbeiten. (Quelle: Eigene Darstellung)

Maßnahmenkategorie „Unternehmensführung"			
Erfolgsfaktoren		Forschungshypothesen	
EF32	Human Resource Management	H32	Wenn das strategische PMI-Management im deutschen Mittelstand das Human Resource Management aktiv einbindet, wirkt sich dies positiv auf den PMI-Erfolg aus.
EF33	Veränderungs-management	H33	Wenn das strategische PMI-Management im deutschen Mittelstand durch ein professionelles Veränderungsmanagement begleitet wird, wirkt sich dies positiv auf den PMI-Erfolg aus.
EF34	Entscheidungs-findung	H34	Wenn das strategische PMI-Management im deutschen Mittelstand strukturierte Entscheidungsprozesse etabliert, wirkt sich dies positiv auf den PMI-Erfolg aus.
EF35	Bindung der Schlüsselpersonen	H35	Wenn das strategische PMI-Management im deutschen Mittelstand die Bindung der Schlüsselpersonen gezielt fördert, wirkt sich dies positiv auf den PMI-Erfolg aus.
EF36	Mitarbeiter-integration	H36	Wenn das strategische PMI-Management im deutschen Mittelstand eine strukturierte Mitarbeiterintegration fördert,wirkt sich dies positiv auf den PMI-Erfolg aus.

Das in Abbildung 4.14 dargestellte Teilmodell visualisiert aus der Perspektive „Menschen und Kultur“ für die Maßnahmenkategorie „Unternehmenskultur“ die Operationalisierung der kritischen Erfolgsfaktoren anhand der Erfolgsindikatoren sowie die Ableitung der Forschungshypothesen zu den positiven Wirkungen der Erfolgsfaktoren EF37 bis EF42 auf den PMI-Erfolg.

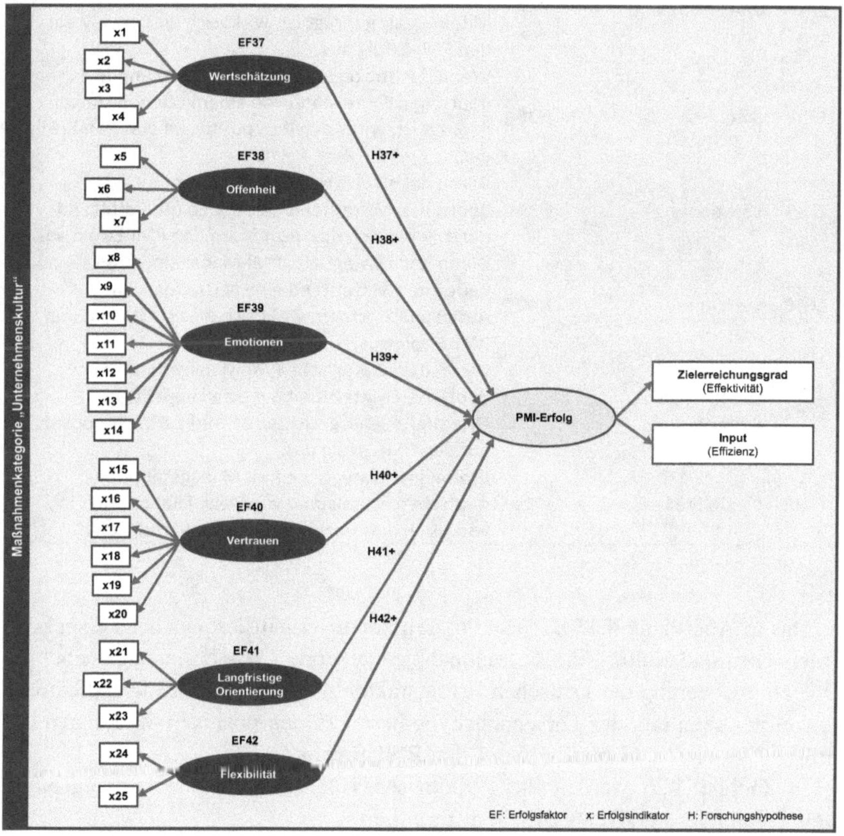

Abbildung 4.14 Teilmodell zur Ableitung der Forschungshypothesen H37 bis H42 der Maßnahmenkategorie „Unternehmenskultur“. (Quelle: Eigene Darstellung)

In Tabelle 4.25 werden die Hypothesen H37 bis H42 als Ausgangspunkt weiterführender Forschungsarbeiten formuliert.

Tabelle 4.25 Forschungshypothesen H37 bis H42 zu den Erfolgsfaktoren der Maßnahmenkategorie „Unternehmenskultur" als Ausgangspunkt weiterführender Forschungsarbeiten. (Quelle: Eigene Darstellung)

Maßnahmenkategorie „Unternehmenskultur"			
Erfolgsfaktoren		Forschungshypothesen	
EF37	Wertschätzung	H37	Wenn das strategische PMI-Management im deutschen Mittelstand von einem wertschätzenden Miteinander geprägt ist, wirkt sich dies positiv auf den PMI-Erfolg aus.
EF38	Offenheit	H38	Wenn das strategische PMI-Management im deutschen Mittelstand von einem offenen Umgang geprägt ist, wirkt sich dies positiv auf den PMI-Erfolg aus.
EF39	Emotionen	H39	Wenn das strategische PMI-Management im deutschen Mittelstand Emotionen unterstützend nutzt, wirkt sich dies positiv auf den PMI-Erfolg aus.
EF40	Vertrauen	H40	Wenn das strategische PMI-Management im deutschen Mittelstand eine vertrauensvolle Atmosphäre schafft, wirkt sich dies positiv auf den PMI-Erfolg aus.
EF41	Langfristige Orientierung	H41	Wenn das strategische PMI-Management im deutschen Mittelstand auf eine langfristige Orientierung ausgerichtet ist, wirkt sich dies positiv auf den PMI-Erfolg aus.
EF42	Flexibilität	H42	Wenn das strategische PMI-Management im deutschen Mittelstand von Flexibilität geprägt ist, wirkt sich dies positiv auf den PMI-Erfolg aus.

Das in Abbildung 4.15 dargestellte Teilmodell visualisiert aus der Perspektive „Menschen und Kultur" für die Maßnahmenkategorie „Wissensmanagement" die Operationalisierung der kritischen Erfolgsfaktoren anhand der Erfolgsindikatoren sowie die Ableitung der Forschungshypothesen zu den positiven Wirkungen der Erfolgsfaktoren EF43 bis EF46 auf den PMI-Erfolg.

In Tabelle 4.26 werden die Hypothesen H43 bis H46 als Ausgangspunkt weiterführender Forschungsarbeiten formuliert.

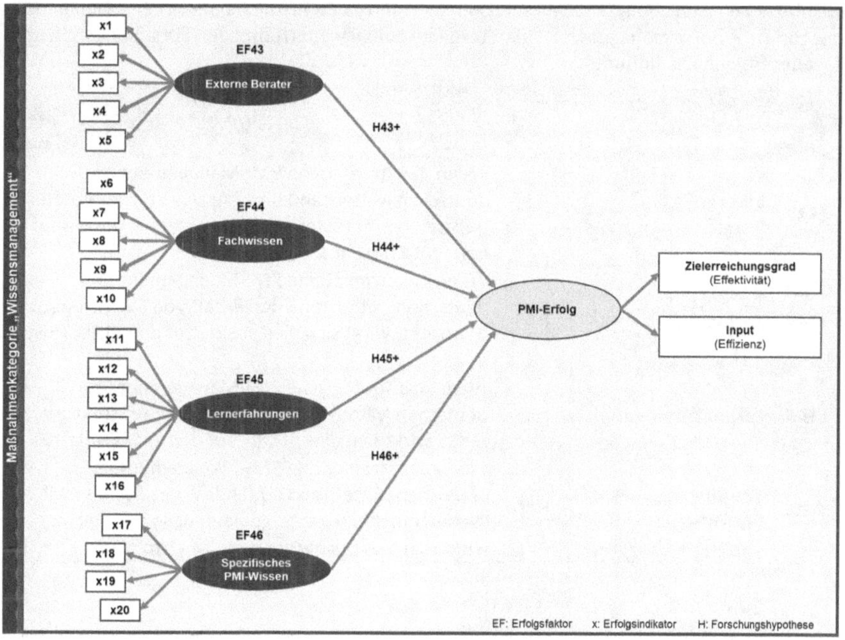

Abbildung 4.15 Teilmodell zur Ableitung der Forschungshypothesen H43 bis H46 der Maßnahmenkategorie „Wissensmanagement". (Quelle: Eigene Darstellung)

4.1.2 Finalisierung des eigenen Managementansatzes

Im Rahmen der Konzeptualisierung werden auf Basis des deduktiv-induktiv entwickelten Kategoriensystems im Abschnitt 4.1.1 für jede strategische Perspektive insgesamt 13 Maßnahmenkategorien und 46 kritische Erfolgsfaktoren für das strategische PMI-Management im deutschen Mittelstand abgeleitet. Jeder kritische Erfolgsfaktor wird mittels einer aus Sicht der Verfasserin adäquaten Anzahl an Erfolgsindikatoren reflektiv operationalisiert, die auf Basis der Ergebnisse des theoretischen und des empirischen Teils zugeordnet werden. Die Operationalisierung der Erfolgsfaktoren jeder Maßnahmenkategorie wird in 13 kategoriebezogenen Teilmodellen dargestellt, die die kritischen Erfolgsfaktoren „greifbar" machen und damit einen Beitrag leisten, die Zusammenhänge der im empirischen Teil dargestellten Erfahrungen und Erkenntnisse der Experten besser zu verstehen, indem sie jeweils die vermuteten Zusammenhänge zwischen den

Tabelle 4.26 Forschungshypothesen H43 bis H46 zu den Erfolgsfaktoren der Maßnahmenkategorie „Wissensmanagement“ als Ausgangspunkt weiterführender Forschungsarbeiten. (Quelle: Eigene Darstellung)

Maßnahmenkategorie „Wissensmanagement“			
Erfolgsfaktoren		**Forschungshypothesen**	
EF43	**Externe Berater**	**H43**	Wenn das strategische PMI-Management im deutschen Mittelstand den Einsatz externer Berater bedarfsorientiert steuert, wirkt sich dies positiv auf den PMI-Erfolg aus.
EF44	**Fachwissen**	**H44**	Wenn das strategische PMI-Management im deutschen Mittelstand den Erhalt von Fachwissen priorisiert, wirkt sich dies positiv auf den PMI-Erfolg aus.
EF45	**Lernerfahrungen**	**H45**	Wenn das strategische PMI-Management im deutschen Mittelstand Lernerfahrungen strukturiert nutzt, wirkt sich dies positiv auf den PMI-Erfolg aus.
EF46	**Spezifisches PMI-Wissen**	**H46**	Wenn das strategische PMI-Management im deutschen Mittelstand fehlendes spezifisches PMI-Wissen durch relevante Kompetenzen ausgleicht, wirkt sich dies positiv auf den PMI-Erfolg aus.

kritischen Erfolgsfaktoren und dem PMI-Erfolg beschreiben. In Abbildung 4.16 werden die kategoriebezogenen Teilmodelle verknüpft und als vertiefter, finalisierter Managementansatz für das strategische PMI-Management im deutschen Mittelstand schematisch visualisiert.

Der finale Managementansatz entspricht einem vereinfachten kausalen Modell, in dem die Erfolgsfaktoren durch die als abduktive Vermutung (Eisend & Kuß, 2023, S. 79; Schurz, 2014, S. 56) formulierten Forschungshypothesen zu ihren Wirkungen auf den PMI-Erfolg verbunden werden. Die Erfolgsindikatoren machen die Erfolgsfaktoren qualitativ messbar, indem sie diese inhaltlich reflektiv operationalisieren (Baumüller, 2008, S. 83; Behler, 2020, S. 389). Strategische Maßnahmen, Handlungen und Entscheidungen des PMI-Managements verändern den Einfluss der Erfolgsfaktoren auf die Erfolgsindikatoren und damit auf den PMI-Erfolg. Für das Management von PMI-Prozessen mittelständischer Unternehmen können daraus praxisorientierte Entscheidungshilfen abgleitet werden. Die Forschungshypothesen zu den vermuteten Zusammenhängen zwischen den kritischen Erfolgsfaktoren und dem PMI-Erfolg bilden den Ausgangspunkt weiterführender Untersuchungen (Behler, 2020, S. 353; Fritsch, 2007, S. 134), in denen die Auswirkungen von Veränderungen der Strategieausprägungen des

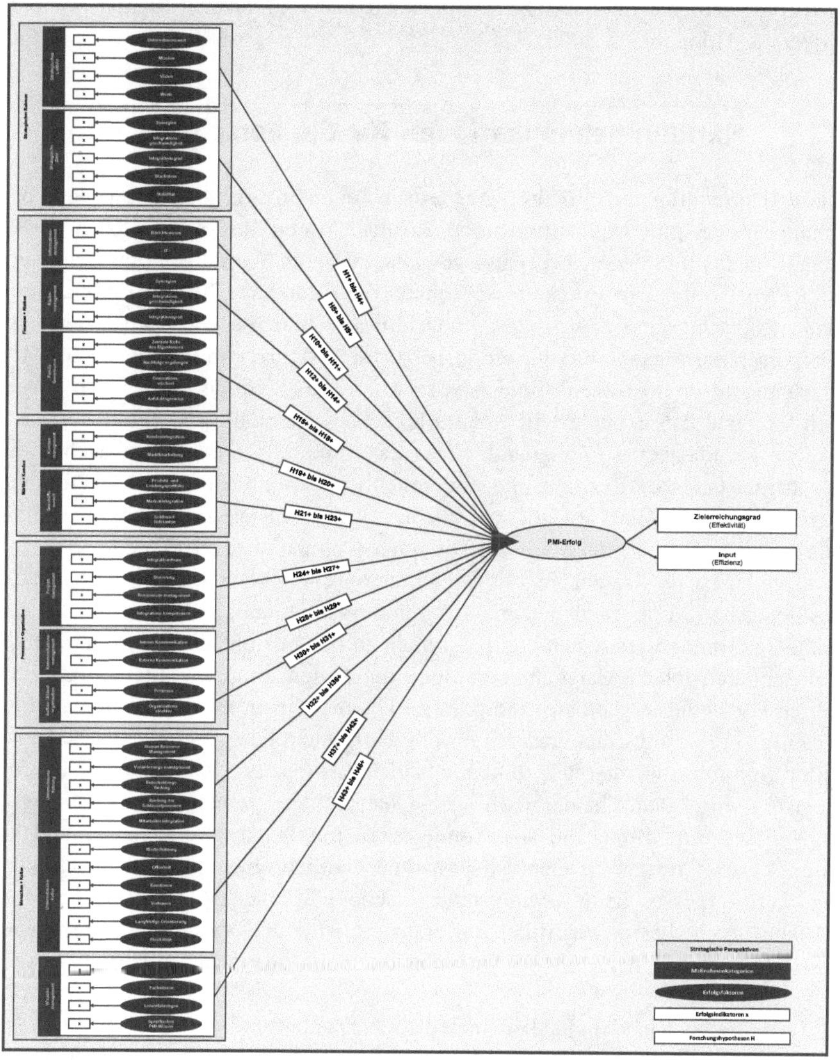

Abbildung 4.16 Schematische Darstellung des finalen Managementansatzes zum strategischen PMI-Management im deutschen Mittelstand. (Quelle: Eigene Darstellung)

PMI-Managements im deutschen Mittelstand näher untersucht werden können (Albers & Hildebrandt, 2006, S. 12).

4.2 Handlungsimplikationen für die Forschung

Diese Dissertation identifiziert mit einem qualitativen, ganzheitlichen Forschungsansatz mittelstandsspezifische Erfolgsfaktoren des strategischen PMI-Managements und erzielt Erkenntnisgewinne zu deren Wirkungen und Beiträgen zum PMI-Erfolg. Die Erkenntnisse können die Grundlage für die Entwicklung neuer Erklärungsansätze und Gestaltungshinweise bilden sowie das Bewusstsein der Forschung für die Wirkung kritischer Erfolgsfaktoren im strategischen PMI-Management im deutschen Mittelstand schärfen. Aus Sicht der Verfasserin lassen sich folgende Ansatzpunkte für weitere Forschungsbemühungen identifizieren.

Die grundlegende Problematik, dass es keine allgemeingültige Definition des Mittelstandsbegriffs gibt, die als einheitliche Grundlage wissenschaftlicher Arbeiten geeignet ist (Pahnke et al., 2023, S. 729) stellt die Forschung über mittelständische Unternehmen vor ein Dilemma (Pahnke et al., 2023, S. 730–731). Zum einen ist die Datenlage zur Quantifizierung der wirtschaftlichen Relevanz des deutschen Mittelstands unzureichend und nicht aktuell, zudem basiert sie auf unklaren Grundgesamtheiten und passt nicht zu den uneinheitlichen Definitionen. Zum anderen fehlen klar definierte Begrifflichkeiten, um die mittelstandsorientierten Forschungsergebnisse einordnen zu können. Damit muss stets eine auf die jeweilige Forschungsfrage und den jeweiligen Kontext bezogene spezifische Definition formuliert werden, um zu klären, welche Gruppe an Unternehmen mit dem Begriff „Mittelstand" in der jeweiligen Untersuchung gemeint ist. Forschungsergebnisse zum Mittelstand sind somit selten miteinander vergleichbar und in ihrer Aussagekraft sowie Generalisierbarkeit deutlich eingeschränkt. Im Grunde genommen gibt es keine „Mittelstandsforschung", solange „der deutsche Mittelstand" nicht besser begrifflich differenziert wird und solange entsprechende Daten, die diesen begrifflichen Differenzierungen entsprechen, nicht statistisch erhoben werden.

Begriffliche Unzulänglichkeiten, fehlende Datengrundlagen und die auch in dieser Dissertation beobachtete Zögerlichkeit mittelständischer Unternehmen, sich gegenüber Forschenden zu öffnen, führen dazu, dass Mittelstandsspezifika trotz der Relevanz dieser Unternehmensgruppe nicht ausreichend erforscht werden, obwohl vermutet werden kann, dass der praktische Bedarf mittelständischer Unternehmen an wissenschaftlich fundierten Handlungsempfehlungen groß ist. Nach Ansicht der Verfasserin sollten häufiger mittelstandsorientierte Spezifika in den Mittelpunkt von Forschungsfragen gestellt werden. Es gibt zahlreiche Themen, für die, auch auf Basis der Erkenntnisse dieser Dissertation, vermutet werden kann, dass neue Forschungsergebnisse einen Mehrwert bedeuten. Dies gilt beispielsweise für Forschungsfragen zu Führungs- und Entscheidungskompetenzen der Eigentümer, zu Corporate-Governance-Strukturen im deutschen Mittelstand, zu kompetenzbasierten Nachfolgregelungen, zur Zusammenarbeit zwischen Eigentümern und Fremdgeschäftsführern, zur Professionalisierung eigentümergeprägter Führungs- und Organisationsstrukturen und zu Ansätzen wertorientierter Unternehmensführung.

Große eigentümergeführte mittelständische Unternehmen verfolgen mit Übernahmen und Fusionen vergleichbare strategische Ziele wie kapitalmarktorientierte Großunternehmen. Sie wollen den Wert ihres Unternehmens steigern, neue Märkte erschließen, ihre Wettbewerbsposition stärken und ihre Zukunftsfähigkeit sichern (Stich et al., 2016, S. 347–348). Spezifische Unterschiede gegenüber fremdgeführten, kapitalmarktorientierten Großunternehmen finden sich in den Voraussetzungen und im Verhalten mittelständischer Unternehmen. In diesem Zusammenhang sind beispielsweise die Rolle der Eigentümer, die langfristige Orientierung, die begrenzten Ressourcen, die Abhängigkeit von Schlüsselpersonen sowie die mittelstandsspezifische Wertestruktur und Kultur zu nennen (Feix, 2023, S. 24–25; Stich et al., 2016, S. 348). Forschungsansätze müssen versuchen, diese Spezifika in ganzheitlichen Untersuchungsansätzen und Modellen zu erfassen und ihre Zusammenhänge erklärend zu berücksichtigen, um konkrete und für mittelständische Unternehmen relevante Handlungsempfehlungen ableiten zu können (Feix et al., 2017, S. 15, 23; Grösser & Stauffer, 2016, S. 581–584; Meynerts-Stiller & Rohloff, 2019, S. 178).

Qualitative Forschungsdesigns erlauben, ein ganzheitliches Verständnis für mittelständische Unternehmen zu entwickeln (M. Palm & Kammerlander, 2021, S. 7) und neben ökonomischen auch verhaltenspsychologische Dimensionen zu erfassen (Ulrich, 2011, S. 10–11). Mit ganzheitlichen, qualitativen Forschungsansätzen muss insbesondere erforscht werden, ob und wie sich die Erfolgsfaktoren im deutschen Mittelstand zukünftig verändern werden (Becker, Staffel & Ulrich, 2008, S. 36) und wie sich Eigentümer darauf einstellen können. So verweisen Rampini und Berssaneti (2024, S. 3) darauf, dass kritische Erfolgsfaktoren regelmäßig neu bewertet werden müssen, damit sie stets den aktuellen strategischen Zielen entsprechen (Kulenović et al., 2021, S. 97–98; Shayan et al., 2022, S. 380).

Künftige Forschungsarbeiten können auf Basis der Vorarbeiten dieser Dissertation die Wirkungsrelationen und Wirkungsinterdependenzen der kritischen Erfolgsfaktoren des strategischen PMI-Managements näher untersuchen, um weiterführende Erkenntnisse zur deren Wirkungsintensität, Wirkungsinteraktion,

Wirkungsdynamik und Wirkungsheterogenität sowie zur multidimensionale Kausalstruktur zu gewinnen (Welge et al., 2017, S. 224–225). Quantitativ-explorative und quantitative-konfirmatorische Untersuchungen (Haenecke & Forsmann, 2006, S. 47) können auf Basis großer Stichproben versuchen, die Forschungshypothesen weiter zu untersuchen und zu bestätigen, um zu einer höheren Aussagekraft zu gelangen (Fritsch, 2007, S. 103). Ergänzend kann in diesem Zusammenhang die Untersuchung branchenspezifischer Unterschiede von Interesse sein (Vigfússon et al., 2021, S. 27).

4.3 Handlungsimplikationen für die Praxis

Die Berücksichtigung methodischer und inhaltlicher Kritikpunkte in der Konzeption einer Erfolgsfaktorenstudie erfolgt durch die stringente Beachtung der Forderung nach wissenschaftlicher („Rigor“) und praktischer Relevanz („Relevance“) (Ahlert et al., 2005, S. 364; Baumgarth & Evanschitzky, 2009, S. 251). Laut Ahlert et al. (2005, S. 364–365) ist es in Bezug auf die praktische Relevanz von Forschungsergebnissen erforderlich, dass sich Ergebnisse auf Phänomene beziehen, denen Praktiker in ihrem Umfeld ausgesetzt sind („Erklärungsrelevanz“). Zudem müssen die theoretischen Ergebnisgrößen mit den Faktoren übereinstimmen, die Praktiker beeinflussen möchten und können („Zielrelevanz“). Die Praktiker sollen außerdem die Fähigkeit haben, die aus einer Theorie abgeleiteten Handlungsempfehlungen zu implementieren und müssen die gefundenen Faktoren tatsächlich beeinflussen können („operative Gültigkeit und Umsetzbarkeit“). Zudem ist es erforderlich, dass die gefundene Theorie die Komplexität einer bereits durch Praktiker genutzten vernünftigen Theorie trifft oder überschreitet (Nichtoffensichtlichkeit) und dass die Forschungsergebnisse der Praxis rechtzeitig zur Verfügung gestellt werden, damit diese sie zur Problemlösung einsetzen können („Aktualität“).

Hungenberg (2014, S. 66) konstatiert, dass Studien im Bereich der EFF in der Praxis besonders stark beachtet werden, wenn sie sich konkret auf strategische Lösungsansätze beziehen und in diesem Zusammenhang klare Ausführungen zu den Erfolgsfaktoren machen sowie Handlungsempfehlungen geben. Ergebnisse der EFF können zwar keine erfolgsgarantierenden Gesetzmäßigkeiten identifizieren, aber sie helfen, die Ursachen für den Erfolg oder auch den Misserfolg des Strategischen Managements besser zu verstehen (Baumgarth & Evanschitzky, 2009, S. 255). Auch in dieser Dissertation geht es letztlich darum, für die unternehmerische Praxis Erfolgsfaktoren zu identifizieren, die die Funktion eines

Vorbilds einnehmen, auf dem in der unternehmerischen Praxis jeweils eigene strategische Konzeptionen und Maßnahmen aufgebaut werden können (Baumgarth & Evanschitzky, 2009, S. 255).

Lohre (2010, S. 18) spricht vom PMI-Management „als ganzheitlicher und zielgerichteter Einsatz, sowie als Steuerung von Unternehmensressourcen zur Zusammenführung und Verschmelzung von Strukturen, Kulturen, Ressourcen und Systemen". Mit der Beachtung der identifizierten Erfolgsfaktoren erhöht sich die Erfolgswahrscheinlichkeit des strategischen PMI-Managements (Meynerts-Stiller & Rohloff, 2019, S. 169–171). Die Kenntnis der in dieser Dissertation untersuchten und in einem ganzheitlichen Managementansatz berücksichtigten Erfolgsfaktoren des strategischen PMI-Managements bildet die Grundlage für die Entwicklung praxisrelevanter strategischer Handlungsempfehlungen für das PMI-Management mittelständischer Unternehmen, die das Potenzial haben, die Erfolgsquote des PMI-Managements zu erhöhen und Risiken im PMI-Management zu reduzieren.

Ausgehend von dieser Zielsetzung, Handlungsempfehlungen für ein erfolgreiches strategisches PMI-Management begründet zu beschreiben, kann ein ganzheitliches PMI-Cockpit sowohl Gradmesser als auch Visualisierungshilfe für die komplexen Vorgänge und Interdependenzen innerhalb des PMI-Managements sein, um den PMI-Erfolg und die Wirkung der Maßnahmen des Managements zu kontrollieren. Der in dieser Dissertation mit der vorgenannten Zielsetzung im folgenden konzipierte Ansatz zur Erfolgskontrolle des komplexen Systems der PMI lehnt sich an die Untersuchungen von Hornung und Mayer (1999, S. 394–396), Sodenkamp et al. (2002, S. 186–187), Ruess und Voelpel (2012, S. 82–84) sowie Grösser und Stauffer (2016, S. 581) an und orientiert sich am Konzept der Verknüpfung von Indikatoren innerhalb eines BSC-Cockpits (Kaplan & Norton, 2018, S. 142).

Die im Abschnitt 4.1. dargestellte modellhafte Visualisierung von Wirkungszusammenhängen der identifizierten Erfolgsfaktoren des strategischen PMI-Managements im deutschen Mittelstand bildet die Grundlage für die Konzeption eines PMI-Cockpits mit den aus dem BSC-Ansatz abgeleiteten strategischen Perspektiven „Finanzen und Risiken", „Märkte und Kunden", „Prozesse und Organisation" sowie „Menschen und Kultur", die in dieser Dissertation um die fünfte Perspektive „Strategischer Rahmen" ergänzt werden, damit jeder identifizierte Erfolgsfaktor eindeutig integriert werden kann (Sodenkamp et al., 2002, S. 186). Innerhalb jeder dieser Perspektiven kann für die den Maßnahmenkategorien zugeordneten kritischen Erfolgsfaktoren anhand der abgeleiteten Erfolgsindikatoren (Haenecke & Forsmann, 2006, S. 45) die Zielerreichung des PMI-Managements bewertet werden. In der praktischen Umsetzung können die

Indikatoren die Grundlage kategoriebezogener Checklisten bilden, mit denen die spezifischen Indikatoren eines erfolgreichen PMI-Managements antizipativ und prozessbegleitend qualitativ geprüft und bewertet werden können.

Abbildung 4.17 zeigt beispielhaft die PMI-Management-Checkliste für die Maßnahmenkategorie „Strategische Ziele". Denkbar sind Bewertungen mit „ja/nein" oder „erledigt" oder auch als Ausprägungen auf einer Skala beispielsweise zwischen „gering" und „hoch" (Sodenkamp et al., 2002, S. 187). Checklisten können für jede einzelne Maßnahmenkategorie und alle Erfolgsfaktoren in einem Tabellenkalkulationsprogramm so „automatisiert" werden, dass das abgebildete Ampelsystem mit der Anzahl der als „erledigt" bzw. mit „ja/nein" markierten bzw. auf einer Skala bewerteten Indikatoren korrespondiert. Kombiniert man die kategoriebezogenen Checklisten zu einer Gesamtdarstellung, erhält man für alle strategischen Perspektiven ein integratives PMI-Cockpit, wie es in Abbildung 4.18 beispielhaft abgebildet ist.

Maßnahmenkategorie „Strategische Ziele"				
Erfolgsfaktoren	**Erfolgsindikatoren**	**Erledigt**	**Status**	**Maßnahmen**
Synergien	Synergiepotenziale werden realistisch eingeschätzt.	☐		...
	Synergiepotenziale werden mit hoher Aufmerksamkeit verfolgt.	☐		
	Synergiepotenziale und Integrationskosten werden abgeglichen.	☐		
Integrations-geschwindigkeit	Integrationsgeschwindigkeit passt zum Kontext.	☐		...
	Integrationsgeschwindigkeit wird situativ angepasst.	☐		
Integrationsgrad	Mission und Vision bestimmen den Integrationsgrad.	☐		...
	Integrationsgrad passt zur Unternehmensgröße und Erfahrung.	☐		
	Integrationsgrad ist mit verfügbaren Ressourcen zu erreichen.	☐		
	Der Integrationsgrad wird situativ angepasst.	☐		
Wachstum	Wachstum belegt Wettbewerbsfähigkeit.	☐		...
	Wachstum erleichtert Akzeptanz für Veränderungen.	☐		
	Wachstumsziele sind messbar festgelegt.	☐		
Stabilität	Stabilität bindet die Mitarbeitenden.	☐		...
	Stabilität verringert Ängste und Unsicherheiten.	☐		

● **Geplanter Projektfortschritt ist kritisch.** ● **Geplanter Projektfortschritt ist teilweise kritisch.** ● **Geplanter Projektfortschritt verläuft planmäßig.**

Abbildung 4.17 Beispiel einer PMI-Management-Checkliste. (Quelle: Eigene Darstellung)

Ein solches PMI-Cockpit bietet jederzeit einen Überblick über die qualitativen Erfolgsindikatoren und die eingeleiteten Maßnahmen sowie zudem darüber, ob und wie die Erfolgsfaktoren und -indikatoren auf Managementmaßnahmen reagieren. In dem beispielhaft in Abbildung 4.18 dargestellten PMI-Cockpit lassen sich in den als Ergebnis dieser Dissertation gebildeten 13 Maßnahmenkategorien aus fünf strategischen Perspektiven die Ausprägungen der 46 identifizierten Erfolgsfaktoren anhand jeweils abgeleiteter Indikatoren zeitgleich betrachten. Das innerhalb der Maßnahmenkategorien für die einzelnen Erfolgsfaktoren gebildete Ampel-System kann zusammenfassend auf die jeweilige Kategorie oder auch auf die jeweilige strategische Perspektive übertragen werden. Die Erfolgskontrolle des PMI-Managements basiert damit auf einer kontinuierlichen Beobachtung der identifizierten Erfolgsfaktoren des PMI-Managements anhand qualitativer Erfolgsindikatoren. Die erfolgreiche Gestaltung der einzelnen Erfolgsfaktoren der PMI ist ein Maßstab für den Erfolg des gesamten PMI-Prozesses (Pfeifle, 2020, S. 209) und für die wertorientierte Umsetzung der Managementmaßnahmen.

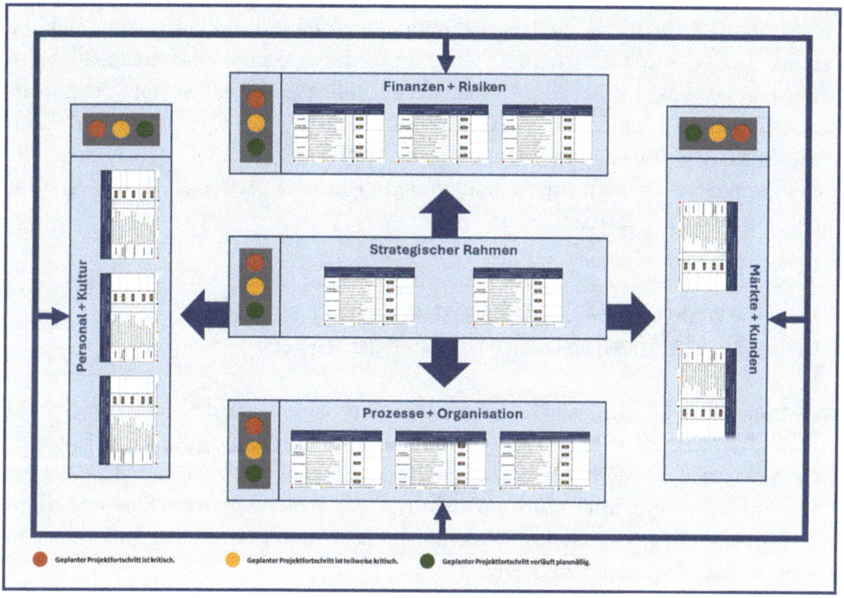

Abbildung 4.18 Beispiel eines erfolgsfaktorenbasierten PMI-Cockpits. (Quelle: Eigene Darstellung)

Das in Abbildung 4.18 beispielhaft dargestellte PMI-Cockpit verdichtet die relevante, komplexe Realität (Grösser & Stauffer, 2016, S. 581) und erlaubt Eigentümern und Management jederzeit die jeweilige PMI-Situation zu beurteilen, mit adäquaten Maßnahmen auf ungewollte Entwicklungen zu reagieren und zeitnah die Auswirkungen strategisch geleiteter Handlungen und Maßnahmen auf die Erfolgsfaktoren innerhalb des PMI-Managements zu verfolgen (Grösser & Stauffer, 2016, S. 586). Hinweise zu einem kritischen oder teilweise kritischen Fortschritt des strategischen PMI-Managements können im Rahmen der Ursachenforschung bis auf die Indikatoren- und Maßnahmenebene zurückverfolgt werden. Ein derartiges PMI-Cockpit kann der jeweiligen, unternehmensspezifischen Situation angepasst werden. Quantitative Ziele und Kennzahlen können für jede der Perspektiven ergänzt werden (Grösser & Stauffer, 2016, S. 586). Auch eine geeignete Verknüpfung mit Anreizsystemen kann zweckmäßig sein (Sodenkamp et al., 2002, S. 187).

Das erfolgsfaktorenbasierte PMI-Cockpit ist zusammenfassend ein geeignetes Entscheidungs- und Diagnoseinstrument (Behler, 2023, S. 122), welches als Managementtool helfen kann, das dynamisch komplexe PMI-Management (Grösser & Stauffer, 2016, S. 580) ganzheitlich und interdisziplinär erfolgreich zu steuern. Das Cockpit erhöht das Verständnis für kausale Zusammenhänge im PMI-Management. Es ist eine Visualisierungshilfe zur Analyse interdependenter Ursachen und Maßnahmen (Grösser & Stauffer, 2016, S. 588) und kann im Rahmen des Managements komplexer PMI-Projekte auch dabei unterstützen, Gruppenentscheidungen zu moderieren (Black & Andersen, 2012, S. 195; Grösser & Stauffer, 2016, S. 588).

4.4 Konklusion und Beantwortung der gestaltungsgeleiteten Fragestellung

Im Abschnitt 4.4.1 wird als Konklusion konkretisiert, wie die gestaltungsgeleiteten Zielsetzungen erreicht werden und welche forschungsrelevanten Erkenntnisse gewonnen werden. Abschnitt 4.4.2 zeigt auf, wie die gestaltungsgeleitete Fragestellung beantwortet wird und wie mit der Ableitung von Handlungsempfehlungen für ein erfolgreiches PMI-Management mittelständischer Unternehmen in Deutschland zur Hauptzielstellung dieser Dissertation beigetragen wird.

4.4.1 Erkenntnisse des Gestaltungsteils

Im Gestaltungsteil dieser Dissertation wird auf Basis des im empirischen Teil erschlossenen Expertenwissens deduktiv-induktiv ein Erfolgsfaktorensystem mit 13 Maßnahmenkategorien und 46 kritischen Erfolgsfaktoren des strategischen PMI-Managements im deutschen Mittelstand abgeleitet. Jeder kritische Erfolgsfaktor wird jeweils über eine adäquate Anzahl theoretisch und empirisch begründeter Erfolgsindikatoren reflektiv operationalisiert. Vermutete Wirkungen der kritischen Erfolgsfaktoren auf die Erfolgsindikatoren werden anhand der empirischen Erkenntnisse und Ergebnisse dargestellt und theoretisch eingeordnet.

Kategorienbezogene Teilmodelle visualisieren die Operationalisierung der Erfolgsfaktoren für jede Maßnahmenkategorie. In dem finalisierten Managementansatz werden Ergebnisse aus dem theoretischen und dem empirischen Teil dieser Dissertation zusammengeführt. Als Ausgangspunkt weiterführender Forschungsarbeiten werden die als abduktive Vermutungen entwickelten Zusammenhänge zwischen den kritischen Erfolgsfaktoren und dem PMI-Erfolg in 46 Forschungshypothesen formuliert. Innerhalb des vertieften Managementansatzes für das strategische PMI-Management im deutschen Mittelstand werden die Teilmodelle verknüpft und entsprechend einem vereinfachten Kausalmodell visualisiert. Vor dem Hintergrund multidimensionaler individueller Zielbündel bestimmen darin der Zielerreichungsgrad (Effektivität) und das Erreichen eines bestimmten Zielniveaus mit möglichst geringem Input (Effizienz) als Indikatoren den PMI-Erfolg. Strategische Maßnahmen, Handlungen und Entscheidungen innerhalb des PMI-Managements verändern den Einfluss der jeweiligen Erfolgsfaktoren auf den PMI-Erfolg.

Entsprechend der gestaltungsleiteten Zielstellung bildet der eigene Managementansatz einen Bezugsrahmen zur Ableitung der in Abschnitt 4.2 begründeten Maßnahmen, Empfehlungen und Ansätze für die weiterführende Forschung, deren Ziel es sein muss, das Bewusstsein der empirischen Forschung für die Wirkung kritischer Erfolgsfaktoren im deutschen Mittelstand weiter zu schärfen. Die einheitliche Definition qualitativer und quantitativer Kriterien als Grundlage klarer begrifflicher Differenzierungen des deutschen Mittelstands sowie die statistische Erfassung und empirische Erhebung entsprechender Daten können die Aussagekraft der Ergebnisse und Erkenntnisse der Mittelstandsforschung erhöhen. Eine Ausweitung der Erforschung mittelstandsorientierter Spezifika kann wertvolle Erkenntnisgewinne für die Führung und das operative Management mittelständischer Unternehmen generieren. Qualitative Forschungsansätze, die die ökonomischen, strukturellen und psychologischen Spezifika des deutschen Mittelstands in ganzheitlichen Untersuchungsansätzen und Modellen erfassen, können ableiten, ob und wie sich mittelstandspezifische Erfolgsfaktoren zukünftig verändern, um mittelständischen Unternehmen konkrete Handlungsempfehlungen zu geben, wie sie sich auf diese Veränderungen einstellen können.

Künftige Forschungsarbeiten können Wirkungsrelationen und -interdependenzen sowie multidimensionale Kausalstrukturen der Erfolgsfaktoren des strategischen PMI-Managements untersuchen. Quantitative Forschungsansätze können die in dieser Dissertation abduktiv gebildeten Forschungshypothesen kausalanalytisch auf ihre Richtigkeit prüfen, um zu einer höheren Aussagekraft zu gelangen. Zudem kann es von Interesse sein, einen methodischen Ansatz zu finden, der es ermöglicht, das Verhalten mittelständischer Unternehmen in M&A-Projekten und deren Erfolgsquoten anhand geeigneter Indikatoren qualitativ und quantitativ über mehrere Jahre zu messen. Ergänzend kann in diesem Zusammenhang die Untersuchung branchenspezifischer Unterschiede zu wichtigen neuen Erkenntnissen führen.

Zukünftige Forschungen können zudem untersuchen, wie Ansätze zum Einsatz von KI die Transparenz der multikausalen Zusammenhänge der Erfolgsfaktoren erhöhen können, um eine strategische Entscheidungshilfe darzustellen und Risiken von Fehlentscheidungen zu reduzieren. Auch Forschungsansätze, die untersuchen, welche Bereiche des strategischen PMI-Managements durch ein agiles Management wirksam unterstützt werden können, können von Interesse sein.

4.4.2 Beantwortung der gestaltungsgeleiteten Fragestellung

Zielsetzung dieser Dissertation ist es, durch die Beantwortung der Forschungsfragen einen relevanten Erkenntnisgewinn zur Identifikation der Erfolgsfaktoren des strategischen PMI-Managements im deutschen Mittelstand zu erbringen. Die daraus abgeleiteten Handlungsempfehlungen sollen einen Beitrag dazu zu leisten, die Erfolgsquote mittelständischer M&A-Projekte zu erhöhen und die mit dem PMI-Management im deutschen Mittelstand verbundenen Risiken zu reduzieren. Unter dieser Zielsetzung soll folgende Hauptforschungsfrage beantwortet werden: „Welche sind die Erfolgsfaktoren des strategischen PMI-Managements im deutschen Mittelstand, und wie lässt sich die PMI erfolgreich strategisch managen?“

Im Gestaltungsteil der vorliegenden Dissertation wird zur Beantwortung der gestaltungsleiteten Fragestellung der eigene Managementansatz auf Basis der Ergebnisse der empirischen Untersuchung vertieft und finalisiert, um einen wesentlichen Beitrag zur Beantwortung der Hauptforschungsfrage zu leisten. Die

Erkenntnisse und Ergebnisse aus dem theoretischen und empirischen Teil werden zusammengeführt, um daraus praxisrelevante Handlungsempfehlungen für das strategische Management der PMI im deutschen Mittelstand zu beschreiben und begründen.

Die im Rahmen dieser Dissertation im theoretischen und empirischen Teil begründeten Erfolgsfaktoren werden im Abschnitt 4.1.1 konzeptualisiert und anhand induktiv abgeleiteter Erfolgsindikatoren reflektiv operationalisiert. Zur Verbesserung der Übersichtlichkeit des komplexen Modells des strategischen PMI-Managements werden innerhalb der fünf betrachteten strategischen Perspektiven für die auf der Grundlage der theoretischen und empirischen Erkenntnisse und Ergebnisse gebildeten Maßnahmenkategorien jeweils kategoriebezogene Teilmodelle gebildet, die in Abschnitt 4.1.2 zu einem finalen, ganzheitlichen Managementansatz zusammengefügt werden. Der vertiefte, finalisierte Managementansatz führt in Form eines vereinfachten Kausalmodells die Erkenntnisse und Ergebnisse aus dem theoretischen und empirischen Teil dieser Dissertation zusammen. Die Ergebnisse und Erkenntnisse des Gestaltungsteils dieser Dissertation lassen sich wie folgt anhand der gebildeten Maßnahmenkategorien strukturieren und mit den kritischen Erfolgsfaktoren und abgeleiteten Erfolgsindikatoren thesenartig zusammenfassen.

Die Maßnahmenkategorie „Strategisches Leitbild“ dient als Orientierung für alle Entscheidungen im strategischen PMI-Management. Wenn die PMI mit wertorientierten Kennzahlen und Führungsinstrumenten gesteuert wird, wenn Unternehmenszweck und Kundennutzen in einer Mission sowie ein konkretes und langfristiges Zielbild in einer Vision formuliert werden und wenn ein mittelstandsgeprägtes Werteverständnis gelebt wird, kann sich dies im deutschen Mittelstand positiv auf den PMI-Erfolg auswirken.

Die Maßnahmenkategorie „Strategische Ziele“ schärft mit der Formulierung von Zielen zur beabsichtigten Entwicklung des Unternehmens den Fokus auf die strategischen Ziele des PMI-Managements und ermöglicht, den Erfolg des strategischen PMI-Managements anhand festgelegter Parameter zu messen. Wenn die Synergiepotenziale und Integrationskosten realistisch eingeschätzt und mit hoher Aufmerksamkeit verfolgt werden, wenn die Integrationsgeschwindigkeit stets situativ angepasst wird, wenn der gewählte Integrationsgrad zur Größe, zu den Ressourcen und zum Erfahrungshintergrund des Unternehmens passt, wenn messbar belegte Wachstumsziele die Akzeptanz für Veränderungen erleichtern, wenn Stabilität die Mitarbeiter bindet und damit Unsicherheiten und Ängste verringert, kann sich dies im deutschen Mittelstand positiv auf den PMI-Erfolg auswirken.

In der Maßnahmenkategorie „Informationsmanagement“ sorgen datenbasierte Informationssysteme mit wichtigen Kennzahlen für Transparenz und unterstützen Steuerung und Kontrolle der PMI. Unternehmen, die aus Zeit- und Kostengründen keine geeigneten Systeme zur Erfassung und Analyse von Daten etablieren, fehlen diese erfolgskritischen Steuerungsgrößen. Wenn das PMI-Management von einem zentralisierten, aussagekräftigen, regelmäßigen und geeigneten Berichtswesen begleitet wird und wenn die IT-/ERP-Integration zentraler Bestandteil des PMI-Managements ist sowie die Integrationsrisiken von IT- und ERP-Systemen eine hohe strategische Aufmerksamkeit erfahren, kann sich dies im deutschen Mittelstand positiv auf den PMI-Erfolg auswirken.

Die Maßnahmenkategorie „Risikomanagement“ ermöglicht die frühzeitige Identifikation, Bewertung und Steuerung potenzieller Risiken des PMI-Managements und steht damit dem häufig überschätzten „Bauchgefühl“ des Eigentümers konträr gegenüber. Wenn Finanzbedarf und finanzielle Risiken der PMI realistisch eingeschätzt werden und das PMI-Management mit finanziellen Budgets gesteuert wird, wenn legale Aspekte der PMI vorausschauend und proaktiv adressiert werden und wenn die für die PMI relevanten Compliance-Risiken bekannt und fester Bestandteil des Risikomanagements sind, kann sich dies im deutschen Mittelstand positiv auf den PMI-Erfolg auswirken.

Die Maßnahmenkategorie „Family Governance“ regelt die Interaktion zwischen Eigentümerfamilie und Unternehmen. Eigentümergeführte Unternehmen müssen eine zweckmäßige Balance zwischen familiärer Einflussnahme und professioneller Kontrolle finden, um Konflikte innerhalb der PMI zu vermeiden. Wenn es zwischen Eigentümern und Management eine klare Aufgabenteilung gibt, wenn Eigentümer ihre Fähigkeiten nicht überschätzen und das Management in ihre Entscheidungen einbeziehen, wenn transparente Nachfolgeregelungen vorliegen, die die Kompetenzen der potenziellen Nachfolger berücksichtigen, wenn bei einem Generationswechsel potenzielle Änderungen des Wertverständnisses sowie der Ansichten zur Unternehmensführung angemessen berücksichtigt werden und wenn kritische, unabhängige und neutrale Aufsichtsgremien auf Basis klarer Governance-Regelungen effektiv in das PMI-Management eingebunden werden, kann sich dies im deutschen Mittelstand positiv auf den PMI-Erfolg auswirken.

Die Maßnahmenkategorie „Kundenmanagement“ stärkt die Kundenbindung und gewährleistet eine nahtlose Integration des Produkt- und Dienstleistungsportfolios. Zudem bedarf die Integration von Kunden und Marken strukturierter Prozesse. Gute persönliche Kundenbeziehungen können hilfreich sein, sind aber keine ausreichende Basis für eine erfolgreiche Integration. Wenn die Kundenintegration nach sorgfältiger Analyse der Kundenbedürfnisse mit viel Fingerspitzengefühl, hoher Aufmerksamkeit und adäquater Geschwindigkeit erfolgt und wenn Änderungen der Marktbearbeitung sowie die Harmonisierung des Sortiments und der Preis- und Konditionspolitik auf Basis einer ausgearbeiteten Vertriebsstrategie kundenorientiert umgesetzt werden, kann sich dies im deutschen Mittelstand positiv auf den PMI-Erfolg auswirken.

Innerhalb der Maßnahmenkategorie „Geschäftsmodell" geht es darum, das bestehende und das angestrebte Geschäftsmodell umfassend zu verstehen, was die Auswahl und Umsetzung geeigneter Veränderungsmaßnahmen erleichtert. Das „Bauchgefühl" des Eigentümers kann in diesem Zusammenhang strukturierte Analysen zu Marktposition, Produktportfolio, Markenintegration und Schlüssellieferanten nicht ersetzen. Wenn das Geschäftsmodell auf Basis einer sorgfältigen Analyse und Bewertung der produkt-, markt- und kundenbezogenen Chancen und Risiken gestaltet wird, wenn die Neuordnung und Integration der Marken auf Basis einer Analyse und realistischen Bewertung der Marken sowie einer klaren Markenintegrationsstrategie erfolgt, wenn Lieferanten zeitnah und offen über Änderungen informiert werden und wenn der Erhalt der Schlüssellieferanten für Eigentümer und Management eine hohe Priorität hat, kann sich dies im deutschen Mittelstand positiv auf den PMI-Erfolg auswirken.

Die Maßnahmenkategorie „Projektmanagement" umfasst die Ressourcenplanung, die Messung des Projektfortschritts und des Zielerreichungsgrads. Der Verzicht auf ein systematisches Projektmanagement gefährdet den Erfolg des PMI-Managements. Wenn ein von Käufer- und Verkäuferseite besetztes Integrationsteam das gesamte PMI-Management überwacht und die Mitarbeiter mit Schulungs- und Entwicklungsmaßnahmen begleitet, wenn die Projektsteuerung der PMI sowohl zur Größe als auch zu den verfügbaren Ressourcen des Unternehmens passt und die Steuerung anhand von PMI-Cockpit-Kennzahlen erfolgt, wenn die zur Verfügung stehenden bzw. gestellten Ressourcen zum Integrationsgrad und zur Integrationsgeschwindigkeit passen und bei Bedarf externe Unterstützung bekommen und wenn das PMI-Projektteam die erforderlichen Kompetenzen und Entscheidungsspielräume sowie ein strategisches Verständnis hat, kann sich dies im deutschen Mittelstand positiv auf den PMI-Erfolg auswirken.

Innerhalb der Maßnahmenkategorie „Kommunikationsmanagement" reduzieren die interne und die externe Kommunikation Unsicherheiten und fördern die Zusammenarbeit. Wenn die interne Kommunikation Strategie, Ziele und mit der PMI verbundene Veränderungen verständlich, regelmäßig und gezielt kommuniziert und wenn die externe Kommunikation mit Kunden, Lieferanten und

Medien klar, offen, transparent und regelmäßig über geeignete Kommunikationswege erfolgt, kann sich dies im deutschen Mittelstand positiv auf den PMI-Erfolg auswirken.

Innerhalb der Maßnahmenkategorie „Aufbau- und Ablauforganisation" schlägt sich die Umsetzung der Maßnahmen des PMI-Managements in Änderungen der Prozesse und der Organisation nieder. Ein Festhalten an flachen Hierarchien und situativ improvisierten Abläufen mit dem Eigentümer in der zentralen Führungsrolle erscheint flexibel, kann aber die wichtige Standardisierung von Abläufen erschweren. Wenn sich die Änderungen der Prozesse am Integrationsgrad orientieren und zielgerichtet begleitet werden, wenn das Organisationsentwicklungskonzept einen strukturellen mit einem personellen Ansatz vereint und wenn die umgesetzten organisatorischen Änderungen zu einem ausgewogenen Organigramm führen, kann sich dies im deutschen Mittelstand positiv auf den PMI-Erfolg auswirken.

Die Maßnahmenkategorie „Unternehmensführung" umschreibt, dass die im PMI-Management eingebundenen Eigentümer und Führungskräfte Orientierung geben, Vertrauen schaffen und PMI-Ziele konsequent umsetzen müssen. Eigentümer und Führungskräfte, die in mittelständischen Unternehmen eine Vielzahl an Aufgaben übernehmen, laufen Gefahr, die strategischen Ziele aus den Augen zu verlieren. Wenn das HRM bei allen Entscheidungen eingebunden wird und Mitarbeiter zwecks Vermeidung negativer Reaktionen bei allen Veränderungsmaßnahmen begleitet, wenn das Veränderungsmanagement stets für alle Fragen zur PMI zur Verfügung steht und Mitarbeiter auf alle anstehenden Veränderungen mit Trainings und Schulungen angemessen vorbereitet, wenn alle Entscheidungen im Rahmen des PMI-Managements nachvollziehbar, verständlich, klar und zeitnah getroffen und kommuniziert werden, wenn die Bindung der Schlüsselpersonen eine hohe Priorität hat, wenn Schlüsselpersonen in strategische Entscheidungen eingebunden werden und wenn die Mitarbeiterintegration mit Fairness und Feingefühl erfolgt sowie von einer offenen Kommunikation begleitet wird, kann sich dies im deutschen Mittelstand positiv auf den PMI-Erfolg auswirken.

Die Maßnahmenkategorie „Unternehmenskultur" bestimmt wesentlich das Verhalten sowie die Zusammenarbeit der Mitarbeiter und hat eine entscheidende Bedeutung für den PMI-Erfolg. Wenn ein wertschätzender Umgang, Fairness und Wohlwollen sowie ein freundlicher, zugewandter Umgangston die Unternehmenskultur prägen, wenn kulturelle Unterschiede offen angesprochen und respektiert werden und Offenheit gezielt eingesetzt wird, wenn Emotionen aller Beteiligten ausreichende Beachtung geschenkt wird und Führungskräfte positive Emotionen fördern, wenn Harmonie und Vertrauen zu Zielen des PMI-Managements deklariert werden und die Unternehmenskultur das Vertrauen nachhaltig festigt, wenn gewünschten Veränderungen ausreichend Zeit gegeben wird und der langfristige

Erfolg im Vordergrund steht und wenn Anpassungen an kulturelle Veränderungen mit hoher Flexibilität erfolgen und damit den Integrationsprozess beschleunigen, kann sich dies im deutschen Mittelstand positiv auf den PMI-Erfolg auswirken.

Die Maßnahmenkategorie „Wissensmanagement" verbindet Erfahrungen, Kompetenzen und Fachkenntnisse und steigert die unternehmerische Innovationskraft und Effizienz. Wenn Wissen nur sporadisch und informell gespeichert und nicht strukturiert erfasst wird, besteht die Gefahr, dass Wissen innerhalb der PMI verlorengeht. Wenn die Entscheidung über den Einsatz externer Berater sachlich und nach sorgfältiger Analyse und Bewertung der eigenen quantitativen und qualitativen Ressourcen erfolgt, wenn die Zusammenarbeit mit Beratern offen und effizient gestaltet wird, wenn Zusammenführung und Integration von Wissen mit hoher Priorität verfolgt und in der Unternehmenskultur verankert werden, wenn Lernerfahrungen und Lernprozesse systematisch adaptiert sowie aktiv und flexibel gemanagt werden und wenn fehlendes PMI-Wissen durch soziale und kulturelle Kompetenzen sowie durch Managementerfahrung und Führungskompetenzen kompensiert werden, kann sich dies im deutschen Mittelstand positiv auf den PMI-Erfolg auswirken.

Die Darlegungen im Gestaltungsteil beantworten die in Abschnitt 3.3.4 formulierte gestaltungsgeleitete Fragestellung und tragen wesentlich zum Erreichen der Hauptzielstellung dieser Dissertation bei. Ausgehend von der Zielsetzung, aus den Ergebnissen dieser Dissertation praxisrelevante Empfehlungen, Maßnahmen und Lösungsansätze als Grundlage der Entwicklung strategischer Handlungsempfehlungen für ein erfolgreiches strategisches PMI-Management zu beschreiben und zu begründen, wird im Abschnitt 4.2 beispielhaft ein ganzheitliches PMI-Cockpit als Gradmesser für den gesamten PMI-Prozess und als Visualisierungshilfe für die komplexen Vorgänge und Interdependenzen innerhalb des PMI-Managements konzipiert. Die modellhafte Visualisierung vermuteter Wirkungszusammenhänge der Erfolgsfaktoren des strategischen PMI-Managements im deutschen Mittelstand bildet die Grundlage für das ganzheitliche PMI-Cockpit mit den aus dem BSC-Ansatz abgeleiteten strategischen Perspektiven „Finanzen und Risiken", „Märkte und Kunden", „Prozesse und Organisation" sowie „Menschen und Kultur", die um die Perspektive „Strategischer Rahmen" ergänzt werden. Das PMI-Cockpit erlaubt, anhand qualitativ messbarer Erfolgsindikatoren zeitnah die Auswirkungen strategisch geleiteter Handlungen und Maßnahmen auf die Erfolgsfaktoren innerhalb des PMI-Managementprozesses zu verfolgen und das Management dabei zu unterstützen, auf beobachtete Entwicklungen adäquat zu reagieren. Das erfolgsfaktorenbasierte PMI-Cockpit ist für Eigentümer und Führungskräfte ein geeignetes Entscheidungs- und Diagnosetool.

Schlussteil 5

Abschnitt 5.1 stellt Struktur und Inhalte dieser Dissertation im Überblick dar. Abschnitt 5.2 fasst die zentralen Erkenntnisse und Ergebnisse für Forschung und Praxis zusammen. Abschnitt 5.3 erläutert die Einschränkungen dieser Dissertation und gibt einen Ausblick auf die weiterführende praktische Anwendung der Ergebnisse sowie auf zukünftige Forschungsvorhaben.

5.1 Überblicksmäßige Zusammenfassung

Für die Zukunftssicherung mittelständischer Unternehmen nimmt die Bedeutung von Übernahmen und Fusionen als Alternative zum organischen Wachstum zu. Ein gescheitertes M&A-Projekt kann die Existenz eines mittelständischen Unternehmens gefährden. Ursachen für ein Scheitern liegen häufig im strategischen PMI-Management, das in der praktischen Umsetzung auf Probleme stößt. Die Ergebnisse bisheriger empirischer Arbeiten lassen den Schluss zu, dass sich die Wahrscheinlichkeit des PMI-Erfolgs mit der Beachtung kritischer Erfolgsfaktoren erhöhen lässt. Diese Dissertation hat das Ziel, einen relevanten Erkenntnisgewinn zur Identifikation der kritischen Erfolgsfaktoren des strategischen PMI-Managements im deutschen Mittelstand zu erbringen, um mit daraus abgeleiteten praxisrelevanten Handlungsempfehlungen einen Beitrag zu leisten, die Erfolgsquote mittelständischer M&A-Projekte zu erhöhen und damit verbundene Risiken zu reduzieren.

K. Verbakel, *Strategisches Post-Merger-Integrationsmanagement*, Leadership Insights: Impulse für Management und Führung,
https://doi.org/10.1007/978-3-658-50274-4_5

Im ersten Abschnitt des theoretischen Teils belegen die deskriptive Darlegung des Stands der Forschung und die evaluatorische Ableitung der Forschungslücke, dass bisherige Forschungsarbeiten zu den Erfolgsfaktoren des PMI-Managements überwiegend theoretisch im Strategischen Management verankert sind und nur wenige Arbeiten Ansätze der EFF und des Strategischen Managements verbinden. In nur wenigen Fällen wird bisher ein ganzheitlicher Forschungsansatz gewählt. Häufig werden einzelne strategische Perspektiven und insbesondere Erfolgsfaktoren wie Mitarbeiter, Führung, Kultur, Prozesse und Organisation isoliert untersucht. Unternehmen des deutschen Mittelstands stehen selten im Fokus wissenschaftlicher Untersuchungen zum strategischen PMI-Management. Zahlreiche Fragen zu den spezifischen Erfolgsfaktoren der PMI im Mittelstand sind bislang nicht ausreichend untersucht.

Im zweiten Abschnitt des theoretischen Teils wird auf Basis theoretischer Bezugspunkte und Forschungsansätze der EFF, des Strategischen Managements, des PMI-Managements und der Mittelstandsforschung ein Managementansatz für das strategische PMI-Management im deutschen Mittelstand entwickelt, der die Erfolgsfaktoren des PMI-Managements im deutschen Mittelstand und deren vermutete Zusammenhänge visualisiert. Unterhalb eines übergeordneten strategischen Rahmens mit den strategischen Leitplanken und Zielen mündet die Zuordnung der kritischen Erfolgsfaktoren zu den vier strategischen Perspektiven „Finanzen und Risiken“, „Märkte und Kunden“, „Prozesse und Organisation“ sowie „Menschen und Kultur“ in einen erfolgsfaktorenbasierten, multiperspektivischen und ganzheitlichen Managementansatz für das strategische PMI-Management im deutschen Mittelstand.

Im empirischen Teil dieser Dissertation wird die Frage beantwortet, welche kritischen Erfolgsfaktoren des strategischen PMI-Managements im deutschen Mittelstand sich auf Basis der Einschätzungen und Erfahrungen von Experten ermitteln, beschreiben und qualitativ evaluieren lassen. Die Experten bestätigen Grundstruktur sowie wesentliche Elemente des im theoretischen Teil entwickelten Managementansatzes. Sie ergänzen insbesondere mittelstandsspezifische Ausprägungen der Erfolgsfaktoren und geben erfahrungsbasierte, praxisrelevante Anregungen für die Ableitung von Erfolgsindikatoren des strategischen PMI-Managements.

Im ersten Abschnitt des Gestaltungsteils werden innerhalb theoretisch und empirisch begründeter Maßnahmenkategorien die deduktiv-induktiv ermittelten Erfolgsfaktoren des strategischen PMI-Managements im deutschen Mittelstand konzeptualisiert, die jeweils über theoretisch und empirisch begründete Erfolgsindikatoren reflektiv operationalisiert werden. Jede Maßnahmenkategorie wird jeweils als kategoriebezogenes Teilmodell visualisiert. Die abduktiv gebildeten

Forschungshypothesen über die vermuteten Zusammenhänge zwischen den kritischen Erfolgsfaktoren und dem PMI-Erfolg können einen Ausgangspunkt für weiterführende Untersuchungen darstellen. Die in Teilmodellen operationalisierten Erfolgsfaktoren werden innerhalb des vertieften, finalisierten Managementansatzes für das strategische PMI-Management im deutschen Mittelstand als vereinfachtes Kausalmodell verknüpft und visualisiert.

Im zweiten Abschnitt des Gestaltungsteils wird ein Bezugsrahmen als Ausgangspunkt für die weiterführende Forschung entwickelt. Die Maßnahmen, Empfehlungen und Ansätze können das Bewusstsein der empirischen Forschung für die Wirkung kritischer Erfolgsfaktoren des strategischen PMI-Managements im deutschen Mittelstand schärfen. Auf Basis der Forschungsresultate dieser Dissertation können zukünftige Forschungsansätze die Wirkungszusammenhänge und die multidimensionalen Kausalstrukturen der Erfolgsfaktoren weiter untersuchen. Quantitative Ansätze können die in dieser Arbeit gebildeten Forschungshypothesen überprüfen.

Im dritten Abschnitt des Gestaltungsteils bilden die Ergebnisse dieser Dissertation die Grundlage für die Beschreibung praxisrelevanter strategischer Handlungsempfehlungen für ein erfolgreiches strategisches PMI-Management. Das in den Grundzügen dargestellte, erfolgsfaktorenbasierte PMI-Cockpit ist für Eigentümer und Führungskräfte mittelständischer Unternehmen in Deutschland ein geeignetes Entscheidungs- und Diagnosetool. Als ganzheitliche Visualisierungshilfe für die komplexen Vorgänge und Interdependenzen innerhalb des PMI-Managements erlaubt das PMI-Cockpit, anhand der Erfolgsindikatoren zeitnah die Auswirkungen strategisch geleiteter Maßnahmen auf die kritischen Erfolgsfaktoren des strategischen PMI-Managements zu verfolgen und das Management dabei zu unterstützen, mit adäquaten Maßnahmen auf die beobachteten Entwicklungen zu reagieren.

5.2 Zentrale Erkenntnisse und Ergebnisse

Abschnitt 5.2.1 beschreibt, wie diese Dissertation die Forschung weiterbringt, welchen Forschungsmehrwert und Nutzen sie stiftet und welcher Beitrag zur Schließung der Forschungslücke geleistet wird. Abschnitt 5.2.2 beschreibt, welchen Mehrwert die Ergebnisse dieser Dissertation für die Praxis stiften und wie ein Beitrag zur Lösung der im Einleitungsteil skizzierten Problemstellung geleistet wird.

5.2.1 Zentrale Erkenntnisse für die Forschung

Die Dissertation ergänzt die bestehende Forschung zu mittelstandsspezifischen Erfolgsfaktoren des strategischen PMI-Managements und liefert neue Erkenntnisse zu deren Wirkungen und Wechselwirkungen. Auf Grundlage des theoretischen Bezugsrahmens als Analyseraster für die empirische Untersuchung entwickelt diese Dissertation neue Erklärungsansätze, die das Bewusstsein der empirischen Forschung für die Wirkung kritischer Erfolgsfaktoren im strategischen PMI-Management mittelständischer Unternehmen schärft. Die Arbeit leistet einen wesentlichen Beitrag zur Schließung der Forschungslücke, die im Abschnitt 2.1.2 anhand von Evaluierungskriterien als Ergebnis einer umfassenden Literaturanalyse herausgearbeitet wird. Das konzipierte Modell berücksichtigt die aus der Literatur hergeleiteten Evaluierungskriterien in Bezug auf die Verankerung der Forschungsrichtung, den Mittelstandsbezug, den holistischen Ansatz sowie die Praxisorientierung und die Branchenunabhängigkeit. Durch die konsequente Orientierung an diesen fünf Evaluierungskriterien leistet diese Dissertation einen substanziellen Beitrag sowohl zur Weiterentwicklung der EFF als auch zur praktischen Handlungsfähigkeit mittelständischer Unternehmen in PMI-Prozessen.

Die Dissertation ist in der Erfolgsfaktorenforschung und im Strategischen Management verankert. Die theoretische Basis wird durch die Integration wesentlicher Erkenntnisse etablierter Modelle des Strategischen Managements, z. B. von Mintzberg und Waters (1985), Porter (1991), Barney (1991), Doz und Kosonen (2010) und Pryor et al. (2007) sowie durch bewährte Elemente empirisch gestützter Erfolgsfaktorenansätze (Baumgarth & Evanschitzky, 2009; Gläser & Laudel, 2010; Homburg & Giering, 1996; Homburg & Krohmer, 2004; Nicolai & Kieser, 2002) gelegt. Das Untersuchungsdesign dieser Dissertation und die Konzeption des eigenen Modells begegnet den in der Literatur genannten Kritikpunkten an der EFF (Fritz, 1993, 2004; Nicolai & Kieser, 2002) mit einem pragmatischen Vorgehen sowie abduktiv gebildeten Forschungshypothesen (Eisend & Kuß, 2023, S. 79; Peirce, 1976, S. 393; Reichertz, 1986, S. 194). Das Forschungsdesign orientiert sich an ähnlich ausgerichteten Untersuchungen (Behler, 2020, S. 159–163).

Die in dieser Dissertation evaluierten Studien zum strategischen PMI-Management, die mittelständische Unternehmen in Deutschland in den Mittelpunkt ihrer Forschungsfragen stellen, unterstreichen, dass die besonderen Bedingungen im deutschen Mittelstand ein spezifisches strategisches PMI-Management erfordern. Bislang ist nicht ausreichend erforscht, welche mittelstandsspezifischen Faktoren maßgeblich zum Erfolg des strategischen PMI-Managements beitragen.

Demnach lässt sich hinsichtlich der einleitend skizzierten Problemstellung bislang kein Lösungsansatz ableiten. Die Identifikation der Erfolgsfaktoren aus Sicht der Mittelstandsforschung steht vor dem Problem, dass in der bestehenden Theorie keine einheitliche Definition für den Mittelstand existiert und es diese aufgrund der Heterogenität und Komplexität des Mittelstands nur jeweils kontextbezogen geben kann. Diese Dissertation formuliert eine für die Beantwortung der Forschungsfragen zweckmäßige Arbeitsdefinition für den deutschen Mittelstand, bei der als qualitatives Kriterium die Einheit von Eigentum, Haftung und Führung im Vordergrund steht. In diesem Sinne führt die Dissertation die Charaktermerkmale und Erfolgsfaktoren des deutschen Mittelstands zwecks Berücksichtigung im eigenen Managementansatz insbesondere auf die Position und das Verhalten der Eigentümer zurück. Es wird angenommen, dass dieses Merkmal weitere qualitative Merkmale der Strategie, Organisation, Führung und Kultur und damit auch den strategischen Erfolg mittelständischer Unternehmen direkt und indirekt maßgeblich beeinflusst. Die Perspektive derjenigen Personen in den untersuchten mittelständischen Unternehmen, die unternehmerische Verantwortung tragen und operative Führungsaufgaben erfüllen, bildet die empirische Grundlage der Arbeit. In bisherigen Studien wird diese besondere Perspektive kaum berücksichtigt. Aus der Interpretation und Diskussion der Ergebnisse der qualitativen Inhaltsanalyse der Experteninterviews lassen sich insbesondere die durch Eigentümer und Geschäftsführung geprägten mittelstandspezifischen Erfolgsfaktoren des strategischen PMI-Managements ableiten. Dies gewährleistet, dass die für die Konzeption des eigenen Modells abgeleiteten Erfolgsfaktoren und Erfolgsindikatoren auf praxisnahe Führungs- und Managementstrukturen mittelständischer Unternehmen zugeschnitten sind.

Es mangelt bisher insbesondere an ganzheitlichen empirischen Studien, in denen die Wirkung der mittelstandsspezifischen Erfolgsfaktoren auf den PMI-Erfolg aus allen strategischen Perspektiven gleichzeitig betrachtet wird. Diese Dissertation leistet einen wesentlichen Beitrag zur Schließung dieser Forschungslücke. Es wird ein multidimensionales Modell entwickelt, das den PMI-Erfolg im deutschen Mittelstand als zu erklärende Größe in den Mittelpunkt stellt. Die theoretisch aus Forschungsansätzen der EFF, des Strategischen Managements, des PMI-Managements und der Mittelstandsforschung abgeleiteten Erfolgsfaktoren werden in einer eigenen empirischen Untersuchung in Experteninterviews qualitativ untersucht, um ihre Relevanz besser zu verstehen. Im Gegensatz zu Studien, deren Konzeptrahmen sich auf Einzeldimensionen beschränken, berücksichtigt das konzipierte Modell gleichzeitig fünf relevante Perspektiven. Die strategischen Perspektiven „Strategischer Rahmen", „Finanzen und Risiken", „Märkte und Kunden", „Prozesse und Organisation" sowie „Menschen und Kultur" analysieren die komplexen Prozesse des strategischen PMI-Managements aus verschiedenen Blickwinkeln. Die strategischen Handlungsfelder werden strukturiert und durch die Bildung von Maßnahmenkategorien, Erfolgsfaktoren und Erfolgsindikatoren in einem Struktur- und Messmodell konkretisiert, um die Wirkung der identifizierten Erfolgsfaktoren auf die jeweils zugeordneten Indikatoren zu erklären. Das holistische, multiperspektivische Modell bietet eine theoretisch fundierte und zugleich praxisrelevante Grundlage zur Unterstützung von Entscheidungen im Rahmen mittelständischer PMI-Prozesse. Damit erfüllen die gewonnenen Erkenntnisse die Forderungen an eine anwendungsorientierte Erfolgsfaktorenforschung in der Schnittmenge von Strategischem Management, PMI-Management und Mittelstandsforschung.

Aus der Perspektive mittelständischer Entscheider werden als Ergebnis der Interviews konkrete Erfolgsfaktoren und Erfolgsindikatoren herausgearbeitet, die in der unternehmerischen Praxis des strategischen PMI-Managements verankert sind. Die Operationalisierung in strategische Perspektiven, Maßnahmenkategorien und Steuerungsgrößen bietet Ansatzpunkte für eine Nutzung des Modells als Grundlage der Entwicklung praxisrelevanter strategischer Handlungsempfehlungen für das PMI-Management mittelständischer Unternehmen, die das Potenzial haben, die Erfolgsquote des PMI-Managements zu erhöhen und Risiken im PMI-Management zu reduzieren.

Dabei wird ein branchenunabhängiger Ansatz gewählt. Die befragten Experten sind in Unternehmen unterschiedlicher Branchen tätig und haben die in den jeweiligen Interviews rekonstruierten PMI-Erfahrungen in unterschiedlichen Kontexten gesammelt. Die Erfolgsfaktoren werden nicht auf branchenspezifische Mechanismen reduziert, sondern können übergreifend in verschiedenen Unternehmenskontexten im deutschen Mittelstand Anwendung finden.

Zusammenfassend trägt der ganzheitliche, integrative Forschungsansatz dieser Dissertation, der theoretisch sowie methodisch in der EFF verankert ist und theoretische Bezugspunkte im Strategischen Management, im PMI-Management und in der Mittelstandsforschung hat, zur Schließung der Forschungslücke in Bezug auf die Erfordernisse bei, die aus den besonderen Bedingungen im deutschen Mittelstand für ein erfolgreiches strategisches PMI-Management resultieren. In der Konzeption des eigenen Modells werden innerhalb von theoretisch und empirisch begründeten Maßnahmenkategorien insgesamt 46 kritische Erfolgsfaktoren konzeptualisiert, die jeweils über theoretisch und empirisch begründete Erfolgsindikatoren reflektiv operationalisiert werden. Abduktiv gebildete Forschungshypothesen formulieren die vermuteten Zusammenhänge zwischen den kritischen Erfolgsfaktoren und dem PMI-Erfolg als Ausgangspunkt weiterführender Untersuchungen. Die in insgesamt 13 Teilmodellen operationalisierten

Erfolgsfaktoren werden innerhalb des vertieften Managementansatzes verknüpft und als vereinfachtes Kausalmodell visualisiert. Dabei unterscheidet das ganzheitliche Modell fünf verschiedene strategische Dimensionen, denen Maßnahmenkategorien und Erfolgsfaktoren zugeordnet werden. So erfüllt das eigene Modell die wesentlichen Anforderungen, die die mittelstandsspezifische, komplexe Dynamik der PMI an einen ganzheitlichen, strategischen PMI-Managementansatz stellt. Unabhängig von den nicht näher untersuchten Wirkungsbeziehungen der Erfolgsfaktoren und ihren jeweiligen Wirkungen auf den Erfolg, zeichnet der finalisierte Managementansatz ein umfassendes Bild der im deutschen Mittelstand relevanten Erfolgsfaktoren des strategischen PMI-Managements und visualisiert, wie strategische Maßnahmen, Handlungen und Entscheidungen innerhalb des PMI-Managements den PMI-Erfolg beeinflussen.

Die Konzeption des eigenen Modells bindet theoretisch und empirisch abgeleitete Erfolgsfaktoren ein. Die abduktive Ableitung der Forschungshypothesen führt neues Wissen in den Forschungsprozess ein (Brühl, 2021, S. 77; Eisend & Kuß, 2023, S. 82). Diese Dissertation liefert damit einen Bezugsrahmen, der Grundlage und Ausgangspunkt für Maßnahmen, Empfehlungen und Ansätze für die weiterführende Forschung sein kann, um die empirische Forschung zu den Erfolgsfaktoren des strategischen PMI-Managements im deutschen Mittelstand weiter zu stärken.

5.2.2 Zentrale Ergebnisse für die Praxis

Im Hinblick auf die Reduzierung der mit M&A-Projekten im Mittelstand verbundenen Risiken kommt dieser Dissertation eine wichtige Rolle zu. Die identifizierten Erfolgsfaktoren und abgeleiteten Erfolgsindikatoren können zwar nicht generalisiert werden, sie sind aber geeignet, um innerhalb der unternehmerischen Praxis die Aufmerksamkeit von Eigentümern und Management auf diese Faktoren und Indikatoren zu lenken. Sie unterstützen damit mittelständische Unternehmen, geeignete Strategien für ein erfolgreiches PMI-Management zu finden und bessere Entscheidungen zu treffen, die das Potenzial haben, die Erfolgsquote mittelständischer M&A-Projekte zu erhöhen.

Die Struktur der gewählten strategischen Perspektiven lehnt sich ausdrücklich an das Konzept der Balanced Scorecard (Kaplan & Norton, 2018, S. 142) sowie die Visualisierung in Form einer Strategy-Map an (Kaplan & Norton, 2000, S. 54–56; Müller-Stewens & Lechner, 2016, S. 591–592) und übersetzt diese in ein für den Mittelstand geeignetes Instrument.

Aus der Perspektive „Strategischer Rahmen" sind das strategische Leitbild und die strategischen Ziele zentrale Erfolgsfaktoren im PMI-Management. Ein gemeinsames Werteverständnis ist entscheidend für die kulturelle Integration. Synergien sind ein maßgebliches Ziel der Integration. Integrationskosten können Synergieeffekte neutralisieren. Integrationsgeschwindigkeit und Integrationsgrad müssen flexibel an spezifische Anforderungen angepasst werden. Klare Ziele für Wachstum und Stabilität fördern bei Mitarbeitern die Akzeptanz für Veränderungen.

Aus der Perspektive „Finanzen und Risiken" verbessert die Zentralisierung von Daten und Kennzahlen die Entscheidungsgrundlagen. Finanzielle Risiken der PMI müssen realistisch eingeschätzt werden. Compliance-Regelungen und rechtliche Aspekte werden je nach Erfahrungsstand unterschiedlich priorisiert. Family Governance ist ein Schlüsselfaktor, da Eigentümerfamilien die Kultur und strategische Ausrichtung stark beeinflussen. Eine klare Nachfolgeplanung und Aufsichtsgremien stärken die Stabilität und das Vertrauen in die Unternehmensführung innerhalb des PMI-Managements.

Aus der Perspektive „Märkte und Kunden" ist eine angemessene Geschwindigkeit bei der Umstellung der Kunden- und Marktbearbeitung entscheidend. Eine offene Kommunikation mit Kunden ist wichtig. Das zukünftige Geschäftsmodell und die Marktposition müssen definiert werden, um die Ziele der PMI deutlich zu machen. Ein wichtiger Aspekt ist die Markenintegration. Schlüssellieferanten müssen transparent über den Integrationsprozess informiert werden, stabile Lieferantenbeziehungen bilden die Grundlage für zukünftige Geschäfte.

Aus der Perspektive „Prozesse und Organisation" ist ein professionelles Projektmanagement Schlüsselfaktor für den PMI-Erfolg. Ein gut organisiertes Integrationsteam, idealerweise aus verschiedenen Funktionsbereichen, muss klare Zuständigkeiten haben und vor Ort präsent sein. Größere Unternehmen bevorzugen formelle Ansätze, kleinere Unternehmen gehen angesichts von Ressourcenproblemen flexibler vor. Eine transparente und zeitnahe interne Kommunikation schafft Akzeptanz und Vertrauen unter den Mitarbeitern. Sie muss dem Führungsstil und der Unternehmenskultur entsprechen und besonders sensibel auf kulturelle Unterschiede eingehen. Die externe Kommunikation sorgt für eine positive Wahrnehmung der Integration bei Kunden und Lieferanten. Es kann sowohl Gründe für eine konsequente Harmonisierung der Prozesse als auch für flexible Lösungen geben. Der Integrationsgrad bestimmt das Ausmaß der organisatorischen Veränderungen. Führungskräfte aus beiden Unternehmen sollen in die neue Organisation eingebunden werden, es muss ein ausgewogenes Organigramm mit klaren Berichtslinien entstehen.

Aus der Perspektive „Menschen und Kultur“ ist eine starke Unternehmensführung zentraler Erfolgsfaktor der PMI. Sie gibt Orientierung sowie Vertrauen und lebt eine klare Kultur vor. HRM spielt eine Schlüsselrolle, insbesondere in Bezug auf sensible Integrationsthemen und die Sicherung von Wissen. Entscheidungsprozesse sollen klar und verlässlich sein, aber genügend Raum für flexible, schnelle Entscheidungen lassen. Der Erhalt von Schlüsselpersonen und spezifischem Fachwissen ist essenziell, da der Verlust von Mitarbeitern und deren Know-how die Integration gefährden kann. Mittelständische Unternehmen stehen dem Einsatz externer Berater skeptisch gegenüber, nutzen sie aber bei Spezialfragen.

Die modellhafte Visualisierung der vermuteten Wirkungszusammenhänge der identifizierten Erfolgsfaktoren des strategischen PMI-Managements im deutschen Mittelstand als vereinfachtes Kausalmodell im eigenen Managementansatz bildet die Grundlage für die Gestaltung eines PMI-Cockpits mit den aus dem BSC-Ansatz abgeleiteten strategischen Perspektiven „Finanzen und Risiken“, „Märkte und Kunden“, „Prozesse und Organisation“ sowie „Menschen und Kultur“, die um die fünfte Perspektive „Strategischer Rahmen“ ergänzt werden. In der praktischen Umsetzung können die Indikatoren die Grundlage einer kategoriebezogenen Checkliste bilden, mit denen die spezifischen Indikatoren eines erfolgreichen PMI-Managements antizipativ und prozessbegleitend qualitativ geprüft und bewertet werden können. Das erfolgsfaktorenbasierte PMI-Cockpit ist ein praxisorientiertes und einfach anzuwendendes Managementtool, um das komplexe PMI-Management ganzheitlich und interdisziplinär erfolgreich zu steuern. Es ist eine Visualisierungshilfe zur Analyse interdependenter Ursachen und Maßnahmen und kann individuell auf die unternehmensspezifischen Verhältnisse adaptiert werden.

Zusammenfassend erhöhen die Ergebnisse dieser Arbeit das Verständnis der mittelständischen unternehmerischen Praxis für kausale Zusammenhänge im PMI-Management und für die Wirkungen praxisrelevanter strategischer Maßnahmen, Handlungen und Entscheidungen auf den PMI-Erfolg. Das entwickelte PMI-Cockpit erlaubt mittelständischen Unternehmen in Deutschland, auf Basis der theoretisch fundierten und anhand empirisch abgeleiteter Erfolgsindikatoren operationalisierten Erfolgsfaktoren konkrete strategische Handlungsfelder der PMI kontextbezogen zu identifizieren und integrative Steuerungsmaßnahmen gezielt einzuleiten.

5.3 Limitationen und Ausblick

Abschnitt 5.3.1 stellt zusammenfassend die Einschränkungen dieser Dissertation dar. Abschnitt 5.3.2 gibt einen Ausblick, wie die in dieser Dissertation erarbeiteten Ergebnisse in der Praxis weiterentwickelt werden können. Abschnitt 5.3.3 zeigt zusammenfassend Ansätze für zukünftige Forschung auf.

5.3.1 Limitationen

Aus den konzeptionellen und methodischen Entscheidungen resultieren Einschränkungen dieser Dissertation, die Bereiche für weitere Forschung eröffnen und Möglichkeiten für zukünftige Verbesserungen bieten.

Zur indirekten Ermittlung der Erfolgsfaktoren wird eine qualitativ-explorative Methode mit einer leitfadengestützten Expertenbefragung eingesetzt. Wie in Abschnitt 2.2.2.3 ausgeführt, wird diese Methodenkategorie im Hinblick auf ihr Potenzial, einen Nutzen für die Formulierung strategischer Managementhandlungen zu stiften, von Grünig et al. (1996, S. 11) für weniger gut geeignet befunden als quantitativ-explorative Untersuchungen. Der gewählte Forschungsansatz bietet aber den Vorteil, dass zur Vervollständigung des theoretischen Bildes qualitative Erfolgsfaktoren als „weiche" Aspekte der PMI erfasst werden (Kroon et al., 2022, S. 1158), obwohl sie nicht leicht operationalisierbar sind (Haenecke & Forsmann, 2006, S. 50). Nachteilig wirkt sich aus, dass die qualitative Befragung ein vergleichsweise niedriges Potenzial zum Aufdecken von Kausalstrukturen (Haenecke & Forsmann, 2006, S. 49; 54) hat. Die Ergebnisse dieser Arbeit geben zwar Aufschluss darüber, welche kritischen Erfolgsfaktoren des strategischen PMI-Managements im Mittelstand als wichtig erachtet werden, die genauen Wirkungszusammenhänge und multidimensionalen Kausalstrukturen müssen aber in weiterführenden Arbeiten untersucht werden.

Die qualitativ-explorative Untersuchung ist zudem eine Momentaufnahme im Rückblick. Es scheint wichtig, die Bedeutung und Intensität der in dieser Dissertation identifizierten Erfolgsfaktoren im Sinne ihrer zeitlichen Stabilität (Haenecke & Forsmann, 2006, S. 50) regelmäßig zu prüfen, da davon ausgegangen werden kann, dass sich die für das PMI-Management im deutschen Mittelstand relevanten Erfolgsfaktoren mit veränderten Rahmenbedingungen der Unternehmen „über die Zeit verändern" (Haenecke & Forsmann, 2006, S. 50).

Zur Verbesserung der Validität der Erfolgsfaktorenstudie erfolgt die „Grobkonzeptualisierung" der potenziellen Erfolgsfaktoren des strategischen PMI-Managements im deutschen Mittelstand auf Grundlage einer systematischen

Analyse der Literatur (Baumgarth & Evanschitzky, 2009, S. 251). Der gewählte Bezugsrahmen soll gewährleisten, die potenziellen Erfolgsfaktoren im Rahmen der theoretischen Vorüberlungen möglichst umfassend zu identifizieren und in geeigneter Weise zu systematisieren. Es kann nicht ausgeschlossen werden, dass sich außerhalb des gewählten Bezugsrahmens weitere Forschungsansätze und wissenschaftliche Arbeiten identifizieren lassen, die in zukünftigen Forschungsarbeiten zum strategischen PMI-Management ergänzend berücksichtigt werden können.

Die Elemente der theoretisch-konzeptionellen Vorüberlegungen bilden das Analyseraster für die empirische Untersuchung, in der die theoretischen Erkenntnisse mit „praktischer Expertise" kombiniert werden (Baumgarth & Evanschitzky, 2009, S. 252). Im Abschnitt 3.3.2 wird anhand der von Mayring (2023, S. 122–125) für die qualitative Forschung entwickelten Gütekriterien das eigene methodische Vorgehen aus subjektiver Sicht der Verfasserin kritisch betrachtet und dargelegt, wie die methodenspezifischen Gütekriterien eingehalten werden. Trotz des sorgfältigen methodischen Vorgehens und der Anwendung bewährter Kodierungsverfahren im Rahmen der qualitativen Inhaltsanalyse kann nicht ausgeschlossen werden, dass andere Forscher die Aussagen der Experten anders interpretieren und zu anderen Schlussfolgerungen kommen.

In Bezug auf die Forderung der „Berücksichtigung aller Perspektiven" (Haenecke & Forsmann, 2006, S. 50) untersucht diese Studie die Erfolgsfaktoren mit einem holistischen Ansatz. Insgesamt werden im Rahmen der Konzeptualisierung für fünf strategische Perspektiven 13 Maßnahmenkategorien und 46 kritische Erfolgsfaktoren für das strategische PMI-Management im deutschen Mittelstand abgeleitet. Zudem werden in der Stichprobe Experten unterschiedlicher Funktionen (Gesellschafter, Geschäftsführer und Bereichsleiter) berücksichtigt. Bei der überwiegenden Anzahl der befragten Unternehmen werden pro Unternehmen jeweils zwei Experten befragt, um den „Key Informant Bias" (Baumgarth & Evanschitzky, 2009, S. 252; Nicolai & Kieser, 2002, S. 584) zu reduzieren und die geforderte „Objektivität" (Haenecke & Forsmann, 2006, S. 50) zu erhöhen. Die Einbeziehung weiterer wichtiger Interessengruppen, wie z. B. Kunden und Mitarbeiter, kann in weiterführenden Untersuchungen zusätzliche Perspektiven berücksichtigen und die Ergebnisse dieser Dissertation erweitern.

In Bezug auf die „Reliabilität" (Haenecke & Forsmann, 2006, S. 50) der Methode kann nicht ausgeschlossen werden, dass sich die befragten Experten bei der Rekonstruktion der Sachverhalte zum Zeitpunkt des Interviews an wesentliche Details zu den erfolgsbestimmenden Faktoren des strategischen PMI-Managements nicht erinnern. Die befragten Experten geben in einem solchen Fall möglicherweise nicht die tatsächlichen Erfahrungen, sondern eher lückenhafte

Erinnerungen und vermutete Zusammenhänge wieder, was zu einer Verzerrung der Ergebnisse führen kann. Dieses Problem fällt in den Bereich „Key-Informant-Problem“ (Fritz, 2004, S. 4), das in dieser Dissertation dadurch reduziert wird, dass die in die Stichprobe aufgenommen Personen grundsätzlich in der Lage sind, sich zum Forschungsgegenstand kompetent zu äußern (Ernst, 2003, S. 1268; Fritz, 2004, S. 30). Zudem wird mit der Gestaltung des Leitfadens auf die „Auskunftsmöglichkeiten, -fähigkeiten und -vorbehalte“ der befragten Unternehmer und Manager Rücksicht genommen (Fritz, 2004, S. 27).

Für jeden Erfolgsfaktor wird aus den Ergebnissen der Experteninterviews jeweils ein „Satz möglicher Erfolgsindikatoren“ für eine „valide Operationalisierung“ (Baumgarth & Evanschitzky, 2009, S. 252) abgeleitet. Diese Operationalisierung der Erfolgsfaktoren macht die kritischen Erfolgsfaktoren „greifbar“, indem jeweils die vermuteten Zusammenhänge zwischen den kritischen Erfolgsfaktoren und dem PMI-Erfolg beschrieben werden. Die Ergebnisse dieser Studie können aber nicht generalisiert werden. Eine „verallgemeinernde Übertragung der gewonnenen Erkenntnisse auf die Vielfalt der existierenden Organisationen oder ihre strategischen Aktivitäten“ ist nicht möglich (Klostermann & Düsterhoff, 2020, S. 50). Sie sind aber geeignet, die Aufmerksamkeit von Eigentümern und Management auf diese Faktoren zu lenken (Grunert & Ellegaard, 1992, S. 5) und können als „fundierte Orientierungshilfen“ (Welge et al., 2017, S. 256) für das strategische PMI-Management fungieren. Sie können mittelständische Unternehmen in Deutschland branchenübergreifend dabei unterstützen, geeignete Strategien für ein erfolgreiches PMI-Management zu finden und bessere Entscheidungen zu treffen (Grunert & Ellegaard, 1992, S. 6). Für die weiterführende Forschung können die Ergebnisse dieser Dissertation als explorative, integrative Vorstudie (Baumgarth & Evanschitzky, 2009, S. 255) des komplexen strategischen PMI-Managements und als „Ideengeber“ fungieren (Baumgarth & Evanschitzky, 2009, S. 252). Die abduktiv gebildeten Forschungshypothesen müssen im Rahmen konfirmatorischer Untersuchungen kausalanalytisch auf ihre Richtigkeit geprüft werden, um zu einer höheren Aussagekraft zu gelangen (Baumgarth & Evanschitzky, 2009, S. 252; Jenner, 1999, S. 25).

5.3.2 Praxisausblick

Für die Praxis des strategischen PMI-Managements im deutschen Mittelstand hat sich im Rahmen dieser Dissertation die zentrale Rolle des Eigentümers als besonders wichtiger Erfolgsfaktor herausgestellt. Die empirische Untersuchung belegt, dass auch in größeren mittelständischen Unternehmen Eigentümer und deren Familien den strategischen Rahmen, wesentliche Entscheidungen, die Unternehmenskultur sowie die gesamte Führung und Organisation des Unternehmens entscheidend prägen. Für den strategischen Erfolg des Unternehmens und für das strategische PMI-Management ist es von großer Bedeutung, dass sich Eigentümerfamilien stets der großen Verantwortung bewusst sind, die sich aus dieser zentralen Prägung ergibt. Eine Überbetonung der Eigentümerrolle, eine Überschätzung der eigenen Fähigkeiten, ein Mangel an Wissen und Kompetenzen sowie fehlende Konsequenz, Struktur und Verlässlichkeit in der Führung und schließlich auch ein unbegründeter Optimismus in Bezug auf zukünftige Entwicklungen bei gleichzeitig großer Skepsis gegenüber externen Beratern, können den strategischen Erfolg des Unternehmens gefährden. Klare Regelungen der Family Governance, eine klare Abgrenzung der Verantwortung und Entscheidungsbefugnisse zwischen Eigentümern und Führungskräften, ein professionelles, mittelstandsspezifisch strukturiertes, konsequentes Veränderungs-, Projekt- und Wissensmanagement, die Kompensation und Ergänzung fehlender eigener Ressourcen durch die Leistungen externer Berater sowie eine Kontrolle der eigentümergeprägten Entscheidungen durch neutrale Aufsichtsgremien können wesentlich dazu beitragen, dass mittelständische Unternehmen nicht zufällig trotz, sondern systematisch wegen der zentralen Rolle ihrer Eigentümer strategisch erfolgreich agieren.

Eigentümer mittelständischer Unternehmen verweisen in den geführten Interviews auf die ihrer subjektiven Ansicht nach gegenüber dem Mittelstand völlig anderen Strukturen und prägenden Eigenschaften von PE-Gesellschaften und kapitalmarktorientierten Großunternehmen. Sie kritisieren deren kurzfristige Denkweise und den gegenüber Mitarbeitern rücksichtslosen Führungsstil. Es mag negative Beispiele geben, die diese klischeehaften Vorurteile belegen. Tatsache ist aber, dass die Führungen von PE-Gesellschaften und kapitalmarktorientierten Unternehmen die Interessen ihrer Investoren in den Mittelpunkt ihrer Bemühungen um eine nachhaltige, langfristige Wertsteigerung des Unternehmens stellen müssen. Die empirischen Ergebnisse dieser Dissertation lassen es zweckmäßig erscheinen, dass sich Eigentümer und Führungskräfte mittelständischer Unternehmen in Deutschland im Detail mit prägenden Elementen des konsequenten, wertorientierten Strategischen Managements in kapitalmarktorientierten Unternehmen beschäftigen, um zweckmäßige, erfolgversprechende Bestandteile im eigenen Unternehmen umzusetzen. Dabei ist es nicht erforderlich, dass sie ihre eigentümer- und mittelstandsgeprägten Vorteile aufgeben, die sie gegenüber fremdgeführten und kapitalmarktorientierten Unternehmen haben. Es geht eher darum, die durch die Eigentümer geprägten Vorteile, wie z. B. die langfristige

Orientierung, die hohe Flexibilität und Effizienz, die engen Beziehungen zu Lieferanten und Kunden, die kurzen Informations- und Entscheidungswege sowie die starke Mitarbeiterorientierung gezielt durch ein konsequentes, strategisch orientiertes und wertorientiertes Management zu ergänzen.

5.3.3 Forschungsausblick

Diese Dissertation leistet einen wesentlichen Beitrag zur Identifikation mittelstandsspezifischer Erfolgsfaktoren des strategischen PMI-Managements. Es werden neue Erklärungsansätze und Gestaltungshinweise entwickelt, um das Bewusstsein der Forschung für die Wirkungen kritischer Erfolgsfaktoren im strategischen PMI-Management im deutschen Mittelstand zu schärfen. Kritische Erfolgsfaktoren des strategischen PMI-Managements im deutschen Mittelstand werden anhand von Erfolgsindikatoren operationalisiert, um Forschungshypothesen über den vermuteten Einfluss der Faktoren auf den strategischen PMI-Erfolg abduktiv abzuleiten, die neues Wissen in den Forschungsprozess einbringen. Die empirischen und theoretisch eingeordneten Erkenntnisse geben neue Hinweise auf die Wirkung der Erfolgsfaktoren auf die ausgewählten, beobachtbaren Indikatoren.

Künftige Forschungsarbeiten können auf Basis der Vorarbeiten dieser Dissertation die Wirkungsrelationen und Wirkungsinterdependenzen der Erfolgsfaktoren weiter untersuchen. Quantitative Untersuchungen auf Basis großer Stichproben können den auf dem qualitativen Forschungsansatz dieser Dissertation basierenden Managementansatz mit den abduktiv gebildeten Forschungshypothesen überprüfen, um zu einer höheren Aussagekraft zu gelangen. Ergänzend kann die Untersuchung branchenspezifischer Unterschiede von Interesse sein, um branchenspezifische Ausprägungen der Erfolgsfaktoren zu erforschen.

Eine naheliegende Empfehlung für zünftige Forschungen ist zu untersuchen, wie Ansätze zum Einsatz von KI zur Steigerung der Effizienz und Effektivität des PMI-Managements gestaltet werden können. Trotz anderslautender Ergebnisse von Lederer et al. (2022, S. 40) ist angesichts aktueller Veröffentlichungen zu den vielfältigen Einsatzmöglichkeiten von KI im Projektmanagement (Bernert et al., 2024) zu erwarten, dass dem deutschen Mittelstand in naher Zukunft KI-basierte Managementsysteme zur Verfügung stehen. Diese Systeme können eine wesentliche Unterstützung bieten, mehr Transparenz in die multikausalen Zusammenhänge der Erfolgsfaktoren zu bringen, und mit Erkenntnissen dieser Dissertation und weiterführender Studien zu den Erfolgsfaktoren und deren Wirkungsrelationen „trainiert“ werden.

Auch die Möglichkeiten und Wechselbeziehungen des Einsatzes dynamischer Organisationsformen und flexibler Prozesse innerhalb agiler Managementansätze (Becker et al., 2021, S. 263; Lanzer et al., 2024, S. 3–5; Reed, 2021, S. 33) sind bislang im Zusammenhang mit der PMI wenig untersucht worden. Zukünftige Forschungsansätze können versuchen, neue Erkenntnisse darüber zu gewinnen, welche Bereiche des strategischen PMI-Managements in mittelständischen Unternehmen durch ein agiles Management unterstützt werden können (Becker et al., 2021, S. 263).

Zudem erscheint es wichtig, einen methodischen Ansatz zu finden, der es ermöglicht, den Erfolg von PMI-Prozessen in mittelständischen Unternehmen nicht als Momentaufnahme im Rückblick, sondern als beobachtende Längsschnittstudie über einen längeren Zeitraum zu bewerten (Angwin et al., 2022, S. 855; Reed, 2021, S. 42). Denkbar ist auch, in Kooperation mit mittelstandsorientierten Interessenvertretungen Forschungsansätze zu gestalten, die in Bezug auf die Stichprobe und Methodik geeignet sind, das Akquisitionsverhalten sowie das strategische PMI-Management mittelständischer Unternehmen und deren Erfolgsquoten anhand geeigneter Indikatoren qualitativ und quantitativ über mehrere Jahre zu messen, zumal sich Erfolge häufig erst nach einem langen Integrationszeitraum einstellen.

Literaturverzeichnis

Aaltonen, P. & Ikävalko, H. (2002). Implementing strategies successfully. *Integrated Manufacturing Systems*, *13*(6), 415–418. https://doi.org/10.1108/09576060210436669

Aarnio, S. & Varis, K. (2022). The Challenges of Change Leadership in Post-Acquisition Company Integration From the Perspective of the Personnel. A Case Study of Two Companies in Finland. *Journal of Management Policy and Practice*, *23*(2), 38–47. Zugriff am 17.04.2023. Verfügbar unter: https://www.researchgate.net/publication/361639744

Achleitner, A.-K., Schraml, S. C. & Tappeiner, F. (2008). *Private equity in Familienunternehmen. Erfahrungen mit Minderheitsbeteiligungen.* Norderstedt: Books on Demand GmbH.

Agarwal, R., Anand, J., Bercovitz, J. & Croson, R. (2012). Spillovers across organizational architectures: The role of prior resource allocation and communication in post-acquisition coordination outcomes. *Strategic Management Journal*, *33*(6), 710–733. https://doi.org/10.1002/smj.1965

Ahammad, M. F. & Glaister, K. W. (2011a). The double-edged effect of cultural distance on cross-border acquisition performance. *European J. of International Management*, *5*(4), 327–345. https://doi.org/10.1504/EJIM.2011.040909

Ahammad, M. F. & Glaister, K. W. (2011b). Postacquisition Management and Performance of Cross-Border Acquisitions. *International Studies of Management & Organization*, *41*(3), 59–75. https://doi.org/10.2753/IMO0020-8825410304

Ahammad, M. F., Tarba, S. Y., Frynas, J. G. & Scola, A. (2017). Integration of Non-Market and Market Activities in Cross-border Mergers and Acquisitions. *British Journal of Management*, *28*(4), 629–648. https://doi.org/10.1111/1467-8551.12228

Ahlert, D., Evanschitzky, H. & Hesse, J. (2005). Zwischen Relevance und Rigor. *WiSt – Wirtschaftswissenschaftliches Studium*, *34*(7), 362–367. https://doi.org/10.15358/0340-1650-2005-7-362

Ahuja, G. & Katila, R. (2001). Technological acquisitions and the innovation performance of acquiring firms: a longitudinal study. *Strategic Management Journal*, *22*(3), 197–220. https://doi.org/10.1002/smj.157

Ailawadi, K. L., Farris, P. W. & Parry, M. E. (1999). Market share and ROI: Observing the effect of unobserved variables. *International Journal of Research in Marketing*, *16*(1), 17–33. https://doi.org/10.1016/S0167-8116(98)00012-3

K. Verbakel, *Strategisches Post-Merger-Integrationsmanagement*, Leadership Insights: Impulse für Management und Führung,
https://doi.org/10.1007/978-3-658-50274-4

Akremi, L. (2022). Stichprobenziehung in der qualitativen Sozialforschung. In N. Baur & J. Blasius (Hrsg.), *Handbuch Methoden der empirischen Sozialforschung* (3. Auflage, S. 405–424). Wiesbaden, Germany: Springer VS.

Alamsjah, F. (2011). Key Success Factors in Implementing Strategy: Middle-Level Managers' Perspectives. *Procedia – Social and Behavioral Sciences*, *24*, 1444–1450. https://doi.org/10.1016/j.sbspro.2011.09.049

Albers, S. & Hildebrandt, L. (2006). Methodische Probleme bei der Erfolgsfaktorenforschung – Messfehler, formative versus reflektive Indikatoren und die Wahl des Strukturgleichungs-Modells. *Schmalenbachs Zeitschrift für betriebswirtschaftliche Forschung*, *58*(1), 2–33. https://doi.org/10.1007/BF03371642

Alexander, L. D. (1985). Successfully implementing strategic decisions. *Long Range Planning*, *18*(3), 91–97. https://doi.org/10.1016/0024-6301(85)90161-X

Al-Ghamdi, S. M. (1998). Obstacles to successful implementation of strategic decisions: the British experience. *European Business Review*, *98*(6), 322–327. https://doi.org/10.1108/09555349810241590

Al-Laham, A. (1997). *Strategieprozesse in deutschen Unternehmungen. Verlauf, Struktur und Effizienz* (Neue betriebswirtschaftliche Forschung, Bd. 219). Zugl.: Dortmund, Univ., Diss., 1996. Wiesbaden: Gabler.

Al-Laham, A., Schweizer, L. & Amburgey, T. L. (2010). Dating before marriage? Analyzing the influence of pre-acquisition experience and target familiarity on acquisition success in the "M&A as R&D" type of acquisition. *Scandinavian Journal of Management*, *26*(1), 25–37. https://doi.org/10.1016/j.scaman.2009.11.005

Allatta, J. T. & Singh, H. (2011). Evolving communication patterns in response to an acquisition event. *Strategic Management Journal*, *32*(10), 1099–1118. https://doi.org/10.1002/smj.930

Andrews, K. R. (1971). *The concept of corporate strategy*. Homewood, Ill.: Dow Jones-Irwin.

Angerer, T. & Behler, J. (2023). Digitale Services: Management digitaler BtB-Services. In T. Angerer (Hrsg.), *Digitales Marketing und Management. Revolution vs. Evolution im Marketing* (Research, S. 132–189). Wiesbaden: Springer Gabler.

Angerer, T., Foscht, T. & Swoboda, B. (2006). Mixed Methods – Ein neuerer Zugang in der empirischen Marketingforschung. *der markt*, *45*(3), 115–127. https://doi.org/10.1007/BF03032160

Angerer, T. & Rögner, A. (2023). Management in Zeiten des Umbruchs. In T. Angerer & A. Rögner (Hrsg.), *Managementforschung. Management in Zeiten des Umbruchs* (S. 1–30). Wiesbaden: Springer Fachmedien Wiesbaden; Imprint Springer Gabler. https://doi.org/10.1007/978-3-658-38821-8_1

Angwin, D. N. (2004a). The managing executive in post-acquisition management. In *Advances in Mergers and Acquisitions* (Bd. 3, S. 55–79). https://doi.org/10.1016/S1479-361X(04)03003-0

Angwin, D. N. (2004b). Speed in M&A Integration. *European Management Journal*, *22*(4), 418–430. https://doi.org/10.1016/j.emj.2004.06.005

Angwin, D. N. & Meadows, M. (2009). The Choice of Insider or Outsider Top Executives in Acquired Companies. *Long Range Planning*, *42*(3), 359–389. https://doi.org/10.1016/j.lrp.2009.05.005

Angwin, D. N. & Meadows, M. (2015). New Integration Strategies for Post-Acquisition Management. *Long Range Planning*, *48*(4), 235–251. https://doi.org/10.1016/j.lrp.2014.04.001

Angwin, D. N., Mellahi, K., Gomes, E. & Peter, E. (2016). How communication approaches impact mergers and acquisitions outcomes. *The International Journal of Human Resource Management*, *27*(20), 2370–2397. https://doi.org/10.1080/09585192.2014.985330

Angwin, D. N. & Urs, U. (2014). The Effect of Routine Amalgamations in Post-Acquisition Integration Performance: Whether to 'Combine' or 'Superimpose' for Synergy Gains? In S. Finkelstein & C. L. Cooper (Hrsg.), *Advances in Mergers and Acquisitions* (Bd. 13, S. 153–179). Emerald Group Publishing Limited. https://doi.org/10.1108/S1479-361X20140000013006

Angwin, D. N., Urs, U., Appadu, N., Thanos, I. C., Vourloumis, S. & Kastanakis, M. N. (2022). Does merger & acquisition (M&A) strategy matter? A contingency perspective. *European Management Journal*, *40*(6), 847–856. https://doi.org/10.1016/j.emj.2022.09.004

Anh Vũ, D., Shi, Y. & Hanby, T. (2009). Strategic framework for brand integration in horizontal mergers and acquisitions. *Journal of Technology Management in China*, *4*(1), 26–52. https://doi.org/10.1108/17468770910942825

Annacker, D. & Hildebrandt, L. (2004). Unobservable effects in structural models of business performance. *Journal of Business Research*, *57*(5), 507–517. https://doi.org/10.1016/S0148-2963(02)00317-X

Annosi, M. C., Casprini, E., Martini, A. & Ramón Torres, J. G. (2021). Post-acquisition knowledge management practices for exploration and exploitation: insights from a food service organization. *Journal of Knowledge Management*, *25*(11), 129–148. https://doi.org/10.1108/JKM-10-2020-0784

Ansoff, H. I. (1965). *Corporate strategy. An analytic approach to business policy for growth and expansion*. New York: MacGraw-Hill.

Arvanitis, S. & Stucki, T. (2015). Do mergers and acquisitions among small and medium-sized enterprises affect the performance of acquiring firms? *International Small Business Journal: Researching Entrepreneurship*, *33*(7), 752–773. https://doi.org/10.1177/0266242614522280

Arzubiaga, U., Massis, A. de, Kammerlander, N. & Hoy, F. (2022). Guest editorial. *Journal of Knowledge Management*, *26*(2), 269–290. https://doi.org/10.1108/JKM-03-2022-924

Ashkenas, R. N., DeMonaco, L. J. & Francis, S. C. (1998). Making the deal real: how GE Capital integrates acquisitions. *Harvard Business Review*, *76*(1), 165–70, 172, 174–8.

Aspers, P. & Corte, U. (2019). What is Qualitative in Qualitative Research. *Qualitative Sociology*, *42*(2), 139–160. https://doi.org/10.1007/s11133-019-9413-7

Asutay, M., Dixon, R. & Al-Kandi, I. (2013). Factors influencing the strategy implementation process and its outcomes: Evidence from Saudi Arabian banks. *Journal of Global Strategic Management*, *2*(7), 5. https://doi.org/10.20460/JGSM.2013715662

Atkinson, H. (2006). Strategy implementation: a role for the balanced scorecard? *Management Decision*, *44*(10), 1441–1460. https://doi.org/10.1108/00251740610715740

Audretsch, D. B. & Guenther, C. (2023). SME research: SMEs' internationalization and collaborative innovation as two central topics in the field. *Journal of Business Economics*, *93*(6–7), 1213–1229. https://doi.org/10.1007/s11573-023-01152-w

Bachmann, C. W. R. (2001). *Synergie- und Nutzungspotenziale von Unternehmenszusammenschlüssen. Definition, Realisierung, Messung* (Gabler-Edition Wissenschaft, 1. Aufl.). Zugl.: Innsbruck, Univ., Diss., 2001. Wiesbaden: Dt. Univ.-Verl.; Gabler.

Bachmann, H. (2008). *Post Merger Integration von Logistikdienstleistern* (Supply Chain Management). Wiesbaden: Springer Fachmedien. Verfügbar unter: http://gbv.eblib.com/patron/FullRecord.aspx?p=747539

Balogun, J., Gleadle, P., Hailey, V. H. & Willmott, H. (2005). Managing Change Across Boundaries: Boundary-Shaking Practices. *British Journal of Management*, *16*(4), 261–278. https://doi.org/10.1111/j.1467-8551.2005.00463.x

Barden, J. Q. (2012). The influences of being acquired on subsidiary innovation adoption. *Strategic Management Journal*, *33*(11), 1269–1285. https://doi.org/10.1002/smj.1976

Bark, C. & Kötzle, A. (2001). Integrations-Controlling. *Controlling*, *13*(7), 337–346. https://doi.org/10.15358/0935-0381-2001-7-337

Barkema, H. G., Bell, J. H., Pennings, J. M. & Barkema. (1996). Foreign entry, cultural barriers, and learning. *Strategic Management Journal*, *17*(2), 151–166. Verfügbar unter: http://www.jstor.org/stable/2486854

Barkema, H. G. & Schijven, M. (2008a). How Do Firms Learn to Make Acquisitions? A Review of Past Research and an Agenda for the Future. *Journal of Management*, *34*(3), 594–634. https://doi.org/10.1177/0149206308316968

Barkema, H. G. & Schijven, M. (2008b). Toward Unlocking The Full Potential of Acquisitions: The Role of Organizational Restructuring. *Academy of Management Journal*, *51*(4), 696–722. https://doi.org/10.5465/amr.2008.33665204

Barmeyer, C. & Mayrhofer, U. (2008). The contribution of intercultural management to the success of international mergers and acquisitions: An analysis of the EADS group. *International Business Review*, *17*(1), 28–38. https://doi.org/10.1016/j.ibusrev.2007.12.001

Barney, J. (1991). Firm Resources and Sustained Competitive Advantage. *Journal of Management*, *17*(1), 99–120. https://doi.org/10.1177/014920639101700108

Barnikel, K. (2006). *Post-Merger Integration.* Dissertation. Ludwig-Maximilian-Universität, München. Verfügbar unter: http://epub.sub.uni-hamburg.de/epub/volltexte/campus/2016/55945/

Barros, R. H. & Domínguez, I. L. (2013). Integration strategies for the success of mergers and acquisitions in financial services companies. *Journal of Business Economics and Management*, *14*(5), 979–992. https://doi.org/10.3846/16111699.2013.804875

Bartels, E. & Cosack, S. (2012). Integrationsmanagement. In G. Picot (Hrsg.), *Handbuch Mergers & Acquisitions. Planung, Durchführung, Integration* (5. Auflage, S. 534–557). Stuttgart: Schäffer-Poeschel Verlag.

Bartz, W. & Winkler, A. (2016). Flexible or fragile? The growth performance of small and young businesses during the global financial crisis – Evidence from Germany. *Journal of Business Venturing*, *31*(2), 196–215. https://doi.org/10.1016/j.jbusvent.2015.10.002

Bathelt, H. & Henn, S. (2021). Knowledge exchanges, trust, and secretive geographies in merger and acquisition processes. *Environment and Planning A: Economy and Space*, *53*(6), 1435–1453. https://doi.org/10.1177/0308518X211013360

Bauch, C. (2004). *Planung und Steuerung der Post Merger-Integration.* Dissertation. Universität Fribourg/Schweiz. https://doi.org/10.1007/978-3-322-81818-8

Bauer, F. (2012). *Integratives M&A-Management. Entwicklung eines ganzheitlichen Erfolgsfaktorenmodells* (Springer Gabler Research). Wiesbaden: Springer Gabler.

Bauer, F. (2023). *Mittelstandsstudie M&A 2023* (Bundesverband Mergers & Akquisition, Hrsg.).

Bauer, F. & Friesl, M. (2024). Synergy Evaluation in Mergers and Acquisitions: An Attention-Based View. *Journal of Management Studies*, *61*(1), 37–68. https://doi.org/10.1111/joms.12804

Bauer, F., King, D. R., Schriber, S. & Kruckenhauser, C. (2021). Navigating challenging contexts: Costs and benefits of codified acquisition experience. *Long Range Planning*, *54*(6). https://doi.org/10.1016/j.lrp.2021.102088

Bauer, F. & Matzler, K. (2014). Antecedents of M&A success: The role of strategic complementarity, cultural fit, and degree and speed of integration. *Strategic Management Journal*, *35*(2), 269–291. https://doi.org/10.1002/smj.2091

Bauer, F., Matzler, K. & Wolf, S. (2016). M&A and innovation: The role of integration and cultural differences – A central European targets perspective. *International Business Review*, *25*(1), 76–86. https://doi.org/10.1016/j.ibusrev.2014.07.010

Bauer, F., Rothermel, M., Tarba, S. Y., Arslan, A. & Uzelac, B. (2020). Marketing Integration Decisions, Intermediate Goals and Market Expansion in Horizontal Acquisitions: How Marketing Fit Moderates the Relationships on Intermediate Goals. *British Journal of Management*, *31*(4), 896–917. https://doi.org/10.1111/1467-8551.12364

Bauer, H. H. & Stokburger-Sauer, N. (2004). Die Erfolgsfaktorenforschung als schwarzes Loch? Stellungnahme zum Beitrag von Alexander Nicolai und Alfred Kieser "Trotz eklatanter Erfolglosigkeit: die Erfolgsfaktorenforschung weiter auf Erfolgskurs" ; DBW 62. Jg (2002), S. 579 – 596. *Die Betriebswirtschaft DBW*, *64*(5), 621–623.

Baumgarth, C., Eisend, M. & Evanschitzky, H. (Hrsg.). (2009). *Empirische Mastertechniken. Eine anwendungsorientierte Einführung für die Marketing- und Managementforschung* (SpringerLink Bücher). Wiesbaden: Gabler Verlag. https://doi.org/10.1007/978-3-8349-8278-0

Baumgarth, C. & Evanschitzky, H. (2009). Erfolgsfaktorenforschung. In C. Baumgarth, M. Eisend & H. Evanschitzky (Hrsg.), *Empirische Mastertechniken. Eine anwendungsorientierte Einführung für die Marketing- und Managementforschung* (SpringerLink Bücher, S. 235–261). Wiesbaden: Gabler Verlag. https://doi.org/10.1007/978-3-8349-8278-0_8

Baumüller, N. (2008). *Unternehmensinterne Erfolgsfaktoren von Markentransfers. Eine ressourcenorientierte Betrachtung von weiten Markentransfers* (Marken- und Produktmanagement, 1. Aufl.). s.l.: Gabler Verlag. Verfügbar unter: http://gbv.eblib.com/patron/FullRecord.aspx?p=747627

Bauweraerts, J. & Colot, O. (2013). How do Family Firms Deal with the Crisis? *International Advances in Economic Research*, *19*(3), 313–314. https://doi.org/10.1007/s11294-013-9412-5

Bea, F. X. & Haas, J. (2017). *Strategisches Management* (UTB Betriebswirtschaftslehre, Bd. 8498, 9., überarbeitete Auflage). Konstanz, München: UVK Verlagsgesellschaft mbH; UVK/Lucius.

Beck, N. (2002). The causes and consequences of organizational change: how to deal with unobserved heterogeneity, (6), 1–16. Verfügbar unter: https://www.researchgate.net/publication/267855781

Becker, W., Feichtinger, C. & Langer, J. (2021). Agilität im Mittelstand – eine empirische Untersuchung. *Der Betriebswirt*, *62*(4), 251–264. https://doi.org/10.3790/dbw.62.4.251

Becker, W., Fischer, S., Staffel, M. & Ulrich, P. (2008). *Implementierungsstand von Unternehmensführung und Controlling in mittelständischen Unternehmen. Ergebnisbericht einer empirischen Untersuchung* (Bamberger betriebswirtschaftliche Beiträge, Bd. 149). Bamberg: Deloitte.Mittelstandsinst. an der Univ. Bamberg. https://doi.org/1459

Becker, W., Staffel, M. & Ulrich, P. (2008). *Mittelstand und Mittelstandsforschung* (Bamberger betriebswirtschaftliche Beiträge, Bd. 153). Bamberg: Deloitte.Mittelstandsinst. an der Univ. Bamberg. https://doi.org/1708

Becker, W. & Ulrich, P. (2011). *Mittelstandsforschung. Begriffe, Relevanz und Konsequenzen* (Mittelstand und Mittelstandsforschung). Stuttgart: Kohlhammer.

Becker, W., Ulrich, P. & Botzkowski, T. (2016). *Mergers & Acquisitions im Mittelstand. Best Practices für den Akquisitionsprozess* (Management und Controlling im Mittelstand). Wiesbaden: Springer Fachmedien Wiesbaden. Verfügbar unter: http://gbv.eblib.com/patron/FullRecord.aspx?p=4407025

Becker, W., Ulrich, P. & Zimmermann, L. (2014). Effekte von Familieneinfluss und Unternehmensgröße auf das Finanzmanagement im deutschen Mittelstand. Eine empirische Analyse. In P. Moog & P. Witt (Hrsg.), *Mittelständische Unternehmen* (S. 5–35). Wiesbaden: Springer Gabler, 2013.

Beer, M. & Eisenstat, R. (2000). The Silent Killers of Strategy Implementation and Learning. *Sloan Management Review, 41.*

Behler, J. (2020). *Kritische Erfolgsfaktoren der wertschöpfungsorientierten Strategie im industriellen Service 4.0.* Dissertation. Verlag Dr. Kovač.

Behler, J. (2023). Performance Contracting 4.0: Handlungsbedarf, Erfolgsfaktoren und Implikationen. In T. Angerer & A. Rögner (Hrsg.), *Managementforschung. Management in Zeiten des Umbruchs* (S. 87–132). Wiesbaden: Springer Fachmedien Wiesbaden; Imprint Springer Gabler.

Bellinger, L. & Hillman, A. J. (2000). Does Tolerance Lead to Better Partnering? *Business & Society, 39*(3), 323–337. https://doi.org/10.1177/000765030003900305

Berger-Grabner, D. (2022). *Wissenschaftliches Arbeiten in den Wirtschafts- und Sozialwissenschaften. Hilfreiche Tipps und praktische Beispiele* (4., überarbeitete und erweiterte Auflage). Wiesbaden: Springer Gabler. Verfügbar unter: http://www.springer.com/

Berghoff, H. (2006). The End of Family Business? The Mittelstand and German Capitalism in Transition, 1949–2000. *Business History Review, 80*(2), 263–295. https://doi.org/10.1017/S0007680500035492

Berlemann, M. & Jahn, V. (2014). Ist der deutsche Mittelstand tatsächlich ein Innovationsmotor? *Ifo-Schnelldienst, 67*(17), 22–28.

Berlemann, M., Jahn, V. & Lehmann, R. (2018). Auswege aus dem Dilemma der empirischen Mittelstandsforschung. *Ifo-Schnelldienst.* https://doi.org/198692

Berlemann, M., Jahn, V. & Lehmann, R. (2022). Is the German Mittelstand more resistant to crises? *Small Business Economics, 59*(3), 1169–1195. https://doi.org/10.1007/s11187-021-00573-7

Bernardis, L. de & Giustiniano, L. (2015). Evolution of multiple organisational identities after an M&A event. *Journal of Organizational Change Management, 28*(3), 333–355. https://doi.org/10.1108/JOCM-05-2014-0096

Berner, J. (2023). *Qualitative Inhaltsanalyse kompakt. Wie Sie in Inhalten und Texten Muster erkennen, ein tieferes Verständnis erlangen und gekonnt interpretieren.* Jemgum: Edition Lunerion.

Bernert, C., Scheurer, S. & Wehnes, H. (Hrsg.). (2024). *Was verändert sich durch KI im Projektmanagement?* (GPM Trend). München: UVK Verlag; Narr Francke Attempto Verlag GmbH + Co. KG.

Biedermann, L. (2018). *Supply Chain Resilienz*. Dissertation. Springer Fachmedien Wiesbaden. https://doi.org/10.1007/978-3-658-23516-1

Bijlsma-Frankema, K. (2004). Dilemmas of managerial control in post-acquisition processes. *Journal of Managerial Psychology, 19*(3), 252–268. https://doi.org/10.1108/02683940410527748

Bingham, C. B., Heimeriks, K. H., Schijven, M. & Gates, S. (2015). Concurrent learning: How firms develop multiple dynamic capabilities in parallel. *Strategic Management Journal, 36*(12), 1802–1825. https://doi.org/10.1002/smj.2347

Birkinshaw, J., Bresman, H. & Håkanson, L. (2000). Managing the Post-acquisition Integration Process: How the Human Integration and Task Integration Processes Interact to Foster Value Creation. *Journal of Management Studies, 37*(3), 395–425. https://doi.org/10.1111/1467-6486.00186

Birkinshaw, J., Bresman, H. & Nobel, R. (2010). Knowledge transfer in international acquisitions. A retrospective. *Journal of International Business Studies*, 21–26.

Birks, M. & Mills, J. (2023). *Grounded theory. A practical guide* (3rd edition). Los Angeles, London, New Delhi, Singapore, Washington DC, Melbourne: SAGE.

Bitzer, K. (1977). *Der mittelständische Unternehmer. Einige betriebssoziologische Aspekte.* Berlin, Freie Univ., Diss., 1977.

Björkman, I., Stahl, G. K. & Vaara, E. (2007). Cultural differences and capability transfer in cross-border acquisitions: the mediating roles of capability complementarity, absorptive capacity, and social integration. *Journal of international business studies, 38*(4), 658–672. https://doi.org/10.1057/palgrave.jibs.8400287

Black, L. J. & Andersen, D. F. (2012). Using Visual Representations as Boundary Objects to Resolve Conflict in Collaborative Model-Building Approaches. *Systems Research and Behavioral Science, 29*(2), 194–208. https://doi.org/10.1002/sres.2106

Bligh, M. C. (2006). Surviving Post-merger 'Culture Clash': Can Cultural Leadership Lessen the Casualties? *Leadership, 2*(4), 395–426. https://doi.org/10.1177/1742715006068937

Bogner, A., Littig, B. & Menz, W. (2002). *Das Experteninterview*. Wiesbaden: VS Verlag für Sozialwissenschaften. https://doi.org/10.1007/978-3-322-93270-9

Bogner, A., Littig, B. & Menz, W. (2014). *Interviews mit Experten. Eine praxisorientierte Einführung* (Lehrbuch). Wiesbaden: Springer VS. https://doi.org/10.1007/978-3-531-19416-5

Böhler, H. & Scigliano, D. (2004). Innovationsmanagement in KMU – Ansätze zur Umsetzung einer Balanced Strategy. In J. Schlüchtermann & H.-J. Tebroke (Hrsg.), *Mittelstand im Fokus* (S. 199–214). Wiesbaden: Deutscher Universitätsverlag.

Böhm, M., Floerecke, S., Herzfeldt, A. & Knoblich, D. (2023). Success Factors in Efficient Mergers & Acquisitions Activities: A Longitudinal Case Study from a Serial Acquirer and Divestor. *AUS Transaction on Enterprise Systems, 6*(2), 1–23.

Bollen, K. & Lennox, R. (1991). Conventional wisdom on measurement: A structural equation perspective. *Psychological Bulletin, 110*(2), 305–314. https://doi.org/10.1037/0033-2909.110.2.305

Bommaraju, R., Ahearne, M., Hall, Z. R., Tirunillai, S. & Lam, S. K. (2018). The Impact of Mergers and Acquisitions on the Sales Force. *Journal of Marketing Research, 55*(2), 254–264. https://doi.org/10.1509/jmr.16.0059

Borck, K. (2016). *Storytelling als Werkzeug zur Erzielung von Strategic Alignment im Post-Merger Integrationsprozess: theoretische Fundierung und empirische Messung am Beispiel der Integration von Veyance Technologies in die ContiTech, Division der Continental AG.* Dissertation. Gottfried Wilhelm Leibniz Universität, Hannover. https://doi.org/10.15488/8646

Borgstädt, M. (2012). *Teaming in der Post Merger Integration. Die Bedeutung der persönlichen Eigenschaften der Teammitglieder* (Schriftenreihe innovative betriebswirtschaftliche Forschung und Praxis, Bd. 335). Zugl.: Münster, Univ., Diss., 2012. Hamburg: Kovač.

Botero, I. C., Barroso Martínez, A., Sanguino, G. & Binhote, J. (2022). The family's effect on knowledge sharing in family firms. *Journal of Knowledge Management, 26*(2), 459–481. https://doi.org/10.1108/JKM-08-2020-0653

Botzkowski, T. (2018). *Digitale Transformation von Geschäftsmodellen im Mittelstand.* Wiesbaden: Springer Fachmedien Wiesbaden. https://doi.org/10.1007/978-3-658-20333-7

Bourantas, D. & Nicandrou, I. I. (1998). Modelling post-acquisition employee behavior: typology and determining factors. *Employee Relations: The International Journal, 20*(1), 73–91. https://doi.org/10.1108/01425459810369841

Bourgeois, L. J. (1980). Performance and consensus. *Strategic Management Journal, 1*(3), 227–248. https://doi.org/10.1002/smj.4250010304

Bourgeois, L. J. & Brodwin, D. R. (1984). Strategic implementation: Five approaches to an elusive phenomenon. *Strategic Management Journal, 5*(3), 241–264. https://doi.org/10.1002/smj.4250050305

Bower, J. L. (2001). Not all M&As are alike – and that matters. *Harvard Business Review*, 93–101. Verfügbar unter: https://hbr.org/2001/03/not-all-mas-are-alike-and-that-matters

Boyacıoğlu, B., Özdemir, M. N. & Karim, S. (2024). Acqui-hires: Redeployment and retention of human capital post-acquisition. *Strategic Management Journal, 45*(2), 205–237. https://doi.org/10.1002/smj.3556

Boyer, K. K. & McDermott, C. (1999). Strategic consensus in operations strategy. *Journal of Operations Management, 17*(3), 289–305. https://doi.org/10.1016/S0272-6963(98)00042-4

Brannen, M. Y. & Peterson, M. F. (2009). Merging without alienating: interventions promoting cross-cultural organizational integration and their limitations. *Journal of international business studies, 40*(3), 468–489. https://doi.org/10.1057/jibs.2008.80

Braun, T. (2014). Mitarbeiter führen. In A.-K. Haubold, T. Gonschorek, I. Gestring, R. Sonntag & R. von der Weth (Hrsg.), *Managementkompetenzen im Mittelstand* (S. 93–112). Wiesbaden: Springer Fachmedien Wiesbaden.

Brenes, E. R., Mena, M. & Molina, G. E. (2008). Key success factors for strategy implementation in Latin America. *Journal of Business Research, 61*(6), 590–598. https://doi.org/10.1016/j.jbusres.2007.06.033

Bresman, H., Birkinshaw, J. & Nobel, R. (1999). Knowledge Transfer in International Acquisitions. *Journal of international business studies, 30*(3), 439–462. https://doi.org/10.1057/palgrave.jibs.8490078

Briscoe, F. & Tsai, W. (2011). Overcoming Relational Inertia. *Administrative Science Quarterly*, *56*(3), 408–440. https://doi.org/10.1177/0001839211432540

Brouthers, K. D., van Hastenburg, P. & van den Ven, J. (1998). If most mergers fail why are they so popular? *Long Range Planning*, *31*(3), 347–353. https://doi.org/10.1016/S0024-6301(98)80002-2

Brueller, N. N., Carmeli, A. & Markman, G. D. (2018). Linking Merger and Acquisition Strategies to Postmerger Integration: A Configurational Perspective of Human Resource Management. *Journal of Management*, *44*(5), 1793–1818. https://doi.org/10.1177/0149206315626270

Brühl, R. (2021). *Wie Wissenschaft Wissen schafft*. Stuttgart, Deutschland: utb GmbH. https://doi.org/10.36198/9783838557267

Brunner-Kirchmair, T. M. (2018). *Corporate Governance und die Performance von Mergers & Acquisitions*. Dissertation. Johannes Keppler Universität, Linz. https://doi.org/10.1007/978-3-658-25322-6

Brunner-Kirchmair, T. M. & Pernsteiner, H. (2016). Finanzwirtschaftliche Erfolgsmessung von M&A: Ergebnisse vom österreichischen Markt. In A. Kuckertz & N. Middelberg (Hrsg.), *Post-Merger-Integration im Mittelstand. Kompendium für Unternehmer* (S. 315–332). Wiesbaden: Springer Gabler.

Bruton, G. D., Oviatt, B. M. & White, M. A. (1994). Performance of Acquisitions of Distressed Firms. *Academy of Management Journal*, *37*(4), 972–989. https://doi.org/10.5465/256607

Buchholz, U. & Knorre, S. (2019). *Interne Kommunikation und Unternehmensführung*. Wiesbaden: Springer Fachmedien Wiesbaden. https://doi.org/10.1007/978-3-658-23432-4

Bühler, S. & Bindl, C. (2012). Praktische Hinweise zur Organisation von Transaktionen in Konzernunternehmen. In G. Picot (Hrsg.), *Handbuch Mergers & Acquisitions. Planung, Durchführung, Integration* (5. Auflage, S. 178–201). Stuttgart: Schäffer-Poeschel Verlag.

Buono, A. F. (2005). Mergers and Acquisitions: Managing Culture and Human Resources. *Administrative Science Quarterly*, *50*(4), 647–650. https://doi.org/10.2189/asqu.50.4.647

Buschle, C., Reiter, H. & Bethmann, A. (2022). The qualitative pretest interview for questionnaire development: outline of programme and practice. *Quality & Quantity*, *56*(2), 823–842. https://doi.org/10.1007/s11135-021-01156-0

Caiazza, R. & Volpe, T. (2015). M&A process: a literature review and research agenda. *Business Process Management Journal*, *21*(1), 205–220. https://doi.org/10.1108/BPMJ-11-2013-0145

Calabrò, A., Mayrhofer, U. & Valentino, A. (2023). Business families do it differently! Navigating cycles and waves of family firm internationalization. *International Journal of Economics and Business Research*, *29*(5), 1075–1098. https://doi.org/10.1108/IJEBR-03-2022-0300

Calori, R., Lubatkin, M. & Very, P. (1994). Control Mechanisms in Cross-border Acquisitions: An International Comparison. *Organization Studies*, *15*(3), 361–379. https://doi.org/10.1177/017084069401500303

Camphausen, B. (2007). *Strategisches Management. Planung, Entscheidung, Controlling* (Lehrbuch, 2., überarb. und erw. Aufl.). München, Wien: Oldenbourg.

Cândido, C. J. F. & Santos, S. P. (2015). Strategy implementation: What is the failure rate? *Journal of Management & Organization*, *21*(2), 237–262. https://doi.org/10.1017/jmo.2014.77

Candra, A., Priyarsono, D., Zulbainarni, N. & Sembel, R. (2021). Literature Review On Merger and Acquisition (Theories and Previous Studies). *Studies of Applied Economics, 39*(4), 1–12. https://doi.org/10.25115/eea.v39i4.4627

Cannella, A. A. & Hambrick, D. C. (1993). Effects of executive departures on the performance of acquired firms. *Strategic Management Journal, 14*(S1), 137–152. https://doi.org/10.1002/smj.4250140911

Capron, L. (1999). The long-term performance of horizontal acquisitions. *Strategic Management Journal, 20*(11), 987–1018. https://doi.org/10.1002/(SICI)1097-0266(199911)20:11%3C987::AID-SMJ61%3E3.0.CO;2-B

Capron, L., Dussauge, P. & Mitchell, W. (1998). Resource redeployment following horizontal acquisitions in Europe and North America, 1988–1992. *Strategic Management Journal, 19*(7), 631–661. https://doi.org/10.1002/(SICI)1097-0266(199807)19:7%3C631::AID-SMJ963%3E3.0.CO;2-9

Capron, L. & Guillén, M. (2009). National corporate governance institutions and post-acquisition target reorganization. *Strategic Management Journal, 30*(8), 803–833. https://doi.org/10.1002/smj.768

Capron, L. & Hulland, J. (1999). Redeployment of Brands, Sales Forces, and General Marketing Management Expertise Following Horizontal Acquisitions: A Resource-Based View. *Journal of Marketing, 63*(2), 41–54. https://doi.org/10.2307/1251944

Capron, L. & Mitchell, W. (1998). Bilateral Resource Redeployment and Capabilities Improvement Following Horizontal Acquisitions. *Industrial and Corporate Change, 7*(3), 453–484. https://doi.org/10.1093/icc/7.3.453

Capron, L., Mitchell, W. & Swaminathan, A. (2001). Asset divestiture following horizontal acquisitions: a dynamic view. *Strategic Management Journal, 22*(9), 817–844. https://doi.org/10.1002/smj.175

Carroll, G. R. & Richard Harrison, J. (2002). Come together? The organizational dynamics of post-merger cultural integration. *Simulation Modelling Practice and Theory, 10*(5–7), 349–368. https://doi.org/10.1016/s1569-190x(02)00090-4

Cartwright, S. & Schoenberg, R. (2006). Thirty Years of Mergers and Acquisitions Research: Recent Advances and Future Opportunities. *British Journal of Management, 17*, S1-S5. https://doi.org/10.1111/j.1467-8551.2006.00475.x

Cassel, S. & Thomas, T. (2019). *Echte Mittelstandsforschung für Mittelstand nutzen* (ECON-WATCH, Gesellschaft für Politikanalyse e. V., Berlin, Hrsg.) (Policy Brief 03).

Castellaneta, F., Valentini, G. & Zollo, M. (2018). Learning or inertia? The impact of experience and knowledge codification on post-acquisition integration. *Industrial and Corporate Change, 27*(3), 577–593. https://doi.org/10.1093/icc/dtx043

Castrogiovanni, G. J. & Bruton, G. D. (2000). Business Turnaround Processes Following Acquisitions. *Journal of Business Research, 48*(1), 25–34. https://doi.org/10.1016/S0148-2963(98)00072-1

Čater, T. & Pučko, D. (2010). Factors of effective strategy implementation: Empirical evidence from Slovenian business practice. *Journal of East European Management Studies, 15*(3), 207–236. https://doi.org/10.5771/0949-6181-2010-3-207

Chakrabarti, R., Gupta-Mukherjee, S. & Jayaraman, N. (2009). Mars–Venus marriages: Culture and cross-border M&A. *Journal of international business studies, 40*(2), 216–236. https://doi.org/10.1057/jibs.2008.58

Chakravarthy, B., Mueller-Stewens, G., Lorange, P. & Lechner, C. (2017). *Strategy Process.* Wiley. https://doi.org/10.1002/9781405164078

Chandler, A. D. (1962). *Strategy and structure. Chapters in the history of the industrial enterprise* (MIT Press research monographs). Cambridge, Massachusetts: MIT Press.

Charoensukmongkol, P. (2017). Contributions of mindfulness during post-merger integration. *Journal of Managerial Psychology, 32*(1), 104–118. https://doi.org/10.1108/JMP-02-2016-0039

Chatterjee, S. (2009). The Keys to Successful Acquisition Programmes. *Long Range Planning, 42*(2), 137–163. https://doi.org/10.1016/j.lrp.2008.12.001

Chatterjee, S., Lubatkin, M., Schweiger, D. M. & Weber, Y. (1992). Cultural differences and shareholder value in related mergers: Linking equity and human capital. *Southern Medical Journal, 13*, 319–334. Verfügbar unter: https://api.semanticscholar.org/CorpusID:167304419

Chen, C.-H., Chang, Y.-Y. & Lin, M. J. (2010). The performance impact of post-M&A interdepartmental integration: An empirical analysis. *Industrial Marketing Management, 39*(7), 1150–1161. https://doi.org/10.1016/j.indmarman.2009.12.002

Cheng, S. & Seeger, M. (2012). Cultural Differences and Communication Issues in International Mergers and Acquisitions: A Case Study of BenQ Debacle, *3*.

Choi, S., Holmberg, I., Löwstedt, J. & Brommels, M. (2012). Managing clinical integration: a comparative case study in a merged university hospital. *Journal of Health Organization and Management, 26*(4–5), 486–507. https://doi.org/10.1108/14777261211251544

Christophersen, T. & Grape, C. (2009). Die Erfassung latenter Konstrukte mit Hilfe formativer und reflektiver Messmodelle. In S. Albers, D. Klapper, U. Konradt, A. Walter & J. Wolf (Hrsg.), *Methodik der empirischen Forschung* (S. 103–118). Wiesbaden: Gabler Verlag. https://doi.org/10.1007/978-3-322-96406-9_8

Claassen, F., Elbeshausen, H. & Gerds, J. (2019). Post Merger Integration. In C. Schalast & L. Raettig (Hrsg.), *Grundlagen des M&A-Geschäftes. Strategie – Recht – Steuern* (Edition Frankfurt School, 2., aktualisierte und erweiterte Auflage, S. 673–702). Wiesbaden: Springer Gabler. https://doi.org/10.1007/978-3-658-23894-0_23

Clark, E. & Geppert, M. (2011). Subsidiary Integration as Identity Construction and Institution Building: A Political Sensemaking Approach. *Journal of Management Studies, 48*(2), 395–416. https://doi.org/10.1111/j.1467-6486.2010.00963.x

Clark, S. M., Gioia, D. A., Ketchen, D. J. & Thomas, J. B. (2010). Transitional Identity as a Facilitator of Organizational Identity Change during a Merger. *Administrative Science Quarterly, 55*(3), 397–438. https://doi.org/10.2189/asqu.2010.55.3.397

Clausewitz, C. von. (1952). *Vom Kriege. Hinterlassenes Werk* (16. Aufl.; 3 Teile in einem Band). Bonn: Dümmler.

Colli, A. (2013). Family firms between risks and opportunities: a literature review. *Socio-Economic Review, 11*(3), 577–599. https://doi.org/10.1093/ser/mwt010

Collins-Dodd, C., Gordon, I. M. & Smart, C. (2005). Success Without Upward Mobility: Evidence from Small Accounting Practices. *Journal of Small Business & Entrepreneurship, 18*(3), 327–342. https://doi.org/10.1080/08276331.2005.10593346

Colman, H. L. & Lunnan, R. (2011). Organizational Identification and Serendipitous Value Creation in Post-Acquisition Integration. *Journal of Management, 37*(3), 839–860. https://doi.org/10.1177/0149206309354645

Colman, H. L. & Rouzies, A. (2018). Postacquisition Boundary Spanning: A Relational Perspective on Integration. *Journal of Management*, *45*(5), 2225–2253. https://doi.org/10.1177/0149206318759400

Colman, H. L., Rouzies, A. & Lunnan, R. (2023). Social integration in subsidiary-building acquisitions. *Journal of international business studies*, *54*(9), 1712–1722. https://doi.org/10.1057/s41267-023-00633-y

Colombo, G., Conca, V., Buongiorno, M. & Gnan, L. (2007). Integrating Cross-Border Acquisitions: A Process-oriented Approach. *Long Range Planning*, *40*(2), 202–222. https://doi.org/10.1016/j.lrp.2007.04.004

Colovic, A., Lamotte, O. & Yang, J. (2022). Investors' decisions following acquisition announcements: A configurational analysis of the role of acquirers' resources, capabilities, and strategic fit with the target firm. *European Management Review*, *19*(1), 75–91. https://doi.org/10.1111/emre.12481

Colquit, J. A., Conlon, D. E., Wesson, M. J., Porter, C. O. & Ng, K. Y. (2001). Justice at the millennium: a meta-analytic review of 25 years of organizational justice research. *The Journal of Applied Psychology*, *86*(3), 425–445. https://doi.org/10.1037/0021-9010.86.3.425

Colquitt, J. A., Scott, B. A., Rodell, J. B., Long, D. M., Zapata, C. P., Conlon, D. E. et al. (2013). Justice at the millennium, a decade later: a meta-analytic test of social exchange and affect-based perspectives. *The Journal of Applied Psychology*, *98*(2), 199–236. https://doi.org/10.1037/a0031757

Coltman, T., Devinney, T. M., Midgley, D. F. & Venaik, S. (2008). Formative versus reflective measurement models: Two applications of formative measurement. *Journal of Business Research*, *61*(12), 1250–1262. https://doi.org/10.1016/j.jbusres.2008.01.013

Cooke, F. L., Wood, G., Wang, M. & Li, A. S. (2021). Riding the tides of mergers and acquisitions by building a resilient workforce: A framework for studying the role of human resource management. *Human Resource Management Review*, *31*, 1–9. https://doi.org/10.1016/j.hrmr.2020.100747

Cording, M., Christmann, P. & King, D. R. (2008). Reducing causal ambiguity in acquisition integration: Intermediate goals as mediators of integration decisions and acquisition performance. *Academy of Management Journal*, *51*(4), 744–767. https://doi.org/10.5465/AMR.2008.33665279

Cording, M., Harrison, J. S., Hoskisson, R. E. & Jonsen, K. (2014). Walking the Talk: A Multistakeholder Exploration of Organizational Authenticity, Employee Productivity, and Post-Merger Performance. *Academy of Management perspectives*, *28*(1), 38–56. https://doi.org/10.5465/amp.2013.0002

Crittenden, V. L. & Crittenden, W. F. (2008). Building a capable organization: The eight levers of strategy implementation. *Business Horizons*, *51*(4), 301–309. https://doi.org/10.1016/j.bushor.2008.02.003

Cumming, D., Jindal, V., Kumar, S. & Pandey, N. (2023). Mergers and acquisitions research in finance and accounting: Past, present, and future. *European Financial Management*. https://doi.org/10.1111/eufm.12417

Dabić, M., Maley, J., Dana, L.-P., Novak, I., Pellegrini, M. M. & Caputo, A. (2020). Pathways of SME internationalization: a bibliometric and systematic review. *Small Business Economics*, *55*(3), 705–725. https://doi.org/10.1007/s11187-019-00181-6

Dagnino, G. B. & Pisano, V. (2008). Unpacking the champion of acquisitions: the key figure in the execution of the post-acquisition integration process. In *Advances in Mergers and Acquisitions* (Bd. 7, S. 51–69). Bingley: Emerald (MCB UP). https://doi.org/10.1016/S1479-361X(08)07004-X

Dahmen, A. (2011). *Strategische Einflussfaktoren von M&A-Transaktionen.* Dissertation. University, Sopron. Zugriff am 17.04.2023. Verfügbar unter: http://doktori.uni-sopron.hu/id/eprint/316

Daniel, D. R. (1961). Management information crisis. *Harvard Business Review, 39*(5), 111–121.

Daniliuc, S., Bilson, C. & Shailer, G. (2014). The Interaction of Post-Acquisition Integration and Acquisition Focus in Relation to Long-Run Performance. *International Review of Finance, 14*(4), 587–612. https://doi.org/10.1111/irfi.12040

Dao, M. A., Bauer, F., Strobl, A., Matzler, K. & Eulerich, M. (2016). The complementing and facilitating nature of common ground in acquisitions – why task and human integration are still necessary in the presence of common ground. *The International Journal of Human Resource Management, 27*(20), 2505–2530. https://doi.org/10.1080/09585192.2016.1173084

Dao, M. A., Strobl, A., Bauer, F. & Tarba, S. Y. (2017). Triggering Innovation Through Mergers and Acquisitions. *Group & organization management, 42*(2), 195–236. https://doi.org/10.1177/1059601117696573

Daschmann, H.-A. (1994). *Erfolgsfaktoren mittelständischer Unternehmen.* Zugl.: München, Univ., Diss., 1993. Schäffer-Poeschel, Stuttgart.

Datta, D. K. (1991). Organizational fit and acquisition performance: Effects of post-acquisition integration. *Strategic Management Journal, 12*(4), 281–297. https://doi.org/10.1002/smj.4250120404

Datta, D. K. & Grant, J. H. (1990). Relationships Between Type of Acquisition, The Autonomy Given to the Acquired Firm, and Acquisition Success: An Empirical Analysis. *Journal of Management, 16*(1), 29–44. https://doi.org/10.1177/014920639001600103

Dattée, B., Arrègle, J.-L., Barbieri, P., Lawton, T. C. & Angwin, D. N. (2022). The Dynamics of Organizational Autonomy: Oscillations at Automobili Lamborghini. *Administrative Science Quarterly, 67*(3), 721–768. https://doi.org/10.1177/00018392221091850

Davis, D. A. (2012). *M & A integration – how to do it. Planning and delivering M & A integration for business success.* Chichester, West Sussex: Wiley.

Davis, F. D., Bagozzi, R. P. & Warshaw, P. R. (1989). User Acceptance of Computer Technology: A Comparison of Two Theoretical Models. *Management Science, 35*(8), 982–1003. https://doi.org/10.1287/mnsc.35.8.982

Degbey, W. Y. & Pelto, E. (2021). Customer knowledge sharing in cross-border mergers and acquisitions: The role of customer motivation and promise management. *Journal of International Management, 27*(4). https://doi.org/10.1016/j.intman.2021.100858

Deimel, K., Gerke, A. & Molinski, G. (2021). Eine empirische Analyse der Bedeutung der strategischen Erfolgsfaktoren von Hidden Champions für mittelständische Unternehmen. *Zeitschrift für KMU und Entrepreneurship, 69*(2), 67–96. https://doi.org/10.3790/zfke.69.2.67

Delis, M. D., Iosifidi, M., Kazakis, P., Ongena, S. & Tsionas, M. G. (2022). Management practices and M&A success. *Journal of Banking & Finance, 134*, 1–17. https://doi.org/10.1016/j.jbankfin.2021.106355

Denison, D. R., Adkins, B. & Guidroz, A. M. (2011). Managing cultural integration in cross-border mergers and acquisitions. In W. H. Mobley, M. Li & Y. Wang (Hrsg.), *Advances in Global Leadership* (Bd. 6, S. 95–115). Emerald Group Publishing Limited. https://doi.org/10.1108/S1535-1203(2011)0000006008

Döring, N. (2023). *Forschungsmethoden und Evaluation in den Sozial- und Humanwissenschaften* (6. Auflage). Berlin, Heidelberg: Springer. https://doi.org/10.1007/978-3-662-64762-2

Döring, N. & Bortz, J. (2016). *Forschungsmethoden und Evaluation in den Sozial- und Humanwissenschaften*. Berlin, Heidelberg: Springer Berlin Heidelberg. https://doi.org/10.1007/978-3-642-41089-5

Doz, Y. L. & Kosonen, M. (2010). Embedding Strategic Agility. *Long Range Planning*, *43*(2–3), 370–382. https://doi.org/10.1016/j.lrp.2009.07.006

Drazin, R. & Howard, P. (1984). Strategy implementation: a technique for organizational design. *Columbia Journal of World Business*, *19*(2), 40–46.

Drori, I., Wrzesniewski, A. & Ellis, S. (2011). Cultural clashes in a "merger of equals": The case of high-tech start-ups. *Human Resource Management*, *50*(5), 625–649. https://doi.org/10.1002/hrm.20446

Drori, I., Wrzesniewski, A. & Ellis, S. (2013). One Out of Many? Boundary Negotiation and Identity Formation in Postmerger Integration. *Organization Science*, *24*(6), 1717–1741. https://doi.org/10.1287/orsc.1120.0814

Dücker, T. (2020). *Eigentümerstruktur und Unternehmenssteuerung in wirtschaftlichen Krisenzeiten*. Wiesbaden: Springer Fachmedien Wiesbaden. https://doi.org/10.1007/978-3-658-31294-7

Duncan, C. & Mtar, M. (2006). Determinants of International Acquisition Success. *European Management Journal*, *24*(6), 396–410. https://doi.org/10.1016/j.emj.2006.08.002

Dunst, K.-H. (1989). Strategische Einflussfaktoren. In N. Szyperski (Hrsg.), *Handwörterbuch der Planung* (Enzyklopädie der Betriebswirtschaftslehre, Bd. 09, S. 1893–1903). Stuttgart: Schäffer-Poeschel.

Durst, S., Edvardsson, I. R. & Foli, S. (2023). Knowledge management in SMEs: a follow-up literature review. *Journal of Knowledge Management*, *27*(11), 25–58. https://doi.org/10.1108/JKM-04-2022-0325

Ebert, M. (1998). *Evaluation von Synergien bei Unternehmenszusammenschlüssen* (Schriftenreihe innovative betriebswirtschaftliche Forschung und Praxis, Bd. 86). Zugl.: Chemnitz, Zwickau, Techn. Univ., Diss., 1998. Hamburg: Kovač.

Ebert, T. A. E. & Raithel, S. (2009). Operationalisierung latenter Variablen. *WiSt – Wirtschaftswissenschaftliches Studium*, *38*(3), 125–130. https://doi.org/10.15358/0340-1650-2009-3-125

Edwards, M. R. & Edwards, T. (2012). Company and country effects in international mergers and acquisitions: Employee perceptions of a merger in three European countries. *Economic and Industrial Democracy*, *33*(3), 505–529. https://doi.org/10.1177/0143831X11421685

Edwards, M. R., Lipponen, J., Edwards, T. & Hakonen, M. (2017). Trajectories and antecedents of integration in mergers and acquisitions: A comparison of two longitudinal studies. *Human Relations*, *70*(10), 1258–1290. https://doi.org/10.1177/0018726716686169

Ego, P. (2022). Build, buy, or partner? A systematic literature review on the choice between alternative modes of growth. *Management Review Quarterly*, (73), 1519–1577. https://doi.org/10.1007/s11301-022-00280-x

Ehrler, J. (2022). *Strategische Erfolgsfaktoren der Schweizer Bergbahnbranche. Praktisch-normative Handlungsempfehlungen auf Grundlage einer empirischen Studie.* Dissertation. Universität Freiburg, Freiburg. Zugriff am 05.12.2023. Verfügbar unter: https://doi.org/10.51363/unifr.eth.2022.001

Eisend, M. & Kuß, A. (2023). *Grundlagen empirischer Forschung.* Wiesbaden: Springer Fachmedien Wiesbaden. https://doi.org/10.1007/978-3-658-42690-3

Eisenhardt, K. M. & Martin, J. A. (2000). Dynamic capabilities: what are they? *Strategic Management Journal*, *21*(10–11), 1105–1121. https://doi.org/10.1002/1097-0266(200010/11)21:10/11%3C1105::AID-SMJ133%3E3.0.CO;2-E

Eisewicht, P. & Grenz, T. (2018). Die (Un)Möglichkeit allgemeiner Gütekriterien in der Qualitativen Forschung – Replik auf den Diskussionsanstoß zu „Gütekriterien qualitativer Forschung" von Jörg Strübing, Stefan Hirschauer, Ruth Ayaß, Uwe Krähnke und Thomas Scheffer. *Zeitschrift für Soziologie*, *47*(5), 364–373. https://doi.org/10.1515/zfsoz-2018-0123

Ellis, K. M., Reus, T. H. & Lamont, B. T. (2009). The effects of procedural and informational justice in the integration of related acquisitions. *Strategic Management Journal*, *30*(2), 137–161. https://doi.org/10.1002/smj.728

Ellis, K. M., Reus, T. H., Lamont, B. T. & Ranft, A. L. (2011). Transfer Effects in Large Acquisitions: How Size-Specific Experience Matters. *Academy of Management Journal*, *54*(6), 1261–1276. https://doi.org/10.5465/amj.2009.0122

Elstak, M. N., Bhatt, M., van Riel, C. B. M., Pratt, M. G. & Berens, G. A. J. M. (2015). Organizational Identification during a Merger: The Role of Self-Enhancement and Uncertainty Reduction Motives during a Major Organizational Change. *Journal of Management Studies*, *52*(1), 32–62. https://doi.org/10.1111/joms.12105

Emdadul Haque, M. (2021). Critical Success Factors (CSFs) in Mergers and Acquisitions (M&As). *International Journal of Business and Management*, *16*(10), 55–62. https://doi.org/10.5539/ijbm.v16n10p55

Empson, L. (2001). Fear of Exploitation and Fear of Contamination: Impediments to Knowledge Transfer in Mergers between Professional Service Firms. *Human Relations*, *54*(7), 839–862. https://doi.org/10.1177/0018726701547003

Epstein, M. J. (2004). The Drivers of Success in Post-Merger Integration. *Organizational Dynamics*, *33*(2), 174–189. https://doi.org/10.1016/j.orgdyn.2004.01.005

Ernst, H. (2003). Ursachen eines Informant Bias und dessen Auswirkung auf die Validität empirischer betriebswirtschaftlicher Forschung. *Zeitschrift für Betriebswirtschaft*, *73*(12), 1249–1275.

Eulerich, M., Kopp, R. & Fligge, B. (2022). Mergers and acquisitions research – A bibliometric analysis. *European Management Journal*, *40*(6), 1–48. https://doi.org/10.1016/j.emj.2022.09.006

European Commission. (2020). *User guide to the SME definition.* Luxembourg: Publications Office of the European Union.

Fang, X. (2022). Improving M&A Performance Through Post-Merger Integration. *Frontiers in Business, Economics and Management*, *6*(1), 23–25. https://doi.org/10.54097/fbem.v6i1.2254

Farmer, R. N. & Richman, B. M. (1964). A Model for Research in Comparative Management. *California Management Review, 7*(2), 55–68. https://doi.org/10.2307/41162165

Feix, T. (2017). M&A-Management. In T. Feix, J.-P. Büchler & T. Straub (Hrsg.), *Mergers & Acquisitions. Erfolgsfaktoren für mittelständische Unternehmen* (1. Auflage, S. 15–33). Freiburg: Haufe Gruppe.

Feix, T. (2023). *End-to-End-M&A-Prozessgestaltung. Resiliente Geschäftsmodell-Innovation.* Wiesbaden. https://doi.org/10.1007/978-3-658-40067-5_1

Feix, T., Büchler, J.-P. & Straub, T. (Hrsg.). (2017). *Mergers & Acquisitions. Erfolgsfaktoren für mittelständische Unternehmen* (1. Auflage). Freiburg: Haufe Gruppe.

Feldman, E. R. & Hernandez, E. (2022). Synergy in Mergers and Acquisitions: Typology, Life Cycles, and Value. *Academy of Management Review, 47*(4), 549–578. https://doi.org/10.5465/amr.2018.0345

Felker, Y.-M., Bauer, F., Friesl, M. & King, D. R. (2024). Benefitting from Acquisition Experience During Integration: The Moderating Effect of Strategic M&A Intent. *British Journal of Management, 35*(2), 799–815. https://doi.org/10.1111/1467-8551.12734

Fidler, L. A. & Johnson, J. D. (1984). Communication and Innovation Implementation. *Academy of Management Review, 9*(4), 704. https://doi.org/10.2307/258492

Fischer, T. M. (2000). Erfolgspotentiale und Erfolgsfaktoren im strategischen Management. In M. K. Welge, A. Al-Laham & P. Kajüter (Hrsg.), *Praxis des strategischen Managements* (S. 71–94). Wiesbaden: Gabler Verlag / Springer Fachmedien.

Fisher, R., Maritz, A. & Lobo, A. (2014). Evaluating entrepreneurs' perception of success. *International Journal of Entrepreneurial Behavior & Research, 20*(5), 478–492. https://doi.org/10.1108/IJEBR-10-2013-0157

Flick, U. (Hrsg.). (2011). *Triangulation.* Wiesbaden: VS Verlag für Sozialwissenschaften. https://doi.org/10.1007/978-3-531-92864-7

Flick, U. (2020). Gütekriterien qualitativer Forschung. In G. Mey & K. Mruck (Hrsg.), *Handbuch Qualitative Forschung in der Psychologie* (S. 247–264). Wiesbaden: Springer Fachmedien Wiesbaden. https://doi.org/10.1007/978-3-658-26887-9_30

Flick, U. (2021). *Qualitative Sozialforschung. Eine Einführung* (Rororo, 55694 : Rowohlts Enzyklopädie, 10. Auflage). Reinbek bei Hamburg: Rowohlt-Taschenbuch-Verl.

Flick, U. (2022a). Design und Prozess qualitativer Forschung. In U. Flick, E. von Kardorff & I. Steinke (Hrsg.), *Qualitative Forschung. Ein Handbuch* (14. Auflage, S. 252–265). Reinbek bei Hamburg: Rowohlt-Taschenbuch Verlag GmbH.

Flick, U. (2022b). Gütekriterien qualitativer Sozialforschung. In N. Baur & J. Blasius (Hrsg.), *Handbuch Methoden der empirischen Sozialforschung* (3. Auflage, S. 533–547). Wiesbaden, Germany: Springer VS.

Flick, U. (2022c). Triangulation in der qualitativen Forschung. In U. Flick, E. von Kardorff & I. Steinke (Hrsg.), *Qualitative Forschung. Ein Handbuch* (14. Auflage, S. 309–318). Reinbek bei Hamburg: Rowohlt-Taschenbuch Verlag GmbH.

Frank, C. [Christian]. (2010). *Strategien in Post-Merger-Integrationen. Eine experimentelle Turniersimulation* (Schriften zu Management, Organisation und Information, v.23, 1st ed.). Augsburg: Rainer Hampp Verlag. https://doi.org/10.1688/9783866185463

Frantz, T. L. (2015). A Social Network View of Post-Merger Integration. In C. L. Cooper & S. Finkelstein (Hrsg.), *Advances in Mergers and Acquisitions* (Bd. 10, S. 161–176). Emerald Group Publishing Limited. https://doi.org/10.1108/S1479-361X(2012)0000010012

Freiling, J. (2004). A competence-based theory of the firm. *Management Revue, 15*(1), 27–52. https://doi.org/78932

Freiling, J., Gersch, M. & Goeke, C. (2008). On the Path towards a Competence-based Theory of the Firm. *Organization Studies, 29*(8–9), 1143–1164. https://doi.org/10.1177/0170840608094774

Fritsch, N. (2007). *Erfolgsfaktoren im Stiftungsmanagement. Erfolgsfaktorenforschung im Nonprofit-Sektor* (Schriftenreihe Unternehmensführung und Marketing, Bd. 47, 1. Aufl.). Zugl.: Münster (Westfalen), Univ., Diss., 2006. Wiesbaden: Gabler. https://doi.org/70468

Fritz, W. (1993). *Die empirische Erfolgsfaktorenforschung und ihr Beitrag zum Marketing. Eine Bestandsaufnahme* (AP / Technische Universität Braunschweig, 93/12). Braunschweig: Inst. für Wirtschaftswiss. der Techn. Univ. https://doi.org/54807

Fritz, W. (1994). *Die Produktqualität. Ein Schlüsselfaktor des Unternehmenserfolgs?* (AP / Technische Universität Braunschweig, 94/03). Braunschweig: Inst. für Wirtschaftswiss. der Techn. Univ. https://doi.org/54803

Fritz, W. (1995). *Marketing-Management und Unternehmenserfolg. Grundlagen und Ergebnisse einer empirischen Untersuchung* (Betriebswirtschaftliche Abhandlungen, N.F., 90, 2., überarb. und erg. Aufl.). Zugl.: Mannheim, Univ., Habil.-Schr., 1992. Stuttgart: Schäffer-Poeschel.

Fritz, W. (2004). *Über Tautologien, gesicherte Erkenntnisse und ein problematisches Wissenschaftsverständnis. Eine Antwort auf die Kritik von Alexander Nicolai und Alfred Kieser.* Arbeitspapier. Technische Universität, Braunschweig. Verfügbar unter: http://hdl.handle.net/10419/54835

Froese, F. J. & Goeritz, L. E. (2007). Integration Management of Western Acquisitions in Japan. *Asian Business & Management, 6*(1), 95–114. https://doi.org/10.1057/palgrave.abm.9200208

Frohn, F. & Walleyo, S. (2016). Projektmanagement einer Post-Merger-Integration. In A. Kuckertz & N. Middelberg (Hrsg.), *Post-Merger-Integration im Mittelstand. Kompendium für Unternehmer* (S. 183–199). Wiesbaden: Springer Gabler. https://doi.org/10.1007/978-3-658-12370-3_12

Fuchs, A. (2011). *Methodische Aspekte linearer Strukturgleichungsmodelle. Ein Vergleich von kovarianz- und varianzbasierten Kausalanalyseverfahren* (Research papers on marketing strategy, Bd. 2). Würzburg: Betriebswirtschaftliches Inst. Lehrstuhl für BWL und Marketing. https://doi.org/44940

Furtner, S. (2011). *Management von Unternehmensakquisitionen im Mittelstand. Erfolgsfaktor Post-Merger-Integration* (Linde international Fachbuch Wirtschaft, 2. Auflage). Wien: Linde.

Gabele, E. (1983). Werthaltungen von Führungskräften in kleinen und mittleren Unternehmen. In E. Gabele (Hrsg.), *Erfolgreiche Führung kleiner und mittlerer Unternehmen* (Band 1: Märkte/Mitarbeiter/Management, Bd. 1, S. 125–149). Bamberg.

Gale, B. T. & Buzzell, R. D. (1989). *Das PIMS-Programm. Strategien und Unternehmenserfolg.* Wiesbaden: Springer Fachmedien Verlag.

Galpin, T. J. & Herndon, M. (2014). *The complete guide to mergers & acquisitions. Process tools to support M & A integration at every level* (The Jossey-Bass professional management series, Third edition). San Francisco, Calif.: Jossey-Bass.

Gälweiler, A. (1986). *Unternehmensplanung. Grundlagen und Praxis* (Neuausg). Frankfurt/Main: Campus-Verl.

Gälweiler, A. (2005). *Strategische Unternehmensführung* (Strategie, 3. Auflage). Frankfurt, New York: Campus Verlag.

Gantzel, K.-J. (1962). *Wesen und Begriff der mittelständischen Unternehmung* (Abhandlungen zur Mittelstandsforschung). Wiesbaden, s.l.: VS Verlag für Sozialwissenschaften. https://doi.org/10.1007/978-3-663-07612-4

García, C. J. & Herrero, B. (2022). Corporate entrepreneurship and governance: Mergers and acquisitions in Europe. *Technological Forecasting and Social Change, 182*. https://doi.org/10.1016/j.techfore.2022.121845

Gebauer, J. & Sagebiel, J. (2015). *Wie wichtig ist Wachstum für KMU? Ergebnisse einer Befragung von kleinen und mittleren Unternehmen* (Schriftenreihe des IÖW, Bd. 208, neue Ausg). Berlin: Institut für ökologische Wirtschaftsforschung Berlin.

Gębczyńska, A. (2016). Strategy implementation efficiency on the process level. *Business Process Management Journal, 22*(6), 1079–1098. https://doi.org/10.1108/BPMJ-01-2016-0004

Gerds, J. (2000). *Post Merger Integration. Eine empirische Untersuchung zum Integrationsmanagement* (Gabler-Edition Wissenschaft, 1. Aufl.). Zugl.: Münster (Westfalen), Univ., Diss., 2000. Wiesbaden: Dt. Univ.-Verl.

Gerds, J. & Schewe, G. (2014). *Post Merger integration. Unternehmenserfolg durch Integration Excellence* (5., überarbeitete und erweiterte Auflage). Heidelberg, Dordrecht, London, New York: Springer Gabler.

Gerkhardt, M. & Frey, D. (2006). Erfolgsfaktoren und psychologische Hintergründe in Veränderungsprozessen. Entwicklung eines integrativen psychologischen Modells. *OrganisationsEntwicklung, 25*(4), 48–59.

Gerpott, T. J. (1993). *Integrationsgestaltung und Erfolg von Unternehmensakquisitionen* (Betriebswirtschaftliche Abhandlungen, N.F., 91). Zugl.: Hamburg, Univ. der Bundeswehr, Habil.-Schr., 1992. Stuttgart: Schäffer-Poeschel.

Gerpott, T. J. & Neubauer, F. B. (2016). Post-acquisition Integration Management and Takeover Performance. *Journal of General Management, 41*(4), 3–34. https://doi.org/10.1177/030630701604100402

Gerpott, T. J. & Schreiber, K. (1994). Integrationsgestaltungsgeschwindigkeit nach Unternehmensakquisitionen: Revolutionäre Veränderung oder evolutionäre Anpassung? *Die Unternehmung*, 99–116.

Gertsen, M. C. & Søderberg, A.-M. (2000). Tales of trial and triumph a narratological perspective on international acquisition. In *Advances in Mergers and Acquisitions* (vol. 1, S. 239–272). Greenwich, Conn.: JAI. https://doi.org/10.1016/S1479-361X(00)01010-3

Geyer, A. (2014). *Bindung des „Schlüsselpersonals" bei M&A-Transaktionen. Generierung eines personalwirtschaftlichen Instrumentes auf Basis anreiztheoretischer und empirischer Befunde ; eine Expertenbefragung* (1. Aufl.). Zugl.: Halle-Wittenberg, Univ., Diss., 2013. Göttingen: Cuvillier.

Gibbons, P. & Marr, J. (2022). Höhere Wertschöpfung durch ein effizientes Management von Beziehungen und Ergebnissen. In B. Quancard & G. Herold (Hrsg.), *Kollaborative Wertschöpfung mit strategischen Kunden* (S. 133–145). Cham: Springer International Publishing. https://doi.org/10.1007/978-3-030-91229-1_11

Giessner, S. R. (2011). Is the merger necessary? The interactive effect of perceived necessity and sense of continuity on post-merger identification. *Human Relations, 64*(8), 1079–1098. https://doi.org/10.1177/0018726711406979

Gilad, S. (2021). Mixing Qualitative and Quantitative Methods in Pursuit of Richer Answers to Real-World Questions. *Public Performance & Management Review, 44*(5), 1075–1099. https://doi.org/10.1080/15309576.2019.1694546

Glaser, B. G. & Strauss, A. L. (1998). *Grounded theory. Strategien qualitativer Forschung* (Hans Huber Programmbereich Pflege). Bern: Huber.

Gläser, J. & Laudel, G. (2010). *Experteninterviews und qualitative Inhaltsanalyse als Instrumente rekonstruierender Untersuchungen* (Lehrbuch, 4. Auflage). Wiesbaden: VS Verlag. Verfügbar unter: http://www.lehmanns.de/midvox/bib/9783531172385

Gleibs, I. H., Mummendey, A. & Noack, P. (2008). Predictors of change in postmerger identification during a merger process: a longitudinal study. *Journal of Personality and Social Psychology, 95*(5), 1095–1112. https://doi.org/10.1037/0022-3514.95.5.1095

Gleißner, H. A. (2008). *Post-Merger Integration in der Logistik – Vom Erfolg und Misserfolg bei der Zusammenführung von Logistikeinheiten in der Praxis.* Working Papers No. 34, 3. Fachhochschule für Wirtschaft, Berlin. Verfügbar unter: https://econpapers.repec.org/RePEc:zbw:imbwps:34

Gmür, M. & Schwerdt, B. (2005). Der Beitrag des Personalmanagements zum Unternehmenserfolg. Eine Metaanalyse nach 20 Jahren Erfolgsfaktorenforschung. *Zeitschrift für Personalforschung, 19*(3), 221–251. https://doi.org/10.1177/239700220501900301

Göbel, E. (1997). Forschung im strategischen Management. Darstellung, Kritik, Empfehlungen. In A. Kötzle (ed.), *Strategisches Management. Theoretische Ansätze, Instrumente und Anwendungskonzepte für Dienstleistungsunternehmen* (S. 3–25). Stuttgart: Lucius und Lucius.

Goffin, H. (2020). Changemanagement, seit 30 Jahren zu wenig Erfolg – und jetzt? In H. Goffin (Hrsg.), *Erfolgsunternehmen – empirisch belegte Wege an die Spitze* (S. 493–526). Berlin, Heidelberg: Springer Berlin Heidelberg. https://doi.org/10.1007/978-3-662-59819-1_12

Golsner, C. (2012). *Effektives Wertmanagement im Mittelstand – eine systemische Perspektive.* Diss. Nr. 4017. Bamberg: Difo Druck GmbH.

Gomes, E. (2020). Mergers, acquisitions, and strategic alliances as collaborative methods of strategic development and change. *Strategic Change, 29*(2), 145–148. https://doi.org/10.1002/jsc.2317

Gomes, E., Alam, S., Tarba, S. Y. & Vendrell-Herrero, F. (2020). A 27-year review of mergers and acquisitions research in 27 leading management journals. *Strategic Change, 29*(2), 179–193. https://doi.org/10.1002/jsc.2320

Gomes, E., Angwin, D. N., Weber, Y. & Tarba, S. Y. (2013). Critical Success Factors through the Mergers and Acquisitions Process: Revealing Pre- and Post-M&A Connections for Improved Performance. *Thunderbird International Business Review, 55*(1), 13–35. https://doi.org/10.1002/tie.21521

Govindarajan, V. (1988). A contingency approach to strategy implementation at the business-uni level: integration adminstrative mechanisms with strategy. *Academy of Management Journal, 31*(4), 828–853. https://doi.org/10.2307/256341

Graebner, M. E. (2004). Momentum and serendipity: how acquired leaders create value in the integration of technology firms. *Strategic Management Journal, 25*(8–9), 751–777. https://doi.org/10.1002/smj.419

Graebner, M. E. (2009). Caveat Venditor: Trust Asymmetries in Acquisitions of Entrepreneurial Firms. *Academy of Management Journal, 52*(3), 435–472. https://doi.org/10.5465/AMJ.2009.41330413

Graebner, M. E., Eisenhardt, K. M. & Roundy, P. T. (2010). Success and Failure in Technology Acquisitions: Lessons for Buyers and Sellers. *Academy of Management perspectives, 24*(3), 73–92. https://doi.org/10.5465/AMP.2010.52842952

Graebner, M. E., Heimeriks, K. H., Huy, Q. N. & Vaara, E. (2017). The Process of Postmerger Integration: A Review and Agenda for Future Research. *Academy of Management Annals, 11*(1), 1–32. https://doi.org/10.5465/annals.2014.0078

Grant, R. M. (2016). *Contemporary strategy analysis. Text and cases* (Ninth edition). Chichester, West Sussex, United Kingdom: Wiley.

Greene, W. (2019). *Econometric analysis* (Pearson series in economics, Eighth edition, global edition). Harlow, England, London, New York, NY: Pearson. Retrieved from https://ebookcentral.proquest.com/lib/kxp/detail.action?docID=5900138

Greenwood, R., Hinings, C. R. & Brown, J. (1994). Merging Professional Service Firms. *Organization Science, 5*(2), 239–257. https://doi.org/10.1287/orsc.5.2.239

Greve, G. (Hrsg.). (2006). *Erfolgsfaktoren von Customer-Relationship-Management-Implementierungen*: DUV. https://doi.org/10.1007/3-8350-5705-7

Greve, H. R. (1999). The Effect of Core Change on Performance: Inertia and Regression toward the Mean. *Administrative Science Quarterly, 44*(3), 590–614. https://doi.org/10.2307/2666963

Grill, P. (2011). *Die Bedeutung strategisch wertvoller Ressourcen für erfolgreiche Mergers & Acquisitions-Entscheidungen* (Gabler Research, 1. Aufl.). Zug.: Berlin, Freie Univ., Diss., 2011. Wiesbaden: Gabler.

Grimm, U. (1983). Die Analyse strategischer Faktoren im Rahmen der strategischen Unternehmensplanung. In H. Albach, H. Hax, P. Riebel, K. v. Wysocki & U. Grimm (Hrsg.), *Analyse strategischer Faktoren* (Beiträge zur betriebswirtschaftlichen Forschung, Bd. 56, S. 229–270). Wiesbaden: Gabler Verlag. https://doi.org/10.1007/978-3-322-91710-2_5

Grimpe, C. (2005a). *Arbeitszufriedenheit und Fluktuation im Post Merger Integrationsprozess* (ZEW Discussion Paper, 05–76). Mannheim: ZEW. https://doi.org/11932

Grimpe, C. (2005b). *Erfolgreiche Forschung und Entwicklung nach Unternehmensakquisitionen: Eine empirische Untersuchung der Post Merger Integrationsprozesse.* Zentrum für Europäische Wirtschaftsforschung (ZEW). Verfügbar unter: ftp://ftp.zew.de/pub/zew-docs/dp/dp0548.pdf

Gröschl, J. (2023). *65 Jahre IfM. 65 Jahre wissenschaftliche Forschung rund um den Mittelstand.* IfM Bonn.

Gross, A. (1967). Meeting the competition of giants. *Harvard Business Review, 45*(3), 172–184.

Grösser, S. & Stauffer, M. (2016). Erfolgreiche Post Merger Integration durch systemdynamisches Denken am Beispiel der Swisscom. *Controlling-Zeitschrift für erfolgsorientierte Unternehmenssteuerung, 28*(10), 580–590. https://doi.org/10.15358/0935-0381-2016-10-580

Grotto, A. R. & Andreassi, J. K. (2022). Mix It Up? The Influence of Team Composition on Employee Perceptions of Stressors in a Post-Merger Environment. *The Journal of Applied Behavioral Science, 58*(3), 442–476. https://doi.org/10.1177/0021886320923370

Gruber, M. (2000). *Erfolgsfaktoren des Wirtschaftens von KMU im Zeitablauf dargestellt an Beispielen aus der deutschen Nahrungs- und Genussmittelindustrie* (Springer eBook Collection Business and Economics). Wiesbaden, s.l.: Deutscher Universitätsverlag. https://doi.org/10.1007/978-3-322-95344-5

Grün, M. C. (2010). *Kundenbeziehungen nach Fusionen und Akquisitionen. Die Auswirkung der Beziehungsgestaltung und Synergierealisierung auf den M&A-Erfolg* (Gabler Research, 1. Aufl.). Wiesbaden: Gabler.

Grunert, K. G. & Ellegaard, C. (1992). *The concept of key success factors: theory and method.* MAPP Toronto, ON, USA.

Grünig, R., Heckner, F. & Zeus, A. (1996). Methoden zur Identifikation strategischer Erfolgsfaktoren. *Die Unternehmung, 50*(1), 3–12.

Grünig, R., Kühn, R. & Morschett, D. (2022). *Strategieplanungsprozess. Strategische Analysen, Ziele, Optionen und Projekte* (3., überarbeitete und erweiterte Auflage). Bern: Haupt Verlag.

Guiette, A. & Vandenbempt, K. (2014). Dynamics of Change Recipient Sensemaking in Realizing Strategic Flexibility: A Competence-Based Perspective. In R. Sanchez & A. Heene (Hrsg.), *A Focused Issue on Building New Competences in Dynamic Environments* (Research in Competence-Based Management, Bd. 7, S. 145–191). Emerald Group Publishing Limited. https://doi.org/10.1108/S1744-211720140000007006

Güloglu, G. (2012). Welche Rolle spielt Kultur im M&A-Prozess? Eine Analyse anhand der Fusion DaimlerChrysler. *Traversea*, 101–115.

Günther, E., Berger, A. & Kaulich, S. (2001). *Ermittlung kritischer Erfolgsfaktoren für die Implementierung der Umweltleistungsmessung in Unternehmen, insbesondere für die Maschinenbaubranche. Eine Untersuchung am Landratsamt Bautzen und Klinikum Bautzen-Bischofswerda* (Dresdner Beiträge zur Lehre der betrieblichen Umweltökonomie, Nr. 06 : Umweltleistung). Dresden: TU, Fak. Wirtschaftswiss., Professur für Betriebswirtschaftslehre, insbes. Betriebliche Umweltökonomie. https://doi.org/79489

Günther, T. & Gonschorek, T. (2011). Wertorientierte Unternehmensführung im deutschen Mittelstand – Ergebnisse einer empirischen Studie. *Controlling, 23*(1), 18–27. https://doi.org/10.15358/0935-0381-2011-1-18

Gupta, M. A., Kumar, R. & Upadhyayula, R. S. (2012). Success of a merger or acquisition – a consideration of influencing factors. *International Journal of Management Practice, 5*(3), 270–286. https://doi.org/10.1504/IJMP.2012.048076

Guth, W. D. & Macmillan, I. C. (1986). Strategy implementation versus middle management self-interest. *Strategic Management Journal, 7*(4), 313–327. https://doi.org/10.1002/smj.4250070403

Güttel, W. H. (2003). Die Identifikation strategischer immaterieller Vermögenswerte im Post-Merger-Integrationsprozess: Ressourcen- und Wissensmanagement bei Mergers-and-Acquisitions. *German Journal of Human Resource Management: Zeitschrift für Personalforschung, 17*(4), 399–401. https://doi.org/10.1177/239700220301700405

Hackmann, S. (2011). *Organisatorische Gestaltung in der Post Merger Integration. Eine organisationstheoretische Betrachtung unterschiedlicher Integrationsansätze* (Strategische Unternehmungsführung, 1. Aufl.). Zugl.: Gießen, Univ., Diss., 2010. Wiesbaden: Gabler Verlag / Springer Fachmedien. https://doi.org/10.1007/978-3-8349-6215-7

Haenecke, H. & Forsmann, D. (2006). Erfolgsfaktorenforschung als Instrument des Marketing-Controllings. In C. Zerres & M. P. Zerres (Hrsg.), *Handbuch Marketing-Controlling* (4. Auflage, S. 45–56). Berlin/Heidelberg: Springer. https://doi.org/10.1007/3-540-30071-6_3

Hakkinen, L. & Hilmola, O. P. (2005). Integration and synergies of operations in horizontal M&A. *International Journal of Management and Enterprise Development*, 2(3/4), 288–305. https://doi.org/10.1504/IJMED.2005.006563

Håkonsson, D. D., Burton, R. M., Obel, B. & Lauridsen, J. T. (2012). Strategy Implementation Requires the Right Executive Style: Evidence from Danish SMEs. *Long Range Planning*, *45*(2–3), 182–208. https://doi.org/10.1016/j.lrp.2012.02.004

Haleblian, J., Devers, C. E., McNamara, G., Carpenter, M. A. & Davison, R. B. (2009). Taking Stock of What We Know About Mergers and Acquisitions: A Review and Research Agenda. *Journal of Management*, *35*(3), 469–502. https://doi.org/10.1177/0149206308330554

Haleblian, J. & Finkelstein, S. (1999). The Influence of Organizational Acquisition Experience on Acquisition Performance: A Behavioral Learning Perspective. *Administrative Science Quarterly*, *44*(1), 29–56. https://doi.org/10.2307/2667030

Haleblian, J., Kim, J.-Y. & Rajagopalan, N. (2006). The Influence of Acquisition Experience and Performance on Acquisition Behavior: Evidence From the U.S. Commercial Banking Industry. *Academy of Management Journal*, *49*(2), 357–370. https://doi.org/10.5465/AMJ.2006.20786083

Hambrick, D. C. (1990). The adolescence of strategic management, 1980–1985: Critical perceptions and reality. *Perspectives on strategic management*, 237–253.

Hambrick, D. C. & Cannella, A. A. (1989). Strategy Implementation as Substance and Selling. *Academy of Management Executive*, *3*(4), 278–285. https://doi.org/10.5465/AME.1989.4277401

Harikkala-Laihinen, R., Hassett, M., Raitis, J. & Nummela, N. (2018). Dialogue as a source of positive emotions during cross-border post-acquisition socio-cultural integration. *Cross Cultural & Strategic Management*, *25*(1), 183–208. https://doi.org/10.1108/CCSM-09-2016-0163

Harwood, I. A. & Ashleigh, M. (2005). The impact of trust and confidentiality on strategic organizational change programmes: a case study of post-acquisition integration. *Strategic Change*, *14*(2), 63–75. https://doi.org/10.1002/jsc.712

Harwood, I. A. & Chapman, C. B. (2009). Risk bartering: what post-M&A integration teams really do. *Strategic Change*, *18*(5–6), 157–178. https://doi.org/10.1002/jsc.845

Hase, S. (2002). *Integration akquirierter Unternehmen. Planung, Konzeption, Bewertung und Kontrolle* (Schriftenreihe Unternehmensführung, Bd. 12, 2. Aufl.). Zugl.: Frankfurt a. M., Univ., Diss., 1995. Sternenfels: Verl. Wiss. & Praxis.

Haspeslagh, P. C. & Jemison, D. B. (1991a). *Making acquisitions work*. INSEAD; University of Texas, Fontainebleau, Frankreich.

Haspeslagh, P. C. & Jemison, D. B. (1991b). *Managing acquisitions. Creating value through corporate renewal* (1. print). New York, NY: The Free Press. Retrieved from http://www.loc.gov/catdir/samples/simon031/90045945.html

Hassan, R. (2010). Merger and Acquisition: The organization well being and impact to the employees of the acquired organization. *Business and Management Quarterly Review*, *1*(1), 31–40.

Hayward, M. L. A. (2002). When do firms learn from their acquisition experience? Evidence from 1990 to 1995. *Strategic Management Journal, 23*(1), 21–39. https://doi.org/10.1002/smj.207

Hechtfischer, R. (2004). Führung im Mittelstand. In J. Schlüchtermann & H.-J. Tebroke (Hrsg.), *Mittelstand im Fokus* (S. 307–322). Wiesbaden: Deutscher Universitätsverlag. https://doi.org/10.1007/978-3-322-81677-1_20

Heckner, F. (1998). *Identifikation marktspezifischer Erfolgsfaktoren. Ein heuristisches Verfahren angewendet am Beispiel eines pharmazeutischen Teilmarktes* (Europäische Hochschulschriften Reihe 5, Volks- und Betriebswirtschaft, Bd. 2248). Zugl.: Fribourg, Univ., Diss., 1998. Bern, Berlin, Frankfurt a.M., New York, Paris, Wien: Lang.

Heide, M., Grønhaug, K. & Johannessen, S. (2002). Exploring barriers to the successful implementation of a formulated strategy. *Scandinavian Journal of Management, 18*(2), 217–231. https://doi.org/10.1016/S0956-5221(01)00007-0

Heidemann, C. & Holtbrügge, D. (2023). Dynamics of Organizational Identification in the Wake of a Foreign Acquisition. *The Journal of Applied Behavioral Science, 59*(3), 473–508. https://doi.org/10.1177/00218863221080951

Heimeriks, K. H., Schijven, M. & Gates, S. (2012). Manifestations of Higher-Order Routines: The Underlying Mechanisms of Deliberate Learning in the Context of Postacquisition Integration. *Academy of Management Journal, 55*(3), 703–726. https://doi.org/10.5465/amj.2009.0572

Helfferich, C. (2022). Leitfaden- und Experteninterviews. In N. Baur & J. Blasius (Hrsg.), *Handbuch Methoden der empirischen Sozialforschung* (3. Auflage, S. 875–892). Wiesbaden, Germany: Springer VS.

Helm, R. & Peter, A. (1999). Erfolgsfaktoren von Joint Ventures – Ergebnisse der bisherigen empirischen Forschung und deren qualitative Prüfung. *Zeitschrift für Planung & Unternehmenssteuerung, 10*, 27–46.

Henningsson, S., Yetton, P. W. & Wynne, P. J. (2018). A Review of Information System Integration in Mergers and Acquisitions. *Journal of Information Technology, 33*(4), 255–303. https://doi.org/10.1057/s41265-017-0051-9

Hermes, F. A. (2021). *Finanzielle und kommunikative Manipulation im M&A-Kontext. Empirische Evidenz zu internationalen Zielunternehmen.* Dissertation. Hochschule für Wirtschafts-, Rechts- und Sozialwissenschaften, Internationale Beziehungen und Informatik (HSG), St. Gallen. Zugriff am 05.12.2023. Verfügbar unter: https://www.alexandria.unisg.ch/handle/20.500.14171/111043

Herr, C. (2007). *Nicht-lineare Wirkungsbeziehungen von Erfolgsfaktoren der Unternehmensgründung*. Zugl.: Duisburg, Essen, Univ., Diss., 2006. Dt. Univ.-Verl, Wiesbaden.

Hettich, E. (2014). M&A in der Wissenschaft: Theoretische Perspektiven und Einblicke in die Forschung. *M&A Review*, (5), 186–191. Zugriff am 05.04.2023. Verfügbar unter: Verfügbar unter: https://ma-review.de/wp-content/uploads/2013/12/MA_REVIEW_5-2014.pdf

Hille, V. (2022). *Erfolgsfaktoren des kulturellen Veränderungsprozesses bei Fusionen.* Dissertation. Universität Siegen, Siegen. https://doi.org/10.25819/ubsi/10102

Hinderer, M. (1984). *Die mittelständische Unternehmung. Selbstverständnis in der Marktwirtschaft; Analyse und Strategie* (Hochschulschriften zur Betriebswirtschaftslehre, Bd. 30). Zugl.: Innsbruck, Univ., Diss., 1984. München: Florentz.

Hirschauer, S., Strübing, J., Ayaß, R., Krähnke, U. & Scheffer, T. (2019). Von der Notwendigkeit ansatzübergreifender Gütekriterien. Eine Replik auf Paul Eisewicht und Tilo Grenz. *Zeitschrift für Soziologie*, *48*(1), 92–95. https://doi.org/10.1515/zfsoz-2019-0006

Hofer, C. W. & Schendel, D. (1978). *Strategy formulation. Analytical concepts* (West series in business policy and planning, 12. Repr). St. Paul: West Publ. Co.

Hoffmann, F. (1986). Kritische Erfolgsfaktoren. Erfahrungen in großen und mittelständischen Unternehmungen. *Schmalenbachs Zeitschrift für betriebswirtschaftliche Forschung*, *38*(10), 831–843.

Hofmann, E. (2005). Realisierung von Synergien. *Controlling*, *17*(8–9), 483–490. https://doi.org/10.15358/0935-0381-2005-8-9-483

Hofstede, G., Hofstede, G. J. & Minkov, M. (2010). *Cultures and organizations. Software of the mind: intercultural cooperation and its importance for survival* (Revised and expanded third edition). New York, NY: McGraw-Hill. Retrieved from http://www.loc.gov/catdir/enhancements/fy1009/2010010437-b.html

Holloway, S. S., Romme, A. G. L. & Demerouti, E. (2018). Crafting values in organizational change processes. *International Journal of Social Sciences Perspectives*, *3*(1), 7–20. Retrieved from https://research.tue.nl/en/publications/crafting-values-in-organizational-change-processes

Homberg, F. & Osterloh, M. (2010). Fusionen und Übernahmen im Licht der Hybris – Überblick über den Forschungsstand. *Journal für Betriebswirtschaft*, *60*(4), 269–294. https://doi.org/10.1007/s11301-010-0066-6

Homburg, C. & Bucerius, M. (2005). A Marketing Perspective on Mergers and Acquisitions: How Marketing Integration Affects Postmerger Performance. *Journal of Marketing*, *69*(1), 95–113. https://doi.org/10.1509/jmkg.69.1.95.55510

Homburg, C. & Bucerius, M. (2006). Is speed of integration really a success factor of mergers and acquisitions? An analysis of the role of internal and external relatedness. *Strategic Management Journal*, *27*(4), 347–367. https://doi.org/10.1002/smj.520

Homburg, C. & Giering, A. (1996). Konzeptualisierung und Operationalisierung komplexer Konstrukte: Ein Leitfaden für die Marketingforschung. *Marketing ZFP*, *18*(1), 5–24. Verfügbar unter: http://www.jstor.org/stable/41918481

Homburg, C. & Klarmann, M. (2006). *Die Kausalanalyse in der empirischen betriebswirtschaftlichen Forschung. Problemfelder und Anwendungsempfehlungen* (Reihe, W103). Mannheim: Inst. für Marktorientierte Unternehmensführung Univ. Mannheim.

Homburg, C. & Krohmer, H. (2004). *Die Fliegenpatsche als Instrument des wissenschaftlichen Dialogs. Replik zum Beitrag "Trotz eklatanter Erfolglosigkeit: Die Erfolgsfaktorenforschung weiter auf Erfolgskurs" von Alexander Nicolai und Alfred Kieser*. Wissenschaftliche Arbeitspapiere. Mannheim. Verfügbar unter: https://ub-madoc.bib.uni-mannheim.de/42498

Homburg, C., Lucas, M. & Bucerius, M. (2000). *Kundenbindung bei Fusionen und Akquisitionen. Gefahren und Erfolgsfaktoren*. Mannheim.

Hopf, C.-M. (2016). *Schriften zu Methodologie und Methoden qualitativer Sozialforschung*. Wiesbaden: Springer VS.

Hopf, C.-M. (2022). Qualitative Interviews – ein Überblick. In U. Flick, E. von Kardorff & I. Steinke (Hrsg.), *Qualitative Forschung. Ein Handbuch* (14. Auflage, S. 349–359). Reinbek bei Hamburg: Rowohlt-Taschenbuch Verlag GmbH.

Hornung, K. & Mayer, J. H. (1999). Erfolgsfaktoren-basierte Balanced Scorecards zur Unterstützung einer wertorientierten Unternehmensführung-Ergebnisse einer Pilotanwendung zur bedarfsgerechten Informationsversorgung oberster Führungskräfte // Erfolgsfaktoren-basierte Balanced Scorecards zur Unterstützung einer wertorientierten Unternehmensführung. *Controlling*, *11*(8–9), 389–398. https://doi.org/10.15358/0935-0381-1999-8-9-389

Horwitz, F. M., Anderssen, K., Bezuidenhout, A., Cohen, S., Kirsten, F., Mosoeunyane, K. et al. (2002). Due diligence neglected: managing human resources and organisational culture in mergers and acquisitions. *South African Journal of Business Management*, *33*(1), 1–10. https://doi.org/10.4102/sajbm.v33i1.692

Hossain, M. S. (2021). Merger & Acquisitions (M&As) as an important strategic vehicle in business: Thematic areas, research avenues & possible suggestions. *Journal of Economics and Business*, *116*. https://doi.org/10.1016/j.jeconbus.2021.106004

Hrebiniak, L. G. & Snow, C. C. (1982). Top-Management Agreement and Organizational Performance. *Human Relations*, *35*(12), 1139–1157. https://doi.org/10.1177/001872678203501205

Hubbard, N. & Purcell, J. (2001). Managing employee expectations during acquisitions. *Human Resource Management Journal*, *11*(2), 17–33. https://doi.org/10.1111/j.1748-8583.2001.tb00036.x

Huber, F., Herrmann, A., Meyer, F., Vogel, J. & Vollhardt, K. (2007). *Kausalmodellierung mit Partial Least Squares. Eine anwendungsorientierte Einführung*. Wiesbaden: Betriebswirtschaftlicher Verlag Dr. Th. Gabler | GWV Fachverlage GmbH Wiesbaden. https://doi.org/10.1007/978-3-8349-9328-1

Hungenberg, H. (2014). *Strategisches Management in Unternehmen*. Wiesbaden: Springer Fachmedien Wiesbaden. https://doi.org/10.1007/978-3-658-06681-9

Hurrle, B. & Kieser, A. (2005). Sind Key Informants verlässliche Datenlieferanten? *Die Betriebswirtschaft DBW*, *65*, 584–602.

Iborra, M., Safón, V. & Dolz, C. (2022). Does ambidexterity consistency benefit small and medium-sized enterprises' resilience? *Journal of Small Business Management*, *60*(5), 1122–1165. https://doi.org/10.1080/00472778.2021.2014508

IfM Institut für Mittelstandsforschung. (2023). *Mittelstandsdefinition des IfM Bonn*. Zugriff am 06.06.2025. Verfügbar unter: www.ifm-bonn.org

Iselborn, M. K. (2017). *Erfolgsfaktoren direktvermarktender Weinbaubetriebe*. Dissertation. Universitätsbibliothek, Gießen. https://doi.org/10.22029/jlupub-16692

Jacob, A. B. (2020). Mergers and Acquisitions: A Qualitative Study in the Medical Device Sector. *International Journal of Management, Economics and Social Sciences*, *9*(3), 161–181. https://doi.org/10.32327/IJMESS/9.3.2020.9

Jain, S., Kashiramka, S. & Jain, P. K. (2019). Cross border M&As: integration practices from emerging economies. *Journal of Business Strategy*, *41*(3), 21–33. https://doi.org/10.1108/JBS-01-2019-0018

Janiszewski, C. & van Osselaer, S. M. J. (2022). Abductive Theory Construction. *Journal of Consumer Psychology*, *32*(1), 175–193. https://doi.org/10.1002/jcpy.1280

Jansen, S. A. (2002). Die 7 K´s des Merger-Managements – Erste empirische Ergebnisse kapital- und wissensbasierter Zusammenschlüsse. *Zeitung für Führung und Organisation, ZfO*, *71*, 6–13.

Jansen, S. A. (2004). *Management von Unternehmenszusammenschlüssen. Theorien, Thesen, Tests und Tools*. Stuttgart: Klett-Cotta.

Jansen, S. A. (2016). *Mergers & Acquisitions*. Wiesbaden: Springer Fachmedien. https://doi.org/10.1007/978-3-8349-4772-7

Jansen, T. (2019). Gütekriterien in der qualitativen Sozialforschung als Form der Reflexion und Kommunikation. Eine Replik auf die Beiträge von Strübing et al. und Eisewicht & Grenz. *Zeitschrift für Soziologie, 48*(4), 321–325. https://doi.org/10.1515/zfsoz-2019-0022

Jauck, S. & Bleiweis, S. (2020). Unternehmensübernahmen im deutschen Mittelstand – ein idealisierter Leitfaden. *Karlsruher Hochschulschriften für Wirtschaftsingenieurwesen und international Management*, (02), 1–16.

Jenner, T. (1999). *Determinanten des Unternehmenserfolges. Eine empirische Analyse auf der Basis eines holistischen Untersuchungsansatzes* (Betriebswirtschaftliche Abhandlungen, N.F., Bd. 111). Zugl.: Bern, Univ., Habil.-Schr. Stuttgart: Schäffer-Poeschel.

Jensen, M. C. & Meckling, W. H. (1976). Theory of the firm: Managerial behavior, agency costs and ownership structure. *Journal of Financial Economics, 3*(4), 305–360. https://doi.org/10.1016/0304-405X(76)90026-X

Joshi, V. (2013). Post-Merger Appraisal of Stress Level among Bank Employees: A Case Study. *Journal of Social and Development Sciences, 4*(4), 152–163. https://doi.org/10.22610/jsds.v4i4.746

Joyce Covin, T., Kolenko, T. A., Sightler, K. W. & Tudor, R. K. (1997). Leadership style and post-merger satisfaction. *Journal of Management Development, 16*(1), 22–33. https://doi.org/10.1108/02621719710155454

Junni, P. & Teerikangas, S. (2019). Mergers and Acquisitions. In P. Junni & S. Teerikangas (Hrsg.), *Oxford Research Encyclopedia of Business and Management*. Oxford University Press. https://doi.org/10.1093/acrefore/9780190224851.013.15

Kahn, K. B. & Mentzer, J. T. (1998). Marketing's Integration with Other Departments. *Journal of Business Research, 42*(1), 53–62. https://doi.org/10.1016/S0148-2963%2897%2900068-4

Kaiser, R. (2021). *Qualitative Experteninterviews*. Wiesbaden: Springer Fachmedien Wiesbaden. https://doi.org/10.1007/978-3-658-30255-9

Kaplan, R. S. & Norton, D. P. (2000). Having Trouble with Your Strategy? Then Map It. *Harvard Business Review*, (September-October), 51–60.

Kaplan, R. S. & Norton, D. P. (2018). *Balanced scorecard. Strategien erfolgreich umsetzen* (Management Klassiker, Sonderausgabe). Stuttgart: Schäffer-Poeschel Verlag.

Kapoor, R. & Lim, K. (2007). The impact of acquisitions on the productivity of inventors at semiconductor firms: A synthesis of knowledge-based and incentive-based perspectives. *The Academy of Management Journal, 50*, 1133–1155.

Karim, S. (2006). Modularity in organizational structure: the reconfiguration of internally developed and acquired business units. *Strategic Management Journal, 27*(9), 799–823. https://doi.org/10.1002/smj.547

Karim, S. & Mitchell, W. (2000). Path-dependent and path-breaking change: reconfiguring business resources following acquisitions in the U.S. medical sector, 1978–1995. *Strategic Management Journal, 21*(10–11), 1061–1081. https://doi.org/10.1002/1097-0266(200010/11)21:10/11%3C1061::AID-SMJ116%3E3.0.CO;2-G

Kato, J. & Schoenberg, R. (2014). The impact of post-merger integration on the customer–supplier relationship. *Industrial Marketing Management, 43*(2), 335–345. https://doi.org/10.1016/j.indmarman.2013.10.001

Kavanagh, M. H. & Ashkanasy, N. M. (2006). The Impact of Leadership and Change Management Strategy on Organizational Culture and Individual Acceptance of Change during a Merger. *British Journal of Management*, *17*(S1). https://doi.org/10.1111/j.1467-8551.2006.00480.x

Kelle, U. (2003). Die Entwicklung kausaler Hypothesen in der qualitativen Sozialforschung. Methodologische Überlegungen zu einem häufig vernachlässigten Aspekt qualitativer Theorie- und Typenbildung. *ZDM*, *35*(6), 232–246. https://doi.org/10.1007/BF02656688

Kelle, U. (2022). Computergestützte Analyse qualitativer Daten. In U. Flick, E. von Kardorff & I. Steinke (Hrsg.), *Qualitative Forschung. Ein Handbuch* (14. Auflage, S. 485–502). Reinbek bei Hamburg: Rowohlt-Taschenbuch Verlag GmbH.

Kelle, U. & Erzberger, C. (2022). Qualitative und quantitative Methoden: kein Gegensatz. In U. Flick, E. von Kardorff & I. Steinke (Hrsg.), *Qualitative Forschung. Ein Handbuch* (14. Auflage, S. 299–309). Reinbek bei Hamburg: Rowohlt-Taschenbuch Verlag GmbH.

Khadjavi, K. (2005). *Wertmanagement im Mittelstand*. Dissertation. Universität St. Gallen, St. Gallen.

Kiefer, T. (2002). Understanding the Emotional Experience of Organizational Change: Evidence from a Merger. *Advances in Developing Human Resources*, *4*(1), 39–61. https://doi.org/10.1177/1523422302004001004

Kieser, A. & Nicolai, A. (2004). Von Konsensgenerierungsmaschinen, Nebelkerzen und „the Operation called Verstehen". *Die Betriebswirtschaft DBW*, *64*, 621–631.

Kim, J.-Y. & Finkelstein, S. (2009). The effects of strategic and market complementarity on acquisition performance: evidence from the U.S. commercial banking industry, 1989–2001. *Strategic Management Journal*, *30*(6), 617–646. https://doi.org/10.1002/smj.754

Klein, A. (Hrsg.). (2019). *Mergers & Acquisitions im Mittelstand* (1. Auflage). Freiburg: Haufe Group. https://doi.org/0001

Klok, Y., Kroon, D. P. & Khapova, S. N. (2022). The role of emotions during mergers and acquisitions: A review of the past and a glimpse into the future. *International Journal of Management Reviews*, *25*(3), 587–613. https://doi.org/10.1111/ijmr.12322

Klostermann, A. K. & Düsterhoff, H. (2020). Die Vision als Erfolgsfaktor: Ein Rahmenmodell für den strategischen Einsatz von Visionen bei M&A-Transaktionen. *Die Unternehmung*, *74*(1), 34–54. https://doi.org/10.5771/0042-059X-2020-1-34

Kogut, B. & Zander, U. (1992). Knowledge of the Firm, Combinative Capabilities, and the Replication of Technology. *Organization Science*, *3*(3), 383–397. https://doi.org/10.1287/orsc.3.3.383

Kogut, B. & Zander, U. (1996). What Firms Do? Coordination, Identity, and Learning. *Organization Science*, *7*(5), 502–518. https://doi.org/10.1287/orsc.7.5.502

Koi-Akrofi, G. Y. (2016). Mergers and acquisitions failure rates and perspectives on why they fail. *International Journal of Economics, Finance and Management*, *5*(2), 49–56.

Kolev, K. D. & Haleblian, J. (2018). When firms learn from prior acquisition experience. *Journal of Organization Design*, *7*(8), 1–7. https://doi.org/10.1186/s41469-018-0032-7

Kolks, U. (1990). *Strategieimplementierung. Ein Anwenderorientiertes Konzept* (DUV Wirtschaftswissenschaft Ser). Wiesbaden: Deutscher Universitäts Verlag. Verfügbar unter: https://ebookcentral.proquest.com/lib/kxp/detail.action?docID=6601830

Koo, J. S. (2012). Theoretical Research on the Determinants of Successful M&A Focusing on Post Merger Integration and Organizational Culture in Cross-Border Transaction: A

Research Review. *The Bulletin of Graduate School of Commerce, Waseda University*, 33–56. Verfügbar unter: https://api.semanticscholar.org/CorpusID:150958212

Köseoglu, M. A., Altin, M., Chan, E. & Aladag, O. F. (2020). What are the key success factors for strategy formulation and implementation? Perspectives of managers in the hotel industry. *International Journal of Hospitality Management, 89*, 102574. https://doi.org/10.1016/j.ijhm.2020.102574

Köseoglu, M. A., Yazici, S. & Okumus, F. (2018). Barriers to the Implementation of Strategic Decisions: Evidence from Hotels in a Developing Country. *Journal of Hospitality Marketing & Management, 27*(5), 514–543. https://doi.org/10.1080/19368623.2018.1402723

Kosmider, A. (1991). *Controlling im Mittelstand. Eine Untersuchung der Gestaltung und Anwendung des Controllings in mittelständischen Industrieunternehmen* (Schriftenreihe der Wissenschaftlichen Hochschule für Unternehmensführung Koblenz Forschung, Bd. 5). Zugl.: Koblenz, Wiss. Hochschule für Unternehmensführung, Diss., 1990. Stuttgart: Poeschel.

Kreilkamp, E. (1987). *Strategisches Management und Marketing. Markt- und Wettbewerbsanalyse, strategische Frühaufklärung, Portfolio-Management* (Marketing-Management, Bd. 11). Zugl.: Berlin, Freie Univ., Diss., 1986. Berlin: De Gruyter.

Krell, C. & Lamnek, S. (2024). *Qualitative Sozialforschung. Mit Online-Material* (7., überarbeitete Auflage). Weinheim, Basel: Beltz.

Kretschmer, T. & Dehne, C. (2020). Organisationsstruktur und Führungsstil nach Akquisitionen – eine empirische Untersuchung. *Schmalenbachs Zeitschrift für betriebswirtschaftliche Forschung, 72*(4), 479–512. https://doi.org/10.1007/s41471-020-00104-2

Kreutzer, R. T. (2015). *Kundenbeziehungsmanagement im digitalen Zeitalter. Konzepte, Erfolgsfaktoren, Handlungsideen* (1. Auflage). Stuttgart: Kohlhammer Verlag. Verfügbar unter: http://nbn-resolving.org/urn:nbn:de:bsz:24-epflicht-1296857

Krimphove, D. & Tytko, D. (2002). Der Begriff »mittelständische Unternehmen« in betriebswirtschaftlicher und juristischer Diskussion. In D. Krimphove (Hrsg.), *Praktiker-Handbuch Unternehmensfinanzierung. Kapitalbeschaffung und Rating für mittelständische Unternehmen* (S. 3–13). Stuttgart: Schäffer-Poeschel.

Krishnan, R. A., Joshi, S. & Krishnan, H. (2004). The influence of mergers on firms' product-mix strategies. *Strategic Management Journal, 25*(6), 587–611. https://doi.org/10.1002/smj.410

Krohmer, H. (1999). *Marktorientierte Unternehmenskultur als Erfolgsfaktor der Strategieimplementierung* (Gabler Edition Wissenschaft Schriftenreihe des Instituts für Marktorientierte Unternehmensführung (IMU), Universität Mannheim). Zugl.: Koblenz, Wiss. Hochschule für Unternehmensführung, Diss., 1999. Wiesbaden: Dt. Univ.-Verl.; Gabler.

Krol, F. (2009). *Wertorientierte Unternehmensführung im Mittelstand. Erste Ergebnisse einer empirischen Studie* (Arbeitspapier des Lehrstuhls für Betriebswirtschaftslehre insbesondere Controlling, Bd. 10). Münster: Westfälische Wilhelms-Univ. Lehrstuhl für Betriebswirtschaftslehre insbesondere Controlling. https://doi.org/58317

Kromrey, H. (2007). Auch qualitative Forschung braucht Qualitätsstandards. *Erwägen, Wissen, Ethik, 18*(2), 244–245.

Kroon, D. P. (2015). Identity (Re)Categorization in the Wake of Post-Merger Integration. *Academy of Management Proceedings*, (1). https://doi.org/10.5465/AMBPP.2015.13121abstract

Kroon, D. P., Cornelissen, J. P. & Vaara, E. (2015). Explaining Employees' Reactions towards a Cross-Border Merger: The Role of English Language Fluency. *Management International Review*, *55*(6), 775–800. https://doi.org/10.1007/s11575-015-0259-2

Kroon, D. P. & Noorderhaven, N. G. (2018). The Role of Occupational Identification During Post-Merger Integration. *Group & Organization Management*, *43*(2), 207–244. https://doi.org/10.1177/1059601116666168

Kroon, D. P., Noorderhaven, N. G., Corley, K. G. & Vaara, E. (2022). Hard and Soft Integration: Towards a Dynamic Model of Post-Acquisition Integration. *Journal of Management Studies*, *59*(5), 1132–1161. https://doi.org/10.1111/joms.12766

Kroon, D. P. & Reif, H. (2023). The Role of Emotions in Middle Managers' Sensemaking and Sensegiving Practices During Post-merger Integration. *Group & organization management*, *48*(3), 790–832. https://doi.org/10.1177/10596011211037789

Krug, J. A., Wright, P. L. & Kroll, M. J. (2014). Top management turnover following mergers and acquisitions. Solid research to date but still much to be learned. *Academy of Management Perspectives*.

Krüger, W. (1989). Hier irrten Peters und Waterman. *Harvard Business Review*, (1), 13–18.

Kruse, J. (2015). *Qualitative Interviewforschung. Ein integrativer Ansatz* (Grundlagentexte Methoden, 2., überarbeitete und ergänzte Auflage). Weinheim, Basel: Beltz Juventa. Verfügbar unter: https://content-select.com/index.php?id=bib&ean=9783779941620

Kube, C. (1991). *Erfolgsfaktoren in Filialsystemen. Diagnose und Umsetzung im strategischen Controlling*. Zugl.: Berlin, Techn. Univ., Diss., 1990. Wiesbaden: Gabler.

Kübel, M. (2013). *Corporate M&A*. Wiesbaden: Springer Fachmedien Wiesbaden. https://doi.org/10.1007/978-3-8349-3970-8

Kubicek, H. (1977). Heuristische Bezugsrahmen und heuristisch angelegte Forschungsdesigns als Elemente einer Konstruktionsstrategie empirischer Forschung. In *Empirische und handlungstheoretische Forschungskonzeptionen in der Betriebswirtschaftslehre*. Stuttgart: Poeschel, 1977.

Kuckartz, U. (2016). *Qualitative Inhaltsanalyse. Methoden, Praxis, Computerunterstützung* (Grundlagentexte Methoden, 3., überarbeitete Auflage). Weinheim, Basel: Beltz Juventa. Verfügbar unter: http://www.beltz.de/fileadmin/beltz/leseproben/978-3-7799-3344-1.pdf

Kuckartz, U., Dresing, T., Rädiker, S. & Stefer, C. (2008). *Qualitative Evaluation. Der Einstieg in die Praxis* (2. Auflage). Wiesbaden: VS Verlag für Sozialwissenschaften.

Kuckartz, U. & Rädiker, S. (2022). *Qualitative Inhaltsanalyse. Methoden, Praxis, Computerunterstützung* (Grundlagentexte Methoden, 5. Auflage). Weinheim, Basel: Beltz Juventa.

Kuckartz, U. & Rädiker, S. (2024). *Fokussierte Interviewanalyse mit MAXQDA. Schritt für Schritt* (2. Auflage). Wiesbaden: Springer Fachmedien. https://doi.org/10.1007/978-3-658-40212-9

Kulenović, M., Folta, M. & Veselinović, L. (2021). The Analysis of Total Quality Management Critical Success Factors. *Quality Innovation Prosperity*, *25*(1), 88–102. https://doi.org/10.12776/QIP.V25I1.1514

Kumar, N., Stern, L. W. & Anderson, J. C. (1993). Conducting Interorganizational Research Using Key Informants. *Academy of Management Journal*, *36*(6), 1633–1651. https://doi.org/10.5465/256824

Küpper, H.-U. & Daschmann, H.-A. (1993). Erfolgs-und Mißerfolgsfaktoren mittelständischer Unternehmen. *Steuern+Gewerbe*, (3), 7–12.

Küpper, H.-U. & Daschmann, H.-A. (1994). Ein Analyse- und Planungssystem zur strategischen Unternehmensführung für den Mittelstand. *Steuern+ Gewerbe*, (5), 6–10.

Kusstatscher, V. (2006). Cultivating positive emotions in mergers and acquisitions. In *Advances in mergers and acquisitions* (Bd. 5, S. 91–103). Bingley: Emerald (MCB UP). https://doi.org/10.1016/S1479-361X(06)05005-8

Kuster, J., Bachmann, C., Huber, E., Hubmann, M., Lippmann, R., Schneider, E. et al. (2019). *Handbuch Projektmanagement*. Berlin, Heidelberg: Springer Berlin Heidelberg. https://doi.org/10.1007/978-3-662-57878-0

Kuster, J., Huber, E., Lippmann, R., Schmid, A., Schneider, E., Witschi Urs et al. (2011). *Handbuch Projektmanagement* (3., erw. Aufl.). Berlin, Heidelberg: Springer.

Lace, K. (2023). Supporting Information System Integration Decisions in the Post-Merger Context. *Complex Systems Informatics and Modeling Quarterly*, (34), 30–61. https://doi.org/10.7250/csimq.2023-34.02

Lace, K. & Kirikova, M. (2021). Post-Merger Integration Specific Requirements Engineering Model. In R. A. Buchmann, A. Polini, B. Johansson & D. Karagiannis (Hrsg.), *Perspectives in Business Informatics Research* (Lecture Notes in Business Information Processing, Bd. 430, S. 115–129). Cham: Springer International Publishing. https://doi.org/10.1007/978-3-030-87205-2_8

Lander, M. W. & Kooning, L. (2013). Boarding the Aircraft: Trust Development Amongst Negotiators of a Complex Merger. *Journal of Management Studies*, *50*(1), 1–30. https://doi.org/10.1111/j.1467-6486.2012.01084.x

Langenstein, K. (2007). *Post Merger Integration Management*. Zugl.: Wuppertal, Univ., Diss., 2006. Bergische Universität, Wuppertal.

Langley, A., Golden-Biddle, K., Reay, T., Denis, J.-L., Hébert, Y., Lamothe, L. et al. (2012). Identity Struggles in Merging Organizations. *The Journal of Applied Behavioral Science*, *48*(2), 135–167. https://doi.org/10.1177/0021886312438857

Lanzer, F., Sauberschwarz, L., Sertler, T. & Weiß, L. (2024). Von strategischer Planung zu strategischer Agilität. In F. Lanzer, L. Sauberschwarz, T. Sertler & L. Weiß (Hrsg.), *Strategische Agilität* (essentials, S. 3–9). Wiesbaden: Springer Fachmedien Wiesbaden. https://doi.org/10.1007/978-3-658-45422-7_2

Larsson, R. & Finkelstein, S. (1999). Integrating Strategic, Organizational, and Human Resource Perspectives on Mergers and Acquisitions: A Case Survey of Synergy Realization. *Organization Science*, *10*(1), 1–26. https://doi.org/10.1287/orsc.10.1.1

Larsson, R. & Lubatkin, M. (2001). Achieving Acculturation in Mergers and Acquisitions: An International Case Survey. *Human Relations*, *54*(12), 1573–1607. https://doi.org/10.1177/00187267015412002

Lasswell, H. D. (1927). The Theory of Political Propaganda. *American Political Science Review*, *21*(3), 627–631. https://doi.org/10.2307/1945515

Lauser, B. (2010). Post-Merger integration and change processes from a complexity perspective. *Baltic Journal of Management*, *5*(1), 6–27. https://doi.org/10.1108/17465261011016531

Lawlor, J. (2013). Employee perspectives on the post-integration stage of a micro-merger. *Personnel Review*, *42*(6), 704–723. https://doi.org/10.1108/PR-06-2012-0096

Lederer, M., Jakob, E. & Rathnow, P. (2022). State-of-the-art and possible fields of application for the integrated support of merger and acquisition processes by means of artificial intelligence. *International Journal of Data Science*, *7*(1), 22–43. https://doi.org/10.1504/IJDS.2022.124354

Lee, J., K. Park, N. & Kim, H. (2014). The effect of change in organizational identity on knowledge creation by mobile R&D workers in M&As. *Journal of Organizational Change Management*, *27*(1), 41–58. https://doi.org/10.1108/JOCM-12-2012-0195

Lee, J. Y., Jiménez, A. & Devinney, T. M. (2020). Learning in SME Internationalization: A New Perspective on Learning From Success versus Failure. *Management International Review*, *60*(4), 485–513. https://doi.org/10.1007/s11575-020-00422-x

Lee, K., Han, K., Animesh, A. & Pinsonneault, A. (2022). Does IT Matter to Acquisitions? The Impacts of IT Distance on Post-Acquisition Performance. *MIS Quarterly*, *46*(4), 2261–2288. https://doi.org/10.25300/MISQ/2022/16039

Lee, S.-J., Kim, J. & Park, B. I. (2015). Culture clashes in cross-border mergers and acquisitions: A case study of Sweden's Volvo and South Korea's Samsung. *International Business Review*, *24*(4), 580–593. https://doi.org/10.1016/j.ibusrev.2014.10.016

Leidecker, J. K. & Bruno, A. V. (1984). Identifying and using critical success factors. *Long Range Planning*, *17*(1), 23–32. https://doi.org/10.1016/0024-6301(84)90163-8

Levine, D. I. (1995). *Reinventing the workplace. How business and employees can both win.* Washington, DC: Brookings Inst.

Lin, C. Y.-Y. & Wei, Y.-C. (2006). The Role of Business Ethics in Merger and Acquisition Success: An Empirical Study. *Journal of Business Ethics*, *69*(1), 95–109. https://doi.org/10.1007/s10551-006-9070-0

Lindstädt, H. (2006). Ziele, Motive und Kriterien für Unternehmenszusammenschlüsse. In B. W. Wirtz (ed.), *Handbuch Mergers & Acquisitions Management* (1. Auflage, S. 57–78). Wiesbaden: Gabler.

Lindstädt, H. & Wolff, M. (2007). Organisatorische Neuausrichtung im Post Merger-Management. In U. Balz (Hrsg.), *Praxisbuch Mergers & Acquisitions. Von der strategischen Überlegung zur erfolgreichen Integration* (2., aktualisierte und erw. Aufl., S. 315–340). Landsberg am Lech: Mi-Fachverl. Redline GmbH. Zugriff am 03.11.2023. Verfügbar unter: https://www.ibu.kit.edu/rd_download/04_-_2007_Lindstaedt_Wolff_in_Balz.pdf

Lingo, E. L. & O'Mahony, S. (2010). Nexus Work: Brokerage on Creative Projects. *Administrative Science Quarterly*, *55*(1), 47–81. https://doi.org/10.2189/asqu.2010.55.1.47

Lipponen, J., Olkkonen, M.-E. & Moilanen, M. (2004). Perceived procedural justice and employee responses to an organizational merger. *European Journal of Work and Organizational Psychology*, *13*(3), 391–413. https://doi.org/10.1080/13594320444000146

Lodorfos, G. & Boateng, A. (2006). The role of culture in the merger and acquisition process. *Management Decision*, *44*(10), 1405–1421. https://doi.org/10.1108/00251740610715722

Lohre, S. (2010). *Die Gestaltung zentraler Post-Merger-Integrationsprozesse. Eine anwendungsorientierte Konzeption eines prozessorientierten Vorgehensreferenzmodells* (Schriftenreihe innovative betriebswirtschaftliche Forschung und Praxis, Bd. 254). Zugl.: Münster, Univ., Diss., 2009. Hamburg: Kovač.

Lord, M. A. (1993). Implementing strategy through project management. *Long Range Planning*, *26*(1), 76–85. https://doi.org/10.1016/0024-6301(93)90236-9

Loy, T. & Stammel, G. (2016). M&A-Forschung im Lichte verschiedener Denkschulen. *WIST Wirtschaftswissenschaftliches Studium*, *45*(10), 557–559. https://doi.org/10.15358/0340-1650-2016-10-557

Lu, Q. (2014). Is the speed of post-acquisition integration manageable? Case study: post-acquisition integration of HSBC with the Mercantile Bank, 1959–84. *Business History, 56*(8), 1262–1280. https://doi.org/10.1080/00076791.2013.876533

Lu, S. (2018). The Pattern of M & A Integration: A Literature Review. *American Journal of Industrial and Business Management, 08*(02), 313–326. https://doi.org/10.4236/ajibm.2018.82019

Lubatkin, M., Calori, R., Very, P. & Veiga, J. F. (1998). Managing Mergers Across Borders: A Two-Nation Exploration of a Nationally Bound Administrative Heritage. *Organization Science, 9*(6), 670–684. https://doi.org/10.1287/orsc.9.6.670

Lupina-Wegener, A., Drzensky, F., Ullrich, J. & van Dick, R. (2014). Focusing on the bright tomorrow? A longitudinal study of organizational identification and projected continuity in a corporate merger. *The British Journal of Social Psychology, 53*(4), 752–772. https://doi.org/10.1111/bjso.12056

Lupina-Wegener, A., Schneider, S. C. & van Dick, R. (2015). The Role of Outgroups in Constructing a Shared Identity: A Longitudinal Study of a Subsidiary Merger in Mexico. *Management International Review, 55*(5), 677–705. https://doi.org/10.1007/s11575-015-0247-6

Lupina-Wegener, A. (2013). Human resource integration in subsidiary mergers and acquisitions. *Journal of Organizational Change Management, 26*(2), 286–304. https://doi.org/10.1108/09534811311328353

Maguire, S. & Phillips, N. (2008). 'Citibankers' at Citigroup: A Study of the Loss of Institutional Trust after a Merger. *Journal of Management Studies, 45*(2), 372–401. https://doi.org/10.1111/j.1467-6486.2007.00760.x

Maire, S. & Collerette, P. (2011). International post-merger integration: Lessons from an integration project in the private banking sector. *International Journal of Project Management, 29*(3), 279–294. https://doi.org/10.1016/j.ijproman.2010.03.001

Makri, E., Hantzi, A. & Antoniou, A.-S. (2012). Merger integration patterns, status of pre-merger organizations, stress, and employee health post-combination. *Journal of Business Studies Quarterly, 4*, 113–127.

Manninen, K. & Huiskonen, J. (2022). Factors influencing the implementation of an integrated corporate sustainability and business strategy. *Journal of Cleaner Production, 343*, 1–12. https://doi.org/10.1016/j.jclepro.2022.131036

Marbach, F. (1942). *Theorie des Mittelstandes*. Bern: A. Francke AG.

March, J. G. & Sutton, R. I. (1997). Crossroads – Organizational Performance as a Dependent Variable. *Organization Science, 8*(6), 698–706. https://doi.org/10.1287/orsc.8.6.698

Marco, A. C. & Rausser, G. C. (2011). Complementarities and spillovers in mergers: an empirical investigation using patent data. *Economics of Innovation and New Technology, 20*(3), 207–231. https://doi.org/10.1080/10438590903509827

Maříková, M., Rolínek, L., Vrchota, J. & Řehoř, P. (2022). Determination of the Level of Strategic Management in SMEs. *Central European Business Review, 11*(3), 55–78. https://doi.org/10.18267/j.cebr.296

Marks, M. L. & Mirvis, P. H. (2011). Merge Ahead: A Research Agenda to Increase Merger and Acquisition Success. *Journal of Business and Psychology, 26*(2), 161–168. https://doi.org/10.1007/s10869-011-9219-4

Marmenout, K. & Mignerat, M. (2015). Leveraging Social Networks in Mergers: A Roadmap for Post-Merger Integration. In C. L. Cooper & S. Finkelstein (Hrsg.), *Advances in Mergers and Acquisitions* (Bd. 14, S. 83–101). Emerald Group Publishing Limited. https://doi.org/10.1108/S1479-361X20150000014006

Marshall, M. N. (1996). The key informant technique. *Family Practice, 13*(1), 92–97. https://doi.org/10.1093/fampra/13.1.92

Martin, J. A. (2011). Dynamic Managerial Capabilities and the Multibusiness Team: The Role of Episodic Teams in Executive Leadership Groups. *Organization Science, 22*(1), 118–140. https://doi.org/10.1287/orsc.1090.0515

Massis, A. de, Audretsch, D., Uhlaner, L. & Kammerlander, N. (2018). Innovation with Limited Resources: Management Lessons from the German Mittelstand. *Journal of Product Innovation Management, 35*(1), 125–146. https://doi.org/10.1111/jpim.12373

Mayring, P. (2012). Qualitative Inhaltsanalyse – ein Beispiel für Mixed Methods. In M. Gläser-Zikuda, T. Seidel, C. Rohlfs, A. Gröschner & Ziegelbauer, Sascha (Hrsg.) (Hrsg.), *Mixed methods in der empirischen Bildungsforschung*. Münster: Waxmann, 2012.

Mayring, P. (2019). Qualitative Inhaltsanalyse – Abgrenzungen, Spielarten, Weiterentwicklungen. *Forum qualitative Sozialforschung, 20*(3). https://doi.org/10.17169/fqs-20.3.3343

Mayring, P. (2022a). Qualitative Inhaltsanalyse. In U. Flick, E. von Kardorff & I. Steinke (Hrsg.), *Qualitative Forschung. Ein Handbuch* (14. Auflage, S. 468–475). Reinbek bei Hamburg: Rowohlt-Taschenbuch Verlag GmbH.

Mayring, P. (2022b). *Qualitative Inhaltsanalyse. Grundlagen und Techniken* (13. Auflage). Weinheim, Basel: Beltz.

Mayring, P. (2023). *Einführung in die qualitative Sozialforschung. Eine Anleitung zu qualitativem Denken* (7. Auflage). Weinheim, Basel: Beltz.

McCarthy, K. J. & Noseleit, F. (2022). Too many cooks spoil the broth: on the impact of external advisors on mergers and acquisitions. *Review of Managerial Science, 16*(6), 1817–1852. https://doi.org/10.1007/s11846-021-00467-8

Meglio, O. (2022). Reshaping M&A research: Strategies and tactics for a new research agenda. *European Management Journal, 40*(6), 823–831. https://doi.org/10.1016/j.emj.2022.09.003

Meiners, D. (2016). *Gestaltung der Supply Chain unter Berücksichtigung ausgewählter Wachstumsstrategien bei mittelständischen Unternehmen* (Schriften zum Supply Chain Management, v.11, 1st ed.). Göttingen: Cuvillier Verlag. Verfügbar unter: https://ebookcentral.proquest.com/lib/kxp/detail.action?docID=5023366

Meixner, O. & Haas, R. (2015). *Wissensmanagement und Entscheidungstheorie. Theorien, Methoden, Anwendungen und Fallbeispiele ; mit 25 Tabellen* (3. Auflage). Wien: Facultas-Verl.

Melkonian, T., Monin, P. & Noorderhaven, N. G. (2011). Distributive justice, procedural justice, exemplarity, and employees' willingness to cooperate in M&A integration processes: An analysis of the Air France-KLM merger. *Human Resource Management, 50*(6), 809–837. https://doi.org/10.1002/hrm.20456

Menzler, T. & Niemeyer, M. (2017). M&A-Strategieprozess als Erfolgsfaktor für die Post Merger Integration. *M&A Review, 28*(10), 328–333.

Merkens, H. (2022). Auswahlverfahren, Sampling, Fallkonstruktion. In U. Flick, E. von Kardorff & I. Steinke (Hrsg.), *Qualitative Forschung. Ein Handbuch* (14. Auflage, S. 286–299). Reinbek bei Hamburg: Rowohlt-Taschenbuch Verlag GmbH.

Meyer, C. B. (2006). Destructive Dynamics of Middle Management Intervention in Postmerger Processes. *The Journal of Applied Behavioral Science, 42*(4), 397–419. https://doi.org/10.1177/0021886306289420

Meyer, C. B. (2008). Value Leakages in Mergers and Acquisitions. *Long Range Planning, 41*(2), 197–224. https://doi.org/10.1016/j.lrp.2008.01.003

Meyer, C. B. & Altenborg, E. (2007). The Disintegrating Effects of Equality: A Study of a Failed International Merger. *British Journal of Management, 18*(3), 257–271. https://doi.org/10.1111/j.1467-8551.2006.00502.x

Meyer, K. E. & Lieb-Dóczy, E. (2003). Post-Acquisition Restructuring as Evolutionary Process*. *Journal of Management Studies, 40*(2), 459–482. https://doi.org/10.1111/1467-6486.00347

Meyer, M. L. (2012). *Erfolgsfaktoren bei Mergers & Acquisitions.* Wuppertal, Univ., Diss.,. Schumpeter School of Business and Economic der Bergischen Universität Wuppertal, Wuppertal. Zugriff am 05.12.2023. Verfügbar unter: urn:nbn:de:hbz:468–20121011–123400–3

Meyer-Doyle, P., Lee, S. & Helfat, C. E. (2019). Disentangling the microfoundations of acquisition behavior and performance. *Strategic Management Journal, 40*(11), 1733–1756. https://doi.org/10.1002/smj.3069

Meynerts-Stiller, K. & Rohloff, C. (2017). Konzeption des Post-Merger Integration (PMI)-Managements. In T. Feix, J.-P. Büchler & T. Straub (Hrsg.), *Mergers & Acquisitions. Erfolgsfaktoren für mittelständische Unternehmen* (1. Auflage, S. 299–314). Freiburg: Haufe Gruppe.

Meynerts-Stiller, K. & Rohloff, C. (2019). Post Merger Excellence: 9 Erfolgsfaktoren für komplexe und dynamische M&A-Integrationsprojekte. In A. Klein (Hrsg.), *Mergers & Acquisitions im Mittelstand* (1. Auflage, S. 169–186). Freiburg: Haufe Group.

Meynerts-Stiller, K. & Rohloff, C. (2022). *Post Merger Management. M&A-Integrationen erfolgreich planen und gestalten* (2. Auflage). Stuttgart, Freiburg: Schäffer-Poeschel Verlag.

Miculeac, M. E. (2018). Managerial Approach of the company. *Journal of Public Adminstration, Finance and Law,* (14), 122–128.

Miczka, S., Größler, A., Schwaninger, M. & Pérez Rios, J. (2010). Merger dynamics. *Kybernetes, 39*(9/10), 1491–1512. https://doi.org/10.1108/03684921011081132

Miles, M. B., Huberman, A. M. & Saldaña, J. (2020). *Qualitative data analysis. A methods sourcebook* (Fourth edition, International student edition). Los Angeles, London, New Delhi, Singapore, Washington DC, Melbourne: SAGE.

Miller, D. & Le Breton-Miller, I. (2021). Family firms. A breed of extremes? *Entrepreneurship Theory and Practice.* https://doi.org/10.1177/1042258720964186

Miller, D., Le Breton-Miller, I. & Scholnick, B. (2008). Stewardship vs. Stagnation: An Empirical Comparison of Small Family and Non-Family Businesses. *Journal of Management Studies, 45*(1), 51–78. https://doi.org/10.1111/j.1467-6486.2007.00718.x

Minichilli, A., Brogi, M. & Calabrò, A. (2016). Weathering the Storm: Family Ownership, Governance, and Performance Through the Financial and Economic Crisis. *Corporate Governance: An International Review, 24*(6), 552–568. https://doi.org/10.1111/corg.12125

Mintzberg, H. (1978). Patterns in strategy formation. *Management Science, 24*(9), 934–958.

Mintzberg, H. & Waters, J. A. (1985). Of strategies, deliberate and emergent. *Strategic Management Journal*, *6*(3), 257–272. https://doi.org/10.1002/smj.4250060306

Mirc, N. (2012). Connecting the micro- and macro-level: Proposition of a research design to study post-acquisition synergies through a social network approach. *Scandinavian Journal of Management*, *28*(2), 121–135. https://doi.org/10.1016/j.scaman.2012.02.005

Misoch, S. (2019). *Qualitative Interviews* (2., erweiterte und aktualisierte Auflage). Berlin, Boston: de Gruyter Oldenbourg.

Mitleton-Kelly, E. (2006). Coevolutionary integration: The co-creation of a new organizational form following a merger and acquisition. *Emergence: Complexity & Organization*, *8*.

Moffat, A. & McLean, A. (2010). Merger as conversation. *Leadership & Organization Development Journal*, *31*(6), 534–550. https://doi.org/10.1108/01437731011070023

Moll, L. E. (2012). *Strategische Erfolgsfaktoren von Shared Services im Personalbereich*. Wiesbaden: Gabler Verlag. https://doi.org/10.1007/978-3-8349-4058-2

Mollahoseini, A. & Ahmadkhani, H. (2012). Surveying and Identifying the Factors Affecting Successful Implementation of Business Strategies in Companies of Fars Province Industrial Towns. *International Journal of Business and Social Science*, *3*(1), 265–272. Verfügbar unter: https://api.semanticscholar.org/CorpusID:18366414

Monin, P., Noorderhaven, N., Vaara, E. & Kroon, D. (2013). Giving Sense to and Making Sense of Justice in Post-Merger Integration. *Academy of Management Journal*, *56*, 256–284.

Moritz, A., Graffius, M., Felden, B., Block, J., Alexandra Moritz, Michael Graffius et al. (2023). Unternehmenskäufe und -verkäufe im Rahmen der Nachfolge von KMU in Deutschland – Eine empirische Untersuchung. *Betriebswirtschaftliche Forschung und Praxis*, (2), 149–185.

Morosini, P., Shane, S. & Singh, H. (1998). National Cultural Distance and Cross-Border Acquisition Performance. *Journal of international business studies*, *29*(1), 137–158. https://doi.org/10.1057/palgrave.jibs.8490029

Mtar, M. (2010). Institutional, Industry and Power Effects on Integration in Cross-border Acquisitions. *Organization Studies*, *31*(8), 1099–1127. https://doi.org/10.1177/0170840610376147

Müller, M. P. (2015). *M&A durch private Familienunternehmen. Messung der langfristigen Entwicklung von Akquisitionen* (Entscheidungs- und Organisationstheorie, 1. Auflage). Zugl.: Lüneburg, Leuphana Univ., Diss., 2013. Wiesbaden: Springer Gabler. https://doi.org/10.1007/978-3-658-11146-5

Müller, M., Frank, C. [Carsten] & Sieg, M. (2020). Objectives und Key Results (OKRs) als Leitplanken für erfolgreiche Post-Merger-Integrationen. Wie OKRs in der Programmplanung und -steuerung einer Post-Merger-Integration für die notwendige Transparenz und Agilität sorgen. *M&A Review*, *31*(4), 108–116. Verfügbar unter: https://ma-review.de/objectives-und-key-results-okrs-als-leitplanken-fuer-erfolgreiche-post-merger-integrationen/

Müller, R. & Jugdev, K. (2012). Critical success factors in projects. *International Journal of Managing Projects in Business*, *5*(4), 757–775. https://doi.org/10.1108/17538371211269040

Müller-Stewens, G. (2001). Eckpfeiler eines Integrationsmanagements. In N. Thom & Zaugg, Robert J. (Hrsg.) (Hrsg.), *Excellence durch Personal- und Organisationskompetenz.* Bern: Verlag Paul Haupt, 2001.

Müller-Stewens, G. (2010a). Mergers & Acqusitions. Eine Einführung. In G. Müller-Stewens, S. Kunisch & A. Binder (Hrsg.), *Mergers & Acquisitions. Analysen, Trends und Best Practices. Analysen, Trends und Best Practices* (1. Auflage, S. 3–13). Stuttgart: Schäffer-Poeschel.

Müller-Stewens, G. (2010b). Zum Stand des Wissens. In G. Müller-Stewens, S. Kunisch & A. Binder (Hrsg.), *Mergers & Acquisitions. Analysen, Trends und Best Practices. Analysen, Trends und Best Practices* (1. Auflage, S. 164–194). Stuttgart: Schäffer-Poeschel.

Müller-Stewens, G. & Lechner, C. (2016). *Strategisches Management. Wie strategische Initiativen zum Wandel führen : der Strategic Management Navigator* (5., überarbeitete Auflage). Stuttgart: Schäffer-Poeschel Verlag. Verfügbar unter: http://www.strategicmanagementnavigator.org

Munro, M. C. & Wheeler, B. R. (1980). Planning, Critical Success Factors, and Management's Information Requirements. *MIS Quarterly*, *4*(4), 27–38.

Musinguzi, P., Baker, D. & Villano, R. A. (2023). Interrelationships amongst critical success factors and rural social enterprises' performance in a developing country context. *Journal of Rural Studies*, *100*, 1–15. https://doi.org/10.1016/j.jrurstud.2023.03.003

Nahavandi, A. & Malekzadeh, A. R. (1988). Acculturation in mergers and acquisitions. *The International Executive*, *30*(1), 10–12. https://doi.org/10.1002/tie.5060300103

Nemanich, L. A. & Keller, R. T. (2007). Transformational leadership in an acquisition: A field study of employees. *The Leadership Quarterly*, *18*(1), 49–68. https://doi.org/10.1016/j.leaqua.2006.11.003

Nemanich, L. A. & Vera, D. (2009). Transformational leadership and ambidexterity in the context of an acquisition. *The Leadership Quarterly*, *20*(1), 19–33. https://doi.org/10.1016/j.leaqua.2008.11.002

Nicolai, A. & Kieser, A. (2002). Trotz eklatanter Erfolgslosigkeit. Die Erfolgsfaktorenforschung weiter auf Erfolgskurs. *Die Betriebswirtschaft*, *62*(6), 579–596.

Nikandrou, I., Papalexandris, N. & Bourantas, D. (2000). Gaining employee trust after acquisition. *Employee Relations: The International Journal*, *22*(4), 334–355. https://doi.org/10.1108/01425450010340344

Noble, C. H. (1999). The Eclectic Roots of Strategy Implementation Research. *Journal of Business Research*, *45*(2), 119–134. https://doi.org/10.1016/S0148-2963(97)00231-2

North, K. & Blanco, A. (2003). Wissen fusionieren. Wie Wissensintegration den Erfolg von Mergers & Acquisitions unterstützt. *New Management*, (36–45).

Nutt, P. C. (1983). Implementation Approaches for Project Planning. 1. *Academy of Management Review*, *8*(4), 600–611. https://doi.org/10.5465/amr.1983.4284660

Nutt, P. C. (1986). Tactics of Implementation. *Academy of Management Journal*, *29*(2), 230–261. https://doi.org/10.5465/256187

Öberg, C. (2013). Customer roles in mergers and Acquisitions. A systematic literature review. *Advances in Mergers and Acquisitions.*

Öberg, C., Henneberg, S. C. & Mouzas, S. (2007). Changing network pictures: Evidence from mergers and acquisitions. *Industrial Marketing Management*, *36*(7), 926–940. https://doi.org/10.1016/j.indmarman.2007.05.010

Öberg, C. & Tarba, S. Y. (2013). What Do We Know About Post-Merger Integration Following International Acquisitions? In T. M. Devinney, T. Pedersen & L. Tihanyi (Hrsg.), *Philosophy of Science and Meta-Knowledge in International Business and Management* (Advances in International Management, Bd. 26, S. 469–492). Emerald Group Publishing Limited. https://doi.org/10.1108/S1571-5027(2013)0000026022

Oetinger, B. von (2003). Die Fundamente der Strategie – Carl von Clausewitz' Begriff der Strategie als Maßstab für Unternehmensstrategie. In M. J. Ringlstetter, H. A. Henzler & M. Mirow (Hrsg.), *Perspektiven der Strategischen Unternehmensführung* (S. 3–23). Wiesbaden: Gabler Verlag. https://doi.org/10.1007/978-3-322-84519-1_1

Oh, J.-H. & Johnston, W. J. (2021). How post-merger integration duration affects merger outcomes. *Journal of Business & Industrial Marketing, 36*(5), 807–820. https://doi.org/10.1108/JBIM-11-2019-0476

Ohne Autor. (2024). *MAXQDA 24 Manual.* Verfügbar unter: www.maxqda.com/de/download/manuals/MAX24-Online-Manual-Complete-DE.pdf

Okafor, A. (2019). Refocusing on the Success Enabling Factors in Mergers and Acquisitions. *European Scientific Journal ESJ, 15*(16). https://doi.org/10.19044/esj.2019.v15n16p172

Okumus, F. (2001). Towards a strategy implementation framework. *International Journal of Contemporary Hospitality Management, 13*(7), 327–338. https://doi.org/10.1108/09596110110403712

Olie, R. (1990). Culture and integration problems in international mergers and acquisitions. *European Management Journal, 8*(2), 206–215. https://doi.org/10.1016/0263-2373(90)90088-N

Olie, R. (1994). Shades of Culture and Institutions-in International Mergers. *Organization Studies, 15*(3), 381–405. https://doi.org/10.1177/017084069401500304

Olson, E. M., Slater, S. F. & Hult, G. T. M. (2005). The importance of structure and process to strategy implementation. *Business Horizons, 48*(1), 47–54. https://doi.org/10.1016/j.bushor.2004.10.002

Oreg, S. (2006). Personality, context, and resistance to organizational change. *European Journal of Work and Organizational Psychology, 15*(1), 73–101. https://doi.org/10.1080/13594320500451247

Oreski, T. (2021). *Competitive strategies in mergers and acquisitions* (Swiss Finance Institute research paper series, no. 21, 29). Geneva, Switzerland: Swiss Finance Institute. https://doi.org/10.2139/ssrn.3803420

Osarenkhoe, A. & Hyder, A. (2015). Marriage for better or for worse? Towards an analytical framework to manage post-merger integration process. *Business Process Management Journal, 21*(4), 857–887. https://doi.org/10.1108/BPMJ-07-2014-0070

Pablo, A. (1996). Acquisition decision-making processes: The central role of risk. *Journal of Management, 22*(5), 723–746. https://doi.org/10.1016/S0149-2063(96)90020-3

Pahnke, A., Welter, F. & Audretsch, D. B. (2023). In the eye of the beholder? Differentiating between SMEs and Mittelstand. *Small Business Economics, 60*(2), 729–743. https://doi.org/10.1007/s11187-022-00612-x

Palm, A. (2011a). Concepts for Cultural Integration after M&A/Konzepte zur Kulturellen Integration nach M&A. *Business: Theory and Practice, 12*(1), 33–44. https://doi.org/10.3846/btp.2011.04

Palm, A. (2011b). *Gestaltung einer ganzheitlichen Kommunikationsstrategie bei der Post Merger Integration von Unternehmenskulturen.* Dissertation. Technische Universität, Vilnius. Zugriff am 17.04.2023.

Palm, M. & Kammerlander, N. (2021). *Mergers & Acquisitions (M&A) in Familienunternehmen. Eine qualitative Studie zu den M&A-Motiven, den Pre- und Post-M&A Prozessen und den Desinvestitionsstrategien in Familienunternehmen im deutschsprachigen Raum.* Vallendar. Zugriff am 20.05.2025. Verfügbar unter: https://www.researchgate.net/publication/353210695_Mergers_Acquisitions_MA_in_Familienunternehmen

Papadakis, V. M. (2005). The role of broader context and the communication program in merger and acquisition implementation success. *Management Decision, 43*(2), 236–255. https://doi.org/10.1108/00251740510581948

Paruchuri, S. & Eisenman, M. (2012). Microfoundations of Firm R&D Capabilities: A Study of Inventor Networks in a Merger. *Journal of Management Studies, 49*(8), 1509–1535. https://doi.org/10.1111/j.1467-6486.2012.01066.x

Paruchuri, S., Nerkar, A. & Hambrick, D. C. (2006). Acquisition Integration and Productivity Losses in the Technical Core: Disruption of Inventors in Acquired Companies. *Organization Science, 17*(5), 545–562. https://doi.org/10.1287/orsc.1060.0207

Paustian-Underdahl, S. C., Fainshmidt, S., Sanchez, J. I., Misati, E., Zhao, Y. & Zhang, H. (2017). The Role of Economic Development and Perceived Growth Opportunities in Employee Reactions to M&As. *Group & organization management, 42*(2), 163–194. https://doi.org/10.1177/1059601117696674

Peirce, C. S. (1976). *Schriften zum Pragmatismus und Pragmatizismus* (Theorie, 2. Aufl.). Frankfurt am Main: Suhrkamp.

Pella, M. D. A., Sumarwan, U., Daryanto, A. & Kirbrandoko. (2014). Factors Affecting Poor Strategy Implementation. *Gadjah Mada International Journal of Business, 15*(2), 183. https://doi.org/10.22146/gamaijb.5702

Peters, T. J. & Waterman, R. H. (1982). *In search of excellence: lessons from America's best-run companies* (1. Auflage). New York: Harper & Row.

Pfeifle, K. (2020). *PMI und die Frage nach dem Erfolg.* Dissertation. Springer Fachmedien Wiesbaden, Katholische Universität Eichstätt-Ingolstadt. https://doi.org/10.1007/978-3-658-31815-4

Pfohl, H.-C. (2020). *Betriebswirtschaftslehre der Mittel- und Kleinbetriebe. Größenspezifische Probleme und Möglichkeiten zu ihrer Lösung* (Management und Wirtschaft Praxis, v.44, 6th ed.). Berlin: Erich Schmidt Verlag. Verfügbar unter: https://ebookcentral.proquest.com/lib/kxp/detail.action?docID=7182655

Pfurr, A. & Schirrmacher, F. (2021). Mit Sicherheit zu etwas Neuem: Zur Bedeutung psychologischer Sicherheit in der Post-Merger-Integration (PMI). *Organisationsberatung, Supervision, Coaching, 28*(3), 339–354. https://doi.org/10.1007/s11613-021-00720-9

Picot, G. (Hrsg.). (2012). *Handbuch Mergers & Acquisitions. Planung, Durchführung, Integration* (5. Auflage). Stuttgart: Schäffer-Poeschel Verlag. Verfügbar unter: https://ebookcentral.proquest.com/lib/kxp/detail.action?docID=920675

Piekkari, R., Vaara, E., Tienari, J. & Säntti, R. (2005). Integration or disintegration? Human resource implications of a common corporate language decision in a cross-border merger. *The International Journal of Human Resource Management, 16*(3), 330–344. https://doi.org/10.1080/0958519042000339534

Pinto, J. K. & Prescott, J. E. (1990). Planning and tactical factors in the project implementation process. *Journal of Management Studies*, *27*(3), 305–327. https://doi.org/10.1111/j.1467-6486.1990.tb00249.x

Pinto, J. K. & Slevin, D. P. (1987). Critical factors in successful project implementation. *IEEE Transactions on Engineering Management*, *EM-34*(1), 22–27. https://doi.org/10.1109/TEM.1987.6498856

Piske, R. (2002). German acquisitions in Poland: an empirical study on integration management and integration success. *Human Resource Development International*, *5*(3), 295–312. https://doi.org/10.1080/13678860210143541

Porrini, P. (2004). Can a Previous Alliance Between an Acquirer and a Target Affect Acquisition Performance? *Journal of Management*, *30*(4), 545–562. https://doi.org/10.1016/j.jm.2004.02.003

Porter, M. E. (1980). *Competitive strategy. Techniques for analyzing industries and competitors.* New York, NY: Free Press. Retrieved from http://bvbr.bib-bvb.de:8991/F?func=service&doc_library=BVB01&doc_number=002129233&line_number=0002&func_code=DB_RECORDS&service_type=MEDIA

Porter, M. E. (1991). Towards a dynamic theory of strategy. *Strategic Management Journal*, *12*(S2), 95–117. https://doi.org/10.1002/smj.4250121008

Porter, M. E. (2014). *Wettbewerbsvorteile. Spitzenleistungen erreichen und behaupten* (A. Jaeger, M. Schickerling, Übers.) (Campus Strategie, 8. Auflage). Frankfurt am Main, New York: Campus Verlag.

Post, H. A. (1997). Building a strategy on competences. *Long Range Planning*, *30*(5), 733–740. https://doi.org/10.1016/S0024-6301(97)00049-6

Prahalat, C. K. & Hamel, G. (1990). The Core Competence of the Corporation. *Harvard Business Review*, (5), 79–90.

Probst, G., Raub, S. & Romhardt, K. (2012). *Wissen managen.* Wiesbaden: Gabler Verlag. https://doi.org/10.1007/978-3-8349-4563-1

Pryor, M., Anderson, D., Toombs, L. & Humphreys, J. H. (2007). Strategic Implementation as a Core Competency The 5P's Model. *Journal of Management Research*, *7*(1), 2–17. Zugriff am 26.08.2023. Verfügbar unter: https://www.researchgate.net/publication/3382336699

Pucik, V. (2008). Post-merger integration process in Japanese M&A: The voices from the front-line. In *Advances in Mergers and Acquisitions* (Bd. 7, S. 71–92). Bingley: Emerald (MCB UP). https://doi.org/10.1016/S1479-361X(08)07005-1

Puhakka, H. (2017). The role of accounting in making sense of post-acquisition integration. *Scandinavian Journal of Management*, *33*(1), 12–22. https://doi.org/10.1016/j.scaman.2016.12.001

Pümpin, C. & Amann, W. (2005). *SEP. Strategische Erfolgspositionen ; Kernkompetenzen aufbauen und umsetzen.* Bern, Stuttgart, Wien: Haupt.

Puranam, P., Singh, H. & Chaudhuri, S. (2009). Integrating Acquired Capabilities: When Structural Integration Is (Un)necessary. *Organization Science*, *20*(2), 313–328. https://doi.org/10.1287/orsc.1090.0422

Puranam, P., Singh, H. & Zollo, M. (2006). Organizing for Innovation: Managing the Coordination-Autonomy Dilemma in Technology Acquisitions. *Academy of Management Journal*, *49*(2), 263–280. https://doi.org/10.5465/AMJ.2006.20786062

Puranam, P. & Srikanth, K. (2007). What they know vs. what they do: how acquirers leverage technology acquisitions. *Strategic Management Journal*, *28*(8), 805–825. https://doi.org/10.1002/smj.608

Quah, P. & Young, S. (2005). Post-acquisition Management. *European Management Journal*, *23*(1), 65–75. https://doi.org/10.1016/j.emj.2004.12.010

Quinn, J. B. (1978). Strategic change: „logical incrementalism". *Sloan Management Review*, *20*(1), 7–21.

Raffel, F.-C. (2006). Familienunternehmen akquirieren Unternehmen anders. *M&A Review*, (3), 117–121.

Rampini, G. H. S. & Berssaneti, F. T. (2024). Impact of critical success factors and risk management on organizational results. *Brazilian Journal of Operations & Production Management*, *21*(1), 1–16. https://doi.org/10.14488/BJOPM.1412.2024

Ranft, A. L. (2006). Knowledge preservation and transfer during post-acquisition integration. In *Advances in Mergers and Acquisitions* (Bd. 5, S. 51–67). Bingley: Emerald (MCB UP). https://doi.org/10.1016/S1479-361X(06)05003-4

Ranft, A. L. & Lord, M. D. (2000). Acquiring new knowledge. *The Journal of High Technology Management Research*, *11*(2), 295–319. https://doi.org/10.1016/S1047-8310(00)00034-1

Ranft, A. L. & Lord, M. D. (2002). Acquiring New Technologies and Capabilities: A Grounded Model of Acquisition Implementation. *Organization Science*, *13*(4), 420–441. https://doi.org/10.1287/orsc.13.4.420.2952

Rapert, M. I., Velliquette, A. & Garretson, J. A. (2002). The strategic implementation process: evoking strategic consensus through communication. *Journal of Business Research*, *55*(4), 301–310. https://doi.org/10.1016/S0148-2963(00)00157-0

Raps, A. (2017). *Erfolgsfaktoren der Strategieimplementierung. Konzeption, Instrumente und Fallbeispiele* (4. Auflage 2017). Wiesbaden: Springer Fachmedien Wiesbaden. https://doi.org/10.1007/978-3-658-18559-6

Rau, S. B. (2010). *Familienunternehmen. Theoretische und empirische Grundlagen* (Reihe, Bd. 1, 3. Aufl.). Lohmar, Köln: Eul.

Rau, S. B., Schneider-Siebke, V. & Günther, C. (2019). Family Firm Values Explaining Family Firm Heterogeneity. *Family Business Review*, *32*(2), 195–215. https://doi.org/10.1177/0894486519846670

Razi, N. & Garrick, J. (2019). The „betrayal effect" on post-acquisition integration. *Qualitative Research in Accounting & Management*, *16*(2), 279–303. https://doi.org/10.1108/QRAM-01-2018-0004

Razi, N. & More, E. (2017). A Practice Based Approach to Complex Organisational Change. *Journal of Accounting, Business & Management*, *24*(2), 37–53.

Razi, N., More, E. & Shen, G. (2021). Risk Implications for the Role of Budgets in Implementing Post-Acquisition Systems Integration Strategies. *Journal of Risk and Financial Management*, *14*(7, 323), 1–24. https://doi.org/10.3390/jrfm14070323

Reddy, R. K., Park, S.-J. & Bindroo, V. (2022). Do mergers and acquisitions disrupt marketing capabilities? *Business Research Quarterly*, *0 (0)*, 1–13. https://doi.org/10.1177/23409444221113869

Reed, J. (2021). Strategic agility in the SME. Use it before you lose it. *Journal of Small Business Strategy*, *31*(3), 33–46. Retrieved from https://libjournals.mtsu.edu/index.php/jsbs/article/view/1683/1256

Rees, C. & Edwards, T. (2009). Management strategy and HR in international mergers: choice, constraint and pragmatism. *Human Resource Management Journal, 19*(1), 24–39. https://doi.org/10.1111/j.1748-8583.2008.00087.x

Reichertz, J. (1986). *Probleme qualitativer Sozialforschung. Zur Entwicklungsgeschichte der Objektiven Hermeneutik* (Campus Forschung, Bd. 485). Frankfurt/Main: Campus. Verfügbar unter: http://nbn-resolving.de/urn:nbn:de:0168-ssoar-23547

Reichertz, J. (2019). Methodenpolizei oder Gütesicherung? Zwei Deutungsmuster im Kampf um die Vorherrschaft in der qualitativen Sozialforschung. Forum Qualitative Sozialforschung / Forum: Qualitative Social Research, Vol 20, No 1 (2019). https://doi.org/10.17169/fqs-20.1.3205

Reinemann, H. (1999). Was ist Mittelstand? Zur Definition der kleinen und mittleren Unternehmen. *WiSt – Wirtschaftswissenschaftliches Studium, 28*, 661–662.

Reinemann, H. (2019). *Mittelstandsmanagement. Einführung in Theorie und Praxis* (Lehrbuch, 2. Auflage). Wiesbaden: Springer Gabler. https://doi.org/10.1007/978-3-658-25355-4

Reinemann, H. & Ludwig, D. (2015). Die qualitative Dimension des Mittelstandsbegriffs. In W. Becker & P. Ulrich (Hrsg.), *BWL im Mittelstand. Grundlagen ; Besonderheiten ; Entwicklungen* (1. Aufl., S. 38–52). s.l.: Kohlhammer Verlag.

Reis, N. R., Carvalho, F. & Ferreira, J. V. (2015). An Overview of Three Decades of Mergers and Acquisitions Research. *Revista Ibero-Americana de Estratégia, 14*(2), 51–71. https://doi.org/10.5585/ijsm.v14i2.2222

Reis, N. R., Carvalho, F. M. P. O. & Ferreira, J. V. (2019). Cross-border mergers and acquisitions: a bibliometric review and future research avenues. *International Journal of Bibliometrics in Business and Management, 1*(3), 189–213. https://doi.org/10.1504/IJBBM.2019.097725

Reisinger, S., Gattringer, R. & Strehl, F. (2017). *Strategisches Management. Grundlagen für Studium und Praxis* (Pearson Studium – Economic BWL, 2., aktualisierte und erweiterte Auflage). Hallbergmoos: Pearson Studium.

Reker, J. & Götzen, S. (2012). *Mergers & Acquisitions im Mittelstand* (Deloitte Mittelstandsinstitut Universität Bamberg, Hrsg.) (Erfolgsfaktoren im Mittelstand).

Renneboog, L. & Vansteenkiste, C. (2019). Failure and success in mergers and acquisitions. *Journal of Corporate Finance, 58*, 650–699. https://doi.org/10.1016/j.jcorpfin.2019.07.010

Reus, T. H. (2012). Culture's consequences for emotional attending during cross-border acquisition implementation. *Journal of World Business, 47*(3), 342–351. https://doi.org/10.1016/j.jwb.2011.05.002

Reus, T. H. & Lamont, B. T. (2009). The double-edged sword of cultural distance in international acquisitions. *Journal of international business studies, 40*(8), 1298–1316. https://doi.org/10.1057/jibs.2009.25

Reus, T. H., Lamont, B. T. & Ellis, K. M. (2016). A darker side of knowledge transfer following international acquisitions. *Strategic Management Journal, 37*(5), 932–944. https://doi.org/10.1002/smj.2373

Reuter, U. (2011). *Der ressourcenbasierte Ansatz als theoretischer Bezugsrahmen. Grundlagen, Theoriebausteine und Prozessorientierung* (Diskussionspapierreihe IST – Innovation, Servicedienstleistungen und Technologie, Bd. 3). Stuttgart: Betriebswirtschaftliches

Institut, Universität Stuttgart, Lehrstuhl für ABWL, Forschungs-, Entwicklungs- und Innovationsmanagement.

Reutner, F. (1994). Krisenentwicklung und Krisenmanagement. In M. E. Domsch, M. Hoffmann, C. Lattmann, M. Hofmann, A. Al-Ani, C. Fohler-Norek et al. (Hrsg.), *Neue Entwicklungen im Management* (Management Forum, S. 1–27). Heidelberg: Physica-Verlag HD. https://doi.org/10.1007/978-3-642-95915-8_1

Riad, S. (2005). The Power of 'Organizational Culture' as a Discursive Formation in Merger Integration. *Organization Studies*, *26*(10), 1529–1554. https://doi.org/10.1177/0170840605057072

Riad, S. (2007). Of mergers and cultures: "What happened to shared values and joint assumptions?". *Journal of Organizational Change Management*, *20*(1), 26–43. https://doi.org/10.1108/09534810710715261

Ricken, B., Vilstrup, J. & Carlsen, J. (2012). Die Kunst, zwei Unternehmen zu vernetzen – Der Mehrwert der sozialen Netzwerkanalyse in der Post Merger-Integration. *M&A Review*, *23*(3), 98–106.

Riegler, D. & Walleyo, S. (2013). Post-Merger Integration – Stolperfallen und Erfolgsfaktoren aus der Praxis. In C. Bauer & J.-E. von Düsterlho (Hrsg.), *Distressed Mergers & Acquisitions* (S. 236–251). Wiesbaden: Springer Fachmedien Wiesbaden. https://doi.org/10.1007/978-3-8349-3846-6_12

Riemenschneider, M. (2006). *Der Wert von Produktvielfalt*. Wiesbaden: DUV. https://doi.org/10.1007/978-3-8350-9132-0

Rippe, K. (2017). *Strategische Marken-Due-Diligence*. Wiesbaden: Springer Fachmedien Wiesbaden. https://doi.org/10.1007/978-3-658-18492-6

Roch, J. M. (2004). A new way to look at the integration challenge: the reconciliation of collective representations. In *Advances in Mergers and Acquisitions* (S. 23–50). Bingley, U.K: Emerald (MCB UP).

Rockart, J. F. (1979). Chief executives define their own data needs. *Harvard Business Review*, *57*(2), 81–92.

Rodrigues, M., Franco, M., Silva, R. & Oliveira, C. (2021). Success Factors of SMEs: Empirical Study Guided by Dynamic Capabilities and Resources-Based View. *Sustainability*, *13*(21), 1–17. https://doi.org/10.3390/su132112301

Roediger, T. (2010). *Werte schaffen durch MA-Transaktionen. Erfolgsfaktoren im Post-Akquisitionsmanagement*. Dissertation. European Business School, Oestrich-Winkel. Verfügbar unter: http://gbv.eblib.com/patron/FullRecord.aspx?p=751000

Roitzsch, K., Hacker, W., Pietrzyk, U. & Debitz, U. (2012). How Do German SMEs Cope with the Increasing Need for Flexibility? *Advances in Decision Sciences*, *2012*, 1–13. https://doi.org/10.1155/2012/569076

Rottig, D., Reus, T. H. & Tarba, S. Y. (2015). The Impact of Culture on Mergers and Acquisitions: A Third of a Century of Research. In C. L. Cooper & S. Finkelstein (Hrsg.), *Advances in Mergers and Acquisitions* (Bd. 12, S. 135–172). Emerald Group Publishing Limited. https://doi.org/10.1108/S1479-361X(2013)0000012009

Roush, C. H. & Ball, B. C. (1980). Controlling the implementation of strategy. *Managerial Planning*, 3–12.

Rouzies, A. & Colman, H. L. (2012). Identification Processes in Post-Acquisition Integration: The Role of Social Interactions. *Corporate Reputation Review*, *15*(3), 143–157. https://doi.org/10.1057/crr.2012.8

Rovelli, P., Ferasso, M., Massis, A. de & Kraus, S. (2022). Thirty years of research in family business journals: Status quo and future directions. *Journal of Family Business Strategy, 13*(3), 1–17. https://doi.org/10.1016/j.jfbs.2021.100422

Rovit, S., Harding, D. & Lemire, C. (2004). A simple M&A model for all seasons. *Strategy & Leadership, 32*(5), 18–24. https://doi.org/10.1108/10878570410557624

Rudolph, H. (1996). Erfolg von Unternehmen. Plädoyer für einen kritischen Umgang mit dem Erfolgsbegriff. *Aus Politik und Zeitgeschichte*, 32–39. Verfügbar unter: https://www.bpb.de/system/files/apuz_files/1996-23/APuZ_1996_23.pdf

Ruess, M. & Voelpel, S. C. (2012). The PMI scorecard. *Organizational Dynamics, 41*(1), 78–84. https://doi.org/10.1016/j.orgdyn.2011.12.010

Ruin, S. (2017). Ansätze und Verfahren der Kategorienbildung in der qualitativen Inhaltsanalyse. In H. Aschebrock & G. Stibbe (Hrsg.), *Schulsportforschung – wissenschaftstheoretische und methodologische Reflexionen* (S. 119–134). Münster: Waxmann.

Runst, P. & Thomä, J. (2023). *Unternehmensgröße und regionale Resilienz* (ifh Forschungsbericht, Bd. 16). Göttingen. https://doi.org/10.47952/gro-publ-137

Sabourin, V. (2015). Strategy execution: five drivers of performance. *Journal of Strategy and Management, 8*(2), 127–138. https://doi.org/10.1108/JSMA-06-2014-0048

Sachs, A. (2007). *Internationale Wachstumsstrategien produzierender Familienunternehmen durch Mergers & Acqusitions*. Dissertation. Universiteit, Leiden. Zugriff am 17.04.2023. Verfügbar unter: https://scholarlypublications.universiteitleiden.nl/handle/1887/11976

Sachsenmaier, S. & Guo, Y. (2019). Building trust in cross-cultural integration: A study of Chinese mergers and acquisitions in Germany. *International Journal of Cross Cultural Management, 19*(2), 194–217. https://doi.org/10.1177/1470595819856387

Sanchez, R. & Heene, A. (Hrsg.). (2014). *A Focused Issue on Building New Competences in Dynamic Environments* (Research in Competence-Based Management): Emerald Group Publishing Limited. https://doi.org/10.1108/rcbm

Sandy, W. (1991). Avoid the breakdowns between planning and implementation. *Journal of Business Strategy, 12*(5), 30–33. https://doi.org/10.1108/eb039440

Santulli, R., Gallucci, C., Torchia, M. & Calabrò, A. (2022). Family managers' propensity towards mergers and acquisitions: the role of performance feedback. *Journal of Small Business and Enterprise Development, 29*(2), 293–310. https://doi.org/10.1108/JSBED-01-2019-0033

Sarala, R. M. (2010). The impact of cultural differences and acculturation factors on post-acquisition conflict. *Scandinavian Journal of Management, 26*(1), 38–56. https://doi.org/10.1016/j.scaman.2009.07.001

Sarala, R. M., Junni, P., Cooper, C. L. & Tarba, S. Y. (2016). A Sociocultural Perspective on Knowledge Transfer in Mergers and Acquisitions. *Journal of Management, 42*(5), 1230–1249. https://doi.org/10.1177/0149206314530167

Sarala, R. M. & Vaara, E. (2010). Cultural differences, convergence, and crossvergence as explanations of knowledge transfer in international acquisitions. *Journal of international business studies, 41*(8), 1365–1390. https://doi.org/10.1057/jibs.2009.89

Sarala, R. M., Vaara, E. & Junni, P. (2019). Beyond merger syndrome and cultural differences: New avenues for research on the "human side" of global mergers and acquisitions (M&As). *Journal of World Business, 54*(4), 307–321. https://doi.org/10.1016/j.jwb.2017.10.001

Sauermann, S. (2000). *Unternehmensinternes M&A-Management. Organisatorische Gestaltungsalternativen* (Ebs-Forschung, Schriftenreihe der EUROPEAN BUSINESS SCHOOL Schloss Reichartshausen Ser, v.27). Wiesbaden: Deutscher Universitäts Verlag. Verfügbar unter: https://ebookcentral.proquest.com/lib/kxp/detail.action?docID=6283325

Saunders, M. N., Altinay, L. & Riordan, K. (2009). The management of post-merger cultural integration: implications from the hotel industry. *The Service Industries Journal*, *29*(10), 1359–1375. https://doi.org/10.1080/02642060903026213

Savovic, S. (2012). The importance of post-acquisition integration for value creation and success of mergers and acquisitions. *Ekonomski horizonti*, *14*(3), 193–205. https://doi.org/10.5937/ekonhor1203193S

Schaaf, S. (2016). IT als kritischer Erfolgsfaktor im Rahmen einer M&A-Integration. In G. Müller-Stewens, S. Kunisch & A. Binder (Hrsg.), *Mergers & Acquisitions. Handbuch für Strategen, Analysten, Berater und Juristen* (2. Auflage, S. 509–516). Stuttgart: Schäffer-Poeschel.

Schauer, S. (2008). *Die zentralen Anforderungen an die Corporate Communications bei Mergers & Acquisitions. Kommunikationsmanagement bei Post-Merger-Integration.* Dissertation. Alpen Adria Universität, Klagenfurt. Zugriff am 17.04.2023. Verfügbar unter: chrome-extension://efaidnbmnnnibpcajpcglclefindmkaj/https://netlibrary.aau.at/obvuklhs/download/pdf/2412615?originalFilename=true

Schauf, M. (2009). Grundlagen der Unternehmensführung im Mittelstand. In M. Schauf (Hrsg.), *Unternehmensführung im Mittelstand* (S. 1–30). München: Rainer Hampp Verlag.

Schenkenhofer, J. (2022). Hidden champions: a review of the literature & future research avenues. *Management Review Quarterly*, *72*(2), 417–482. https://doi.org/10.1007/s11301-021-00253-6

Scherer, S., Blanc, M., Groth, T., Kormann, H. & Wimmer, R. (2005). *Familienunternehmen. Erfolgsstrategien zur Unternehmenssicherung* (BB-Handbuch). Frankfurt am Main: Verl. Recht und Wirtschaft.

Schewe, G. & Gerds, J. (2001). Erfolgsfaktoren von Post Merger Integrationen. In H. Albach (Hrsg.), *Personalmanagement 2001* (S. 75–104). Wiesbaden: Gabler Verlag. https://doi.org/10.1007/978-3-322-86553-3_4

Schewe, G., Lohre, S. & Ortwein, G. (2007). Post-Merger-Integration. Welchen Erklärungsbeitrag liefern unterschiedliche Denkschulen? *Zeitschrift Führung + Organisation*, *76*(05), 252–259. Verfügbar unter: https://www.wiwi.uni-muenster.de/orga/en/publications/30836

Schijven, M., Heimeriks, K. H., Graebner, M. E., Haspeslagh, P. & Mitchell, W. (2024). Thirty-three years after "managing acquisitions": reflections, insights, and research directions. *Forthcoming in Strategic Management Review.*

Schlindwein, E. & Geppert, M. (2021). Towards a process model of emotional sensemaking in post-merger integration: linking cognitive and affective dimensions. *critical perspectives on international business*, *17*(3), 399–416. https://doi.org/10.1108/cpoib-02-2020-0008

Schlüchtermann, J. & Pointner, M. A. (2004). Unternehmensplanung und Mittelstand – Strategieumsetzung mit Hilfe der Balanced Scorecard. In J. Schlüchtermann & H.-J. Tebroke (Hrsg.), *Mittelstand im Fokus* (S. 19–44). Wiesbaden: Deutscher Universitätsverlag.

Schmalen, C., Kunert, M. & Weindlmaier, H. (2006). Erfolgsfaktorenforschung: Theoretische Grundlagen, methodische Vorgehensweise und Anwendungsverfahren in Projekten für die Ernährungsindustrie. *Schriften der Gesellschaft für Wirtschafts- und Sozialwissenschaften des Landbaus e. V., 41*, 351–362.

Schmidt, A. G. & Moritz, A. (2023). Werte und Einstellungen mittelständischer Unternehmer. In M. Kleinaltenkamp, L. Gabriel, J. Morgen & M. Nguyen (Hrsg.), *Marketing und Innovation in disruptiven Zeiten* (S. 171–202). Wiesbaden: Springer Fachmedien Wiesbaden. https://doi.org/10.1007/978-3-658-38572-9_7

Schmidt, S. L., Vogt, P. & Schriber, S. (2005). Ansätze und Ergebnisse angloamerikanischer M&A-Forschung. *Journal für Betriebswirtschaft, 55*(4), 297–319. https://doi.org/10.1007/s11301-005-0020-1

Schmola, G. (2018). Mergers & Acquisitions und Post Merger Integration – Fusionen und Übernahmen durch Change Management erfolgreich gestalten. In M. A. Pfannstiel, P. Da-Cruz & C. Rasche (Hrsg.), *Digitalisierung – Innovationen – Gesundheitsversorgung* (Entrepreneurship im Gesundheitswesen / Mario A. Pfannstiel, Patrick Da-Cruz, Christoph Rasche, Hrsg, Bd. 3, S. 295–315). Wiesbaden, Germany: Springer Gabler.

Schneijderberg, C., Wieczorek, O. & Steinhardt, I. (2022). *Qualitative und quantitative Inhaltsanalyse: digital und automatisiert. Eine anwendungsorientierte Einführung mit empirischen Beispielen und Softwareanwendungen* (Standards standardisierter und nicht-standardisierter Sozialforschung, 1. Auflage). Weinheim, Basel: Beltz.

Schoeffler, S., Heany, D. F. & Buzzell, R. D. (1974). Impact of strategic planning on profit performance. *Harvard Business Review*, (März-April), 137–145.

Schoenberg, R. (2000). The influence of cultural compatibility within cross-border acquisitions: A review. In *Advances in Mergers and Acquisitions* (Bd. 1, S. 43–59). https://doi.org/10.1016/S1479-361X(00)01003-6

Schoenberg, R. & Bowman, C. (2010). Value creation in corporate acquisitions: Linking value creation logic, organisational capabilities and implementation processes. In *Advances in Mergers and Acquisitions* (Bd. 9, S. 153–175). Bingley: Emerald Group Publishing. https://doi.org/10.1108/S1479-361X(2010)0000009010

Scholl, R. (2006). *Kompetenzentwicklung bei Unternehmensübernahmen : die Förderung der individuellen Kompetenzen als Ansatzpunkt für organisationale Lern- und Entwicklungsprozesse im Rahmen von M&A Transaktionen ; ein pädagogisches Managementmodell für die Praxis.* Dissertation. Universität Heidelberg, Heidelberg. https://doi.org/10.11588/HEIDOK.00006011

Schön, B. (2013). *Mergers & Acquisitions als strategisches Instrument. Die Erschließung technologischen Wissens mittels Unternehmenszusammenschlüssen* (SpringerLink Bücher). Wiesbaden: Springer Gabler. https://doi.org/10.1007/978-3-658-02543-4

Schönreiter, I. M. (2019). *Prozessharmonisierung in fusionierten Dienstleistungsunternehmen im Zeitalter Industrie 4.0.* Dissertation. Technische Universität, Dresden. Zugriff am 17.04.2023. Verfügbar unter: https://core.ac.uk/download/pdf/236378933.pdf

Schreier, M. (2012). *Qualitative content analysis in practice* (First published 2012). London: SAGE.

Schreier, M. (2014). Varianten qualitativer Inhaltsanalyse: Ein Wegweiser im Dickicht der Begrifflichkeiten. *Forum qualitative Sozialforschung, 15*(1). https://doi.org/10.17169/fqs-15.1.2043

Schreyögg, G. & Koch, J. (2014). *Grundlagen des Managements.* Wiesbaden: Springer Fachmedien Wiesbaden. https://doi.org/10.1007/978-3-658-06749-6

Schreyögg, G. & Koch, J. (2020). *Management. Grundlagen der Unternehmensführung* (8. Auflage). Wiesbaden: Springer Gabler. https://doi.org/10.1007/978-3-658-26514-4

Schriber, S., King, D. R. & Bauer, F. (2022). Retaliation Effectiveness and Acquisition Performance: The Influence of Managerial Decisions and Industry Context. *British Journal of Management, 33*(2), 939–957. https://doi.org/10.1111/1467-8551.12480

Schröer, A. (2005). *Post-Merger-Integration. Mentale Modelle von Handlungsstrategien zum Umgang mit Widerständen bei der Integration neuer Mitarbeiter nach Unternehmenszusammenschlüssen.* Trier, Univ., Diss, 2005. https://doi.org/3476

Schuler, R. & Jackson, S. (2001). HR issues and activities in mergers and acquisitions. *European Management Journal, 19*(3), 239–253. https://doi.org/10.1016/S0263-2373(01)00021-4

Schumann, W. A. (2005). *Integrationsgeschwindigkeit bei M&A. Voraussetzungen, Wirkungsebenen und Maßnahmen für hohe Integrationsgeschwindigkeit* (TCW Wissenschaft und Praxis, Bd. 33, 1. Auflage). Zugl.: Passau, Univ., Diss., 2004. München: TCW Transfer-Centrum.

Schumpeter, J. A. (1987). *Theorie der wirtschaftlichen Entwicklung* (7. Aufl., unveränd. Nachdr. d. 1934 erschienenen 4. Aufl.). Berlin: Duncker und Humblot.

Schurz, G. (2014). *Philosophy of science. A unified approach.* New York, London: Routledge.

Schwaninger, M. & Kaiser, C. (2007). Erfolgsfaktoren organisatorischen Wandels. *Schmalenbachs Zeitschrift für betriebswirtschaftliche Forschung, 59*(2), 150–172. https://doi.org/10.1007/BF03371691

Schweiger, D. M. & Denisi, A. S. (1991). Communication with employees following a merger: A longitudinal field experiment. *Academy of Management Journal, 34*(1), 110–135. https://doi.org/10.2307/256304

Schweiger, D. M. & Goulet, P. K. (2005). Facilitating Acquisition Integration Through Deep-Level Cultural Learning Interventions: A Longitudinal Field Experiment. *Organization Studies, 26*(10), 1477–1499. https://doi.org/10.1177/0170840605057070

Schweiger, D. M. & Véry, P. (2003). Creating value through merger and acquisition integration. In *Advances in Mergers and Acquisitions* (S. 1–26). Verfügbar unter: https://doi.org/10.1016/S1479-361X(03)02002-7

Schweizer, L. (2002). The key drivers and success factors for M&A strategies in the biotechnological and pharmaceutical industry. *Pharmaceuticals Policy and Law,* (5), 41–62.

Schweizer, L. (2005). Organizational Integration of Acquired Biotechnology Companies into Pharmaceutical Companies: The Need for a Hybrid Approach. *Academy of Management Journal, 48*(6), 1051–1074. https://doi.org/10.5465/AMJ.2005.19573109

Schweizer, L. & Patzelt, H. (2012). Employee commitment in the post-acquisition integration process: The effect of integration speed and leadership. *Scandinavian Journal of Management, 28*(4), 298–310. https://doi.org/10.1016/j.scaman.2012.02.003

Seale, C. & Silverman, D. (1997). Ensuring rigour in qualitative research. *The European Journal of Public Health, 7*(4), 379–384. https://doi.org/10.1093/eurpub/7.4.379

Searle, R. H. & Ball, K. S. (2004). The development of trust and distrust in a merger. *Journal of Managerial Psychology, 19*(7), 708–721. https://doi.org/10.1108/02683940410559392

Seeßle, P. (Hrsg.). (2021). *Erfolgsfaktoren von plattformbasierten Start-ups in der Logistik.* Wiesbaden: Springer Fachmedien. https://doi.org/10.1007/978-3-658-35648-4

Semlinger, K. (1988). Kleinbetriebliche Flexibilität zwischen "aktiver Entwicklung" und "passiver Anpassung". *Internationales Gewerbearchiv*, (2), 229–237.

Sengupta, S. (2020). Integration in Mergers and Acquisitions: Bringing Together Type of Diversification, Synergy Potential and Cultural Distance. *NHRD Network Journal*, *13*(2), 152–159. https://doi.org/10.1177/2631454120922729

Shah, A. M. (2005). The Foundations of Successful Strategy Implementation. *Global Business Review*, *6*(2), 293–302. https://doi.org/10.1177/097215090500600208

Shanley, M. & Correa, M. E. (1992). Agreement between top management teams and expectations for post acquisition performance. *Strategic Management Journal*.

Shayan, S., Pyung Kim, K. & Tam, V. W. Y. (2022). Critical success factor analysis for effective risk management at the execution stage of a construction project. *International Journal of Construction Management*, *22*(3), 379–386. https://doi.org/10.1080/15623599.2019.1624678

Shim, J. (2011). Mergers & Acquisitions, Diversification and Performance in the U.S. Property-Liability Insurance Industry. *Journal of Financial Services Research*, *39*(3), 119–144. https://doi.org/10.1007/s10693-010-0094-3

Shimizu, K., Hitt, M. A., Vaidyanath, D. & Pisano, V. (2004). Theoretical foundations of cross-border mergers and acquisitions: A review of current research and recommendations for the future. *Journal of International Management*, *10*(3), 307–353. https://doi.org/10.1016/j.intman.2004.05.005

Shleifer, A. & Summers, L. H. (1988). Breach of Trust in Hostile Takeovers. In Alan J. Auerbach (Hrsg.), *Corporate Takeovers: Causes and Consequences* (S. 33–56). Chicago: University of Chicago Press.

Shrivastava, P. (1986). Postmerger Integration. *Journal of Business Strategy*, *7*(1), 65–76. https://doi.org/10.1108/eb039143

Sievers, S., Mehring, O., Keienburg, G. & Kengelbach, J. (2016). Erfolgsfaktoren bei Mergers and Acquisitions – Warum schaffen Portfoliomaster mehr Value Added? *Corporate Finance*, *81*(9), 283–290.

Sinkovics, R. R., Jedin, M. H. & Sinkovics, N. (2014). Marketing integration in cross-border mergers and acquisitions: conceptual framework and research propositions. *European Journal of International Management*, *8*(6), 644–670. https://doi.org/10.1504/EJIM.2014.064899

Sinkovics, R. R., Zagelmeyer, S. & Kusstatscher, V. (2011). Between merger and syndrome: The intermediary role of emotions in four cross-border M&As. *International Business Review*, *20*(1), 27–47. https://doi.org/10.1016/j.ibusrev.2010.05.002

Slangen, A. H. L. & Hennart, J.-F. (2008). Do Foreign Greenfields Outperform Foreign Acquisitions or Vice Versa? An Institutional Perspective. *Journal of Management Studies*, *45*(7), 1301–1328. https://doi.org/10.1111/j.1467-6486.2008.00794.x

Smeets, V., Ierulli, K. & Gibbs, M. (2016). An Empirical Analysis of Post-Merger Organizational Integration. *The Scandinavian Journal of Economics*, *118*(3), 463–493. https://doi.org/10.1111/sjoe.12161

Sodenkamp, D., Schmidt, K.-H. & Kleinbeck, U. (2002). Wissenschafts-Praxis-Forum. *Zeitschrift für Personalpsychologie*, *1*(4), 182–195. https://doi.org/10.1026//1617-6391.1.4.182

Sorooshian, S., Norzima, Z., Yusof, I. & Rosnah, Y. (2010). Effect Analysis on Strategy Implementation Drivers. *World Applied Sciences Journal, 10*(11), 1255–1261. Verfügbar unter: https://api.semanticscholar.org/CorpusID:11257914

Spilski, A. & Göppel-Klein, A. (2015). Marketingintegrationsstrategien im Rahmen von Mergers & Acqusitions: Forschungsstand aus Kunden- und Konsumentensicht. In J. Wollersheim & I. Welpe (Hrsg.), *Forum Mergers & Acquisitions 2014* (S. 285–310). Wiesbaden: Springer.

Stadelmann, M. (1996). *Informationstechnologie als Hilfsmittel der Führung in KMU. Ansätze für die informationstechnologisch unterstützte organisatorische Gestaltung der Führungstätigkeit* (Erfolgsvoraussetzungen und Erfolgssicherung in Klein- und Mittelunternehmen). Zugl.: St. Gallen, Univ., Diss., 1996. Bern, Stuttgart: Haupt.

Staehle, W. H. (2014). *Management. Eine verhaltenswissenschaftliche Perspektive* (Vahlens Handbücher der Wirtschafts- und Sozialwissenschaften, 8th ed.). München: Franz Vahlen. Verfügbar unter: https://ebookcentral.proquest.com/lib/kxp/detail.action?docID=6991071

Staffel, M., Krämer, J., Becker, W. & Ulrich, P. (2010). *Beiräte und Aufsichtsräte in mittelständischen Unternehmen* (Bamberger betriebswirtschaftliche Beiträge, Bd. 171). Bamberg: Otto-Friedrich-Universität Bamberg. https://doi.org/2770

Stafflage, E. (2005). *Unternehmenskultur als erfolgsentscheidender Faktor. Modell zur Zusammenführung bei grenzüberschreitenden Mergers & Acquisitions*. Dissertation. Göttingen. Verfügbar unter: https://doi.org/10.1007/978-3-322-81217-9

Stahl, G. K. (2001). Management der sozio-kulturellen Integration bei Unternehmenszusammenschlüssen und -übernahmen. *Die Betriebswirtschaft, 61*(1), 61–80.

Stahl, G. K., Angwin, D. N., Very, P., Gomes, E., Weber, Y., Tarba, S. Y. et al. (2013). Sociocultural Integration in Mergers and Acquisitions: Unresolved Paradoxes and Directions for Future Research. *Thunderbird International Business Review, 55*(4), 333–356. https://doi.org/10.1002/tie.21549

Stahl, G. K., Larsson, R., Kremershof, I. & Sitkin, S. B. (2011). Trust dynamics in acquisitions: A case survey. *Human Resource Management, 50*(5), 575–603. https://doi.org/10.1002/hrm.20448

Stahl, G. K. & Sitkin, S. B. (2010). Trust dynamics in acquisitions: The role of relationship history, interfirm distance, and acquirer's integration approach. In *Advances in Mergers and Acquisitions* (Bd. 9, S. 51–82). Bingley: Emerald Group Publishing. https://doi.org/10.1108/S1479-361X(2010)0000009006

Stahl, G. K. & Voigt, A. (2004). Impact of cultural differences on merger and acquisition performance: A critical research review and integrative model. In *Advances in Mergers and Acquisitions* (Bd. 4, S. 51–82). https://doi.org/10.1016/S1479-361X(04)04003-7

Stahl, G. K. & Voigt, A. (2008). Do Cultural Differences Matter in Mergers and Acquisitions? A Tentative Model and Examination. *Organization Science, 19*(1), 160–176. https://doi.org/10.1287/orsc.1070.0270

Stahlke, N. H. (2007). *Erfolgsfaktoren bei Mergers & Acquisitions in der deutschen Energiewirtschaft*. Dissertation. Technische Universität, Berlin. https://doi.org/10.14279/depositonce-1556

Stamann, C., Janssen, M. & Schreier, M. (2016). Qualitative Inhaltsanalyse – Versuch einer Begriffsbestimmung und Systematisierung. Forum Qualitative Sozialforschung / Forum: Qualitative Social Research, Vol 17, No 3 (2016). https://doi.org/10.17169/fqs-17.3.2581

Steigenberger, N. (2013). Linking integration team composition to PMI plan adherence in the first three month after closure. *Academy of Management Proceedings*, (1). https://doi.org/10.5465/AMBPP.2013.15412abstract

Steigenberger, N. (2017). The Challenge of Integration: A Review of the M&A Integration Literature. *International Journal of Management Reviews*, *19*(4), 408–431. https://doi.org/10.1111/ijmr.12099

Steigenberger, N. & Mirc, N. (2020). Should I stay or should I go? Multi-focus identification and employee retention in post-acquisition integration. *Human Relations*. https://doi.org/10.1177/0018726719847521

Steimer, S. (2012). *Psychologische Faktoren der Post-Merger-Integration. Der Einfluss der Beteiligung auf Integrationsklima, Arbeitszufriedenheit und Commitment*. Dissertation. Universität, Mannheim. Verfügbar unter: https://ub-madoc.bib.uni-mannheim.de/32630

Steiner, G. (1969). *Strategic factors in business success*. New York/N.Y.: Financial Executives Research Foundation.

Steinke, I. (2022). Gütekriterien qualitativer Forschung. In U. Flick, E. von Kardorff & I. Steinke (Hrsg.), *Qualitative Forschung. Ein Handbuch* (14. Auflage, S. 319–331). Reinbek bei Hamburg: Rowohlt-Taschenbuch Verlag GmbH.

Steinle, C. (1996). Erfolgsfaktoren und ihre Gestaltung in der betrieblichen Praxis. *Aus Politik und Zeitgeschichte*, 14–23. Verfügbar unter: https://www.bpb.de/system/files/apuz_files/1996-23/APuZ_1996_23.pdf

Stich, C., Busse, C. von & Kroemer, H. (2016). PMI im Mittelstand. Erfolgreiche Integration mit begrenzten Ressourcen. *M&A Review*, *27*(10), 346–353. Zugriff am 25.03.2023.

Stietencron, P. von. (2013). *Zielorientierung deutscher Familienunternehmen*. Wiesbaden: Springer Fachmedien. https://doi.org/10.1007/978-3-658-00826-0

Straub, T. (2007). *Reasons for Frequent Failure in Mergers and Acquisitions*. Dissertation. Universität, Genf. Verfügbar unter: http://gbv.eblib.com/patron/FullRecord.aspx?p=751796

Straub, T. (2017). Erfolgsfaktoren in mittelständischen M&A: Theoretischer Bezugsrahmen. In T. Feix, J.-P. Büchler & T. Straub (Hrsg.), *Mergers & Acquisitions. Erfolgsfaktoren für mittelständische Unternehmen* (1. Auflage, 34–51). Freiburg: Haufe Gruppe.

Strübing, J., Hirschauer, S., Ayaß, R., Krähnke, U. & Scheffer, T. (2018). Gütekriterien qualitativer Sozialforschung. Ein Diskussionsanstoß. *Zeitschrift für Soziologie*, *47*(2), 83–100. https://doi.org/10.1515/zfsoz-2018-1006

Suryaningrum, D. H., Rahman, A., Aziz, A., Meero, A. & Cakranegara, P. A. (2023). Mergers and acquisitions: does performance depend on managerial ability? *Journal of Innovation and Entrepreneurship*, *12*(1), 30. https://doi.org/10.1186/s13731-023-00296-x

Sverdrup, T. E. & Stensaker, I. G. (2018). Restoring trust in the context of strategic change. *Strategic Organization*, *16*(4), 401–428. https://doi.org/10.1177/1476127017739843

Takacs, F., Brunner, D. & Frankenberger, K. (2022). Barriers to a circular economy in small and medium-sized enterprises and their integration in a sustainable strategic management framework. *Journal of Cleaner Production*, *362*, 1–16. https://doi.org/10.1016/j.jclepro.2022.132227

Takhtehkar, J. S. & Rademakers, M. F. (2020). Solving Post-acquisition Integration Failure from the Outside-in. *Journal of Creating Value*, *6*(2), 232–248. https://doi.org/10.1177/2394964320967787

Tarba, S. Y., Ahammad, M. F., Junni, P., Stokes, P. & Morag, O. (2019). The Impact of Organizational Culture Differences, Synergy Potential, and Autonomy Granted to the Acquired High-Tech Firms on the M&A Performance. *Group & organization management*, *44*(3), 483–520. https://doi.org/10.1177/1059601117703267

Tarlatt, A. (2001). *Implementierung von Strategien im Unternehmen* (Springer eBook Collection Business and Economics). Wiesbaden: Deutscher Universitätsverlag. https://doi.org/10.1007/978-3-322-90319-8

Tawse, A., Patrick, V. M. & Vera, D. (2019). Crossing the chasm: Leadership nudges to help transition from strategy formulation to strategy implementation. *Business Horizons*, *62*(2), 249–257. https://doi.org/10.1016/j.bushor.2018.09.005

Teerikangas, S. & Colman, H. L. (2020). Theorizing in the qualitative study of mergers & acquisitions. *Scandinavian Journal of Management*, *36*(1). https://doi.org/10.1016/j.scaman.2019.101090

Teerikangas, S. & Irrmann, O. (2016). Cultural Change Following International Acquisitions: Cohabiting the Tension Between Espoused and Practiced Cultures. *Management International Review*, *56*(2), 195–226. https://doi.org/10.1007/s11575-015-0276-1

Teerikangas, S. & Very, P. (2006). The Culture–Performance Relationship in M&A: From Yes/No to How. *British Journal of Management*, *17*(S1). https://doi.org/10.1111/j.1467-8551.2006.00477.x

Teerikangas, S., Véry, P. & Pisano, V. (2011). Integration managers' value-capturing roles and acquisition performance. *Human Resource Management*, *50*(5), 651–683. https://doi.org/10.1002/hrm.20453

Teti, E. & Spiga, L. (2022). The effect of environmental, social and governance score on operating performance after mergers and acquisitions. *Business Strategy and the Environment*. https://doi.org/10.1002/bse.3293

Thanos, I. C., Papadakis, V. M. & Angwin, D. N. (2020). Does changing contexts affect linkages throughout the mergers and acquisition process? A multiphasic investigation of motives, pre- and post-acquisition and performance. *Strategic Change*, *29*(2), 149–164. https://doi.org/10.1002/jsc.2318

Thelisson, A.-S. (2022). Are we talking about merger or acquisition? Defining the integration process. *Journal of Business Strategy*, keine Angabe. https://doi.org/10.1108/JBS-02-2022-0037

Thelisson, A.-S. & Meier, O. (2022a). Corporate social responsibility as a legitimation strategy in a merger. *Management Decision*, *60*(3), 634–647. https://doi.org/10.1108/MD-09-2020-1189

Thelisson, A.-S. & Meier, O. (2022b). Intergroup dynamics in post-merger integration process. *European Business Review*, *34*(3), 431–450. https://doi.org/10.1108/EBR-05-2021-0104

Thomas, M. & Louisgrand, N. (2022). How does decision-making involvement affect perceptions of speed during post-merger integration? *European Management Journal*, *40*(6), 906–916. https://doi.org/10.1016/j.emj.2022.10.005

Thömmes, J. (2022). *Geschäftsmodelle und Strategien im Mittelstand*. Wiesbaden: Springer Fachmedien Wiesbaden. https://doi.org/10.1007/978-3-658-37482-2

Thomson, N. & McNamara, P. (2001). Achieving Post-Acquisition Success: The Role of Corporate Entrepreneurship. *Long Range Planning*, *34*(6), 669–697. https://doi.org/10.1016/S0024-6301(01)00101-7

Tikhomirov, A. A. & Spangler, W. D. (2010). Neo-Charismatic Leadership and the Fate of Mergers and Acquisitions: An Institutional Model of CEO Leadership. *Journal of Leadership & Organizational Studies, 17*(1), 44–60. https://doi.org/10.1177/1548051809351537

Ullrich, J. & van Dick, R. (2007). The Group Psychology of Mergers & Acquisitions: Lessons from the Social Identity Approach. In C. L. Cooper & S. Finkelstein (Hrsg.), *Advances in Mergers and Acquisitions* (Bd. 6, Bd. 6, S. 1–15). https://doi.org/10.1016/S1479-361X(07)06001-2

Ulrich, P. (2011). *Corporate Governance in mittelständischen Familienunternehmen. Theorien, Feldstudien, Umsetzung* (Gabler Research Unternehmensführung & Controlling, 1. Aufl.). Zugl.: Bamberg, Univ., Diss., 2010. Wiesbaden: Gabler.

Umashankar, N., Bahadir, S. C. & Bharadwaj, S. (2022). Despite Efficiencies, Mergers and Acquisitions Reduce Firm Value by Hurting Customer Satisfaction. *Journal of Marketing, 86*(2), 66–86. https://doi.org/10.1177/00222429211024255

Unterreitmeier, A. (2004). *Unternehmenskultur bei Mergers and Acquisitions. Ansätze zu Konzeptualisierung und Operationalisierung*. Wiesbaden: Deutscher Universitäts Verlag. Verfügbar unter: https://ebookcentral.proquest.com/lib/kxp/detail.action?docID=6280828

Uzelac, B., Bauer, F., Matzler, K. & Waschak, M. (2016). The moderating effects of decision-making preferences on M&A integration speed and performance. *The International Journal of Human Resource Management, 27*(20), 2436–2460. https://doi.org/10.1080/09585192.2015.1116457

Vaara, E. (2002). On the Discursive Construction of Success/Failure in Narratives of Post-Merger Integration. *Organization Studies, 23*(2), 211–248. https://doi.org/10.1177/0170840602232003

Vaara, E. (2003). Post-acquisition Integration as Sensemaking: Glimpses of Ambiguity, Confusion, Hypocrisy, and Politicization. *Journal of Management Studies, 40*(4), 859–894. https://doi.org/10.1111/1467-6486.00363

Vaara, E. & Monin, P. (2010). A Recursive Perspective on Discursive Legitimation and Organizational Action in Mergers and Acquisitions. *Organization Science, 21*(1), 3–22. https://doi.org/10.1287/orsc.1080.0394

Vaara, E., Sarala, R. M., Stahl, G. K. & Björkman, I. (2012). The Impact of Organizational and National Cultural Differences on Social Conflict and Knowledge Transfer in International Acquisitions. *Journal of Management Studies, 49*(1), 1–27. https://doi.org/10.1111/j.1467-6486.2010.00975.x

Väisänen, M. (2022). *Enabling Control In Post-Acquisition Integration*. Dissertation. University of Oulu, Oulu, Finland. Zugriff am 17.04.2023. Verfügbar unter: http://urn.fi/urn.isbn:9789526233222

Väisänen, M., Tessier, S. & Järvinen, J. T. (2021). Fostering Enabling Perceptions of Management Controls during Post-Acquisition Integration. *Contemporary Accounting Research, 38*(2), 1341–1367. https://doi.org/10.1111/1911-3846.12639

Valboni, R. (2020). *Building Organizational (Dis-)Abilities. The Impact of Learning on the Performance of Mergers and Acquisitions*. Dissertation. Erasmus University, Rotterdam. Verfügbar unter: http://hdl.handle.net/1765/125226

Van Dick, R., Ullrich, J. & Tissington, P. A. (2006). Working Under a Black Cloud: How to Sustain Organizational Identification after a Merger *. *British Journal of Management*, *17*(69–79). https://doi.org/10.1111/j.1467-8551.2006.00479.x

Van Knippenberg, D., van Knippenberg, B., Monden, L. & Lima, F. de. (2002). Organizational identification after a merger: a social identity perspective. *The British Journal of Social Psychology*, *41*(Pt 2), 233–252. https://doi.org/10.1348/014466602760060228

Van Marrewijk, A. (2016). Conflicting Subcultures in Mergers and Acquisitions: a Longitudinal Study of Integrating a Radical Internet Firm into a Bureaucratic Telecoms Firm. *British Journal of Management*, *27*(2), 338–354. https://doi.org/10.1111/1467-8551.12135

Van Oorschot, K. E., Nujen, B. B., Solli-Sæther, H. & Mwesiumo, D. E. (2022). The complexity of post-mergers and acquisitions reorganization: Integration and differentiation. *Global Strategy Journal*, 1–27. https://doi.org/10.1002/gsj.1454

Vancea, M. (2011). Challenges And Stakes Of The Post-acquisition Integration Process. *Annales Universitatis Apulensis Series Oeconomica*, *1*(13), 167–180. https://doi.org/10.29302/oeconomica.2011.13.1.18

Vasilaki, A. (2011). Culture distance and cross-border acquisition performance: the moderating effect of transformational leadership. *European Journal of International Management*, *5*(4), 394–412. https://doi.org/10.1504/EJIM.2011.040912

Vasilaki, A., Smith, P., Giangreco, A. & Carugati, A. (2012). On the counterintuitive consequences of high-performance work practices in cross-border post-merger human integration. *European Journal of Cross-Cultural Competence and Management*, *2*(3/4), 299–318. https://doi.org/10.1504/EJCCM.2012.052592

Vastola, V. & Russo, A. (2021). Exploring the effects of mergers and acquisitions on acquirers' sustainability orientation: Embedding, adding, or losing sustainability. *Business Strategy and the Environment*, *30*(2), 1094–1104. https://doi.org/10.1002/bse.2673

Vermeulen, F. & Barkema, H. G. (2001). Learning Through Acquisitions. *Academy of Management Journal*, *44*(3), 457–476. https://doi.org/10.5465/3069364

Very, P., Lubatkin, M., Calori, R. & Veiga, J. (1997). Relative standing and the performance of recently acquired European firms. *Strategic Management Journal*, *18*(8), 593–614. https://doi.org/10.1002/(SICI)1097-0266(199709)18:8<593::AID-SMJ899>3.0.CO;2-I

Vieru, D. & Rivard, S. (2014). Organizational identity challenges in a post-merger context: A case study of an information system implementation project. *International Journal of Information Management*, *34*(3), 381–386. https://doi.org/10.1016/j.ijinfomgt.2014.02.001

Vigfússon, K., Jóhannsdóttir, L. & Ólafsson, S. (2021). Obstacles to strategy implementation and success factors: A review of empirical literature. *Strategic Management*, *26*(2), 12–30. https://doi.org/10.5937/StraMan2102012V

Vigfússon, K., Jóhannsdóttir, L., Ólafsson, S. & Köseoğlu, M. A. (2024). Key success factors for implementing strategy in the Icelandic fisheries industry. *Journal of Strategy and Management*, 1–25. https://doi.org/10.1108/JSMA-04-2023-0069

Vincze, Z., Hällerstrand, L., Örtqvist, D. & Rist, L. (2021). Strategic Corporate Sustainability in a Post-Acquisition Context. *Sustainability*, *13*(11), 1–29. https://doi.org/10.3390/su13116017

Vinocur, E., Kiymaz, H. & Loughry, M. L. (2023). M&A capability and long-term firm performance: a strategic management perspective. *Journal of Strategy and Management*, *16*(2), 211–234. https://doi.org/10.1108/JSMA-10-2021-0204

Vogel, D. H. (2002). *M&A Ideal und Wirklichkeit* (Springer eBook Collection Business and Economics). Wiesbaden: Gabler Verlag. https://doi.org/10.1007/978-3-322-91292-3

Voss, I. & Müller-Stewens, G. (2006a). Strategische M&A-Kompetenz im Rahmen von Akquisitionsstrategien – Komponenten, Erfolgsfaktoren und Aufbau. In F. Keuper, M. Häfner & C. Glahn (Hrsg.), *Der M&A-Prozess* (S. 3–32). Wiesbaden: Gabler Verlag. https://doi.org/10.1007/978-3-8349-9250-5_1

Voss, I. & Müller-Stewens, G. (2006b). Die Umsetzung von Wachstumsstrategien durch Akquisitionsserien. In F. Borowicz (Hrsg.), *Strategisches Management von Mergers & Acquisitions. State of the Art in Deutschland und Österreich* (1. Aufl., S. 119–144). Wiesbaden: Gabler. https://doi.org/10.1007/978-3-8349-9103-4_7

Voss, I. & Müller-Stewens, G. (2011). Strategische M&A-Kompetenz im Rahmen von Akquisitionsstrategien – Komponenten, Erfolgsfaktoren und Aufbau. In F. Keuper (Hrsg.), *Internationalisierung deutscher Unternehmen. Strategien, Instrumente und Konzepte für den Mittelstand* (2. Auflage). Wiesbaden: Gabler.

Vuori, N., Vuori, T. O. & Huy, Q. N. (2018). Emotional practices: how masking negative emotions impacts the post-acquisition integration process. *Strategic Management Journal*, *39*(3), 859–893. https://doi.org/10.1002/smj.2729

Walderseel, R. & Sheather, S. (1996). The Effects of Strategy Type on Strategy Implementation Actions. *Human Relations*, *49*(1), 105–122. https://doi.org/10.1177/001872679604900105

Waldman, D. A. & Javidan, M. (2009). Alternative forms of charismatic leadership in the integration of mergers and acquisitions. *The Leadership Quarterly*, *20*(2), 130–142. https://doi.org/10.1016/j.leaqua.2009.01.008

Wang, L., Li, H. & Mu, Y. (2023). Research on CEO narcissism and mergers and acquisitions of listed companies. *Current Psychology*, 1–13. https://doi.org/10.1007/s12144-023-04605-1

Waterman, R. H., Peters, T. J. & Phillips, J. R. (1980). Structure is not organization. *Business Horizons*, *23*(3), 14–26. https://doi.org/10.1016/0007-6813(80)90027-0

Weber, J. & Roventa, P. (2006). Synergiemanagement und Synergiecontrolling bei M&A-Projekten. *Controlling & Management*, *50*(5), 280–285. https://doi.org/10.1365/s12176-006-0555-6

Weber, Y., Ganzach, Y. & Ben-Yemini, H. (1995). Integrating and preserving a different culture after acquisition. *International Journal of Conflict Management*, *6*(2), 192–210. https://doi.org/10.1108/eb022762

Weber, Y., Rachman-Moore, D. & Tarba, S. Y. (2012). HR practices during post-merger conflict and merger performance. *International Journal of Cross Cultural Management*, *12*(1), 73–99. https://doi.org/10.1177/1470595811413111

Weber, Y., Shenkar, O. & Raveh, A. (1996). National and Corporate Cultural Fit in Mergers/Acquisitions: An Exploratory Study. *Management Science*, *42*(8), 1215–1227. https://doi.org/10.1287/mnsc.42.8.1215

Weber, Y. & Tarba, S. Y. (2013). Sociocultural Integration in Mergers and Acquisitions-New Perspectives. *Thunderbird International Business Review*, *55*(4), 327–331. https://doi.org/10.1002/tie.21548

Weber, Y., Tarba, S. Y. & Bachar, Z. R. (2011). Mergers and acquisitions performance paradox: the mediating role of integration approach. *European Journal of International Management*, *5*(4), 373–393. https://doi.org/10.1504/EJIM.2011.040911

Weber, Y., Tarba, S. Y. & Reichel, A. (2011). A model of the influence of culture on integration approaches and international mergers and acquisitions performance. *International Studies of Management and Organization.*

Weber, Y., Tarba, S. Y., Stahl, G. K. & Rozen Bachar, Z. (2012). International Mergers and Acquisitions: A Test of New Integration Approach Paradigm. *Academy of Management Proceedings*, (1). https://doi.org/10.5465/AMBPP.2012.17474abstract

Wehnert, F. (2023). *Mid-Caps ergänzend zu KMU als Unternehmenskategorie einführen. Gezielte Politik für den industriellen Mittelstand erleichtern* (Bund deutscher Industrie BDI, Hrsg.). Zugriff am 15.04.2024. Verfügbar unter: https://bdi.eu/publikation/news/mid-caps-ergaenzend-zu-kmu-als-unternehmenskategorie-einfuehren

Wei, T. & Clegg, J. (2020). Untangling the Integration–Performance Link: Levels of Integration and Functional Integration Strategies in Post-Acquisition Integration. *Journal of Management Studies*, *57*(8), 1643–1689. https://doi.org/10.1111/joms.12571

Weigel, C., Derfuss, K. & Hiebl, M. R. W. (2023). Financial managers and organizational ambidexterity in the German Mittelstand: the moderating role of strategy involvement. *Review of Managerial Science*, *17*(2), 569–605. https://doi.org/10.1007/s11846-022-00534-8

Weitzel, U. & McCarthy, K. J. (2011). Theory and evidence on mergers and acquisitions by small and medium enterprises. *International Journal of Entrepreneurship and Innovation Management*, *14*(2/3), 248–275. https://doi.org/10.1504/IJEIM.2011.041734

Welge, M. K., Al-Laham, A. & Eulerich, M. (2017). *Strategisches Management*. Wiesbaden: Springer Fachmedien Wiesbaden. https://doi.org/10.1007/978-3-658-10648-5

Welge, M. K., Al-Laham, A. & Kajüter, P. (Hrsg.). (2000). *Praxis des strategischen Managements*. Wiesbaden: Gabler Verlag / Springer Fachmedien.

Welge, M. K., Hüttemann, H.-H. & Al-Laham, A. (1996). Strategieimplementierung, Anreizsystemgestaltung und Erfolg. *Zeitschrift Führung + Organisation : ZfO*, *65*(2), 80–85.

Welter, F. (2015). *Mittelstand zwischen Fakten und Gefühl* (IFM-Materialien, Nr. 234). Bonn: IfM.

Welter, F. (2018). The Mittelstand: a Specific Entrepreneurial Profile of the Social Market Economy. *Journal for Markets and Ethics*, *6*(1), 99–106. https://doi.org/10.2478/jome-2018-0029

Weng, D. H. & Yamakawa, Y. (2023). I believe I can fly: how target venture CEO overconfidence affects acquisition completion. *Small Business Economics*, *61*(1 (7)), 127–151. https://doi.org/10.1007/s11187-022-00679-6

Wernerfelt, B. (1984). A resource-based view of the firm. *Strategic Management Journal*, *5*(2), 171–180. https://doi.org/10.1002/smj.4250050207

Wernham, R. (1985). Obstacles to strategy implementation in a nationalized industry. *Journal of Management Studies*, *22*(6), 632–648. https://doi.org/10.1111/j.1467-6486.1985.tb00015.x

Whetten, D. A. (1989). What Constitutes a Theoretical Contribution? *Academy of Management Review*, *14*(4), 490. https://doi.org/10.2307/258554

Wilde, K. D. (1989). *Bewertung von Produkt-Markt-Strategien*. Zugl.: München, Univ., Habil.-Schr., 1985. Duncker u. Humblot, Berlin.

Wilde, T., Klaus, A. & Harzenetter, M. (2019). *M&A im Mittelstand – ein entscheidungsorientiertes M&A-Prozessmodell in der praktischen Anwendung,* M&A Review. Zugriff am 13.09.2023. Verfügbar unter: https://ma-review.de/ma-im-mittelstand-ein-entscheidungsorientiertes-ma-prozessmodell-in-der-praktischen-anwendung/

Wildemann, H. (1999). Entwicklungsnetzwerke als strategischer Erfolgsfaktor. In G. R. Wagner (Hrsg.), *Unternehmungsführung, Ethik und Umwelt* (Springer eBook Collection Business and Economics, S. 252–270). Wiesbaden: Gabler Verlag. https://doi.org/10.1007/978-3-663-05960-8_13

Windau, P. von & Schumacher, M. (1996). *Strategien für Sieger. Erfolgsgeheimnisse mittelständischer Unternehmen.* Frankfurt/Main, New York: Campus-Verl.

Winkler, L. (2020). *Organisationskommunikation im Mittelstand. Genese und Spezifik der Kommunikation mittelständischer Industrieunternehmen.* Wiesbaden: Springer Fachmedien Wiesbaden GmbH. https://doi.org/10.1007/978-3-658-29283-6

Wirtz, B. W. (2017). *Mergers & Acquisitions Management. Strategie und Organisation von Unternehmenszusammenschlüssen* (4. Auflage). Wiesbaden: Springer Gabler. https://doi.org/10.1007/978-3-658-15698-5

Witt, H. (2001). Forschungsstrategien bei quantitativer und qualitativer Sozialforschung. *Forum qualitative Sozialforschung, 2*(1). https://doi.org/10.17169/fqs-2.1.969

Wolf, J., Bergschneider, B., Paul, H. & Zipse, T. (2019). *Erfolg im Mittelstand. Tipps für die Praxis* (2. Aufl. 2019). Wiesbaden: Springer Fachmedien Wiesbaden; Imprint: Springer Gabler. https://doi.org/10.1007/978-3-658-22763-0

Wolff, S. (2022). Dokumenten- und Aktenanalyse. In U. Flick, E. von Kardorff & I. Steinke (Hrsg.), *Qualitative Forschung. Ein Handbuch* (14. Auflage, S. 502–513). Reinbek bei Hamburg: Rowohlt-Taschenbuch Verlag GmbH.

Wolter, H.-J. & Hauser, H.-E. (2001). Die Bedeutung des Eigentümerunternehmens in Deutschland–Eine Auseinandersetzung mit der qualitativen und quantitativen Definition des Mittelstands. *Jahrbuch zur Mittelstandsforschung, 1*(2001), 25–77.

Wooldridge, B. & Floyd, S. W. (1989). Research notes and communications strategic process effects on consensus. *Strategic Management Journal, 10*(3), 295–302.

Wooldridge, B. & Floyd, S. W. (1990). The strategy process, middle management involvement, and organizational performance. *Strategic Management Journal, 11*(3), 231–241. https://doi.org/10.1002/smj.4250110305

Wooldridge, B., Schmid, T. & Floyd, S. W. (2008). The Middle Management Perspective on Strategy Process: Contributions, Synthesis, and Future Research. *Journal of Management, 34*(6), 1190–1221. https://doi.org/10.1177/0149206308324326

Woywode, M. (2004). Wege aus der Erfolglosigkeit der Erfolgsfaktorenforschung. In KFW-Bankengruppe (Hrsg.), *Was erfolgreiche Unternehmen ausmacht. Erkenntnisse aus Wissenschaft und Praxis* (KfW-Publikationen zu Gründung und Mittelstand, S. 15–48). Heidelberg: Physica-Verlag HD. https://doi.org/10.1007/978-3-7908-2714-9_2

Yaghoubi, R., Yaghoubi, M., Locke, S. & Gibb, J. (2016a). Mergers and acquisitions: a review (part 1). *Studies in Economics and Finance, 33*(1), 147–188. https://doi.org/10.1108/SEF-03-2015-0078

Yaghoubi, R., Yaghoubi, M., Locke, S. & Gibb, J. (2016b). Mergers and acquisitions: a review (part 2). *Studies in Economics and Finance, 33*(3), 437–464. https://doi.org/10.1108/SEF-07-2015-0165

Yahiaoui, D., Chebbi, H. & Weber, Y. (2016). HR practices, context and knowledge transfer in M&A. *The International Journal of Human Resource Management*, *27*(20), 2415–2435. https://doi.org/10.1080/09585192.2016.1226192

Yildiz, H. E. (2016). "Us vs. them" or "us over them"? On the roles of similarity and status in M&As. *International Business Review*, *25*(1), 51–65. https://doi.org/10.1016/j.ibusrev.2015.05.002

Yoo, Y., Lyytinen, K. & Heo, D. (2007). Closing the gap: towards a process model of post-merger knowledge sharing. *Information Systems Journal*, *17*(4), 321–347. https://doi.org/10.1111/j.1365-2575.2007.00248.x

Yu, J., Engleman, R. M. & van de Ven, A. H. (2005). The Integration Journey: An Attention-Based View of the Merger and Acquisition Integration Process. *Organization Studies*, *26*(10), 1501–1528. https://doi.org/10.1177/0170840605057071

Yunita, Maulana, H., Fatriasari, F., Sirait, A., Sanjaya, R., Indrayani et al. (2023). Analysis of factors of success and failure of merger acquisition. *Journal of Accounting Research, Utility Finance and Digital Assets*, *2*(1), 427–434. https://doi.org/10.54443/jaruda.v1i5.65

Zaheer, A., Castañer, X. & Souder, D. (2013). Synergy Sources, Target Autonomy, and Integration in Acquisitions. *Journal of Management*, *39*(3), 604–632. https://doi.org/10.1177/0149206311403152

Zahoor, N., Khan, Z. & Sinkovics, R. R. (2022). The Role of Emotions in Cross-Border Mergers & Acquisitions: A Systematic Review of the Inter-Disciplinary Literature and Future Research Agenda. *Journal of International Management*, *28*(4). https://doi.org/10.1016/j.intman.2022.100958

Zhang, J., Ahammad, M. F., Tarba, S. Y., Cooper, C. L., Glaister, K. W. & Wang, J. (2015). The effect of leadership style on talent retention during Merger and Acquisition integration: evidence from China. *The International Journal of Human Resource Management*, *26*(7), 1021–1050. https://doi.org/10.1080/09585192.2014.908316

Zollo, M. (2009). Superstitious Learning with Rare Strategic Decisions: Theory and Evidence from Corporate Acquisitions. *Organization Science*, *20*(5), 894–908. https://doi.org/10.1287/orsc.1090.0459

Zollo, M. & Meier, D. (2008). What is M&A performance? *Academy of Management perspectives*, *22*(3), 55–77.

Zollo, M. & Reuer, J. J. (2010). Experience Spillovers Across Corporate Development Activities. *Organization Science*, *21*(6), 1195–1212. https://doi.org/10.1287/orsc.1090.0474

Zollo, M. & Singh, H. (2004). Deliberate learning in corporate acquisitions: post-acquisition strategies and integration capability in U.S. bank mergers. *Strategic Management Journal*, *25*(13), 1233–1256. https://doi.org/10.1002/smj.426

Zollo, M. & Winter, S. G. (2002). Deliberate Learning and the Evolution of Dynamic Capabilities. *Organization Science*, *13*(3), 339–351. https://doi.org/10.1287/orsc.13.3.339.2780

Zott, C., Amit, R. & Massa, L. (2011). The Business Model: Recent Developments and Future Research. *Journal of Management*, *37*(4), 1019–1042. https://doi.org/10.1177/0149206311406265

Kolibri 360 GmbH
Ferdinand-Jühlke-Straße 7
99095 Erfurt, Deutschland
produktsicherheit@kolibri360.de